ISBN 978-0-265-15172-3
PIBN 11007604

1 MONTH OF
FREE
READING

at
www.ForgottenBooks.com

By purchasing this book you are eligible for one month membership to ForgottenBooks.com, giving you unlimited access to our entire collection of over 1,000,000 titles via our web site and mobile apps.

To claim your free month visit:
www.forgottenbooks.com/free1007604

English
Français
Deutsche
Italiano
Español
Português

www.forgottenbooks.com

Mythology Photography **Fiction**
Fishing Christianity **Art** Cooking
Essays Buddhism Freemasonry
Medicine **Biology** Music **Ancient
Egypt** Evolution Carpentry Physics
Dance Geology **Mathematics** Fitness
Shakespeare **Folklore** Yoga Marketing
Confidence Immortality Biographies
Poetry **Psychology** Witchcraft
Electronics Chemistry History **Law**
Accounting **Philosophy** Anthropology
Alchemy Drama Quantum Mechanics
Atheism Sexual Health **Ancient History**
Entrepreneurship Languages Sport
Paleontology Needlework Islam
Metaphysics Investment Archaeology
Parenting Statistics Criminology
Motivational

STATISTISCHES
JAHRBUCH DEUTSCHER STÄDTE.

IN VERBINDUNG MIT SEINEN KOLLEGEN

Dr. H. BLEICHER, GEHEIMER REG.-RATH PROFESSOR Dr. BÖCKH,
MED.-RATH Dr. M. FLINZER, Dr. N. GEISSENBERGER,
PROFESSOR Dr. E. HASSE, Dr. E. HIRSCHBERG, Dr. G. KOCH,
Dr. G. PABST, F. X. PRÖBST, Dr. H. RETTICH,
Dr. G. H. SCHMIDT, H. SILBERGLEIT, Dr. K. SINGER,
STADTRATH G. TSCHIERSCHKY, O. v. WOBESER,
Dr. E. WÜRZBURGER und K. ZIMMERMANN

HERAUSGEGEBEN VON

Dr. M. NEEFE,

DIREKTOR DES STATISTISCHEN AMTS DER STADT BRESLAU.

SECHSTER JAHRGANG.

BRESLAU, 1897.

VERLAG VON WILH. GOTTL. KORN.

Vorwort.

Der vorliegende sechste Jahrgang weist gegenüber den ihm vorausgegangenen keine Aenderungen in der Anlage des Ganzen auf, hält sich vielmehr an das Programm, welches dem Jahrbuch von Anfang an zu Grunde gelegt worden ist. Dagegen sind mancherlei Aenderungen im Einzelnen eingetreten. Bevor wir auf diese eingehen, sei über die Entstehung dieses Bandes und insbesondere über die Sammlung des erforderlichen Materials kurz Folgendes vorausgeschickt.

Der Versand der von den Herren Mitarbeitern aufgestellten Fragebogen erfolgte in üblicher Weise durch den Herausgeber mit Rundschreiben vom 10. Juli 1896 an die bisher betheiligten Stadtverwaltungen, sowie an die Städte Liegnitz, Plauen i. V., Spandau und Zwickau, welche zufolge Beschlusses der XI. Conferenz der Vorstände statistischer Aemter deutscher Städte erstmalig um Betheiligung zu ersuchen waren, da ihre Bevölkerung nach den Ergebnissen der letzten Volkszählung die Zahl 50 000 überschritten hatte. Für den Abschnitt über Armen- und Krankenpflege wurden die bisher benutzten Formulare im Oktober nachträglich versandt, weil die für diesen Abschnitt im Juli ausgegebenen neuen Formulare erst im Jahre 1897 oder 1898 zur Ausfüllung gelangen können. Für einige Abschnitte (XXII und XXIII) sind die Fragebogen von dem betreffenden Herrn Bearbeiter an die Stadtverwaltungen Ende August direkt gesandt worden und für einen Abschnitt (XIX) war die nachträgliche Ausgabe eines speziellen Fragebogens im Januar d. J. erforderlich. Für sechs Abschnitte (II, X, XV, XXI, XXVIII und XXIX) konnte das Material gedruckten Quellen entlehnt werden, so dass für diese die Ausgabe von Fragebogen sich erübrigte. Von 47 Städten sind die Fragebogen nach thunlichster Ausfüllung zurückgesandt worden. Die Städteverwaltungen von Danzig, Darmstadt, Elberfeld, M.-Gladbach, Mülhausen i. E., Münster i. W., Stettin und Würzburg haben aus früher mitgetheilten Gründen an der Ausfüllung jener Bogen sich nicht betheiligt. Die Fragebogen wurden nach ihrem Wiedereingang den Herren Mitarbeitern zugesandt, welche für Aufstellung und Erläuterung der Tabellen, sowie für Bearbeitung des Textes sorgten und dem Unterzeichneten das Manuscript in den Monaten Januar bis Juli d. J. einschickten. Die Drucklegung der Abschnitte erfolgte zumeist in der Reihenfolge ihres Eingangs.

Der Inhalt des vorliegenden Jahrgangs besteht, entsprechend dem Plane des Unternehmens, hauptsächlich in der Fortführung von Abschnitten früherer Jahrgänge; es werden 22 Abschnitte des V. Jahrgangs, 2 Abschnitte des I. Jahrgangs (betr. Berufszählung, Apotheken) und ein Abschnitt des IV. Jahrgangs (betr. Leihhäuser) weitergeführt. Andererseits sind auch mehrere, wenigstens zum Theil für Beurtheilung der sozialen Verhältnisse wichtige Abschnitte hinzugetreten und zwar diejenigen über öffentliche Bibliotheken, gerichtliche Konkurse, öffentliche Bäder, Begräbnisswesen, beschäftigungslose Arbeitnehmer, Einkommens- und Wohlstandsverhältnisse. Im Vergleich zum V. Jahrgange sind die Abschnitte über Wohnungen, Lebensmittelpreise, Fortbildungsschulen, Schiffahrt, Verwaltung und Vertretung der Städte ausgefallen; sie werden aber später wieder aufgenommen werden.

Einzelne Abschnitte sind erweitert, verschiedene Nachweisungen vervollständigt und manche Thatsachen anders gruppirt worden, immer unter möglichster Wahrung der Vergleichbarkeit mit den entsprechenden Angaben der früheren Jahrgänge. So sind im Abschnitt III Zahlen über die Häufigkeit des Besitzwechsels der bebauten und der städtischen Grundstücke insbesondere hinzugefügt. Die Kosten für die eigentliche Strassenreinigung sind im Abschnitt V gesondert worden von denen für die Abfuhr der Haushaltungsabfälle, für Wegschaffung von Schnee und für die Strassenbesprengung. Ferner sind im Abschnitt XI die finanziellen Verhältnisse der Volksschulen eingehender dargestellt und die Schulgeldsätze für die einzelnen Kategorien von Lehranstalten erstmalig mitgetheilt. Die Ermittelungen über Arbeitsnachweis (Abschnitt XVI) beschränken sich diesmal auf die von den Stadtverwaltungen ganz oder theilweise unterhaltenen Vermittelungsstellen. Die Tabelle im Abschnitt XVIII ist erweitert, so dass sie jetzt sämmtliche in der evangelischen und katholischen Kirche vorgenommenen Handlungen enthält. Im letzten Abschnitt sind die preussischen Städte in Rücksicht auf die Einführung des Kommunalabgabengesetzes in Preussen gesondert behandelt.

Von den 30 Abschnitten dieses Jahrgangs enthalten 13 die Statistik des Jahres 1894, 11 beziehen sich auf das Jahr 1895, 3 erstrecken sich auf die Jahre 1894 und 1895, je einer auf die Jahre 1893 und 1894, 1894 bis 1896 und 1891 bis 1896. Um die Benutzung des Buchs zu erleichtern, sind, wie noch erwähnt werden möge, die Städte in den tabellarischen Uebersichten in alphabetischer Folge, nicht wie bisher nach der Grösse aufgeführt worden.

Wie bei Abschluss der früheren Jahrgänge, so hat auch diesmal der Herausgeber Veranlassung, allen denjenigen seinen verbindlichsten Dank auszusprechen, welche durch ihre Mitwirkung die Fortsetzung des Werks ermöglichten, und zwar in erster Reihe den städtischen Verwaltungen für die bereitwillige Ausfüllung der Fragebogen, dem kaiserlichen statistischen Amte, sowie den landesstatistischen Aemtern für die zu einzelnen Abschnitten gefälligst zur Verfügung gestellten Materialien, den Herren Kollegen für die selbstlose und hingebende Mitarbeit sowie der Verlagsbuchhandlung für ihre weiterbethätigte Opferwilligkeit.

Breslau im August 1897.

M. Neefe.

Inhalts-Verzeichniss.

Druckfehler-Berichtigungen:

Seite 22—29: Die Angaben für Essen enthalten irrthümlich die Gesammtzahl der während des Baujahres 1894/95 ertheilten Concessionen zur Errichtung von Haupt-, Neben- und Stallgebäuden, einschliesslich der Um-, An- und Aufbauten während derselbe sich eigentlich nur auf die während des Baujahres fertig gestellten, für benutzbar erklärten Neubauten ausschliesslich der Um-, An- und Aufbauten erstrecken sollte.

Es hat daher eine nochmalige Prüfung der Zahlen stattgefunden, welche folgendes Resultat ergab:

Zu I. 1. Es sind 210 Haupt- und 17 Nebengebäude auf 227 Grundstücken neu errichtet worden.

Von den neuerrichteten Gebäuden sind an Stelle abgebrochener Gebäulichkeiten enstanden 21.

Von der Zahl der neuen Gebäude (Haupt- und Nebengebäude) sind ausschliesslich zu Wohnzwecken (ohne Läden und Fabrikräume) bestimmt 216.

Zu I. 3. „Von Seiten gemeinnütziger Gesellschaften errichtete Wohngebäude" ist anzuführen:

1 Wohngebäude der barmherzigen Brüder mit 1 Kochküche.

Zu II. 1. „Verzeichniss der öffentlichen Gebäude" bleibt nur die katholische Gemeindeschule IX bestehen, während die Josephskirche und das Kohlensyndikat in Fortfall kommen, weil dieselben am 13. Juni 1896 bezw. am 1. Juni 1894 in Benutzung genommen, mithin nicht in das Baujahr 1894/95 fallen.

Zu II 2. Sonstige, vorwiegend zu andern als Wohnzwecken bestimmte Neubauten sind anzuführen:

Geschäftshäuser	21
Fabrikgebäude	9
Werkstätten	18
Lagerhäuser	38
Stallgebäude	19
Remisen	5
Gastwirthschaften	2
Badeanstalt	1
Begräbnisshalle	1

Inhalts-Uebersicht der Jahrgänge I bis VI des Jahrbuchs.

Die erste Zahl bezeichnet das Jahr, auf welches sich die betreffende Statistik bezieht, die zweite (römische Zahl) den Jahrgang, die dritte (arabische Zahl) den Abschnitt.

I.
Gebiet, Lage und Bodenbenutzung.

Von

Dr. M. Neefe,

Director des statistischen Amts der Stadt Breslau.

Die Uebersicht auf den Seiten 3 und 4 beruht wie in den Vorjahren zumeist auf Angaben der betheiligten Städte und bildet die Fortsetzung der Tabelle auf Seite 6 des V. Jahrgangs. Im Vergleich zur Uebersicht für das Vorjahr sind neu hinzugetreten die Städte: M.-Gladbach, Liegnitz, Münster i. W., Plauen i. V., Spandau und Zwickau. Die Flächenangaben der Städte, für welche der betreffende Fragebogen nicht ausgefüllt wurde, sind der Statistik der Bodenbenutzung von 1893 entnommen[1]) oder nach der vorjährigen Uebersicht wiederholt.[2]) Die Eingemeindungen sowie andere wesentliche Flächenänderungen gegen das Vorjahr sind in der Bemerkung auf Seite 2 verzeichnet.

Im Jahre 1895 oder 1895/96 stellten sich Stand und Aenderung der Fläche wie folgt:

Flächenbestand der 49 Städte am Jahresanfang 1895 . 16712726 ar
Zugang durch Eingemeindung (betr. 5 Städte) . . . . 129351 „
„ „ Berichtigung (betr. 15 Städte) . . . . 4284 „

Summe Bestand und Zugang . 16846361 ar
Abgang durch Ausgemeindung (betr. 1 Stadt) . . . . 6 „
„ „ Berichtigung (betr. 10 Städte) . . . . 11450 „

Summe Bestand abzügl. Abgang . 16834905 ar
Hierzu die neu hinzugekommenen 6 Städte . . . . . 1126197 „
Flächenbestand der 55 Städte ult. 1895 . . . . . . 17961102 ar

Die durchschnittliche Grösse der 55 Städte beträgt sonach 326565 ar. Unter jenen Städten hat Köln mit 1110718 ar das grösste, Metz mit 25533 ar das kleinste Weichbild. Die Extreme sind erklärlich, in Bezug auf Köln wegen der in der Gesammtfläche enthaltenen erheblichen landwirthschaftlichen Fläche von 843847 ar und in Betreff Metz weil Festung. Von den 38 Städten mit bezüglicher Angabe hat Berlin die grösste (255875 ar), Metz (12507 ar) die kleinste mit Häusern bebaute Fläche (einschl. Hofräumen und Hausgärten). Die Zunahme dieser mit Häusern bebauten Fläche hat besonderes Interesse, da man jene Zahl u. A. bei Beurtheilung der baulichen Entwicklung einer Stadt benutzen kann. Abgesehen von den Städten mit Vergrösserung ihres Weichbildes und mit unveränderter Angabe der bebauten Fläche[3]) für die letzten beiden Jahre, lässt sich die im Jahre 1895 eingetretene Zunahme an bebauter Fläche für folgende 20 Städte ermitteln:

---

[1]) Für Danzig, Gladbach, Münster und Stettin nach Bd. 133 der „Preussischen Statistik". — [2]) In Betreff Elberfeld, Freiburg i. B., Mülhausen und Würzburg. — [3]) Bremen, Strassburg, Dortmund.

Statistisches Jahrbuch VI.

	ar	%		ar	%		ar	%
Düsseldorf . .	7 265	10,4	Essen . . .	1 019	2,8	Görlitz . . .	240	1,2
Duisburg . .	2 933	8,5	Hannover . .	1 300	2,1	Nürnberg . .	500	0,9
Berlin . . .	19 770	8,4	Crefeld . . .	533	1,5	Breslau . . .	742	0,9
Altona . . .	2 674	8,0	Aachen . . .	400	1,4	Potsdam . . .	185	0,6
Bochum . . .	1 093	5,8	Stuttgart . .	600	1,4	Halle . . .	300	0,4
Cassel . . .	1 286	4,9	Erfurt . . .	474	1,3	Chemnitz . .	225	0,3
Lübeck . . .	1 139	4,0	Augsburg . .	530	1,2			

Hiernach stellt sich die Zunahme der bebauten Fläche in den vorgenannten Städten so verschieden heraus, dass in einer Anzahl derselben die Fortschreibung der Aenderungen der Flächennutzung wohl nicht fehlerfrei sein dürfte. In dieser Vermuthung wird man auch durch andere Vergleiche bestärkt, z. B. durch Gegenüberstellung der über die öffentlichen Park- und Gartenanlagen Seite 5 und 73 des V. Jahrgangs enthaltenen Flächenangaben[1]). Eine ähnliche Prüfung von Daten, welche für verschiedene Abschnitte in Betracht kommen, wird in Bezug auf die Fläche der Begräbnissplätze[2]) an der Hand dieses Jahrganges möglich sein.

Bemerkungen zur Tabelle auf den Seiten 3 und 4.

a) Erweiterungen des städtischen Weichbildes im Jahre 1895:

Städte	Datum der Aenderung	Eingemeindungen.	Fläche ar	Einwohner z. Z. der Eingemeindung
Frankfurt a. M.	1. April 1895	Bockenheim	56 100	20 978
	„	Ein Theil der Niederräder Gemarkung	200	—
Karlsruhe i. B.	Oktober 1895	Von der Gemarkung Beiertheim	1 643	.
Leipzig . . .	. . .	Exemtes Rittergutsareal	14 946(?)	.
Mannheim . .	. . .	Friesenheimer Insel	55 747	9
Posen . . .	31. März 1895	Gemeinden Berdychomo und Piotrowo	407	460
Wiesbaden . .	. . .	Vom Gemeindebezirk Sonnenberg (abzügl. dahin ausgemeindete 6 ar)	802	—
Zwickau . . .	1. Januar 1895	Landgemeinde Pölbitz	31 406	2 323

b) Bemerkungen in Betreff einzelner Städte.

Cassel. Einschliesslich 1680 ar Wasserflächen, welche bei diesen nicht berechnet sind.

Charlottenburg. Die Angaben beziehen sich auf den Jahresschluss 1894/95.

Elberfeld. Nach Heft 133 der „Preuss. Statistik" beträgt die Fläche 313210 ar.

Freiburg i. B. Im statist. Jahrb. für das Grossh. Baden ist die Fläche um 7900 ar grösser angegeben.

Hamburg. Die Berichtigung hat sich bei Gelegenheit einer Neuaufstellung der Flurbücher i. J. 1895 ergeben.

Karlsruhe i. B. Gegen das Vorjahr stellt sich die Gesammtfläche, ausschliesslich der Hardtwaldgemarkung, nach Fertigstellung der Katastervermessung um 4452 ar kleiner.

Leipzig. Der Flächenzugang beruht auf Berichtigung durch Neuvermessung, welche noch nicht abgeschlossen ist und auf Einflurung von exemtem Rittergutsareal.

Mannheim. Nach der Katastervermessung beträgt die Fläche 294150 ar. Die früheren Angaben beruhten theilweise auf Schätzungen.

Plauen i. V. Die Angaben beruhen auf der Vermessung von 1881. Ab- und Zuschreibungen in Folge veränderter Benutzung finden nicht statt.

Posen. Die im V. Jahrgang angegebene Fläche von 94400 ar beruhte theilweise auf Schätzung, welche sich später als unzutreffend erwiesen hat.

---

[1]) Sehr starke Abweichungen zeigen Hannover und Essen. — [2]) Vergl. den Abschnitt über Begräbnisswesen.

Gesammtfläche nach Art der Benutzung am Jahresschlusse 1895 oder 1895/96*) in Ar.

Städte	Gesammt-fläche	Gegen das Vorjahr		Die Aenderung beruht auf	Von der Gesammtfläche waren					
		mehr	weniger		bebaut mit Häusern (incl. Hofräume und Hausgärten)	Wege, Strassen, Eisenbahnen	Oeffentliche Park- und Gartenanlagen	Im Gebrauch befindliche und geschlossene Begräbnissplätze	Wasserfläche	Uebrige Fläche (einschl. grössere Gärten, land- und forstwirthschaftl. benützte)
Aachen	305 600	—	—	—	27 100	28 800	3 200	1 200	1 000	249 300
Altona.	218 026	—	4	Berichtigung	35 992	19 966	1 658	4 219	18 474	142 717
Augsburg . . .	220 061	—	30	Berichtigung	45 030	21 551	2 211	1 822	7 240	142 207
Barmen	217 200	—	—	—	.	.	3 900	2 290	2 000	.
Berlin	633 887†)	49	—	Berichtigung	255 875	181 986	.	.	18 974	.
Bochum	62 265	—	2	Berichtigung	19 773	9 377	1 831	2 091	96	29 097
Braunschweig .	273 043	—	—	—	.	.	.	.	.	.
Bremen	256 684	—	—	—	63 203	44 349	18 929	653	5 859	123 691
Breslau	305 187†)	17	—	Berichtigung	83 402	48 386	10 219	6 779	17 079	144 322
Cassel	177 407	3	—	Berichtigung	27 313	17 320	17 076*)	2 299	3 548	109 851
Charlottenburg*)	209 207	108	—	Neumessung	37 789	28 944			6 444	136 080
Chemnitz . . .	243 156	—	—	—	70 792	27 957	2 655	3 207	4 429	184 116
Crefeld	207 988	—	8	Berichtigung	36 555	17 027	1 258	2 508	—	150 645
Danzig.	200 440	228	—	? .	.	.	.	.	.	.
Darmstadt . . .	575 953	3	—	Berichtigung	.	—	—	.	—	—
Dortmund . . .	276 517	—	—	—	47 076	27 048	10 426	3 580	217	188 170
Dresden	356 180	.	.	.	.	.	.	.	.	.
Düsseldorf . . .	486 364	—	14	Berichtigung	77 020	49 261			38 054	322 029
Duisburg. . . .	375 333	24	—	Berichtigung	37 076	29 384	3 424	2 107	26 400	276 942
Elberfeld*) . .	284 400	.	.	.	.	.	.	.	.	.
Erfurt	438 093	6	—	Berichtigung	35 814	29 189	2 009	1 876	3 200	366 005
Essen	88 241	15	—	Berichtigung	36 706	11 545	731	1 331	6	37 922
Frankfurt a. M.*)	801 400	56 300	--	Eingemeindung	93 200	65 800	3 245	3 869	12 547	622 784
Frankfurt a. O.	495 230	—	—	—	.	.	.	.	.	.
Freiburg i. Br.*)	515 500	.	.	.	.	.	.	.	.	.
M.-Gladbach . .	119 620	.	.	.	.	.	.	.	.	.
Görlitz.	178 432	—	—	—	19 350	23 877	5 978	3 055	2 628	123 544
Halle a. S. . . .	253 395	2 495	—	?	61 100	18 828	1 280	2 910	3 800	165 477
Hamburg*) . . .	768 778	—	2 296	Berichtigung	215 294	87 863	13 449	2 706	111318	338 148

) Anmerkungen auf Seite 2.   1

Noch Tabelle I.

Städte	Gesammtfläche	Gegen das Vorjahr mehr	Gegen das Vorjahr weniger	Die Aenderung beruht auf	bebaut mit Häusern (incl. Hofräume und Hausgärten)	Wege, Strassen, Eisenbahnen	Oeffentliche Park- und Gartenanlagen	Im Gebrauch befindliche und geschlossene Begräbnissplätze	Wasserfläche	Uebrige Fläche (einschl. grössere Gärten, land- und forstwirthschaftl. benützte)
Hannover . . .	895 550	—	—	—	62 200	41 860	8 560	8 228	5 400	274 302
Karlsruhe i. B.*)	123 866	{ 1 648	— / 6 095	Eingemeindung Berichtigung	85 887	21 520	1 515	1 801	434	62 709
Kiel	206 197	—	—	—	28 634		18 951		1 889	157 223
Köln a. Rh. . .	1 110 718	80	—	Berichtigung	101 049	119 828	.	.	45 994	843 847
Königsberg i. Pr	200 425	6	—	Neumessung	44 826	51 900	.	.	8 924	99 774
Leipzig*) . . .	570 746	{14 946 / 1 280}	— / —	Eingemeindung Berichtigung	.	.	.	.	.	
Liegnitz	168 500	.	.	.	.	.				
Lübeck	297 242	—	—	—	29 354	21 516	2 870	880	25 881	216 741
Magdeburg . . .	555 246	19	—	Berichtigung	76 498	78 878	19 136	4 140	29 802	346 797
Mainz	115 957	—	—	—	13 413	12 123	1 846	1 672	15 566	71 337
Mannheim*) . .	294 150	{55 747 / 2 597}	— / —	Eingemeindung Berichtigung	36 482	30 960	9 438	1 824	29 967	185 464
Metz	25 333	—	—	—	12 507	4 191	519	—	8 116	—
Mülhausen i. E..	122 900	.	.	.						
München. . . .	688 728	—	272	Neumessung	.	65 845	40 688	5 049	15 219	.
Münster i. W.. .	108 290	.	.	.						
Nürnberg . . .	113 809	—	—	—	54 500	21 500	2 950	668	2 015	31 681
Plauen i. V.*). .	181 285	—	—	—	.		954	.		
Posen*)	94 675	{407 / 132}	— / —	Eingemeindung Berichtigung	14 104	.	.	1 404	5 385	28 965
Potsdam. . . .	133 862	—	—	—	28 707	12 420	13 681	1 001	25 315	52 738
Spandau	420 465	.	.	.	24 118	32 215	.	630	32 638	.
Stettin.	608 920	.	.	.						
Strassburg i. E..	782 895	—	—	—	65 500	28 100	3 500	2 062	106 618	577 115
Stuttgart	297 900	.	.	.	41 100	29 986	8 054	2 370	1 000	215 390
Wiesbaden*) . .	860 718	{808 / 5 / —}	{— / — / 6}	Eingemeindung Berichtigung Ausgemeindung	28 977	25 665	2 606	1 408	1 057	301 005
Würzburg . . .	321 600	.	.	.	.		.	.		
Zwickau*) . . .	178 037	—	—	—	23 193	11 720	2 869	1 473	4 514	134 268

*) Anmerkungen auf Seite 2.

II.
Naturverhältnisse.

Dr. Karl Singer

in München.

Ia Meteorologische Elemente ausgewählter Stationen im Jahre 1894.

Städte*)		Januar	Februar	März	April	Mai	Juni	Juli	August	September	Oktober	November	Dezember	Jahr
	Seehöhe				**I. Luftdruck 700 Millimeter +**									
Memel . . .	4,0	62,4	53,2	59,4	63,3	57,9	54,2	57,6	56,0	58,5	58,3	63,0	58,0	58,5
Hamburg . .	26,0	58,3	58,0	58,6	56,9	57,3	57,2	56,5	60,2	57,5	60,9	57,8		58,2
Berlin¹) . . .	48,9	58,3	56,4	57,0	56,6	54,4	54,9	55,8	55,3	57,7	55,5	60,3	56,8	56,6
Breslau . . .	147,0	51,7	48,4	48,6	48,0	45,3	46,3	48,2	47,9	49,4	47,3	52,9	49,4	48,7
Dresden²) . .	119,2	54,2	53,1	52,5	50,9	49,5	50,9	51,5	51,4	53,3	50,9	56,0	52,9	52,3
Cassel . . .	204,2	43,7	44,8	43,5	42,1	41,5	43,4	42,9	42,9	46,4	42,2	46,4	43,8	43,
Aachen . . .	177,0	44,8	48,5	45,6	43,7	43,9	46,7	45,3	45,4	48,0	45,0	48,3	47,2	46.
Strassburg³). .	143,5	51,2	54,3	49,9	46,9	46,7	50,5	49,3	50,1	50,8	48,5	52,3	51,8	50,2
Nürnberg . .	314,9	85,5	36,9	34,3	31,9	31,3	34,5	34,2	34,6	35,4	32,8	37,3	35,4	34,5
München⁴)**) .	523,2	17,1	19,3	16,2	18,9	13,3	17,5	17,0	17,5	17,6	15,2	19,1	17,4	16,8
	Nördl. Breite				**II. Luft-Temperatur.**									
Memel . . .	55° 43'	—3,4	0,6	2,7	9,4	11,7	12,8	18,5	17,3	10,5	6,5	4,2	1,4	7,7
Neufahrwasser⁵) .	54° 24'	—4,6	1,0	3,7	8,4	10,5	13,7	18,2	16,8	11,1	7,6	4,3	1,0	7,6
Swinemünde⁶) .	58° 56'	—2,0	2,1	4,3	7,9	10,7	14,4	18,3	16,4	11,5	8,1	5,3	1,3	8,2
Hamburg . .	58° 33'	—0,7	2,5	5,9	10,5	11,7	14,3	18,3	15,2	11,9	8,2	6,1	2,1	8,3
Bromberg⁵) .	53° 8'	—3,7	0,9	4,3	9,3	13,1	14,5	19,6	16,7	10,3	7,3	3,9	0,3	8,1
Berlin	52° 30'	—1,0	2,9	6,0	11,0	13,1	15,9	20,5	16,8	12,4	8,7	5,4	1,0	9,4
Münster i. W.⁶)	51° 58'	0,3	2,9	5,9	11,1	12,0	14,7	17,9	15,3	11,4	8,3	5,6	2,7	9,0
Breslau . . .	51° 7'	—2,4	1,6	4,7	11,0	13,8	15,3	20,4	17,5	11,8	9,2	4,8	0,5	9,0
Dresden . . .	51° 2'	—1,0	2,8	5,1	10,3	12,3	15,0	18,4	16,5	11,3	9,0	5,4	1,2	8,9
Cassel . . .	51° 19'	—1,5	2,3	5,4	10,9	11,7	14,5	17,3	15,4	11,0	8,1	4,9	1,0	8,4
Aachen . . .	50° 47'	1,3	3,6	6,6	12,3	11,7	15,3	16,4	16,1	12,4	9,3	7,0	3,7	9,3
Strassburg . .	48° 35'	—0,8	3,1	6,7	12,2	12,6	16,3	19,3	16,8	12,7	9,5	5,7	0,6	9,6
Würzburg⁵) . .	49° 48'	—1,9	2,6	5,3	10,3	12,3	15,3	19,0	16,6	11,3	8,9	4,8	0,4	8,7
Nürnberg . .	49° 27'	—3,1	1,9	5,1	10,3	12,3	15,0	19,5	16,7	11,5	8,5	4,3	—0,3	8,4
Regensburg⁶) .	49° 1'	—5,5	1,0	4,5	10,3	12,3	15,2	19,0	16,9	12,0	8,4	3,8	—1,0	7,8
München C. St.	48° 9'	—4,9	1,0	4,3	9,8	11,4	14,4	17,9	16,1	11,5	8,1	3,3	—1,2	7,6

*) Bemerkungen über die Lage der Stationen etc. siehe Seite 7.
**) Thermometer ab 1. April 1895 gegen frühere Aufstellung um 3,2 m niedriger.

(Noch Tabelle I a.)

Städte		Januar	Februar	März	April	Mai	Juni	Juli	August	September	Oktober	November	Dezember	Jahr
	Länge östlich von Greenwich	III. Niederschlags-Summen in Millimeter.												
Memel . . .	21° 7'	20	26	40	28	41	45	30	111	107	57	44	35	583,6
Neufahrwasser .	18° 40'	23	62	88	16	55	102	78	48	52	54	55	23	657,0
Swinemünde .	14° 16'	23	61	26	48	55	95	48	53	47	55	25	42	578,2
Hamburg . .	9° 58'	39	99	35	18	39	152	75	88	44	109	33	64	796,0
Bromberg . .	18° 0'	11	61	80	15	42	116	37	92	32	107	21	41	655,6
Berlin	13° 23'	16	65	38	39	49	94	44	127	42	51	20	45	629,0
Münster i. W. .	7° 37'	46	100	52	60	26	96	128	124	80	71	46	81	909,5
Breslau . . .	17° 2'	5	38	68	40	52	118	29	69	38	51	12	16	535,0
Dresden . . .	13° 45'	7	45	96	75	102	61	123	99	74	104	6	33	823,2
Cassel . . .	9° 30'	28	45	21	16	21	55	196	132	68	92	25	47	705,2
Aachen . . .	6° 5'	67	87	50	58	33	111	81	152	129	114	33	95	1011,8
Strassburg . .	7° 46'	17	28	24	57	72	50	110	69	68	105	36	34	670,3
Würzburg . .	9° 56'	10	47	32	79	29	57	65	70	72	87	15	35	598,1
Nürnberg . .	11° 4'	18	34	35	68	58	60	97	53	72	110	10	40	654,7
Regensburg . .	12° 6'	3	25	19	54	62	64	70	68	86	117	18	37	625,3
München C. St.	11° 34'	23	41	63	79	142	113	123	120	88	184	21	37	988,6

Ib. Meteorologische Elemente ausgewählter Stationen im Jahre 1895.

Städte		Januar	Februar	März	April	Mai	Juni	Juli	August	September	Oktober	November	Dezember	Jahr
	Seehöhe	I. Luftdruck 700 Millimeter +												
Memel . . .	4,0	54,4	57,9	53,8	58,1	62,8	60,3	56,1	57,0	61,2	54,2	62,7	56,3	57,9
Hamburg . .	26,0	51,5	59,2	52,5	57,2	60,4	60,0	55,9	57,4	63,3	54,1	61,0	58,9	57,2
Berlin[1]) . .	48,9	49,1	56,0	51,2	55,4	58,1	57,5	54,8	56,0	61,1	53,1	60,4	52,4	55,4
Breslau . . .	147,0	40,6	46,5	43,3	47,4	49,7	49,0	47,3	48,3	52,7	45,7	53,0	44,4	47,3
Dresden[2]) . .	119,2	44,2	51,1	46,8	50,7	52,9	52,6	50,3	51,7	56,4	49,0	55,6	48,1	50,8
Cassel . . .	204,2	35,1	42,8	38,0	42,0	44,1	44,6	42,1	43,3	48,0	40,3	45,4	38,9	42,0
Aachen . . .	177,0	38,3	46,8	41,3	45,1	47,6	48,2	45,4	46,7	51,3	43,4	46,9	41,9	45,2
Strassburg[3]) .	143,5	41,9	48,5	45,2	47,4	49,4	50,1	49,1	50,4	58,7	47,4	51,0	46,3	48,4
Nürnberg . .	314,9	25,6	32,1	29,1	32,2	34,2	84,8	33,7	35,1	38,8	31,7	36,6	30,1	32,8
München[4]) . .	523,2	7,4	13,0	11,2	14,3	16,5	17,3	16,8	18,1	21,3	14,2	18,5	12,3	15,1

II. Naturverhältnisse.

(Noch Tabelle Ib.)

Städte		Januar	Februar	März	April	Mai	Juni	Juli	August	September	Oktober	November	Dezember	Jahr
	Nördl. Breite					**II. Luft-Temperatur.**								
Memel . . .	55° 48'	—3,6	—7,2	—1,2	6,3	14,5	15,9	17,9	16,6	13,9	8,4	4,0	—4,0	6,8
Neufahrwasser⁵)	54° 24'	—2,6	—4,6	0,2	7,4	12,6	15,8	17,9	17,2	14,2	7,3	3,7	—2,3	7,2
Swinemünde³).	53° 26'	—2,4	—4,4	0,9	7,7	12,0	15,6	17,8	17,5	14,8	7,7	4,2	—0,5	7,6
Hamburg . .	53° 33'	—2,4	—4,8	2,4	9,0	12,8	15,7	16,6	17,0	15,5	7,8	4,7	0,4	7,9
Bromberg⁵). .	53° 8,	—3,2	—5,4	0,5	8,7	15,4	18,1	19,7	18,1	14,5	7,3	3,0	—2,0	7,9
Berlin	52° 30,	—2,5	—3,9	2,8	10,0	14,7	18,1	19,5	18,9	16,6	8,2	4,8	0,0	8,9
Münster i. W.⁵)	51° 58,	—2,4	—4,8	3,1	9,7	13,3	16,8	17,1	16,9	15,2	7,6	5,3	1,2	9,1
Breslau . . .	51° 7,	—3,3	—6,6	1,5	9,5	14,6	18,2	20,7	18,9	16,1	8,4	4,5	—1,0	8,5
Dresden . . .	51° 2,	—2,7	—4,9	2,9	9,6	12,9	17,1	19,4	18,0	15,7	8,2	5,3	0,8	8,7
Cassel . . .	51° 19,	—3,4	—5,8	1,8	9,3	13,1	16,1	17,4	16,8	16,1	7,5	5,7	0,5	7,9
Aachen . . .	50° 47,	—1,1	—5,0	3,9	10,1	13,5	17,0	17,7	17,9	17,5	8,5	7,9	2,4	9,2
Strassburg . .	48° 35'	—3,7	—6,7	3,2	11,0	13,9	17,5	19,0	17,6	17,3	8,4	6,9	2,1	8,9
Würzburg⁵). .	49° 48'	—4,6	—7,9	1,4	9,5	12,7	16,9	18,5	17,0	15,5	7,3	5,4	0,7	7,7
Nürnberg . .	49° 27'	—5,0	—7,9	1,2	9,3	12,7	17,2	19,3	17,4	16,1	7,3	5,2	0,7	7,7
Regensburg⁵) .	49° 1'	—4,9	—8,6	0,8	8,8	12,6	16,9	19,5	17,3	16,1	7,5	4,2	—0,7	7,5
München . .	48° 9'	—5,3	—8,4	1,0	8,3	11,5	15,5	18,5	16,7	15,7	7,5	4,7	—0,2	7,1

Städte	Länge östlich von Greenwich	Januar	Februar	März	April	Mai	Juni	Juli	August	September	Oktober	November	Dezember	Jahr
					III. Niederschlags-Summen in Millimeter.									
Memel . . .	21° 7'	66	31	41	33	16	41	57	99	58	162	52	63	720,0
Neufahrwasser.	18° 40'	41	40	43	27	63	89	53	34	32	78	33	24	551,0
Swinemünde .	14° 16'	52	48	40	38	38	55	75	62	39	87	27	44	604,4
Hamburg. . .	9° 58'	61	28	56	25	43	87	146	69	38	104	62	71	787,0
Bromberg . .	18° 0'	45	16	47	22	34	85	58	41	22	62	20	50	450,2
Berlin	13° 28'	48	21	46	29	31	49	29	50	23	71	56	51	504,2
Münster i. W. .	7° 37'	78	21	78	55	79	88	138	82	18	99	78	85	897,0
Breslau . . .	17° 2'	51	23	46	9	47	29	53	70	46	48	39	46	505,1
Dresden . . .	13° 45'	55	29	58	49	76	48	55	62	56	58	41	68	647,5
Cassel . . .	9° 30'	57	34	89	40	51	35	49	58	5	87	57	84	594,1
Aachen . . .	6° 5'	113	27	78	74	52	61	96	42	11	85	86	131	855,0
Strassburg . .	7° 46'	81	20	39	49	63	83	68	88	4	62	91	88	731,3
Würzburg . .	9° 56'	53	14	36	34	61	63	43	40	3	57	63	91	558,4
Nürnberg . .	11° 4'	62	25	43	26	92	65	38	60	14	43	72	88	628,9
Regensburg . .	12° 6'	33	11	39	65	70	83	44	75	8	41	39	36	544,3
München . .	11° 34'	47	12	69	88	114	137	81	99	12	48	48	86	836,6

¹) Teltowerstrasse 8. — ²) Altstadt (Polytechnikum). — ³) Universität. — ⁴) Central-station. — ⁵) Seehöhe von Neufahrwasser 4,5 m, Swinemünde 10,0 m, Bromberg 42,0 m, Münster i. W. 57,0 m, Würzburg 179,8 m, Regensburg 358,3 m.

Quellen: Meteorologisches Jahrbuch der Seewarte (für 1895 nach gef. vorläufiger Mittheilung); für Preussen: Ergebnisse der Beobachtungen an den Stationen II. und III. Ordnung 1894 und 1895 je Heft I und II; für Sachsen: Jahrbuch des k. sächs. Meteorologischen Instituts 1894, 1. Hälfte 1895, 1. Abtheilung; für Elsass-Lothringen: Ergebnisse der meteorologischen Beobachtungen 1894, für 1895 gütige direkte Mittheilung; für Bayern: Beobachtungen der meteorologischen Stationen 1894 und 1895.

Sämmtliche Veröffentlichungen auch unter dem gemeinsamen Titel: Deutsches meteorologisches Jahrbuch 1894 bzw. 1895 zusammengefasst.

IIa. Mittel und Extreme des Grundwasserstandes in den Jahren 1894 und 1895.

Städte, Nullpunkt, Beobachtungsstellen.	Oberkante des Bohrlochs bezw. Brunnens.	Grundwasserstand im Jahre 1894. mittlerer m	höchster Monat	höchster m	niedrigster Monat	niedrigster m	Schwankung m	Grundwasserstand im Jahre 1895. mittlerer m	höchster Monat	höchster m	niedrigster Monat	niedrigster m	Schwankung m
Berlin.¹) (Normalnullpunkt d. k. St.W.B.)													
I. Skalitzerstr. (Görl. B.)	36,10	32,18	–	(32,21)	—	(32,16)	(0,05)	32,16	IV	82,31	IX	32,08	0,2?
II. Koppenstr.	35,13	32,15	IV	32,30	I	32,11	0,09	32,15	IV	32,28	I,II,III	32,06	0,2?
III. Schlossplatz	34,82	30,89	IV	31,00	XII	30,78	0,22	30,95	IV	31,70	X	30,79	0,9?
IV. Invalidenpark	35,83	30,49	III	30,58	IX, X	30,44	0,14	30,57	IV	31,11	X	30,39	0,7?
V. Lothringerstr. 9	38,99	30,45	IV	30,59	IX, X	30,34	0,25	30,43	V	30,63	X, XI	30,28	0,3?
VI. Potsdamerplatz	35,05	31,26	V	31,36	XII	31,18	0,18	31,27	V	31,51	X	31,13	0,3?
VII. Gneisenau-Ecke (Nostizstr.)	34,98	32,49	III, IV	32,54	I, X	32,46	0,08	32,49	V	32,61	X	32,38	0,2?
VIII. Potsdamer Ecke (Bülowstr.)	34,55	32,30	III	32,37	X	32,22	0,15	32,26	IV	32,43	IX, X	32,12	0,31
München.²) (über dem Meeresspiegel).													
I. k. Südbahnhof*)	524,73	—	X	519,81	I	519,58	0,23	519,19	V	519,35	XII	519,05	0,30
II. Corneliusstr. 16	516,73	511,52	VI	511,72	I	511,21	0,51	511,46	V	511,70	II	511,10	0,60
III. k. Holzgarten**)	510,24	—	VI	505,62	II	505,34	0,28	505,52	V	505,67	I	505,25	0,42
IV. Hygienisches Institut	520,74	515,24	VI	515,59	I	514,57	1,02	515,22	VI	515,66	II	514,88	0,7?
V. Rindermarkt 1.	518,56	509,96	VIII	510,06	XII	509,82	0,24	509,95	VII	510,10	I.	509,77	0,33
VI. Gabelsbergerstr. 26	516,16	511,64	VII, X	511,80	II, III	511,44	0,36	511,59	II	511,91	I	510,97	0,94
VII. Pilgersheimerstr. 7	517,69	514,97	VI	515,19	I	514,62	0,57	514,98	VI	515,18	II	514,84	0,34
VIII. Rosenheimerstr. (Bahnw.)	532,16	521,85	VII	522,05	III	521,64	0,41	521,90	VII	522,17	III, III	521,70	0,47
IX. St. Krankenhaus r. d. J.	525,09	518,39	VII	518,53	III	518,25	0,28	518,44	VII	518,61	II	518,29	0,32
Breslau.³) (Oderpegel i. Oberwasser.)													
I. Lehmdamm 70	6,32	4,59	VI	4,63	XII	4,54	0,09	4,60	III	4,71	IX	4,54	0,17
II. Am Wäldchen 20	4,86	0,36	VII	0,76	XII	0,14	0,62	0,36	IV	1,42	X	-0,06	1,48
III. Ritterplatz 16	8,95	4,28	VI	4,58	IX	4,00	0,58	4,27	IV	4,90	IX	4,01	0,9?
IV. Vorwerkstr. 36	6,84	4,93	VII	5,08	I, II	4,81	0,27	4,84	V	5,07	IV	4,69	0,3?
V. Berlinerstr. 29	6,27	0,02	VIII	0,21	XII	-0,14	0,35	0,02	VII	0,33	XII	-0,19	0,5?
VI. Gabitzstr. 30	7,99	6,56	VI	6,91	XII	6,26	0,65	6,46	IV	7,03	VIII	6,22	0,5?
VII. Lehmgrubenstr. 59	8,30	6,78	III	7,19	X	6,54	0,65	6,64	III	7,25	X	6,36	0,4?
Dresden.⁴) (Elbepegel.)													
I. Löbauerstr. 4	12,79	1,00	XI	1,17	I	0,65	0,52	1,25	IV	2,42	III	0,77	1,8
II. a.d.Dreikönigskirche 9	8,59	-0,42	XI	0,00	I	-1,05	1,05	-0,28	III	0,81	III	-0,87	1,6
III. Grossenhainerplatz	7,48	-0,27	XI	0,08	I	-0,67	0,77	-0,13	IV, V	0,54	III	-0,52	1,0
IV. Königsbrückerstr. 78	11,84	0,81	IX, XI	0,93	III	0,61	0,32	0,97	VI, VII	1,28	XII	0,72	0,5
V. Zeughausplatz 3	8,81	1,48	X	1,77	I, II	1,29	0,48	—	IV	2,36	II	1,37	0,9
VI. Böhmischer Bahnhof	9,14	3,00	VIII	3,34	II	2,59	0,75	—	(3,48)	—	(1,69)	(1,7?)	
VII. Papiermühlengasse 10	10,30	4,19	VIII	4,65	II	3,70	0,95	3,88	IV	4,14	XI	3,68	0,4
Bremen.⁵) (Weserpegel.)													
I. Hutfilterstr. 18	6,11	0,73	XII	0,85	I	0,67	0,18	—	—	—	—	—	—
II. Neustadtwall 80d	3,39	0,22	III	1,12	X	-0,48	1,60	—	—	—	—	—	—
III. Lessingstr. (Volksch.).	2,58	-0,01	III	0,62	VII	-0,53	1,15	—	—	—	—	—	—
IV. Schlachthofstr.	2,04	-1,27	XI	-0,98	V	-1,53	0,55	—	—	—	—	—	—
V. Nordstr. (Volksch.).	2,36	0,35	III	0,73	V	0,22	0,27	—	—	—	—	—	—

*) Ab Dezember 1894 Kapellenweg 2. Höhe 524,25. — **) Ab November 1894 Bogenhauserst. 22. Höhe 510,93. — 1) Ohne Aenderung. — Sämmtlich Bohrlöcher. — 2) München, statt Physiologisches Institut Hygienisches Institut. — Sämmtlich Brunnen. — 3) Breslau, — ohne Aenderung. — Sämmtlich Bohrlöcher — 4) Dresden, ab September 18.. Bismarkplatz-Ecke Reichstr. Höhe 9,38 statt Böhmischer Bahnhof. — Sämmtlich Brunnen. — 5) Für 1895 waren d.. Angaben bei Fertigstellung des Manuskripts noch ausständig. — Sämmtlich Brunnen.

II b. Mittlerer Grundwasserstand in den Monaten des Jahres 1894.

Städte und Bohrlöcher bezw. Brunnen.	Januar.	Februar.	März.	April.	Mai.	Juni.	Juli.	August.	September.	October.	November.	December.	Jahr.
Berlin.					30 m +								
I.	2,17	2,16	2,21	2,21	2,21	2,20	2,17	—	—	—	2,17	2,16	2,18
II.	2,11	2,12	2,17	2,20	2,18	2,19	2,16	2,15	2,16	2,13	2,14	2,14	2,15
III.	0,81	0,81	0,91	1,00	0,96	0,96	0,94	0,91	0,87	0,87	0,87	0,78	0,89
IV.	0,46	0,47	0,58	0,57	0,55	0,50	0,47	0,45	0,44	0,44	0,49	0,49	0,49
V.	0,49	0,53	0,57	0,59	0,54	0,49	0,43	0,37	0,34	0,34	0,35	0,39	0,45
VI.	1,19	1,21	1,30	1,35	1,36	1,29	1,32	1,29	1,34	1,22	1,20	1,18	1,26
VII.	2,46	2,49	2,54	2,54	2,51	2,52	2,51	2,50	2,49	2,46	2,47	2,47	2,49
VIII.	2,32	2,30	2,37	2,36	2,33	2,34	2,31	2,26	2,26	2,22	2,27	2,27	2,30
München.					500 m +								
I.	19,58	19,60	19,62	19,62	19,71	19,75	19,67	19,67	19,72	19,81	—	*19,07	—
II.	11,21	11,30	11,49	11,65	11,71	11,72	11,70	11,65	11,57	11,53	11,42	11,23	11,52
III.	5,40	5,34	5,45	5,56	5,57	5,62	5,60	5,58	5,58	—	**5,44	5,32	—
IV.	14,57	15,02	15,05	15,09	15,36	15,59	15,50	15,43	15,37	15,37	15,41	15,16	15,24
V.	9,89	9,88	9,93	9,98	10,00	10,00	10,05	10,06	10,04	9,99	9,92	9,82	9,96
VI.	11,49	11,44	11,44	11,47	11,62	11,79	11,80	11,78	11,77	11,80	11,71	11,59	11,64
VII.	14,62	14,72	14,81	14,85	15,10	15,19	15,13	15,13	15,13	14,98	14,89		14,97
VIII.	21,75	21,69	21,64	21,66	21,73	21,82	22,05	21,99	21,90	21,93	21,98	21,97	21,85
IX.	18,32	18,27	18,25	18,27	18,35	18,45	18,53	18,46	18,42	18,45	18,46	18,44	18,39
Breslau.													
I.	4,55	4,59	4,62	4,59	4,61	4,63	4,59	4,60	4,58	4,59	4,57	4,54	4,59
II.	0,26	0,24	0,46	0,57	0,37	0,51	0,76	0,38	0,30	0,30	0,18	0,14	0,36
III.	4,09	4,28	4,45	4,44	4,40	4,58	4,43	4,03	4,00	4,19	4,26	4,13	4,28
IV.	4,81	4,44	4,84	4,98	4,99	5,03	5,08	5,04	5,00	4,94	4,94	4,85	4,93
V.	0,01	−0,02	−0,11	0,01	0,06	0,09	0,13	0,21	0,13	0,00	−0,12	−0,14	0,03
VI.	6,37	6,38	6,74	6,88	6,81	6,91	6,80	6,43	6,38	6,39	6,35	6,26	6,56
VII.	6,64	6,99	7,18	6,95	6,90	6,88	6,82	6,69	6,59	6,54	6,63	6,58	6,78
Dresden.													
I.	0,65	0,67	0,83	1,08	1,12	1,08	1,07	1,13	1,14	1,13	1,17	0,99	1,00
II.	−1,05	−0,93	−0,53	−0,26	−0,23	−0,18	−0,35	−0,46	−0,45	−0,17	0,00	−0,44	−0,42
III.	−0,67	−0,61	−0,37	−0,13	−0,15	−0,12	−0,26	−0,29	−0,26	−0,31	0,10	−0,15	−0,27
IV.	0,66	0,62	0,61	0,73	0,80	0,85	0,87	0,88	0,93	0,90	0,93	0,91	0,81
V.	1,29	1,29	1,43	1,44	1,47	1,46	1,41	1,49	1,50	1,77	1,67	1,50	1,48
VI.	2,69	2,59	2,75	2,72	2,86	3,02	3,06	3,34	3,30	3,24	3,26	3,19	3,00
VII.	3,83	3,70	3,86	4,04	4,15	4,26	4,28	4,65	4,58	4,43	4,31	4,15	4,19
Bremen.													
I.	0,67	0,71	0,79	0,74	0,69	0,68	0,76	0,71	0,72	0,71	0,81	0,85	0,73
II.	−0,11	0,85	1,12	0,61	0,17	0,01	0,17	−0,06	−0,06	−0,48	0,22	−0,07	0,22
III.	−0,02	0,48	0,62	−0,13	−0,47	−0,48	−0,53	−0,28	−0,15	−0,04	0,59	0,33	−0,01
IV.	−1,31	−1,10	−1,00	−1,33	−1,53	−1,49	−1,41	−1,48	−1,49	−1,23	−0,98	−1,03	−1,27
V.	0,28	0,34	0,49	0,45	0,35	0,30	0,35	0,33	0,29	0,22	0,32	0,36	0,35

*) ab Dezember 1894 Brunnen Kapellenweg 2.
**) ab November 1894 Brunnen Bogenhauserstr. 22.

IIc. Mittlerer Grundwasserstand in den Monaten des Jahres 1895.

Städte und Bohrlöcher bezw. Brunnen.	Januar.	Februar.	März.	April.	Mai.	Juni.	Juli.	August.	September.	October.	November.	December.	Jahr.
Berlin.					30 m +								
I.	2,17	2,17	2,18	2,31	2,23	2,17	2,12	2,09	2,08	2,10	2,15	2,15	2,16
II.	2,16	2,16	2,15	2,28	2,26	2,22	2,15	2,11	2,08	2,06	2,06	2,06	2,15
III.	0,83	0,89	0,95	1,70	1,10	0,93	0,88	0,85	0,83	0,79	0,81	0,83	0,95
IV.	0,51	0,52	0,56	1,11	0,95	0,60	0,46	0,43	0,41	0,39	0,41	0,43	0,57
V.	0,44	0,45	0,47	0,56	0,63	0,55	0,44	0,40	0,32	0,28	0,28	0,31	0,43
VI.	1,18	1,19	1,22	1,48	1,51	1,35	1,26	1,20	1,14	1,13	1,25	1,30	1,27
VII.	2,49	2,50	2,51	2,58	2,61	2,56	2,51	2,44	2,40	2,38	2,43	2,47	2,49
VIII.	2,28	2,27	2,29	2,43	2,42	2,31	2,22	2,16	2,12	2,12	2,22	2,39	2,26
München.					500 m +								
I.	19,08	19,09	19,23	19,32	19,35	19,32	19,31	19,25	19,13	19,07	19,07	19,05	19,19
II.	11,12	11,10	11,25	11,57	11,70	11,67	11,67	11,66	11,50	11,43	11,47	11,37	11,46
III.	5,25	5,27	5,39	5,60	5,87	5,63	5,64	5,62	5,57	5,55	5,56	5,49	5,52
IV.	15,08	14,88	15,02	15,36	15,44	15,66	15,60	15,43	15,23	15,05	14,98	14,96	15,22
V.	9,77	9,80	9,84	10,08	10,06	10,08	10,10	10,01	9,94	9,96	9,94	9,92	9,95
VI.	10,97	11,37	11,50	11,62	11,71	11,84	11,91	11,89	11,81	11,65	11,44	11,44	11,59
VII.	14,87	14,84	14,93	15,13	15,11	15,18	15,14	15,10	15,00	14,89	14,86	14,86	14,98
VIII.	21,85	21,73	21,70	21,87	21,99	22,08	22,17	22,11	21,96	21,87	21,80	21,70	21,90
IX.	18,37	18,39	18,30	18,43	18,52	18,57	18,61	18,57	18,51	18,43	18,37	18,30	18,44
Breslau.													
I.	4,61	4,59	4,71	4,64	4,63	4,59	4,59	4,58	4,54	4,55	4,59	4,61	4,60
II.	0,13	0,11	0,24	1,42	1,04	0,67	0,40	0,20	0,07	-0,06	0,06	0,07	0,35
III.	4,04	4,13	4,37	4,90	4,52	4,33	4,21	4,18	4,01	4,05	4,24	4,24	4,27
IV.	4,79	4,78	4,82	4,89	5,07	5,01	4,92	4,87	4,82	4,79	4,78	4,79	4,84
V.	-0,16	-0,10	-0,05	-0,08	0,22	0,27	0,33	0,19	0,04	-0,07	-0,15	-0,19	0,02
VI.	6,38	6,80	6,78	7,03	6,72	6,47	6,29	6,22	6,29	6,35	6,23	6,52	6,46
VII.	6,57	6,60	7,25	7,04	6,85	6,70	6,55	6,49	6,41	6,36	6,42	6,56	6,64
Dresden.													
I.	0,84	0,83	0,77	2,42	1,94	1,78	1,49	1,27	1,04	0,90	0,79	0,78	1,25
II.	-0,69	-0,81	-0,87	0,81	0,71	0,58	0,03	-0,29	-0,62	-0,79	-0,79	-0,61	-0,28
III.	-0,37	-0,49	-0,52	0,54	0,54	0,49	0,49	0,12	-0,13	-0,36	-0,49	-0,55	-0,13
IV.	0,86	1,04	0,73	0,86	1,10	1,28	1,28	1,20	1,05	0,92	0,80	0,72	0,97
V.	1,41	1,37	1,55	2,36	2,15	2,09	1,92	1,81	—	—	—	—	—
VI.**)	3,07	3,00	2,97	3,24	3,40	3,48	—	—	**)1,69	2,90	2,67	2,69	—
VII.	3,99	3,86	3,80	4,14	4,13	4,05	3,89	3,79	3,77	3,71	3,68	3,72	3,88
Bremen.*)													

**) ab 2. September 1895 Bismarckplatz Ecke Reichsstr. Höhe des Hauptpunktes 9,38 (an Stelle des B. B. 9,14).
***) vgl. Bemerkung unter IIa S. 8.

III.
Grundbesitz und Gebäude.

Von

Dr. M. Neefe,

Director des statistischen Amts der Stadt Breslau.

A. Allgemeine Erhebungen über Grundstücke und Gebäude.

Die in den früheren Jahrgängen enthaltenen Nachrichten über die in Verbindung mit den allgemeinen Volkszählungen von 1885[1]) und 1890[2]) stattgehabten Erhebungen über Grundstücke und Gebäude werden nachstehend auf Grund der von den betreffenden Stadtverwaltungen ausgefüllten Fragebogen für das Jahr 1895 fortgesetzt.

Die Erhebung fand i. J. 1895 statt durch besondere Grundstückskarten,[3]) welche theils Fragen über die Wohnungsverhältnisse umfassten (Leipzig, Dresden, München), theils auf Fragen über die Grundstücks- und Gebäudeverhältnisse sich beschränkten (Berlin, Altona, Lübeck).

In mehreren der in Betracht kommenden Städte diente die Erhebung zugleich als Vorbereitung zur eigentlichen Volkszählung[4]) und wurde mehrere Wochen vor der letzteren (wie in Altona, Hamburg, Breslau, Leipzig), in anderen Städten (wie in Berlin, München, Dresden, Lübeck, Mannheim) zugleich mit der Volkszählung am 2. Dezember ausgeführt.

Ausser der Signirung (Name und No. der Strasse, theilweise auch Bezeichnung des Stadttheils, Bezirks, Zählbezirks, Brand - Kataster-Abtheilung und No.) hatten die Formulare folgenden Inhalt:

a) Nach dem Besitzer und zwar nach Namen, Stand und Beruf desselben ist in 8 Städten gefragt worden, in 4 Städten ausserdem nach der Wohnung (oder falls auswärts nach dem Wohnort), wenn nicht im Hause wohnend, in Dresden auch nach der Wohnung des Verwalters, falls die Verwaltung des Grundstücks nicht durch den Eigenthümer selbst besorgt wird. In Breslau wurde (wie 1890 in Magdeburg) auch gefragt, ob der gegenwärtige Eigenthümer das Grundstück durch Kauf, Tausch, Erbgang oder wie sonst erworben hat. Zur Feststellung der Besitzdauer ist in Altona, Berlin, Breslau

---

[1]) Vgl. I. Jahrg., S. 55.
[2]) Vgl. II. Jahrg. S. 40, III. Jahrg. S. 19, V. Jahrg. S. 17 ff.
[3]) Der Name derselben war verschieden, sie war z. B. benannt Grundstückskarte (in Berlin, Altona), Grundstücksliste (Breslau, Leipzig, Dresden), Grundstücksbogen (Lübeck), Fragebogen für Grundstücksbesitzer (Hamburg), Hausbogen für das Anwesen (München), Hauskarte (Mannheim), Gebäude-Fragekarte (Bremen).
[4]) In einigen Städten fand eine Vorerhebung über die einzelnen Haushaltungen und deren Wohnung nach der Stockwerklage mittelst besonderer „Hauszettel" statt wie in Dresden Mitte Oktober, in Berlin Anfang November.

und München ferner gefragt worden, seit wann dem Eigenthümer
das Grundstück gehört.

b) In Betreff der auf dem Grundstück befindlichen Gebäude: nach der
Lage, ob Vorder-, Seiten- oder Hinterhaus (Breslau, Dresden, Altona),
nach der Unterscheidung ob Haupt- oder Nebengebäude(München),
nach der Hauptbestimmung (Berlin, Breslau, Dresden, Altona),
nach dem Jahre der Erbauung (Breslau, München), nach der Zahl
der Stockwerke (Berlin, München, Breslau, Altona, Mannheim, —
in erstgenannter Stadt je mit der Unterscheidung ob bewohnt oder
leerstehend), nach der Zahl der Wohnungen (Breslau, Dresden,
München, — in den beiden erstgenannten Städten je mit der
Unterscheidung ob bewohnte oder leerstehende Wohnungen).[1]

c) In Bezug auf häusliche Einrichtungen sind Fragen gestellt: nach
der Wasserversorgung (Berlin, Breslau, Altona), nach dem Anschluss an die Schwemmkanalisation (Breslau, Altona), nach
dem Vorhandensein von Wasserklosets (Altona und Breslau),
nach dem Anschluss an Gas- und elektrische Beleuchtung (Breslau,
Altona), nach dem Vorhandensein von Hausgärten (Berlin, Dresden, Altona).

Im Vergleich mit den besonderen Erhebungen über Grundstücke
und Gebäude i. J. 1890 macht sich wohl in Folge der erheblichen Inanspruchnahme durch die Berufszählung eine gewisse Beschränkung i. J.
1895 bemerkbar, obschon die Beschaffung von eingehendem und zuverlässi-
gem Material zu Untersuchungen über den städtischen Grundbesitz
den Gemeindeverwaltungen und den Hausbesitzern von grossem Interesse
sein würde.[2]

In den Tabellen I bis VII (S. 15 ff.) sind die Ergebnisse jener
Erhebungen nach den ausgefüllt eingegangenen Fragebogen in ähnlicher
Weise wie für die früheren Erhebungen zusammengestellt worden. In
Tab. I sind einige wesentliche Verhältnisszahlen mitenthalten. Die
übrigen relativen Zahlen sollen später gegeben werden, wenn die vollständigen Ergebnisse dieser Statistik in den Veröffentlichungen der betr.
städtestatistischen Aemter vorliegen werden. Die nach der bebauten
Fläche beurtheilte durchschnittliche Grösse der bebauten Grundstücke
schwankt in den 11 Städten, für welche eine Berechnung möglich
war, zwischen 3,8 (Lübeck) und 13,7 ar (Charlottenburg). Die durchschnittliche Bewohnerzahl auf einem bewohnten Grundstück ist unter
24 Städten am grössten in Berlin (mit 72,1 Einw.), am geringsten in
Lübeck (mit 9,4 Einw.). Diese Verhältnisszahlen würden nicht so erheblich abweichen und zu Vergleichen brauchbarer sein, wenn die
Anstaltsgrundstücke (Kasernen, Krankenhäuser, grosse Fabriken etc.) bei
der Berechnung ausgeschieden werden könnten. Die sog. durchschnittliche Behausungsziffer hat sich von 1885 bis 1895 in den meisten Städten,
welche einen Vergleich zulassen, vergrössert, so in Berlin von 67 auf
72, Breslau von 49 auf 51, München von 29 auf 34, Dresden von 33

---

[1] Ueber die auf den Grundstückslisten mitenthaltenen Fragen nach den Wohnungen und Geschäftslokalen unterlassen wir hier die Skizzirung, da dieselbe in den
Abschnitt über die Wohnungen etc. gehört.

[2] In Frankfurt a. M., Magdeburg, Chemnitz, Hannover, Stuttgart fanden i. J. 1895
keine bezügl. Ermittelungen statt. Die Ergebnisse der in Altona und Königsberg
ausgestellten Erhebungen sollen erst später aufbereitet werden.

auf fast 36; sie hat sich gemindert in Folge der erheblichen Eingemeindungen in Leipzig von 41 auf 34.

B. Grundbesitzwechsel.

In Tab. VIII S. 18 ist im Anschluss an die auf S. 45 des II. Jahrg. enthaltenen Nachweisung soweit möglich für die letzten 6 Jahre eine Uebersicht über die Zahl der bebauten Grundstücke gegeben, welche ihren Besitzer gewechselt haben. Verhältnisszahlen lassen sich nur für einige Städte berechnen.

Städte	Zahl der durchschnittl. jährlich 1891/95 im Besitz gewechselten bebauten Grundstücke	Zahl der bebauten Grundstücke im Mittel 1890/1895	Auf 100 bebaute Grundstücke kommen im Besitz gewechselte bebaute Grundstücke
Berlin . . .	2127	22998	9,2
Breslau . .	664	7229	9,2
Frankfurt a.O.	63	2463	2,6
Kiel . . .	337	3480	9,7
Leipzig . . .	905	11613	7,8
München . .	1586	11710	13,5

C. Das Grundeigenthum der Stadtgemeinden.

Für die Jahre 1889 bis 1893 sind in den früheren Jahrgängen[1] Zusammenstellungen über die Fläche und den Werth des Grundeigenthums der Stadtgemeinden versucht worden. Die Werthangaben für die einzelnen Jahre waren aber zum Theil sehr abweichend. In Ermangelung der erforderlichen Aufklärung über erhebliche Abweichungen, welche auf Aenderung der meist unsicheren Schätzungsmethoden zurückzuführen sein werden, sind die Werthe für diesen Jahrgang nicht erfragt worden. Es ist in Tab. IX (S. 19) nur die der Stadtgemeinde gehörige Fläche (ausschl. Strassenterrain) für 30 Städte zusammengestellt mit der Unterscheidung ob inner- oder ausserhalb des Stadtbezirks gelegen. Wie aus Spalte 3 jener Tabelle erhellt, ist die Grösse des Antheils dieser Fläche an der Gesammtfläche des Stadtbezirks in den einzelnen Städten sehr verschieden und schwankt zwischen 1,6 (Bremen) und 55,6 % (Cassel).

In Tab. X S. 20 ist für 26 Städte der Wechsel im Grundbesitz der Stadtgemeinde nach der Fläche soweit möglich für die 3 Jahre 1893/95 nachgewiesen.

---

[1] Vgl. II. Jahrg. S. 43 u. 48, III. Jahrg. S. 22 u. 31, V. Jahrg. S. 24 bis 27.

I. Hauptübersicht über die Grundstücke und Gebäude im Herbst 1895.

Städte	Bebaute Grundstücke			Hierunter leersteh. im Bau vollend. Grundst.	Ausserdem im Bau befindliche Grundstücke	Auf ein bebautes Grundstück kommen von der mit Häusern behauten Fläche ar	Auf ein bewohntes Grundstück kommen durchschnittlich Einwohner	Gebäude			Im Durchschnitt kommen auf ein		
	bewohnt	unbewohnt	Summe					bewohnt	unbewohnt	Summe	Gebäude bebaute Fläche ar	Grundstück Gebäude	bewohntes Gebäude Einwohner
Aachen . . .	6 493	58	6 551	.	.	4,1	17,0	.	.	.	.	.	.
Barmen . . .	4 610	2 340	6 950	.	.	.	27,5	.	.	.	.	.	.
Berlin . . .	23 252[1]	746[2]	23 998	409	.	10,7	72,1	31 718	9 154	40 862	15,5	1,7	52,9
Bochum . . .	3 010	14	3 024	.	.	6,5	17,8	.	.	.	.	.	.
Breslau . . .	7 286[3]	221	7 507	.	121	11,1	51,2	10 148[3]	3 612	13 760	6,0	1,8	36,8
Charlottenburg	2 680	75	2 755	42	112	13,7	49,4	3 884	.	.	.	.	39,1
Chemnitz . .	4 732	.	.	.	.	.	34,0	.	.	.	.	.	.
Crefeld . . .	.	.	.	.	.	.	.	7 564	110	7 674	4,8	.	14,1
Duisburg . .	.	.	.	.	.	.	.	5 850	.	.	.	.	13,1
Dresden . . .	9 346[3]	322	9 668	37	187	.	35,7	11 970	90[4]	.	.	.	28,0
Erfurt . . .	4 396	.	.	.	.	.	17,8	.	.	.	.	.	.
Frankfurt a. O.	2 441	56	2 497	3	8	.	24,2	3 141	.	.	.	.	18,8
Halle a. S. . .	4 482	56	4 538	23	9	13,5	25,9	5 804	44	5 848	10,4	1,3	20,0
Karlsruhe . .	.	.	.	.	.	.	.	3 687	222	3 909	9,2	.	22,8
Kiel	3 888	196	4 084	.	.	7,0	22,0	.	.	.	.	.	.
Köln	20 951	.	12 076	.	.	.	15,3	22 174	.	.	.	.	14,9
Leipzig . . .	11 564	512	12 076	.	.	.	34,4	.	.	.	.	.	.
Liegnitz . . .	1 972	57	2 029	5	9	.	26,1	.	52	.	.	.	.
Lübeck . . .	7 427	296	7 723	78	42	3,8	9,4	8 497	1 100	9 597	3,1	1,2	8,2
Magdeburg . .	6 083	.	.	.	.	.	35,2	.	.	.	.	.	.
Mainz . . .	3 364	134	3 498	47	.	3,8	23,0	.	.	.	.	.	.
Mannheim . .	3 618	.	.	.	.	.	25,1	3 841	.	.	.	.	23,6
Metz	2 887	121	3 008	74	.	4,1	20,6	.	.	.	.	.	.
München . .	11 831	318	12 149	117	164	.	34,4	16 252	3 676	19 779	.	1,6	25,0
Potsdam . .	2 726	133	2 859	.	.	10,0	21,4	.	.	.	.	.	.
Spandau . . .	1 910	.	.	75	.	.	29,2	.	.	.	.	.	.
Strassburg . .	.	.	.	75	.	.	.	7 507	337	7 844	8,3	.	18,0
Stuttgart . . .	.	.	.	.	.	.	.	7 498	180	7 678	5,4	.	21,1
Zwickau . . .	2 314	.	.	.	.	.	21,8	.	.	.	.	.	.

[1]) Ausserdem 8 bewohnte Grundstücke ohne feste Gebäude. — [2]) Darunter 337 im Rohbau befindliche Grundstücke. — [3]) Einschl. der sonst nur zu gewerblichen etc. Zwecken dienenden, in denen zur Zählungszeit Personen schliefen. — [4]) D. h. zum Wohnen bestimmte unbewohnte Gebäude. — [5]) Die Zahl der bewohnten Grundstücke ist gegen 1890 um 542, die Zahl der bewohnten Gebäude nur um 266 gewachsen. Dieser Widerspruch erklärt sich in der Hauptsache daraus, dass die Grundstücksliste 1895 besser wie früher den Hausbesitzer auf den Unterschied zwischen blossem Seitenflügel und Seitenhaus hinwies. Ebendaraus erklärt sich grösstentheils der Rückgang in der Zahl der unbewohnten Gebäude.

II. Die bebauten Grundstücke nach der Gebäudezahl
im Herbst 1895.

Städte	Grundstücke mit					
	1	2	3	4	5	6 u. mehr
	Gebäuden					
Berlin	12 664	7 305	2 445	758	265	224
Breslau	5 284	1 521	357	94	19	11
Charlottenburg	2 154	392	97	32	3	2
Crefeld[1])	4 500	2 900	164	.	.	.
Dresden[2])	7 226	1 739	339	52	11	9
Frankfurt a. O.	1 940	349	118	24	8	2
Halle a. S.	3 289	1 126	53	11	1	2
Köln[3]) . . . . a)	19 991	978	50	19	2	9
. . . . b)	19 284	930	40	11	1	5
Liegnitz	1 460	460	49	3	.	.
Lübeck	6 988	878	62	23	16	38
München	6 664	4 276	821	388		

[1]) Die Angaben in den Tabellen II—VII beruhen für Crefeld theilweise auf Schätzungen.
[2]) Einschl. der zum Wohnen bestimmten, aber am Zählungstage leerstehenden Grundstücke.
[3]) Neben a sind sämmtliche bewohnte Grundstücke enthalten, neben b nur die Wohngrundstücke d. i. ausschliesslich der Anstaltsgrundstücke, der nur theilweise Wohnzwecken dienenden Grundstücke, sowie der Bretterbauden, Schiffe (Wohnungen).

III. Die Grundstücke nach der Zahl der Wohnungen
im Herbst 1895.

Städte	Bewohnte Grundstücke mit									
	1	2	3	4	5	6 bis 10	11 bis 15	16 bis 20	21 bis 30	über 30
	Wohnungen									
Berlin . . .	722	655	709	854	783	4 027	4 265	3 402	4 479	3 359
Breslau . . .	385	339	310	308	368	1 596	1 486	1 149	1 087	258
Charlottenburg	291	241	145	108	98	514	490	381	344	118
Dresden . . .	722	619	585	661	612	3 293	2 154	477	204	49[1])
Frankfurt a. O.	327	284	243	257	216	765	274	64	7	7
Halle a. S. . .	561	526	560	574	415	1 266	434	108	32	6
Köln[2]) . . a)	6 585	3 670	3 262	2 709	1 612	2 757	390	66	80	18
. . b)	6 145	3 423	3 214	2 682	1 597	2 719	384	64	29	14
Liegnitz . . .	179	145	185	223	270	673	233	48	14	2
Lübeck . . .	2 429	2 800	1 298	432	198	298	32	9	6	3
Mannheim . .	654	445	469	557	323	1 022	243	46	21	
München . .	1 506	927	964	967	704	3 501	1 838	871	511	108

[1]) Darunter 14 nur mit Anstalten.
[2]) Vergl. Anmerkung 3 zu Tabelle II.

IV. Die Grundstücke nach der Zahl der Bewohner im Herbst 1895.

Städte	Bewohnte Grundstücke mit											
	1 bis 5	6 bis 10	11 bis 20	21 bis 30	31 bis 40	41 bis 50	51 bis 75	76 bis 100	101 bis 150	151 bis 200	201 bis 300	über 300
	Bewohnern.											
Berlin . . .	1 292		1 790	2 014	2 218	2 369	4 880	3 434	3 463	1 220	467	118
Breslau . . .	806	459	888	860	842	822	1 624	914	525	63	21	12
Charlottenburg		498	346	240	270	221	466	352	237	39	8	3
Crefeld . . .	400	2 700	2 410	1 500	475	30	24	12	8	3	2	—
Dresden . . .	508	927	1 609	1 634	1 547	1 252	1 321	348	162	20	9¹)	7
Frankfurt a. O.	285	392	699	490	297	172	134	21	1	·	·	·
Halle a. S. . .	354	716	1 295	799	535	304	346	89	30	7	2	5
Köln²) . . . a	3 715	6 025	6 845	2 646	1 016	886	840		76			
. . . . b	3 484	5 812	6 691	2 588	990	376	301		29			
Leipzig . . .	618	1 083	2 070	2 062	1 919	1 481	1 630	478	187	21	10	5
Liegnitz . . .	138	249	564		271	147	118	18	4	·	2	1
Lübeck . . .	2 212	3 076	1 749	272	57	26	23	2	1	6	2	1
Mannheim . .	351	630	1 108	735	423	268	189	59	17			
München . .	1 052	1 514	2 271	1 777	1 541	1 149	794	906	425	327	60	15

¹) Darunter eine Anstalt, welche sich über drei verschiedene Grundstücke erstreckt, als ein Grundstück behandelt. — ²) Vergl. Anmerkung 3 zu Tab. II.

V. Höhe der Gebäude nach der Zahl der Stockwerke und mit der Unterscheidung nach Kellerwohnungen im Herbst 1895.

a = bewohnte und leerstehende Gebäude, b = bewohnte Gebäude ; m = mit, o = ohne Kellerwohnungen.

Städte	Be-zeich-nung.	Bewohnte Gebäude mit					
		1	2	3	4	5	6 u. mehr
		Stockwerklagen.					
Berlin . . .	b. m.	125	286	757	3 188	7 321	2 441
" . . .	b. o.	1 029	1 356	1 823	2 366	8 745	2 781
Breslau . . .	b. m.	14	68	164	606	1 178	117
" . . .	b. o.	332	1 179	1 417	2 125	2 474	479
Charlottenburg.	b. m.	47	152	186	147	90	21
"	b. o.	222	374	274	289	1 342	240
Crefeld . . .	b. o.	1 200	2 300	4 052	12	—	—
Frankfurt a. O.	b. m.	28	109	244	84	2	—
"	b. o.	326	1 029	988	295	86	—
Halle a. S. . .	b. m.	15	167	431	370	14	—
"	b. o.	183	1 352	2 096	1 067	108	1
Liegnitz . . .	b. m.	109	227	892	852	205	3
" . . .	b. o.	3	13	31	104	32	1
Lübeck . . .	a. m.	9	71	54	10	—	—
"	a. o.	2 065	4 891	1 289	103	4	1
Mannheim¹). .	b. o.	454	1 153	1 236	986	12	—
München⁷) . .	b. o.	4 872	3 626	3 620	5 472	2 615	115

¹) Eigentl. Kellerwohnungen sind in Mannheim nicht vorhanden. — ²) Keller-wohnungen kommen ganz vereinzelt vor.

VI. Die Grundstücke nach dem Eigenthumsverhältniss im Herbst 1895.

Städte	Reich u. Militair-Fiskus	Staat und Herrscherhaus	Provinz, Bezirk Kreis	Stadtgemeinde	Kirchen-gemeinden	Stiftungen, Instituten, Hospitälern, Vereinen	Innungen, Genossen-schaften	Aktien-gesellschaften	Handels- und sonstigen Gesellschaften	Privatpersonen	Unter gerichtlicher Administration	Andere und ohne Angabe des Besitzers
					Bebaute Grundstücke im Besitze von							
Berlin	58[1])	550[2])	6	350		1034				21 993	.	10
Breslau . .	30	129	6	146	122	116	37	186	79	6 656	.	
Charlottenburg	10	31	—	40[7])	7	13	3	44	35	2 463	34	—
Crefeld	10	—	1	65	10	12	8	12	16	7 530	10	—
Dresden . . .	18	244		173	62[3])	162[4])		123	125	8750[5])	—	—
Frankfurt a. O.	18	28	—	54	8	9	8	10	5	2 355	2	—
Halle a. S. . .	62	-	5	71	19	42	6	58	98	4 182	—	—
Liegnitz . . .	5	9	3	45	15	17	11	—	17	1 907	—	—
Lübeck. . . .	5		125		41	50	35	35	188	7 244	—	—
Mannheim . .	16	105	—	54	55	—	—	1274		3 484	—	—
München . .	1	362[2])	2	281		108		—	394	11 001	—	—
Potsdam .	110	73	2	52	17	27	2	27		2 416	—	—
Zwickau . .	5	28	—	51	17	7	4	13	71	2 125	—	—

[1]) Excl. Militärfiskus. — [2]) Incl. Militärfiskus. — [3]) Einschl. acht den Schulgemein'den
gehörige Grundstücke. — [4]) Darunter gehörten 56 Grundstücke Stiftungen, 92 Vereinen und
Genossenschaften, 14 Innungen, Krankenkassen und Berufsgenossenschaften. — [5]) Darunter
gehören 871 Grundstücke mehreren Privatpersonen gemeinschaftlich.
[2]) Davon gehören der Stadtgemeinde Berlin 9 Grundstücke
[3]) Darunter ein Grundstück, welches dem preussischen Staate gehört.

VII. Häusliche Einrichtungen der Grundstücke im Herbst 1895.

Städte	Wasserleitung	Anschluss an die Schwemm-Kanalisation	Anschluss an andere bezw. alte Kanäle	Wasserklosets	Tonnen- oder Eimersystem	Sammelgruben für Küchen-abwässer	Sammelgruben für Fäkalien	Gasleitung	Elektrischer Beleuchtung	Central-Heizanlage	Blitzableiter	Hausgarten
	Bebante Grundstücke mit											
Berlin	.[1])	.	.	.[2])	.	.	.	.	.	.	:	6 888
Breslau . . . ,	7 205	7 128	.	7 074	.	.	.	4 007	263	.	.	
Charlottenburg	2 380	2 376	.	.	.	.	.	.	.	.	.	1743[3])
Crefeld	6 690	2 605	90	1 892	—	50	7 564	5 300	80	35	160	
Dresden	.	.	.	.	.	.	.	.	.	.	.	5 149
Erfurt	4 282	4 267	.	.	.	.	.	.	.	.	.	
Freiburg i. Br.	.	2 740	280	2 327	.	.	1 292	.	.	.	.	
Frankfurt a. O.	1 227	—	1 178	2 327	54	.	2 912	.	.	7	40	1 190
Halle a. S. . . .	4 496	.	4 403	1 121	93	52	3 774	1 379	.	160	280	1 545
Liegnitz	1 989	1 918	.	1 849	.	.	.	646	12	6	.	
München	10 014	6 969	451	.	.	.	947	.	.	.	.	
Potsdam	2 026	2 024	.	1 983	.	.	.	1 028	.	.	.	1 257
Strassburg i. E.	4 341	.	2 650	.	.	.	.	.	.	.	.	
Zwickau	2 145	.	.	452	.	.	.	.	125	.	.	.

[1]) Es hatten 419 Grundstücke eigene Wasserleitung. — [2]) 3544 Grundstücke mit Wasserklosets im Keller. — [3]) Darunter 324 mit Vorgarten.

VIII. Grundbesitzwechsel.

Bebaute Grundstücke wurden:

Städte	Im Jahre	freihändig verkauft	vererbt und verschenkt	zwangsweise verkauft und enteignet	überhaupt im Besitz gewechselt
Berlin	1890	2200	235	103	2538
„	1891	1941	180	145	2266
„	1892	1745	295	323	2363
„	1893	1421	289	337	2047
„	1894	1321	316	343	1980
„	1895	1282	340	355	1977
Breslau . . .	1890	406	73	39	518
„ . . .	1891	491	91	79	661
„ . . .	1892	374	105	68	547
„ . . .	1893	540	121	100	761
„ . . .	1894	444	97	69	610
„ . . .	1895	528	139	77	744
Dresden . . .	1890	746	141	11	898
„ . . .	1891	550	123	43	716
„ . . .	1892	647	171	51	869
„ . . .	1893	719	153	24	896
„ . . .	1894	849	131	28	1008
„ . . .	1895	1059	134	41	1234
Frankfurt a. O.	1890	22	4	3	29
„	1891	29	5	4	38
„	1892	40	7	3	50
„	1893	56	9	11	76
„	1894	61	8	6	75
„	1895	54	14	8	76
Kiel	1891	.	.	.	276
„	1892	.	.	.	327
„	1893	.	.	.	343
„	1894	.	.	.	372
„	1895	.	.	.	366
Köln a. Rh. .	1895/96	908	196	100	1204
Leipzig. . . .	1890	640	216	41	917
„ . . .	1891	551	294	76	921
„	1892	522	271	114	907
„	1893	525	204	110	839
„	1894	557	265	121	943
„	1895	495	288	130	913

Städte	Im Jahre	freihändig verkauft	vererbt und verschenkt	zwangsweise verkauft und enteignet	überhaupt im Besitz gewechselt
Liegnitz . . .	1895	55	14	18	82
Mannheim .	1890	192	97	24	313
„ .	1891	164	83	49	296
„ .	1892	159	78	39	276
„ .	1893	169	75	43	287
„ .	1894	179	94	25	298
„ .	1895	197	92	30	319
München . . .	1892	850	345	173	1495
„ . . .	1893	850	333	184	1474
„ . . .	1894	956	380	167	1645
„ . .	1895	1178	328	109	1731
Posen*) . . .	1890/91	58	24	12	94
„ . . .	1891/92	54	21	7	82
„ . . .	1892/93	28	26	17	66
„ . . .	1893/94	60	26	11	97
„ . . .	1894 95	65	23	10	98
„ . . .	1895 96	78	30	6	109
Stuttgart . . .	1890	475	.	1	.
„ . .	1891	378	.	3	.
„ . . .	1892	308	.	20	.
„ . . .	1893	360	.	10	.
„ . . .	1894	359	.	7	.
„ . . .	1895	340	.	5	.
Zwickau . . .	1890	148	37	5	190
„ . . .	1891	113	18	9	140
„ . . .	1892	94	28	8	130
„ . . .	1893	75	28	15	118
„ . . .	1894	87	13	27	127
„ . .	1895	105	26	29	160

*) Einschl. unbebaute Grundstücke.

IX. Fläche des Grundeigenthums der Stadtgemeinden
am Schlusse des Jahres 1894 oder 1894/95.

Städte	Städt. Grundstücke innerhalb des Stadtbezirks	oder % der Gesammtfläche des Stadtgebiets	Städt. Grundstücke ausserhalb des Stadtbezirks	Zus. städtischer Grundbesitz	Stiftungsgrundstücke unter städtischer Verwaltung oder Aufsicht		
					innerhalb des Stadtbezirks	ausserhalb des Stadtbezirks	überhaupt
	ar		ar	ar	ar	ar	ar
Aachen	100 526	32,8	6 790	107 316	21 838	75 875	97 713
Altona	28 205	12,9	6 393	34 598	271	.	.
Augsburg. . .	82 561	37,5	14 154	96 715	1 278	308 371	309 649
Barmen . . .	3 686	1,6	7 400	11 086	.	.	.
Berlin	55 562	8,8	1 050 051	1 105 613	1 916	32	1 948
Breslau . . .	46 764	15,3	379 506	426 270	2 615	139 625	142 240
Cassel	98 649[1])	55,6	3 849	102 498	722	—	722
Charlottenburg	4 287	2,0	36 872	40 659	36	—	36
Chemnitz. . .	.	.	14 556	.	1 019	.	.
Crefeld. . . .	5 570	2,6	9 035	14 605	—	—	—
Dortmund .	34 666	12,5	30 368	65 034	402	162	564
Dresden . . .	12 616[2])	3,5	3 400	16 016	5 093	233	5 326
Erfurt . . .	18 599	4,3	16 033	34 632	16 296	14 102[4])	3 098
Frankfurt a. M.	380 522[5])	51,0	20 082	400 604	.	.	.
Halle a. S. . .	21 252	8,4	76 711	97 963	18 024	3 370	21 394
Hannover. . .	142 223	35,9	44 343	186 566	1 952	1 272	3 224
Kiel	5 240	2,5	1 712	6 952	705	.	.
Köln a. Rh. . .	29 733	2,6	223	29 956	87 588	243 986	331 574
Leipzig[6]) . . .	.	.	.	.	.	.	.
Liegnitz . . .	20 437	12,1	203 603	224 040	.	.	.
Magdeburg . .	126 852	22,8	127 204	254 056	.	.	61 798
Mannheim . .	72 407	30,0	.	.	.	.	.
München . . .	117 365	17,1	40 876	158 241	298	78 380	78 678
Nürnberg . . .	.	.	.	25 168	.	.	.
Plauen i. V. . .	14 166	10,8	44 594	58 750	685	20 679	21 364
Posen	1 805	1,9	5 770	7 575	82	.	.
Potsdam . . .	4 679	3,4	1 409	6 088	208	.	.
Stuttgart[7]) . .	88 410	29,6	5 113	93 528	245 761	592 068	837 829
Wiesbaden . .	129 548	38,7	3 168	132 711	3 261	.	.
Zwickau . . .	28 376[8])	16,0	39 662	68 038	.	.	.

[1]) Einschl. 2016 ar des Civil-Friedhofes, welcher gemeinschaftliches Eigenthum der Stadt und des Stadtkirchenkastens ist.
[2]) Darunter 5 Grundstücke mit 206,6 ar der Schulgemeinde gehörig.
[3]) Ausserdem 48 Hausgrundstücke mit einem Werthe von 6 128 754 Mark.
[4])   „   6   „   831 463 Mark.
[5]) Der am 1. April 1895 eingemeindete Stadttheil Bockenheim, in welchem der Stadtgemeinde ein Grundeigenthum von 8454 ar zugefallen ist, wurde hier noch nicht mit eingerechnet.
[6]) Die Grösse der im Eigenthum der Stadt befindlichen Güter betrug 238 702 ar, die der Forsten 115 798 ar.
[7]) D. h. innerhalb der Stadtmarkung (incl. Wald).
[8]) Einschl. 7041 ar Strassen, Wege, Bäche etc.

X. Wechsel im Grundbesitz der Stadtgemeinden
nach Fläche in Ar.

Städte	Erworbene Grundstücke			Veräusserte Grundstücke			Mehr, weniger (—) erworben als veräussert		
	1893/94	1894/95	1895/96	1893/94	1894/95	1895/96	1893/94	1894/95	1895/96
Aachen. . . .	.	.	307	.	.	55	.	.	252
Altona	248	242	159	119	108	49	124	134	110
Augsburg. . .	43	1	206	116	16	0,2	— 73	— 15	206
Berlin	69 891	1 678	425	4 112	1 853	1 223	65 779	— 175	— 798
Breslau . . .	1 272	233	1 628	187	90	278	1 085	143	1 350
Cassel	172	481	561	6	120	90	166	361	471
Charlottenburg	.	327	.	.	.	..	.	327	.
Chemnitz. . .	565	181	5	.	11	.	565	170	5
Crefeld. . . .	15	85	.	22	.	.	— 7	85	.
Dortmund . .	.	.	25 013	.	.	.	.	.	25 013
Erfurt	.	237	.	19	.	59	— 19	237	— 59
Frankfurt a. M.	431	1 001	5 328	367	183	146	64	818	5 182
Halle a. S. . .	979	15	28	62	440	175	917	— 425	— 147
Hannover. . .	5 773	1 521	6 125	810	719	674	4 963	802	5 451
Kiel	731	347	13	51	56	42	680	291	— 29
Köln a. Rh.. .	.	723	11 272	.	139	534	.	584	10 738
Leipzig. . . .	10 112	2 377	.	2 939	324	.	7 173	2 053	.
Liegnitz . . .	1 729	23	211	0,5	.	.	1 728	23	211
Mannheim . .	356	1 344	615	86	48	46	270	1 296	569
München . . .	3 432	4 279	8 175	391	105	382	3 041	4 174	7 793
Nürnberg . . .	4 574	1 909	3 866	40	17	2	4 534	1 892	3 864
Plauen i. V.. .	489	434	3 539	.	65	67	489	369	3 472
Posen	34	22	1 342	.	23	.	34	— 1	1 342
Potsdam . . .	85	323	37	8	9	33	77	314	4
Stuttgart . . .	818	1 474	531	407	468	140	411	1 006	391
Zwickau . . .	606	169	875	182	48	133	424	121	742

IV.
Bauthätigkeit.

Von Professor Dr. E. Hasse,
Direktor des statistischen Amts der Stadt Leipzig.

A. Allgemeine Bauthätigkeit.

Die 4 Tabellen auf den Seiten 22 bis 29 enthalten die Angaben über die allgemeine Thätigkeit von 41 Städten, welche den Fragebogen ganz oder theilweise ausgefüllt haben. Die Ausfüllung ist abgelehnt worden oder nicht möglich bezüglich der folgenden 14 Städte: Berlin, Cassel, Charlottenburg, Danzig, Darmstadt, Düsseldorf, Elberfeld, München-Gladbach, Mülhausen i. E., Münster, Potsdam, Spandau, Stettin und Würzburg. Metz hat nur die Angaben für Tabelle 3 gemacht. Liegnitz, Plauen i. V. und Zwickau sind in die Reihe der Berichtsstädte neu eingetreten. Das Berichtsjahr ist bei Allen das Jahr 1894 oder 1894/95, nur Freiburg i. B. berichtet für das Jahr 1895. Die Grenzen innerhalb deren sich diese Baustatistik bewegt, sind aus dem III. Jahrgange, S. 55 ersichtlich. Die Form der Tabellen' hat sich gegen den V. Jahrgang nicht geändert.

B. Ausgaben der Stadtgemeinden für Bauten.

Die hierzu ausgegebenen Fragebogen sind seitens 44 Städten zur Ausfüllung gelangt; bei den 11 Städten Danzig, Darmstadt, Elberfeld, Metz, München-Gladbach, Mülhausen i. E., Münster, Spandau, Stettin, Würzburg und Zwickau ist es nicht geschehen. Als neue Berichtsstädte erscheinen Liegnitz und Plauen i. V. Die in 7 Tabellen auf den Seiten 30 bis 41 wiedergegebenen Angaben beziehen sich auf das Jahr 1894 oder 1894/95; nur Plauen i. V. hat die Zahlen für 1895 eingesetzt und bei Lübeck umfasst das Berichtsjahr infolge der im Jahre 1894 verfügten anderweitigen Begrenzung des Rechnungsjahres ausnahmsweise 15 Monate, nämlich die Zeit vom 1. Januar 1894 bis 31. März 1895. Nach welchen Gesichtspunkten die verausgabten Beträge für Bauten in dem Fragebogen einzutragen waren, ist im III. Jahrgange, S. 56 beschrieben worden. Wie im V. Jahrgange, so werden auch diesmal neben den Gesammtausgaben auch die Beträge aus Anleihen aufgeführt, aber nur bei den Tabellen 1, 2 und 3. Bei den Tabellen 4 bis 7 dagegen ist diese Spalte weggefallen, da in ihnen die Beträge aus Anleihen sehr vereinzelt vorkommen, die dafür durch Anmerkungen kenntlich gemacht werden.

C. Bestand an Strassenfläche und Ausführung von Strassenpflasterungen.

Für die Tabellen I bis IV auf den Seiten 41 bis 48 haben 45 Städte den Fragebogen ausgefüllt, davon Braunschweig, Königsberg, Lübeck und Mainz nur die Zahlen über die Strassenpflasterungen. Plauen i. V. und Zwickau sind neue Berichtsstädte. Dresden kann die Angaben nur in der Gruppirung einer dem Fragebogen beigegebenen Anlage machen, aus der sich aber nur der Bestand an Strassen und Fusswegflächen wie bei Tabelle 1 und 2 ersichtlich wiedergeben lässt. Die Angaben fehlen von den 10 Städten: Danzig, Darmstadt, Elberfeld, Liegnitz, M.-Gladbach, Mülhausen i. E., Münster, Spandau, Stettin und Würzburg. Tabelle 1 und 2 bringen mit Ausnahme von Breslau, Köln, Kiel, Metz und Strassburg, deren neueste Angaben die von 1894/95 sind, die Zahlen für die beiden Jahre 1894 (bezw. 1894/95) und 1895 (bezw. 1895/96) für ersteres Jahr nur insoweit als der 5. Jahrgang die Angaben nicht schon enthält. Tabelle 3 und 4 beziehen sich auf ein Jahr, auf 1895 bezw. 1895/96 und nur Düsseldorf berichtet für 1894 und Breslau, Kiel, Köln, Königsberg i. Pr., Mainz, Metz und Strassburg i. E. berichten für 1894/95.

A, 1. Allgemeine Bauthätigkeit im Jahre 1894 bezw. 1894/95.*

Die ganz oder überwiegend zu Wohnzwecken bestimmten Neubauten.
(V. = Vorder-, H. = Hinter-, S. = Seitenhaus).

Städte	Bebaute Grundstücke	Errichtete Haupt-Gebäude	Neben-Gebäude	Hiervon sind an Stelle abgebrochener Gebäude errichtet	Von der Zahl der Gebäude sind ausschliesslich zu Wohnzwecken bestimmt	Gesamtzahl der entstandenen Wohnungen	Von den neu entstandenen Wohnungen hatten — 1	2	3	4	5	6 u. mehr
Aachen . . .	.	134	78	.	.	.	.	.	.	.	.	.
Altona* . . .	72	80	2	24	85	516	1	83	114	189	89	40
Augsburg. . .	68	57	11	17	43	370	34	142	89	67	88	.
Barmen . . .	260	182	132	8	124	. [1]	.	.	.	.	.	.
Bochum* . . .	76	84	16	11	66	.	.	.	.	.	.	.
Braunschweig*	.	128	4	29	97	.	.	.	.	.	.	.
Bremen* . . .	360	360	.	31	330	738[2])	100[2])	160[2])	280[2])	130[2])	28[2])	40[2])
Breslau. . . .	154	145	26	39	75	2076[3])	.	.	.	.	.	.
Chemnitz. . .	.	85	51	13	.	.	.	.	.	.	.	.
Crefeld. . . .	.	10	112	5	.	.	.	.	.	.	.	.
Dortmund . .	308	308	26	16	317	.	.	.	.	.	.	.
Dresden[4]). .	809	.	.	.	.	2 757	1 056	1 290			411	
Duisburg . . .	134	140	50	4	140	882	5	14	62	106	102	93
Erfurt . . .	42	42	5	6	30	308	18	230	14	12	18	16
Frankfurt a.M.*	352	341	33	42	189	1 933	50	494	783	284	140	182
Frankfurt a.O..	28	28	.	.	28	67	8	20	36	3	.	.
Freiburg i.B.[5])	.	62	77	4	57	143	1	12	52	26	21	31
Görlitz . . .	?	51	4	?	29	284	30	68	57	29	37	63
Halle a. S. . .	115	98	17	15	43	609	21	153	189	116	67	63
Hamburg . . .	388	404	186	125	362	4 545	220	1 459	1 695	653	343	175
Hannover. . .	.	V.310	H. 94	.	.	.	.	.	.	.	.	.
Karlsruhe i. B.	89	81	8	10	65	450	1	144	121	116	58	15
Kiel	122	119	4	4	92	825	6	387	241	111	54	26
Köln a. Rh.* .	.	654		.	.	.	.	.	.	.	.	.
Königsbg. i. Pr.	75	73	3	.	.	.	.	.	.	.	.	.
Leipzig. . . .	200	V.193	H. u.S.17	37	85	1 897	426	764	406	158	43	100
Liegnitz* . . .	20	19	7	.	20	.	.	.	.	.	.	.
Lübeck. . . .	157	157	4	28	138	379	66	188	33	19	22	51
Magdeburg . .	60	V. 57	H. u.S.21	29	44	595	94	142	156	130	52	21
Mainz*	72	67	28	7	51	584	12	123	218	118	58	60
Mannheim . .	.	60	12	6	31	365	.	.	.	.	.	.
München . . .	373	271	129	107	122	3 283	159	1 291	1 206	355	113	159
Nürnberg . . .	134	115	44	10	131	.	.	.	.	.	.	.
Plauen i. V. .	56	56	1	3	43	315	11	114	87	25	15	63
Posen* . .	23	28	2	10	11	331	4	90	79	58	66	34
Strassburg i. E.	167	167	39	9	194	563	13	110	186	95	67	92
Stuttgart . . .	130	154	25	14	113	873	11	151	393	164	84	70
Wiesbaden . .	110	85	33	20	.	.	.	.	.	.	.	.
Zwickau . . .	51	46	6	5	23·	314	207	57	30	13	7	.

[1]) Sämmtliche Räume in den Neubauten sind heizbar. Es sind 2700 zu Wohnzwecken geeignete Zimmer geschaffen worden.
[2]) circa.
[3]) mit zusamm. 5382 Zimmern mit Fenstern, 1039 Zimmern ohne Fenster und 1653 Kochküchen.
[4]) ohne Albertstadt.
[5]) Die Angaben beziehen sich auf 1895.

A, II. Seitens gemeinnütziger Gesellschaften errichtete Wohngebäude[1]), sowie die seitens des Staats, der Gemeinden etc. errichteten Beamtenwohnhäuser im Jahre 1894 bezw. 1894/95.*

Städte	Von gemeinnützigen Gesellschaften errichtete Wohngebäude[1])						Beamten-Wohnhäuser					
		Zahl der						Zahl der				
	Bauten.	Gebäude.	Wohnungen.	heizbare Zimmer.	nicht heizb. Zimmer.	Kochküchen.	Bauten.	Gebäude.	Wohnungen.	heizbare Zimmer.	nicht heizb. Zimmer.	Kochküchen.
Altona* . . .	3	6	54	123	2	54	.	.	.	.	.	.
Augsburg . .	3	6	28	56	22	28	1	1	1	3	.	1
Barmen . . .	1	12	24	72	.	.	.	.	.	.	.	.
Bochum* . .	.	.	.	.	.	.	2	2	2	19	2	2
Braunschweig*	2	5	25	74	.	25	.	.	.	.	.	.
Dortmund . .	2	20	120	456	.	120	3	3	5	31	.	5
Duisburg . .	7	28	45	159	.	39	.	.	.	.	.	.
Frankfurt a.M.*	.	.	.	.	.	.	3	8	33	92	43	31
Frankfurt a.O. .	10	10	67	158	.	67	.	.	.	.	.	.
Freiburg i.Br.[2])	.	.	.	.	.	.	2	2	4	19	6	3
Hamburg . .	5	6	78	338[3])	64	30	1	1	1	4	.	1
Kiel	.	.	.	.	.	.	3	4	6	21	5	6
Leipzig . . .	.	.	.	.	.	.	2	2	9	32	3	9
Lübeck . . .	1	3	15	28	24	15	.	.	.	.	.	.
Magdeburg . .	.	.	.	.	.	.	1	1	4	10	4	4
München . .	.	.	.	.	.	.	1	6	?	?	?	?
Strassburg i.E.	2	2	17	72[4])	.	17	1	3	9	37	.	9
Stuttgart . . .	1	52[5])	185	327	92	185	2	7	48	88	28	48
Zwickau . . .	.	.	.	.	.	.	1	2	3	17	4	3

[1]) Einschl. der seitens Privater speciell für Arbeiter und kleine Leute errichteten Wohnhäuser.

[2]) Die Angaben beziehen sich auf 1895.

[3]) Hierunter 1 Logirhaus mit 237 heizbaren Zimmern, vom Verein für Volkskaffeehallen errichtet.

[4]) Hierunter 1 Lehrerinnenheim mit 37 heizbaren Zimmern.

[5]) Vom Verein für das Wohl der arbeitenden Klassen erbaut.

A, III. Die im Jahre 1894 bezw. 1894/95* errichteten öffentlichen Gebäude.

In	Bezeichnung des Besitzers.	Zweck des Neubaues.	Bauten.	Haupt-Gebäude	Neben-Gebäude	Wohnungen	heizbaren Zimmern	nicht heizb. Zimmern	Kochküchen.
Altona*	Frau Etatsräthin Donner	Kapelle a. d. Helenenstrrasse	1	1	.	.	.	.	.
Augsburg	Stadtgemeinde	Volksbrausebad	1	1	.	1	1	2	.
Barmen	Stadt Barmen	16 klassige Volksschule nebst Turnhalle	1	1	1	2	12	.	.
"	"	12 klassige Volksschule	1	1	.	2	12	.	.
"	"	3 . Hilfsschule	1	1	.	.	.	.	.
"	Dr.Gerdes&Dr.Susewind	Orthopädische Heilanstalt	1	1	.	2	14	.	.
Bochum*	Stadt Bochum	Kühlhaus a. d. Schlachthof	1	1	.	2	6	.	2
Braunschweig*	Stadtgemeinde	Unterrichtsgebäud. f. Physik u. Chemie auf dem Grundstück der städtischen Oberrealschule	1	2	.	.	.	.	.
Bremen*	St. Pauli-Gemeinde	Zionskirche	1	1	1	.	.	.	.
"	?	Kinderbewahranstalt	1	1	.	1	6	.	1
Breslau	Stadtgemeinde	Kinderschutzhalle im Scheitnigerparke	1	1	.	.	.	.	.
"	"	Volksbrausebad	1	1	.	1	5	.	1
"	Hosp. 11 000 Jungfr. pp.	Hospitalgebäude	1	1	.	48	48	.	.
"	Domcapitel	St. Heinrichskirche	1	1	.	.	.	.	.
"	Blinden-Unterrichts-Anstalt (Verein).	Wohnhaus, Turnhalle, Seilerei pp.	1	1	.	.	10	.	.
Chemnitz	Stadtgemeinde	Städt. Electricitätswerk	1	2	.	.	.	.	.
"	"	Bezirksschule	1	2	1	1	2	.	1
"	"	Betriebsgebäude für das Wasserwerk	1	1	2	2	5	.	2
Crefeld	Staat	Färbereischule	1	1	1	.	.	.	.
"	Stadtgemeinde	14 klassige Volksschule mit 2 Lehrerwohnungen	1	1	.	2	12	.	2
Dortmund	kath. Schulgemeinde	Schule	1	1	2	2	8	.	2
"	ev. "	"	1	1	1	1	5	.	1
Dresden	Staat	Erweiterung der Kgl. Gefangenanstalt durch 2 Rundbauflügel	1	2¹)	.	.	.	.	.
"		Anbau am chemischen Laboratorium der Kgl. Technischen Hochschule	1	1	.	2	6	.	2
"		Kessel- u. Maschinenhaus im Garten der Kgl. Techn. Hochschule	1	.	1	.	.	.	.
"		Kgl. Kunstakademie	1	1	.	2	7	.	2
"	ev. luth. Kirchengemd.	Kirche	1	1	.	.	.	.	.
"	ev. Schulgemeinde	Schulerweiterungsbau	1	1	.	.	.	.	.
"	apostol. Vikariat	Krankenhaus	1	1	.	.	.	.	.

¹) In jedem Flügel 56 Zellen, 38 Schlafzellen, 8 Wirthschaftsräume.

(Noch Tabelle A, III).

In	Bezeichnung des Besitzers.	Zweck des Neubaues.	Bauten.	Haupt-	Neben- Gebäude	Wohnungen	heizbaren Zimmern	nicht heizb. Zimmern	Kochküchen
Noch Dresden . . .	Verein	Poliklinik	1	1	.	.	.	.	.
„ . . .	„	Kinderbewahranstalt	1	1	.	.	.	.	.
„ . . .	privat	Turnhalle	1	1	.	.	.	.	.
„ . . .	„	„	1	1	.	.	.	.	.
Duisburg . .	Stadtgemeinde	6 klassige kath. Volksschule	1	1	1	1	7	1	1
„ . . .	„	„	1	1	.	.	.	.	.
„ . .	ev. Kirchengemeinde	Lutherkirche mit Pfarrhaus	1	1	1	1	7	3	1
„ . .	Diakonenanstalt	Krankenhaus	1	1	.	.	63	.	2
„ . .	kath. Kirchengemeinde	Waisenhaus	1	1	1	.	20	.	1
„ . .	„	Pfarrhaus mit Kaplanei und Küsterei	1	4	.	5	26	6	3
Erfurt	Fiskus	Gymnasium	1	2	2	2	10	6	2
Essen* . . .	Stadtgemeinde	Kath. Gemeindeschule IX	1	1	1	1	22	.	1
„ . . .	kath. Gemeinde	Josefskirche	1	1	.	.	.	.	.
Frankfurt a. M.*	Stadtgemeinde	Electricitätswerk	1	1	.	.	.	.	.
„	„	Gutleutschule m. Turnhalle	1	1	1	.	.	.	.
„	„	neue Feuerwehrstation	1	2	4	5	12	4	5
„ .	„	Pumpwerk im Stadtwald	1	1	2	.	.	.	.
„ .	Dr. Christ's Kinderhosp. (Stiftung)	Krankenhaus	1	.	1	.	12	.	.
„	Stiftung	Israel. Suppenanstalt	1	1	.	1	3	2	1
Frankfurt a. O.	Militär-Fiskus	Wohnhaus	1	1	.	1	4	.	1
„	„	Unterkunftsraum	1	1	.	.	.	2	.
„	Grenadier-Regiment Prinz Karl von Preussen No. 12.	Reitbahn	1	1	.	.	.	.	.
Freiburg i. B.[1])	Militärfiskus	Grossh. Friedrich-Kaserne	1	3	4	25[2])	50	.	25
„	Luth. Kirchengemeinde	Kirche	1	1	.	.	.	.	.
Halle a. S. . .	Magistrat	Rathskellergebäude	1	1	.	.	32	.	6
„ . .	„	Kinderasyl	1	1	.	.	18	.	3
„ . .	Kirche St. Ulrich	Diakonatsgebäude	1	1	.	2	20	.	3
„ . .	Katholische Gemeinde	Schwesternhaus	1	1	.	.	23	.	1
„ . .	Knappschafts-Berufs-genossenschaft	Krankenhaus (Bergmannstrost)	1	1	7	3	22	3	3
„ . .	Norddeutsche Knapp-schafts-Pensionskasse	Wohn- u. Dienstgebäude	1	1	.	.	22	2	2
Hamburg . .	Hamburger Staat	Desinfectionsanstalt	1	1	1	3	11	.	3
„ . .	„	Verwaltungsgebäude der Hamburger Feuerkasse	1	1	.	2	11	.	3
. .	„	Verbrennungsanstalt für Abfallstoffe	1	1	2	1	4	1	1
„ . .	„	Central-Schlachtviehhof	1	21	4	2	7	2	2
. .	„	Werk- u. Armenhaus	1	.	1	.	1	.	.
„ . .	Westgmde. Eimsbüttel	Kirche	1	1	.	.	.	.	.
„ . .	Siechenhaus Elim	Siechenhaus	1	1	.	2	41	4	2

[1]) Die Angaben beziehen sich auf 1895.
[2]) Ausschliesslich der Mannschaftszimmer.

IV. Bauthätigkeit.

(Noch Tabelle A, III).

In	Bezeichnung des Besitzers.	Zweck des Neubaues.	Bauten.	Haupt-Gebäude	Neben-Gebäude	Wohnungen	heizbaren Zimmern	nicht heizb. Zimmern	Kochküchen.
Hannover ..	Reich	Reichsbankhauptstelle	1	1	.	3	22	2	3
"	Staat	Kaserne	1	1	.	?	?	?	?
" ..	"	Decorationsmagazin f. d. Kgl. Hoftheater	1	1	.	1	4	3	1
" ..	Provinz	Blindenheim	1	1	.	?	?	?	?
" ..	Magistrat	Doppelturnhalle (städt.)	1	1	.	.	.	.	.
.. ..	"	Bürgerschule (städt.)	1	1	.	1	4	.	1
" ..	Kath. Gemeinde	Kath. Pfarrkirche	1	1	.	.	.	.	.
" ..	Jüdische Gemeinde	Jüdisches Internatsgebäude	1	1	.	2	9	1	1
Karlsruhe i. B.	Privat	Geschäftshaus der Versicherungsanstalt „Baden."	1	1	1	3	15	.	3
..		Erweiterungsbau der Karl-Friedrich-Leopold- und Sophienstiftung	1	.	1	45	45	.	.
Kiel	Deutsches Reich (Marine-Verwaltung)	Deckoffizierschule (Klassenhaus)	1	.	1	.	.	.	.
Köln a. Rh.* .	Preussischer Staat	Hauptbahnhof	1	1	.	.	.	.	.
"	"	Verwaltungsgebäude der Eisenbahn-Direction	1	1	.	.	.	.	.
"	Stadtgemeinde	Volksschule	1	1	.	1	2	.	1
"	"	Volksschule zu Köln-Niehl[1])	1	1	.	1	4	.	1
"	Ev. Pfarrgemeinde	Ev. Christuskirche	1	1	.	.	.	.	.
"	Pfarrgemeinde	Kath. Kirche	1	1	.	.	.	.	.
.. ..	"	Kath. Kirche in Niehl	1	1	.	.	.	.	.
"	Dr. Bierbaum, Münster	Franziskanerkloster und Kirche	1	2	.	.	.	.	.
Königsbergi.Pr.	Armen-Unterstützungs-Verein zur Verhütung der Bettelei	Asylhaus in dem sich auch einige Freiwohnungen befinden	1	2	.	?	?	?	?
Leipzig ...	Kgl. Preuss. Staatsbahn	Expeditionsräume etc.	1	3	2	.	8	.	.
" ...	Stadtgemeinde	Volksbrausebad	1	1	.	.	.	.	.
" ..	"	Feuerwehrdepôt	1	1	.	4	13	1	4
. ..	"	Gerätheschuppen der Feuerwehr	1	.	1	.	.	.	.
" ..	Kirchenbauverein zu Leipzig	Nothkirche	1	1	.	.	.	.	.
" ...	Verein für innere Mission	Logirhaus, Herberge und Gesellschaftshaus	1	1	1	2	6	5	1
"	Kirchenvorstand der Kreuzparochie	Kirche zu L.-Neustadt	1	1	.	.	.	.	.
Liegnitz* ..	Militärfiskus	Patronenhaus	1	1	.	.	.	.	.

1) Erweiterungsbau.

(Noch Tabelle A, III).

In	Bezeichnung des Besitzers.	Zweck des Neubaues.	Bauten.	Haupt-Gebäude	Neben-Gebäude	Wohnungen	heizbaren Zimmern	nicht heizb. Zimmern	Kochküchen
Lübeck . . .	Lübecker Staat	Zollabfertigungsgebäude	1	1	.	.	.	.	.
" . . .	"	Schulhaus für Mittel- und Volksschule	1	1	.	1	2	1	1
. .		Polizeiwachtgebäude	1	2	.	.	.	.	.
. .		Viehhaus und Scheune auf einer Domaine	1	1	.	.	.	.	.
.. . .	"	Bedürfnissanstalt	1	.	1	.	.	.	.
" . .	Stadtgemeinde	Gasanstalt	1	11	.	2	7	.	2
Metz	Staat	Kaiserl. Postamt (a. Bahnhof)	1	1	.	1	2	1	1
München. . .	Gemeinde	Martinspital	1	1	1	.	.	.	.
" . . .	Eigenthum der Schulschwestern	Kloster der armen Schulschwestern in Gieling	1	1	.	.	.	.	.
Nürnberg . .	Stadtgemeinde	Musikschule	1	1	.	.	.	.	.
" . .	"	Volksschule	1	1	2	.	.	.	.
" . .	Ludwigsbahn-Actien-Gesellschaft	Bahnhof „Nürnberg West" (Personenbahnhof)	1	1	.	.	.	.	.
" . .	Verein	Kinderbewahranstalt Galgenhof	1	1	.	.	.	.	.
" . .	Wärmestuben und Wohlthätigkeitsvereine	Wärmstubengebäude	1	1	.	.	.	.	.
Plauen i. V. .	Allg. Electr.-Gesellschaft Berlin	Kraftstation für die electr. Strassenbahn	1	2	1	.	.	.	.
" . .	Turnverein Jahn	Turnhalle	1	1	1	.	.	.	.
Strassburg i. E.	Reich	Bezirksarchiv	1	1	1	1	2	.	1
"	"	Landesversicherungsanst.	1	1	.	.	.	.	.
::	"	Lehrerseminar	1	1	.	2	12	.	2
"	Staat	Geschützschuppen	1	1	.	.	.	.	.
Stuttgart . . .	Kgl. Kameralamt	Kunstgewerbeschule	1	1	.	.	.	.	.
" . . .	Kgl. Militärverwaltung	Desinfectionsgebäude im Garnison-Lazareth	1	1	.	.	.	.	.
" . .	Stadtgemeinde	Turnhalle	1	.	1	.	.	.	.
.. .	"	Bürgerhospital	1	6	.	.	.	.	.
" . . .	"	Pissoir	1	1	.	.	.	.	.
" . . .	Ev. Kirchengemeinde	prov. Kirchengebäude	1	1	.	.	.	.	.
" . . .	Mutterhaus des Ordens der barmh. Schwestern im Untermarchthal	Krankenbaracke	1	1	.	.	.	.	.
" . . .	Charlottenheilanstalt	Krankenpavillon	1	1	1	.	.	.	.
" . . .	Verein für Krankenpflegerinnen	Karl Olga Krankenhaus	1	4	1	.	.	.	.
Wiesbaden . .	Fiskus	Landgerichtsgebäude	1	1	.	.	.	.	.
" .	Kath. Kirchengemeinde	Kirche	1	1	.	.	.	.	.
Zwickau . . .	Kramerinnung	Handelsschulgebäude	1	1	.	1	13	1	1

A, IV. Die sonstigen, vorwiegend zu anderen als Wohn-

(N = Neubauten,

Städte	Geschäftshäuser einschliesslich Verkaufsläden		Fabrikgebäude einschliesslich Brennereien, Brauereien etc.		Werkstätten		Lagerhäuser einschl. Schuppen, Speicher, Magazine, Niederlagen		Stallgebäude	
	N	G	N	G	N	G	N	G	N	G
Aachen	·	·	14	·	10	·	34	·	16	·
Altona*	·	·	2	2	8	8	42	42	17	17
Augsburg	1	1	11	11	7	7	6	6	10	10
Barmen	12	12	16	16	24	24	58	58	24	24
Bochum*	31	88	7	7	15	15	27	27	28	28
Braunschweig*	4	·	28	·	→ 28 N ←				48	·
Bremen*	·	·	3	·	24	·	55	·	24	·
Breslau	·	·	6	9	22	22	61	62	→ 40	50 ←
Crefeld	→ 29 N ←				3				→ 33 N	
Dortmund	17	·	2	·	23	·	30	·	48	·
Dresden[16]	→ 55 G ←								·	14
Duisburg	24	24	10	10	11	11	30	30	→ 14	14 ←
Erfurt	4	·	2	·	5	·	·	·	3	·
Essen*	?	→ 191 N ←								
Frankfurt a. M.*	8[1]	11	16[1]	16	16[1]	20	62[1]	73	19[1]	20
Frankfurt a. O.	·	·	7	7	·	·	11	11	29	29
Freiburg i. Br.[7]	1	1	6	6	19	19	12	12	3	3
Görlitz	·	·	→ 3 G ←							5
Halle a. S.	8	·	3	·	21	·	20	·	15	·
Hamburg	7	7	13	18	42	42	180	198	61	67
Hannover	·	·	14	·	32	·	158	·	98	·
Karlsruhe i. B.	7	·	2	·	24	·	60	·	4	·
Kiel	·	5	·	2	·	19	·	28	·	24
Köln a. Rh.*	31 Fabriken, 99 Ställe, Schuppen und dergl., 195 sonstige Bauten.									
Königsberg i. Pr.	9)	·	·	·	5	5	21	22	18	13
Leipzig	6	6	24	37	35	35	46	46	23	23
Lübeck	·	2	·	3	·	19	·	19	·	37
Magdeburg	1	1	·	·	·	·	1[19]	1	8	3
Mainz*	15	·	5	·	11	·	22	·	6	·
Mannheim	29	·	·	·	98	·	19	·	·	·
München	·	11)	·	9	·	17)	·	6	·	13)
Nürnberg	13	·	14	·	13	·	26	·	14	·
Plauen i. V.	4	6	27	43	13	22	29	43	10	23
Posen*	1	1	1	1	2	2	1	1	7	7
Strassburg i. E.	·	·	4	4	1	1	28	28	19	19
Stuttgart	8	8	11	11	13	13	78	78	7	7
Wiesbaden	·	·	·	·	·	2	·	37	15	·
Zwickau i. S.	2	2	6	6	7	7	22	22	11	11

¹) Zahl der bebauten Grundstücke. — ²) Mansarden, Kammern. — ³) Die An-
schiedenes (Wartepavillons, Veranden, Lauben, Banbuden, Kegelbahnen, Schutzdächer,
gemachten Angaben untrennbar enthalten. — ⁷) Hierunter 46 freistehende Wasch-
Baulichkeiten zu Wirthschaftszwecken und 24 Abortgebäude. — ⁹) Zusammen aut
gebäuden enthalten 147 Verkaufsläden. — ¹³) Von den 129 neuen Rückgebäuden
Rückgebäuden sind Stallungen. — ¹⁴) In 40 neuen Wohngebäuden wurden Gastlocale
beherbergung. — ¹⁵) Lauben. — ¹⁶) Ohne Albertstadt. — ¹⁷) Und Schuppen.

zwecken errichteten Neubauten im Jahre 1894 bezw. 1894/95.*
(G = Gebäude.)

Remisen N	Remisen G	Garten- und Gewächshäuser N	Garten- und Gewächshäuser G	Gastwirthschaft, einschliesslich Restaurationen, Hotels, Volksküchen, Concertsäle, Selterhallen, Kegelbahnen N	Gastwirthschaft … G	Sonstige N	Sonstige G	Summe N	Summe G	Wohnungen	heizbare Zimmer	nicht heizbare Zimmer	Kochküchen
4	4	7	7	·	·	·	·	74	·	·	·	·	·
30	30	6	6	1	1	21	21	80	80	2	5	·	2
8	8	18	18	2	2	·	·	93	93	10	19	8	4
·	·	8	8	7	7	6	11	162	162	4	22	·	·
								124	136	54	·	·	·
→ 78 N ←		25	·	8	·	·	·	194	·	·	·	·	·
2	·	24	28	2	·	4	46⁴)	139	·	?	148	8	13
←				6	6	46⁴)		205	228	·	·	·	·
6	·	9	·	2	·	·	·	65	·	69	356	·	69
								187	·				
←		5	5	4	4	·	·	·	69	70	299	30	69
5	·	6	·	1	·	94	·	98	98	12	58	32	11
						4¹)	4	26	·	·	·	·	·
1¹)	2	4¹)	4	5¹)	5			?		16·	40	16⁸)	16
								135¹)	155				
14	14	·	·	·	·	·	·	61	61	·	·	·	·
1	1	6	6	·	·	·	34	48	48	2	14	5	·
·	11¹⁷)	·	5	·	·	·	·	·	58	·	·	·	·
4	·	1	·	1	·	·	·	78	·	·	·	·	·
38	33	18	21	3	3	3⁵)	7⁵)	360	396	24	80	5	21
·	·	15	·	7	·	40	·	364	·	8	30	·	8
15	·	·	·	2	·	·	·	114	·	7	34	2	7
·	2	·	2	·	1	·	5	·	88	·	·	·	·
3	3	8	3	·	·	5	5	50	51	·	·	·	·
2	2	8	3	6	6	51⁷)	52⁷)	196	210	42	121	35	40
·	12	·	9	·	1	·	2⁸)	·	104⁹)	3	5	6	2
2	·	·	·	2	2	·	·	7	7	8	29	·	·
·	·	·	·	11	·	·	·	72	·	·	·	·	·
·	·	·	·	·	14)	·	·	146	·	·	·	·	·
51	·	15	·	5	·	·	·	·	15	·	·	·	·
16	33	9	13	2	2	·	·	151	·	·	·	·	·
2	2	1	1	1	1	·	·	110	185	83	84	40	21
1	1	·	·	2	2	·	·	16	16	·	·	·	·
								55	55	1	5	·	1
4	4	8	8	6	6	·	·	130	130	4	20	5	4
16	·	22¹⁵)	·	·	·	·	·	92	·	·	·	·	·
6	6	·	·	1	1	1	1	56	56	1	23	·	1

gaben beziehen sich auf 1895. — ⁴) Hierunter 36 Aborte. — ⁵) Ausserdem 72 Ver-
Orchesterpavillons, Windfänge, Comptoirgebäude u. dgl.). — ⁶) In den in Tabelle 1
küchen. — ⁸) Ausserdem 77 kleinere Ställe, Feuerungsgelasse und sonstige kleine
82 Grundstücken. — ¹⁰) Niederlage mit Stall. — ¹¹) Von den 271 neuen Wohn-
enthalten 51 Werkstätten. — ¹²) In 29 neuen, sonst auch zu Wohnzwecken benutzten
eingerichtet, 1 Vorder- und 1 Rückgebäude dienen ausschliesslich für Fremden-

B, I. Aufwendungen der Stadtgemeinden für
für Neubauten, bauliche Unterhaltung

Städte	1. Für die allgemeine und die Finanzverwaltung (incl. Polizei, Sparkassen pp.)		2. Für Unterrichtszwecke (incl. Turnhallen, Schulbäder)		3. Für Armen- und Besserungsanstalten (incl. Arbeits- und Waisenhäuser)	
	Ueberhaupt ℳ	Davon aus Anleihen ℳ	Ueberhaupt ℳ	Davon aus Anleihen ℳ	Ueberhaupt ℳ	Davon aus Anleihen ℳ
Aachen . . .	35 068	16 131	149 960	85 789	.	.
Altona* . . .	2 495	.	48 951	.	.	.
Augsburg . .	11 848	.	100 794	90 068	1 875	.
Barmen* . .	11 196	.	251 037	141 683	1 293^e)	.
Berlin . . .	328 622	89 270	2 217 681	.	454 467	.
Bochum . . .	6 250	.	.	.	.	.
Braunschweig*	180 893	.	106 426	.	.	.
Bremen . .	72 203	.	237 213	.	.	.
Breslau* . .	47 902	.	106 751	.	11 420	.
Cassel . . .	30 534	52	118 235	93 149	822	.
Charlottenburg* .	11 078	.	247 827	221 549	.	.
Chemnitz . .	16 400	.	291 800	250 000	7 220	.
Crefeld . . .	21 052	.	152 729	114 523	.	.
Dortmund . .	23 103	.	17 769	.	.	.
Dresden . .	357 628^2)	190 760	653 896	425 237	.	.
Düsseldorf .	42 742	.	394 932	.	14 110	.
Duisburg . .	2 111	.	9 458	.	1 974	.
Erfurt . . .	5 125	.	79 947	67 895	1 303	.
Essen* . . .	32 500	.	168 200	.	2 400	.
Frankfurt a. M.*	15 014	.	449 651	49 769^5)	16	.
Frankfurt a. O.	6 656	.	9 444	.	1 570	.
Freiburg i. Br.	19 424	5 221	255 637	186 696	.	.
Görlitz . . .	25 075	.	129 800	.	82	.
Halle a. S.* .	138 748	122 714	17 305	.	810	.
Hamburg . .	1 569 773	396 779	595 782	120 446	24 834	.
Hannover . .	113 728	.	385 332	.	3 580	.
Karlsruhe i. B.	27 754	.	249 823	215 834	1 718	.
Kiel . . .	1 162	.	27 000	.	65 000^7)	65 000
Köln a. Rh.* . .	42 328	.	288 169	.	3 983	.
Königsberg i. Pr.	.	.	157 617	.	2 615	.
Leipzig . . .	23 280	406^4)	800 933	.	11 940	699^4)
Liegnitz . . .	8 285	.	11 114	.	.	.
Lübeck^1) . .	162 987	.	89 161	.	1 716	.
Magdeburg* .	47 197	.	161 680	455	6 240	.
Mainz* . .	45 785	27 876	34 039	17 195	.	.
Mannheim . .	21 151	.	338 986	310 564	.	.
München . .	234 875	176 100	800 673	.	5 268	.
Nürnberg . .	5 442	.	643 892	643 892	.	.
Plauen i. V.*) .	11 005	.	12 292	.	293	.
Posen* . . .	106 783	99 379	120 996	108 309	1 998	.
Potsdam* . .	4 241	.	52 426	.	2 995	.
Strassburg i.E.*	28 645	.	206 830	.	.	.
Stuttgart . .	146 744	1 114	109 768	70 467	9 773	9 367
Wiesbaden* .	37 059	.	22 433	.	.	.

^1) 1. Januar 1894 bis 31. März 1895. — ^2) Die Angaben beziehen sich auf 1895. — und Stiftungsgrundstücken, sowie Denkmäler u. s. w. — ^4) Bezw. Stammvermögen. —

Hochbauten im Jahre 1894 bezw. 1894/95*
und Reparaturen überhaupt.

4. Für Kranken- und Gesundheitspflege, Altersversorgung (incl. Bäder, Desinfections- und Bedürfnissanstalten)		5. Für Kirchen- und Begräbnisswesen (incl. Pfarr- und Leichenhäuser)		6. Für Theater, Museen und öffentliche Denkmäler		7. Für besondere Anstalten meist gewerbl. Art (Gas-, Wasserwerke, Kanalisation, Markthallen, Feuerlöschwesen ꝛc.) siehe Tabelle B. III.	
Ueberhaupt ℳ	Davon aus Anleihen ℳ	Ueberhaupt ℳ	Davon aus Anleihen ℳ	Ueberhaupt ℳ	Davon aus Anleihen ℳ	Ueberhaupt ℳ	Davon aus Anleihen ℳ
115 969	72 027	3 583	·	17 335	·	475 418	472 211
103 624	78 184	·	·	·	·	530 642	519 123
30 407	·	·	·	12 887	2 544	7 585	·
+ 76 719	67 768 ←	·	·	791	·	494 315	486 255
1 771 334	956 676	2 426	·	·	·	542 472	228 299
·	·	·	·	·	·	77 781	75 818
4 008	·	28 197	·	27	·	600 752	·
32 143	·	8 505	·	200 387	·	60 200	37 600
74 288	·	98 190	·	17 805	·	1 055 054	984 354
8 808	·	4 214	·	357	·	2 098 513	1 915 659
11 166	10 854	·	·	·	·	·	·
97 750	·	2 000	·	4 600	·	402 362	·
18 119	·	·	·	·	·	4 785	1 277
19 225	·	312 890	272 890	3 709	·	12 100	·
47 559	30 232	·	·	57 549[5]	·	524 130	447 597
·	·	·	·	15 991	·	594 073	591 011
950	·	261	·	147	·	18 743	·
36 673	·	1 238	·	178 934	·	10 966	·
4 840	·	1 200	·	3 550	·	170 400	112 200
205 570	156 188[5]	289 600	211 515[5]	46 112	16 026[5]	210 080	141 800[5]
1 617	·	5 056	·	772	·	13 842	12 247
2 643	·	110 171	107 367	13 245	·	23 376	6 673
4 562	·	566	·	1 631	·	51 588	33 363
23 793	·	15 728	10 928	2 691	·	38 588	37 133
498 124	442 508	·	·	32 536	·	837 955	221 686
800 271	·	4 720	·	1 860	·	9 740	·
16 599	·	2 722	·	15 000	15 000	114 701	87 541
430	·	·	·	·	·	7 880	·
105 291	·	9 897	·	153 754	·	1 735 091	1 563 168
15 858	·	·	·	·	·	1 168 177	1 155 509
220 054	154 010[4]	2 190	·	38 365	·	415 710	362 899[4]
4 818	·	2 359	·	608	·	860 884	340 240
22 004	·	26 179	·	6 184	·	1 215 073	1 015 490
124 750	91 240	9 082	·	47 020	·	551 145	453 374
10 291	4 824	1 130	·	31 858	·	486 584	476 150
164 852	160 073	·	·	31 942	22 108	3 803	2 904
66 114	·	92 211	79 079	96 051[9]	96 051	411 418	220 603
499 961	382 826	387	·	460	·	88 518	36 000
6 624	·	2 303	·	·	·	64 836	64 836
41 382	·	·	·	·	·	·	·
10 617	·	3 999	·	·	·	815 618	314 118
43 259	·	79 900	·	16 140	·	69 481	·
16 586	·	19 110	2 580	200	·	16 163	552
·	·	·	·	1 202 488	1 202 021	·	·

[4]) Einschliesslich des Aufwandes für bauliche Unterhaltung und Reparatur in Anstalts-
[5]) resp. aus dem Extra-Ordinarium gedeckt. — [9]) Aus städtischen Armenmitteln. —

(Noch Tabelle B. I.)

Städte	8. Für Land- und Forstwirthschaft (incl. Rieselgüter)		9. Für sonstige Zwecke (incl. Materialien, Depots-, Garten- und Gewächshäuser pp.)		10. Ueberhaupt für Hochbauten	
	Ueberhaupt $\mathscr{M}$	Davon aus Anleihen $\mathscr{M}$	Ueberhaupt $\mathscr{M}$	Davon aus Anleihen $\mathscr{M}$	Ueberhaupt $\mathscr{M}$	Davon aus Anleihen $\mathscr{M}$
Aachen . . .	7 831	.	1 011	.	806 175	596 158
Altona* . . .	.	.	3 500	.	684 212	597 307
Augsburg . .	.	.	19 996	.	184 892	92 612
Barmen* . .	.	.	.	.	835 851	695 706
Berlin . . .	.	.	10 354	.	5 327 856	1 274 245
Bochum . . .	.	.	.	.	84 031	75 318
Braunschweig*	.	.	287[10])	.	920 540	.
Bremen . . .	.	.	.	.	605 651	37 600
Breslau* . .	43 395	.	19 419	7 360	1 474 224	941 714
Cassel . . .	268	.	852	.	2 262 103	2 008 860
Charlottenburg* .	.	.	.	.	270 071	232 408
Chemnitz . .	1 580	.	.	.	823 712	250 000
Crefeld . . .	.	.	13 350	.	205 035	115 800
Dortmund . .	15 041	.	1 528	.	405 365	272 890
Dresden . . .	.	.	318 872[11])	318 872	1 959 634	1 412 696
Düsseldorf . .	.	.	.	.	1 061 848	591 011
Duisburg . .	.	.	.	.	33 644	.
Erfurt . . .	.	.	3 093	.	317 279	67 895
Essen* . . .	.	.	7 800	.	390 890	112 200
Frankfurt a.M.*	26 573	15 298[5])	143 323	48 034[5])	1 335 889	638 575[5])
Frankfurt a. O.	4 214	3 623	1 842	.	45 013	15 870
Freiburg i. Br.	1 387	.	1 257	755	427 140	306 712
Görlitz . . .	6 045	.	3 135	.	222 484	33 868
Halle a. S.* .	1 232	.	4 204	3 700	243 099	174 475
Hamburg . ,	.	.	11 374	.	3 070 378	1 181 419
Hannover . .	142	.	221 033	.	1 540 406	.
Karlsruhe i. B.	.	.	91 028	.	519 340	318 375
Kiel . . .	.	.	200	.	101 672	65 000
Köln a. Rh.* .	24 751	.	33 296	.	2 401 560	1 563 168
Königsberg i.Pr.	.	.	.	.	1 343 767	1 155 509
Leipzig . . ;	.	.	238	.	1 512 710	518 014[4])
Liegnitz . .	15 680	.	99	.	403 847	340 240
Lübeck[1]) . .	32 543	.	3 085	.	1 558 932	1 015 490
Magdeburg* .	.	.	15	.	947 079	545 069
Mainz* . . .	.	.	487	.	610 174	526 045
Mannheim . .	5	.	16 184	14 742	576 923	510 386
München . .	.	.	38 543	.	1 740 158	571 833[12])
Nürnberg . .	.	.	.	.	1 238 660	1 062 718
Plauen i. V.[3]) .	.	.	.	.	97 353	.
Posen* . . .	.	.	.	.	271 169	207 688
Potsdam* . .	.	.	74	.	389 970	314 118
Strassburg i.E.*	25 129	.	240 666	.	710 049	.
Stuttgart . .	166	.	208	.	318 668	84 080
Wiesbaden* .	.	.	.	.	1 261 980	1 202 021

[1]) Einschl. Krankenanstalten. — [5]) Zwei Monumentalbrunnen. — [9]) Monumentalbrunnen. — [10]) Oeffentl. Brunnen. — [11]) Ausstellungshalle. — [12]) Ausserdem 3 704 754 $\mathscr{M}$ für Grund- und Anwesenserwerbungen.

B. II. Aufwendungen der Stadtgemeinden für Tiefbauten im Jahre 1894 bezw. 1894/95.*

(Für Neubauten, bauliche Unterhaltungen und Reparaturen.)

Städte	1. Für Strassen, Chausseen, Wege, Bürgersteige		2. Für Wasserleitungen und Brunnenbauten		3. Für Entwässerungsanlagen (Kanäle, Siele etc.)	
	Ueberhaupt ℳ	Davon aus Anleihen ℳ	Ueberhaupt ℳ	Davon aus Anleihen ℳ	Ueberhaupt ℳ	Davon aus Anleihen ℳ
Aachen . . .	166 800	.	.	.	405 050	.
Altona* . . .	906 880	862 400	381 218	359 424	274 765	274 765
Augsburg . .	121 387	.	36 636	2 696	52 847	33 695
Barmen* . .	458 590	192 664	49 016	36 275	106 319	98 698
Berlin . . .	.	.	.	.	.	.
Bochum . . .	175 200	9 700	41 548	41 548	39 400	14 000
Braunschweig*	292 093	.	10 819	.	488 400	.
Bremen . . .	829 509	1 380	159	.	681 085	.
Breslau* . .	470 983	25 578	308 686	.107 205	205 098	110 072
Cassel . . .	158 093³)	37 390	29 734	. 13 386	193 141	179 420
Charlottenburg* .	1 574 642	303 428	7 300	.	91 272	.
Chemnitz . .	480 900	25 900	.	.	126 700	116 900
Crefeld . . .	91 038	.	5 963	.	125 212	89 822
Dortmund . .	320 599	.	.	.	199 660	134 680
Dresden . .	1 920 632	220 303	5 330	.	1 012 927	226 784
Düsseldorf . .	801 100	.	.	.	242 140	179 453
Duisburg . .	124 772	.	38 205	.	8 406	.
Erfurt . . .	279 970	62 653	8 663	.	35 834	14 916
Essen* . . .	227 000	110 000	44 000	80 000	168 000	144 000
Frankfurt a.M.*	1 230 806	378 986	188 399⁶)	.	227 474	.
Frankfurt a. O.	34 182	.	2 516	.	7 487	.
Freiburg i. Br.	205 175	22 140	.	.	45 095	45 095
Görlitz . . .	143 893	.	28 962	.	23 741	.
Halle a. S.*	425 647	217 208	.	.	175 645	156 061
Hamburg . .	3 844 070	. 251 700	105 400	.	300 090	28 000
Hannover . .	828 596	.	88 129	.	2 885 000	.
Karlsruhe i. B.	220 288	70 129	49 928	34 951	31 352	31 352
Kiel	68 450	.	20 500	.	26 500	.
Köln a. Rh.*	1 908 787	.	91 590	.	1 554 326	1 193 342
Königsberg i.Pr.	282 177	.	437 439	415 906	495 684	495 684
Leipzig . . .	874 114⁴)	.	.	.	140 780	56 936
Liegnitz . . .	49 756	.	87 257	.	1 283 333	1 259 760
Lübeck¹) . .	162 964⁵)	.	131 562⁷)	98 781	24 247⁹)	.
Magdeburg* . .	333 625	.	105 266	105	146 000	146 000
Mainz* . . .	162 858	84 347	83 607	76 505	20 455	3 150
Mannheim . .	666 425	377 537	2 721	5	469 087	420 986
München . .	1 631 816	750 000	1 347 645⁸)	1 347 645	1 216 205	1 205 102
Nürnberg . .	627 724	156 240	59 840	32 626	180 000	150 000
Plauen i. V.²)	199 314	80 984	.	.	19 392	1 612
Posen* . . .	136 350	119 270	.	.	307 100	307 100
Potsdam* . .	63 842	.	6 670	.	452 396	407 485
Strassburg i.E.*	445 784	.	294 489	.	71 394	.
Stuttgart . .	807 509	.	.	.	285 500	167 714
Wiesbaden* .	401 264	.	.	.	.	.

¹) 1. Januar 1894 bis 31. März 1895. — ²) Die Angaben beziehen sich auf 1895. — ³) Ausschl. Grunderwerbskosten. — ⁴) Hierüber für Strassenherstellungen à Conto Stammvermögen der Stadtgemeinde: 254 120 ℳ. — ⁵) Einschl. Unterhaltung der Siele in den Vorstädten, ausschl. der Kosten für Unterhaltung der Chausseen, welche nur für den

(Noch Tabelle B. II.)

Städte	4. Für Gasleitung, (Rohrnetzanlagen)		5. Für elektrische Beleuchtungsanlagen (Leitungen)		6. Für Uferschutz und Deichbauten	
	Ueberhaupt *M.*	Davon aus Anleihen *M.*	Ueberhaupt *M.*	Davon aus Anleihen *M.*	Ueberhaupt *M.*	Davon aus Anleihen *M.*
Aachen . . .	.	.	.	.	.	.
Altona* . . .	22 542	7 524	.	.		.
Augsburg . .	.	.	.	.	13 134	.
Barmen* . .	26 634	19 521	7 749	7 710		.
Berlin . . .	.	.	.	.	.	.
Bochum . . .	3 678	1 729	23 572	23 572	.	.
Braunschweig*	7 404	.			.	.
Bremen . . .	.	.	14 829	14 757	24 179	11 504
Breslau* . .	175 659	16 212	.	.	37 350	.
Cassel . . .	9 905	.	25 522	25 149	7 392	.
Charlottenburg*	.	.	.	.	.	.
Chemnitz . .	.	.	514 295[11]	.	5 950	.
Crefeld . . .	.	.	.	.	.	.
Dortmund . .	.	.	.	.	3 929	.
Dresden . . .	13 534	.	.	.	.	.
Düsseldorf . .	.	.	.	.	1 215	.
Duisburg . .	6 065	.	.	.	.	.
Erfurt . . .	.	.	.	.	→ 237 945	232 393 ←
Essen* . . .	36 800	30 000	.	.	.	.
Frankfurt a.M.*	.	.	.	.	.	.
Frankfurt a. O.	.	.	.	.	762	.
Freiburg i. Br.	.	.	.	.	.	.
Görlitz . . .	6 085	.	.	.	2 278	.
Halle a. S.* .	.	.	.	.	→ 129 773	127 785 ←
Hamburg . .	.	.	.	.	26 310	.
Hannover . .	.	.	150 000	.	3 824	.
Karlsruhe i. B.	7 051	7 051	.	.	.	.
Kiel . . .	67 760	.	.	.	.	.
Köln a. Rh.* .	51 863	.	37 601	.	.	.
Königsberg i.Pr.	8 280	.	.	.	.	.
Leipzig . . .	.	.	.	.	19 146	.
Liegnitz . . .	8 795	.	.	.	6 003	.
Lübeck[1] . .	15 907[10]	.	1 104	.	6 555	.
Magdeburg* .	79 945	14 506	.	.	6 732	.
Mainz* . . .	.	.	.	.	5 088	.
Mannheim . .	52 442	52 442	.	.	.	.
München . .	.	.	251 526	251 526	325 901	280 297
Nürnberg . .	17 858	.	.	.	1 800	.
Plauen i. V.[7]	.	.	.	.	→ 2 193	867 ←
Posen* . . .	.	.	.	.	.	.
Potsdam* . .	.	.	.	.	.	.
Strassburg i.E.*	.	.	.	.	7 085	.
Stuttgart . . .	.	.	.	.	.	.
Wiesbaden* .	.	.	.	.	.	.

gesammten Staat verrechnet werden. — [6]) Stadtröhrennetz: Quellwasserleitung: 139 814 *M.*, Flusswasserleitung: 48 585 *M.* — [7]) Einschl. Unterhaltung der Gebäude. — [8]) Quellenfassung und Grunderwerbungen. — [9]) Hierunter 12 944 *M.* für Rechnung Privater. — [10]) Einschl. Unterhaltung der Gebäude. Apparate und Geräthe. — [11]) Leitungsnetz: 379 830 *M.*, Hausanschlüsse: 36 828 *M.*, Kabelnetzerweiterung: 97 637 *M.* — [12]) Hierüber für Brückenbauten à Conto Stammvermögen der Stadtgemeinde 62 682 *M.* — [13]) Hafen-Eisenbahn-Oberbau. — [14]) Einschl. 1 187 239 *M.* für Baumaterialien, welche je nach dem

(Noch Tabelle B. II.)

7. Für Brücken und Wehre		8. Für Schifffahrtskanäle, Hafen-, Quai- und Werftanlagen		9. Andere vorstehend nicht genannte Tiefbauten		10. Ueberhaupt für Tiefbauten	
Ueberhaupt ℳ	Davon aus Anleihen ℳ	Ueberhaupt ℳ	Davon aus Anleihen ℳ	Ueberhaupt ℳ	Davon aus Anleihen ℳ	Ueberhaupt ℳ	Davon aus Anleihen ℳ
·	·	85 540	18 000	·	·	571 850	·
35 468	·	·	·	21 312	·	1 670 945	1 522 118
31 074	26 074	·	·	·	·	280 784	36 391
4 860	·	·	·	·	·	679 882	375 942
·	·	·	·	·	·	4 860	·
1 412	·	·	·	12 454	·	283 898	90 549
320 672	·	22 540	1 171	·	·	807 582	·
33 765	·	·	·	73 926	66 994	1 892 973	28 812
17 299	·	·	·	·	·	1 305 467	326 061
1 253	·	1 751	·	·	·	441 086	255 345
3 000	·	·	·	·	·	1 676 218	303 428
·	·	·	·	·	·	1 130 845	142 800
410	·	127 411	127 411	227 711[16]	227 711	222 213	89 322
919 978	918 617	72	·	195 817	69 312	875 791	489 802
61 551	·	288 840[13]	283 840	67 758[17]	61 732	4 072 219	2 879 499
205	·	343 619	268 848	·	·	1 457 604	525 025
·	·	·	·	·	·	521 272	268 848
·	·	·	·	483 984[18]	386 148	1 046 396	646 110
1 500	·	103 690	45 430	23 080[19]	23 080	475 800	314 000
530 492	521 528	270	·	5 748	·	1 774 949	447 496
·	·	·	·	·	·	581 457	521 528
1 267	·	·	·	112	·	250 270	67 235
·	·	·	·	779	·	206 288	·
314 220	·	273 950	106 560	10 990	·	781 844	501 049
3 294	·	·	·	·	·	4 875 030	881 260
·	·	·	·	12 808	·	3 920 646	·
·	·	·	·	·	·	308 619	143 483
·	·	87 400	·	·	·	220 610	·
56 808	56 808	2 114 862[14]	2 114 862	3 914	·	5 762 943	3 806 204
·	·	·	·	·	·	1 280 388	968 398
19 291[17]	·	·	·	·	·	1 053 331	56 936
341	·	·	·	·	·	1 380 485	1 259 760
37 733	·	287 548[15]	·	27 944	·	695 564	98 781
1 525	·	43 070	43 070	148 000	148 000	864 163	351 681
627	·	30 297	20 675	6 641	·	309 533	134 677
1 824	1 594	·	·	134 022	70 724	1 326 521	923 288
35 428	18 707	·	·	80 650[20]	·	4 889 166	3 853 277
39 500	34 000	·	·	36 600[21]	·	962 322	372 866
·	·	·	·	·	·	220 899	83 463
·	·	·	·	2 400	·	445 850	426 370
·	·	·	·	·	·	522 908	407 485
56 667	·	55 833	·	118 663	·	1 049 914	·
·	·	·	·	1 303[22]	1 803	1 094 812	169 017
·	·	·	·	23 517	·	424 781	·

Verbrauch bei den einzelnen Bauten nach Fertigstellung verrechnet werden. — [13]) Hierunter 223 988 ℳ für den Bau des Elb-Travekanals (hauptsächlich Vorarbeiten) ohne Grunderwerb, hiervon wird 1/3 von Preussen beigetragen. — [16]) Rieselfelder. — [17]) Strassenbahngleise. — [18]) Hauptsächlich Kosten für Ankauf von Grundstücken bei Strassenerweiterungen und Regulirungen derselben. — [19]) Errichtung von Petroleumlagern. — [20]) Oeffentliche Anlagen. — [21]) Flussreinigung, Weiherreinigung, Sicherheitsvorrichtungen. — [22]) Schwabstrassentunnel.

B. III. Aufwendungen der Stadtgemeinden für Hochbauten besonderer Anstalten meist gewerblicher Art

im Jahre 1894 besw. 1894/95.* Neubauten, bauliche Unterhaltung und Reparaturen.

Specialisirung der in Tabelle B. I. Spalte 7 enthaltenen Beträge.

Städte	Ueberhaupt ℳ	Davon aus Anleihen ℳ	Städte	Ueberhaupt ℳ	Davon aus Anleihen ℳ
a. Gaswerke.			**Noch c. Wasserwerke.**		
Altona* . . .	418 770	418 770	Magdeburg* . .	45 727	25 439
Barmen* . . .	111 057	104 807	Mainz*	4 687	.
Bochum . . .	6 435	6 435	Plauen i. V.[5])	53 000[6])	53 000
Breslau* . . .	77 126	.	Potsdam* . . .	576	.
Cassel . . .	2 025 240	1 849 029	Strassburg i. E.*	3 990	.
Duisburg . . .	13 273	.	**d. Kanalisationswerke.**		
Essen*	59 000	22 200			
Freiburg i. Br. .	483[1])	.	Berlin	772	.
Görlitz . . .	12 328	.	Braunschweig* . .	166 000	.
Karlsruhe i. B. .	50 864	37 104	Breslau* . . .	1 648	.
Köln a. Rh.* .	1 655	.	Halle a. S.* . .	1 200	.
Königsberg i. Pr.	6 854	.	Hamburg . . .	10 000	.
Liegnitz . . .	8 427	.	Liegnitz . . .	340 240	340 240
Lübeck[7]) . .	837 628	837 628	Magdeburg* . .	250 495	250 495
Magdeburg* . .	83 388	24 640	Potsdam* . . .	846	.
Nürnberg . . .	38 918	.	**é. Mühlen.**		
b. Elektricitätswerke.			Hannover . . .	152	.
			Leipzig	445	.
Barmen* . . .	9 808	9 808	Lübeck[2]) . . .	166	.
Bochum . . .	2 213	2 213	**f. Viehmarkt und Schlachthof.**		
Breslau* . . .	22 215	.			
Cassel	1 009	.	Aachen . . .	472 917	472 211
Chemnitz . . .	397 032[3])	.	Augsburg . . .	5 877	.
Duisburg . . .	310	.	Barmen* . . .	311 517	311 517
Görlitz	1 499	.	Berlin	278 340	.
Hannover . . .	902	.	Bochum	2 463	.
Köln a. Rh.* . .	1 761	.	Braunschweig* . .	430 694	.
Lübeck[2]) . .	210	.	Bremen	22 958	12 962
Mainz*	5 830[4])	5 830	Breslau* . . .	936 794	934 354
Mannheim . . .	124	.	Cassel	27 433	24 643
München . . .	69 159	58 107	Crefeld	3 085	.
Strassburg i. E.*	821	.	Dortmund . . .	12 100	.
c. Wasserwerke.			Duisburg . . .	4 000	.
			Erfurt	10 850	.
Altona* . . .	100 353.	100 353	Essen*	11 500	.
Augsburg . . .	324	.	Frankfurt a. M.* .	38 054	4 801
Barmen* . . .	60 123	60 123	Frankfurt a. O. .	13 500	12 247
Breslau* . . .	7 081	.	Freiburg i. Br. .	8 199[7])	6 673
Cassel	17 821	17 156	Görlitz	37 084	33 863
Crefeld	1 700·	1 277	Halle a. S.* . .	37 183	37 133
Duisburg . . .	1 160·	.	Hamburg . . .	94 017[7])	51 686
Essen*	96 000.	90 000	Karlsruhe i. B. .	58 469	50 437
Görlitz	170.	.	Kiel	5 800	.
Hannover . . .	2 120	.	Köln a. Rh.* . .	1 563 168	1 563 168
Karlsruhe i. B. .	3 414.	.	Königsberg i. Pr.	1 081 495[6])	1 081 495
Königsberg i. Pr.	5 814	.	Leipzig	65 487	38 397
Liegnitz . . .	1 259	.	Liegnitz . . .	2 266	.

[1]) Arbeiterhäuser. — [2]) 1. Januar 1894 bis 31. März 1895. — [3]) Gebäude, Maschinen, Kessel p. 867 452 ℳ, dazu Grundstück 29 580 ℳ. — [4]) Elektrische Beleuchtungsanlagen für diep Zoll- und Binnenhäfen. — [5]) Die Angaben beziehen sich auf 1895. — [7]) Hochbehälter. — [7]) Schlachthof. — [8]) Einschl. Markthallen. — [9]) Erweiterungen. — [10]) Stammvermögen. — [11]) Hafenneubauten. — [12]) Messstände. — [18]) Und Werkstätten des Wasser-

(Noch Tabelle B. III.)

Städte	Ueberhaupt ℳ	Davon aus Anleihen ℳ	Städte	Ueberhaupt ℳ	Davon aus Anleihen ℳ
Noch f. Viehmarkt und Schlachthof.			**k. Marstall.**		
Lübeck[2] . . .	184 240	.	Braunschweig* .	2 526	.
Magdeburg* . .	90 259	83 564	Breslau* . . .	2 500	.
Mainz* . . .	191 602	191 602	Chemnitz . . .	160	.
Mannheim . . .	892	892	Dresden . . .	74 501[10]	.
München . . .	79 370[9]	.	Essen* . . .	2 700	.
Nürnberg . . .	49 600	36 000	Köln a. Rh.* . .	156 068	.
Potsdam* . . .	216 892	216 892	Lübeck[2] . . .	4[16]	.
Strassburg i. E.*	20 958	.	Magdeburg* . .	744	.
Stuttgart . . .	552	552	Stuttgart . . .	2 473	.
g. Markthallen.			**l. Feuerversicherung und Feuerlöschwesen.**		
Augsburg . . .	1 264	.	Aachen . . .	2 501	.
Barmen* . . .	200	.	Augsburg . . .	120	.
Berlin . . .	268 360	228 299	Barmen* . . .	1 610	.
Chemnitz . . .	1 600	.	Braunschweig* .	1 532	.
Dresden . . .	447 597	447 597	Bremen . . .	8 807	.
Frankfurt a. M.*	2 708	.	Breslau* . . .	5 787	.
Hannover . . .	2 716	.	Cassel . . .	1 456	.
Köln a. Rh.* . .	1 855	.	Chemnitz . . .	2 790	.
Königsberg i. Pr. }	siehe die Anmerkung bei f. Viehmarkt und Schlachthof.		Düsseldorf . . .	2 235	.
Leipzig . . .	48 130	31 550	Erfurt . . .	116	.
Lübeck[2] . . .	177 862	177 862	Essen* . . .	1 200	.
Strassburg i. E.*	3 149	.	Frankfurt a. M.*	131 566	128 839
Stuttgart . . .	3 330	.	Frankfurt a. O. .	842	.
h. Lagerhäuser. Packhöfe, Speicher, Kellereien.			Freiburg i. Br. .	734	.
Bremen . . .	28 435	24 638	Görlitz . . .	2	.
Breslau* . . .	1 123	.	Halle a. S.* . .	255	.
Cassel . . .	25 554	24 831	Hamburg . . .	60 438	.
Chemnitz . . .	850	.	Hannover . . .	1 830	.
Dresden . . .	2 032[10]	.	Karlsruhe i. B. .	618	.
Düsseldorf . . .	510 098[11]	510 098	Kiel . . .	2 080	.
Frankfurt a. M.*	37 707	8 160	Köln a. Rh.* . .	9 748	.
Freiburg i. Br. .	4 870[12]	.	Leipzig . . .	70 810	67 444
Görlitz . . .	505	.	Liegnitz . . .	8 692	.
Hannover . . .	2 020	.	Lübeck[2] . . .	734	.
Köln a. Rh.* . .	886	.	Magdeburg* . .	1 440	.
Leipzig . . .	5 330	.	Mainz* . . .	987	.
Lübeck[2] . . .	11 166[13]	.	Mannheim . . .	2 787	2 012
Magdeburg* . .	79 092	69 286	München . . .	89 625	.
Mainz* . . .	288 528[14]	278 718[14]	Potsdam* . . .	97 243	97 226
München* . . .	10 768[9]	.	Strassburg i. E.*	3 886	.
Potsdam* . . .	61	.	Stuttgart . . .	2 722	.
Strassburg i. E.*	36 727	.	**m. Andere.**		
Stuttgart . . .	2 918	.	Altona* . . .	11 519[17]	.
i. Strassenbahn.			Breslau* . . .	780[18]	.
Bochum . . .	66 670	66 670	Freiburg i. Br. .	9 590[19]	.
Düsseldorf . . .	81 740	80 913	Hamburg . . .	170 000[20]	170 000
Hamburg . . .	3 500	.	Leipzig . . .	225 508[21]	225 508
Karlsruhe i. B. .	1 836[15]	.	Lübeck[2] . . .	8 063[22]	.
Königsberg i. Pr.	74 014	74 014	Plauen i. V.[5] . .	11 836[23]	11 836
München . . .	162 496[9]	162 496	Stuttgart . . .	4 168[24]	.

baues. — [14] Darunter für maschinelle Betriebs-Einrichtungen 150 715 ℳ — [15] Eisenbahn nach Maxau. — [16] Verpachtete Pferdeställe und Reitbahn. — [17] Miethshäuser. — [18] Leihamt. — [19] Placatanstalt: 6 300, Elektrische Uhren: 1 910, Arbeiterwohnungen: 1 380. — [20] Verbrennungsanstalt. — [21] Kaufhaus. — [22] Restaurationsgebäude (von der Stadt verpachtet): 1 131, Vermiethete Wohnungen: 1 932. — [23] Kammergebäude für das Bezirks-Commando. — [24] Latrinenhofgebäude.

B. IV. Tiefbauten, betr. Strassen, Chausseen, Wege und Bürgersteige,

welche im Jahre 1894 bezw. 1894/95* auf Rechnung Privater ausgeführt worden sind.

Neubauten, bauliche Unterhaltung und Reparaturen.

(In Spalte 1 der Tabelle B. II mitenthalten.)

Städte	Ausgaben Ueberhaupt ℳ	Städte	Ausgaben Ueberhaupt ℳ
Altona*	10 780	Hamburg	571 850
Augsburg	41 748	Hannover	111 466
Bochum	16 200	Karlsruhe i. B.	52 239
Braunschweig*	73 810	Kiel	32 800
Bremen	343 903	Köln a. Rh.*	32 527
Charlottenburg*	738 135	Königsberg i. Pr.	44 909
Dortmund	21 292	Lübeck[2]	8 578
Dresden	855 574	Magdeburg*	26 428
Duisburg	28 880	München	150 932
Erfurt	127 122	Nürnberg	219 102
Frankfurt a. M.*	134 181[1]	Plauen i. V.[3]	57 545
Frankfurt a. O.	2 966	Potsdam*	6 980
Halle a. S.*	58 137		

[1] Aus Anleihen. — [2] 1. Januar 1894 bis 31. März 1895. — [3] Die Angaben beziehen sich auf 1895.

B. V. Auf Rechnung von Stiftungen und dergl. durch die Stadtgemeinden ausgeführte Bauten

im Jahre 1894 bezw. 1894/95.*

Neubauten, bauliche Unterhaltung und Reparaturen.

Name der Städte und der Stiftungen bezw. Art der Bauten	Ueberhaupt ℳ	Name der Städte und der Stiftungen bezw. Art der Bauten	Ueberhaupt ℳ
a) Hochbauten.		Breslau.*	
Augsburg.		Neubauten auf dem Stiftsgute Luzine	12 203
Stiftungen	41 792	Erweiterungsbau der Hospitäler St. Hieronymus und Elftausend Jungfrauen (Altersversorgungsanstalten)	47 382
Krankenhaus	8 998	Bauliche Unterhaltung von 19 verschiedenen Stiftungsgrundstücken .	29 309
Armenpflege	3 214		
Sa. .	54 004	Sa. .	88 894
Braunschweig.*		Crefeld.	
Löbbecke'sche Bildungsanstalt für weibliche Dienstboten	46 096	Neubau des Kaiser Wilhelm-Museums	79 491
		Einfriedigung des Stadtgartens . .	8 924
Bremen.		Sa. .	88 415
Bauliche Unterhaltung der Hauptschule	12 249		

(Noch Tabelle B. V.)

Name der Städte und der Stiftungen bezw. Art der Bauten	Ueberhaupt ℳ	Name der Städte und der Stiftungen bezw. Art der Bauten	Ueberhaupt ℳ
Dresden.		**Leipzig.**	
Für Unterrichtszwecke	5 745[1])	Grundstück Stötteritz Nr. 45 . . .	3 051
„ Armen- und Besserungsanstalten	83 752[1])	Altes Johannishospital	3 602
„ Kranken- und Altersversorgung .	165 391[1])	Neues „	8 292
„ Wohnhäuser, die Stiftungseigenthum sind	15 844[1])	Portitz-Mühle	1 484
		Johannisthal Wächterhaus	26
Sa. .	220 732[1])	Gut in Stünz	384
Düsseldorf.		Johannisfriedhöfe	692
Wohngebäude der Schiffer'schen Stiftung	51 265	Heilanstalt Thonberg	3 494
		Zweiganstalt vom Johannishospital a. d. Riebeckstrasse	1 452
Erfurt.		Rittergut Plaussig	5 355[7])
Unterhaltung der Gebäude der vereinten evangelischen milden Stiftungen und Errichtung einer Pfandleihanstalt	24 975	Gut Dösen	3 051[8])
		Mendestift	427
		Fregeasyl I. und II.	1 818
Frankfurt a. O.		Lehrerwittwenstift	637
Hospitäler	2 034	Arbeiterwohnhaus	1 375
		Schumannstift	904
Freiburg i. B.		Lähnestift	95
Waisenhausstiftung	3 114	Oberläuter Stiftung, Fürstenstr. 10, Simsonstr. 10	8 499
Heiliggeistspitalstiftung	2 402	Grossmann'sche Stiftung, Gr. Fleischergasse 10	2 559
Ursulastiftung	990	Grassi-Museum	414 224
Adelhauserstiftung	550	Sa. .	456 421[4])
Sa. .	7 056		
		München.	
Halle a. S.		Neubauten im Krankenhaus rechts der Isar	52 708[5])
Umbau des Hospitals	9 501	Neubauten im Krankenhaus links der Isar	340 108[5])
Bauliche Unterhaltung des Hospitals	776	Armenversorgungshaus St. Martin .	346 878[5])
Neubau des Riebeckstiftes	52 091	Sa. .	739 194[5])
„ „ Kinderasyls	22 870		
Bauliche Unterhaltung des Röser Stifts	30	**Nürnberg.**	
Sa. .	85 268	Baureparaturen in Kalbensteinberg .	372
		„ „ Allerheiligen . .	257
Köln a. Rh.		„ „ Wengen . . .	270
Arbeiterwohnhäuser, Stift. Guilleaume	288	„ „ Schwimmbach .	205
		„ „ Obermichelbach .	676
Königsberg i. Pr.		„ „ Veitsbronn . . .	92
v. Fahrenheid'sches Armenhaus . .	362	„ verschiedener Geb. .	9 930
Driesen'sche Armenstiftung	699	Sa. .	11 802
Grician'sche „ . . .	144		
Muhlke'sche „ . . .	507	**Potsdam.**	
Neuenstädt'sche Stiftung	143	Für die Brendel'schen Stiftungen .	842
Wittulski'sche „ . . .	208	„ das Rückert'sche Stift	495
Sa. .	2 063	„ die Eisenhart'sche Heilanstalt .	2 833
		Sa. .	3 670

[1]) Aus Stiftungsmitteln. — [2]) Davon 1653 ℳ aus Anleihen. — [3]) Davon 929 ℳ aus Anleihen. — [4]) Davon 2582 ℳ aus Anleihen. — [5]) Sämmtlich aus Anleihen.

(Noch Tabelle B. V.)

Name der Städte und der Stiftungen bezw. Art der Bauten	Ueberhaupt *M.*	Name der Städte und der Stiftungen bezw. Art der Bauten	Ueberhaupt *M.*
Strassburg i. E.*		**Erfurt.**	
Unterhaltung des Neuweiler-Hofes (Apfel'sche Stiftung)	3 942	Herstellung eines Cementtrottoirs vor Baustellen ehemaliger Stiftungsgrundstücke in neu errichteten Strassen	1 017
Stuttgart.			
Bürgerhospital-Neubau	184 798[1])	**Frankfurt a. O.**	
		Hospitäler (Brunnen)	44
b) Tiefbauten.			
		Leipzig.	
Augsburg.		Bauliche Unterhaltung von Strassen à Conto Johannishospital . . .	1 471
Krankenhaus	674	Strassenherstellung à Conto Stammvermögen des Johannishospitals	127 580
		Schleusenherstellung à Conto Stammvermögen des Johannishospitals .	437
Breslau.*		Sa. .	129 488
Trinitas-Hospital: Bürgersteig-Regulirung	2 868		

[1]) Aus Anleihen.

B. VI. Auf Rechnung des Reiches, des Staates u. s. w. durch die Stadtgemeinden ausgeführte Bauten
im Jahre 1894 bezw. 1894/95.*
Neubauten, bauliche Unterhaltung und Reparaturen.

Name der Städte, Art der Bauten	Ueberhaupt *M.*	Name der Städte, Art der Bauten	Ueberhaupt *M.*
a) Hochbauten.		**b) Tiefbauten.**	
Bremen.		**Dresden.**	
Kasernenbau . . . . * . .	17 343[1])	Für Strassen, Chausseen, Fahr- und Fussbahnen	81 192
		Für Entwässerungsanlagen	2 966
Leipzig.		„ andere Tiefbauten	139
Kasernenneubau zu Möckern (Vorarbeiten).	654	Sa. .	84 297
		Düsseldorf.	
Magdeburg.*		Für Kanalanlage zur Entwässerung der neuen Kasernements	84 702
Steuergebäude	600		
		Potsdam.*	
		Trottoir auf der Südseite der Garde du Corpsstrasse	287

[1]) Aus Anleihen.

B. VII. Beiträge der Stadtgemeinden für Reichs-, Staats- oder andere öffentliche Bauten
im Jahre 1894 bezw. 1894/95.*
Neubauten, bauliche Unterhaltung und Reparaturen.

Name der Städte, Art der Bauten	Ueberhaupt ℳ	Name der Städte, Art der Bauten	Ueberhaupt ℳ
a) Hochbauten.		**Stuttgart.**	
Cassel.		Wiederherstellung des Thurmes der Stiftskirche	25 000
Beitrag zum Grunderwerb für eine neue lutherische Kirche	25 000	**b) Tiefbauten.**	
Erfurt.		**Bremen.**	
Zum Bau eines neuen Kgl. Gymnasiums, 1. und 2. Rate	31 383[1]	Strassenregulirungen	69 601
Frankfurt a. M.*		**Cassel.**	
Unterhaltung der Quartierhäuser . .	8 070	Beitrag zur Schiffbarmachung der Fulda (4. Rate)	150 000[1]
Leipzig.		**Mannheim.**	
Dem Staatsfiskus jährlich gewährte Pauschalsumme für durch denselben contractlich auszuführende Reparaturarbeiten im Hauptzollamtsgebäude	400[1]	Beitrag an Grh. Staatskasse zur Unterhaltung der Landstrassen . . .	4 313
Mannheim.		Beitrag an die Kreiskasse zur Unterhaltung der Kreisstrasse	945
Zum Hoftheaterbaufonds	1 125	Beitrag an Grh. Staatskasse zur Unterhaltung der Flussbauten am Rhein und Neckar	54 203
Beitrag zum Kaiser Wilhelm-Denkmal	10 056	Sa. .	59 461
Sa. .	11 181		
Strassburg i. E.*		**Strassburg i. E.***	
Zu den Kosten der Herstellung eines Neubaues für das zoologische Institut der Universität (5. Rate) . . .	60 000	Zu den Kosten des Kanals für die Ableitung des Illhochwassers (7. Rate)	30 000
Zu den Kosten eines Neubaues für das Land- und Amtsgericht (1. Rate)	120 000		
Sa. .	180 000		

[1] Aus Anleihen.

C. I. Bestand an Strassenfläche (Fahrwege) nach Art der Befestigung.

Städte	Am Schlusse des Jahres	Ueberhaupt	besserem (bossirtem) Steinpflaster	geringerem (Bruch-, Feld-, Kopf-) Steinpflaster	Schlackenpflaster	Asphalt	Cement	Holz	Mosaik	Kies	macadamisirt	chaussirt	anderweitig
		ar	ar	ar	ar	ar	ar	ar	ar	ar	ar	ar	ar
Aachen. . . .	1895	4 550	1 350	2 520	.	.	.	.	.	.	680	.	.
Altona . . .	1895	5 429	2 517	2 491	.	.	.	.	.	.	.	421	.
Augsburg .	1894	4 465	975	897	.	9	.	17	.	.	2 567	.	.
„	1895	4 488	1 045	837	0,33	11	.	17	.	.	2 577	.	.
Barmen . . .	1894/95	5 851			.		.		.	.	.	.	.
„	1895/96	6 009	2 626[1]	469[2]	.	5	.	.	.	.	.	2 909	.

[1] I. u. II. Classe. — [2] III. Classe. — [3] I.—III. Classe. — [4] IV.—IX. Classe. — [5] Kunststeine aus Eisenschlacken. [6] Eisenpflaster. — [7] Gesammtfläche ar 1894: 25672, 1895: 26319, davon gepflastert 1894: 9926, 1895: 9916, Asphalt 1894: 313, 1895: 388, beschottert 1894: 15443, 1895: 15905. Ausserdem Bestand an fiskalischen Strassen einschl. Gangbahnen (annähernd) a) Schotterstrassen 748, b) gepflasterte Strassen 2160 ar. — [8] einschl. Bockenheim. — [9] mit Chamotten. — [10] geköpftes Weckenpflaster. — [11] Hierbei die neue Wallstrasse mit 680 ar. — [12] Hierbei die neue Wallstrasse mit 532 ar. — [13] einhäuptiges Kopfsteinpflaster. — [14] Kieswege in den Neckargärten, welche in der Gesammtfläche nicht enthalten sind. — [15] intra muros. — [16] Klinkerpflaster. — [17] noch nicht genau festgestellt. — [18] Berichtigung der Angaben im 5. Jahrgange. — [19] d. i. Steinplatten.

IV. Bauthätigkeit.

(Noch Tabelle C. I.)

Städte	Am Schlusse des Jahres	Ueberhaupt	Davon sind befestigt mit										
			besserem (bossirtem) Steinpflaster	geringerem (Bruch-, Feld-, Kopf-) Steinpflaster	Schlackenpflaster	Asphalt	Cement	Holz	Mosaik	Kies	macadamisirt	chaussirt	anderweitig
		ar	ar	ar	ar	ar	ar	ar	ar	ar	ar	ar	ar
Berlin	1894/95	55 437	23 467[3]	17 591[4]	5,4[5]	11911	.	607	.	.	.	1 854	1,1[6]
"	1895/96	56 140	25 053[5]	15 941[4]	5,4[5]	12756	.	595	.	.	.	1 789	1,1[6]
Bochum . . .	1895	900	.	.	.	.	.	.	.	.	.	551	.
Bremen . . .	1895	8 301	7 363,4	613	0,95	12	.	24,5	.	.	277,5	.	.
Breslau . . .	1894/95	11 741	10 266		.	405	.	85	.	.	985	.	.
Cassel	1894/95	4 022	2 437	.	.	.	.	.	.	.	.	1 585	.
"	1895/96	4 123	2 526	.	.	.	.	.	.	.	.	1 597	.
Charlottenburg	1894/95	7 508	2 263	3 491	33,5	261	.	.	.	.	.	1 460	.
"	1895/96	7 866	2 649	2 993	33,5	811	.	.	.	.	.	1 380	.
Chemnitz . .	1894	9 671	1 375	189	.	27,7	.	.	.	.	8 079	.	.
"	1895	9 805	1 419	189	.	27,7	.	.	.	.	8 169	.	.
Crefeld	1895	6 584	8 732	.	.	.	.	3	.	.	.	1 487	1 362
Dortmund . .	1894	3 955	2 850	.	.	.	.	.	.	.	.	1 105	.
"	1895	4 043	2 904	.	.	.	.	7,5	.	.	.	1 132	.
Dresden . . .		[7])											
Düsseldorf . .	1895	19 007	1 845	2 079	1,8	18,4	.	.	1 972	.	686	9 721	1 768
Duisburg . . .	1895	5 099	732	.	.	.	.	.	.	.	605	.	1 956	1 806
Erfurt	1894/95	?	1 922	670	46	.	.	.	.	.	.	1 712	.
"	1895/96	?	2 021	.	.	.	.	.	.	.	.	1 701	.
Essen	1895	3 937	3 585	.	.	.	.	.	2,3	.	.	350	.
Frankfurt a.M.[8])	1894/95	15 832	2 868	4 402	.	112	.	330	.	.	8 120	.	.
"	1895/96	17 006	3 131	5 061	.	184	.	330	.	.	8 350	.	.
Frankfurt a. O.	1894	2 826	470	2 136	.	4	.	.	.	.	.	84	132[9])
"	1895	2 986	470	2 188	.	4	.	.	.	.	.	84	140[9])
Freiburg i. B. .	1894	5 583	168	442[10])	.	.	.	.	.	.	4 973	.	.
"	1895	6 046	193,5	416,5	.	.	.	.	.	.	5 436	.	.
Görlitz	1894	4 280	624	2 496	.	.	.	.	.	645	.	515	.
"	1895	4 358	650	2 605	.	.	.	.	.	497	.	606	.
Halle a. S. . .	1894	6 497	3 997	1 079	182	16	.	8	.	.	.	1 215	.
"	1895	6 665	4 112	1 123	182	24	.	9,3	.	.	.	1 215	.
Hamburg . . .	1894	31 268	8 892	17 024	.	329	.	199	.	.	.	1 562	3 262
"	1895	31 842	9 236	17 285	.	507	.	170	.	.	.	1 526	3 118
Hannover . .	1894	12 188	8 432	749	.	399	.	.	.	1 138	.	1 475	.
"	1895	12 466	8 355	698	.	824	.	.	.	1 122	.	1 472	.
Karlsruhe i. B.	1894	4 394	1 168	.	.	.	.	46	.	.	.	3 180	.
"	1895	4 414	1 198	.	.	.	.	49	.	.	.	3 167	.
Kiel	1894/95	8 915	2 257	873	.	.	.	.	.	.	.	784	.
Köln a. Rh. . .	1893/94	21 390[10])	9 701	2 024	.	148	.	64	.	3 327[11])	.	6126[12])	.
"	1894/95	22 319	10 148	2 173	.	178	.	71	.	3 431[11])	.	6318[12])	.
Leipzig . . .	1994	24 418	6 088	6 925	1585	1008	2,6	8,7	.	1 257	7 548	.	.
"	1895	25 358	6 266	6 815	1908	1235	67	20	.	1 487	75 60	.	.
Magdeburg .	1895	12 243	11 204		48	35	.	13	.	830	.	155	.
Mannheim .	1894	3 838	.	1 181[15])	.	.	.	.	.	162,5[14])	.	2 657	.
"	1895	4 063	.	1 289[15])	0,86	.	.	.	.	154[14])	.	2 773	.
Metz[15])	1894/95	?	.	3 749	.	.	.	.	.	.	.	.	.
München . . .	1894	25 906	7 298	417	9[16])	54	.	86	.	.	18047	.	.
"	1895	26 533	7 903	403	8,4[16])	54	.	255	.	.	17910	.	.
Nürnberg . .	1895	9 659	4 800	.	.	.	.	.	.	.	.	4 859	.
Plauen i. V. .	1895	3 052	866		→ [17] ←							2 186	.
Posen	1895	4 800											
Potsdam . . .	1894/95	5 278	574	2 949	.	1	.	.	.	855	.	889	10
"	1895/96	5 308	611	2 932	.	1	.	.	.	856	.	898	10
Strassburg i. E.[18])	1894/95	7 296	3 617		.	53	.	6,7	.	.	3 619	.	444[21][15])
Stuttgart . . .	1894/95	8 124	3 648	.	.	.	.	34	.	.	.	.	441[19])
"	1895/96	8 245	3 750	.	.	.	.	34	.	.	.	.	441[19])
Wiesbaden . .	1894/95	4 152	958	345	1	56	.	.	.	.	.	1 792	.
"	1895/96	4 244	969	345	20	56	.	17	.	.	.	2 837	.
Zwickau . . .	1894	4 473	500		.	105	.	.	.	.	3 868	.	.
"	1895	4 498	498		.	107	.	.	.	.	3 883	.	.

C. II. Bestand der Fläche von Fusswegen an Strassen.

(Trottoirs, Bürgersteige, Gehwege).

Städte	Am Schlusse des Jahres.	Ueberhaupt	Davon sind befestigt mit											
			besserem (bossirtem) Steinpflaster	geringerem (Bruch-Feld-, Kopf-)Steinpflaster	Schlackenpflaster	Asphalt	Cement	Holz	Mosaik	Kies	macadamisirt	chaussirt	Steinplatten	anderweitig
		ar	ar	ar	ar	ar	ar	ar	ar	ar	ar	ar	ar	ar
Aachen	1895	1 870	.	.	.	.	.	.	.	1 240	.	.	.	.
Altona	1895	4 273	.	.	.	.	.	36	.	1 097¹)	.	.	3 140²)	.
Barmen	.	³)	.	.	.	.	.	.	.	.	.	.	.	.
Bochum	1895	?	.	.	.	10	358	.	5	.	.	.	120	170
Bremen	1895	5 197	.	.	.	179	1 874	.	4	1 650	.	.	1 890	.
Cassel	1894/95	2 612	1 506	.	.	109	380	.	.	.	13	704	.	.
„	1895/96	2 720	1 421	.	.	111	471	.	.	.	13	704	.	.
Chemnitz	1894	5 541	95	.	.	244	.	.	24	2 962	.	.	2 444	96
„	1895	5 632	104	.	.	251	.	.	26	2 919	.	.	2 591	101
Crefeld	1895	?	.	.	.	8	.	.	1,5	.	.	.	8 300	.
Dortmund . . .	1894	2 921	246	.	.	1 347	169	.	24	.	.	.	.	1 185
„	1895	3 045	246	.	.	1 375	169	.	38	.	.	.	.	1 217
Dresden	.	⁴)	.	.	.	.	.	.	.	.	.	.	.	.
Düsseldorf . . .	1894	5 565¹⁰)	3	.	.	.	20	.	16	850	.	.	4 676	.
„	1895	5 711	3	.	.	.	20	.	22	870	.	.	4 796	.
Duisburg	1895	?	.	.	.	.	.	.	15	.	.	.	.	.
Erfurt	1894/95	?	.	.	2,5	.	.	.	10,8	314	.	.	.	.
„	1895/96	?	.	.	.	.	.	.	.	.	.	.	7	.
Essen	1895	638,5	.	.	.	.	.	.	.	.	.	.	.	.
Frankfurt a.M.⁵)	1894/95	11 561	4 620	.	.	112	868	.	700	5 261	.	.	.	.
„	1895/96	12 707	5 109	.	.	167	950	.	792	5 689	.	.	.	.
Frankfurt a. O.	1895	1 710	.	.	12,6	.	.	.	198	.	.	.	255	.
Freiburg i. B.	1895	2 172	.	.	.	815	2,3	.	112⁶)	1 202	.	.	.	41⁷)
Görlitz	1894	1 538	.	184	.	.	.	.	338	.	.	.	616	.
„	1895	1 574	.	149	.	.	.	.	352	.	.	.	620	.
Halle a. S. . .	1894	3 446	.	.	.	95	.	.	1 125	200	.	940	1 030	56⁸)
„	1895	3 532	.	.	.	105	.	.	1 165	200	.	940	1 066	56⁸)
Hamburg	1894	22 558	.	.	.	.	.	.	.	.	.	.	.	.
„	1895	22 832	.	.	.	.	.	.	.	.	.	.	.	.
Hannover . . .	1894	7 000	29	14	.	4 355	84⁹)	.	49	2 431	.	.	88¹⁰)	.
„	1895	7 068	26	16	.	4 488	109⁹)	.	65	2 385	.	.	34¹⁰)	.
Karlsruhe i. B. .	1894	3 848	.	.	.	.	.	.	.	.	.	.	.	.
„	1895	3 866	.	.	.	.	.	.	.	.	.	.	.	.

IV. Bauthätigkeit

(Noch Tabelle C. II.)

Städte	Am Schlusse des Jahres.	Ueberhaupt	Davon sind befestigt mit											
			besserem (Ordinirtem) Steinpflaster	geringerem (Bruch-Feld-, Kopf-) Steinpflaster	Schlackenpflaster	Asphalt	Cement	Holz	Mosaik	Kies	macadamisirt	chaussirt	Steinplatten	anderweitig
		ar	ar	ar	ar	ar	ar	ar	ar	ar	ar	ar	ar	ar
Kiel......	1894/95	2 608	.	.	.	.	.	.	.	1 455	.	.	17	1 131
Köln a. Rh.[11]) .	1893/94	7 163[15])	652	62	.	1 661	72	.	37	4 340	.	.	312	27
„	1894/95	7 655	695	63	.	1 876	72	.	37	4 582	.	.	303	27
Leipzig.....	1894	7 053	445	281	32	11	251	.	2 456	.	.	.	3 516	61
„	1895	7 560	431	260	32	11	255	.	2 717	.	.	.	3 787	67
Magdeburg ..	1895	3 704	200		.	1 881	.	.	612	1 011	.	.	.	.
Mannheim ..	1894	2 921	.	1176[12])	.	469	.	.	.	1 276	.	.	.	.
„	1895	3 016	.	1025[13])	.	630	.	.	12	1 351	.	.	.	.
Metz[13])	1894/95	442	.	.	.	280	31	0,59	.	.	.	.	131	.
München....	1894	13 041[14])	.	.	.	.	.	.	.	.	.	.	.	.
„	1895	13 336[14])	.	.	.	.	.	.	.	.	.	.	.	.
Nürnberg ...	1895	8 065	.	.	.	.	.	.	.	65	.	.	8 000	.
Plauen i. V...	1895	2 034	.	.	.	.	.	.	.	.	.	.	.	.
Posen	1895	1 430	.	.	.	.	.	.	.	.	.	.	.	.
Potsdam....	1894/95	2 370	.	227	.	29	.	.	1 056	662	.	.	371	25
„	1895/96	2 407	.	220	.	29	.	.	1 072	690	.	.	371	25
Strassbrg.i.E.[15])	1894/95	3 599	.	.	.	750	.	.	635	.	.	2205	8,7[16])	.
Wiesbaden...	1894/95	2 087	1 214	.	.	322	88	.	12	401	.	.	.	.
„	1895/96	2 077	1 248	.	.	328,5	99,5	.	13,5	388	.	.	.	.
Zwickau	1894	2 964	.	.	.	3	.	.	.	.	.	.	.	.
„	1895	2 992	.	.	.	3	.	.	.	.	.	.	.	.

[1]) Grandstieg. — [2]) einschl. Iron-bricks. — [3]) In städtische Unterhaltung sind übernommen bis 1. 4. 1895: 425,4, bis 1. 4. 1896: 474,84 ar. Die grössere Mehrzahl der Bürgersteige ist noch in Privatunterhaltung und können Angaben über diese Flächen nicht gemacht werden. — [4]) Gesammtfläche ar 1894: 6564, 1895: 6877, davon Granitplatten-Gangbahnen 1894: 3445, 1895: 3682, Klinker- und Cementplatten-Gangbahnen 1894: 278, 1895: 337, Cement- und Asphaltgussbahnen 1894: 115, 1895: 116 Asphaltplatten-Gangbahnen 1894: —, 1895: 11, Pflastergangbahnen 1894: 741, 1895: 808, Kies-Gangbahnen an Pflasterstrassen 1894: 1985, 1895: 1973. — [5]) einschl. Bockenheim. — [6]) Rheinkiesel. — [7]) Cementplatten, Mettlacherplatten. — [8]) Fliessen. — [9]) Betonplatten. — [10]) Klinker. — [11]) einschl. der Bordsteinoberfläche. Dieselbe beträgt in der Altstadt 1893/94: 197, 1894/95: 209; in der Neustadt: 1893/94: 156, 189495: 166. — [12]) einhäuptiges Kopfsteinpflaster. — [13]) intra muros. — [14]) die Fusswegfläche betrug in gepflasterten Strassen 1894: 4218, 1895: 4580 und in Macadamstrassen 1894: 8823, 1895: 8756 ar. — [15]) u. Cementplatten. — [16]) Berichtigung der Angaben im 5. Jahrgange.

C. III. Strassenpflasterungen
im Jahre 1895 bezw. 1895/96.*

Städte.	N. = Neu., U = Umpflasterung.	Ueberhaupt	Davon sind befestigt mit											
			besserem (bossirtem) Steinpflaster	geringerem (Bruch-, Feld-, Kopf-), Steinpflaster	Schlackenpflaster	Asphalt	Cement	Holz	Mosaik	Kies	macadamisirt	chaussirt	Steinplatten	anderweitig
		ar	ar	ar	ar	ar	ar	ar	ar	ar	ar	ar	ar	ar
Aachen . . .	N.	271	271	.	.	.	.	.	.	.	.	.	.	.	.
„	U.	67	67	.	.	.	.	.	.	.	.	.	.	.	.
Altona	N.	264	264	.	.	.	.	.	.	.	.	.	.	.	.
„	U.	70	50	20	.	.	.	.	.	.	.	.	.	.	.
Augsburg . . .	N.	83	70	.	0,38	2	.	0,44	.	.	10	.	.	.
„	U.	?	18	.	.	.	.	.	.	.	.	.	.	.	.
Barmen* . . .	N.	?	168	.	.	.	.	.	.	.	.	162	.	.
Berlin*	N.	667	648	.	.	19	.	.	.	.	.	.	.	.
„	U.	1527	693	.	.	824	.	10	.	.	.	.	..	.
Bochum . . .	N.	?	.	.	.	.	.	.	.	.	.	51	.	.
„	U.	?	60	.	.	.	.	.	.	.	.	.	.	.
Braunschweig .	N.	167	49	.	.	.	.	.	.	.	.	118	.	.
„	U.	44	.	44	.	.	.	.	.	.	.	.	.	.
Bremen . . .	N.	222	191	.	.	.	.	8,5	.	.	22,5	.	.	.
„	U.	188,6	157	6	.	.	.	1,6	.	.	24	.	.	.
Breslau[7]) . . .	N.	133	130	.	.	3,5	.	.	.	.	.	.	.	.
„	U.	232	76	.	.	38	.	2	.	.	116	.	.	.
Cassel*	N.	95	83	.	.	.	.	.	.	.	.	12	.	.
Charlottenbrg.*	N.	358	324	.	.	34	.	.	.	.	.	.	.	.
„	U.	658	141	.	.	517	.	.	.	.	.	.	.	.
Chemnitz . . .	N.	221	44	.	.	.	.	.	.	.	177	.	.	.
„	U.	48	.	48	.	.	.	.	.	.	.	.	.	.
Crefeld	U.	328	149	.	.	.	.	.	.	.	179	.	.	.
Dortmund . .	N.	95,5	61	.	.	.	.	7,5	.	.	.	27	.	.
„	U.	188	188	.	.	.	.	.	.	.	.	.	.	.
Düsseldorf[2]) .	N.	347	159	.	.	.	.	.	.	.	24	139	25	.	.
„	U.	81	81	.	.	.	.	.	.	.	.	.	.	.
Duisburg . .	N.	?	70	.	.	.	.	.	.	150	.	870	.	265
Erfurt*	N.	216,4	98,7	.	46	.	.	.	.	.	71,7	.	.	.
„	U.	8	8	.	.	.	.	.	.	.	.	.	.	.
Essen	N.	137	137	.	.	.	.	.	.	.	.	.	.	.
„	U.	86	86	.	.	.	.	.	.	.	.	.	.	.
Frankfurt a.M.*[1])	N.	478	49	313	.	22	.	.	.	.	94	.	.	.
„	U.	1817	1005	.	.	.	.	.	.	.	812	.	.	.
Frankfurt a. O.	N.	60	.	52	.	.	.	.	.	.	.	.	.	8[3])
Freiburg i. Br.	N.	463	.	.	.	.	.	.	.	.	463	.	.
„	U.	32	25	7,1[2])	.	.	.	.	.	.	.	.	.
Görlitz	N.	288	26	152	.	.	.	.	.	78	.	.	.
„	U.	28	.	28	.	.	.	.	.	.	.	.	.

[1]) Einschl. Bockenheim. — [2]) Chamotten. — [3]) geköpftes Weckenpflaster.

(Noch Tabelle C. III.)

Städte.	N. = Neu, U. = Umpflasterung.	Ueber-haupt	Davon sind befestigt mit											
			besserem (bossirtem) Steinpflaster	geringerem (Bruch-, Feld-, Kopf-, Steinpflaster	Schlackenpflaster	Asphalt	Cement	Holz	Mosaik	Kies	macadamisirt	chaussirt	Steinplatten	anderweitig
		ar	ar	ar	ar	ar	ar	ar	ar	ar	ar	ar	ar	ar
Halle a/S. . .	N.	168	115	43,5	.	8	.	1,3	.	.	.	.	.	.
„	U.	60	.	.	.	.	.	.	.	.	.	.	.	.
Hamburg . . .	N.	1350	502	660	.	187	.	0,86	.	.	.	.	.	.
„	U.	2607	407	2044	.	.	.	.	.	.	.	156	.	.
Hannover. . .	N.	278	214	.	.	64	.	.	.	.	.	.	.	.
„	U.	413	60	.	.	353	.	.	.	.	.	.	.	.
Karlsruhe i. B.	N.	?	33	.	.	.	.	3	.	.	.	.	.	.
Kiel[7])	N.	69	69	.	.	.	.	.	.	.	.	.	.	.
„	U.	22,7	22,7	.	.	.	.	.	.	.	.	.	.	.
Köln a. Rh.[7]) .	N.	1108	447	149	.	30	.	7	.	157	.	313	.	.
„	U.	1352	765	102	.	.	.	.	.	60	.	425	.	.
Königsbrg.i.P.[7])	N.	?	120	.	.	.	.	.	.	.	.	.	.	.
„	U.	?	38	16	.	15,9	.	.	.	.	.	8,5	.	.
Leipzig . . .	N.	1498	251,5	137	327	232,5	64	11	.	286,5	288	.	.	.
„	U.	107	.	.	.	.	.	.	.	.	.	.	.	.
Lübeck* . . .	N.	36	36	.	.	.	.	.	.	.	.	.	.	.
„	U.	67	47	.	.	.	.	.	.	.	.	20	.	.
Magdeburg . .	N.	245	121	91	.	.	.	3	.	30	.	.	.	.
„	U.	785	107	678	.	.	.	.	.	.	.	.	.	.
Mainz[7]). . . .	N.	119	62	.	.	3,8	.	10,5	.	.	.	43	.	.
Mannheim . .	N.	218	.	162,6[4])	0,86	.	.	.	.	.	.	55	.	.
„	U.	72	.	72[4])	.	.	.	.	.	.	.	.	.	.
Metz[5])[7]) . . .	U.	45,4	45,4	.	.	.	.	.	.	.	.	.	.	.
München. . .	N.	?	610	.	.	.	.	.	.	.	568	.	.	.
„	U.	?	13	.	.	.	.	169	.	.	.	.	.	.
Nürnberg. . .	N.	105	105	.	.	.	.	.	.	.	.	.	.	.
„	U.	150	150	.	.	.	.	.	.	.	.	.	.	.
Plauen i. V. .	N.	?	81,6	1,17	.	.	.	.	.	.	.	.	.	.
Posen	N.	69	30	27	.	12	.	.	.	.	.	.	.	.
„	U.	118	.	118	.	.	.	.	.	.	.	.	.	.
Potsdam* . .	N.	62	34	19	.	.	.	.	.	.	.	9	.	.
„	U.	54	7	20	.	.	.	.	.	.	.	27	.	.
Strassbg. i.E[5])[7])	N.	156	87		.	.	.	.	.	.	119	.	.	.
„	U.	89	89	.	.	.	.	.	.	.	.	.	.	.
Stuttgart*. . .	N.	203	102	.	.	.	.	.	.	.	.	101	.	.
„	U.	28	28	.	.	.	.	.	.	.	.	.	.	.
Wiesbaden*. .	U.	96,5	60	.	19,5	.	.	17	.	.	.	.	.	.
Zwickau . . .	N.	15	.	.	.	.	.	.	.	.	15	.	.	.
„	U.	20	17,8	.	.	2,4	.	.	.	.	.	.	.	.

[4]) einhäuptiges Kopfsteinpflaster. — [5]) intra muros. — [6]) die Angaben beziehen sich aufs Jahr 1894. — [7]) Die Angaben beziehen sich aufs Jahr 1894/95.

C. IV. Neu- und Umlegungen von Fusswegen
im Jahre 1895 bezw. 1895/96.*
(Bürgersteige, Trottoirs, Gangbahnen).

Städte	N = Neu- U = Um-legung	Ueberhaupt	Davon sind befestigt mit												Rand- oder Bord-Steine gelegt
			besserem (bossirtem) Steinpflaster	geringerem (Bruch-, Feld-, Kopf-) Steinpflaster	Schlackenpflaster	Asphalt	Cement	Holz	Mosaik	Kies	macadamisirt	chaussirt	Steinplatten	anderweitig	
		ar	ar	ar	ar	ar	ar	ar	ar	ar	ar	ar	ar	ar	m
Altona . . .	N.	200	.	.	.	.	.	.	.	120[1])	.	.	80[2])	.	5580
"	U.	40	.	.	.	.	.	.	.	.	.	.	40[2])	.	.
Augsburg . .	N.	67,7	2,6	.	.	65,1	.	.	.	.	.	.	.	.	4441
Barmen* . . .		[3])	.	.	.	.	.	.	.	.	.	.	.	.	.
Bochum . . .	N.	?	.	.	.	.	58	.	.	.	.	.	.	.	1400
"	U.	?	.	.	.	.	2	.	.	.	.	.	.	5	1000
Braunschweig	N.	112	1,13	.	.	.	36,7	.	0,24	9,6	.	47	3	14,5	3255
"	U.	1,4	.	1,4	.	.	.	.	.	.	.	.	.	.	.
Bremen . . .	N.	153	.	.	.	.	153	.	.	.	.	.	.	.	7300
"	U.	34	.	.	.	.	30	.	.	.	.	.	4	.	2700
Breslau[16]) . .	N.	?	.	.	.	.	.	.	.	.	.	.	.	.	2691
"	U.	?	.	.	.	.	.	.	.	.	.	.	.	.	2984
Cassel* . . .	N.	5,98	5,98	.	.	.	.	.	.	.	.	.	.	.	466
"	U.	84,57	.	.	.	2,7	81,8	.	.	.	.	.	.	.	2439
Chemnitz . .	N.	851	9	.	.	6,3	.	.	2	182	.	.	147	4,7[4])	280
"	U.	39	.	.	.	14	.	.	.	.	.	.	35	.	7975
Dortmund . .	N.	124	.	.	.	28	.	14	.	.	.	.	.	82	9800
"	U.	16	.	.	.	16	.	.	.	.	.	.	.	.	.
Düsseldorf[14])	N.	145	.	.	.	.	.	.	5,25	20	.	.	120	.	8900
Duisburg . .	N.	?	.	.	.	0,67	.	.	.	.	.	.	.	5	1750
Erfurt* . . .	N.	144	0,25	.	2,5	.	57	.	6,8	71	.	.	7	.	3300
Essen . . .	N.	4,5	.	.	.	.	.	.	.	.	.	.	.	.	1200
"	U.	3,5	.	.	.	.	.	.	.	.	.	.	.	.	450
Frankfurt a.M*[5])	N.	432	247	.	.	43	.	84	58	.	.	.	.	.	12 186
"	U.	1196	146	.	.	.	.	.	1050	.	.	.	.	.	4216
Freiburg i. Br.	N.	222	.	.	30,2	.	.	2,8	.	189	.	.	.	.	2115
Görlitz . . .	N.	49,4	.	.	.	.	.	8,5	36	.	.	4,9	.	.	3200
"	U.	14	.	.	.	.	.	.	.	.	.	14	.	.	200
Halle a. S. . .	N.	86	.	.	10	.	40	.	.	.	.	36	.	.	3900
Hannover . .	N.	68	.	.	60,5	5[6])	.	.	.	.	.	2,5[7])	.	.	.
"	U.	194	.	.	149	81	.	14	.	.	.	.	.	.	.
Kiel[15])	N.	136	.	.	.	.	.	.	78	.	.	58[7])	1864		
"	U.	14,2	.	.	.	.	.	.	9,4	.	.	4,8[7])	2308		

(Noch Tabelle C. IV.)

Städte		geringerem Bruch-(Feld-, Kopf-) Steinpflaster (ar)	Schlacken-pflaster (ar)	Asphalt (ar)	(ar)	(ar)	macadamisirt (ar)	chaussirt (ar)	Steinplatten (ar)	anderweitig (ar)	Rand- oder Bord-Steine gelegt (m)
Köln a. Rh.[14])	N.	43	.	215	.	.	242	.	.	.	8350
	U.	.	.	95	.	.	.	.	.	.	735
Königsb.i.P.[15])	N.	.	.	.	.	.	.	.	11	36	1780
	U.	.	.	.	.	.	6	.	12,6	31	1925
Leipzig	N.	79,2[3])	2,2	.	.	4,3	.	.	41,5	5,7	.
	U.	110,4[4])	.	.	.	.	.	.	.	.	.
Lübeck*	N.	.	.	.	.	.	.	.	16[7])	.	2273
	U.	.	.	15	.	.	.	.	3[7])	.	.
Magdeburg	N.	.	.	15	.	.	10,5	.	.	.	6000
	U.	.	.	130,5	.	.	.	.	.	.	2070
Mainz[13])	N.	9,6	.	34,9	13,5	.	37,1	.	.	.	2354
Mannheim	N.	.	.	160,5	.	.	70	.	.	.	10 358
	U.	12,3	.	12,3	.	.	.	.	.	.	546
Metz[6])[15])	N.	6,98	.	5,88	.	0,59	.	.	0,46	.	685
	U.	.	.	0,56	.	.	.	.	.	.	75
München	N.	.	.	.	.	.	.	.	.	.	16 193
Nürnberg	N.	.	.	.	.	.	.	.	225	.	10 000
	U.	.	.	.	.	.	.	.	10	.	300
Plauen i. V.	N.	.	.	.	.	.	.	.	.	.	2166
Posen	N.	.	.	.	.	.	.	.	28	8	536
	U.	.	17	.	.	.	.	.	.	.	.
Potsdam*	N.	.	.	.	.	.	44	.	.	.	247
	U.	.	.	.	.	.	21	.	5	.	.
Strassbg.i.E[8])[15])	N.	186,3	.	1,6	.	.	.	123	0,7	.	2459
	U.	.	.	18,7	.	.	.	.	.	.	2709
Stuttgart*	N.	.	.	.	.	.	.	.	.	.	4550
Wiesbaden*	U.	.	.	.	.	9,5	.	.	.	.	.
Zwickau	N.	.	.	.	.	.	31,5[13])	27,8[13])	.	.	1834
	U.	2,76	.	.	.	.	2,76[13])	.	.	.	.

[1]) Grandstieg. — [2]) einschl. Iron-bricks. — [3]) Neu- und umgelegt zus. 47,44 ar. — [4]) Klinker platten. — [5]) einschl. Bockenheim. — [6]) Betonplatten. — [7]) Klinker. — [8]) ausschl. der Herstellung durch Private. — [9]) intra muros. — [10]) die Pflasterung und Unterhaltung der Fusswegflächen obliegt den Grundanliegern. — [11]) Klinkerplatten. — [12]) einschl. Granitplatten und Randsteinen. — [13]) einschl. granitenen Randsteinen. — [14]) die Angaben beziehen sich aufs Jahr 1894. — [15]) Die Angaben beziehen sich aufs Jahr 1894/95.

V.

Strassenreinigung und -Besprengung

im Jahre 1894 oder 1894/95.

Von

O. von Wobeser,

Director des statistischen Bureaus der Stadt Altona.

A. Strassenreinigung.

Hierzu Tabelle A (Seite 55).

Für den vorliegenden Jahrgang sind die Fragebogen von 47 Städten, gegen 44 im Vorjahre, ausgefüllt eingesandt worden; nicht beantwortet sind die Fragen von der Stadt Danzig, hinzugekommen sind Angaben von den Städten Liegnitz, Plauen i. V., Spandau und Zwickau.

Das Material für die folgende Tabelle A ist in der gleichen Weise erhoben worden, wie bisher. Indess haben in Bezug auf Anordnung des Stoffs einige Aenderungen stattgefunden, welche geeignet erscheinen dürften, eine bessere Vergleichbarkeit der in Frage stehenden Zustände in den einzelnen Städten herbeizuführen.

Schon im V. Jahrgange ist auf die Uebelstände hingewiesen, welche bei Berechnung der für die Strassenreinigung aufgewendeten Kosten aus dem Umstande erwachsen, dass die Ausgaben für Strassenreinigung und namentlich für Abfuhr der Haushaltungsabfälle (Müll, Kehricht etc.) dort, wo dieselben von den Grundstücksbesitzern getragen werden, nicht ermittelt waren, und dass ferner vielfach die von den Städten declarirten Kosten der eigentlichen Strassenreinigung gleichzeitig die Ausgaben für Strassenbesprengung umschlossen. Diese Ungleichheit in der Fragebeantwortung führte zu dem Missstande, dass nur für 12 Städte eine exacte Vergleichbarkeit der Gesammtkosten pro Kopf der Bevölkerung bezw. pro qm gereinigter Fläche übrig blieb.

Für den vorliegenden Jahrgang hat nun eine neue Umfrage und theilweise correctere Fragebeantwortung stattgefunden, welche es ermöglichte, die Kosten für eigentliche Strassenreinigung, Abfuhr der Haushaltungsabfälle und Wegschaffung von Schnee und Eis gesondert aufzuführen, dazu aber die Kosten für Besprengung neu einzufügen, so dass solchergestalt in den Spalten 8—12 der Tabelle A die Totalkosten

derart zusammengestellt erscheinen, dass nunmehr auf Grund gleich-
artiger Factoren eine präcise Vergleichbarkeit für 24 Städte möglich
geworden ist.

Nach Spalte 13 der Tabelle A stufen sich diese **Gesammtkosten
pro Kopf der Bevölkerung**, letztere nach dem Stande vom 2. December 1895 angenommen, wie folgt ab:

Mainz	1,93 ℳ	Strassburg i. E.	1,30 ℳ
Hamburg . . .	1,84 =	Dortmund . .	1,22 =
Kiel	1,81 =	Mannheim . .	1,22 =
Metz	1,73 =	Breslau . . .	1,21 =
Frankfurt a. M..	1,60 =	Lübeck . . .	1,15 =
Königsberg i. Pr.	1,47 =	Karlsruhe. . .	1,07 =
Altona	1,43 =	Bochum . . .	1,00 =
Hannover . . .	1,35 =		

Die übrigen Städte bleiben unter 1 ℳ; am geringsten sind die
Ausgaben pro Kopf der Bevölkerung in Duisburg mit 0,61 ℳ.

Ebenso beträchtlich variiren die Kosten **pro qm der gereinigten
Strassenfläche** (Sp. 14) zwischen 0,74 (in Mainz) und 0,19 (in München)
und es sei daher auf jene schon im vorigen Jahrgange berührte (S. 59)
Ungleichheit der Berichtsperiode (ob Etatsjahr oder Kalenderjahr) mit
verschiedenen Wintermonaten, daher mit beträchtlich differirenden
Mengen des weggeschafften Schnees und Eises hingewiesen, sowie daran
erinnert, dass auch die Verschiedenheit der Strassenanlagen und des für
die Fahrstrassen verwendeten Materials (Asphalt, Mac-Adam oder Kopf-
steine) starke Schwankungen in den Kosten für Reinhaltung bedingen.

Die Anzahl der durchschnittlich täglich beschäftigten Arbeiter und
der regelmässig benutzten Kehrmaschinen nud Strassenpflüge, sowie der
durchschnittliche Tagelohn werden durch die Spalten 4—7 der Tabelle A
illustrirt; hervorgehoben sei nur, dass (Sp. 5) ein Arbeiter der Strassenreinigung kommt

in	auf	in	auf
Mannheim. . .	3 127 Einw.	Plauen i. V. . .	1 380 Einw.
Breslau. . . .	3 084 =	Dortmund . . .	1 375 =
Karlsruhe . . .	2 211 =	Frankfurt a. M. .	1 349 =
Altona	2 069 =	Dresden . . .	1 324 =
Chemnitz . . .	2 050 =	Köln	1 170 =
Leipzig . . .	2 043 =	Hannover . . .	1 164 =
Hamburg . . .	1 913 .	Lübeck. . . .	1 075 =
Magdeburg . .	1 848 =	Bremen . . .	946 =
Berlin	1 825 =	Mainz	770 =
Stuttgart . . .	1 760 =	Strassburg . .	665 =
Görlitz	1 403 =	u. s. w.	

Um Wiederholungen zu vermeiden ist für den vorliegenden **Jahrgang auf Angabe der Anzahl der wöchentlichen Strassen-
reinigungen verzichtet**, da sich Veränderungen gegen das Vorjahr
nicht ergeben haben; es sei daher bezüglich dieses Punktes auf die
Tabelle A im V. Jahrgang, S. 65, verwiesen und für die neu hinzu-
getretenen Städte nur bemerkt, dass die Anzahl der wöchentlichen
Reinigungen der Haupt- und Nebenstrassen im Berichtsjahre betrug

in Liegnitz . .   6—12 mal, bezw.   3 mal
    » Plauen i. V..   6—9   =   »   3 »
    = Spandau . .   2   =   »   2 =
    » Zwickau . .   3—4   »   »   2—3 »

Bezüglich der Besonderheiten der einzelnen Städte mag, soweit dieselben nicht bereits im V. Jahrgang S. 59—63 ausführlich beschrieben sind, auf die nachstehenden Ergänzungen verwiesen sein:

Berlin: Die Unterbringung des Strassen-Kehrichts und Schnees ist Sache der städtischen Abfuhrunternehmer, welche die Abladeplätze vorzuhalten haben. Etwa 30 % des Strassenkehrichts wird als Dünger in Schiffen nach ausserhalb verfrachtet. Für Unterbringung der Haushaltungsabfälle stehen den Privatfuhrunternehmern öffentliche Abladeplätze gegen Bezahlung zur Verfügung.

Bremen: Der städtische Unternehmer hat die Fahrstrassen und die Trottoirs zu reinigen; nur die Reinigung der Trottoirs von Schnee und Eis liegt den Anwohnern ob.

Dortmund: Der Strassenkehricht und die Haushaltungsabfälle werden z. Z. gesammelt und an die Oeconomen der Umgegend verkauft. Verbrennung soll später in Rücksicht gezogen werden.

Dresden: Von dem Strassenkehricht wurden 2 806 Fuhren zu etwa 3,5 cbm fassend, auf den 3 Betriebsstellen der Strassenreinigung abgelagert, 547 Fuhren von der Strasse weg verkauft und 6 980 cbm an die Stadtgärtnerei käuflich abgegeben. Die Abfuhr der Haushaltungsabfälle ist Privatsache der Hauseigenthümer.

Duisburg: Der Strassenkehricht und Haushaltungsabfälle werden in abgelegenen Gruben, Ziegeleien, Ausschachtungen gelagert.

Erfurt: Kehricht und Abfälle werden durch zwei Unternehmer nach abgebauten Kies- und Lehmgruben behufs Zufüllung derselben abgefahren.

Frankfurt a. M.: Lt. §§ 80, 81, 82 der Strassenpolizei-Verordnung ist den Eigenthümern der Grundstücke die Verpflichtung auferlegt, die Trottoirs vor ihren Grundstücken jeden Mittwoch und Sonnabend spätestens bis 9 Uhr Vormittags gründlich zu reinigen; letzterem hat bei trockener Witterung zur Verhütung des Staubes eine Besprengung vorauszugehen.

Frankfurt a. O.: Die Anwohner haben das vorliegende Trottoir und die Hälfte der Fahrstrasse zu reinigen. Die Abfuhr der Haushaltungsabfälle ist Sache der Hauseigenthümer, dagegen wird der Strassenkehricht seitens der Stadt auf entlegene Sammelplätze gefahren und dort zum Nutzen der Stadtkasse für 70 ₰ pro cbm veräussert.

Halle: Die Reinigung der Strassen und Trottoirs liegt observanzmässig den Adjacenten ob. Die Abfuhr des Strassenkehrichts und der Haushaltungsabfälle erfolgt stadtseitig durch einen Unternehmer.

Liegnitz: Die Stadt reinigt nicht nur die Fahrstrassen, sondern auch die Trottoirs. Strassenkehricht und Haushaltungsabfälle sind Eigenthum des städtischen Unternehmers, welcher die Gespanne zum Abfahren stellt.

Lübeck: Den Grundstückseigentümern liegt nur die Beseitigung des Schnees und Eises von den Bürgersteigen und die Bestreuung derselben bei Glatteis ob. Durch einen Unternehmer wurden im Jahre 1894 = 3 236 Fuhren à 3 cbm = 9 708 cbm Strassenkehricht abgefahren und auf entlegenen Plätzen in den Vorstädten abgelagert. Die Abfuhr der Haushaltungsabfälle erfolgt gleichzeitig mit der der Excremente durch eine Anzahl von Unternehmern, bezw. Pächtern. Da jedoch viele Pachtreviere nur unter Bewilligung einer Zubusse untergebracht werden konnten, so ist die letztere um 3 817 ℳ grösser gewesen als die Pachteinnahme. Ausserdem haben die Haushaltungsvorstände an die Pächter nach festen Sätzen geregelte Vergütungen zu leisten.

Nürnberg: Der Strassenkehricht wird grösstentheils von der Stadtgärtnerei verwendet, ausserdem auf eigenen Abladeplätzen abgelagert, wohin auch die Hausabfälle verbracht werden.

Plauen i. V.: Zum Reinigen und Bestreuen der Fusswege bei Glatteis sind die Besitzer oder die in der Nähe wohnenden Vertreter der anliegenden Grundstücke verpflichtet. Die Fusswege und Schnittgerinne sind mindestens jeden Mittwoch und Sonnabend gründlich zu reinigen. Hausasche, Abfälle und Strassenkehricht werden auf Plätzen ausserhalb der Stadt abgelagert.

Spandau: Die gesammte Strassenreinigung wird durch die Stadt ausgeführt und haben die Grundstücksbesitzer für den laufenden Meter Strassenfront vor bebauten

4*

Grundstücken 80 ₰, vor unbebauten Grundstücken 40 ₰ pro Jahr zu zahlen. Der Strassenkehricht und die Haushaltungsabfälle werden zum Auffüllen von Moorland etc in der Stadtforst verwendet.

Strassburg i. E.: Kehricht und Abfälle sind im Berichtsjahre für 11 645 ℳ an Landwirthe in der Umgegend verkauft.

B. Strassenbesprengung.

Hierzu Tabelle B (S. 56).

Die Fragebogen, welche für den vorliegenden Abschnitt ausgegeben waren, haben gegen das Vorjahr keine Veränderung erfahren, ebensowenig wie die Verarbeitung des gewonnenen Materials und die Anordnung der Tabelle B.

Schon im IV. Jahrgang (S. 44) ist auf den eminenten Einfluss einer ausgiebigen künstlichen Strassenbesprengung auf die Annehmlichkeit und Gesundheit der städtischen Bevölkerung hingewiesen und es dürften daher wohl die nach dieser Richtung von den Städten getroffenen Einrichtungen und Massnahmen u. A. auch als Gradmesser der öffentlichen Fürsorge betrachtet werden.

Von diesem Gesichtspunkt aus erscheint es vorzugsweise wichtig, zu erfahren, dass in fast allen Städten eine regelmässig wiederkehrende Besprengung während der Sommermonate stattfindet (Sp. 1 der Tabelle B), dass die Zahl der täglichen Besprengungen zwischen 1 und 6 schwankt (Sp. 2) und dass die Anzahl der Sprengwagen in fortwährendem Steigen begriffen ist (Sp. 3). So weist Barmen deren 13 gegen 9 im Vorjahre auf, Berlin 178 gegen 172, Braunschweig 23 gegen 17, Charlottenburg 25 gegen 20, Chemnitz 14 gegen 13, Dresden 67 gegen 64, Essen 8 gegen 6, Frankfurt a. M. 55 gegen 40, Magdeburg 16 gegen 12, Mannheim 27 gegen 25, Metz 7 gegen 6, München 22 gegen 21, Potsdam 11 gegen 10 und Wiesbaden 17 gegen 16. Diese Verstärkung des Sprengwagen-Parks um insgesammt 54 Stück bedeutet für die Städte mit mehr als 50 000 Einwohnern eine Erhöhung bezw. Verbesserung um 6 Procent.

Was die Menge des versprengten Wassers betrifft (Sp. 5 der Tabelle B), so ist freilich die Anzahl der Regentage und die Menge des Niederschlags während der Sommermonate in den Städten, je nach deren Lage im Süden oder Norden, Westen oder Osten, sehr verschieden und es hängt daher das Mass der künstlichen Besprengung stark von demjenigen der natürlichen Benetzung und Spülung der Strassen durch Regen ab — dennoch können die Ziffern in den Sp. 6 und 7 der Tabelle, die Menge des versprengten Wassers auf den Kopf der Bevölkerung, bezw. pro qm der besprengten Fläche berechnet, auf charakteristische Bedeutung Anspruch erheben.

Auf den Kopf der Bevölkerung berechnet (Sp. 6), wendet Frankfurt a. M. (947 Liter) am meisten Wasser auf, ihm zunächst steht Bremen (705), es folgen Dresden (689), Mannheim (662), Hamburg (638), Leipzig (637), Berlin (574), Magdeburg (550) u. s. w.

Pro qm besprengter Fläche berechnet (Sp. 7) steht dagegen Magdeburg (188 Liter) in der Reihe der Städte obenan; es folgen Berlin (183), Duisburg (175), Essen (160), Frankfurt a. M. (141), Dortmund (126), Bremen (122) u. s. w.

Dem entsprechend differiren auch die für die Besprengung aufgewendeten Kosten erheblich. Am höchsten ist der Kopf der Bevölkerung
(Sp. 9) belastet in Frankfurt a. M. (mit 0,25 $\mathcal{M}$), hiernach Dresden (0,23),
Wiesbaden (0,20), Mannheim (0,18), Berlin (0,17), Leipzig (0,17), Hamburg (0,16) u. s. w. Die Kosten pro qm besprengter Fläche (Sp. 10)
variiren zwischen 6 $\mathcal{S}$ in Köln, 5 $\mathcal{S}$ in Berlin, 4 $\mathcal{S}$ in Frankfurt a. M.
und Mainz, 3 $\mathcal{S}$ in Atona, Charlottenburg, Dortmund, Dresden, Duis-
burg, Hamburg, Leipzig und München, 2 $\mathcal{S}$ in Bochum, Breslau, Düsseldorf, Königsberg, Mannheim, Wiesbaden, Zwickau und 1 $\mathcal{S}$ in den
übrigen Städten.

Nähere Ergänzungen und Erläuterungen zu der Tabelle B
seien in folgendem mitgetheilt:

Augsburg: Trottoir und Pflaster werden durch die Hausbesitzer besprengt.

Cassel: Es werden nur die Hauptverkehrsstrassen und Plätze, sowie die
chaussirten Strassen und die vor städtischen Gebäuden gelegenen Strassentheile
regelmässig besprengt.

Dortmund: Für die Promenaden sind besondere kleine Hydranten angelegt,
aus denen die Besprengung direct erfolgt.

Duisburg: Es werden nur die Hauptstrassen regelmässig besprengt.

Erfurt: Seitens der Stadt werden nur die vor den öffentlichen städtischen
Gebäuden liegenden Strassen und die öffentlichen Plätze und Brücken besprengt.

Frankfurt a. M.: Von der regelmässigen Besprengung seitens der Stadt sind
nur die Privatstrassen ausgeschlossen.

Hamburg: Die stadtseitige Besprengung findet in Privatstrassen nur auf
Antrag gegen Entgelt statt.

Hannover: Die regelmässige Besprengung erstreckt sich nur auf das innere
Stadtgebiet.

Köln: Eine regelmässige Besprengung findet in den Strassen Alt-Kölns mit
geringem Verkehr nicht statt; ebenso werden in den Vororten nur einige Hauptverkehrsstrassen regelmässig besprengt.

München: Die Besprengung findet ebenso wie die Strassenreinigung durch die
Grundstücksbesitzer statt; nur auf freien Plätzen reinigt die Stadt.

Plauen i. V.: Das Besprengen direct von den Hydranten aus ist für die Zu-
kunft in Aussicht genommen.

Strassburg i. E.: Die Besprengung findet theils durch die 14 vorhandenen
Sprengwagen, theils direct durch die Hydranten statt.

54

V. Strassenreinigung und -Besprengung.

A. Strassenreinigung.

Städte (* bedeutet Etatsjahr 1894/95.)	1. Art der Reinigung	2. Fahrdamm m.	3. Trottoir	4. Arbeiter	5. Kehrmaschinen	6. Strassen-/Schneepflüge	7. Taglohn	8. für Strassenreinigung	9. für Abfuhr der Haushaltungsabfälle	10. für Besprengung	11. für Wegschaffung von Schnee und Eis	12. zusammen	13.	14.
Aachen*	Gr.	386 000	170 000	20	1	1	1,50	26 000¹	in pos. 8	4 900	4 450	—	—	—
Altona*	S.	479 317	326 495	72	4	6	3,00	96 598	55 465	14 299	44 991	211 353	1,42	0,44
Angsburg	g.	446 546	—	40	—	—	2,90	18 500²	16 500	6 000	6 000	—	—	—
Barmen*	g.	54 455	—	55	8	—	2,50	18 000³	?	3 491	3 000	—	—	—
Berlin*	S.	5 259 033	3 489 002	919	48	—	3,00	1 931 828	?	282 416	1 111 402	—	—	—
Bochum*	S.	90 000	60 000	28	1	—	2,50	16 900	27 000	5 200	5 000	54 100	1,00	0,21
Braunschweig*	S.	844 614	139 624	84	4	3	2,50	106 239	in pos. 8	10 664	13 253	130 156	1,13	0,15
Bremen*	S.	822 376	515 646	150	5	6	2,70	140 000	in pos. 8	in pos. 8	in pos. 8	140 000	0,99	0,17
Breslau*	g.	1 199 974	—	121	8	3	2,00	269 672	in pos. 8	31 829	88 395	389 896	1,21	0,32
Cassel*	g.	373 938	62 381	58	1	—	2,00	30 821⁴	11 876	1 918	37 904	—	—	—
Charlottenburg*	S.	842 724	558 425	71	11	2	3,00	213 061	?	22 898	11 342	—	—	—
Chemnitz	g.	826 400	508 200	80	2	17	2,10	66 125	?	12 880	11 550	—	—	—
Crefeld*	Gr.	446 000	331 000	12	1	—	1,80	3 800⁵	?	8 744	5 296	—	—	—
Dortmund*	S.	290 230	114 700	81	8	—	2,60	102 640	18 376	12 728	in pos. 8	133 744	1,22	0,46
Dresden*	g.	1 690 500	—	252	19	12	2,80	229 674	?	75 262	19 744	—	—	—
Duisburg*	S.	142 800	35 800	52	3	1	2,10	25 582	11 421	4 875	1 423	43 251	0,61	0,30
Düsseldorf*	Gr.	—	—	78	3	2	2,70	18 000⁶	100 000	14 000	2 000	—	—	—
Erfurt*	g.	—	—	12	—	4	2,25	11 800	16 000	3 754	?	—	—	—
Essen*	Gr.	40 600	—	—	—	—	—	5 500⁷	23 600	5 000	5 700	—	—	—
Frankfurt a. M.*	S.	745 745	—	170	5	1	2,60	189 437	85 500	58 251	35 000	368 188	1,60	0,40
Frankfurt a. O.*	g.	144 581	72 296	37	—	2	1,80	12 495	?	643	2 350	—	—	—
Freiburg i. B.	S.	604 600	217 230	?	—	4	2,90	?	12 500	3 550	?	—	—	—
Görlitz*	S.	—	—	50	3	6	1,75	23 238	?	?	22 462	—	—	—
Halle a. S.*	S.	204 888	—	32	1	1	2,00	23 500⁸	12 000	8 150	3 000	—	—	—
Hamburg*	S.	3 169 612	2 255 350	327	16	21	2,80	936 020	in pos. 8	98 640	116 653	1 151 313	1,84	0,50
Hannover*	S.	1 003 800	—	180	2	7	2,00	110 797	46 578	11 264	114 848	283 487	1,35	0,38
Karlsruhe i.B.*	S.	411 950	235 880	88	2	3	3,30	48 060	84 858	7 200	in pos. 8	90 118	1,22	0,37
Kiel*	S.	687 326	—	73	4	4	2,30	130 955	in pos. 8	4 255	19 588	154 798	1,81	—
Köln a. Rh*	g.	633 667	316 833	275	12	1	2,75	176 461	83 730	24 751	52 214	287 156	0,89	0,45
Königsberg i.Pr.*	g.	—	—	—	—	—	—	70 000	103 800	6 109	74 000	253 409	1,47	—
Leipzig*	g.	1 483 333	605 907	195	10	34	2,50	166 080⁹	in pos. 8	66 317	11 608	—	—	—
Liegnitz*	S.	200 000	60 000	46	—	1	1,90	20 781	10 184	3 450	3 441	37 806	0,73	0,19
Lübeck*	g.	—	—	65	2	—	2,00	67 514	?	3 817	9 089	80 420	1,15	—
Magdeburg*	g.	410 700		116	2	—	2,25	156 000¹⁰	in pos. 8	in pos. 8	in pos. 8	—	—	—
Mainz*	S.	200 000	80 000	100	4	1	2,70	82 737	25 874	12 310	26 710	147 631	1,29	0,74
Mannheim*	S.	644 254	81 442	29	2	2	2,51	45 870	48 545	15 923	in pos. 8	110 338	1,22	0,17
Metz*	g.	374 916	44 236	25	—	1	1,80	41 932	25 460	8 598	31 626	102 616	1,70	0,27
München	Gr.	2 590 572	1 304 144	50	6	10	2,00	88 560	182 245	17 783	27 716	311 304	0,76	0,12
Nürnberg	Gr.	309 950	—	60	—	6	2,50	50 146	?	12 650	5 859	—	—	—
Plauen i. V.	g.	305 170	203 450	40	2	—	1,80	37 128	9 521	?	1 500	—	—	—
Posen*	g.	342 357	182 044	28	—	—	1,80	27 642¹¹	?	4 372	16 390	—	—	—
Potsdam*	S.	725 089	—	40	—	8	1,75	46 000	in pos. 8	669	3 700	50 369	0,85	—
Spandau*	S.	—	—	35	—	—	3,00	25 724	in pos. 8	2 107	7 898	35 729	0,64	—
Strassburg i.E.*	S.	729 630	359 930	204	2	4	2,40	112 798	in pos. 8	62 874		175 672	1,30	0,34
Stuttgart*	g.	150 707	63 933	90	5	6	2,75	133 300	in pos. 8	1 760	8 900	143 960	0,91	0,56
Wiesbaden*	g.	—	—	55	8	3	1,90	4 400¹²	34 500	14 500	4 000	—	—	—
Zwickau	S.	447 300	296 450	50	—	3	1,80	63 000	?	3 815	in pos. 8	—	—	—

Anmerkung: Ein S in Spalte 1 bedeutet: Reinigung durch die Stadt, Gr. besagt, dass die Reinigung den Grundbesitzern obliegt, ein g. bezeichnet ein gemischtes Verfahren. Ein ? in den Sp. 8, 9, 10, 11 bedeutet, dass die Beträge nicht zu ermitteln waren. Die kleinen Zahlen 1—12 bedeuten, dass zu den verzeichneten Ausgaben auch nicht zu beziffernde Beiträge der Grundbesitzer hinzutreten.
Ueber das Nähere ist auf die besonderen Bemerkungen am Schlusse des Artikels A. Strassenreinigung zu verweisen.

B. Strassenbesprengung.

Städte * bedeutet Etatsjahr 1894/95.	Findet die Strassenbesprengung auf Kosten der Stadt statt?	Wie viel Mal am Tage wird währ. d. Sommermonate gesprengt?	Anzahl der benützten Sprengwagen	Grösse der Besprengungsfläche in qm	Menge des verbrauchten Wassers — im Ganzen (cbm)	pro Kopf der Bevölkerung (Liter)	pro qm der besprengten Fläche (Liter)	Kosten der Besprengung (ohne Entschädigung für das Wasser) — im Ganzen (M.)	pro Kopf der Bevölkerung (M.)	pro qm der besprengten Fläche (M.)
	1.	2.	3.	4.	5.	6.	7.	8.	9.	10.
Aachen*	Ja	1	6	386 000	?	—	—	4 900	0,04	0,01
Altona*	Ja*	2	14	479 317	42 261	284	88	14 299	0,10	0,03
Augsburg	Nein*	2	6	446 546	?	—	—	6 000	0,07	0,01
Barmen*	Ja*	2	18	428 000	36 948	291	86	3 491	0,03	0,01
Berlin*	Ja*	2	178	5 259 033	968 019	574	183	+232 416	+0,17	+0,05
Bochum*	Ja*	2	9	220 000	?	—	—	5 200	0,10	0,02
Braunschweig*	Ja*	2	28	790 805	60 439	525	76	10 664	0,09	0,01
Bremen*	Ja*	1—3	24	822 876	100 000	705	122	—[1]		
Breslau*	Ja*	2—6	26	1 903 426	188 307	491	96	31 829	0,09	0,02
Cassel*	Ja	2	5	373 988	12 258	150	33	1 918	0,02	0,01
Charlottenburg*	Ja*	2—3	25	876 214	37 101	280	42	22 898	0,17	0,03
Chemnitz	Ja*	2—4	14	913 700	75 600	470	82	12 830	0,06	0,01
Crefeld*	Ja*	1	9	446 000	13 000	121	29	8 744	0,04	0,01
Dortmund*	Ja*	2—3	11	386 970	48 607	437	126	12 728	0,11	0,03
Dresden*	Ja*	1—4	67	2 219 600	230 122	689	104	75 262	0,22	0,03
Duisburg*	Ja	2	9	142 800	25 000	356	175	4 875	0,07	0,03
Düsseldorf*	Ja*	2	20	700 000	48 000	273	69	14 000	0,08	0,02
Erfurt*	Nein*	2	2	46 000	—	—	—	—	—	—
Essen*	Ja*	2	8	40 600	6 500	70	160	5 000	0,05	0,12
Frankfurt a. M.*	Ja*	2—4	55	1 586 165	217 160	947	141	58 251	0,25	0,04
Frankfurt a. O.*	Ja*	2	4	144 581	5 340	90	37	—	—	—
Freiburg i. B.	Ja	1—2	7	364 500	19 528	368	54	3 550	0,07	0,01
Görlitz*	Ja*	1—2	8	500 000	34 120	486	68	?		
Halle a. S.*	Ja*	1—3	12	623 724	40 425	348	65	8 150	0,05	0,03
Hamburg	Ja*	2	68	3 169 612	898 890	638	126	98 640	0,16	0,03
Hannover*	Ja*	1—2	10	1 004 000	87 350	178	37	11 264	0,05	0,01
Karlsruhe i. B.	Ja*	2	12	664 284	27 000	321	41	7 200	0,09	0,01
Kiel*	Ja*	2—4	10	340 000	18 007	210	53	4 255	0,05	0,01
Köln a. Rh.*	Ja	2—4	17	435 404	56 539	176	128	24 751	0,08	0,06
Königsberg i. Pr.*	Ja*	2	14	815 920	11 873	66	36	6 109	0,04	0,02
Leipzig*	Ja*	2	102	2 575 617	253 648	637	98	66 317	0,17	0,03
Liegnitz*	Ja*	2	5	300 000	22 000	427	78	3 450	0,07	0,01
Lübeck*	Ja*	2—3	8	—	9 448	135	—	—[2]		
Magdeburg*	Ja	2	16	626 770	117 847	550	188	—[3]		
Mainz*	Ja*	2	17	800 000	15 889	206	58	12 810	0,16	0,04
Mannheim	Ja*	2	27	675 000	60 000	662	89	15 928	0,18	0,02
Metz*	Ja*	2	7	374 916	17 250	288	46	3 598	0,06	0,01
München	Nein*	2	22	648 165	78 200	192	121	17 783	0,04	0,03
Nürnberg*	Ja*	2	8	—	—	—	—	12 650	0,06	—
Plauen i. V.	Ja	2—5	7	305 170	—	—	—	—	—	—
Posen*	Ja*	2	8	342 357	17 079	238	50	4 372	0,06	0,01
Potsdam*	Ja*	1—2	11	—	—	—	—	—	—	—
Spandau*	Ja*	2	4	—	—	—	—	2 107	0,04	—
Strassburg*	Ja*	2	14	1 089 560	—	—	—	—[4]		
Stuttgart*	Ja*	1—2	16	150 707	10 422	66	69	1 760	0,01	0,01
Wiesbaden*	Ja*	1—4	17	618 900	36 900	498	60	14 500	0,20	0,02
Zwickau	Ja	1—4	10	250 000	17 035	838	68	3 815	0,08	0,02

Anmerkung: Ein * in Sp. 1 bedeutet, dass regelmässig die Strassen und Plätze besprengt werden. Die Ausgaben in Sp. 8, 9 und 10 verstehen sich ohne Einnahmen und ohne Entschädigung für das verbrauchte Wasser. Ein + in Sp. 8, 9 und 10 bedeutet: exclusive Arbeitslohn für die Wagenfüller. Die kleinen Ziffern 1—4 in Sp. 8 besagen: dass die Kosten für Besprengung in den Kosten der Strassenreinigung Tabelle A (Sp. 8) enthalten sind.

VI.

Abfuhr und Kanalisation

im Jahre 1894 oder 1894/95.

Von

O. von Wobeser,

Director des statistischen Bureaus der Stadt Altona.

———

In dem Kampfe, welchen auf dem Gebiete der öffentlichen Hygiene in den Städten die moderne Kanalisation gegen die althergebrachte Abfuhr führt, ist auch für das Berichtsjahr wiederum ein siegreiches Vordringen der ersteren, trotz mannigfacher örtlicher und finanzieller, ein rasches Aufgeben des Abfuhr-Systems erschwerender Bedenken, zu verzeichnen.

Die Fragebogen, welche für den vorliegenden Jahrgang von 47 Städten (gegen 44 im Vorjahre) beantwortet eingegangen sind,[1] ergeben folgende Gruppirung der Städte in Bezug auf die Beseitigung der Fäkalien entweder durch unterirdische Ableitung oder mittelst der Abfuhr.

1. die Abfuhr findet statt:
   a) aus Senkgruben, deren Inhalt meistens auf pneumatischem Wege herausgepumpt und auf luftdichte Wagen geschafft wird, in den Städten:
   > Augsburg, Barmen, Bochum, Chemnitz, Crefeld, Dresden, Duisburg, Frankfurt a. O., Halle, Karlsruhe, Köln, Leipzig, Mainz, Mannheim, Metz, Nürnberg, Plauen i. V., Posen, Spandau, Strassburg i. E., Stuttgart und Zwickau; zusammen in 22 Städten (von 47) gegen 21 (von 44) im Vorjahre.

   b) mittelst Tonnen, Kübel oder Eimer in den Städten:
   > Erfurt, Essen, Görlitz und Kiel; zusammen in 4 Städten (von 47) gegen 5 (von 44) im Vorjahre.

2. Die Beseitigung der Fäkalien findet durch die Kanäle statt:
   a) direct in die Flussläufe in den Städten:
   > Aachen, Altona, Cassel, Düsseldorf (theilweise noch Abfuhr), Frankfurt a. M., Hamburg, Hannover (Rieselfelder in Aussicht), Königsberg i. Pr. (Kanalisation im Bau), Lübeck (zu geringem Theil noch Abfuhr), München, Potsdam (zu geringem Theil noch Abfuhr), Wiesbaden; zusammen in 12 Städten (von 47) gegen 14 (von 44) im Vorjahre.

   b) auf Rieselfeldern in den Städten:
   > Berlin, Breslau, Charlottenburg, Freiburg i. Br. (theilweise noch Abfuhr), Liegnitz, Braunschweig (im Bau), Bremen (im Bau), Dortmund (im Bau), Magdeburg (im Bau); zusammen in 9 Städten (von 47) gegen 4 (von 44) im Vorjahre.

———

[1] Danzig hat eine Beantwortung abgelehnt, dagegen sind die Städte Liegnitz, Plauen i. V., Spandau und Zwickau neu hinzugetreten.

Im Ganzen zeigt sich also eine Verbesserung der Verhältnisse gegen das Vorjahr durch Verminderung der Zahl der Städte mit Abfuhr von 26 (unter 44 Städten) auf 26 (unter 47) und Erhöhung der Zahl der Städte mit Kanalisation von 18 (unter 44 Städten) auf 21 (unter 47 Städten).

Auch der Reinigung der Abfallwässer zur Vermeidung der Verseuchung ganzer Flussläufe von anerkannter Wichtigkeit ist vermehrte Aufmerksamkeit zugewendet worden.

Die Reinigung findet statt:

1. auf mechanischem Wege in den Städten:

Aachen, Lübeck und Hannover durch Ablagerung, Mannheim durch einen Sandfang von 12 cbm Inhalt und ein Sieb von 8,50 m, Stuttgart durch Anlage von Schlammsammlern, in welchem sich die Sinkstoffe ablagern.

2. auf chemischem Wege in den Städten:

Bochum durch Kläranlage nach Röckner-Rothe'schem System, Dortmund durch Klärbrunnen unter Anwendung von Kalkmilch, schwefelsaurer Thonerde und Eisenvitriol, Essen nach dem Röckner-Rothe'schen System, Frankfurt a. M. mittelst schwefelsaurer Thonerde und Kalk, Halle durch Kläranlage nach Müller-Nahnsen'schem Verfahren, Leipzig durch Versetzung des Abfallwassers mit Kalkmilch, wodurch sich dasselbe beim langsamen Durchfliessen der Klärbecken, aus denen der zurückbleibende Schlamm in angemessenen Zeiträumen entfernt wird, klärt, Spandau durch Klärgruben, Wiesbaden durch Zusatz von Kalk.

Es ist schon in früheren Jahrgängen auf die Nothwendigkeit der ausreichenden Anlage von öffentlichen Bedürfnissanstalten hingewiesen worden. Auch nach dieser Richtung weist die nachstehende Tabelle eine wesentliche Verbesserung der Zustände gegen das Vorjahr auf, denn während auf S. 70 des V. Jahrgangs für die Gesammtheit der aufgeführten Städte 1240 öffentliche Pissoirs und Bedürfnissanstalten verzeichnet waren, zeigt die nachstehende Tabelle in den Spalten 4 und 5 deren 1387, was einen Jahreszuwachs von 12 Procent bedeutet. Wie sich die einzelnen Städte hierzu verhalten, möge direct aus der Tabelle ersehen werden.

Was die Kosten der Abfuhr betrifft, so waren dieselben bisher nur von denjenigen Städten angegeben worden, in denen dieselben auch stadtseitig getragen werden. Von der Erwägung geleitet, dass die Kosten indess auch von den Grundstücksbesitzern zu erfragen sein dürften, wenn auf deren Schultern die Pflicht der Abfuhr ruht, waren die Fragebogen für den jetzigen VI. Jahrgang um diese Frage erweitert worden. Es war hierbei von der Voraussetzung ausgegangen, dass in solcher Lage die Grundstücksbesitzer ein Abkommen mit einem oder mehreren Unternehmern, welche im Besitze der erforderlichen pneumatischen Apparate, hermetisch verschliessbaren Abfuhrwagen und der Tonnen und Kübel sind, treffen und dass es daher durch Umfrage bei solchen Abfuhrunternehmern wohl möglich sei, die denselben von den Grundstücksbesitzern gezahlten Beträge zu ermitteln.

Das Resultat ist leider ein vollständig negatives gewesen, wie die Tabelle in Spalte 8 und 9 zeigt. Nur die Städte Dortmund, Erfurt und Mainz haben die Frage nach der von den Grundstücksbesitzern getragenen Kosten für Abfuhr beantwortet.

Die Kosten für Unterhaltung und Betrieb der Kanalisation, berechnet auf den Kopf der Bevölkerung (Spalte 11 der Tabelle), weichen wesentlich von einander ab; am höchsten belastet erscheinen die Städte Braunschweig mit 96 Pf., Potsdam mit 94, Frankfurt a. M. mit 91,

Liegnitz mit 80, Berlin mit 77, Essen mit 68, Dortmund mit 58, Bochum mit 56 und Wiesbaden mit 53 Pf. Die übrigen Städte bleiben unter 50 Pf. bis herab auf 11 Pf. pro Kopf der Bevölkerung.

Alles Uebrige ergiebt sich ohne weitere Erläuterung aus der Tabelle selbst, doch sollen im Nachstehenden noch besondere Eigenthümlichkeiten einzelner Städte, welche in der Tabelle keinen Ausdruck finden konnten, hervorgehoben werden.

Aachen: Die Grundstücksbesitzer zahlen an Kanaleinmündungsgebühren durchschnittlich 210 M. pro Haus über 7 m und 180 M. pro Haus unter 7 m Frontlänge.

Altona: Die Grundstücksbesitzer zahlen 49368 M. Sielbau-Kapitalbeitrag und eine jährliche Sielsteuer von 53961 M.

Berlin: Die Grösse der die Rieselfelder umfassenden Güter keträgt 9259 ha, von denen 5061 ha thatsächlich berieselt werden.

Bochum: In der Summe von 30000 M. für den Betrieb der Kanalisation sind die Kosten für die Kläranlagen einbegriffen. Die Grundstücksbesitzer leisten zu den Kanalisationskosten Beiträge in Höhe von je 8 M. für jede 30 M. Gebäudesteuer und von 5—10 M. pro cbm Abflusswasser aus Gewerbebetrieben.

Braunschweig: Die Grundstücksbesitzer leisten zu den Kanalisationsausgaben Beiträge in Höhe von 71700 M.

Breslau: Die Ausgaben betragen 130760 M., die Einnahmen aus Dung und Rieselfeldern etc. 60228 M., so dass die Netto-Ausgabe 70532 M. bleibt.

Charlottenburg: Der Ausgabe von 567972 M. steht eine Einnahme von 42287 M. entgegen.

Crefeld: Die Grundstücksbesitzer zahlen für die Abfuhr durchschnittlich 1,50 M. pro cbm abgefahrenen Unraths.

Dortmund: Die Grundstücksbesitzer zahlen 71000 M. Kanalanschluss-Gebühren.

Düsseldorf: Die Grundstücksbesitzer zahlten 59151 M. Kanalbeiträge (200 M. für jedes laufende Meter Grundstücks-Frontlänge).

Frankfurt a. M.: Die Ausgaben betrugen 212000 M., die Einnahmen 3350 M.

Freiburg i. Br.: Für die Abfuhr zahlen die Grundstücksbesitzer 1 M. pro cbm abgefahrener Masse. Den Ausgaben für Kanalisation uud Rieselbetrieb steht eine Einnahme von 4425 M. für verkauften Dünger, von 47400 M. aus den Rieselfeldern und von 19500 M. aus sonstigen Erträgen gegenüber.

Hamburg: Die Grundstücksbesitzer zahlen zu den Kanalisationskosten einen einmaligen Beitrag von 21 M. pro laufenden Meter der Grundstücksfront.

Hannover: Die Beiträge der Grundstücksbesitzer bestehen in Zahlung von 1$^{1}/_{2}$ % des Gebäudesteuernutzungswerthes.

Köln: Den Ausgaben für Kanalisation stehen ortsstatutarische Beiträge der Hauseigenthümer gegenüber in Höhe von 210642 M.

Königsberg i. Pr.: Die Grundstücksbesitzer zahlen jährlich 56500 M., welcher Betrag den Zins für Benutzung der Kanäle ergiebt.

Liegnitz: Den Ausgaben von 47614 M. stehen Einnahmen aus verkauftem Dung und aus den Rieselfeldern im Betrage von 6578 M. gegenüber.

Lübeck: Die Grundstücksbesitzer zahlten im Jahre 1894/95 in Form eines Zuschlags zur Grund- und Gebäudesteuer im inneren städtischen Wegebezirke zur Tilgung der Sielbauanleihe 11694 M. und als Sieleinmündungsabgabe 420 M.

Mainz: Die Ausgaben betragen 46069 M., die Einnahmen dagegen 13388 M.

München: Zu Sp. 10. In diesen 120192 M. sind 110192 M. jährliche Gebühren der Grundstücksbesitzer enthalten.

Potsdam: Der Ausgabe von 57911 M. steht eine Einnahme von 2857 M. für verkauften Schlamm entgegen.

Strassburg i. E.: Zu Sp. 8. Der Ausgabe für Abfuhr der Fäkalien in Höhe von 170201 M. steht eine Einnahme aus Dung etc. in Höhe von 98164 M. gegenüber.

Stuttgart: Die Ausgaben für Abfuhr, welche 470000 M. betragen, werden durch Einnahmen in Höhe von 490000 M. mehr als gedeckt. Als Beitrag zu den Kanalisationskosten zahlen die Grundstücksbesitzer 109000 M.

Wiesbaden: Den Ausgaben von 39799 M. steht eine Einnahme von 600 M. gegenüber. Die Grundstücksbesitzer zahlen als Sielbaubeitrag 25 M. pro laufenden Meter Frontlänge.

Abfuhr und Kanalisation.

Städte. bedeutet Etatsjahr 1894/95.	Ausdehnung der Kanäle in Meter.	Angeschlossene Grundstücke (Häuser) An-zahl.	Be-wohner.	Anzahl der öffentlichen Pissoirs.	Bedürfniss-anstalten.	Rieselfelder berieselte Fläche in ha.	die auf diese Fläche gepumpte Menge verdünnter Fäkalien in cbm.	Ausgaben für Abfuhr der Fäkalien im Ganzen ℳ	pro Kopf der Be-völkerung ℳ	für Unterhaltung und Betrieb der Kanäle (Siele) und der Rieselfelder im Ganzen ℳ	pro Kopf der Be-völkerung ℳ	Kosten der Erweiterung der Kanalisation und der Rieselfelder. ℳ
	1.	2.	3.	4.	5.	6.	7.	8.	9.	10.	11.	12.
hen* . . .	60 050	6 170	110 000	15	—	—	—	—	—	—	—	405 050
na* . . .	79 909	9 102	145 678	27	9	—	—	—	—	40 027	0,27	269 986
sburg . . .	52 684	4 500	—	10	2	—	—	a	—	14 600	0,18	23 157
men* . .	15 000	—	—	13	—	—	—	b	—	34 800	0,27	83 524
lin* . . .	748 256	23 170	1 633 619	148	45	5061	66 313 483	—	—	1 297 601[1]	0,77	1 720 997
hum* . .	21 000	—	—	10	—	—	—	c	—	30 000	0,56	13 400
unschweig*	67 844	5 417	87 000	14	2	im Bau		—	—	111 000[2]	0,96	1 522 400
men* . .	148 873	14 500	113 000	95	4	914	im Bau	d	—	65 147[3]	0,46	233 810
slau* . .	276 176	7 582	362 000	16	15	677	17 867 888	—	—	70 532[4]	0,19	149 488
sel* . .	45 625	3 530	—	8	3	—	—	—	—	10 600	0,13	168 300
'ltenburg* .	102 430	2 208	129 494	7	6	164	4 386 805	—	—	—	—	92 996
mnitz . . .	99 000	—	—	26	1	—	—	e	—	19 800	0,12	118 600
feld* . .	32 747	1 961	—	11	—	—	—	f	—	19 572	0,19	109 923
tmund* . .	34 784	1 700	—	14	—	im Bau		34 000	0,31	65 000[5]	0,58	70 000
sden . . .	191 375	9 083	318 000	27	13	—	—	g	—	58 873	0,18	621 028
sburg* . .	15 000	—	—	5	—	—	—	h	—	—	—	—
'seldorf* . .	76 859	3 563	67 700	18	1	—	—	i	—	70 770	0,40	315 933
urt* . . .	61 118	4 267	—	6	2	—	—	—	—	14 392	0,18	24 281
en*	3 150	310	5 900	11	3	—	—	k	—	65 000	0,68	144 600
nkfurt a. M.*	231 834	11 014	192 000	51	17	—	—	—	—	208 650	0,91	196 005
nkfurt a.'O.*	16 800	1 650	—	5	—	—	—	l	—	2 800	0,05	—
iburg i. Br..	59 305	2 970	44 550	7	4	213	3 408 000	—	—	5 400	0,12	61 576
'litz* . . .	30 335	2 520	69 000	8	2	—	—	m	—	—	—	—
le a. S.* .	60 700	4 350	110 000	15	5	—	—	n	—	34 960	0,30	10 000
nburg* . .	339 733	28 721	—	160	67	—	—	—	—	128 490	0,31	215 888
nover* .	36 540	2 334	40 000	28	4	in Aussicht		—	—	57 314	0,27	2 921 000
'lsruhe i. B.	57 897	3 500	80 000	—	14	—	—	o	—	17 848	0,21	28 400
l* . . .	56 000	2 621	—	16	3	—	—	p	—	16 000	0,19	20 700
n a. Rh.*	134 453	13 805	210 000	29	1	—	—	q	—	115 000	0,36	1 715 000
gsburg i. Pr.*	38 000	2 763	—	11	2	—	—	153 000	0,88	25 950	0,15	463 000
pzig. . . .	246 805	—	—	24	22	—	—	r	—	82 740	0,21	41 935
gnitz* . .	37 737	1 918	—	6	1	135	2 530 545	—	—	41 041[6]	0,80	426
beck. . .	62 701	—	—	26	22	—	—	—	—	14 706	0,21	8 712
gdeburg*	86 000	5 300	182 000	25	4	167	im Bau	-	—	13 000	0,06	281 000
nz* . . .	60 371	2 935	59 000	18	2	—	—	45 471	0,59	13 388	0,17	2 999
nnheim . .	45 436	2 202	50 000	10	2	—	—	s	—	—	—	429 623
lz* . . .	25 200	2 933	58 000	40	—	—	—	t	—	7 860	0,13	—
chen . . .	147 349	6 253	—	28	12	—	—	—	—	120 192	0,29	1 249 319
rnberg . .	119 084	8 200	—	38	—	—	—	u	—	27 000	0,17	206 000
uen i. V..	—	—	—	8	1	—	—	v	—	5 992	0,11	13 400
sen* . . .	11 616	628	—	1	1	—	—	—	—	3 420	0,05	307 100
sdam* . .	55 000	2 263	50 000	6	1	—	—	—	—	55 054	0,94	407 785
andau* . . .	8 760	70	6 300	—	—	—	—	w	—	—	—	—
assburg i.E.	45 400	2 560	58 900	36	7	—	—	72 037	0,53	22 000	0,16	29 908
ttgart* . .	96 306	6 200	130 000	15	5	—	—	—	—	47 000	0,30	271 000
esbaden* .	70 500	4 000	69 500	9	4	—	—	—	—	39 199	0,53	194 000
rickau . .	37 000	2 000	40 000	7	—	—	—	x	—	6 000	0,12	28 384

Anmerkung: Ein * in Sp. 1 bedeutet, dass die Fäkalien durch die Kanäle entfernt werden. Die kleinen Ziffern 1—6 in Sp. 10 bedeuten, dass in den Ausgaben auch die Kosten für Rieselfelder enthalten sind. Die kleinen Buchstaben a bis x in Sp. 8 besagen, dass die Kosten der Abfuhr den Grund-stücksbesitzern obliegen, die Höhe derselben aber nicht anzugeben ist.

VII.

Oeffentliche Park-, Garten- und Schmuck-Anlagen

im Jahre 1894 oder 1894/95.

Von

O. von Wobeser,

Director des statistischen Bureaus der Stadt Altona.

————

Für den vorliegenden Bericht ist die Erhebung des statistischen Materials auf Grund der gegen den V. Jahrgang unveränderten Fragebogen erfolgt, so dass auch die nachstehende Tabelle in gleicher Weise angeordnet ist.

Aus der Reihe der früher besprochenen Städte ist diesmal Danzig ausgeschieden, dagegen sind die Städte Liegnitz, Plauen i. V., Spandau und Zwickau neu eingefügt; gegen die bisherige Zahl von 44 Städten erscheinen daher in der diesjährigen Uebersicht 47.

Auf den ersten Blick schon zeigt die Tabelle, in welcher ausgiebigen Weise in den deutschen Städten für die Herstellung von Park- und Gartenanlagen und damit für das öfentliche Wohl gesorgt wird. Abgesehen von den grossen staatlichen oder fürstlichen, auch dem grossen Publikum offen stehenden Parks und gärtnerischen Anlagen in den Residenz-, Haupt- und Gross-Städten Berlin, Braunschweig, Breslau, Cassel, Charlottenburg, Dresden, Hamburg, Hannover, München, Potsdam und Stuttgart, weisen daneben auch alle Städte ohne Ausnahme parkartige und gärtnerische Schmuckplätze auf, welche aus städtischen Mitteln angelegt sind und erhalten werden. Die ausgedehntesten städtischen Anlagen (Sp. 4 der Tabelle) besitzt Magdeburg mit 224 ha; in zweiter Reihe steht Leipzig mit 106 ha, es folgen Berlin mit 154, München mit 112, Hamburg mit 111, Dortmund mit 105, Breslau mit 102 u, s w.

Die Gesammtzahl aller öffentlichen Park- und Gartenanlagen in den verzeichneten 47 Städten beträgt 807 mit einer Gesammtfläche von 3703 ha gegen 764 mit 3507 ha im Vorjahre. Es bedeutet das einen erfreulichen Fortschritt von ca. 5 Procent.

Ausser den in der Tabelle kenntlich gemachten Anlagen im Bereiche des Stadtgebiets erhalten aber die nachstehend verzeichneten Städte noch Parks und gärtnerische Anlagen, welche freilich ausserhalb des Stadtgebiets liegen, aber der unmittelbaren Nähe wegen doch der städtischen Bevölkerung zur Wohlthat dienen. Es sind dies die Städte:

Berlin mit dem Treptower Park und dem Plünterwald mit zusammen 18174 ha und 77 400 M. Unterhaltungskosten.

Bremen mit 1 Park von 7,26 ha und 2070 M. Unterhaltungskosten.

Breslau mit dem Südpark in Kleinburg, 26,4 ha gross, und dem früheren Forstrevier Oswitz, 111,08 ha gross. Die Unterhaltungskosten betragen 2887 M.

Duisburg mit einem Park von 34,08 ha Grösse.

Düsseldorf mit einer Waldanlage, 2 ha gross, mit 2000 M. Unterhaltungskosten.

Freiburg i. Br. mit 2 Parks von zusammen 40 ha und mit 5000 M. Unterhaltungskosten.

Halle mit einem Park von 10 ha und 1250 M. Unterhaltungskosten.

Königsberg i. Pr. mit 2 Parkanlagen von zusammen 8,15 ha und 600 M. Unterhaltungskosten.

Mannheim mit 4 Parks von zusammen 88,56 ha und einem Unterhaltungsaufwand von 9500 M. abzüglich der Einnahme von 1800 M.

Plauen i. V. mit 7 der Forstverwaltung unterstehenden Parks, welche zusammeen eine Fläche von 56,22 ha umfassen und einen Aufwand von 8405 M. erfordern.

Stuttgart mit 9 parkartigen Anlagen, welche zusammen 6,14 ha umfassen.

Auch die Höhe der für Unterhaltung aufgewendeten Kosten (Sp. 12 und 13 der Tabelle), sowie die Ausgaben für Neuanlagen (Sp. 14) ist charakteristisch für das Maass der von den Stadtverwaltungen der öffentlichen Wohlfahrt und Hygiene zugewendeten Sorgfalt.

Bezüglich einzelner Besonderheiten in den Städten sei auf die folgenden Ergänzungen verwiesen:

Altona: Es giebt 24 mit Bäumen bepflanzte Strassen (Alleen) mit einer Fläche von zusammen 28,60 ha.

Augsburg: Zu Spalte 9: 34 Alleen.

Berlin: Zu Spalte 9: 284 Strassen mit Bäumen bepflanzt. Den Ausgaben von 274 500 M. stehen Einnahmen in Höhe von 10 340 M. gegenüber.

Bochum: Es giebt 11 Strassen mit Bäumen bepflanzt.

Bremen: Die Anzahl der mit Bäumen bepflanzten Strassen beträgt 54.

Breslau: Zu Spalte 9: Es sind 95 mit Bäumen bepflanzte Strassen. Die ordentlichen Ausgaben betragen 92 168 M., die Einnahmen an Pacht und Miethe für Restaurationen, Eisnutzungen, Eisbahnen, Befischung des Stadtgrabens etc. zusammen 35 408 M.

Charlottenburg: Zu Spalte 9: 99 Alleen.

Dortmund: Zu Spalte 9: 44 Strassen mit Bäumen.

Dresden: Es giebt 200 mit Bäumen bepflanzte Strassen mit einer Fläche von zusammen 24,49 ha. Den ordentlichen Ausgaben von 119 414 M, stehen Einnahmen aus Verkauf von Obst, Pflanzen, Gras, Heu, Holz, Mischdünger etc. von 21 161 M. gegenüber.

Düsseldorf: 81 Strassen sind mit Bäumen bepflanzt. Die Ausgaben betragen 66 650 M., die Einnahmen aus Miethe für Restaurationen und Verkauf von Gras und Holz 12 589 M.

Erfurt: Zu Spalte 9: 58 mit Bäumen bepflanzte Strassen.

Essen: Zu Spalte 9: 8 mit Bäumen bepflanzte Strassen. Ausgaben 26 000 M., Einnahmen 8000 M.

Frankfurt a. M.: Zu Spalte 9: 48 mit Bäumen bepflanzte Strassen. Den ordentlichen Ausgaben von 79 709 M. stehen Einnahmen aus verkauftem Abfallholz, Gebühren für Personen-Waagen, Unterhaltung von Schulgärten etc. in Höhe von 24 318 M. entgegen.

Freiburg i. Br.: Zu Spalte 9: 50 mit Bäumen bepflanzte Strassen.

Görlitz: Zu Spalte 9: 11 mit Bäumen bepflanzte Strassen.

Halle: Zu Spalte 9: 80 mit Bäumen bepflanzte Strassen mit einer Gesammtfläche von 12 ha.

Hamburg: Es giebt 488 Alleen. Zu Spalte 12: Ordentliche Ausgaben 169 000 M., Einnahmen aus Verkauf von Gras und Buschwerk 600 M.

Hannover: Es sind 41 mit Bäumen bepflanzte Strassen.

Karlsruhe: Zu Spalte 9: 32 mit Bäumen bepflanzte Strassen mit 8780 Stück Alleebäumen.

Köln: Zu Spalte 9: 144 mit Bäumen bepflanzte Strassen. Den Ausgaben von 102 701 M. stehen Einnahmen aus Eisbahn, Pacht von Restaurationen, aus Nachenbetrieb und Erlös aus Verkauf von Enten, Holz und Fischen in Gesammthöhe von 57 188 M. gegenüber.

Leipzig: Zu Spalte 9: 76 mit Bäumen bepflanzte Strassen. Die ordentlichen Ausgaben betragen 67684 Mk., die Einnahmen aus Pacht von 3 Teichen in den Anlagen vornehmlich zur Eisbahn 6083 M.

Liegnitz: Die 38 mit Bäumen bepflanzten Strassen umfassen eine Fläche von 12 ha. Die ordentlichen Ausgaben belaufen sich auf 16 009 M., die Einnahmen aus Gras, Laub und Obst auf 571 M.

Lübeck: Den Ausgaben von 19 628 M. steht eine Einnahme von 1000 M. aus dem Verkauf von Bäumen, Sträuchern, Gras, Laub etc. gegenüber.

Magdeburg: Zu Spalte 9: 66 mit Bäumen bepflanzte Strassen. Ordentliche Ausgaben 74 064 M., Einnahmen aus Pacht von 5 Restaurationen, Baumschule, Obst und Grasnutzung und Durchforsten der Anlagen in Höhe von zusammen 48 255 M.

Mannheim: Die 12 mit Bäumen bepflanzten Strassen umfassen eine Fläche von zusammen 8,10 ha.

München: Zu Spalte 9: Es sind 88 mit Bäumen bepflanzte Strassen. Die ordentlichen Ausgaben betragen 67 381 M., die Einnahmen aus Verkauf von alten Alleebäumen und Pacht einiger Wiesenplätze 1385 M.

Plauen i. V.: Zu Spalte 9: 8 mit Bäumen bepflanzte Strassen.

Potsdam: Zu Spalte 9: 33 mit Bäumen bepflanzte Strassen.

Spandau: Zu Spalte 9: 10 mit Bäumen bepflanzte Strassen mit einer Fläche von 28 ha.

Strassburg: Zu Spalte 9: Es giebt 79 mit Bäumen bepflanzte Strassen. Ausgaben 35 999 M., Einnahme aus Erlös von Orangenblüthen, Laub und Abfallholz 151 M.

Stuttgart: Zu Spalte 9: 22 mit Bäumen bepflanzte Strassen.

Wiesbaden: Zu Spalte 9: 25 mit Bäumen bepflanzte Strassen.

Zwickau: Im Stadtgebiet sind 32 Strassen mit insgesammt 4880 Bäumen bepflanzt. Den ordentlichen Ausgaben von 11 900 M. steht eine Einnahme von 2000 M. aus Erlös von der Verpachtung der Wiesen, eines Teiches zum Kahnfahren und Eislaufen etc. gegenüber.

Oeffentliche Park-, Garten- und Schmuckanlagen.

Städte. • bedeutet Etatsjahr 1894/95.	des Staates Anzahl	Fläche in ha	der Stadt Anzahl	Fläche in ha	von Privaten Anzahl	Fläche in ha	zusammen Anzahl	Fläche in ha	Besitzt die Stadt ausserdem mit Bäumen bepflanzte Strassen (Promenaden Alleen)? Länge in Meter.	Anzahl der angestellten Arbeiter.	Durchschnittl. Tagelohn eines Gartenarbeiters.	für Unterhaltung im Ganzen ℳ	pro Kopf der Bevölkerung ℳ	für Neuanlagen ℳ
	1.	2.	3.	4.	5.	6.	7.	8.	9.	10.	11.	12.	13.	14.
Aachen*	—	—	8	43	—	—	8	43	.	.	.	.	.	
Altona*	—	—	21	18	—	—	21	18	11 910	34	2,40	22 958	0,15	1 297
Augsburg ..	—	—	24	29	—	—	24	29	30 175	15	2,80	17 988	0,22	3 420
Barmen* ...	—	—	2	26	—	—	2	26	2 140	—		8 000	0,06	—
Berlin*	5	281	96	154	2	10	103	445	96 700	750	2,70	264 160	0,16	116 600
Bochum* ...	..	—	1	18	—	—	1	18	5 700	8	2,50	14 000	0,26	4 450
Braunschweig*	13	24	5	18	2	22	20	59	.	.		7 368	0,06	4 084
Bremen*	1	51	—	—	2	137	3	188	27 340	32	3,07	54 722	0,39	25 400
Breslau*	1	6	36	102	—	—	37	108	42 309	.		61 611	0,17	10 506
Cassel*	5	167	10	16	—	—	15	183	10 960	20	2,20	5 762	0,07	500
Charlottenbrg.*	2	69	19	10	1	43	22	122	60 033	55	2,75	30 170	0,23	250
Chemnitz....	1	0.5	25	26	—	—	26	26,5	.	38	2,45	44 358	0,27	7 105
Crefeld*	—	—	10	13	—	—	10	13	7 600	18	2,10	17 625	0,16	—
Dortmund* ..	—	—	9	105	—	—	9	105	40 000	20	2,50	23 481	0,21	3 500
Dresden	7	190	33	27	—	—	40	217	.	120	2,21	98 253	0,39	20 652
Duisburg*...	—	—	1	17	—	—	1	17	9 480	.	.	2 662	0,04	1 200
Düsseldorf*..	1	7	20	76	2	20	23	103	42 500	55	2,75	54 061	0,31	—
Erfurt*	1	?	12	20	—	—	13	?	13 285	50	2,00	14 337	0,18	3 983
Essen*	—	—	2	10	—	—	2	10	3 000	15	2,75	18 000	0,19	—
Frankfurt a.M.*	—	—	23	32	—	—	23	32	20 000	57	2,75	55 391	0,24	47 179
Frankfurt a.O.*	—	—	6	20	—	—	6	20	.	.		.		—
Freiburg i. B..	—	—	20	12	—	—	20	12	18 000	30	2,40	28 000	0,50	8 000
Görlitz*	—	—	6	60	—	—	6	60	4 990	.		.		—
Halle a. S.*.	3	9	10	20	—	—	13	29	15 000	40	2,20	28 650	0,20	.
Hamburg...	57	111	—	—	—	—	57	111	218 000	104	3,50	168 400	0,27	—
Hannover*..	3	60	17	86	4	76	24	222	19 500	75	2,60	62 000	0,30	70 000
Karlsruhe i. B..	—	—	?	9	—	—	?	9	.	35	2,40	41 000	0,49	—
Kiel*	2	6	5	26	—	—	7	32	11 800	4	2,80	5 585	0,07	—
Köln a. Rh.*	2	35	39	41	—	—	41	76	77 418	113	2,60	45 513	0,14	21 885
Königsbg.i.Pr.*	4	6	12	10	5	2	21	18	4 240	.		17 000	0,10	—
Leipzig*.....	—	—	19	196	—	—	19	196	49 000	60	2,50	61 651	0,16	9 900
Liegnitz*....	—	—	6	50	—	—	6	50	12 000	18	1,40	15 438	0,30	—
Lübeck*	—	—	12	27	—	—	12	27	40 185	25	2,30	18 628	0,27	446
Magdeburg*	2	27	11	224	—	—	13	251	45 300	60	2,40	25 828	0,12	24 747
Mainz*.....	—	—	6	18	—	—	6	18	29 880	40	2,00	37 217	0,48	—
Mannheim...	1	?	14	7	—	—	15	?	4 200	57	2,50	37 000	0,40	—
Metz*.......	—	—	4	5	—	—	4	5	480	10	2,20	14 217	0,24	—
München....	2	11	42	112	6	306	50	429	66 423	120	2,50	65 996	0,16	26 615
Nürnberg ...	2	1	38	36	—	—	40	37	20 000	80	2,00	43 800	0,27	8 600
Plauen i. V..	—	—	—	—	—	—	—	—	6 000	4	2,20	4 963	0,09	—
Posen*	2	3	4	6	—	—	6	9	340	12	1,90	—		—
Potsdam* ..	3	2	3	4	11	131	17	137	17 070	3	2,50	4 375	0,07	—
Spandau* ..	—	—	4	6	—	—	4	6	14 000	8	2,75	2 000	0,03	—
Strassburg*.	4	10	10	33	—	—	14	43	.	36	2,65	35 848	0,26	—
Stuttgart*..	4	61	16	4	1	1	21	66	8 700	28	2,80	18 770[1]	0,12	—
Wiesbaden*.	—	—	9	29	—	—	9	29	.	.	.	40 000	0,54	—
Zwickau	—	—	3	29	—	—	3	29	.	22	2,00	9 900	0,19	—

Anmerkung: [1] Hierin sind auch die Unterhaltungskosten für die ausserhalb des Stadtgebiets liegenden Parkanlagen mit einer Fläche von 6 Hectar einbegriffen.

VIII.

Wasserversorgung
(Wasserwerke).

Von

Dr. N. Geissenberger,
Direktor des statistischen Amts der Stadt Strassburg i. E.

Die diesmalige Berichterstattung umfasst 45 Städte gegen 43 des Vorjahres und 42 des Jahres 1892 bezw. 1892/93. Es sind neu hinzugekommen Liegnitz und Zwickau. Auch in dieser Berichtsperiode sind die Fragebogen mehrfach lückenhaft eingegangen, so dass für eine Reihe von Städten einzelne Tabellenspalten nicht ausgefüllt werden konnten.

Die Berichtszeit für die Mehrzahl der Städte ist das Etatsjahr 1894/95, für die bayerischen, sächsischen und badischen Städte fällt sie mit dem Kalenderjahr zusammen, das Gleiche ist bei Hamburg der Fall. Aenderungen in den Besitzverhältnissen sind auch in diesem Jahre nicht zu verzeichnen. Die Wasserwerke der beiden neu hinzugekommenen Städte Liegnitz und Zwickau sind städtisches Eigenthum und stehen auch in städtischer Regie.

Bemerkenswerthe Veränderungen und Erweiterungen der Anlagen haben folgende Städte vor- bezw. in Aussicht genommen.

Altona. Erbauung von 3 neuen Filtern mit je 1200 qm Sandfläche; Aufstellung von 2 neuen Maschinen und 5 Kesseln.

Bochum. Erweiterung der Brunnen- und Filter-Anlage.

Bremen. Einrichtung neuer Regulirvorrichtungen für die 9 alten Filter und Umbau des Filters V.

Breslau. Neue Filterpumpen- und Hochdruckpumpen-Maschinen; combinirter Dampfkanal und Rohrnetzerweiterung um 7214 m Rohre, 60 Schieber und 133 Hydranten.

Chemnitz. Fortsetzung der vorjährigen Arbeiten.

Dortmund. Erwerbung grösserer Grundcomplexe für Erweiterungszwecke. Bau einer neuen Maschinenanlage.

Dresden. Erwerbung weiteren Areals zur Erbauung des 2. Wasserwerks bezw. für die Wassergewinnungsanlage und die Anlegung des Hochbehälters; Fertigstellung des Planes und des Voranschlags.

Duisburg. Anlage eines neuen Filterbrunnens.

Essen. Erweiterung der Wassergewinnung um 2 Brunnen.

Freiburg. Vorarbeiten für einen zweiten Hauptzuleitungsstrang und einen zweiten Hochbehälter.

Königsberg i. Pr. Verbindung des sogenannten Fürstenteichs durch eine unterirdische Rohrleitung mit dem Wasserwerk in Hardershof; Beschaffung 2 neuer Filter.

Leipzig. Inbetriebsetzung der ersten Enteisenungsanlage für 40 000 Tagescbm.

Lübeck. Fertigstellung und Inbetriebnahme der im Vorjahre erwähnten Filteranlagen, so dass nunmehr zur Filtration des Wakenitzwassers 3 alte Filter von je 424 qm, 3 neue von je 1458 qm Fläche dienen. In Aussicht genommen und bereits genehmigt sind: Herstellung einer neuen Pumpmaschinenanlage, bestehend aus zwei Druckpumpmaschinen, 2 Filterpumpmaschinen, 3 Dampfkesseln, einer elektrischen Beleuchtungsanlage, 2 Maschinenhäusern, einem Kesselhause; ferner verschiedene Rohrleitungen u. s. w. zum Kostenvoranschlage von 321 000 M.

Mainz. Errichtung eines Supplementwerkes im Gebiete der Rheinischen Brauerei in Weisenau mit der Leistungsfähigkeit der Pumpanlage von 60 cbm per Stunde.

Posen. Erweiterung der vorhandenen Quellwasseranlage um 10 Brunnen von 1,0—3,0 m l. W. und 4,0—16,0 m Tiefe.

Potsdam. Beschaffung einer Maschine zum Antrieb einer Centrifugalpumpe.

Stuttgart. Erweiterung des Neckarwasserwerks in Berg durch Erstellung von 3 überdeckten Filtern mit zusammen 8000 qm Filterfläche und einem Reinwasserbassin mit 1600 cbm Inhalt.

Zwickau. Inangriffnahme einer baulichen Erweiterung. — Hebung von Grundwasser aus den Grundwasserstrimen des Muldenthales, ohne Filtration. — Aufstellung zweier Turbinen (System Girard und System Jonval) von 100 und 150 P. S., in Reserve eine Zwillingsmaschine von 100 P. S. ohne Condensation, aber mit Meyer'scher Expansionsschiebersteuerung.

Für diesmal dürfte es angezeigt sein, die Abweichungen des Wasserversorgungsgebietes besser hervorzuheben.

Es versorgen nicht zur Stadt gehörige Gebiete mit:

Aachen: Stadt Burtscheid, Theile der Landgemeinde Forst.

Altona: Blankenese, Gr. u. Kl. Flottbeck, Nienstedten und Osdorf (10 952 E.).

Augsburg: je 3 Anwesen in den Gemeinden Oberhausen und Göggingen (ca. 90 E.).

Barmen: Solmarstein, theilweise: Libschelde, Nächstebruch und Langerfeld.

Berlin: Die Vororte Weissensee und Treptow, Irrenanstalt Herzberge, Anstalt für Epileptische in Biesdorf, Arbeits- und Waisenhaus in Rummelsburg, ausserdem einige Strassen in Charlottenburg und Schöneberg.

Bochum: die Stadt Wattenscheid und 20 Landgemeinden (105 704 E.).

Bremen: Hastedt, Sebaldsbrück, Hemelingen, Schwachhausen, Horn, Vahr, Lehe Walle, Gröpelingen, Woltmershausen, Rablinghausen und Neuenland (12 000 E.).

Breslau: Theile von Gräbschen, Kleinburg, Pöpelwitz.

Chemnitz: Einen Theil der Vororte Gablenz und Hilbersdorf.

Dortmund: 2 Städte und 14 Landgemeinden (ca. 75 000 E.).

Dresden: Gutsbezirk Albertstadt und 8 Einzelgrundstücke.

Düsseldorf: Gerresheim.

Duisburg: Stadt Ruhrort (10 702 E.).

Essen: Altendorf, Rellinghausen, Hutrept (rd. 51 000 E.).

Halle a. S.: Einen Theil des Gemeinde- und des Rittergutes Beesen a. d. Elster, die Provinz.-Irrenanstalt bei Nietleben, Landgut Gimmrich und 1 Grundstück in Giebichenstein (1 298 E.).

Hannover: Stadt Linden und Gemeinde Ricklingen (36 000 E.).

Leipzig: Gemeinde Stötteritz und Naunhof (8670 E.).

Metz: den städtischen botanischen Garten in Montigny.

Posen: Einen Theil des Dorfes Jersitz (20 000 (?) E.)

Potsdam: Sanssouci, Epileptische Anstalt, Garnisonlazareth.

Zwickau: Gemeinde Cainsdorf, Schedewitz und Theile der Gemeinde Marienthal (10 500 E.).

Bezüglich des Wasserpreises und der Abgabebedingungen ist zu bemerken, dass während der Berichtsperiode die obligatorische Wassermessung eingeführt wurde in Essen und zwar für den Wasserverbrauch zum Gewerbebetrieb. Ausserdem ist der Einheitspreis pro cbm auf 18 Pf., im Minimum auf 40 M. jährlich erhöht worden. Frankfurt a. O. setzte den Preis für den Verbrauch zu öffentlichen Zwecken auf 6—8 Pf., für den Privatgebrauch auf 8—20 Pf. pro cbm fest; Magdeburg erhöhte den Wasserpreis von 11 auf 12 Pf. pro cbm; in Mainz kam die den Grossconsumenten gewährte Preisermässigung in Wegfall, es wurde der Einheitspreis allgemein auf 30 Pf. pro cbm festgesetzt. Ebenso sind Aenderungen eingetreten in Düsseldorf, Hamburg und Zwickau, worüber im nächsten Berichtsjahr noch zu referiren sein wird.

Statistisches Jahrbuch VI. [Fortsetzung des Textes Seite 72.]

I. Beschreibendes über die Wasserversorgungs-Anstalten.

Stand und Bewegung des Umfangs der Versorgung im Jahre 1894 oder 1894/95.

Städte	Haupt- u. Nebenwerke	Betriebsjahr	Am Schluss des Betriebsjahres betrug: die Länge der Sammel- bezw. Hauptleitungen und des Druckrohrstranges lfd. m	die Länge des Vertheilungsrohrnetzes lfd. m	die Zahl der angeschlossenen Grundstücke im Stadtgebiet	ausserhalb des Stadtgebietes	Mehrung gegen das Vorjahr in der Länge des ges. Rohrnetzes %	in der Zahl der Gesammt-Anschlüsse %	Am Schlusse des Betriebsjahres waren Grundstücke nicht angeschlossen	Zahl der angeschlossenen öffentl. Bedürfnissanstalten	Zahl d. angeschlossen Freibrunnen, Druckständer etc.	Gesammt-Wasserlieferung (Förderung, Zulauf) cbm	Mehrung (bezw. Minderung =—) gegen das Vorjahr %	Leistungsfähigkeit der Anlage
1.	2.	3.	4.	5.	6.	7.	8.	9.	10.	11.	12.	13.	14.	15.
Aachen . . .	I	1894/95	13000	86640	5499	840	.	.	ca750	15	—	2981410	.	550
Altona . . .	I	„	1810	149796	7410	1174	4,78	3,94	—	33	—	6152228	-3,14	9125
Augsburg . .	I	1894	3100	70800	3569	6	-11,07	-5,00	.	13	6	7143000	16,15	7568
Barmen . . .	I	1894/95	38203	102882	5446	14	13,86	3,35	.	11	1	6274619	3,33	10950
Berlin . .	I u.II	„	23100	801257	23428	—	0,10	1,68	—	150	21	42092602	1,13	63072
Bochum .		1894/95	9008	144620	2327	1512	4,36	6,91	.	8	81	9500937	1,27	.
Braunschweig.		„		84895	5653	1	3,06	2,67	893	16	4	3090586	-0,55	5000
Bremen . . .		„	.	172606	14866		6,63	5,12	—	94	366	44923900	-1,09	.
Breslau . . .		„	.	197691	7201		-8,96	1,62	—	30	56	10763953	-18,39	.
Cassel . . .	I u.II	„	24500	59877	3221	14	1,34	2,73	112	10	8	2127528	-8,15	4818
Charlottenbg.		1894	.	118068	2563	.	19,19	8,37	.	—	.	3448000	14,93	.
Chemnitz . .		„	.	101549	4288	64	1,69	1,68	—	20	69	2328384	-2,78	3750
Crefeld . . .	I u.II	1894/95	5770	77552	6639	—	0,72	5,10	1298	11	2	3102629	-2,81	7500
Dortmund . .		1894/95	.	212930,51	4547	780	1,27	6,37	.	12	5	14307480	7,68	26000
Dresden . .	I u.II	1894	.	203390	9377	28	2,44	2,04	362	38	9	9415800	-1,39	17500
Düsseldorf . .		1894/95	15859	135942	8327	.	2,15	4,93	.	21	75	5462099	-6,33	10000
Duisburg . .		„	3567	82582	4405	.	2,62	6,14	1006	5	22	3894035	0,51	7500
Erfurt . . .		„	28956,77	60618,27	4282	—	1,15	0,75	206	6	28	1377392	8,99	3650
Essen . . .		1894/95	11527	95932	4890	.	6,01	8,50	.	18	2	6018415	-11,15	14000
Frankfurt a.M.		„	162710,57	243218,11	10474	.	2,35	3,41	—	66	2109	10872930	1,00	12000
Frankfurt a.O.		1894	1030	34320	1145	—	12,04	1,21	.	5	1	1088600	0,59	4205
Freiburg i. B.		„	6945	57400	3105	—	2,44	4,12	314	4	99	4209000	2,31	5098
Görlitz . .		1894/95	3445	38027	2275	—	6,24	1,79	296	10	37	1484798	5,95	.
Halle a. S. .		„	19010	93617,70	4521	16	1,64	0,15	33	17	27	3536633	-2,13	5800
Hamburg . .		1894	.	480040	18795	13	2,29	1,13	—	167	186	43288361	-1,50	.
Hannover .		„	6113	151580	7478	766	4,10	5,42	—	28	36	4878357	-6,31	14600
Karlsruhe . .		1894	.	62941	3148	—	—	-1,01	323	10	58	3832891	0,00	10000
Kiel	I u.II	1894/95	.	62000	3466	—	5,51	3,77	120	16	13	2563000	3,06	4550
Köln a.Rh. .		1894/95	.	202072	16111	—	5,87	4,10	ca3600	29	21	9014890	-22,86	30660
Königsbg.i.Pr		„	16063	69064	4901	4	7,75	-2,68	607	12	32	4100000	-11,75	5000
Leipzig . . .		1894	23500	310178	8521	125	2,65	1,81	.	35	42	8522000	2,59	15800
Liegnitz. . .		1894/95	2540	35632	1851	—	.	.	239	6	1	2077651	.	4380
Lübeck . .		„	.	71164	5057	—	2,49	4,20	2332	27	291	5746400	3,8	7000
Magdeburg .		„	.	147070,11	e5600	—	1,14	1,82	.	27	27	7114360	-10,53	.
Mainz . . .		„	.	55470	2857	.	2,89	3,48	ca850	19	31	1094054	-7,99	1369
Mannheim . .		1894	11612,79	67753,55	3482	—	2,90	3,57	ca300	12	47	2292964	-5,79	3000
Metz		1894/95	4740	22780	1791	—	.	1,40	1229	33	126	1522000	-28,48	.
München . .		1894	64011,12	230727,14	9659	2	9,98	3,76	.	21	2039	agl.57329	.	.
Nürnberg . .		„	13300	111113	5935	—	2,56	5,91	2915	36	143	4005420	1,41	5800
Posen . .	I u.II	1894/95	.	47166	.	1225	3,11	-0,89	.	4	88	1755548	15,55	4279
Potsdam . .		„	.	57422,2	1806	3	5,37	16,04	653	5	—	833848	-2,63	2008
Strassburg i.E		1894/95	3800	109601	4070	.	24,27	5,03	272	41	39	2732963	0,30	6570
Stuttgart .	I u.II	„	31700	170400	6010	.	0,10	2,21	.	19	221	4661900	-0,09	670
Wiesbaden .		„	17000	67661,70	3383	—	1,47	1,39	74	20	25	1997220	-6,29	.
Zwickau . .		1894	16000	38500	25	.	.	.	—	40	7	1052589	.	250

II. Wasserabgabe im Betriebsjahre 1894 oder 1894/95.

Städte	Von der Gesammt-Wasserabgabe (Tab. I, Sp. 13) entfallen auf:										Mittlere Bevölkerung des Versorgungsgebietes im Betriebsjahre	Pro Kopf (der mittleren Bevölkerung des Versorgungsgebietes) und Tag entfallen	
	a. Verbrauch zu öffentlichen Zwecken cbm	b. Verbrauch in städtischen Gebäuden u. Anstalten cbm	c. Verbrauch der sonstigen Entnehmer cbm	d. Verbrauch im eigenen Bedarf des Werkes cbm	e. Verlust cbm	a. %	b. %	c. %	d. %	e. %		von d. Gesammt-Wasserabgabe (Tab. I, Sp. 13) Liter	vom Verbrauch der Privat-Entnehmer Sp. 4 Liter
1.	2.	3.	4.	5.	6.	7.	8.	9.	10.	11.	12.	13.	14.
achen	92508	102858	2010603	1446	773995	3,1	3,4	67,4	0,1	26,0	130010	22,9	15,5
ltona	104529	545331	5502368	—	—	1,7	8,9	89,4	—	—	158242	38,9	34,8
ugsburg	800000	140000	6179000	—	24000	11,2	2,0	86,5	—	0,3	80420	88,8	76,8
armen	130000	90000	5424219	3000	627400	2,1	1,4	86,4	0,1	10,0	121685	51,6	44,6
erlin	4312053	.	35969116	267814	1543619	10,2	.	85,5	0,6	3,7	1686976	25,0	21,3
ochum	1424875	78500	7982107	15455	bei a.	15,0	0,8	84,0	0,2	b. a	159044	59,7	50,2
raunschweig	570000	86717	2176182	39355	218282	18,4	2,8	70,4	1,3	7,1	111310	27,8	19,6
remen											150510	29,8	.
reslau	679661	736838	7212922	97863	2036669	6,3	6,9	67,0	0,9	18,9	365770	29,4	19,7
assel		1 487 014			640514			69,9		30,1	79660	26,7	.
harlottenburg											110650	31,2	.
hemnitz	690131,1	1 638 252,9	bei a	bei a		29,6	70,4		bei a		149000	15,6	.
refeld	114500	240000	2741136	6500	493	3,7	7,7	88,4	0,2	0,02	106390	29,2	25,8
ortmund	3 811 040		10 496 440	bei a. b.		26,6		73,4	bei a.b		179150	79,9	58,6
resden	646979	8 727 371		35650	5800	6,8	92,7		0,4	0,1	334200	28,2	.
üsseldorf	474360	—	4441529	—	546210	8,7	—	81,3	—	10,0	177900	30,7	25,0
uisburg	186 411		3 707 624	—		4,8		95,2	—		77760	50,1	.
rfurt	179506	73986	1026032	11756	86112	13,0	5,4	74,5	0,9	6,2	76500	18,0	13,4
ssen	5 126 089			892 326		85,2			14,8		143640	41,9	.
rankfurt a. M.	ca. 750 000	579929	9543001			6,9	5,3	87,8	—		202900	53,6	47,0
rankfurt a. O.	358 761		721839	8000	—	33,0		66,3	0,7	—	57280	19,0	12,6
reiburg i. B.	1247400	150000	2810600	1000		29,6	3,6	66,8	0,02		51930	81,1	54,1
örlitz											66000	20,4	.
alle a. S.	162302	180638	3105943		87750	4,6	5,1	87,8	—	2,5	113250	26,7	23,5
amburg	2427428	40 334 468		526472		5,6	93,2		1,2	—	603380	71,7	.
annover	643353	77892	3385837	81023	690252	13,2	1,6	69,4	1,7	14,1	235600	20,7	14,4
arlsruhe	940087		2 892 804			24,5		75,5			80990	47,3	.
iel	397 000		2065000	48000	53000	15,5		80,6	1,9	2,0	81590	31,4	25,3
öln a. Rh.	910000	6 607 773		1 497 107		10,1	73,3		16,6		280040	32,2	.
önigsberg i. Pr.	160000		3 940 000			3,9		96,1			170130	24,1	.
eipzig	821000	4 448 000		705000	2518000	9,6	52,2		8,3	29,2	397080	21,5	.
iegnitz											49930	41,6	.
übeck											66180	86,8	.
agdeburg	376497	277968	5395186	76448	988261	5,3	3,9	75,8	1,1	13,9	211700	33,6	25,5
ainz	145927	66278	786785	12500	82564	13,3	6,1	71,9	1,1	7,6	75640	14,5	10,4
annheim	469710	194828	1335050	5355	288021	20,5	8,5	58,3	0,2	12,6	87670	26,2	15,2
etz	1 098 400	423600	—	—		72,2	27,8	—	—		59820	25,4	7,1
ünchen	tägl.2036	tägl.2917	tägl.48056	tägl.4320		.		.			390910	.	.
ürnberg	665388	228869	2795462	—	315701	16,6	5,7	69,8	—	7,9	153210	26,1	18,2
ssen	135143		1 452 776		167629	7,7		82,8		9,5	92340	19,0	.
otsdam	59975	667 740		106 133		7,2	80,1		12,7		57500	14,5	.
trassburg i. E.	1 014 865		1429802	15000	273296	37,1		52,3	0,6	10,0	132450	20,6	10,8
tuttgart	1 372 000		3007000	285 900		29,4		64,5	6,1		153840	30,3	19,5
iesbaden	455595	142294	1279170	10000	110161	22,8	7,1	64,1	0,5	5,5	7176	27,8	17,8
wickau	76 800		955589 bei a. b.		ca.20000	7,3		90,8 bei a.b		1,9	59134	17,5	16,2

5*

IIIa. Finanzielle Ergebnisse des Wasserwerkbetriebes

Städte	Einnahme.						
	Aus dem Vorjahr übernommener Einnahme-überschuss	Für verkauftes Wasser	Miethe der Wasser-messer	aus Magazin und Werkstatt	Zuschüsse aus Fonds und Anleihe-mitteln	Verschiedene Einnahmen	Gesammt-Einnahme
1.	2.	3.	4.	5.	6.	7.	8.
Aachen . . .	97 732	308 871	47 364	5 157	—	2 891	457 015
Altona . . .	—	494 180	8 326	14 308	1 251 231	—	1 768 040
Augsburg . .	—	204 508	99	2 771	—	—	207 373
Barmen . . .	—	453 960	10 978	19 864	—	—	484 802
Berlin . . .	—	6 881 980	152 366	134 216	—	31 318	7 199 830
Bochum . . .	101 813	540 423	12 258	20 897	—	4 357	679 243
Braunschweig .	—	251 409	282	44 818	—	1 650	298 159
Bremen . . .	—	493 567	1 753	—	3 659	—	498 979
Breslau . . .	—	1 111 054	—	17 761	—	408	129 223
Cassel . . .	19 909	202 021	395	15 856	—	9 493	247 674
Charlottenburg	.	.	.	.	.	.	.
Chemnitz . .	—	400 259	—	2 878	378 011	8 767	789 915
Crefeld . . .	6 808	236 922	9 601	12 068	—	—	265 394
Dortmund . .	—	774 616	21 651	22 698	—	10 158	829 118
Dresden . . .	—	1 125 729	—	—	609 149	19 380	1 754 258
Düsseldorf . .	—	531 273	13 176	19 808	—	—	564 252
Duisburg . . .	—	225 216	8 795	8 608	—	—	242 619
Erfurt . . .	—	193 068	1 569	12 329	12 984	1 311	221 211
Essen	—	870 409	27 262	23 584	129 706	7 981	558 942
Frankfurt a. M.	—	1 668 063	—	—	—	3 294	1 671 357
Frankfurt a. O.	—	129 603	—	—	—	—	129 603
Freiburg i. B. .	8 891	217 410	1 442	3 598	8 365	—	234 686
Görlitz . . .	.	.	.	.	.	.	145 618
Halle a. S. . .	—	300 972	18 489	2 707	18 978	18 800	359 896
Hamburg . .	—	3 136 243	—	—	—	—	3 136 243
Hannover . .	12 717	517 853	60 462	10 217	24 126	5 165	630 540
Karlsruhe . .	—	298 752	5 692	—	—	254	304 698
Kiel	190	200 324	1 474	10 643	—	396	213 027
Köln a. Rh. . .	—	987 595	117 387	20 994	—	11 012	1 136 988
Königsberg i.Pr	9 860	378 127	—	92 040	19 725	7 440	507 192
Leipzig . . .	—	962 400	80 200	—	20 400	27 700	1 070 300
Liegnitz . . .	3 666	164 982	440	78 508	20 400	4 800	267 746
Lübeck . . .	—	196 090	—	3 005	163 317	1 366	363 778
Magdeburg . .	—	682 734	—	3 002	—	2 105	637 841
Mainz . . .	41 414	239 690	20 577	47 824	—	—	349 435
Mannheim . .	—	349 766	8 254	1 889	4 799	—	364 658
Metz . . .	.	.	.	.	.	.	.
München . . .	—	941 528	92 376	99 154	—	20 812	1 153 870
Nürnberg . .	—	362	115	2 928	91 991	24 308	481 342
Posen	587	128 075	—	—	15 525	839	145 026
Potsdam . . .	69 872	156 355	24 481	—	—	11 619	262 327
Strassburg i. E.	—	195 212	44 428	—	—	2 060	241 720
Stuttgart . . .	13 665	573	284	54 838	297 084	11 184	950 005
Wiesbaden . .	8 099	344 265	978	1 888	3 709	—	358 989
Zwickau . . .	7 909	127 107	—	118	87 774	12 310	185 213

im Jahre 1894 oder 1894/95 in Mark.

Allgemeine Verwaltung	Betriebskosten (Förderung) laufender Unterhalt der Gebäude etc.	Unterhalt der Wassermesser	für Neuanlagen, Erweiterungen und Beschaffung neuer Materialien	Verzinsung und Amortisation	Abführung zu Fonds	Verschiedene Ausgaben	Gesammt-Ausgabe	Einnahme-Ueberschuss	Städte
9.	10.	11.	12.	13.	14.	15.	16.	17.	18.
42 861	48 200	6 089	107 651	195 558	126 706	—	457 015	—	Aachen.
21 490	91 369	772	1 164 671	192 923	82 500	—	1 553 725	214 315	Altona.
7 395	24 522	478	9 418	—	—	—	41 808	165 565	Augsburg.
29 858	142 134	3 850	—	203 558	—	—	378 900	105 902	Barmen.
179 299	1 861 153	165 686	(4 551 307)	3 462 861	100 000	89 602	5 308 601	1 891 229	Berlin.
12 400	163 669	—	32 569	186 196	—	—	394 834	284 414	Bochum.
31 710	64 598	4 786	—	72 615	55 000	—	228 709	69 450	Braunschweig.
32 645	188 262	—	431 674	340 602	—	—	943 183	−444 204	Bremen.
97 259	286 695	—	—	408 043	32 373	7 825	827 195	302 028	Breslau.
	62 611	6 027	—	141 381	87 655		247 674	—	Cassel.
									Charlottenburg
40 310	49 345	•	378 011	237 308	•	•	704 974	84 941	Chemnitz.
44 821	52 980		—	125 848	30 000	—	253 149	12 245	Crefeld.
58 481	151 875	3 139	—	810 881	—	—	523 876	305 242	Dortmund.
122 802	129 672	—	580 825	538 871	433 088	—	1 754 258	—	Dresden.
	150 904		60 102	240 620	•	•	451 626	112 626	Düsseldorf.
9 075	47 692	2 030	—	82 802	21 645	—	162 744	79 875	Duisburg.
22 279	81 054	1 557	12 984	108 263	—	368	171 455	49 756	Erfurt.
45 615	133 458	2 550	129 706	211 066	—	—	522 395	36 547	Essen.
	359 121		244 343	—	—	—	603 464	1 067 893	Frankfurt a. M.
7 953	31 618		11 767	—	—	—	51 838	78 270	Frankfurt a. O.
10 262	17 064	2 754	14 365	74 837	—	—	119 282	115 354	Freiburg i. B.
•							140 635	4 988	Görlitz.
28 120	61 669	2 219	27 877	106 292	97 075	1 008	324 260	85 636	Halle a. S.
	1 433 345		—	—	—	—	1 433 345	1 702 898	Hamburg.
48 327	103 590	4 967	93 623	208 940	57 285	—	516 682	118 858	Hannover.
30 622	56 383	2 883	63 708	142 193	—	—	295 734	8 964	Karlsruhe.
51 496	28 274	—	—	104 787	28 085	385	213 027	—	Kiel.
69 881	188 556	17 895	150 000	390 606	—	—	811 988	825 050	Köln a. Rh.
23 522	92 264	—	21 385	274 201	—	95 820	507 192	—	Königsberg i. Pr
121 400	115 200	18 600	—	439 400	219 100	6 200	919 900	150 400	Leipzig.
24 102	156 769	2 281	83 827	59 542	—	—	276 521	−8 775	Liegnitz.
16 339	72 871	—	163 317	(22 170)	(21 467)	3 213	255 740	108 088	Lübeck.
55 546	124 715	—	68 637	—	—	—	248 898	388 943	Magdeburg.
15 248	206 951	16 648	84 399	—	—	—	273 246	76 189	Mainz.
20 849	37 499	3 390	—	124 421	75 051	296	261 506	103 152	Mannheim.
									Metz.
86 836	34 749	125 260	—	463 585	•	19 434	729 864	424 006	München.
36 243	106 794	7 899	131 327	157 302	—	—	439 565	41 777	Nürnberg.
19 188	57 505	—	—	55 340	—	—	132 033	12 993	Posen.
17 006	42 198	728	89 236	52 708	—	—	201 871	60 456	Potsdam.
17 324	42 566		—	(29 413)	—	—	59 890	181 830	Strassburg i. E.
	203 787		68 683	130 000	297 085	13 665	713 220	236 785	Stuttgart.
25 048	27 931	6 280	172 297	91 670	30 000	—	358 226	5 713	Wiesbaden.
19 982	18 796	—	37 887	71 925	34 650	—	183 242	1 971	Zwickau.

IIIb. Finanzielle Ergebnisse des Wasserwerksbetriebes im Betriebsjahre 1894 oder 1894/95.

Städte	Von der Gesammt-Wasserabgabe(Tab.I Sp.13) sind gegen Bezahlung abgegeben cbm	Einnahme für Wasser (Tab. IIIa Sp. 3) M.	Einnahme für Wassermesser-miethe, Werkstätt-betrieb u. sonstige (Tab. IIIa, Sp. 4, 5, 7) M.	Einnahme zu-sammen M.	Ausgabe für Verwaltung Förderung, Unterhalt der Anlage (Tab. IIIa Sp. 9, 10, 11) M.	Ausgabe sonstige (Tab. IIIa Sp. 15) M.	Ausgabe zu-sammen M.	Betriebs-Ueber-schuss M.
1.	2.	3.	4.	5.	6.	7.	8.	9.
Aachen . . .	2 010 608	303 871	55 412	359 283	97 100	—	97 100	262 183
Altona	6 119 228	494 180	22 629	516 809	113 631	—	113 631	403 178
Augsburg. . .	6 179 000	204 503	2 870	207 373	32 390	—	32 390	174 983
Barmen . . .	5 424 219	453 960	30 842	484 802	175 342	—	175 342	309 460
Berlin . . .	35 969 116	6 881 930	317 900	7 199 830	1 706 138	39 602	1 745 740	5 454 090
Bochum . . .	8 076 062	540 423	37 512	577 935	176 069	—	176 069	401 866
Braunschweig.	2 832 899	251 409	46 750	298 159	101 094	—	101 094	197 065
Bremen . . .		493 567	1 753	495 320	170 907	—	170 907	324 413
Breslau . . .	7 436 787	1 111 054	18 169	1 129 223	383 954	7 825	391 779	737 444
Cassel . . .	848 547	202 021	25 744	227 765	68 638	—	68 638	159 127
Charlottenburg								
Chemnitz. . .	2 328 884	400 259	11 645	411 904	89 655	.	89 655	322 249
Crefeld	2 766 136	236 922	21 664	258 586	97 801	—	97 801	160 785
Dortmund . .	11 046 440	774 616	54 502	829 118	213 495	—	213 495	615 623
Dresden . . .	9 415 800	1 125 729	19 380	1 145 109	252 474	—	252 474	892 635
Düsseldorf . .	4 441 529	531 273	32 979	564 252	150 904	—	150 904	413 348
Duisburg . . .	3 707 624	225 216	17 403	242 619	58 797	—	58 797	183 822
Erfurt	1 279 524	193 068	15 209	208 277	54 890	368	55 258	153 019
Essen	5 126 089	370 409	58 827	429 236	181 623	—	181 623	247 613
Frankfurt a. M.	10 122 930	1 668 063	3 294	1 671 357	359 121	—	359 121	1 312 236
Frankfurt a.O..	1 050 600	129 608	—	129 608	39 566	—	39 566	90 037
Freiburg i. B. .	2 810 600	217 410	4 970	222 380	30 080	—	30 080	192 300
Görlitz. . . .								
Halle a. S. . .	2 831 972	300 972	39 946	340 918	92 008	1 008	93 016	247 902
Hamburg. . .	42 220 883	3 136 243	—	3 136 243	1 433 345	—	1 433 345	1 702 898
Hannover. . .	3 385 837	517 853	75 844	593 697	156 884	—	156 884	436 813
Karlsruhe . .	3 882 891	298 752	5 946	304 698	89 838	—	89 838	214 860
Kiel	2 065 000	200 324	12 513	212 837	79 770	385	80 155	132 682
Köln a. Rh.. .	6 607 773	987 595	149 393	1 136 988	271 382	—	271 832	865 656
Königsbergi.Pr.	4 100 000	378 127	99 480	477 607	115 786	95 820	211 606	266 001
Leipzig. . . .	4 929 000	962 400	107 900	1 070 300	255 200	6 200	261 400	808 900
Liegnitz . . .	.	164 932	78 748	243 680	188 152	—	188 152	60 528
Lübeck. . . .	.	196 090	4 371	200 461	89 210	3 213	92 423	108 038
Magdeburg . .	5 673 154	682 784	5 107	637 841	180 261	—	180 261	457 580
Mainz	937 490	239 620	68 401	308 021	.	.	.	.
Mannheim . .	1 991 690	349 766	10 093	359 859	61 738	296	62 034	297 825
Metz	423 600	.	.	.	.	.	.	.
München . . .	20 914 500	941 528	212 342	1 153 870	246 845	19 434	266 279	887 591
Nürnberg. . .	8 689 719	389 351		889 851	150 936	—	150 936	238 415
Posen	.	128 075	839	128 914	76 693	—	76 693	52 221
Potsdam . . .	787 875	156 355	36 100	192 455	59 927	—	59 927	132 528
Strassburg i. E.	1 429 802	195 212	46 508	241 720	59 890	—	59 890	181 830
Stuttgart . . .	2 962 800	639 256		689 256	203 787	13 665	217 452	421 804
Wiesbaden . .	1 377 059	344 265	2 866	347 131	59 259	—	59 259	287 872
Zwickau . . .	1 052 889	127 107	12 423	139 530	38 780	—	38 780	100 750

IV. Rentabilität der Wasserwerksanlagen im Betriebsjahre 1894 oder 1894/95.

Städte	Pro cbm bezahlten Wassers (Tab. IIIb Sp.2) stellt sich der Erlös für Wasser (Tab. IIIa Sp.3) A.	Pro cbm Wasser der Gesamtabgabe (Tab. I Sp. 13) stellen sich:				Am Schlusse des Berichtsjahres beträgt		In dem Betriebs-Ueberschuss (T. IIIb Sp. 9) rentirt sich:	
		die speciellen Betriebskosten (Tab.IIIb Sp.6) A.	die Einnahmen für Wasser (Tab.IIIb Sp.3) A.	die Gesammt-Ausgaben (Tab.IIIb Sp.8) A.	die Gesammt-Einnahmen (Tab.IIIb Sp.5) A.	a. der Gesammt-Anlagewerth M.	b. der Buchwerth der Anlage M.	der Werth a zu %	der Werth b zu %
1.	2.	3.	4.	5.	6.	7.	8.	9.	10.
Aachen . . .	15,1	3,3	10,2	3,3	12,1	8 378 878	2 082 336	7,8	12,6
Altona . . .	8,1	1,8	8,0	1,8	8,4	4 253 892	.	9,5	.
Augsburg . .	3,3	0,5	2,9	0,5	2,9	.	.	.	.
Barmen . . .	8,4	2,8	7,2	2,8	7,7	3 113 942	2 758 457	9,9	11,2
Berlin . . .	19,1	4,1	16,3	4,1	17,1	63 123 979	.	8,6	.
Bochum . . .	6,7	1,9	5,7	1,9	6,1	.	2 104 670	.	19,1
Braunschweig .	8,9	3,3	8,1	3,3	9,6	3 167 194	2 133 868	6,2	9,2
Bremen . . .	.	3,8	11,0	3,8	11,0	6 089 878	4 614 467	5,3	7,0
Breslau . . .	14,9	3,6	10,8	3,6	10,5	6 956 821	5 380 266	10,6	18,7
Cassel . . .	23,8	3,2	9,5	3,2	10,7	2 893 900	.	5,4	.
Charlottenburg	.	.	.	.	.	.	.	.	.
Chemnitz . .	17,2	3,9	17,2	3,9	17,7	5 327 215	.	6,0	.
Crefeld . . .	8,6	3,2	7,6	3,2	8,3	2 491 102	1 838 996	6,5	8,7
Dortmund . .	7,0	1,5	5,4	1,5	5,8	5 865 218	.	10,5	.
Dresden . . .	12,0	2,7	12,0	2,7	12,2	8 856 916	7 748 960	10,1	11,5
Düsseldorf . .	12,0	2,8	9,7	2,8	10,3	3 178 290	728 097	13,0	56,8
Duisburg . .	6,1	1,5	5,8	1,5	6,2	1 678 337	978 615	11,0	18,8
Erfurt . . .	15,1	4,0	14,0	4,0	15,1	1 877 525	1 388 052	8,2	11,0
Essen . . .	7,2	3,0	6,2	3,0	7,1	3 865 779	2 409 131	6,4	10,3
Frankfurt a. M.	16,5	3,3	15,3	3,3	15,4	17 147 765	.	7,7	.
Frankfurt a. O.	12,3	3,6	11,9	3,6	11,9	1 030 863	.	8,7	.
Freiburg i. B. .	7,7	0,7	5,2	0,7	5,3	1 614 000	.	11,9	.
Görlitz	.	.	.	.	.	.	.	.	.
Halle a. S. . .	10,6	2,6	8,5	2,6	9,6	3 327 084	1 559 656	7,5	15,9
Hamburg . .	7,4	3,3	7,2	3,3	7,2	25 870 253	.	6,6	.
Hannover . .	15,3	3,2	10,6	3,2	12,2	5 154 155	3 326 065	8,5	13,1
Karlsruhe . .	7,8	2,3	7,8	2,3	7,9	.	.	.	.
Kiel . . .	9,7	3,1	7,8	3,1	8,3	.	2 043 609	.	6,5
Köln a. Rh. .	14,9	3,0	11,0	3,0	12,6	7 888 080	2 028 676	11,0	42,7
Königsberg i.Pr.	9,2	2,8	9,2	5,2	11,6	5 914 983	5 060 416	4,5	5,3
Leipzig . . .	19,5	3,0	11,3	3,1	12,6	10 179 300	.	7,9	.
Liegnitz . . .	.	8,8	7,9	8,8	11,7	.	.	.	.
Lübeck . . .	.	1,6	8,4	1,6	3,5	1 750 697	1 172 482	6,2	9,2
Magdeburg . .	11,2	2,5	8,9	2,5	9,0	5 272 874	4 075 263	8,7	11,2
Mainz. . . .	25,6	.	21,9	.	28,2	1 604 681	1 244 923	.	.
Mannheim . .	17,6	2,7	15,3	2,7	15,7	2 667 345	2 208 821	11,2	13,5
Metz	.	.	.	.	.	2 280 000	.	.	.
München . .	4,5	.	.	.	.	10 292 990	.	8,6	.
Nürnberg . .	.	3,8	.	3,8	9,7	3 790 822	.	6,3	.
Posen . . .	.	4,4	7,3	4,4	7,3	1 233 988	.	4,2	.
Potsdam . . .	19,8	7,2	18,8	7,2	23,1	.	.	.	.
Strassburg i. E.	13,7	2,3	7,1	2,3	8,8	3 133 829	2 758 417	5,8	6,6
Stuttgart . . .	4,4	.	.	4,7	13,7	5 555 156	.	7,6	.
Wiesbaden . .	25,0	3,0	17,2	3,0	17,4	3 028 181	1 851 980	9,5	15,5
Zwickau . . .	12,1	3,7	12,1	3,7	13,3	2 249 982	2 153 254	4,5	4,7

[Fortsetzung zu Seite 65.]

In der Gesammtwasserförderung weisen 22 Städte eine Minderung gegen das trockene Vorjahr nach, die zwischen 0,09 % (Stuttgart) und 28,43 % (Metz) schwankt. Die höchste Mehrung gegen 1893 bezw. 1893/94 mit 16,15 % zeigt Augsburg, die geringste mit 0,20 % Strassburg. Der prozentuale Rückgang in der Länge des gesammten Rohrnetzes bei Augsburg erklärt sich aus der höheren, nur approximativen Ziffer des Vorjahres, bei Breslau aus der diesmal fehlenden Angabe der Länge der Sammel- bezw. Hauptleitungen und des Druckrohrstranges.

Bezüglich alles Weiteren kann füglich auf die Tabellen und die früheren Ausführungen verwiesen werden.

Die Schwierigkeiten, welche der exakteren Berechnung der Rentabilitätsziffern entgegenstehen, sind leider noch nicht gehoben.

Anmerkungen zu: Tabelle I.

Berlin, Sp. 6: einschliesslich der wenigen Grundstücksanschlüsse in Charlottenburg, Schöneberg und Treptow. Bochum, Sp. 12: 51 Rinnsteinspüler und 30 Füllständer. Cassel, Sp. 15: giebt die Leistungsfähigkeit der Quell- und Grundwasserleitungen an mit 4200 + 8 bis 10 000 pro Tag. Chemnitz, Sp. 5: Von der Gesammtlänge des Vertheilungsrohrnetzes entfallen 99119,3 auf das Stadtgebiet, 2439,3 auf auswärts; Sp. 6: davon in Betrieb nur 4262; Sp. 12: ausser diesen 69 Druckständen noch 5 öffentliche Brunnen ausserhalb des Stadtgebietes. Dresden, Sp. 7: einschliesslich 77 Grundstücken, die vom Wasser keinen Gebrauch machen; Sp. 13: ausschliesslich der Abgabe der alten Leitung, wofür Ziffern nicht vorliegen. Frankfurt a. M., Sp. 12: darunter 177 Brunnen u. 1932 Füllständer u. Hydranten. Köln a. Rh., Sp. 10: Von den nicht angeschlossenen Grundstücken im Stadtgebiet haben ca 1800 Anschluss an das Rheinische Wasserwerk. München, Sp. 6: Im Vorjahre ist die Summe der Anschlüsse mit 9810 angegeben, da hierbei auch Anschlüsse für Objekte ohne Messvorrichtung, Sprengventile etc. mitgerechnet sind; ohne diese beträgt die Zahl der Anschlüsse im Vorjahre 9309; Sp. 12: ausschliesslich des Verbrauchs für Strassenbau, Strassenspritzen, Kanalbau, worüber genaue Angaben fehlen. Strassburg i. E., Sp. 10: Da die Zahl für nicht angeschlossene Grundstücke sich nur auf das Stadtgebiet innerhalb der Umwallung bezieht, so müsste die Zahl der nicht angeschlossenen Grundstücke für die ganze Stadt, in Spalte 10 eine wesentlich höhere sein. Die Ausdehnung der Wasserleitung auf die Vororte begann im Berichtsjahre; die erst wenigen Anschlüsse der Bannmeile sind in Sp. 6 mitgerechnet. Eine Aufnahme der Grundstücke hat seit 1888 nicht mehr stattgefunden.

Tabelle II.

München, Sp. 2 ff: Die Verbrauchsmengen sind pro Tag berechnet. Desgleichen der Verbrauch für Strassenreinigung, Kanalbau (vergleiche Bemerkung zu Tabelle I Sp. 13). Im Vorjahre ist dieser Verbrauch mit 10000 cbm pro Tag angeschlagen.

Tabelle IIIa.

Aachen, Sp. 14: Hierunter 28 850 M. Reserve für Bau eines Volksbades und für maschinelle Erweiterungen. Augsburg, Sp. 17: Die wirkliche Reineinnahme wird auf etwa 40 000 M. geschätzt. Berlin, Sp. 7: Betrag für Hausanschlüsse; ihm steht gegenüber Sp. 11 mit 165 686 M. und zwar 96 325 für Hausanschlüsse, 69 361 für Werkstatt; Sp. 12: für die Erweiterung des Rohrsystems sind aus Mitteln des Reservefonds verausgabt M. 199 973,92, für die Erweiterungsbauten Müggelsee-Lichtenberg aus Anleihemitteln M. 4 351 322,94. Dresden, Sp. 6: Zinsen aus Werthpapieren und Kapitalien, dann 522 889 M. Entnahme aus dem Erweiterungsfond; Sp. 12: darunter 294 913 M. für das neue städtische Wasserwerk. Köln, Sp. 7: darunter für Einkassiren der Kanal- und Strassenreinigungsgebühren 5 725 M., an Pacht und Miethe 4516 M. Mainz, Sp. 10 bezw. 13: Verzinsung und Amortisation, den Betriebskosten (Sp. 10) zugerechnet. München, Sp. 11: Der Betrag zergliedert sich wie folgt: für Herstellung von Anschlussleitungen à conto Privater 66 866 M.; für Arbeiten am Rohrnetz und an Wassermessern à conto Privater 23 495 M. Posen, Sp. 5: besitzt gesonderte Magazin-Verwaltung. Strassburg i. E., Sp. 13: fingirte Amortisation. Stuttgart, Sp. 12: hierunter nicht etatsmässig 297 085 M. (Ersatz von Vorschüssen, vgl. Sp. 6), Kosten von Erweiterungsarbeiten.

IX.
Personenverkehr
im Jahre 1894.

Von
Dr. G. Koch,

Vorstand des statistischen Bureaus der Steuer-Deputation in Hamburg.

Von den 55 Städten mit über 50000 Bewohnern haben diesmal 8 den Fragebogen über den Personenverkehr nicht beantwortet, die somit in den folgenden Tabellen keine Berücksichtigung gefunden haben; es sind dies die Städte Danzig, Darmstadt, Elberfeld, Mülhausen i. E., München-Gladbach, Münster i. W., Stettin und Würzburg, von denen Danzig, Darmstadt, Elberfeld, Stettin und Würzburg Strassenbahnen besitzen. In 3 Städten, welche den Fragebogen beantwortet haben, nämlich in Frankfurt a. O., Freiburg i. Br. und Liegnitz, bestanden im Jahre 1894 noch keine Strassenbahnen, sodass sich die Statistik des Strassenbahnverkehrs diesmal auf 44 Städte erstreckt. Die von diesen mitgetheilten Angaben weisen wiederum viele Lücken auf und leiden an offenbaren Widersprüchen, insbesondere hinsichtlich der Geleis-, Strecken- und Linienlängen, die sich auch durch Rückfragen an die Stadtverwaltungen nicht aufklären liessen, da diese meist nur die ihnen von den Gesellschaften mitgetheilten Zahlen weitergeben. Die in dem vorigen Jahrgange ausgesprochene Hoffnung, dass der „Verein deutscher Strassenbahn- und Kleinbahn-Verwaltungen", der sich im Jahre 1895 gebildet hat, für eine zuverlässige Statistik dieses überaus wichtigen Verkehrsmittels sorgen würde, ist bis jetzt noch nicht erfüllt worden. Auch zwei von anderer Seite gemachte Versuche, wenigstens die Ausdehnung des Strassenbahn- und Kleinbahn-Netzes festzustellen, müssen als nicht gelungen bezeichnet werden. Die eine Aufstellung ist veröffentlicht in der „Zeitschrift für Kleinbahnen", welche wiederholt eine ausführliche „Nachweisung der in Preussen vor dem Inkrafttreten des Gesetzes vom 28. Juni 1892 genehmigten und jetzt als Kleinbahnen im Sinne dieses Gesetzes anzusehenden Eisenbahnen, sowie der nach dem Inkrafttreten des genannten Gesetzes genehmigten Kleinbahnen" gebracht hat, zuletzt im Januarhefte für 1897 nach dem Stande vom 30. September 1896. Diese Nachweisung ist sehr ausführlich, indem sie eine Anzahl von technischen und finanziellen Angaben nicht nur für jede Strassenbahngesellschaft, sondern auch für jede neuerbaute Linie enthält. Leider sind die uns hauptsächlich interessirenden Zahlen — das sind die über die Ausdehnung des Netzes — nicht mit einander vergleichbar, da sie unter der Ueberschrift „Gesammtlänge" theils die Streckenlänge, theils die Geleislänge und theils auch die Linienlänge angeben; eine Summirung dieser Zahlen, um die Gesammtlänge der Kleinbahnen für Preussen zu finden, ist sonach nicht angängig. Trotzdem ist dies geschehen bei

einer anderen Zusammenstellung, die in den vom Kaiserlichen Statistischen
Amte herausgegebenen „Vierteljahrsheften zur Statistik des Deutschen
Reiches" (Jahrgang 1896, 3. Heft) veröffentlicht ist; hier ist der Versuch
gemacht worden, die Ausdehnung der Kleinbahnen für das ganze Reich
darzustellen. Abgesehen davon, dass in dieser Uebersicht die Klein-
(Strassen-) Bahnen des Königreichs Sachsen (ungefähr 130 km Bahn-
länge) ganz fehlen und auch die für andere Staaten angegebenen Zahlen
lückenhaft sind, liegt der Hauptfehler dieser Zusammenstellung darin,
dass für die preussischen Provinzen die Zahlen aus der zuerst genannten
Quelle, welche auch die genehmigten, aber noch nicht in Betrieb gesetzten Linien enthält, addirt worden sind. Auf diese Weise ist z. B.
für die Stadt Berlin die Länge der nur der Personenbeförderung dienenden Kleinbahnen zu 514 km angegeben, während nach der unten
folgenden Uebersicht die Streckenlänge aller von Berlin bezw. Charlottenburg ausgehenden Strassenbahnen nur 182 km, die Geleislänge
360 km und die Linienlänge rund 410 km betrug. Die Verwechselung
dieser drei sehr verschiedenen Grössen mit einander hat offenbar auch
bei Ausfüllung der diesmaligen Fragebogen mehrfach stattgefunden, in
der Tabelle sind diese Zahlen in den Spalten 2 und 4 durch ? gekennzeichnet worden.

Das Strassenbahnnetz zeigt in den meisten der 44 Städte für das
Berichtsjahr eine weitere Ausdehnung, was besonders von der Einführung
des elektrischen Betriebes gilt. Dieser fand sich Ende 1894 in 16 von
den 44 Städten vor und zwar auf einer Streckenlänge von 171 km,
einer Geleislänge von 263 km und einer Linienlänge von 211 km; als
Betriebsmittel sind hierfür 385 Motorwagen angegeben. zu denen noch
ungefähr 180 Anhängewagen kommen. Ueber die Anzahl der von den
elektrischen Bahnen beförderten Personen können Angaben nicht gemacht werden, da die meisten Gesellschaften, die den elektrischen
Betrieb eingeführt haben, daneben noch andre Betriebsmittel, Pferde
und Locomotiven, verwenden. Wie sehr der elektrische Betrieb sich
in den letzten Jahren im Strassenbahnverkehr entwickelt hat, zeigt die
folgende Uebersicht, welche alle, auch die kleinsten Orte des deutschen
Reiches, in welchen am Ende 1896 elektrische Strassenbahnen vorhanden waren, nach der Zeit der Eröffnung (die eingeklammerten Ziffern geben den Tag und Monat an) der ersten Linie aufführt.

1884	1894
Frankfurt a. M. (10. IV.)	Dortmund (1. III.)
	Gross Lichterfelde (4. III.)
1891	Hamburg (5. III.)
Halle a. S. (1. V.)	Lübeck (12. V.)
1892	Erfurt (2. VI.)
Gera (II.)	Barmen (1. IX.)
Bremen	Plauen i. V. (16. XI.)
	Bochum (17. XI.)
1893	
Hannover (19. V.)	1895
Dresden (6. VII.)	Zwickau (1. I.)
Remscheid (9. VII.)	Hagen i. W. (I.)
Breslau (14. VII.)	Altenburg (18. IV.)
Essen (23. VIII.)	Königsberg (13. V.)
Chemnitz (XII.)	

München (1. VII.)
Strassburg i. E. (VII.)
Berlin (10. IX.)
Stuttgart (IX.)
Elbing (23. XI.)
Mülhausen i. E.

1896
Düsseldorf (27. I.)
Elberfeld (17. II.)
Altona (7. III.)

Spandau (III.)
Kiel (12. V.)
Leipzig (20. V.)
Bromberg (3. VI.)
Nürnberg-Fürth (VI.)
Danzig (12. VIII.)
Türkheim-Wörishofen in Bayern (15. VIII.)
Aachen (22. VIII.)
Wiesbaden (XI.)

Ausser in diesen 40 Städten mit elektrischem Strassenbahnbetriebe war derselbe in Ausführung begriffen in 6 Städten (Bernburg, Duisburg, Eisenach, Gelsenkirchen, Gotha und Stettin) und in 10 anderen in Vorbereitung. Von den 16 in der folgenden Tabelle für 1894 aufgeführten Städten mit elektrischem Strassenbahnbetriebe auf 211 km Linienlänge, besassen denselben bereits im Jahre zuvor 8 auf 82 km Linienlänge; es nahm bei diesen 16 Städten die Zahl der im Strassenbahnbetriebe benutzten Pferde von 5724 auf 5190 ab, dagegen stieg die Zahl der Motorwagen von 187 auf 385. Die Tabelle führt ferner 14 Städte mit Dampfstrassenbahnen auf, welche von 133 Locomotiven und 371 Personenwagen befahren wurden. Die Gaskraft war im Jahre 1894 nur in Dresden in Anwendung, doch sind diese Versuche daselbst im Jahre 1896 wieder eingestellt worden; am 14. November 1894 wurde der Betrieb mit Gasmotorwagen auch auf der Dessauer Strassenbahn eröffnet, die zur Zeit in Deutschland die einzige Bahn mit Gaskraftbetrieb sein dürfte. —

Der Omnibus hat in den meisten Städten seine Bedeutung für den Localverkehr verloren, er vermittelt mit wenigen Ausnahmen nur noch einen meist sehr beschränkten Verkehr der Städte mit entfernt belegenen Landorten. Eine Ausnahme machen von den 7 Städten, die überhaupt Angaben über den Omnibusverkehr mitgetheilt haben, nur Berlin und Hannover, die auch eine Zunahme dieses Verkehrsmittels gegen das Jahr 1893 aufweisen. In Berlin steigerte sich der Omnibusverkehr um 3 Linien von zusammen 13,68 km Länge, sowie um 183 Pferde und 36 Wagen, demgemäss wurden auch 2,72 Millionen Fahrgäste mehr befördert als im Vorjahre. Hannover legte eine neue Linie an, blieb mit dem beweglichen Materiale aber auf alter Höhe; die Zahl der beförderten Personen stieg zwar um 1080862, doch beruhte sie für 1893 nur auf Schätzung.

Omnibusverkehr im Jahre 1894.

Städte	Linien		Anzahl der		beförderten Personen
	Anzahl	Länge in km	Pferde	Wagen	
Berlin	22	114,64	2 565	345	35 967 204
Bremen ...	1	½ Stde. Fahrzeit	70	10	1 152 000
Duisburg ..	1	3,00	3	2	8 640
Freiburg i. Br.	1	2,70	20	5	365 000
Görlitz	1	4,00	10	8	77 789
Hannover ..	5	17,75	101	31	2 251 512
Köln a. Rh. .	1	3,75	4	4	22 440
Zus. 7 Städte	32	145,84	2 773	405	39 844 585

[Fortsetzung des Textes auf Seite 78.]

Strassenbahnen und Droschken

Städte	Länge in km am Jahresende		Am Jahresende waren bei den Strassen						
	der Geleise überhaupt	der mit Geleise versehenen Strecken	Linien		Pferde	ein-	zwei-	Locomotiven	Motorwagen
			Anzahl	Länge in km		spännige Wagen			
	1.	2.	3.	4.	5.	6.	7.	8.	9.
Aachen	21,000	19,200	6	27,500	143	10	15	—	—
Altona	.	.	2	8,530	.	.	.	—	—
Augsburg	?12,185	?12,185	4	?12,185	90	15	33	—	—
Barmen	?10,400	.	8	? 8,440	.	.	.	2	15
Berlin	351,800	178,240	57	400,310	6 858	450	889	—	—
Bochum	7,200	6,504	1	6,804	—	—	—	—	5
Braunschweig . .	14,055	?18,805	4	?13,805	95	31		—	—
Bremen	38,033	27,749	6	33,736	157	39	3	—	25
Breslau	71,362	36,551	7	43,308	380	124		—	40
Cassel	14,620	?13,720	3	?12,000	81	21	—	12	—
Charlottenburg . .	38,033)	(13,631)	(12)	(25,943)	.	.	.	.	28
Chemnitz . . .	21,223	12,000	4	13,600	—	—	—	—	28
Crefeld	20,550	?17,350	4	?17,350	24	10	—	18	26
Dortmund . . .	15,761	12,436	4	14,549	—	—	—	7	27
Dresden	143,679	68,314	20	88,405	1 414	160	120	—	—
Düsseldorf . . .	29,024	16,022	4	21,654	212	67	—	—	—
Duisburg	14,100	12,600	2	12,600	27	11	—	5	30
Erfurt	12,859	?11,288	3	?11,288	—	—	—	—	12
Essen	8,644	? 6,375	3	? 6,340	—	—	—	—	10
Frankfurt a. M. .	81,933	54,175	16	70,334	582	165	—	12	—
Frankfurt a. O. .	—	—	—	—	—	—	—	—	—
Freiburg i. B. . .	—	—	—	—	—	—	—	—	—
Görlitz	8,500	? 7,581	3	? 6,545	48	12	—	—	36
Halle a. S. . . .	24,317	10,500	7	16,751	91	22	8	—	106
Hamburg . . .	180,000	115,000	26	260,000	2 245	320	114	21	—
Hannover . . .	80,568	46,497	12	69,440	366	111	21	—	32
Karlsruhe i. B. .	.	.	.	.	49	14	—	5	—
Kiel	9,679	8,944	3	15,801	71	18	—	—	—
Köln	78,559	47,734	10	51,083	433	174	45	—	—
Königsberg i. Pr. .	19,070	9,730	5	13,530	212	26	28	—	—
Leipzig	76,854	40,962	8	46,518	949	—	172	—	—
Lübeck	11,940	10,012	2	10,012	—	—	—	—	24
Magdeburg . . .	48,375	26,868	7	36,384	436	148	—	6	—
Mainz	35,528	26,472	4	27,302	73	33	—	7	—
Mannheim . . .	10,900	?10,250	4	?10,250	120	39	—	—	—
Metz	9 500	8,973	1	8,973	53	30	—	—	—
München . . .	80,838	39,790	10	43,070	767	289	1	7	—
Nürnberg . . .	38,500	19,900	5	27,000	257	72	17	—	—
Plauen i. V. . .	5,377	3,300	1	3,300	- -	—	—	—	9
Posen	5,940	3,600	1	3,400	80	—	22	—	—
Potsdam . . .	8,322	7,106	4	8,164	83	30	—	7	—
Spandau . . .	12,900	6,200	2	6,600	58	16	—	—	—
Strassburg i. E. .	32,344	?32,344	9	?27,495	34	—	.	25	—
Stuttgart . . .	23,000	16,300	4	16,700	248	74	21	—	—
Wiesbaden . . .	13,570	10,380	4	13,130	28	11	—	11	—
Zwickau . . .	4,800	4,000	1	4,000	—	—	—	—	11

Im Jahre 1894.

bahnen vorhanden		Personenwagen überhaupt	Anzahl der von den Personenwagen durchfahrenen Kilometer	Anzahl der beförderten Personen ohne Abonnenten	Anzahl der Abonnenten und Inhaber von Freikarten bezw. Fahrten dieserPersonen)	Droschken	
Personen- bezw. Anhängewagen für						Anzahl	Halte-plätze
Dampf-betrieb	elektrisch. Betrieb						
10.	11.	12.	13.	14.	15.	16.	17.
—	—	25	663 003	1 712 460	(686 200)	68	14
—	—	.	.	2 300 962	—	96	8
. —	—	48	495 952	1 515 066	90 Freikarten	41	6
6	.	.	.	2 015 000	.	1	1
—	—	1 389	34 586 885	141 823 717	(13 895 290)	6 678	800
—	4	9	80 405	92 678	25	13	2
—	—	31	798 524	2 099 911	250	48	5
—	22	89	1 971 924	5 358 041	631	360	25
—	45	209	5 215 104	17 841 000	—	736	145
28	—	49	774 476	2 967 025	(166 474)	30	8
.	25	53	1 077 625	3 725 452	(270 087)	46	10
28	—	88	648 790	1 859 270	(ca. 400 000)	77	10
	14	40	707 873	2 556 311	(135 016)	17	2
—	—	307	8 381 484	83 140 565	2 887	18	4
17	—	67	1 603 058	4 223 759	1 812	471	92
—	—	28	837 545	987 019	6 808	76	15
—	—	30	ca. 1 131 500	.	16	5	1
—	—	12	.	.	652	22	3
53	6	234	43 354 817	18 329 225	4 873	12	2
—	—	—	—	—	—	375	75
—	—	—	—	—	—	66	9
—	—	—	—	—	—	75	7
—	—	12	301 617	594 496	—	52	5
—	13	79	2 034 107	5 087 458	21	62	8
44	?	478	15 008 000	55 266 016	4 024	857	161
—	—	164	3 707 627	11 189 777	(1 271 730)	133	23
15	—	29	.	1 917 352	(528 023)	.	.
—	—	18	490 000	1 452 664	145	.	.
—	—	219	8 336 808	13 223 392	ca. 1 500	279	31
—	—	54	839 879	3 412 388	(658 810)	93	17
—	20	172	4 721 973	18 086 716	(1 887 520)	460	49
—	—	44	785 968	1 782 245	217	45	3
8	—	156	3 105 128	8 891 262	(1 068 227)	107	11
23	—	56	978 421	2 989 772	.	66	.
—	—	89	911 335	2 714 585	—	63	4
—	—	30	62 050	782 539	(85 234)	45	5
38	—	323	5 001 960	21 269 418	13 701	405	48
—	—	89	1 615 618	4 876 059	3 038	70	6
—	—	9	29 473	195 079	15	22	4
—	—	22	260 894	1 082 450	rd. 100	113	15
—	—	37	597 461	1 521 407	(817 873)	187	12
—	—	16	ca. 392 000	ca. 1 150 000	ca. 100	.	.
88	—	88	1 307 065	3 810 751	(650 696)	164	20
—	—	95	1 676 220	5 118 851	(775 980)	76	4
2+17	—	30	394 525	1 936 920	.	158	14
—	—	11	432 000	1 270 000	12	80	4

Angaben über das Droschkenwesen haben 43 Städte gemacht. Nicht beantwortet haben diese Fragen, abgesehen von den Städten, die den Fragebogen überhaupt nicht zurückgesandt haben, Kiel, Karlsruhe und Spandau. Die Anzahl der Droschken stieg im Berichtsjahre in 38 zum Vergleiche geeigneten Städten von 11985 auf 12694 Stück, also um 709 Stück oder um 5,97 Procent. Die höchste Zunahme hatten Berlin mit 509, Bremen mit 123, Potsdam mit 19, Hamburg und Strassburg mit je 18, endlich Frankfurt a. M. und Hannover mit je 12 Stück. Die einzelnen Städte gaben über ihr Droschkenwesen noch die weiter unten folgenden Bemerkungen.

Ueber den Verkehr auf der Berliner Stadt- und Ringbahn liegen folgende Angaben vor. Es gelangten im Jahre 1894 (1893) auf den 11 Stationen der Stadtbahn überhaupt 21 488 399 (37 750 096) Fahrkarten zur Ausgabe, ferner auf den 20 (19) Stationen der Ringbahn 18 066 092 (16 236 619), zusammen also 59 554 491 Fahrkarten gegen 53 976 715 im Jahre 1893 und 44 830 376 im Jahre 1892.

Bemerkungen zum Strassenbahn-Verkehr.

Aachen. Zu Spalte 15: Die 686 200 Fahrten wurden von 470 Inhabern von Abonnements- etc. Karten gemacht.

Altona. Ausschliesslich auf Altonaer Gebiet liegen nur 2 Linien von 8,53 km Länge, die 2 300 932 Personen beförderten. Im Uebrigen wird Altona noch von 5 weiteren Linien berührt, deren grössere Streckenlängen auf Hamburger Gebiet liegen. Da für diese 5 Linien eine zutreffende Trennung der auf Altona entfallenden Betriebsantheile und -Ergebnisse nicht angängig ist, so sind deren Werthe bei Hamburg voll in Ansatz gebracht.

Augsburg. Zu Spalte 15: Abonnenten giebt es nicht, sondern nur Frei- und sogenannte Schulkarten.

Barmen. Die Angaben über den Betrieb mit Pferden fehlen ganz; die in der Tabelle mitgetheilten Ziffern beziehen sich nur auf die Dampf- und elektrische Bahn.

Bochum. Die Angaben beziehen sich auf die ganze am 23. November 1894 eröffnete Strecke Bochum—Herne—Köln-Mindener Bahn.

Breslau. Von den in Spalte 6/7 aufgeführten Wagen sind 40 und unter denen in Spalte 11: 30 offene Wagen. — Zu Spalte 15: Die Zahl der Abonnenten ist unbekannt, an Abonnementsgeldern wurden 81 109 Mark eingenommen.

Cassel. Das Rechnungsjahr der Pferdebahn umfasst die Zeit vom Oktober bis September 1894/95, das der Dampfbahn für die Zeit vom Juli bis Juni 1894/95.

Charlottenburg. Die in den Spalten 1 bis 4 eingesetzten Zahlen geben die auf Charlottenburger Gebiet belegenen Strecken u. s. w. an, die jedoch, mit Ausnahme der 4,338 km langen Strecke mit 8,572 km Geleisen des Berliner Dampfstrassenbahn-Consortiums, in den Berliner Zahlen bereits enthalten sind; über die Betriebsmittel auf der Dampfstrassenbahn (4 Linien von 7,197 km Länge) liegen Angaben nicht vor, es wurden auf ihr 2 838 314 Personen befördert.

Dresden. Zu Spalte 4: Bisher sind 2 Linien, die von einigen Wagen ganz, von andern nur bis zu dem Punkte befahren werden, wo die ununterbrochene Bebauung aufhört, doppelt gezählt worden. Diesmal sind dieselben nur einfach in Ansatz gebracht, wodurch sich die Abnahme der Linienlänge gegen das Vorjahr erklärt. — Seit Juli 1894 wurde eine 4,4 km lange Linie zum Theil mit Gaskraft betrieben. Diese Betriebsart wurde später jedoch eingeschränkt und im April 1896 ganz aufgegeben. Mit derselben wurden im Berichtsjahre 39527 km durchfahren und 122 275 Personen befördert. — In Spalte 14 ist die Zahl der Fahrten von Abonnenten und Freikartenbesitzern eingeschlossen.

Erfurt. Ueber die Anzahl der beförderten Personen lassen sich in Folge des Zahlkastensystems genaue Angaben nicht machen. Die in Spalte 13 eingesetzten Zahlen beruhen auf Durchschnittsberechnung unter Zugrundelegung einer täglichen Leistung von 3100 km.

Frankfurt a. M. Zu Spalte 15: Die mitgetheilte Ziffer bedeutet volle Jahres-abonnements; es giebt auch solche von einhalb- und vierteljährlicher, sowie von monat-licher Dauer, doch sind solche — 14931 an der Zahl — entsprechend umgerechnet worden.

Halle a. S. Die Geleislängen verstehen sich ausschliesslich des Vororts Giebichenstein. — Zu Spalte 13/14: Die mitgetheilten Zahlen beziehen sich für die elektrische Bahn auf das Rechnungsjahr vom 1. Juli 1894 bis dahin 1895.

Hamburg. Die Zahlen in Spalte 1, 2 und 4 sind geschätzt, da genaue Angaben von den drei Gesellschaften nicht zu erhalten waren, indem dieselben vielfach auf ihren Linien die Geleise der anderen Gesellschaften benutzen. — Der Verkehr auf den fünf Linien, welche Hamburg mit Altona verbinden, ist hier vollständig eingeschlossen.

Karlsruhe. Ueber die Geleise-, Strecken- und Linienlängen, sowie die durchfahrenen Wagenkilometer sind keine Angaben gemacht worden; da auch die Zahl der beförderten Personen gegen das Vorjahr einen bedeutenden Rückgang erfahren hat, so dürfte dieselbe nicht alle Fahrgäste umfassen.

Kiel. Zu Spalte 15: Darunter 126 Abonnenten und 19 Freikarteninhaber.

Köln. Zu Spalte 4: Davon liegen 5,426 km ausserhalb des Stadtgebietes (Linien nach Mühlheim a. Rh., Kalk und Rodenkirchen). — Zu Spalte 14: Einschliesslich der Fahrten der Abonnenten und Inhaber von Freikarten.

Leipzig. Zu Spalte 15: Hierin sind auch die durch Extrafahrten beförderten Personen enthalten.

Lübeck. Der Pferdebetrieb wurde im Berichtsjahre in elektrischen umgewandelt und letzterer am 12. Mai bezw. 1. Juni eröffnet.

Mainz. Zu Spalte 14: Hierin sind die Fahrten der Abonnenten bereits enthalten.

München. Zu Spalte 6 bezw. 10: Darunter 139 bezw. 20 offene Wagen. — Zu Spalte 15: Davon waren 611 Freifahrtkarten, 9108 Abonnementsbücher mit je 50 Anweisungen, 2544 Schülerkarten, 1056 Streckenkarten und 382 Netzkarten.

Plauen. Die Eröffnung des elektrischen Betriebes fand am 16. November 1894 statt, die Angaben beziehen sich also nur auf anderthalb Monate.

Spandau. Die Angaben in Spalte 13 bis 15 beruhen auf Schätzung.

Strassburg i. E. Die Pferde werden von einem Unternehmer gestellt. Ueber die Anzahl der durch Pferde bewegten Wagen fehlen die Angaben, anscheinend werden sie dem Bestande der Locomotivanhängewagen entnommen.

Wiesbaden. Die mit 2 Wagen betriebene Drahtseilbahn hat eine Länge von 0,43 km, sie beförderte 131144 Personen. — Zu Spalte 14: Hierin sind die Fahrten der Abonnenten enthalten

Zwickau. Zu Spalte 15: Es sind nur Inhaber von Freikarten vorhanden.

Bemerkungen zum Droschkenverkehr.

Leipzig. Zu Spalte 17: Darunter 12 Nachtstationen.

Mainz. Neben den 66 Droschken gab es noch 8 Omnibusse und 3 Jagdwagen im Dienste der städtischen Personenbeförderung.

München. Von den 405 Droschken sind 330 ein- und 75 zweispännig.

X.
Post- und Telegraphenverkehr.

Von

Dr. G. Koch,

Vorstand des statistischen Bureaus der Steuer-Deputation in Hamburg.

Die nachfolgenden Mittheilungen über den Post- und Telegraphenverkehr im Jahre 1894 in den 55 Grossstädten beschränken sich wiederum auf die Angaben, welche die amtliche „Statistik der deutschen Reichs-Post- und Telegraphenverwaltung" für die Orte mit Postämtern I. Klasse enthält; für die bayerischen Städte sowie für Stuttgart, sind die entsprechenden Daten von den statistischen Aemtern der Städte München und Stuttgart geliefert worden. Eine Berechnung von Verhältnisszahlen ist diesmal unterblieben, sie sollen aber für das folgende Jahr wieder aufgenommen werden, wenn die neuen Einwohnerzahlen für die Stadtpostbestellbezirke, die sich nicht immer mit den Gemeindegrenzen decken, vorliegen werden.

Ueber den Rohrpostverkehr in Berlin-Charlottenburg, der im Jahre 1894 auf Schöneberg und im Jahre 1895 auf Rixdorf ausgedehnt wurde, enthält die obige Quelle die folgenden Angaben: Das Rohrnetz hatte am Ende des Jahres 1894 (1895) eine Ausdehnung von 87,98 (104,37) km, es bestanden 48 (51) Rohrpostämter, von denen 3 900 706 (4 217 465) Telegramme, sowie 1 083 220 (1 117 658) Briefe und Karten befördert wurden.

Ueber die Ausdehnung und die Benutzung des Fernsprechverkehrs in den einzelnen Städten werden amtliche Zahlen nicht veröffentlicht, auch dürfen sie zu Folge Verfügung des Staatssecretärs Dr. von Stephan den Magistraten nicht mitgetheilt werden. Einige in der erwähnten amtlichen Statistik hierüber enthaltenen Angaben sind bereits im V. Jahrgange, Seite 117, abgedruckt worden. Für das Deutsche Reich im Ganzen betrug am Ende 1894 bezw. 1895 die

Zahl der Orte mit Stadtfernsprecheinrichtung . . . 397 448
Länge der Linien derselben mit Einschluss der in den
Bezirks-Fernsprechnetzen . . . . km 14 522 16 115
Länge der Leitungen . . . . „ 156 030 181 984
Zahl der Stadt-Fernsprech-Vermittelungsanstalten 418 470
Zahl der Sprechstellen 100 441 114 057
Zahl der Theilnehmer 83 409 94 745
                                         Millionen
Gesammtzahl der ausgeführten Verbindungen . 424,61 498,34

Post- und Telegraphenverkehr im Jahre 1894.

Städte	Anzahl der eingegangenen					Werth der ausgezahlten Post- anweisungen in 1000 Mark
	Briefe, Post- karten, Drucksachen und Waaren- proben	Packete ohne Werth- angabe	Briefe	Packete	Postnach- nahme- sendungen und Post- auftrags- briefe	
			mit Werthangabe			
	1.	2.	3.	4.	5.	6.
Aachen	6 903 800	508 109	42 683	14 746	56 864	25 704
Altona	7 750 700	839 072	17 889	5 119	53 624	27 091
Augsburg. . . .	5 294 170	379 917	39 378	21 706	47 983	20 605
Barmen	7 587 000	447 109	43 096	6 117	80 850	26 441
Berlin *	197 715 000	7 417 975	648 383	253 864	935 902	571 097
Bochum.	3 109 200	226 489	16 682	4 308	48 086	6 135
Braunschweig .	8 561 600	538 203	45 251	13 654	71 490	33 757
Bremen	13 816 200	607 899	62 729	21 719	78 877	49 137
Breslau *	28 043 900	1 755 608	170 999	56 114	155 558	132 384
Cassel	6 888 400	560 154	42 866	12 886	61 542	25 045
Charlottenburg .	5 750 700	233 424	11 500	2 967	48 864	10 315
Chemnitz * . . .	10 163 500	807 817	67 218	14 407	124 773	37 030
Crefeld	5 364 100	484 402	30 392	10 007	53 100	28 297
Danzig	5 951 100	537 764	36 376	9 260	48 914	24 415
Darmstadt * . .	5 524 100	368 617	24 772	10 506	43 749	15 008
Dortmund. . . .	7 062 400	402 264	42 628	6 029	76 374	21 497
Dresden *	33 400 600	1 884 927	158 893	54 392	207 521	104 566
Düsseldorf . . .	18 571 800	884 836	77 750	34 934	128 689	39 305
Duisburg	3 638 800	214 446	27 888	4 623	41 909	14 685
Elberfeld	10 310 800	701 160	65 846	18 206	95 550	45 231
Erfurt	6 998 500	462 265	29 342	6 421	50 349	24 805
Essen	5 188 500	350 569	30 435	6 948	60 677	12 485
Frankfurt a. M.	24 595 500	1 558 517	151 778	101 465	143 705	100 749
Frankfurt a. O.	6 111 800	317 489	23 973	7 193	29 782	11 873
Freiburg i. B. .	5 846 800	276 322	16 828	8 466	45 719	14 413
M.-Gladbach . .	3 683 300	219 774	22 597	3 369	34 918	17 385
Görlitz	4 231 200	331 322	27 762	9 314	39 666	17 889
Halle a. S. . . .	9 758 700	585 785	65 471	16 254	88 283	36 819

Ein * hinter dem Namen der Stadt bedeutet, dass der Postbezirk nicht mit dem Gemeindegebiete zusammenfällt.

Post- und Telegraphenverkehr im Jahre 1894.

Städte	Anzahl der eingegangenen					Werth der ausgezahlten Post- anweisungen in 1000 Mark
	Briefe, Post- karten, Drucksachen und Waaren- proben	Packete ohne Werth- angabe	Briefe	Packete	Postnach- nahme- sendungen und Post- auftrags- briefe	
			mit Werthangabe			
	1.	2.	3.	4.	5.	6.
Hamburg* . . .	74 731 100	2 442 502	161 940	67 156	265 948	130 280
Hannover* . . .	15 640 100	1 087 958	94 106	35 604	115 164	69 669
Karlsruhe i. B.	6 611 200	490 241	39 742	25 308	65 696	24 569
Kiel	6 016 000	467 936	27 705	10 217	62 293	14 678
Köln a. Rh. . .	35 764 700	1 999 310	150 194	57 160	224 789	115 258
Königsberg i.Pr.	11 177 200	948 787	72 712	16 422	68 777	50 699
Leipzig*	42 140 600	2 201 575	215 378	68 242	266 592	169 291
Liegnitz	3 031 400	251 853	19 288	4 908	32 306	10 920
Lübeck	4 658 300	312 758	17 992	5 927	34 243	17 301
Magdeburg . . .	16 969 400	875 705	106 302	19 750	141 373	74 608
Mainz*	6 386 800	469 104	29 760	16 232	53 098	27 480
Mannheim . . .	10 520 900	450 511	58 457	14 747	70 696	54 359
Metz	4 862 600	543 175	15 903	18 086	49 653	13 605
Mülhausen i. E.	4 882 800	278 476	20 402	9 013	39 557	15 205
München	31 159 800	1 848 971	186 101	92 848	180 169	100 960
Münster i. W. . .	5 120 900	389 371	36 598	14 629	43 521	16 897
Nürnberg	11 014 540	688 453	57 171	42 271	78 851	44 946
Plauen	4 158 000	356 587	20 894	4 612	37 927	14 943
Posen	7 249 700	555 562	48 474	13 062	64 363	25 263
Potsdam	4 192 400	443 849	17 746	8 357	34 575	8 127
Spandau	2 088 800	215 952	3 446	2 458	28 371	3 765
Stettin*	11 691 900	629 858	77 311	14 667	75 477	61 100
Strassburg i. E.	11 670 500	887 909	41 458	24 260	73 193	34 318
Stuttgart	18 521 594	1 226 080	169 312		105 363	62 559
Wiesbaden . . .	6 828 700	491 642	25 696	18 048	71 318	13 700
Würzburg. . . .	7 177 200	355 523	34 648	13 161	44 486	17 889
Zwickau	3 510 900	278 726	32 545	5 112	41 559	11 337

Ein * hinter dem Namen der Stadt bedeutet, dass der Postbezirk nicht mit dem Gemeindegebiete zusammenfällt.

Post- und Telegraphenverkehr im Jahre 1894.

Städte	Anzahl der aufgegebenen				Werth der eingezahlten Postanweisungen in 1000 Mark	Anzahl der abgesetzten Zeitungsnummern
	Briefe, Postkarten, Drucksachen und Waarenproben	Packete ohne Werthangabe	Briefe	Packete		
			mit Werthangabe			
	7.	8.	9.	10.	11.	12.
Aachen	10 291 900	516 095	35 483	8 578	19 007	2 908 560
Altona.	9 108 600	443 550	17 674	8 296	14 989	931 708
Augsburg	7 110 490	424 111	31 706	12 898	14 694	1 258 100
Barmen	8 996 400	1 055 868	30 992	4 819	17 551	469 984
Berlin*	238 674 100	14 146 859	668 428	965 890	311 965	278 398 695
Bochum.	4 035 600	127 299	19 600	2 139	12 108	583 969
Braunschweig .	21 810 400	673 766	39 914	10 845	22 345	4 658 512
Bremen	25 542 700	701 851	40 996	30 143	26 823	3 757 314
Breslau*	37 773 800	2 273 622	148 502	85 675	55 416	40 042 559
Cassel	8 885 400	476 840	33 696	7 457	19 315	3 788 707
Charlottenburg .	4 644 600	185 475	9 158	1 598	10 096	195 812
Chemnitz* . . .	15 470 500	1 146 481	79 658	10 277	25 492	2 123 908
Crefeld	7 655 890	788 352	27 241	6 276	15 001	1 966 604
Danzig	7 668 000	899 248	30 999	5 909	18 850	5 095 978
Darmstadt*. . .	7 581 490	854 642	28 218	8 616	13 243	3 894 399
Dortmund. . . .	9 392 800	297 589	35 051	8 990	20 892	1 691 585
Dresden*	37 738 900	2 419 346	156 665	36 001	48 731	16 089 131
Düsseldorf . . .	17 150 800	742 477	75 720	26 788	34 306	4 025 942
Duisburg	4 644 400	150 489	27 371	3 766	10 425	777 157
Elberfeld	15 902 500	1 014 897	64 472	14 760	25 271	1 994 563
Erfurt	15 880 400	716 551	25 179	5 474	16 010	2 494 841
Essen	7 548 000	236 845	37 582	4 316	18 158	5 003 871
Frankfurt a. M.	42 966 100	2 181 700	105 212	120 890	55 099	18 511 149
Frankfurt a. O.	4 228 400	311 675	18 712	8 957	10 884	2 196 085
Freiburg i. B. . .	9 180 100	281 057	13 685	6 659	11 001	5 210 876
M.-Gladbach . .	3 892 800	366 085	22 617	1 504	8 416	246 398
Görlitz	6 891 500	368 824	24 171	8 794	13 434	3 271 706
Halle a. S. . . .	14 739 000	584 374	47 506	12 204	23 250	10 567 615

Ein * hinter dem Namen der Stadt bedeutet, dass der Postbezirk nicht mit dem Gemeindegebiete zusammenfällt.

6*

Post- und Telegraphenverkehr im Jahre 1894.

Städte	Anzahl der aufgegebenen				Werth der eingezahlten Postanweisungen in 1000 Mark	Anzahl der abgesetzten Zeitungsnummern
	Briefe, Postkarten, Drucksachen und Waarenproben	Packete ohne Werthangabe	Briefe	Packete		
			mit Werthangabe			
	7.	8.	9.	10.	11.	12.
Hamburg * . . .	107 234 700	2 488 891	227 689	108 482	99 852	5 690 351
Hannover * . . .	34 137 700	1 233 787	78 636	25 333	44 958	9 515 014
Karlsruhe i. B.	7 175 500	377 976	30 897	13 290	18 106	8 578 562
Kiel	9 280 600	455 448	16 842	3 453	19 097	2 921 063
Köln a. Rh. . .	40 194 300	2 211 772	128 330	43 946	63 708	29 491 688
Königsberg i. Pr.	13 488 600	809 025	69 081	17 130	29 008	13 515 278
Leipzig *	75 279 000	4 691 046	196 688	80 697	74 421	15 283 016
Liegnitz	3 138 000	276 927	15 410	2 921	9 387	3 508 474
Lübeck	5 875 300	229 689	15 612	3 351	12 397	4 745 495
Magdeburg . . .	25 880 200	885 483	79 388	16 267	42 898	12 930 199
Mainz *	10 617 900	437 896	27 179	16 718	17 310	1 431 617
Mannheim . . .	13 255 700	547 378	35 304	11 777	21 288	1 354 948
Metz	6 049 900	291 400	9 362	4 888	10 683	6 009 267
Mülhausen i. E. .	6 218 100	356 845	11 731	5 510	8 686	1 359 213
München	32 052 800	1 825 550	146 923	92 573	61 561	9 765 600
Münster i. W. .	7 734 400	347 248	28 699	7 514	14 972	11 864 604
Nürnberg	16 234 120	1 046 127	65 227	38 095	33 087	2 208 500
Plauen	4 870 600	591 898	19 083	3 626	11 143	1 748 057
Posen	9 202 100	496 587	46 663	8 513	17 890	8 092 160
Potsdam	4 456 700	259 005	15 249	5 122	11 985	802 006
Spandau	2 068 000	114 128	5 867	865	7 519	3 185 342
Stettin *	17 571 900	856 797	46 318	9 113	29 033	5 151 497
Strassburg i. E.	17 181 300	736 825	36 128	15 830	20 557	11 117 287
Stuttgart	20 451 602	1 805 492	167 466		32 600	14 195 806
Wiesbaden . . .	6 255 700	312 458	20 931	7 717	16 365	2 462 179
Würzburg	8 151 900	316 623	27 740	10 741	14 041	1 892 400
Zwickau	8 737 100	205 375	26 222	4 288	9 759	713 200

Ein * hinter dem Namen der Stadt bedeutet, dass der Postbezirk nicht mit dem Gemeindegebiete zusammenfällt.

Post- und Telegraphenverkehr im Jahre 1894.

Städte	Anzahl der Telegramme			Einnahme an Porto- und Telegramm-gebühren in Mark	Bewohner am 1. December 1890
	eingegangene	aufgegebene	zusammen		
	13.	14.	15.	16.	17.
Aachen	115 173	115 147	230 320	1 123 865	103 470
Altona.	111 798	82 127	193 925	1 094 822	143 249
Augsburg	75 022	66 251	141 273	?	75 629
Barmen	93 473	79 997	173 470	1 414 849	116 144
Berlin*	2 869 513	3 367 636	6 237 149	31 166 021	1 578 794
Bochum.	44 530	44 221	88 751	444 346	47 601
Braunschweig .	128 209	123 444	251 653	1 560 993	101 047
Bremen	410 928	359 985	770 913	2 722 088	125 684
Breslau*	474 070	436 354	910 424	4 058 632	338 466
Cassel	114 346	120 336	234 682	1 000 984	72 477
Charlottenburg .	57 293	35 102	92 395	627 656	76 859
Chemnitz* . . .	152 628	138 808	291 431	1 842 742	155 209
Crefeld	97 322	85 917	183 239	1 176 747	105 376
Danzig	186 451	175 264	361 715	988 778	120 338
Darmstadt* . . .	76 926	76 153	153 079	787 589	55 883
Dortmund. . . .	121 810	117 508	239 318	886 796	89 663
Dresden*	405 464	385 208	790 672	4 752 226	327 461
Düsseldorf . . .	209 825	198 650	408 475	1 879 209	145 889
Duisburg	79 075	67 569	146 644	541 108	59 285
Elberfeld	132 880	123 019	255 899	1 668 204	125 899
Erfurt	87 467	91 413	178 880	964 000	72 360
Essen	78 982	80 565	159 547	793 025	78 706
Frankfurt a. M.	813 635	697 363	1 510 998	5 380 021	180 130
Frankfurt a. O.	49 525	55 026	104 551	440 887	55 738
Freiburg i. B. .	69 187	72 454	141 641	633 696	48 909
M.-Gladbach . .	44 415	38 031	82 446	592 082	49 628
Görlitz	63 415	64 455	127 870	680 418	62 135
Halle a. S. . . .	149 291	153 665	302 956	1 296 337	101 452

Ein * hinter dem Namen der Stadt bedeutet, dass der Postbezirk nicht mit dem Gemeindegebiete zusammenfällt.

Post- und Telegraphenverkehr im Jahre 1894.

Städte	Anzahl der Telegramme			Einnahme an Porto- und Telegrammgebühren in Mark	Bewohner am 1. December 1890
	eingegangene	aufgegebene	zusammen		
	13.	14.	15.	16.	17.
Hamburg* . . .	1 744 648	1 670 807	3 415 455	12 679 738	573 792
Hannover* . . .	274 522	264 115	538 637	2 620 835	174 455
Karlsruhe. . . .	115 881	120 691	236 572	958 889	73 684
Kiel	110 467	116 490	226 957	868 124	70 455
Köln a. Rh. . .	528 903	465 463	994 366	4 285 524	298 017
Königsberg i. Pr	266 223	280 622	546 845	1 566 796	161 666
Leipzig*	524 706	484 130	1 008 836	7 536 310	365 157
Liegnitz . . .	41 508	42 450	83 958	412 818	46 874
Lübeck . . .	118 257	101 229	219 486	787 929	63 590
Magdeburg .	346 618	379 934	726 552	2 441 877	202 234
Mainz*	131 572	126 381	257 953	1 097 756	71 395
Mannheim . . .	263 096	238 364	461 460	1 636 549	79 056
Metz.	70 902	75 399	146 301	570 809	60 186
Mülhausen i. E. .	95 571	84 071	179 642	819 844	76 892
München	446 898	424 473	871 371	?	350 594
Münster i. W. .	66 574	66 944	133 518	570 677	49 340
Nürnberg	186 548	197 988	384 536	?	142 590
Plauen	48 215	46 883	95 098	737 772	47 007
Posen	114 253	129 058	243 311	817 925	69 627
Potsdam	62 387	57 846	120 233	485 785	54 125
Spandau	24 538	25 553	50 091	216 064	45 365
Stettin*	290 316	253 812	544 128	1 808 419	118 561
Strassburg i. E.	172 764	160 850	333 614	1 455 505	123 500
Stuttgart	234 028	207 490	441 518	†2 734 590	139 817
Wiesbaden . . .	114 280	123 430	237 710	944 608	64 670
Würzburg . . .	68 254	67 505	135 759	?	61 039
Zwickau	41 801	40 417	82 218	452 943	50 279

Ein * hinter dem Namen der Stadt bedeutet, dass der Postbezirk nicht mit dem Gemeindegebiete zusammenfällt.

† incl. Telephongebühren.

XL.

Unterrichtswesen.

Von

H. Silbergleit,

Director des statistischen Amts der Stadt Magdeburg.

Von den bei der vorjährigen Bearbeitung vertretenen 43 grösseren Städten fehlt diesmal Danzig, während neu hinzugekommen sind: Köln, Liegnitz, Plauen i. V., Spandau, Würzburg und Zwickau. Die Berichterstattung umfasst demnach 48 Städte.

Bei der Erhebung sind die finanziellen Verhältnisse der Volksschulen eingehender, als früher erfragt worden, insofern einerseits die Gliederung der Kosten nach der Aufkommensart, andererseits die Deckung nach den verschiedenen Einnahmequellen besondere Berücksichtigung erfahren hat. Ferner wurden die Zuschüsse aus städtischen Mitteln, die bisher nur summarisch für die höheren, mittleren und elementaren Schulen angegeben wurden, diesmal für jede Art von Anstalten besonders erhoben. Endlich sind die Schulgeldsätze für die einzelnen Kategorien von Lehranstalten in der Gliederung nach einheimischen bezw. auswärtigen Schülern zum ersten Mal erfragt worden.

Bei der Bearbeitung wurden für Tabelle I und II lediglich die städtischen Volksschulen (mit Ausschluss demnach der privaten und der in einigen wenigen Städten bestehenden selbstständigen, durchweg nur 3 stufigen Vorbereitungsschulen für höhere Lehranstalten) berücksichtigt, dafür aber, der erweiterten Aufnahme der Finanzverhältnisse derselben entsprechend, nach dieser Richtung eingehender behandelt. In Tabelle I ist in der der bisherigen Bearbeitung entsprechenden Weise eine Uebersicht über die Zahl der Anstalten, der Lehrer, der Stufen, Klassen und Schüler, und zwar in der Gliederung nach Knabenschulen, Mädchenschulen und Schulen für beide Geschlechter, welche letzteren Anstalten übrigens nicht als solche mit ausschliesslich oder auch nur überwiegend gemischten Klassen anzusehen sind, mitgetheilt. Besonders dargestellt sind dabei die Volksschulen mit Schulgeldzahlung. Abweichend gegen die bisherige Uebung sind die Lehrer in der Gliederung nach vollbeschäftigten und nicht vollbeschäftigten unter Angabe insbesondere der weiblichen Lehrkräfte behandelt. Im Einzelnen ist die Aenderung eingetreten, dass bei den sächsischen Städten die höheren Volksschulen nicht mehr bei den Mittelschulen, sondern der Rubrizirung des sächsischen Volksschulgesetzes vom 26. April 1873 entsprechend, zu den Volksschulen gezählt wurden, worauf denn die erheblichen Abweichungen gegen die bezüglichen Angaben des vorigen Jahres zurückzuführen sind. In einigen Städten ist der Zeitpunkt der Feststellung ein anderer, als der im Formular bestimmte (Schluss des Wintersemesters 1894/95); es sind dies: Bremen (Anfang des Schuljahres 1895), Dresden (1. Juni 1895), München und Würzburg (Schluss des Sommersemesters 1894/95). Für Braunschweig beziehen sich bereits die vorjährigen Angaben, wie uns zur Berichtigung mitgetheilt worden ist, auf den Schluss des Wintersemesters 1894/95.

Auf Grund der Ergebnisse ist in nachstehender Zusammenstellung die durchschnittliche Besetzung pro Klasse in der Gruppirung der Volksschulen in solche für Knaben, bezw. Mädchen und für beide Geschlechter, ferner auch der Antheil der die Anstalten mit Schulgeldzahlung besuchenden Kinder an der Gesammtzahl der Volksschüler mitgetheilt. Für die Knabenschulen ergab sich eine Frequenzziffer pro Klasse von weniger als 50 Schülern für folgende Städte: Augsburg,

Städte.	Auf 1 Klasse entfallen Schüler bezw. Schülerinnen in den Volksschulen			Von je 100,0 Schulkindern aller Anstalten kommen auf solche mit Schulgeldzahlung	Städte.	Auf 1 Klasse entfallen Schüler bezw. Schülerinnen in den Volksschulen			Von je 100,0 Schulkindern aller Anstalten kommen auf solche mit Schulgeldzahlung
	für das männliche Geschlecht	für das weibliche Geschlecht	für beide Geschlechter			für das männliche Geschlecht	für das weibliche Geschlecht	für beide Geschlechter	
	1.	2.	3.	4.		1.	2.	3.	4.
Aachen	60,2	58,9	—	0,0	Hamburg	44,3	46,0	43,5	100,0
Altona	63,0	64,9	47,8	0,0	Hannover	56,5	57,3	51,9	0,0
Augsburg	43,3	54,2	53,0	0,0	Karlsruhe	47,0	50,6	—	100,0
Barmen	—	—	64,3	0,0	Kiel	50,9	51,4	63,3	0,0
Berlin	52,9	53,4	48,1	.	Köln	61,0	61,6	61,3	0,0
Bochum	67,7	64,9	61,4	0,0	Königsberg i. Pr.	60,1	64,5	62,3	24,6
Braunschweig	48,3	48,9	54,8	100,0	Leipzig	—	27,9	40,4	97,9
Bremen	49,9	50,5	50,4	56,6	Liegnitz	65,1	64,4	64,5	0,0
Breslau	58,9	54,8	37,8	0,0	Lübeck	45,2	43,7	—	41,3
Cassel	50,8	52,4	24,4	0,0	Magdeburg	54,2	55,5	51,0	36,0
Charlottenburg	52,0	49,5	22,3	4,9	Mainz	53,6	55,2	—	0,0
Chemnitz	40,7	40,2	46,1	100,0	Mannheim	45,3	46,6	—	16,1
Crefeld	—	—	60,4	0,0	Metz	49,8	46,6	—	0,0
Dortmund	—	—	64,0	0,0	München	—	—	52,0	0,0
Dresden	—	—	39,3	100,0	Nürnberg	—	—	47,5	0,0
Düsseldorf	—	—	64,1	0,0	Plauen i. V.	—	—	41,1	100,0
Duisburg	54,2	68,1	68,3	8,1	Posen	58,6	59,0	54,9	0,0
Erfurt	47,6	36,4	57,3	45,0	Potsdam	52,8	57,9	54,1	0,0
Essen	68,1	70,9	58,3	0,0	Spandau	61,9	54,8	52,9	0,0
Frankfurt a. M.	49,0	47,6	50,2	0,0	Strassburg i. E.	59,9	55,8	55,2	100,0
Frankfurt a. O.	—	—	53,3	0,0	Stuttgart	46,6	36,7	49,2	100,0
Freiburg i. B.	49,5	41,4	64,5	11,3	Wiesbaden	—	—	53,5	47,0
Görlitz	—	—	58,3	0,0	Würzburg	55,4	53,0	63,7	0,0
Halle	54,6	55,3	50,0	35,9	Zwickau	46,5	45,0	37,8	100,0

Braunschweig, Bremen (49,9) Chemnitz, Erfurt, Frankfurt a. M.,
Freiburg i. B., Hamburg, Karlsruhe, Lübeck, Mannheim, Metz
(49,3), Stuttgart, Zwickau, dagegen von mehr als 60 Schülern für
Aachen, Altona, Bochum, Essen, Köln, Königsberg (60,1),
Liegnitz, Spandau. Für die Mädchenschulen war eine durchschnittliche Klassenfrequenz von weniger als 50 Schülern festzustellen
in Braunschweig, Charlottenburg, Chemnitz, Erfurt, Frankfurt a. M., Freiburg i. B., Hamburg, Leipzig, Lübeck, Mannheim, Metz, Stuttgart, Zwickau, also überwiegend die bereits
vorhin genannten Städte mit geringerer Klassenfrequenz. Die höchsten
Belegungsziffern für die Mädchenschulen (von über 60 Schülerinnen)
wiesen denn auch die Städte auf, für welche dasselbe Frequenz-
verhältniss bei den Knabenschulen festgestellt worden ist, mit Ausschluss
von Aachen (58,9) und Spandau (54,3), ferner ist noch Duisburg mit
68,1 zu erwähnen. Endlich zeigen die gemischten Schulen eine
geringere Klassenfrequenz (unter 50 Schüler) in Altona, Berlin,
Breslau, Cassel, Charlottenburg, Chemnitz, Dresden, Hamburg, Leipzig, Nürnberg, Plauen i. V., Stuttgart, Zwickau, eine
grössere (über 60 Schüler) in Barmen, Bochum, Crefeld, Dortmund, Düsseldorf, Duisburg, Freiburg i. B., Kiel, Köln,
Königsberg, Liegnitz, Würzburg.

Bezüglich des Vorkommens der Anstalten mit Schulgeldzahlung
lässt die letzte Spalte der Tabelle erkennen, dass in den meisten der
behandelten Städte (26 unter 48) Schulgeld in den Volksschulen überhaupt nicht erhoben wird. In Preussen ist die Aufhebung des Schul-
geldes bekanntlich bereits durch das Gesetz vom $\frac{14.\ \text{Juni}\ 1888}{31.\ \text{März}\ 1889}$ grund-
sätzlich gefordert; nur für die sogenannten (mittleren) Bürgerschulen,
die aber doch schultechnisch als Volksschulen anzusehen sind, kann
mit staatlicher Genehmigung Weitererhebung von Schulgeld stattfinden,
wie dies auch thatsächlich bei einer Reihe von Städten, z. B. in
Erfurt, Halle, Königsberg, Magdeburg und Wiesbaden der Fall
ist. Unter den Städten, in welchen Elementarschulen ohne Schulgeldzahlung — von Freistellen natürlich abgesehen — überhaupt nicht
vorhanden sind, seien hervorgehoben: Braunschweig, Hamburg,
Karlsruhe, Strassburg, Stuttgart und die sächsischen Städte.
In Tabelle II sind die Hauptangaben für die Kosten der städtischen
Volksschulen und für deren Deckung enthalten. In ersterer Beziehung
wurden unterschieden: Persönliche Kosten für active Lehrkräfte unter
Aufführung der Beträge für Besoldungen, besondere Miethsent-
schädigungen, Unterstützungen und sonstige persönliche Ausgaben,
ferner Kosten für nichtactive Lehrkräfte (Ruhegehälter, Wittwen- und
Waisengelder), endlich sächliche Kosten, und zwar für Bauten, Verzinsung
und Tilgung von Bauschulden und sonstige Ausgaben sächlicher Natur.
Für die Deckung der Kosten sind folgende Quellen nachgewiesen: aus
städtischen Mitteln, durch Schulgeld, aus dem Schul-, Kirchen- und
Stiftungsvermögen, aus Staatsmitteln, aus Kirchenkassen, aus sonstigen
Quellen.

Die Zahl der in der Tabelle aufgeführten Städte ist eine wesentlich
geringere, als bei Tabelle I, was auf den Ausschluss solcher Angaben, .

(Fortsetzung des Textes auf Seite 97).

Tabelle I. Die städtischen Volks (Elementar)-

Städte.	Städtische Volks												
	a. für das männliche Geschlecht								b. für das weibliche				
	Anstalten	Lehrer vollbeschäftigt		nicht vollbeschäftigt		Stufen.	Klassen.	Schüler.	Anstalten	Lehrer vollbeschäftigt		nicht vollbeschäftigt	
		überhaupt	darunter weiblich	überhaupt	darunter weiblich					überhaupt	darunter weiblich	überhaupt	darunter weiblich
	1.	2.	3.	4.	5.	6.	7.	8.	9.	10.	11.	12.	13.
Aachen	.	121	—	1	—	.	121	7 289	.	118	118	—	—
Altona	10	125	—	—	—	60	125	7 871	12	161	101	—	—
Augsburg	8	59	—	—	—	56	62	2 678	8	55	38	27	27
Barmen	—	—	—	—	—	—	—	—	—	—	—	—	—
Berlin	90[1])	)	.	.	.	.	1 500	79 278	87	.	.	5	.
Bochum	.	60	—	2	—	.	62	4 198	.	55	51	5	5
Braunschweig	4	74	—	6	—	28	67	3 287	4	56	31	2	—
Bremen	1	16	—	—	—	8	15	749	1	18	8	—	—
Breslau	52	333	—	—	—	312	339	19 979	56	421	223	89	89
Cassel	5[2])	73	—	—	—	35	73	3 705	5	88	84	—	—
Charlottenburg	7	101	—	—	—	42	101	5 255	8	119	64	11	9
Chemnitz	7[5])	150	—	—	—	50	194	7 894	8[6])	157	8	13	12
Crefeld	—	—	—	—	—	—	—	—	—	—	—	—	—
Dortmund	—	—	—	—	—	—	—	—	—	—	—	—	—
Dresden	—	—	—	—	—	—	—	—	—	—	—	—	—
Düsseldorf	—												
Duisburg	8	22	—	2	—	16	21	1 152	2	13	8	—	—
Erfurt	1[5])	17	—	—	—	8	15	714	1	11	2	3	2
Essen	.	100	—	—	—	.	100	6 811	.	105	73	—	—
Frankfurt a. M.	5	58	—	1	—	35	55	2 696	6	80	35	6	3
Frankfurt a. O.	—												
Freiburg i. B.	.	43	—	·12	—	.	45	2 227	.	53	34	6	—
Görlitz	—												
Halle a. S.	.	135	—	—	—	.	135	7 370	.	129	59	—	—
Hamburg	50	796	15	—	—	.	706	31 611	49	905	556	—	—
Hannover	24[6])	155	—	—	—	.	155	8 752	24	152	52	—	—
Karlsruhe	2	54	—	—	—	16	69	3 241	2	50	17	16	—
Kiel	9	84	—	—	—	72	82	4 175	9	106	64	—	—
Köln	.	250	—	—	—	.	250	15 247	.	258	258	—	—
Königsbergi.Pr.	9	101	—	—	—	67	101	6 067	9	117	64	7	7
Leipzig	—	—	—	—	—	—	—	—	1[7])	14	5	6	4
Liegnitz	3	31	—	—	—	18	36	2 342	3	34	4	2	2
Lübeck	2	77	2	43	—	72	81	3 667	9	109	79	25	25
Magdeburg	11[8])	188	—	—	—	69	178	9 654	11	170	50	98	98
Mainz	.	70	—	2	—	.	63	3 375	.	67	54	—	—
Mannheim	.	99	—	—	—	.	116	5 250	.	112	27	—	—
Metz	9	37	—	8	—	.	37	1 842	11	35	35	8	8
München	—	—	—	—	—	—	—	—	—	—	—	—	—
Nürnberg	—	—	—	—	—	—	—	—	—	—	—	—	—
Plauen i. V.	—	—	—	—	—	—	—	—	—	—	—	—	—
Posen	2	30	—	—	—	12	27	1 561	2	35	10	—	—
Potsdam	5	39	—	—	—	30	42	2 218	3	40	19	1	1
Spandau	2	27	—	—	—	12	29	1 795	2	29	12	2	2
Strassburg i. E.	20	92	—	5	—	.	90	5 392	20	84	84	4	4
Stuttgart	1[9])	25	—	2	—	8	24	1 118	1[10])	59	21	5	5
Wiesbaden	—												
Würzburg	.	46	—	16	—	.	46	2 545[11])	.	49	42	16	2
Zwickau	2	45	—	—	—	15	54	2 512	2	48	4	3	—

Die Anmerkungen befinden sich auf Seite 111.

Schulen am Ende des Wintersemesters 1894/95.

(Elementar)- Schulen.

Geschlecht. — c. für beide Geschlechter

Stufen	Klassen	Schülerinnen	Anstalten	Lehrer vollbeschäftigt überhaupt	darunter weiblich	Lehrer nicht vollbeschäftigt überhaupt	darunter weiblich	Stufen	Klassen	Schüler überhaupt	männlich	weiblich
14.	15.	16.	17.	18.	19.	20.	21.	22.	23.	24.	25.	26.
·	118	6945	—	—	—	—	—	·	13	—	—	—
72	124	8047	4	13	3	4	4	·	13	621	839	269
58	55	3015	5	42	2	—	—	26	42	2224	1102	1122
—	—	—	43	310	56	—	—	·	308	19800	·	15080
522	1450	77453	37¹)	·	·	·	·	·	574	27581	12501	15080
·	67	4347	·	16	3	—	—	·	20	1229	669	559
28	50	2447	8	132	23	4	—	46	125	6852	3384	3496
8	16	808	19	296	89	12	12	142	269	13509	6801	6766
386	374	20508	1⁷)	6	—	2	2	6	6	227	118	109
86	73	3822	2⁸)	5	1	1	1	·	5	122	71	51
49	112	5547	1	9	—	1	1	3	3	67	41	26
58	212	8515	5	97	—	8	8	35	143	6587	3138	3449
—	—	—	44	297	84	1	—	·	298	17999	9059	8940
—	—	—	24	270	80	6	6	159	261	16714	8269	8445
—	—	—	55⁴)	879	202	2	—	279	855	38558	16877	17170
12	13	885	30	339	146	—	—	187	339	21740	10987	10758
8	12	437	24	138	5	—	—	·	138	9480	4647	4788
·	100	7091	4	156	37	2	2	20	154	8815	4296	4519
42	68	3236	2	8	—	4	3	·	3	175	83	92
—	—	—	11	166	40	12	12	76	149	7455	3862	3623
·	49	2029	10	110	16	4	2	60	107	5757	2787	2970
—	—	—	1	6	—	18	12	·	6	887	178	214
·	129	7196	10	129	7	—	—	60	129	7520	3762	3758
·	697	32075	·	9	4	—	—	·	9	450	217	233
16	151	8784	7	112	46	—	—	·	90	3919	2105	1814
63	67	3889	5	30	1	—	—	·	30	1557	765	792
67	79	4060	1	3	—	1	1	—	—	190	94	96
6	258	15889	31	153	52	—	2	8	8	9476	4921	4555
18	103	6642	3	47	18	2	2	21	43	2700	1898	1309
72	17	474	44⁵)	1300	180	37	25	328	1362	54984	27079	27905
66	35	2253	3	18	2	2	2	18	18	1161	539	622
·	87	3803	12	188	28	37	37	67	182	9278	4712	4566
·	175	9721	—	—	—	—	—	·	—	—	—	—
·	62	3420	—	—	—	—	—	·	—	—	—	—
35	114	5313	27	750	348	268	120	·	697	36959	17377	18882
—	35	1680	·	330	3	56	44	·	327	15545	7587	8006
—	—	—	7⁹)	160	6	1	—	·	212	8703	4079	4624
12	31	1828	2	58	11	—	—	12	48	2686	1375	1261
18	36	2064	2	11	6	2	2	·	11	555	210	386
12	28	1558	3	56	9	1	1	18	41	2167	1074	1098
·	83	4630	10	15	9	—	—	·	15	828	440	388
8	47	1728	·	201	36	9	9	·	186	9289	4276	5018
—	—	—	7⁷)	148	14	2	2	·	138	7118	3567	3551
·	49	2615⁶)	·	9	—	—	—	·	9	573	306	267
14	55	2475	2⁹)	52	6	2	—	15	57	2157	1021	1136

Die Anmerkungen befinden sich auf Seite 111.

Noch Tabelle I.   **Die städtischen Volks (Elementar-)**

		Noch: Städtische Volks								
		d. Sämmtliche Volks (Elementar)- Schulen.								
		Lehrer						Schüler		
Städte.	Anstalten	voll-beschäftigt		nicht voll-beschäftigt		Stufen	Klassen	über-haupt	männ-lich	weib-lich
		überhaupt	darunter weiblich	überhaupt	darunter weiblich					
	27.	28.	29.	30.	31.	32.	33.	34.	35.	36.
Aachen	23	239	118	1	—	.	239	14 234	7 289	6 945
Altona	26	299	104	4	4	.	262	16 539	8 210	8 329
Augsburg . . .	21	156	35	27	27	135	159	7 917	3 780	4 137
Barmen	43	310	56	—	—	.	308	19 800	.	.
Berlin	214	.	.	.	.	.	8 524	184 312	91 779	92 533
Bochum	14	181	54	7	5	.	149	9 778	4 867	4 906
Braunschweig .	16	262	54	12	—	102	242	12 536	6 591	5 945
Bremen	21	330	47	12	12	158	300	15 126	7 550	7 576
Breslau	109	760	223	91	91	654	719	40 709	20 097	20 612
Cassel	12	161	35	1	1	.	151	7 649	3 776	3 873
Charlottenburg	16	223	64	12	10	94	216	10 869	5 296	5 573
Chemnitz. . . .	20	404	8	21	20	143	549	22 996	11 032	11 964
Crefeld	44	297	84	1	—	.	298	17 999	9 059	8 940
Dortmund . . .	24	270	80	6	6	159	261	16 714	8 269	8 445
Dresden	35	879	202	2	—	279	853	33 553	16 377	17 176
Düsseldorf. . .	30	339	146	—	—	187	839	21 740	10 987	10 753
Duisburg	29	173	16	2	—	.	172	11 467	5 799	5 668
Erfurt	6	186	39	3	2	36	181	9 966	5 010	4 956
Essen	18	208	73	2	2	.	208	14 077	6 894	7 183
Frankfurt a. M.	22	304	75	11	6	158	272	13 417	6 558	6 859
Frankfurt a. O.	10	110	16	12	12	60	107	5 757	2 787	2 970
Freiburg i. B. .	.	102	34	22	2	.	100	4 643	2 400	2 243
Görlitz	10	129	7	18	12	60	129	7 590	3 762	3 758
Halle a. S. . . .	11	273	63	—	—	.	273	15 016	7 587	7 429
Hamburg. . . .	106	1 815	617	—	—	.	1 493	67 605	33 716	33 889
Hannover . . .	53	337¹)	53¹)	—	—	.	336	19 043	9 517	9 526
Karlsruhe . . .	4	104	17	16	—	32	136	6 630	3 241	3 389
Kiel	19	193	64	1	1	138	164	8 425	4 269	4 156
Köln	70	661	310	—	—	.	661	40 612	20 168	20 444
Königsbergi.Pr.	21²)	265	82	9	9	155	247	15 409	7 465	7 944
Leipzig	45	1 314	135	43	29	334	1 379	55 458	27 079	28 379
Liegnitz	9	88	6	4	4	54	89	5 756	2 881	2 875
Lübeck	18	186	81	48	25	144	168	7 470	3 667	3 803
Magdeburg . .	34	546	78	135	135	202	535	28 653	14 366	14 287
Mainz	.	137	54	2	—	.	125	6 795	3 375	3 420
Mannheim . . .	.	211	27	—	—	.	230	10 563	5 250	5 313
Metz	20	72	35	16	8	.	72	3 472	1 842	1 630
München	27	750	348	268	120	.	697	36 259	17 377	18 882
Nürnberg. . . .	.	380	3	56	44	.	327	15 545	7 537	8 008
Plauen i. V. . .	7	160	6	1	—	.	212	8 703	4 079	4 624
Posen	6	118	21	—	—	86	106	6 045	2 956	3 089
Potsdam	10	90	25	8	3	.	89	4 897	2 428	2 469
Spandau	7	94	21	3	3	42	98	5 495	2 869	2 626
Strassburg i. E.	50	191	93	9	4	.	188	10 850	5 832	5 018
Stuttgart	.	285	57	16	14	.	257	12 130	5 394	6 736
Wiesbaden . .	7	148	14	2	2	.	183	7 118	3 567	3 551
Würzburg . . .	.	104	42	32	2	.	104	5 738	3 240	2 493
Zwickau	6	140	10	5	—	44	166	7 144	3 533	4 611

Die Anmerkungen befinden sich auf Seite 111.

Schulen am Ende des Wintersemesters 1894/95.

(E l e m e n t a r) - S c h u l e n.

hierunter Volksschulen mit Schulgeldzahlung.

Anstalten				Lehrer						Schüler		
	darunter für			vollbeschäftigt		nicht vollbeschäftigt						
überhaupt	das männliche Geschlecht	das weibliche Geschlecht	beide Geschlechter	überhaupt	darunter weiblich	überhaupt	darunter weiblich	Stufen	Klassen	überhaupt	männlich	weiblich
37.	38.	39.	40.	41.	42.	43.	44.	45.	46.	47.	48.	49.
—	—	—	—	—	—	—	—	—	—	—	—	—
—	—	—	—	—	—	—	—	—	—	—	—	—
·	·	·	·	·	·	·	·	·	·	·	·	·
16	4	4	8	262	54	12	—	102	242	12 586	6 591	5 945
12	1	1	10	193	31	8	8	92	175	8 568	4 354	4 214
—	—	—	—	—	—	—	—	—	—	—	—	—
1	—	1	—	18	5	3	3	7	18	529	—	529
20	7	8	5	404	8	21	20	143	549	22 996	11 032	11 964
—	—	—	—	—	—	—	—	—	—	—	—	—
35	—	—	35	879	202	2	—	279	853	33 553	16 377	17 176
—	—	—	—	—	—	—	—	—	—	—	—	—
1	1	—	—	10	—	2	—	4	9	857	857	—
4	1	1	2	87	14	3	2	28	91	4 483	2 867	2 116
—	—	—	—	—	—	—	—	—	—	—	—	—
1	—	1	—	17	9	—	—	·	16	525	—	525
·	·	·	·	106	16	—	—	·	106	5 385	2 851	2 534
106	50	49	7	1 815	617	—	—	·	1·493	67 605	33 716	33 889
4	2	2	—	104	17	16	—	32	136	6 630	3 241	3 389
—	—	—	—	—	—	—	—	—	—	—	—	—
8	4	4	—	69	19	3	3	64	65	3 792	1 794	1 998
44	—	1	43	1 288	183	43	29	326	1 353	54 318	26 556	27 762
8	4	4	—	76	31	29	8	64	68	3 084	1 530	1 554
10	3	3	4	210	32	44	44	67	201	10 329	5 416	4 913
·	·	·	·	41	9	—	—	·	45	1 708	845	858
—	—	—	—	—	—	—	—	—	—	—	—	—
7	—	—	7	160	6	1	—	·	212	8 703	4 079	4 624
—	—	—	—	—	—	—	—	—	—	—	—	—
50	20	20	10	191	93	9	4	·	188	10 850[1]	5 832[1]	5 018[1]
·	·	·	·	285	57	16	14	·	257	12 130	5 394	6 736
3	—	—	3	72	8	—	—	·	66	3 347	1 664	1 683
6	2	2	2	140	10	5	—	44	166	7 144	3 533	3 611

Die Anmerkungen befinden sich auf Seite 111.

Tabelle II. Die Kosten der städtischen Volks- (Elementar-)

	a. Persönliche Kosten							
	für active Lehrkräfte					für nicht active Lehrkräfte		Ueber-
Städte	Be- soldungen (ohne Mieths- entschädi- gung)	Miethsentschädi- gung bzw. Werth der Dienstwoh- nung u. Feuerung	Unterstützungen	Sonstige persön- liche Aus- gaben	Ueber- haupt	Ruhe- gehälter	Wittwen- und Waisengelder	haupt (Spalte 5, 6 u. 7)
	1.	2.	3.	4.	5.	6.	7.	8.
Aachen . . .	346 987	74 450	—	16 160	437 547	16 920	1 452	455 919
Altona	[1]) 513 594	[2]) .	807	6 476	520 817	27 613	7 496	555 926
Augsburg. . .	282 575	456	—	—	283 031	21 380	3 808	308 169
Braunschweig .	561 118	1 800	—	—	562 918	8 098	.	571 011
Bremen . . .	730 465	—	1 275	—	731 740	10 883	3 578	746 201
Breslau . . .	1 508 436	252 400	2 980	28 068	1 791 884	88 109	29 943	1 909 886
Cassel	350 565	600	845	[3])10 954	362 964	10 876	9 600	383 440
Crefeld	522 350	100 120	—	—	622 470	9 627	7 832	639 929
Dortmund . .	475 519	93 400	800	4 070	573 789	8 814	2 280	584 883
Dresden . . .	1 543 975	346 572	100	—	1 890 647	[4])74 233	[5]) .	1 964 880
Düsseldorf . .	558 491	124 900	—	5 237	688 628	12 384	2 328	703 340
Essen	354 700	79 200	—	—	433 900	9 800	.	[6]) 443 700
Frankfurt a. M.	[1]) 833 680	[7]) .	—	45 353	879 033	48 009	20 343	947 385
Frankfurt a. O.	[1]) 181 800	[7]) .	—	[7]) .	181 800	7 980	3 801	193 531
Halle a. S. . .	466 645	—	560	1 205	468 410	22 126	2 568	493 104
Hamburg . . .	3 825 768	7 500	2 250	11 462	3 846 980	11 492	.	[6])3 858 472
Hannover . .	713 110	—	3 665	1 000	717 775	22 926	27 601	768 302
Kiel	346 378	900	—	[7])22 411	369 689	[8]) .	876	370 065
Köln	1 070 791	281 700	—	3 174	1 305 665	41 324	15 196	1 362 185
Königsbergi.Pr.	430 686	22 400	2 248	7 886	463 220	22 529	5 677	491 426
Leipzig. . . .	2 963 632	1 500	6 000	4 666	2 975 798	[4]) 8 239	.	2 984 037
Liegnitz . . .	126 037	840	—	—	126 877	5 501	948	133 326
Lübeck. . . .	354 168	10 500	—	—	364 668	1 408	3 771	369 847
Magdeburg . .	1 142 126	18 880	1 700	1 842	1 164 548	50 098	2 252	1 216 898
Mainz	231 550	53 600	—	[3])10 890	296 040	.	[4]) 619	[11]) 296 659
Mannheim . .	466 005	—	—	—	466 005	.	[4]) 2 500	[11]) 468 505
Metz	119 610	—	—	—	119 610	.	.	[12]) 119 610
München . .	.	.	.	.	.	.	.	.
Plauen i. V. .	301 795	55 393	—	[9])16 018	373 206	[4]) 568	.	373 774
Potsdam . .	182 590	3 756	430	3 885	190 661	8 882	3 124	202 667
Spandau . .	169 624	480	—	—	170 104	7 140	1 042	178 286
Strassburg i. E.	266 537	55 866	880	1 410	324 698	15 696	3 675	[10]) 344 064
Stuttgart . . .	355 400	90 200	970	2 440	449 010	.	.	[11]) 449 010
Zwickau . . .	324 757	—	—	[3]) 9 855	334 612	3 052	.	337 664

Bemerkung. Die Angaben bei Dresden beziehen sich auf die städtischen Volks-, Bürger-, Bezirks- und Fortbildungsschulen mit Ausschluss der 4 Schulen (1 Bürger- und 3 Volksschulen) der römisch-katholischen Gemeinde, diejenigen von Leipzig, Plauen und Zwickau umfassen die Volks- und höheren Bürgerschulen. — Bei Königsberg sind die beiden Schulen für Schwachbefähigte nicht berücksichtigt. — Bei Stuttgart sind die beiden Volksschulen mit facultativem Unterricht im Französischen nicht berücksichtigt. — Die sonstigen Anmerkungen befinden sich auf Seite 111.

Schulen und deren Deckung im Rechnungsjahr 1894/95.

b. Sächliche Kosten

für Bauten (Neu-, Um- und Erweiterungs-bauten, bauliche Unterhaltung)				für Verzinsung und Tilgung von Bauschulden			
im Rechnungsjahr			im Durch-schnitt der drei Jahre 1892/93 bis 1894/95	im Rechnungsjahr			im Durch-schnitt der drei Jahre 1892/93 bis 1894/95
1892/93	1893/94	1894/95		1892/93	1893/94	1894/95	
9.	10.	11.	12.	13.	14.	15.	16.
180 710	114 950	106 940	134 290	·	·	·	·
72 057	43 409	53 290	56 252	·	·	·	·
128 808	58 194	26 470	69 491	22 204	22 186	22 168	22 186
		73 436		—	—	—	—
276 363	195 298	287 213	286 290	·	·	·	·
664 267	324 847	85 432	358 182	117 685	121 110	120 735	119 843
328 174	214 866	116 614	219 885	88 734	94 649	93 761	94 046
		120 098		·	·	·	·
187 340	72 630	186 620	182 197	120 517	127 079	130 630	126 075
·	·	117 717	·	·	·	21 977	·
·	·	172 186	·	·	·	·	·
82 300	32 400	35 800	33 500	·	·	·	·
254 108	168 042	163 047	195 064	·	·	·	·
11 605	6 642	5 961	8 069	·	·	·	·
166 101	52 422	12 920	77 148	·	·	·	·
788 572	699 487	256 621	563 227	·	·	·	·
190 886	232 474	234 942	219 417	·	·	·	·
251 255	253 589	97 868	200 771	·	·	·	·
397 916	385 578	481 084	421 526	·	·	·	·
20 439	19 895	70 679	87 004	49 530	52 718	47 198	49 815
440 797	401 413	505 311	449 174	·	·	·	·
17 338	18 610	¹) 76 997	37 648	26 809	26 899	26 994	26 901
325 711	302 062	164 798	264 195	·	·	·	·
31 147	17 288	99 096	25 842	·	·	·	·
·	·	272 604	·	·	·	·	·
5 900	19 173	254	8 442	·	·	·	·
50 001	17 666	12 061	26 583	93 287	94 519	95 525	94 427
8 802	17 294	41 761	22 619	·	·	·	·
7 614	71 361	104 286	61 087	9 315	9 871	22 161	13 616
²) 172 043	¹) 180 372	¹) 270 069	¹) 207 495	·	·	·	·
24 117	46 575	56 350	42 347	·	·	·	·
21 626	17 968	18 780	19 456	58 135	56 828	56 806	57 256

Noch Tabelle II. **Die Kosten der städtischen Volks (Elementar)-Schulen und deren Deckung im Rechnungsjahr 1894/95.**

Städte	Noch b.: Sächliche Kosten für sonstige sächliche Ausgaben				c. Gesammtbetrag der besonders nachgewiesenen Kosten 1894/95	Von den in Spalte 21 nachgewiesenen Kosten sind gedeckt					
	im Rechnungsjahr			im Durchschnitt der drei Jahre 1892/93 bis 1894/95		aus städtischen Mitteln	durch Schulgeld	aus dem Schul-, Kirchen- u. Stiftungsvermögen	aus Staatsmitteln	aus Kirchenkassen	aus sonstigen Quellen
	1892/93	1893/94	1894/95								
	17.	18.	19.	20.	21.	22.	28.	24.	25.	26.	27.
Aachen . . .	58 183	60 807	61 341	58 277	624 200	533 200	—	28 205	59 100	—	3 69
Altona	52 474	49 743	49 644	50 620¹)	658 860	578 595	—	1 640	78 625	—	—
Augsburg. . .	44 368	49 620	50 308	48 099	407 115	383 400	1 864	18 894	2 700	257	—
Braunschweig.	.	.	84 269	.	728 716	547 163	117 726	7 322	56 505	—	—
Bremen . . .	95 093	81 246	86 361	87 567¹)	1 069 775	—	126 521	—	941 408	—	1 84
Breslau . . .	249 577	240 140	235 922	241 880	2 851 975	2 086 685	6 882	36 007	217 512	—	4 88
Cassel	39 418	43 999	42 200	41 872	641 015	577 620	5 132	968	57 279	—	1
Crefeld . . .	.	.	45 614	.	805 636	714 632	1 200	—	85 416	—	—
Dortmund . .	88 066	86 138	93 297	89 167	995 430⁷)	735 356	80	17 824	73 150	1908²)	167 6
Dresden . . .	.	.	726 068	.	2 830 642	1 819 343	468 705	173 091	153 900	6220	209 3
Düsseldorf . .	.	.	206 635	.	1 082 111¹)	966 697	1 505	22 140	86 100	—	5 66
Essen	50 400	53 200	57 300	53 633¹)	536 800¹)	458 200	—	23 500	55 100	—	—
Frankfurt a. M.	104 767	102 487	114 371	107 208	1 224 803	1 116 175	—	25 645	82 983	—	26
Frankfurt a. O.	7 706	9 669	11 381	9 585	210 878	177 895	265	1 005	31 950	—	9 07
Halle a. S. . .	50 745	50 108	60 740	54 040	566 764	394 897	88 467	1 075	73 750	—	9 07
Hamburg. . .	284 917	273 450	253 711	270 693	4 368 804¹)	—	—	—	—	.	26
Hannover . .	110 608	88 321	96 215	98 381	1 099 459⁴)	977 445	2 774	11 224	107 750	.	26
Kiel	43 769	50 229	49 446	47 815	516 879	463 779	—	900	52 200	—	—
Köln	139 777	127 038	130 020	182 278¹)	1 973 289¹)	1 726 477	2 249	71 134	164 939	—	8 49
Königsberg i. Pr.	51 764	52 522	54 362	52 883	663 665	515 171⁷)	83 824	10 959⁸)	51 332	—	2 37
Leipzig. . . .	782 063	803 628	826 329	804 007	4 315 677	3 287 074	490 335	24 971	549 852	—	13 44
Liegnitz . . .	16 410	15 339	16 581	16 110⁵)	176 901	148 041	353	2 467	25 300	—	74
Lübeck. . . .	32 283	29 086	35 830	32 383	482 674	—	42 941	11 336	424 304	—	4 09
Magdeburg . .	163 553	174 560	186 383	174 832¹)	1 568 074	1 219 059	178 010	12 400	158 625	—	1 86
Mainz	39 452	36 523	41 254	39 076¹)	367 009	319 620	—	45 538	—	—	
Mannheim . .	.	.	50 375	.	791 484¹)	737 849	44 384	7 953	—	—	1 2
Metz.	9 500	9 500	10 265	9 755¹)	130 129	119 709	—	—	10 420	—	1
München . . .	.	.	.	.	3 625 003	3 390 884	11 166	11 662	182 152	—	29 1
Plauen i. V.. .	35 400	31 949	41 652	36 334	523 032	310 452	112 898	8 201	88 743	2309	50 4
Potsdam . . .	20 302	21 405	20 093	20 600	264 521	215 771	2 402	16 252	27 800	170	2 11
Spandau . . .	4 561	5 887	6 596	5 681	311 329	282 151	1 274	480	27 250	—	1
Strassburg i. E.	67 826	70 609	75 962	71 466⁶)	690 095	591 617	36 208	7 900	58 006	—	1 94
Stuttgart . . .	61 105	54 508	55 774	57 129	561 134	479 844	20 825	6 210	54 755	—	—
Zwickau . . .	26 929	26 731	26 567	26 742	439 817	307 230	102 923	1 158	27 420	1086	—

Die Anmerkungen befinden sich auf Seite 111.

die nicht in allen Theilen einwandsfrei erschienen, zurückzuführen ist.
Das Berichtsjahr ist für Augsburg, Chemnitz, Dresden, Hamburg,
Karlsruhe, Leipzig, Mannheim, München, Nürnberg und Zwickau das
Kalenderjahr 1894, für Plauen das Jahr 1895, für Lübeck erstreckt
sich die Berichtszeit vom 1. Januar 1894 bis 31. März 1895; für alle
übrigen Städte liegt das Rechnungsjahr 1894/95 (1. April bis 31. März)
zu Grunde. Aus den Zahlen in Tabelle II sind dann die Verhältnisszahlen für die Vertheilung der gesammten Schulunterhaltungskosten
nach der Aufkommens-, sowie der Deckungsart berechnet und in
Tabelle III mitgetheilt. Hervorzuheben ist, dass nur bei einer Minder-
heit (11) der in der Tabelle vertretenen Städte die Ausgaben für Verzinsung und Tilgung der für Schulbauten aufgewendeten Beträge angegeben sind, eine Lücke, die auf den Mangel der Trennung bei der
Buchung der für die genannten Zwecke überhaupt verausgabten Gelder
nach der Verwendungsart derselben zurückzuführen ist. Die Zahlen
für den Gesammtbetrag der Schulunterhaltungskosten können daher
nicht durchweg als vollkommen erschöpfend angesehen werden.
    Aus Tabelle III ist zu entnehmen, dass überall der grösste Theil
der Volksschulunterhaltungskosten auf die persönlichen Kosten für
active Lehrkräfte zurückzuführen ist. Dieselben beliefen sich auf über
4 Fünftel der Gesammtkosten in Essen, Frankfurt a. O., Halle,
Hamburg, Mainz, Metz (92 Prozent) und Stuttgart, auf weniger
als 2 Drittel in Cassel, Dortmund, Düsseldorf, Hannover, Köln,
Mannheim, Spandau, Strassburg. Die Deckung der Gesammtausgaben
erfolgt überall überwiegend aus städtischen Mitteln. Der Antheil
dieser Deckungsart stellt sich auf weniger als 4 Fünftel in Braunschweig, Dortmund, Dresden, Halle, Königsberg, Leipzig,
Magdeburg, Plauen, Zwickau, auf mehr als 9 Zehntel in Augsburg, Cassel, Frankfurt a. M., Mannheim, Metz, München,
Spandau. Der Staatszuschuss beträgt dagegen nur in einer Minder-
heit von Städten — von den Hansestädten natürlich abgesehen —
mehr als 1 Zehntel der gesammten Volksschulunterhaltungskosten.
    In Tabelle IV sind die gesammten Zuschüsse der Städte für die
städtischen allgemeinen Lehranstalten, sowie für allgemeine Schulverwaltung, in Tabelle V diejenigen für die nicht städtischen (gleichfalls mit Ausschluss der Fachschulen) angegeben.
    Endlich ist in Tabelle VI eine Nachweisung der Schulgeldsätze der
verschiedenen Lehranstalten gegeben. Dieselbe dürfte besonders für
die preussischen Städte, an welche das neue Lehrerbesoldungsgesetz
erhöhte Anforderungen stellt, von Interesse sein.

Tabelle III. **Die Vertheilung der Kosten der städtischen Volksschulen auf persönliche und sächliche Kosten, sowie die Deckung derselben.**

Städte	Von je 1000,0 Mark Ausgaben entfallen auf							
	a. Persönliche Kosten							
	für active Lehrkräfte					für nicht active Lehrkräfte		
	Besoldungen (ohne Miethsentschädigung)	Miethsentschädigung bezw. Werth der Dienstwohnung und Feuerung	Unterstützungen	Sonstige persönliche Ausgaben	Ueberhaupt	Ruhegehälter	Wittwen- und Waisengelder	Ueberhaupt
	1.	2.	3.	4.	5.	6.	7.	8.
Aachen. . . .	555,8	119,3	—	25,9	701,0	27,1	2,3	730,4
Altona . . .	779,5	.	1,3	9,8	790,5	41,9	11,4	843,8
Augsburg. . .	694,1	1,1	—	—	695,2	52,4	9,4	757,0
Braunschweig.	770,0	2,5	—	—	772,5	11,1	.	783,6
Bremen . . .	682,8	—	1,2	—	684,0	10,2	3,3	697,5
Breslau . . .	641,4	107,3	1,3	11,9	761,9	37,5	12,7	812,1
Cassel	546,9	0,9	1,3	17,1	566,2	17,0	15,0	598,2
Crefeld. . .	648,4	124,3	—	—	772,7	11,9	9,7	794,3
Dortmund . .	477,7	93,8	0,8	4,1	576,4	8,9	2,3	587,6
Dresden . . .	545,5	122,4	0,0	—	667,9	26,2	.	694,1
Düsseldorf . .	516,1	115,4	—	4,9	636,4	11,4	2,2	650,0
Essen	660,8	147,5	—	—	808,3	18,3	.	826,6
Frankfurt a. M.	680,7	.	—	37,0	717,7	11,9	16,6	773,5
Frankfurt a. O.	862,1	.	.	.	862,1	37,6	18,0	917,7
Halle a. S. . .	823,4	—	1,0	2,1	826,5	39,0	4,5	870,0
Hamburg . . .	875,7	1,7	0,5	2,6	880,5	2,6	.	883,1
Hannover. . .	648,6	—	3,3	0,9	652,8	20,9	25,1	698,8
Kiel	670,1	1,7	—	43,4	715,2	0,7	.	715,9
Köln	542,7	117,4	—	1,6	661,7	20,9	7,7	690,3
Königsberg i.Pr	649,0	33,7	3,4	11,9	698,0	33,9	8,6	740,5
Leipzig. . . .	686,7	0,3	1,4	1,1	689,5	1,9	.	691,4
Liegnitz . . .	.	.	.	.	.	.	.	.
Lübeck. . . .	733,8	21,7	.	—	755,5	2,9	7,8	766,2
Magdeburg . .	728,4	12,0	1,1	1,2	742,7	31,9	1,4	776,0
Mainz	630,9	146,0	.	29,7	806,6	.	1,7	808,3
Mannheim .	588,8	—	—	—	588,8	.	3,1	591,4
Metz	919,2	---	—	—	919,2	.	.	919,2
München . . .	.	.	.	.	.	.	.	.
Plauen i. V.. .	577,0	105,9	—	30,6	713,5	1,1	.	714,6
Potsdam . . .	690,3	14,2	1,6	14,7	720,8	33,6	11,8	766,2
Spandau . . .	544,8	1,6	—	—	546,4	22,9	3,3	572,6
Strassburg i. E.	386,2	81,0	1,3	2,0	470,5	22,7	5,2	498,5
Stuttgart . . .	683,4	160,7	1,7	4,4	800,2	.	.	800,2
Zwickau . . .	738,4	—	—	22,4	760,8	6,9	.	767,7

Noch Tabelle III. **Die Vertheilung der Kosten der städtischen Volksschulen auf persönliche und sächliche Kosten, sowie die Deckung derselben.**

	Von je 1000,0 Mark Ausgaben entfallen auf									
	b. Sächliche Kosten				Davon sind gedeckt					
Städte	für Bauten (Neu-, Um- u. Erweiterungsbauten, bauliche Unterhaltung)	für Verzinsung und Tilgung von Bauschulden	für sonstige sächliche Ausgaben	Ueberhaupt	aus städtischen Mitteln	durch Schulgeld	aus dem Schul-, Kirchen- und Stiftungsvermögen	aus Staatsmitteln	aus Kirchenkassen	aus sonstigen Quellen
	9.	10.	11.	12.	13.	14.	15.	16.	17.	18.
Aachen	171,3	.	98,3	1000,0	854,2	—	45,2	94,7	—	5,9
Altona	80,9	.	75,3	1000,0	878,2	—	2,5	119,3	—	—
Augsburg	65,0	54,4	123,6	1000,0	941,8	4,6	46,4	6,6	0,6	—
Braunschweig	100,8	—	115,6	1000,0	750,9	161,6	10,0	77,5	—	—
Bremen	221,8	.	80,7	1000,0	—	118,3	—	880,0	—	1,7
Breslau	36,3	51,3	100,3	1000,0	887,2	2,9	15,3	92,5	—	2,1
Cassel	181,9	154,1	65,8	1000,0	901,1	8,0	1,5	89,4	—	0,1
Crefeld	149,1	.	56,6	1000,0	887,0	1,5	—	106,0	—	5,5
Dortmund	187,5	131,2	93,7	1000,0	788,7	—	17,4	78,5	1,9	168,4
Dresden	41,6	7,8	256,5	1000,0	642,7	165,6	61,1	54,4	2,2	74,0
Düsseldorf	159,1	.	190,9	1000,0	893,3	1,4	20,5	79,6	—	5,2
Essen	66,7	.	106,7	1000,0	858,6	—	43,8	102,6	—	—
Frankfurt a. M.	133,1	.	93,4	1000,0	911,3	—	20,9	67,8	—	—
Frankfurt a. O.	28,8	.	54,0	1000,0	841,2	1,3	4,8	151,5	—	1,2
Halle a. S.	22,8	.	107,2	1000,0	695,9	156,1	1,9	180,1	—	16,0
Hamburg	58,8	.	58,1	1000,0	.	.	.	.	.	.
Hannover	213,7	.	87,5	1000,0	889,0	2,5	10,2	98,0	—	0,3
Kiel	188,4	.	95,7	1000,0	897,3	—	1,7	101,0	—	—
Köln	243,8	.	65,9	1000,0	874,9	1,1	36,1	83,6	—	4,3
Königsberg i. Pr	106,5	71,1	81,9	1000,0	776,3	126,3	16,5	77,3	—	3,6
Leipzig	117,1	.	191,5	1000,0	750,1	118,6	5,6	127,4	—	8,1
Liegnitz	.	.	.	.	.	.	.	.	—	.
Lübeck	159,5	.	74,3	1000,0	—	88,9	23,5	879,1	—	8,5
Magdeburg	105,1	.	118,9	1000,0	777,4	113,5	7,9	101,2	—	—
Mainz	79,3	.	112,4	1000,0	870,9	—	124,1	—	—	5,0
Mannheim	344,4	.	63,7	1000,0	982,2	56,1	10,1	—	—	1,6
Metz	1,9	.	78,9	1000,0	919,9	—	—	80,1	—	—
München	.	.	.	1000,0	935,4	3,1	3,2	50,3	—	8,0
Plauen i. V.	23,1	182,7	79,6	1000,0	598,6	215,8	15,7	74,1	4,4	96,4
Potsdam	157,9	.	75,9	1000,0	815,7	9,1	61,5	105,1	0,6	8,0
Spandau	335,0	71,3	21,2	1000,0	906,3	4,1	1,5	87,5	—	0,6
Strassburg i. E.	391,4	.	110,1	1000,0	857,3	52,5	11,4	76,8	—	2,0
Stuttgart	100,4	.	99,4	1000,0	854,3	37,1	11,1	97,6	—	—
Zwickau	42,7	129,2	60,4	1000,0	698,6	234,0	2,6	62,3	2,5	—

7*

Tabelle IV. **Zuschüsse aus städtischen Mitteln für städtische Lehranstalten ausschliesslich Fachschulen im Rechnungsjahr 1894/95 in Mark.**

Städte	für Volksschulen	für Mittelschulen				für Volks- und Mittelschulen überhaupt	für höhere Lehranstalten	
		für Knaben	für Mädchen	für beide Geschlechter	überhaupt		Gymnasien und Progymnasien	Realgymnasien und Realprogymnasien
	1.	2.	3.	4.	5.	6.	7.	8.
Aachen	533 200	—	. ¹)	—	. ¹)	538 200	—	52 077
Altona	578 595	.	.	—	63 484	642 079	—	36 049
Augsburg	383 400	—	—	—	—	383 400	—	—
Braunschweig	547 163	—	22 392	—	22 392	569 555	—	—
Bremen	941 408	—	—	—	—	941 408	310 080²)	. ?)
Breslau	2 086 685	—	58 172	–.	58 172	2 144 857	214 179	142 486
Cassel	577 620	—	57 495	—	57 495	635 115	—	99 685
Crefeld	714 632	—	15 176	—	15 176	729 808	49 422	39 674
Dortmund	735 356	—	—	—	—	735 356	61 855	54 479
Dresden	1 819 343	—	—	—	—	1 819 343	130 258	93 682
Düsseldorf	966 697	—	14 580	—	14 580	981 277	—	67 900
Essen	458 200	—	—	—	—	458 200	—	50 300
Frankfurt a. M.	1 116 175	46 164	43 876	86 617	176 657	1 292 832	99 883	118 793
Frankfurt a. O.	177 395	20 196	26 228	—	46 424	223 819	—	43 518
Halle a. S.	394 897	—	—	—	—	394 897	56 357	—
Hannover	977 445	—	. ¹)	—	. ¹)	977 445	68 860	101 604
Kiel	463 779	43 141	51 070	—	94 211	557 990	—	—
Köln	1 726 477	4 725	848	—	5 573	1 782 050	—	61 303
Königsberg i.Pr	515 171	40 668	—	—	40 668	555 839	78 616	88 396
Leipzig	3 237 074	—	—	—	—	3 237 074	218 756	93 536
Liegnitz	148 041	—	21 201	—	21 201	169 242	35 782	—
Lübeck	424 304	26 460	7 648	—	34 108	458 412	144 766	—
Magdeburg	1 219 089	—	—	—	—	1 219 039	52 972	55 020
Mainz	319 620	—	—	—	—	319 620	—	—
Mannheim	737 849	—	—	—	—	737 849	—	59 223
Metz	119 709	36 394	4 755	—	41 149	160 858	—	—
München	3 390 884	—	—	—	—	3 390 884	—	—
Plauen i. V.	310 452	—	—	—	—	310 452	—	—
Potsdam	215 771	13 395	18 837	—	32 232	248 003	23 700	25 056
Spandau	282 151	11 815	9 093	—	20 908	303 059	—	—
Strassburg i. E.	591 617	19 217	3 173	—	22 390	614 007	—	—
Stuttgart	479 344	55 291⁴)	87 228⁴)	—	142 514⁴)	621 858	—	—
Zwickau	307 280	—	—	—	—	307 230	5 634	63 193

Die Angaben von Dresden beziehen sich auf die städtischen Volks-, Bezirks-, Bürger- und Fortbildungsschulen mit Ausschluss der vier Schulen (1 Bürger- und 3 Bezirksschulen) der römisch-katholischen Gemeinde, diejenigen von Leipzig, Plauen i. V. und Zwickau umfassen die Volks- und höheren Bürger (Volks)-Schulen. Die übrigen Anmerkungen befinden sich auf Seite 111.

Noch Tabelle IV. **Zuschüsse aus städtischen Mitteln für städtische Lehranstalten ausschliesslich Fachschulen im Rechnungsjahr 1894/95 in Mark.**

Städte	Zuschüsse aus städtischen Mitteln sind im Rechnungsjahr 1894/95 gezahlt							
	Noch: für höhere Lehranstalten					für allgemeine Schulverwaltung	für gemeinsame, für die einzelnen Anstalten nicht trennbare Ausgaben	für sämmtliche allgemeine städtische Lehranstalten überhaupt
	Ober-realschulen	Realschulen (höhere Bürgerschulen)	sonstige höhere allgemeine Lehranstalten für das männliche Geschlecht	höhere Töchterschulen	überhaupt			
	9.	10.	11.	12.	13.	14.	15.	16.
Aachen....	42 749	—	—	16 010[1])	110 836	—	—	644 036
Altona....	—	17 522	—	15 580	69 101	18 431	14 962	744 573
Augsburg...	—	—	—	—	—	—	—	383 400
Braunschweig.	38 572	—	—	25 955	64 527	—	4 700	638 782
Bremen ...	—	116 812	—	—	426 892	31 239	—	1 399 589
Breslau ..	—	103 878	—	55 339	515 882	77 885	71 533	2 810 157
Cassel	100 516	30 507	11 100[7])	54 196	296 004	12 200	5 536	948 855
Crefeld....	30 954	—	—	7 598	127 648	—	—	857 456
Dortmund ..	—	60 172	—	25 844	201 850	—	—	937 206
Dresden ...	—	65 617	—	22 408	311 965	20 128	—	2 151 436
Düsseldorf ..	—	45 000	—	21 820	184 220	—	—	1 115 497
Essen.....	—	48 500	—	25 100	123 900	—	—	582 100
Frankfurt a. M.	78 081	44 673	—	36 371	372 751	27 802	52 998	1 746 378
Frankfurt a. O.	—	—	—	2 579	46 097	—	14 587	284 508
Halle a. S. . .	33 498	—	—	1 358	91 213	—	—	485 610
Hannover...	33 988	157 889	81[2])	96 007[1])	458 874	10 404	68 852[3])	1 515 075
Kiel.....	36 792	—	—	20 568	57 360	10 582	8 343	684 275
Köln.....	40 471	48 971	—	34 082	184 827	20 321		1 937 198
Königsberg i.Pr	—	18 151	—	20 515	205 678	.	29 917	791 484[4])
Leipzig....	—	412 664	67 342	43 385	835 688	—	6 735	4 079 492
Liegnitz ...	—	21 028	—	17 034	73 844	—	—	248 086
Lübeck....	—	56 391	—	—	201 157	15 206	11 849	686 124
Magdeburg ..	42 402	48 277	—	68 560	262 281	—	—	1 481 270
Mainz....	—	—	—	11 646	11 646	—	—	831 266
Mannheim ..	—	98 151	—	10 000	167 374	—	1 615	906 838
Metz.....	—	—	—	—	—	8 000	15 600	179 458
München...	—	—	51 568	29 422	80 990	23 082	—	3 494 956
Plauen i. V. .	—	27 729	—	—	27 729	—	—	338 181
Potsdam ...	—	16 200	—	18 674	78 680	—	—	826 633
Spandau ...	—	—	—	9 613	9 613	—	—	312 672
Strassburg i.E.	—	—	—	65 642	65 642	15 000	—	694 649
Stuttgart ..	—	—	—	—	—	—	14 947	636 805
Zwickau ...	—	—	—	—	68 827	3 058	4 431	383 546

Die Anmerkungen befinden sich auf Seite 111.

Tabelle V. **Zuschüsse aus städtischen Mitteln für nicht städtische Schulen (ausschliesslich der Fachschulen) im Rechnungsjahre 1894/95.**

Städte	Zu-schuss 𝓜	Städte	Zu-schuss 𝓜	Städte	Zu-schuss 𝓜	Städte	Zu-schuss 𝓜	Städte	Zu-schuss 𝓜
Aachen . . .	26 811	Cassel	11 000	Essen.	21 600	Karlsruhe . .	2 200	München . .	34 9?
Altena	9 950	Charlottenbg.	3 045	Frankfurt a.M.	6 810	Kiel	13 400	Nürnberg. .	12 6?
Barmen . . .	500	Chemnitz . .	9 5Q0	Frankfurt a.O.	9 000	Köln	2 488	Posen. . . .	23 7?
Bochum . . .	5 500	Dortmund . .	300	Görlitz	1 950	Königsbg.i.Pr	1 310	Spandau . .	17 0?
Braunschwg.	10 600	Dresden . . .	12 400	Halle a. S. .	9 500	Leipzig. . . .	2 500	Strassbg.i.E.	32 5?
Bremen . . .	77 212	Duisburg . .	5 580	Hamburg . .	30 075	Mainz	10 613	Stuttgart . .	75 ??
Breslau . . .	44 512	Erfurt	20 016	Hannover . .	800	Metz	18 967	Zwickau . .	1 50

*) Incl. 44 048 𝓜 Baukosten.

Tabelle VI. **Die Schulgeldsätze in den städtischen Schulen im Jahre 1894/95.**

Städte	Bezeichnung der Anstalten	Das Schulgeld beträgt jährlich für	
		Einheimische 𝓜	Auswärtige 𝓜
Aachen	Volksschule	—	—
	Mittelschule { Klasse VI, V	40	60
	„ IV—I	50	70
	Realgymnasium { Klasse VI—UII . . .	100	172
	„ OII—I	125	197
	Oberrealschule { Klasse VI—UII . . .	100	172
	„ OII—I u.Fachklasse	120	192
	Höhere Töchterschule { Klasse X, IX .	70	100
	„ VIII, VII	100	130
	„ VI—I . .	125	155
Altena	Volksschule	—	—
	Mittelschule	36 bezw. 60	54 bezw. 90
	Realgymnasium, Realschule	120	180
	Vorschule zu den beiden letzteren . .	72	108
	Höhere Töchterschule	72—150	108—225
Augsburg	Volksschule	—	15—30

Noch Tabelle VI. **Die Schulgeldsätze in den städtischen Schulen im Jahre 1894/95.**

Städte	Bezeichnung der Anstalten	Das Schulgeld beträgt jährlich für	
		Einheimische ℳ	Auswärtige ℳ
Barmen	Volksschule	—	—
	Höhere Lehranstalten Klasse VI . . .	96	96
	für das männliche " V . . .	112	112
	Geschlecht " IV . . .	128	128
	" III—I . .	144	144
	Fachklassen der Gewerbeschule	144	144
	Klasse X	72	72
	" IX	84	84
	" VIII . . .	96	96
	Höhere Töchterschule " VII . . .	108	108
	" VI . . .	120	120
	" V . . .	132	132
	" IV—I . .	144	144
Berlin	Volksschule	—	—
	Gymnasium, Realgymnasium, Oberreal-schule	100	100
	Realschule	80	80
	Höhere Töchterschule	100	100
Bochum	Volksschule	—	—
	Gymnasium	120	180*
	Oberrealschule . . . . . : . . .	120	150*
Braunschweig	Volksschule { untere Bürgerschule . . .	4	25
	mittlere " . . .	20	50
	Mittelschule	72	102
	Oberrealschule	100	130
	Höhere Töchterschule	100	130
	Fortbildungs- und Gewerbeschule . . .	6. 12. 24	6. 12. 24
Bremen	1 Kind	5	5
	Volksschule { 2 Geschwister	7,50	7,50
	3 "	9	9
	4 und mehr Geschwister .	10	10
	Gymnasium und { Klasse VI, V.	100	100
	Realgymnasium " IV—I . . .	120	120
	Realschule { Klasse VI—IV	60	60
	" III—I	80	80
Breslau	Volksschule	—	86†
	Mittelschule	48	72
	Gymnasium, Realgymnasium	120	150
	Vorschulklassen zu beiden	99	135
	Realschule	90	120
	Vorschule dazu	72	96
	Höhere Töchterschule	96	132

* Für die Auswärtigen der Aemter Bochum 1, Bochum 2 und Weitmar werden 50%, von den weiter entfernt Wohnenden 25% Zuschlag zum Schulgeld erhoben.
† Im allgemeinen 86 ℳ; nach Festsetzung durch die Königl. Regierung zahlen jedoch die Kinder von 4 benachbarten Ortschaften nur 9 ℳ, die aus 8 anderen Nachbarorten 12 ℳ jährlich; im übrigen ist die Schuldeputation ermächtigt, je nach den Verhältnissen den Jahressatz von 36 ℳ bis auf 6 ℳ zu ermässigen.

Noch Tabelle VI. **Die Schulgeldsätze in den städtischen Schulen im Jahre 1894/95.**

Städte	Bezeichnung der Anstalten	Das Schulgeld beträgt jährlich für	
		Einheimische $\mathscr{M}$	Auswärtige $\mathscr{M}$
Cassel	Volksschule	—	24
	Mittelschule	60	80
	Realgymnasium	108	144
	Oberrealschule { Klasse VI—U II . . .	90	120
	〃 O II—I . . .	108	144
	Realschule, Höhere Töchterschule . . .	90	120
Charlottenburg	Volksschule	—	30
	Realgymnasium	100	100
	Realschule	80	80
	Höhere Töchterschule	100	100
	Vorschule zu den höheren Lehranstalten	72	72
Chemnitz	II. Abtheilung	4,80	—
	Volksschule { I. 〃 { Klasse VII, VI	19,20	52,80
	〃 V—IV	21,60	52,80
	〃 III—I .	26,40	52,80
	Höhere Volksschule { Klasse VIII—V .	48	120
	〃 IV—I .	60	120
	Realgymnasium	120	120
	Realschule	120	180
Crefeld	Volksschule	—	—
	Mittelschule { Klasse IX—VII.	54	84
	〃 VI—IV	72	84
	〃 III—I	84	84
	Eintrittsgeld	6	6
	Gymnasium, Realgymnasium u. Oberrealschule { bei einem Einkommensteuersatze bis zu 16 $\mathscr{M}$. . . .	90	mindest. 140
	über 16—36 $\mathscr{M}$. . .	100	〃 140
	〃 36—70 . . .	120	〃 140
	〃 70—276 . . .	140	〃 140
	〃 276 $\mathscr{M}$ . . .	160	〃 140
	Eintrittsgeld . . .	6	12
Dortmund	Volksschule	—	23,25
	Gymnasium und Realgymnasium . . .	120	170
	Realschule	80	120
	Höhere Töchterschule { Klasse I—VII .	100	140
	Selekta	120	160
Dresden	Volksschule { Bezirksschule	7,20	11
	Bürgerschule	48	(57,60) 72
	Gymnasium, Realgymnasium u. Realschule	120	(144) 180

Noch Tabelle VI. **Die Schulgeldsätze in den städtischen Schulen im Jahre 1894/95.**

Städte	Bezeichnung der Anstalten	Das Schulgeld beträgt jährlich für	
		Einheimische *ℳ*	Auswärtige *ℳ*
Noch Dresden	Höhere Töchterschule { Klasse X—VIII . „ VII—I . Besitzt der Erziehungspflichtige das Dresdener Bürgerrecht, so bezahlt er die in Klammer beigesetzten Beträge.	108 144	(129,60) 162 (172,80) 216
Düsseldorf	Volksschule , ... Mittelschule . . . . Realgymnasium . . . . Realschule . . . . Vorschule zu den höheren Lehranstalten Höhere Töchterschule { Klasse X—VIII . „ VII—I .	— 60 120 90 90 80 125	— 60 120 90 90 80 125
Duisburg	Volksschule . . . . Mittelschule . . . . Realgymnasium . . . . Vorschule dazu . . . . Eintrittsgeld . . . . Höhere Töchterschule { Klasse X—IX . „ VIII—VII „ VI—V . „ IV . . „ III . . „ II . . „ I . . .	— 30 120 90 6 80 90 100 110 120 130 140	— 30 150 90 6 80 90 100 110 120 130 140
Erfurt	Volksschule . . . . I. Bürgerschule . . . . II. Bürgerschule { Klasse VI . . . . . „ V . . . . . „ IV . . . . „ III . . . . „ II . . . . „ I . . . . Mittelschule { Klasse VIII—VI . . . . „ V—I . . . . Realschule . . . . Höhere Töchterschule { Klasse IX—VII . „ VI—IV . „ III—I .	— 30 6 7,20 8,40 9,60 10,80 12 48 60 90 70 80 90	12 45 12 12 12 12 12 12 72 90 120 105 120 135
Essen	Volksschule . . . . Realgymnasium . . . . Realschule . . . . Höhere Töchterschule	— 120 90 100	— 150 120 150

Noch Tabelle VI. **Die Schulgeldsätze in den städtischen Schulen im Jahre 1894/95.**

Städte	Bezeichnung der Anstalten	Das Schulgeld beträgt jährlich für	
		Einheimische *M.*	Auswärtige *M.*
Frankfurt a. M.	Volksschule	—	—
	Mittelschule	36 bezw. 52	36 bezw. 52
	Gymnasium u. Musterschule (Realgymnas.)	150	150
	Wöhlerschule (Realgymnasium)	150	*150
	Oberreal- und Realschule	100	100
	Höhere Töchterschule { Elisabethschule .	150	150
	Engl. Fräuleinschule u. Selecten-Schule . .	52	52
Frankfurt a. O.	Volksschule	—	9
	Mittelschule	l.Durchschnitt 26	l.Durchschnitt 36
	Realgymnasium	100	120
	Vorschule zu den höheren Lehranstalten	72	90
	Höhere Töchterschule	, 90	, 114
Freiburg i. B.		unbekannt	unbekannt
Görlitz	Volksschule	—	24
	Mittelschule	36	48
	Gymnasium und Realgymnasium . . .	100	136
	Realschule	60	84
	Höhere Töchterschule	90	120
	Lehrerinnen-Seminar	108	144
Halle a. S.	Volksschule { 1. Kind	20	45
	jedes 2. Kind	14	36
	, 3. , ...	8	18
	, 4. , ...	—	—
	Gymnasium, { 1. Kind	120	180
	Oberrealschule und { jedes 2. Kind . .	100	150
	Höh. Töchterschule { 3. u. jed. weitere Kind	80	120
	Vorschule zu den { 1. Kind	100	150
	höh. Lehranstalten { jedes 2. Kind . .	80	120
	{ 3. u. jed. weitere Kind	60	90
Hamburg	Volksschule: Je nach dem Einkommen der Eltern	12. 24. 36. 48	12. 24. 36. 48
	Bei einem Einkommen von weniger als 700 *M* wird Schulgeld nicht erhoben.		
	Gymnasium und Realgymnasium . . .	192	192
	Realschule	144	144
	Vorschule zu den höheren Lehranstalten	120	120

* In den Handelsklassen 350 *M.*

Noch Tabelle VI. **Die Schulgeldsätze in den städtischen Schulen im Jahre 1894/95.**

Städte	Bezeichnung der Anstalten	Das Schulgeld beträgt jährlich für	
		Einheimische 𝓜	Auswärtige 𝓜
Hannover	Volksschule	—	50
	Mittelschule	80	100
	Lyceum, Realgymnasium u. Oberrealschule	120	150
	Realschule . . . . . { Klasse IX—VI .	80	100
	Höhere Töchterschule { Klasse IX—VI .	96	120
	„ V—I . .	120	144
Karlsruhe	Volksschule	8	8
	Mittelschule	28	28
	Realgymnasium	60	60
	Oberrealschule und Realschule	42	42
	Höhere Töchterschule	81	81
Kiel	Volksschule	—	—
	Mittelschule { für Knaben	48	72
	„ Mädchen	40	60
	gehobene Mädchenschule Klasse VIII—V . . .	48	72
	gehobene Mädchenschule Klasse IV—I	60	90
	Oberrealschule	120	150
	Vorschule zur letzteren	72	100
	Höhere Töchterschule { Klasse X—VIII .	72	108
	„ VII—I .	100	150
Köln	Volksschule	—	36
	Mittelschule	60	90
	Gymnasium und Realgymnasium . . .	120	150
	Oberrealschule { Klasse VI—U.II . . .	100	130
	„ O.II—O.I . .	120	150
	Realschule	* 90	120
	Vorschule zu den höheren Lehranstalten	90	120
	Höhere Töchterschule { Oberstufe . . .	120	150
	Unterstufe . . .	100	130
Königsberg i. Pr.	Volksschule	—	—
	Bürgerschule	24	**24
	Mittelschule { Klasse VIII—VI	48	48
	„ V—I	60	60
	Gymnasium und Realgymnasium . . .	120	120
	Realschule	80	80
	Vorschule zum Realgymnasium	100	100
	„ zur Realschule	72	72
	Höhere Töchterschule { Klasse VIII—VI	64	64
	„ V—IV .	76	76
	„ III—I .	100	100

* Handelsklasse 100 𝓜.
** Die Kinder aus Mühlenhof zahlen nur 6 𝓜.

Noch Tabelle VI. **Die Schulgeldsätze in den städtischen Schulen im Jahre 1894/95.**

Städte	Bezeichnung der Anstalten	Das Schulgeld beträgt jährlich für	
		Einheimische ℳ	Auswärtige ℳ
Leipzig	Volksschule	4,50 bezw. 18	54
	Höhere Bürger- (Volks-) Schule . . .	36 bezw. 48	72 bezw. 96
	Gymnasium und Realgymnasium . . .	120	150
	Realschule	72	135
	Gewerbe-schule { Tagesabtheilung	40	40
	Abendabtheilung	20	20
	fürTischler u. Decorationsmaler	10	10
	Höhere Töchterschule	120	150
Liegnitz	Volksschule	—	6—9
	Mittelschule	12—24	18—36
	Gymnasium	110	120
	Realschule	80	100
	Vorschule zum Gymnasium	60	72
	„ zur Realschule	48	60
	Höhere Töchterschule	40—80	52—92
Lübeck	Volksschule	12	12
	Besuchen mehrere Kinder der-selben Familie gleichzeitig die Schule, so ist für das dritte und folgende Kind nur die Hälfte des Schulgeldes zu entrichten.		
	Mittelschule	40	40
	Gymnasium	120	120
	Realschule	90	90
	Vorschule zum Gymnasium	80	80
	„ zur Realschule	60	60
Magdeburg	Volksschule	—	—
	Bürgerschule	18	48
	Gymnas., Realgymnas. u. Oberrealschule	120	180
	Realschule	100	150
	Vorschule zu den höheren Lehranstalten	80	120
	Höhere Töchterschule	100	150
Mainz	Volksschule	—	—
	Höhere Töchterschule { Klasse X—VII .	66	66
	„ VI—IV .	84	84
	„ III—I .	120	120
Mannheim	Volksschule	—	—
	Bürgerschule	28	28
	Realgymnasium und Realschule. . . .	30—63	30—63
	Höhere Töchterschule	72—144	72—144
	Grossherzogl. { Ganzpensionärinnen . .	1200	1200
	Töchterschule { Halbpensionärinnen . .	800	800

Noch Tabelle VI. **Die Schulgeldsätze in den städtischen Schulen im Jahre 1894/95.**

Städte	Bezeichnung der Anstalten		Das Schulgeld beträgt jährlich für	
			Einheimische ℳ	Auswärtige ℳ
Metz	Volksschule		—	—
	Mittelschule		36	36
München	Volksschule		—	—
	Handelsschule		150	150
	Höhere Töchterschule { Unterklassen . .		150	150
	Oberklassen . .		180	180
Nürnberg	Volksschule		—	6
	Handelsschule { Klasse I—IV		100	100
	„ V—VI		120	120
	Vorbereitungsklassen dazu		80	80
	Klasse I—II . .		48	48
	Höhere Töchterschule { „ III—IV . .		60	60
	„ V—VI . .		72	72
	„ VII—IX . .		84	84
	Klasse I—II . . .		72	72
	Port'sches Töchter- { „ III—VII . .		84	84
	Institut { „ VIII—IX . .		96	96
	„ X		150	150
	Baugewerkschule { Tagesabtheilung .		40	40
	Abendabtheilung . .		4	4
	Mädchen- { Realien-Unterricht .		36	36
	Fortbildungsschule { Stenographie-Unterr.		4	4
Plauen i. V.	Volksschule { Klasse VII—IV		5,20	.
	„ III—I		7,80	
	Höhere Volks- { Klasse VII—VI . . .		18,20	36,40
	schule { „ V—IV . . .		20,80	41,60
	„ III—I . . .		23,40	46,80
	Klasse VIII		26	52
	Realschule { „ VII—VI		32	64
	„ V—IV		40	80
	„ III—I		50	100
Posen	Volksschule		—	20
	Mittelschule		18 bezw. 40	50 bezw. 72
Potsdam	Volksschule		—	18
	Klasse VII—V für Knaben }			
	Mittelschule { „ VIII—VI „ Mädchen }		52	64
	„ IV—I „ Knaben }			
	„ V—I „ Mädchen }		60	72
	Gymnasium und Realgymnasium . . .		120	120
	Klasse VI—V		66	66
	Realschule { „ IV—III		80	80
	„ II.-I.		100	100
	Vorschule zum Gymnasium . . .		100	100
	„ „ Realgymnasium		90	90
	„ „ Realschule		66	66
	Höhere Töchterschule { Seminarklassen .		120	140
	übrige Klassen .		100	120

Noch Tabelle VI. **Die Schulgeldsätze in den städtischen Schulen im Jahre 1894/95.**

Städte	Bezeichnung der Anstalten	Das Schulgeld beträgt jährlich für	
		Einheimische $\mathcal{M}$	Auswärtige $\mathcal{M}$
Spandau	Volksschule	—	24
	Mittelschule	48 bezw. 54	72 bezw. 81
	Höhere Töchterschule	84	126
Strassburg i. E.	Volksschule	6	6
	Mittelschule	36	36
	Höhere Töchterschule { Klasse VII—V .	90	90
	„ IV—II .	100	100
	„ I .	120	120
	Lehrerinnenschule	150	150
Stuttgart	Volksschule	[1]) 2,40	[1]) 2,40
	Bürgerschule { Klasse I—II	[2]) 20	[2]) 20
	für Knaben { „ III—VI	[3]) 24	[3]) 24
	„ VII—VIII . . .	[2]) 28	[2]) 28
	für den französ. Unterricht	[3]) 10	[3]) 10
	{ für 1 Kind .	24	24
	Klasse I—II { „ 2 Kinder	20	20
	„ 3 u. mehr	16	16
	Bürgerschule { „ 1 Kind .	30	30
	für Mädchen { „ III-V { „ 2 Kinder	25	25
	„ 3 u. mehr	20	20
	{ „ 1 Kind .	36	36
	„ VI-VIII { „ 2 Kinder	30	30
	„ 3 u. mehr	24	24
	für den französ. Unterricht	[4]) 10	[4]) 10
Wiesbaden	Volksschule	—	30
	Gehobene Volksschule	[5]) 5	[5]) 50
	Oberrealschule	96	128
		u. 12 $\mathcal{M}$ Aufnahmegeld	
	Höhere Töchterschule	96	128
	Vorschule zu den höheren Lehranstalten	96	128
	Geschwister erhalten $^2/_3$ bezw. $^1/_2$ Vergünstigung in den höheren Schulen.		
Würzburg		unbekannt	unbekannt
Zwickau	Volksschule	4,80 bezw. 18	9,60 bezw. 54
	Höhere Volksschule	36—60	72—120
	Gymnasium	120	120
	Realgymnasium	80	120

[1]) Kommt vom 1. Mai 1895 ab in Fortfall.
[2]) Besuchen mehrere Kinder derselben Familie gleichzeitig die Schule, so ist vom 1. 7. 96 ab für das erste der volle Betrag, für das zweite $^2/_3$ und für das dritte $^1/_2$ des oben bezeichneten Satzes zu zahlen, während für die folgenden Kinder Schulgeld nicht zu entrichten ist.
[3]) Kommt vom 1. Juli 1896 ab in Fortfall.
[4]) Desgl. vom April 1896 ab.
[5]) Ausserdem für den französischen Unterricht 6 $\mathcal{M}$.

Anmerkungen zu den Tabellen.

Tabelle I Seite 90.

[1]) Darunter je 1 Schule für Waisen und Verwahrloste. — [2]) Ausserdem 1 Vorschule zu den höheren Lehranstalten mit 8 Lehrern, 3 Stufen, 9 Klassen 352 Schülern. — [3]) Darunter 1 höhere Volksschule, bisher bei den Mittelschulen geführt. [4]) Darunter 2 höhere Volksschulen, bisher bei den Mittelschulen geführt. — [5]) Ausserdem 1 Vorschule zu den höheren Lehranstalten mit 7 Lehrern, 3 Stufen, 6 Klassen, 278 Schülern. — [6]) Ausserdem 1 Vorschule zu den höheren Lehranstalten mit 3 Lehrern, 8 Klassen, 113 Schülern. — [7]) Höhere Bürgerschule, bisher bei den Mittelschulen geführt. — [8]) Ausserdem 1 Vorschule zu den höheren Lehranstalten mit 14 Lehrern, 3 Stufen, 14 Klassen, 664 Schülern. — [9]) Bürgerschule mit facultativem Unterricht im Französischen. Ausserdem ist noch eine Vorschule zu den höheren Lehranstalten vorhanden mit 17 Lehrern, 2 Stufen, 17 Klassen, 706 Schülern. — [10]) Bürgerschule mit facultativem französischem Unterricht. — [11]) Ausserdem werden 389 Knaben (7 Klassen) in Mädchenschulen unterrichtet.

Tabelle I Seite 91.

[1]) Darunter 6 Schulen für Nichtvollsinnige, Idioten, Obdachlose und jugendliche Epileptiker. — [2]) Ausserdem 4 einklassige Hülfsschulen für Schwachbefähigte mit 44 Knaben und 29 Mädchen. — [3]) Darunter 1 Hülfsschule für Nichtvollsinnige. — [4]) Darunter 10 Bürgerschulen, im Vorjahr bei den Mittelschulen geführt. — [5]) Darunter 4 höhere Bürgerschulen, bisher bei den Mittelschulen geführt. — [6]) Darunter 1 höhere Volksschule, bisher bei den Mittelschulen geführt. — [7]) Ausserdem 1 Vorschule zu den höheren Lehranstalten mit 4 Lehrern, 3 Stufen, 4 Klassen, 94 Schülern. — [8]) Darunter 389 Knaben.

Tabelle I Seite 92.

[1]) Die Handarbeitslehrerinnen sind nicht mitgerechnet. — [2]) Ausserdem 2 Schulen für Schwachsinnige mit 4 Lehrern, 4 Klassen, 30 Knaben und 29 Mädchen.

Tabelle I Seite 93.

[1]) Darunter 5322 (2781 m., 2541 w.) Freischüler.

Tabelle II Seite 94.

[1]) Mit Einschluss der Spalte 2. — [2]) In Spalte 1 miteinbegriffen. — [3]) Mit Einrechnung der Aufwendungen für die Schuldiener. — [4]) Städtischer Beitrag. — [5]) In Spalte 6 mit einbegriffen. — [6]) Ohne Wittwen- und Waisengelder. — [7]) Mit Einrechnung der Beiträge zur staatlichen Ruhegehalts-, sowie zur Lehrerwittwen-Kasse. — [8]) Vergleiche Anmerkung zu 7. — [9]) Besoldung für Schulbeamte, Hausmänner, Heizer. — [10]) Mit Ausschluss der Kosten für Kleinkinderschulen. — [11]) Ohne Ruhegehälter. — [12]) Ohne Ruhegehälter und Wittwen- und Waisengelder.

Tabelle II Seite 95.

[1]) Darunter 66 509 ℳ. für den Neubau eines Schulhauses für Mittel- und Volksschule. — [2]) Mit Einrechnung der Kosten für Kleinkinderschulen.

Tabelle II Seite 96.

[1]) Ohne die Kosten für Verzinsung und Tilgung der Bauschulden. — [2]) Davon sind 135 356 ℳ. durch Schulsteuern aufgebracht. — [3]) Darunter 162 500 ℳ. aus Anleihekapitalien. — [4]) Ohne die Kosten für das Turnwesen (dieselben sind bei den gemeinsamen Kosten nachgewiesen — Tabelle III). — [5]) Ohne die Kosten für Bauten. — [6]) Mit Ausschluss der persönlichen Kosten für Kleinkinderschulen, sowie der Kosten für Verzinsung und Tilgung der Bauschulden. — [7]) 83 670 ℳ. aus den sogen. Bürgerschulen und 154 ℳ. aus den eigentlichen Volksschulen von den Kindern der Gemeinde Mühlenhof. — [8]) Nur für die eigentlichen Volksschulen, da für die sogenannten Bürgerschulen Staatszuschuss nicht gezahlt wird.

Tabelle IV Seite 100.

[1]) Bei Spalte 12 mitangegeben. — [2]) Zugleich für das Realgymnasium. — [3]) In Spalte 7 mitenthalten. — [4]) Bezieht sich auf die beiden Volksschulen mit facultativem Unterricht im Französischen, welche bisher bei den Mittelschulen geführt sind.

Tabelle IV Seite 101.

[1]) Mit Einrechnung der Kosten für die Mädchen-Mittelschulen. — [2]) Vorschule zu den höheren Lehranstalten. — [3]) Darunter die Kosten für das Turnwesen. — [4]) Ohne die Kosten für die allgemeine Schulverwaltung und die beiden Schulen für schwachsinnige Kinder.

Oeffentliche Bibliotheken.

Von

Director **Dr. G. H. Schmidt,**

Docent der Staatswissenschaften,
Vorstand des statistischen Amts der Stadt Mannheim.

Die Wichtigkeit des sozialen Wirkens im Dienste des Kulturfort-
schrittes wird mehr und mehr erkannt, und ausgehend von der Thatsache, dass die Geistesbildung, welche in unseren Schulen erzielt wird,
theils mangelhaft— wenigstens einseitig fachwissenschaftlich — theils nicht
nachhaltig ist, tritt das Verlangen nach University extension, allgemein
zugänglichen Bibliotheken und Bildungsanstalten aller Art immer
stärker hervor.

Dass einzelnen Vorträgen oder Vorstellungen wesentlich nur ein
Unterhaltungszweck und kein Belehrungswerth beigemessen werden
kann, dringt in das sich ständig erweiternde allgemeine Bewusstsein.
In solchen „Paradereden" wird höchstens ein mit der flüchtigen
Stunde verfliegendes Ergötzen erzielt; dabei erregen sie in ihrer Ab-
rundung und Eleganz das Gefühl der Befriedigung, nicht des Hungers
nach tiefer wahrer Belehrung; statt des Ansporns bringen sie Erschlaf-
fung der Geistesthätigkeit: das Gegentheil von dem, was jeder Unterricht
auf allen Stufen in allen Formen erreichen soll. Die geistige und wissen-
schaftliche Anregung und nothwendige Anleitung können nur ernst-
hafte methodische Curse erzielen, welche, neben der Anwendung der
technischen Verfahrungsweisen auf dem Gebiete der Naturwissenschaften,
den auch dort sehr wichtigen und in den Geisteswissenschaften fast
allein gangbaren Weg zur sachgemässen, bestimmten Zielen zu-
strebenden Benutzung der Literatur zeigen.

Ist hiermit die Bedeutuung der Literatur fixirt, so liegt die Forderung ihrer Beschaffung durch öffentliche Bibliotheken auf der
Hand. Es bleibt nur noch die Frage, um welche Literatur es sich
handelt. Auszuschliessen ist lediglich die Schundliteratur, die allein
pekuniäre Zwecke verfolgt. Als ein besonderer Unfug muss gekennzeichnet werden, dass hie und da Ausschusswaare schlechtester
Qualität, zusammen mit vollkommen veralteten Werken, unter der Firma
gemeinnütziger Volksbibliotheken ausgestellt wird.

Wer wenig Zeit hat zum Lesen, darf gewiss nur das Beste lesen.
Darum muss das Beste dem Volke geboten werden, und weil es aus
ihm noch unbekannten Quellen schöpfen will, braucht es Rath und
Unterweisung von urtheilsfähigen Bibliothekaren. Und weiter erfordert
eine zweckmässige Benutzung der Bibliotheken, wie schon angedeutet,
von geeigneten Lektoren abzuhaltende Volksbildungscurse.

Die Unterscheidung der Bibliotheken in Volksbibliotheken und
solche die allein oder vorwiegend gelehrten Zwecken dienen, ist

zwar keine strikte, sie deutet jedoch die Ziele an, welche den Bibliotheken gesteckt sind.

In England und Amerika entfalten die Bibliotheken bereits seit vielen Jahren eine das ganze Volksleben durchdringende Wirksamkeit, aber hier wie bei den Volkscursen ist man in Deutschland hinter den Anforderungen der Zeit zurückgeblieben. Ed. Reyer (Handbuch des Volksbildungswesens, Stuttgart 1896) veranschlagt die Zahl der Buchentlehnungen in sämmtlichen deutschen Volksbibliotheken auf ca. vier Millionen pro Jahr, während die Völker mit englischer Sprache jährlich 40 bis 50 Millionen Entlehnungen erzielen. Es ist eine sozialpolitische Aufgabe, der Volksbildung und namentlich auch den Volksbibliotheken grössere Fürsorge zu Theil werden zu lassen durch ausreichende Subvention von Seiten der öffentlichen Körperschaften.

Die privaten Leihbibliotheken können dort, wo die öffentlichen Bibliotheken ins Haus leihen — abgesehen von dem Salonroman und der seichten Literatur — nur noch auf dem Felde der Novitäten mit Nutzen concurriren.

Die Umwandlung geschlossener Vereinsbibliotheken — vielfach zweckmässig in der Art der Vereinigung mehrerer solcher — in öffentliche Bibliotheken entspricht einem allgemeinen Bedürfnisse.

Zukünftiger Bearbeitung des gleichen Gegenstandes muss eine Erweiterung des Fragebogens durch Aufnahme von Fragen nach Lesezimmern, Bibliothekstunden etc. vorbehalten bleiben.

In den Städten Bochum, Charlottenburg, Crefeld, Dortmund, Essen, Liegnitz, Posen, Potsdam und Spandau sind öffentliche Bibliotheken zum Theil nicht vorhanden, zum Theil fehlt jede Nachricht.

Ueber Bestand, Zuwachs, Entlehnung und finanzielle Verhältnisse der vorzugsweise oder lediglich gelehrten Zwecken dienenden öffentlichen Bibliotheken ist in Tabelle I an der Hand der von 33 Städten ausgefüllten Fragebogen berichtet. In Tabelle II sind die entsprechenden Daten über die in 26 Städten befindlichen Volksbibliotheken zusammengestellt. Und Tabelle III giebt einige Relativzahlen.

Die stärkste Benutzung gelehrter Bibliotheken findet sich in Strassburg mit 8237 entlehnten Bänden auf 10000 Einwohner, es folgt Frankfurt a. M. mit 5341 Bänden, weiter Stuttgart, Freiburg i. Br., Berlin mit etwas über 3000, ferner Dresden, München, Halle a. S., Königsberg mit über 2000 Bänden, es folgen Wiesbaden, Breslau, Leipzig, Cassel, Mainz, Karlsruhe, Bremen mit über 1000 entliehenen Bänden, weiter Barmen, Lübeck, Braunschweig, Hannover, Aachen, Chemnitz, Köln, Magdeburg, Augsburg, Hamburg, Mannheim, Metz, Erfurt und Zwickau mit 100 entliehenen Bänden auf 10000 Einwohner.

Die Benutzung der Volksbibliotheken ist am stärksten in dem katholischen Freiburg i. B. mit 5965 entliehenen Bänden auf 10000 Einwohner, es folgen Dresden, Königsberg, Wiesbaden, München, Karlsruhe, Berlin, Altona, Cassel mit über 2000 Bänden, ferner Kiel, Hannover, Köln, Plauen, Breslau mit über 1000 Bänden, und weiter Magdeburg, Zwickau, Lübeck, Leipzig und Mannheim.

Auf einen Band der Volksbibliotheken kommen entlehnungen in Freiburg i. B. 11,65, Köln a. Rh. 10,21, Cassel 7,68, Altona 7,89, München 6,67, weiter folgen Magdeburg, Wiesbaden, Dresden, Königsberg, Berlin, Karlsruhe, Kiel, Lübeck, Hannover, Breslau herunter bis 2,62 Entlehnungen per Band und endlich Mannheim, Zwickau, Plauen und Leipzig bis zu 1,54 Entlehnungen.

In Bezug auf die Ausgaben überhaupt, welche für die gelehrten Bibliotheken gemacht wurden, reihen sich die Städte folgendermassen: Obenan steht Aachen mit 133,11 Pfennig auf den Kopf der Bevölkerung, es folgen Strassburg mit 102,22 Pfennig,

Fortsetzung Seite 119.

I. Allein oder vorzugsweise gelehrtei

Städte	Staatliche	Städtische	Sonstige	Anzahl der am 1. Januar 1895 vorhandenen		Entliehen wurden im Jahre 1895		Zuwachs im Jahre 1895		Ausgaben im Jahre 189. Ordentlich		
				Werke	Buchbdr.-Bände	Werke	Buchbdr.-Bände	Werke	Buchbdr.-Bände	Gehälter, Remun., Löhne des Pers.	für Ankauf v. Büchern	für das Binden
1	2	3	4	5	6	7	8	9	10	11	12	13
Aachen . .	—	1	—	50 000	90 000	3 400	5 700	800	1 200	5 950	3 211,73	1 40
Augsburg . .	—	—	1	120000	190 000	1 500	2 500	150	400	2 810	3 550	95
Barmen . .	—	1	—	3 641	6 875	7 651	11 107	113	57	1 500	1 700	
Berlin . . .	21	3	3	.	2071696	.	513466	.	52 231	14 200	10816,75	1725.
Braunschweig	1	1	.	37 712	50 809	.	6 626	430	641			
Bremen . .	—	1	—	49 950	98 882	11 141	15 824	861	969	9 025	3 414	2 05
Breslau . .	3	1	1	216540	504 254	.	67 995	.	10 159	16 384	34971,15	7300.
Cassel . . .	1	1	—		.	.	18 050	.	8 872	24 330	11 100	2 40
Chemnitz . .	—	1	—		28 000	.	7 359	.	656	1 532	2 293	
Dresden . .	4	1	2		426 231	.	92 567	.	13 254	.	.	.
Erfurt . . .	1	1	—	49 900	62 000	921	975	90	168	775	1 200	—
Frankfurt a. M.	—	1	4		308 846	.	120269	.	23 826	42 698	28 990	7 2.
Freiburg i. B.	1	1	—		263 280	.	17 700	3 121	.	18 550	28051,93	411
Görlitz . . .	—	—	3		83 500	742	1 098	592	610	220	2 000	3
Halle a. S. .	2	—	4		323 784	.	27 524	.	6 433	29 192	30 390,5.	
Hamburg . .	—	1	1		850 000	.	14 800	6 086	.	42 050	44 000	
Hannover . .	1	1	1		225 000	.	12 023	.	1 450	15 450	13 500	
Karlsruhe . .	1	—	.		162 380	.	10 438	.	2 299	15 710	16 325	2 2.
Kiel	1		.			.		.				
Köln . . .	—	2	—	80 712	120 427	8 467	14 471	2 258	2 989	15 080	8 417	1 .6
Königsberg .	1	1	4		266 473	.	34 587	.	4 783	27 615	26 555	
Leipzig .	2	2	5		661 741	.	67 346	.	13 977	62 425	54 151	16 .
Lübeck . .	—	1	1		101 203	.	5 182	.	1 536	4 460	5 160	1 1.
Magdeburg .	—	1	—		30 000	.	9 279	.	400	5 940	3 000	
Mainz . . .	—	1	—		180 000	.	10 774	.	3 250	12 650	9 500	
Mannheim .	—	1	—		51 000	.	1 886	.	398	2 680	1 810	15
Metz . . .	—	1	—		52 000	.	1 000	.	200	6 000	350	4
München . .	2	—	2		1488000	.	100000	.	.	123 747	87 222	
Nürnberg . .	—	1	.		60 000	4 553	.	471	.	2 700	1 500	6
Strassburg i. E.	1	1	—		807 353	.	110655	.	18 658	59 780	50 626	9 2.
Stuttgart . .	2	—	—		484 403	.	57 915	.	7 105	47 383	31 720	6 .
Wiesbaden .	1	—	—		100 000	.	13 718	.	1 878	12 958	6 345	2 7.
Zwickau . .	—	1	—		25 000	.	500	.	90	1 432	247	

recken dienende öffentliche Bibliotheken.

Mark			Einnahmen im Jahre 1895, Mark						Vermögen		
...bliotheks- andere ordentl. Ausgaben	Ausserord. für Bauten, Einricht. etc.	Summe	aus städtisch. Mitteln	aus staatlich. Mitteln	Zinsen aus eig. Verm., Stift. efc.	Mitglieds-Beiträge	andere Ein-nahmen	Summe	an Grund und Gebäuden ℳ	Kapital-Vermögen (incl. Stiftungen, Legate) ℳ	Feuertax-werth des Bücher-bestandes und Inventars ℳ
15	16	17	18	19	20	21	22	23	24	25	26
750	135 000	146311,75	11 100	—	211,75	—	—	11 311,75	—	—	360 652,85
491	20	12 321	6 021	6 400	104	—	—	12 525	318 526	2 600	329 000
600	—	3 800	3 800	—	—	—	—	3 800	—	—	41 165
316,20	75	27 136,75	2 700	13 900	—	—	10586,75	27 136,75	.	.	.
1 221	—	15 691	14 000		696	—	995	15 691			
7294,50	360	86 309,75	43 440	—	625	—	42244,75	86 309,75	.	.	.
8 124	1 710	51 214	—	—	—	—	—	51 214	—		51 214
350	—	5 975	5 975	—	—	—	—	5 975	—	10 000	91 000
—	—	1 975	—	—	—	—	—	1 975			
18 242	65 945	163 076	61 952	35 189	—	—	4 000	101 141	1 012 000	1 018 382	1 977 500
44,35	—	50 756,83	1 797	47 963,67	—	—	1 006,16	50 756,83	—	3 401	—
—	—	2 520									
2 689	400	67 689,22	—	51851	1 000	700	13738,22	67 689,22	.	.	.
2 200	—	88 250	69 250	—	—	—	19 000	88 250	—	5 771	2 475 604
200	—	29 150	11 450	—	—	—	17 700	29 150	—	—	
1 720	268	33 621	—	30 550	—	—	3 071	33 621	—	—	950 000
1 908	78 961	107 210	97 560	.	900	—	8 750	107 210	.	.	476 786
2 542	—	57 305	2 180	51 655	2 353	650	467	57 305	.		745 000
16 079	2 447	152 813	12 310	116400	4 649	234	9 220	152 813	.	128 636	
823	—	11 629	—	10 539	970	—	70	11 629	—	8 860	67 500
—	—	8 940	8 910	—	—	—	30	8 940	—	—	82 950
2 890	7 500	32 540	32 540	—	—	.	—	32 540	.	.	
656	345	5 648	3 000	—	239	1948	844	6 031	—	5 306	100 000
—	—	6 800	6 800	—	—	—	—	6 800	.	.	
11 000	1 000	222 969	—		222 969			222 969	.		
1 600	322	9 442	8 234		542	—	666	9 442		14 606	329 515
17 661	—	137 320	6 750	123950	—	—	6 620	137 820	.	.	
9 401	—	95 394	—	71 808	—	—	23 586	95 394	.	.	
9 722	820	32 566	—	32 566	—	—	—	32 566	—	—	257 143
50	63	1 792	1 792	—	—	—	—	1 792	—	—	50 000

8*

II. Volk?

Städte	Staatliche	Städtische	Sonstige	Anzahl der am 1. Januar 1895 vorhandenen		Entliehen wurden im Jahre 1895		Zuwachs im Jahre 1895		Ausgaben im Jahre 189? Ordentlich?		
				Werke	Buchbdr.-Bände	Werke	Buchbdr.-Bände	Werke	Buchbdr.-Bände	Gehälter, Remuner., Löhne des Pers.	für den Ankauf v.Büchern	für das Binden ?
1	2	3	4	5	6	7	8	9	10	11	12	13
Altona . . .	—	—	1	1 087	4 034	.	29 800	108	239	1 025	378	368
Berlin . . .	—	27	—	.	94 998	.	375 887	.	.			
Breslau . . .	—	4	—	.	16 810	.	44 083	172	347	2 597	525	315
Cassel . . .	—	2	.	.	2 168	.	16 584	.	119	600	439	
Chemnitz . .	—	—	6	4 982	.	9 509	.	255	.	280	363	112
Dresden . .	—	1	2	.	39 265	.	165 136	.	2 610	.	.	.
Düsseldorf .	—	2	—	3 300	.	21 584	.	295	.	1 120	805	274
Duisburg . .	—	1	1	1 938	.	.	.	.	.	.	.	.
Frankfurt a. M.	—	—	2	18 660	.	170 258	.	3 440	5 606	6 514	3 291	1 530
Frankfurt a. O.	—	—	1	.	.	.	.	.	.	.	.	.
Freiburg i. B.	—	—	1	.	2 700	.	31 452	.	600	1 252	228	433
Halle a. S. .	—	—	2	.	32 984	.	.	.	530	669	524	359
Hannover . .	—	—	3	.	14 387	.	37 677	.	874	388	1 015	756
Karlsruhe . .	—	—	2	1 742	5 811	.	21 316	.	.	841	335	382
Kiel	—	—	1	3 900	5 766	.	15 692	.	160	900	555	108
Köln . . .	—	3	—	8 093	4 896	.	49 990	1 526	2 491	1 055	750	300
Königsberg .	—	—	7	.	17 842	.	72 263	.	985	1 434	905	1 041
Leipzig . .	—	9	2	.	14 786	.	22 629	.	966	1 325	1 525	173
Lübeck . .	—	—	1	1 852	1 910	.	5 010	62	70	400	100	30
Magdeburg .	—	—	1	.	3 226	.	18 000	.	186	150	500	70
Mainz . . .	—	—	1	.	600	.	.	.	.	600	1 600	
Mannheim .	—	—	1	.	2 500	.	2 500	.	1 500	881	1 683	1 061
München . .	—	—	5	.	23 987	.	159 904	.	823	3 300	1 887	583
Plauen . . .	—	—	1	.	4 400	1 460	6 810	14	138	—	208	380
Wiesbaden .	—	—	1	.	5 780	.	30 327	.	217	942	798	683
Zwickau . .	—	—	1	.	2 300	.	8 888	.	86	210	50	40

Bemerkungen zu Tabelle II.

Im Allgemeinen sind in Spalte 5 bis 10 entweder nur Werke oder nur Buchbinderbände angegeben. Die Beantwortung der Fragen über Einnahmen Spalte 18 bis 23 war oft mangelhaft. Ebenso blieb die Frage über Vermögen Spalte 24 bis 26 vielfach unbeantwortet. Im Einzelnen sei bemerkt:

Berlin. Die Zahlen, soweit solche angegeben, sind aus dem statist. Jahrbuch der Stadt Berlin Jahrgang 21 entnommen und beziehen sich auf das Jahr 1894/95.

Dresden Die Ausgaben und Einnahmen bleiben, weil nur einige Zahlen notirt sind, unberücksichtigt.

Duisburg. Die Angabe in Spalte 5 gilt für beide Bibliotheken, die unvollständigen Angaben nur einer Bibliothek für Spalten 6 bis 26 blieben unberücksichtigt.

Frankfurt a. O. Ueber die als Volksbibliothek zu betrachtende „Bibliothek des Handwerkervereins" sind keine Aufzeichnungen gemacht worden.

Halle a. S. Das Entleihen von Büchern — Spalte 7 und 8 — konnte in einer

Mark				Einnahmen im Jahre 1895, Mark						Vermögen am 1. Januar 1896		
... biblio-thekraume	andere ordentl. Ausgaben	Ausserordentliche Ausgaben	Summe	aus städtisch. Mitteln	aus staatlich. Mitteln	Zinsen aus eignem Vermögen Stiftg. etc.	Mitglieds-Beiträge	Andere Einnahmen	Summe	aus Grund und Gebäuden ℳ	Kapital, Vermögen (incl. Stiftungen Legate) ℳ	Feuertax-werth des Bücher-bestandes und Inventars ℳ
14	15	16	17	18	19	20	21	22	23	24	25	26
-	85	—	1856	—	—	77	1787	—	1864	—	2200	6000
-	27685	—	27685	24300	—	—	—	3456	27756	.	.	
-	1198	—	6940	6732	—	—	—	208	6940	—	—	20000
60	150	—	1349	1349	—	—	—	—	1349	.	.	
-	42	73	870	100	380	10	313	393	1196	.	445	—
-	159	—	2358	2177	.	.	181	.	2358	—	—	40288
76	3129	1003	18143	3000	—	606	7995	6542	18143	.	29239	30000
10	475	467	3595	1000	—	9	964	1622	3595	—	—	9075
-	1033	—	2585	—	—	1882	700	649	2781	.	.	
-	271	—	2480	600	200	144	940	635	2519	.	.	
-	—	24	1582	500	200	91	—	384	1625	.	2188	—
-	50	—	1613	—	—	—	731	1350	2081	—	—	20000
-	380	—	2485	2165	—	—	—	320	2485	.	.	
-	232	—	3612	1200	—	1196	1031	1265	4692	—	500	3000
-	221	132	3376	3730	500	808	—	54	4592	—	306	16900
0	50	—	680	—	—	—	600	100	700	—	—	4000
D	10	—	750	—	—	—	—	750	750	—	—	5000
0	600	1500	5150	—	—	—	3000	2150	5150	.	.	4000
-	313	787	4725	2000	—	37	982	2769	5788	—	1065	
0	671	—	8641	—	8641					8641	.	.	6000
-	70	—	655	400	50	—	118	87	655	.	.	
-	115	—	2518	900	—	—	—	1618	2518	—	—	
0	10	—	410	150	—	—	—	270	420	—	—	2280

Bibliothek nicht gezählt werden; in der anderen wurden in 7 Monaten (5 Monate wegen Neuordnung geschlossen) 6852 Bände entliehen.

Karlsruhe. Die Ausfüllung von Spalte 9 und 10 war nicht möglich, da der Zuwachs nur für eine Bibliothek mit 15 Bänden angegeben ist.

Köln a. Rh. Die Angaben sind für 1895/96. Spalte 5 und 6 beziehen sich nur auf 2 Bibliotheken. Die entliehenen Bände in Spalte 8 sind angeblich Biblio-graphische Bände.

Königsberg i. Pr. Von den Volksbibliotheken wurde eine am 1. Juli 1895 eröffnet.

Leipzig. Eine Volkslesehalle, welche am 1. Dezember 1895 eröffnet worden ist, entleiht keine Bücher ins Haus.

Mainz. Ueber das Entleihen und den Zuwachs der Werke resp. Bände ist nichts verzeichnet.

Mannheim. Die Volksbibliothek wurde am 13. Oktober 1895 gegründet. Die beigesetzten Zahlen sind für die Zeit vom 13. Oktober 1895 bis 1. April 1896.

III. Grösse, Benutzung und Kosten der Bibliotheken im Verhältniss zur Bevölkerungszahl 1895.

Städte	Einwohnerzahl nach Berechnung des Reichsgesundheitsamtes (Veröffentl. desselben 1897 Seite 57 ff.)	wurden entlehnt Buchbinderbände		Auf 10 000 Einwohner kommen				Auf 100 Bände der Volksbibliotheken kommn. Entlehnungen
				städtische Zuschüsse für		Ausgaben überhaupt für		
		aus gelehrten	aus Volks- Bibliotheken	gelehrte	Volks- Bibliotheken	gelehrte	Volks- Bibliotheken	
1	2	8	4	5	6	7	8	9
Aachen . .	109 904	519	—	1 010	—	13 311	—	—
Altona . .	148 469	—	2 072	—	—	—	125	739
Augsburg. .	80 367	311	—	749	—	1 583	—	—
Barmen . ,	126 097	881	—	301	—	301	—	—
Berlin . .	1 669 138	3 076	2 252	.	146	.	166	396
Braunschwg.	113 549	584	—	238	—	2 890	.	—
Bremen . .	140 583	1 124	—	996	—	1 116	—	—
Breslau . .	370 088	1 837	1 191	1 174	182	2 332	188	262
Cassel . .	80 966	1 612	2 042	—	167	6 326	167	763
.Chemnitz .	159 155	462	.	376	6	376	55	.
Dresden . .	330 172	2 804	5 002	.	.	.	.	421
Düsseldorf .	173 409	—	.	—	126	.	186	.
Erfurt . .	77 683	126	—	—	—	254	—	—
Frankfurt a.M	225 189	5 341	.	2 751	133	7 242	806	.
Freiburg i. B.	52 733	3 357	5 965	841	190	9 624	682	1 165
Görlitz . .	69 502	158	—	.	—	363	—	—
Halle a. S. .	115 060	2 392	.	—	—	5 882	225	.
Hamburg . .	621 189	238	—	1 115	—	1 423	—	262
Hannover .	205 729	584	1 882	557	30	1 417	118	262
Karlsruhe .	83 144	1 255	2 564	—	60	4 044	193	367
Kiel . . .	84 293	.	1 863	.	—	3 370	191	272
Köln a. Rh.	318 118	455	1 571	3 067	68	3 370	78	1 021
Königsberg iP	171 497	2 014	4 214	127	70	3 342	211	417
Leipzig . .	394 868	1 706	573	312	94	3 870	85	154
Lübeck . .	69 350	747	722	—	—	1 677	91	262
Magdeburg .	213 429	435	843	417	—	419	35	558
Mainz. . .	76 549	1 407	.	4 250	—	4 250	673	.
Mannheim[1].	90 111	209	277	333	222	627	524	100
Metz . . .	59 780	167	—	1 138	—	1 138	—	—
München .	402 459	2 485	3 973	—	—	5 539	215	667
Nürnberg .	160 731	.	—	512	—	587	—	—
Plauen i. V.	54 514	—	1 249	—	73	—	120	155
Strassburg iE.	134 829	8 237	—	502	—	10 222	—	—
Stuttgart. .	154 996	3 737	—	—	—	6 155	—	—
Wiesbaden .	73 847	1 870	4 135	—	123	4 441	343	525
Zwickau . .	49 875	100	780	359	80	359	82	169

[1] Für Volksbibliothek ½ Jahr

Fortsetzung von Seite 113.
Freiburg i. B. mit 96,24, Frankfurt a. M. mit 72,42, ferner Cassel, Stuttgart, Halle a. S., München mit über 50 Pfennig, weiter Wiesbaden, Mainz, Karlsruhe, Leipzig, Köln, Königsberg mit über 30 Pfennig, danach Braunschweig, Breslau, Lübeck, Augsburg, Hamburg, Hannover, Metz, Bremen mit über 10 Pfennig, und mit weniger Mannheim, Nürnberg, Magdeburg, Chemnitz, Görlitz, Zwickau, Barmen, Erfurt.

In Bezug auf die Belastung der städtischen Budgets durch die Ausgaben für gelehrte Bibliotheken steht‿obenan: Mainz mit 42,50 Pfennig, Köln mit 30,67 Pfennig und Frankfurt a. M. mit 27,51 Pfennig auf den Kopf der Bevölkerung. In weitem Abstande folgen Breslau mit 11,74 Pfennig, Metz mit 11,38 Pfennig, Hamburg mit 11,15, Aachen mit 10,10. Bremen mit 9,96 Pfennig, weiter Augsburg, Hannover, Nürnberg, Strassburg mit über 5 Pfennig und mit weniger Magdeburg, Chemnitz, Zwickau, Freiburg, Mannheim, Leipzig, Barmen, Braunschweig und Königsberg.

Die relativ grössten Ausgaben überhaupt für die Volksbibliotheken wurden aufgewandt in Frankfurt a. M. mit 8,06 Pfennig auf den Kopf der Bevölkerung, zunächst steht Freiburg i. B. mit 6,82, Mainz 6,73 Pfennig, Mannheim 5,24 Pfennig, Wiesbaden 3,43 Pfennig, ferner Halle a. S., München, Königsberg mit 2 Pfennig, Karlsruhe, Kiel, Breslau, Cassel, Berlin, Düsseldorf, Altona, Plauen, Hannover mit 1 Pfennig und mit weniger Lübeck, Leipzig, Zwickau, Köln, Chemnitz, Magdeburg.

Die städtischen Zuschüsse für die Volksbibliotheken waren relativ am grössten in Mannheim mit 2,22 Pfennig auf den Kopf der Bevölkerung, es folgt Freiburg i. B. mit 1,90 Pfennig, Breslau 1,82 Pfennig, Cassel 1,67 Pfennig, Frankfurt a. M. 1,33 Pfennig, Düsseldorf 1,26 Pfennig, Wiesbaden 1,23 Pfennig und weiter Leipzig Plauen, Königsberg, Köln, Karlsruhe, Hannover, Zwickau und Chemnitz.

Bemerkungen zu Tabelle I.

Im Allgemeinen wird bemerkt, dass die Fragen nach den „bibliographischen Bänden" nur sehr selten beantwortet worden sind, auch die Werke bi sind oft nicht gezählt, Spalten 24 bis 26 Vermögen betr. sind meistens unbeantwortet geblieben.

Aachen. Die ausserordentlichen Ausgaben in Spalte 16 von 135 000 Mark sind für den Neubau des städtischen Bibliothekgebäudes, welcher im April 1897 bezogen werden wird, gemacht.

Berlin. Die ausführlichen Angaben, wie sie im Fragebogen verlangt sind, konnten nicht gemacht werden. — Die in Tabelle I angegebenen Zahlen sind aus dem statist. Jahrbuch der Stadt Berlin Jahrgang 21 entnommen und beziehen sich auf das Etatsjahr 1894/95.

Braunschweig. Die Aufzeichnungen sind für die Zeit vom 1. April 1895 bis 1. April 1896.

Dresden. Die Angaben der Spalten 11 bis 26 können, der grossen Unvollständigkeit wegen, nicht gegeben werden. Ueber eine Bibliothek fehlen sämmtliche Angaben.

Frankfurt a. M. Die ausserordentlichen Ausgaben sind für den Neubau eines Bibliothekgebäudes der Goethebibliothek des Freien Deutschen Hochstifts.

Hamburg. Die Zuwachszahl der Werke in Spalte 9 bezieht sich auf die Stadtbibliothek, da die Angabe für die Commerzbibliothek fehlt.

Karlsruhe. Nur die Grossh. Hof- und Landesbibliothek hat Angaben gemacht.

Kiel. Trotz wiederholten Ersuchens waren von der Universitätsbibliothek Kiel keine Angaben zu erhalten.

Köln. Die Angaben beziehen sich auf das Jahr 1895/96. Die ausserordentlichen Ausgaben sind grösstentheils für den Neubau des städtischen Archiv- und Bibliothekgebäudes bestimmt, welcher voraussichtlich im Frühjahr 1897 vollendet werden wird.

Leipzig. Von 2 Bibliotheken wurden die Fragen nicht beantwortet.

Lübeck. Es bestehen ausserdem noch verschiedene grössere Bibliotheken, welche bestimmten Genossenschaften, Vereinen etc. gehören. Von denselben enthält eine ca. 18 300 und eine andere ca. 11 000 Bände.

München. Ausser den aufgeführten 4 staatlichen resp. sonstigen Bibliotheken befinden sich daselbst noch 76 verschiedene halböffentliche Bibliotheken, welche zusammen, ca. 477 000 Werke resp. Bände enthalten.

XIII.

Sparkassen.

Von

Fr. X. Proebst,

Director des statistischen Amts der Stadt München.

———

Der gegenwärtige Bericht sollte die Sparkassen aller (55) deutschen Städte über 50 000 Einwohner umfassen, an die der Fragebogen verschickt wurde; er erstreckt sich aber nur auf 46 Städte mit 66 Sparkassen gegen 47 mit 71 im Vorjahre, da in Aachen, Danzig, Darmstadt, Elberfeld, München-Gladbach, Mülhausen i. E., Münster, Stettin und Würzburg die Ausfüllung der Fragebogen abgelehnt wurde oder das Ersuchen unbeantwortet blieb†). Ausserdem fehlen diesmal die Angaben für die Sparkasse des Saalkreises zu Halle, für die Privat-Sparkasse und die Sparkassen-Abtheilung der allgemeinen Versorgunganstalt zu Karlsruhe. Dagegen erscheinen hier zum erstenmale die städtischen Sparkassen in Liegnitz, Plauen i. V., Spandau und Zwickau.

Die Anstalten sind in den Tabellen nach dem Namen der Stadt und beim Vorhandensein mehrerer Kassen in einer Stadt mit Buchstaben bezeichnet.

1. **Altona:** a. Städtische Spar- und Leihkasse 1882, b. Altonaisches Unterstützunginstitut (Milde Privatstiftung) 1801, c. Altonaer Kreditverein 1863.
2. **Augsburg** 1822*), 3. **Barmen** 1841*), 4. **Berlin** 1818*), 5. **Bochum** 1838*) 6. **Braunschweig:** Herzogliche Sparkasse (Abtheilung des Landes-Kreditinstituts) 1834.
7. **Bremen:** a. Sparkasse 1825, b. Neue Sparkasse 1852.
8. **Breslau** 1821*), 9. **Cassel** 1832*), 10. **Charlottenburg** 1887*), 11. **Chemnitz** 1889*), 12. **Crefeld** 1840*), 13. **Dortmund** 1841*), 14. **Dresden** 1821*), 15. **Düsseldorf** 1825*), 16. **Duisburg** 1844*).
17. **Erfurt:** a. Städtische Sparkasse 1823*), b. Kreissparkasse des Landkreises Erfurt 1883.
18. **Essen** 1841*).
19. **Frankfurt a. M.:** a. Sparkasse der polytechnischen Gesellschaft 1822 nebst b. Ersparunganstalt (Wochenkasse) 1826.
20. **Frankfurt a. O.** 1822*), 21. **Freiburg i. Br.** 1826*), 22. **Görlitz** 1851*), 23. **Halle a. S.** 1857*).

———

†) Aachen, Danzig, Darmstadt, Stettin und Würzburg waren im Vorjahre betheiligt.
*) Städtische Sparkassen.

24. Hamburg: a. Hamburger Sparkasse von 1827, b. Neue Sparkasse in Hamburg 1864. c. Sparkasse ausserhalb des Dammthores 1847, d. Sparkasse für den Landdistrikt ausserhalb des Lübecker Thores 1848.
25. Hannover: a. Stadtsparkasse 1823, b. Sparkasse der Renten- und Kapitalversicherunganstalt 1875, c. Sparkasse der Kreditbank, e. G. m. u. H., 1878**).
26. Karlsruhe 1816*). **27. Kiel:** Spar- und Leihkasse der Gesellschaft freiwilliger Armenfreunde 1796. **28. Köln 1826*).** **29. Königsberg 1828*).**
30. Leipzig*): Sparkasse a. Alt-Leipzig 1826. b. Leipzig-Gohlis 1877. c. Leipzig-Eutritzsch 1881. d. Leipzig-Lindenau 1878. c. Leipzig-Plagwitz 1886. f. Leipzig-Connewitz 1873. g. Leipzig-Reudnitz 1863, sämmtlich städtische Anstalten, letztere mit eigener Verwaltung.
31. Liegnitz 1832*).
32. Lübeck: a. Spar- und Anleihekasse 1817 (Gemeinnützige Gesellschaft). b. Vorschuss- und Spar-Verein 1862.
33. Magdeburg: a. Sparkasse der Stadt 1823*). b. Sparverein zu Sudenburg 1864.
34. Mainz 1826*). **35. Mannheim 1822*).** **36. Metz 1819*).** **37. München 1824*).** **38. Nürnberg 1821*).** **39. Plauen i. V. 1888*).** **40. Posen 1888*).** **41. Potsdam 1840*).** **42. Spandau 1852*).** **43. Strassburg 1834*).** **44. Stuttgart 1884*).**
45. Wiesbaden: a. Nassauische Sparkasse 1870 (Anstalt des Bezirksverbandes des Regierungsbezirkes Wiesbaden). b. Sparkasse des Vorschussvereins Wiesbaden 1859, e. G. m. u. H. c. Sparkasse des allgemeinen Vorschuss- und Sparkassen-Vereins 1864, e. G. m. u. H.
46. Zwickau 1845*).

Bei 48 Kassen fällt das Rechnungjahr mit dem Kalenderjahre zusammen. Hamburg b rechnet vom 1. Juli bis 30. Juni. Für Altona a Barmen, Berlin, Braunschweig, Bremen b, Breslau, Cassel, Charlottenburg, Crefeld, Düsseldorf, Essen, Görlitz, Kiel, Köln, Metz, Potsdam, Posen und Strassburg beziehen sich die Angaben auf das Verwaltungjahr vom 1. April 1894 bis 31. März 1895.

Die meisten der aufgeführten Sparkassen standen im regen Geldverkehr mit anderen städtischen und sonstigen Anstalten, vorzüglich mit den Leihanstalten des Ortes.

Jahresumsatz und Forderungbestand der Kassen am Jahresschlusse sind, soweit die Nachweisungen reichen und die Zahlen von Belang scheinen, in der Uebersicht der nächsten Seite zusammengestellt.

Neben den Hauptstellen besitzen die 66 Sparkassen 98 Filialen oder Zweigkassen mit Auszahlberechtigung und 256 einfache Annahmestellen.

Die meisten Filialen besitzt die Nassauische Sparbank in Wiesbaden, nämlich 40 im ganzen Regierungsbezirk; dann folgen Hamburg a mit 14, Braunschweig 10, Strassburg 7, Dresden 5, Bremen a 4, Bremen b, Frankfurt a, Magdeburg a und Köln mit je 3, Görlitz mit 2, Altona b, Chemnitz, Hannover a und Königsberg mit je 1. Einfache Annahmestellen waren vorhanden in Berlin 76, Hamburg b 40, Hannover b 38, Altona b 19, Erfurt b 15, Magdeburg a 12, Köln 9, Breslau 8, Wiesbaden b 7, Leipzig a 5, Düsseldorf, Leipzig g und Potsdam je 4, Charlottenburg, Posen und Strassburg je 3, Altona a und c, Cassel, Kiel, Magdeburg b und München je 1.

---

*) Städtische Sparkasse.
**) Ausserdem wurden aus Hannover für die Sparkasse der Gewerbebank und für die Sparkasse für Handel und Gewerbe, aus Köln für die Kreis-Spar- und Darlehnskasse des Landkreises Köln, die Rheinische Volksbank, Act. Ges., die Spar- und Kreditbank, e. G. m. b. H., die Ehrenfelder Volksbank zu Ehrenfeld, e. G. m. b. H. und die Spar- und Leihbank zu Nippes, e. G. m. b. H., aus Stuttgart für die Württemb. Sparkasse (nur weniger bemittelten Personen zugänglich) und die Allgemeine Rentenanstalt (Privatanstalt unter Staatsaufsicht) theilweise Angaben gemacht, die hier nicht verwerthet werden konnten.

Kassen.	Umsatz _M._	Guthaben am Jahresschluss _M._	Schuldner.
Altona b	93 240 758	768 267	Giro-Conto bei der Reichsbank, Vereinsbank Hamburg und Privatbankhaus.
Barmen	1 382 736 795 582 22 819	54 188 225 204 125 049	Barmer Bankverein. Landesbank der Rheinprovinz. Städtische Leihanstalt.
Bochum	597 080	.	Provinzial-Landesbank zu Münster i. W.
Breslau.	891 500 3 080 000	. .	Kranken- und Irrenhaus-Verwaltung. Stadtgemeinde einschl. städt. Gas- und Wasserwerke und Elektr. Werk.
Chemnitz . . .	1 592 072	107 715	Stadtbank und städt. Leihanstalt.
Crefeld	685 198	478 970	Städt. Leihanstalt, Reichsbank und vier Privat-Bankgeschäfte.
Dresden	655 000 3 159 291	655 000 964 291	Städt. Leihamt. Sächsische Bank.
Düsseldorf . . .	473 170	2 753 000	Leihanstalt, Gasanstalt, Wasserwerk und Tonhalle.
Frankfurt a. M.	500 000	502 575	Frankfurter Bank.
Freiburg i. Br.	285 518	237 360	Leihhaus, Gewerbebank und Filiale der Rhein. Kreditbank.
Görlitz	?	819 400	2 Bankgeschäfte.
Halle a. S. . . .	6 299 070	518 559	Städt. Leihamt und 4 Bankgeschäfte.
Hamburg a . . } b . . }	3 000 000	1 407 157 } 3 091 266 }	Kontokorrent mit der Hamburger Vereins-bank und der Reichsbank.
Hannover a . .	2 625 000	10 698 000*)	Stadtleihkasse.
Köln	3 124 490 81 000	1 319 927 881 000	Schaffhausenscher Bankverein. Städt. Leihanstalt.
Königsberg i. Pr.	22 721 100	77 000 800 000 250 000	Giro-Konto bei der Reichsbank. Königsberger Vereinsbank. Stadthauptkasse.
Leipzig	780 000	600 000	Leihhaus. Allgemeine Kreditanstalt.
Mannheim . . .	1 294 859 549 475	548 942 179 481	Badische Bank. 8 Bankgeschäfte.
München	355 000 — 5 744 344	245 000 783 829 320 211	Stadtlagerhaus. Städt. Leihanstalt. Kontokorrent bei der bayer. Hypothek- und Wechselbank.
Nürnberg . . .	1 518 700	40 544	Kgl. bayer. Bank.
Plauen i. V. . .	412 600	19 790	Allgem. Deutsche Kredit-Anstalt Leipzig. Sächsische Bank in Dresden.
Strassburg . . .	817 000	16 096 495*)	Staatl. Depositenverwaltung.
Wiesbaden a .	.	668 282	Nassauische Landesbank.
Zwickau	810 000	150 000	Sächsische Bank in Dresden.

*) Summe der Sparanlagen überhaupt.

Die Zahl der dauernd beschäftigten Beamten und Bediensteten ist bei 62 Sparkassen angegeben und beträgt für sie zusammen 670.

Davon beschäftigte Berlin 82 (82*), Hamburg a 37 (37*), Leipzig a 36 (34*), Dresden 31 (31*) — Altona b, Bremen a, Breslau, Hamburg b und Magdeburg a über 20 — Strassburg und Frankfurt a je 20, Köln und Königsberg über 15, Chemnitz, Frankfurt b, Hannover b, Kiel, Mainz, Metz, München und Nürnberg 10—15, — weitere 15 Kassen zwischen 5 und 10, — 24 Kassen zwischen 2 und 5 Personen, Leipzig b c, d, e je 1.

Das Sparmarkensistem ist bei den meisten Kassen eingeführt. Soweit Angaben vorliegen, waren Ende 1894 oder 1894/95 bei 37 Kassen 1 553 587 Stück Sparmarken im Werthe von 153 208,9 Mark gegen 1 442 388 Stück im Werthe von 145 069,9 Mark bei 35 Kassen im Vorjahre in Umlauf. Eingelöst d. h. umgetauscht gegen Sparbücher wurden in 37 Kassen Sparmarken im Werthe von 242 504 Mark. Durch Pfennigsparkassen wurden 151 584,5 Mark zugeführt. Schul- Jugend- Lehrling- oder andere derartige Sparkassen erzielten einen Sparbetrag von 459 810 Mark.

In der Uebersicht S. 124 f. ist die Betheiligung der einzelnen Kassen an den Pfennig- etc. Sparkassen ersichtlich. Ebenso ist aus derselben die satzunggemäss festgesetzte geringste und höchste einmalige Einzahlung, die geringste zulässige Nachzahlung — diese nur in Karlsruhe kleiner als die erste Einlage —, sowie das höchste zulässige Gesammtguthaben eines Spargastes zu entnehmen. Auf eine eingehendere Besprechung dieser Punkte kann unter Hinweis auf die früheren Berichte verzichtet werden.

Der Zinsfuss der Spareinlagen schwankt zwischen 2 und 4, bewegt sich aber meist zwischen 3 und 4 Prozent. Von den neu hinzugekommenen Kassen verzinsen Liegnitz, Plauen, Zwickau die Einlagen mit je 3, Spandau mit $3^1/_3$ Prozent.

In der Uebersicht auf Seite 126 sind die Sparsummen der einzelnen Kassen, soweit die Angaben vorlagen, für die 4 Jahre 1891 bis 1894 zusammengestellt.

Alle Kassen mit Ausnahme von Hamburg c und d und der unter b—g zusammengefassten Kassen von Leipzig weisen von Jahr zu Jahr Zunahme nach.

Die Summe der Spareinlagen für 51 verzeichnete Kassen betrug Ende 1894 (1894/95) 1 300,70 Millionen Mark gegen 1 203,74 im Jahre 1893, die Mehrung demnach 96,96 Millionen d. i. 8,1 Prozent.

Der Gesammtbetrag der Einzahlungen der 66 Sparkassen war 1894 387 Millionen Mark.

Ausser den kleineren Kassen Hamburg c, d, Leipzig b, c, d, e, f, Magdeburg b und Wiesbaden c haben alle anderen den Betrag von je 1 Million überschritten. Die gutgeschriebenen Zinsen sind hier nicht eingerechnet. 45 Kassen weisen eine grössere, 5 eine geringere Einlagensumme als im Vorjahre nach.

---

*) In Klammern die vorjährigen Zahlen.

Kassen	Pfennig-sparkasse / Spareinlagen in Mark.	Schul-, Jugend- und Lehrling-Sparkasse	Sparmarken im Umlauf / Zahl	Sparmarken im Umlauf / Werth in Mark	eingelöst d. h. gegenSparbücher eingetauscht $\mathscr{M}$.	Geringste erstmalige Einlage $\mathscr{M}$.	Geringste Nachzahlung $\mathscr{M}$.	Höchste einmalige Einlage $\mathscr{M}$	Höchstes zulässiges Gesammtguthaben $\mathscr{M}$
Altona a. . .	.	.	18 280	1 828	.	1	beliebig	unbeschränkt	
„ b. . .	10 172	.			10 172	0,50	0,50	10 000	10 000
„ c. . .	.	.	.	.	.	1	1	n. Uebereink.	
Ausgsburg. .	.	.	8 465	846,5	989	1	1	3 000	3 000
Barmen . . .	*)	.	58 442	5 844,2	10 781	3	3	5 000	10 000
Berlin	.	.	.	.	.	1	1	800	1 000
Bochum . . .	**)	.	.	.	.	1	.	8 000	6 000
Braunschweig . .	.	.	.	.	13 284	.	.	.	.
Bremen a . .	.	.	57 273	5 727,3	5 500	1	1	unbeschr.	unbeschr.
„ b . .	.	.	.	.	.	1	beliebig	.	.
Breslau . . .	.	144 095,4	90 665	9 066,5	16 721	1	1	1 200	1 200
Cassel	2 199,5	.	28 908	2 390,8	2 199,5	1	1	1 000	1 000
Charlottenburg. .	.	.	.	.	.	1	1	3 000	3 000
Chemnitz . .	.	.	81 800	3 180	2 700	1	1	200	1 500
Crefeld . . .	.	.	4 946	494,6	10,7	1	1	unbeschr.	unbeschr.
Dortmund . .	484	.	9 040	904	484	1	unbegr.	unbegr.	unbegr.
Dresden . . .	.	1 618	68 735	6 373,5	5 598	1	1	500	1 500
Düsseldorf. .	.	.	15 300	1 530	1 456	1	1	6 000	6 000
Duisburg . .	.	.	14 840	1 484	2 469	1	1	10 000	10 000
Erfurt a . . .	2 258	.	27 916	2 791,6	2 258	0,50	0,50	900	3 000
„ b . . .	.	.	.	.	.	1	1	unbeschr.	unbeschr.
Essen	.	.	45 410	4 541	6 906	1	.	3 000	12 000
Frankfurt a. M. a	71 266	.	553 377	55 337,7	71 266	1	1	2 000	10 000
„ b	.	.	.	.	.	0,50	0,50	20	10 000
Frankfurt a. O.	.	.	7 920	792	738	0,50	.	3 000	3 000
Freiburg i. Br.	538	.	7 150	715	582	2	2	10 000	10 000
Görlitz	.	.	12 800	1 280	649	1	1	3 000	12 000
Halle a. S. . .	.	7 548	17 570	1 757	2 786	1	1	3 000	unbeschr.

*) Wegen ungenügender Betheiligung aufgelöst.
**) Der Vertrieb ist nicht nennenswerth.

Kassen	Pfennig-sparkasse Spareinlagen in Mark.	Schul-, Jugend- und Lehrling-Sparkasse	Sparmarken im Umlauf Zahl	Sparmarken im Umlauf Werth in Mark	eingelöst d. h. gegenSparbücher eingetauscht ℳ	Geringste erstmalige Einlage ℳ	Geringste Nachzahlung ℳ	Höchste einmalige Einlage ℳ	Höchstes zulässiges Gesammt-guthaben ℳ
Hamburg a .	.	.	.	.	.	0,50	0,50	1 500	unbeschr.
„ b .	.	.	.	.	.	0,50	0,50	2 000	„
„ c .	.	.	.	.	.	1	1	1 500	„
„ d .	.	.	.	.	.	0,60	0,60	1 500	
Hannover a.	.	.	.	.	.	1	unbeschr.	unbeschr.	unbeschr.
„ b .	.	.	24 489	2 448,9	576	1	1	„	„
„ c .	.	117 146	.	.	.	1	1	„	„
Karlsruhe . .	.	ja (ohne Ang.)	.	.	.	3	2	.	20 000
Kiel	.	.	39 402	3 940,3	2 532	1	unbeschr.	unbeschr.	unbeschr.
Köln	.	.	28 302	2 830,3	5 507	1	1	5 000	5 000
Königsberg iPr	.	.	28 428	2 842,8	9 856,3	1	1	3 000	3 000
Leipzig a . .	.	.	23 624	2 362,4	2 453	1	1	150	1 500
„ b—e	.	.	.	.	.	0,50	0,50	200	1 500
„ f . .	.	.	572	57,3	11	0,50	0,50	200	1 500
„ g . .	.	.	.	.	.	0,50	0,50	150	1 500
Liegnitz . . .	.	56 527,3	1 420	142	93	.	unbeschr.	1 500	1 500
Lübeck a . .	49 189	.	19 780	1 978	14 406	1	unbegr.	unbegr.	unbegr.
„ b . .	.	.	.	.	.	1	„	„	„
Magdeburg a	.	.	20 090	2 009	1 267	1	1	1 000	3 000
„ b	.	.	.	.	.	0,10	0,10	unbeschr.	3 000
Mainz	.	.	.	.	.	1	1	.	.
Mannheim . .	.	.	.	.	.	1	1	1 500	15 000
Metz	.	.	.	.	.	1	1	240	800
München . .	.	36 484	78 700	7 870	12 658	1	1	1 000	3 000
Nürnberg . .	6 290	.	56 050	5 605	15 007	1	1	1 500	1 500
Plauen i. V..	.	92 500	69 740	3 487	7 838	1	1	1 500	1 500
Posen	.	3 896	15 190	1 519	1 594	1	1	unbegr.	unbegr.
Potsdam. . .	.	.	8 450	845	184	1	1	2 000	2 000
Spandau. . .	.	.	.	.	.	1	unbeschr.	1 500	1 500
Strassburg .	.	.	8 000	1 600	1 400	1	1	800	800
Stuttgart. . .	9 188	.	58 063	6 343,5	9 188	1	1	1 500	1 500
Wiesbaden a.	.	.	.	.	.	1	1	{ A 1 000 B 30 000	{ A 1 000 B 30 000
„ b.	.	.	.	.	.	1	beliebig	500	500
„ c.	.	.	.	.	.	10	10	2 000	2 000
Zwickau . . .	.	.	4 950	495	440	1	1	600	1 500

Vergleichende Uebersicht der Sparsummen 1891—1894.

Kassen	Sparsummen im Jahre				Kassen	Sparsummen im Jahre			
	1891	1892	1893	1894		1891	1892	1893	1894
	in Millionen Mark					in Millionen Mark			
Altona a	3,33	3,24	3,62	4,10	Hannover a ..	4,03	6,95	8,50	11,06
„ b	73,06	73,17	74,06	77,68	„ b ..	22,75	24,30	26,60	29,20
„ c	4,83	4,79	5,05	5,42	„ c ..	—	3,20	3,61	3,60
Augsburg ...	6,44	6,99	7,75	8,31	Karlsruhe ...	8,61	9,52	10,40	11,81
Barmen	8,81	9,33	10,04	10,78	Kiel	26,64	27,95	29,40	30,83
Berlin	131,20	138,38	151,38	162,84	Köln	21,16	23,70	26,71	30,54
Bochum	—	14,07	14,70	15,29	Königsberg i.Pr.	23,97	25,97	27,75	33,62
Braunschweig .	0,65	0,66	0,81	1,17	Leipzig a ...	38,91	41,13	43,68	46,83
Bremen a ...	57,52	60,73	62,32	66,91	„ b—g..	11,34	11,42	12,43	12,19
„ b ...	6,34	6,63	6,58	7,74	Liegnitz	—	—	4,93	5,15
Breslau.....	29,50	31,14	33,38	37,33	Lübeck a....	5,57	5,73	5,90	6,08
Cassel	4,11	4,39	4,76	5,30	„ b ...	5,31	5,54	5,84	6,18
Charlottenburg	1,62	2,05	2,65	3,45	Magdeburg a..	49,05	50,73	52,50	55,85
Chemnitz....	21,43	21,77	22,39	23,15	„ b..	0,05	0,05	0,04	0,04
Crefeld.....	8,70	8,79	8,85	9,18	Mainz	20,47	21,37	22,71	24,70
Dortmund ...	23,84	23,87	24,77	25,98	Mannheim ...	12,84	13,87	14,88	15,45
Dresden	51,62	55,13	60,31	63,96	Metz	8,82	9,25	9,50	9,96
Düsseldorf...	20,69	22,04	22,93	25,29	München....	17,63	18,82	20,91	23,25
Duisburg....	4,82	4,84	5,24	5,64	Nürnberg ...	5,82	6,18	6,35	7,48
Erfurt a	10,71	11,41	11,72	12,13	Plauen i. V. ..	—	—	15,67	16,49
„ b	1,52	1,78	1,81	1,87	Posen	5,24	5,27	5,69	6,50
Essen......	17,15	17,53	18,23	18,77	Potsdam ...	5,17	5,61	6,17	6,79
Frankfurt a.M. a	34,34	35,94	37,68	40,24	Spandau	—	—	6,39	6,82
„ b	5,22	5,35	5,66	6,00	Strassburg ...	13,63	14,32	14,99	16,06
Frankfurt a. O.	10,88	11,31	11,79	12,98	Stuttgart	4,65	5,29	5,99	6,83
Freiburg i. Br.	11,83	12,85	13,96	14,80	Wiesbaden a .	28,28	30,99	33,07	36,59
					„ b .	1,82	1,87	1,96	2,02
Görlitz.....	9,98	10,38	10,80	11,47	„ c .	0,53	0,53	0,56	0,59
Halle a. S....	16,09	17,07	18,12	19,42	Zwickau	—	—	11,87	12,51
Hamburg a ..	66,83	69,92	73,60	79,44	Zusammen .	—	—	1203,74	1300,70
„ b ..	36,17	38,05	43,07	48,37	(51)	ca. 1070*)	ca. 1126*)		
„ c ..	0,35	0,36	0,36	0,33					
„ d ..	0,45	0,45	0,45	0,44					

Der Gesammtbetrag der Rückzahlungen war im Berichtsjahre 326 Millionen Mark. Bei 3 Kassen waren die Rückzahlungen grösser als die Einlagen; das sind Hamburg c und d und Leipzig g. 38 Kassen weisen eine grössere, 11 eine geringere Rücknahme als im Vorjahre nach.

*) einschl. annähernder Ergänzung für die 1891 und 1892 nicht verzeichneten Kassen.

Der Berliner Bericht für 1893 umfasste die Zeit vom 1. Januar 1893 bis 31. März 1894. Daraus erklärt sich die im diesjährigen Berichte geringere Summe der Einnahmen und Rücknahmen für die Zeit vom 1. April 1894 bis 31. März 1895.

In folgender Uebersicht sind die Einlagen und Rücknahmen — der Kürze wegen in Millionen Mark — von 1891 bis 1894 zu einem bequemen Vergleiche zusammengestellt.

Vergleichende Uebersicht der Einzahlungen und Rücknahmen 1891—1894 in Millionen Mark.

Kassen.	Einzahlungen im Jahre				Rücknahmen im Jahre			
	1891	1892	1893	1894	1891	1892	1893	1894
	Millionen Mark				Millionen Mark			
Altona a	0,8	0,9	0,9	1,2	0,8	1,0	0,6	0,8
„ b	11,8	11,9	11,6	13,2	14,3	13,6	12,6	11,4
„ c	—	1,9	2,1	2,2	—	2,1	1,9	2,0
Augsburg	1,4	1,6	1,8	1,9	1,2	1,3	1,2	1,6
Barmen	—	2,3	2,5	2,8	—	2,0	2,0	2,3
Berlin	32,1	33,1	44,5*)	38,0	29,5	29,6	36,6*)	30,9
Bochum	—	—	2,6	2,8	—	—	2,4	2,8
Braunschweig . .	—	0,6	1,3	1,6	—	0,6	1,1	1,2
Bremen a	22,0	24,7	24,6	26,9	22,7	23,4	25,0	24,4
„ b	4,5	4,7	5,5	6,4	4,6	4,8	5,1	6,1
Breslau	7,4	8,5	9,9	12,0	7,5	7,7	8,5	9,0
Cassel	1,3	1,3	1,4	1,6	1,1	1,2	1,2	1,3
Charlottenburg . .	0,8	1,0	1,2	1,6	0,5	0,6	0,7	0,9
Chemnitz	5,3	5,5	5,6	5,8	5,8	5,6	5,5	5,6
Crefeld	—	3,7	3,7	3,6	—	3,9	3,8	3,5
Dortmund . . .	5,7	4,9	5,5	5,7	5,9	5,5	5,3	5,3
Dresden	12,8	13,8	14,7	15,7	11,7	11,9	12,8	14,0
Düsseldorf . . .	—	9,6	11,7	12,8	—	8,8	11,4	11,0
Duisburg	1,3	1,3	1,5	1,7	1,3	1,4	1,2	1,4
Erfurt a	3,1	3,5	3,8	3,4	2,4	3,1	3,3	3,3
„ b	0,5	0,7	0,5	0,6	0,7	0,5	0,6	0,6
Essen	—	3,6	3,7	3,9	—	3,7	3,6	3,9
Frankfurt a. M. a .	7,0	7,2	5,3	6,2	6,6	6,6	4,7	6,8
„ b .	2,1	2,1	2,2	2,3	2,1	2,2	2,0	2,1
Frankfurt a. O.. .	2,9	2,9	2,9	3,4	2,7	2,8	2,7	2,6
Freiburg i. Br. . .	—	—	3,0	3,1	—	—	2,3	4,8
Görlitz	—	1,9	2,0	2,3	—	1,8	1,9	1,9

*) für den Zeitraum vom 1. Januar 1893 bis 31. März 1894.

Kassen.	Einzahlungen im Jahre				Rücknahmen im Jahre			
	1891	1892	1893	1894	1891	1892	1893	1894
	Millionen Mark				Millionen Mark			
Halle a. S. . . .	6,7	7,0	7,2	8,5	6,6	6,5	6,6	7,7
Hamburg a . . .	11,4	12,6	13,1	15,2	11,8	11,7	11,8	11,9
„ b . . .	—	9,1	10,2	12,4	—	8,5	8,9	8.5
„ c . . .	0,05	0,05	0,05	0,04	0,05	0,06	0,06	0,07
„ d . . .	0,06	0,06	0,07	0,05	0,09	0,06	0,06	0,07
Hannover a . . .	2,2	5,6	5,4	6,5	1,6	2,7	4,0	4,5
„ b . . .	11,5	11,9	12,4	13,9	10,1	10,9	10,8	12,1
„ c . . .	—	—	3,2	2,6	—	—	2,9	2,3
Karlsruhe	2,9	3,2	3,2	4,0	2,3	2,5	2,6	2,9
Kiel	—	7,1	7,1	7,0	—	6,7	6,6	6,6
Köln	—	11,9	12,9	14,9	—	9,9	10,6	11,8
Königsberg i. Pr. .	10,9	12,3	13,1	19,2	11,8	11.0	12,0	14,2
Leipzig a	10,2	10,8	11,1	12,0	9,6	9,6	9,8	10,2
„ b	0,1	0,2	0,2	0,2	0,1	0,2	0,1	0,2
„ c	0,1	0,1	0,1	0,1	0,1	0,2	0,2	0,1
„ d	0,07	0,09	0,1	0,1	0,1	0,1	0,1	0,1
„ e	0,08	0,09	0,1	0,1	0,08	0,07	0,07	0,1
„ f	0,3	0,2	0,3	0,3	0,3	0,2	0,2	0,3
„ g	—	—	1,4	1,5	—	—	1,4	1,6
Liegnitz	—	—	—	1,1	—	—	—	1,0
Lübeck a	1,1	1,1	1,1	1,3	1,1	1,1	1,1	1,2
„ b	3,0	3,1	3,4	3,6	3,1	3,1	3,3	3,4
Magdeburg a. . .	19,0	19,2	19,4	20,8	19,7	18,9	19,1	19,0
„ b . . .	0,02	0,02	0,02	0,02	0,02	0,02	0,02	0,02
Mainz	4,3	4,5	5,3	6,6	4,3	4,1	4,5	5,2
Mannheim. . . .	3,5	3,9	4,1	4,4	3,4	3,3	3,6	4,3
Metz	—	2,6	2,6	2,8	—	2,4	2,6	2,7
München	4,2	4,9	5,5	6,2	4,1	4,2	4,0	4,5
Nürnberg	1,8	2,0	2,2	2,7	1,7	1,8	2,2	1,8
Plauen i. V. . . .	—	—	—	4,6	—	—	—	4,3
Posen	—	1,6	1,8	2,3	—	1,7	1,6	1,7
Potsdam	1,5	1,7	1,8	2,1	1,5	1,4	1,4	1,7
Spandau	—··	—	—	1,3	—	—	—	1,1
Strassburg . . .	3,8	4,1	4,1	4,4	3,6	3,8	3,9	3,9
Stuttgart	2,2	2,5	2,8	3,2	1,9	2,0	2,3	2,5
Wiesbaden a . .	—	11,5	—	13,5	—	9,3	—	10,5
„ b . .	—	1,0	—	1.1	—	1,0	—	1,1
„ c . .	—	0,4	—	0,3	—	0,4	—	0,3
Zwickau	—.	—	—	3,1	—	—	—	2,8

Weitere Einzelheiten in Bezug auf den Geschäftsumfang der verzeichneten Sparkassen können aus Tabelle I entnommen werden.

Tabelle II bietet einen Ueberblick über die wichtigsten Ergebnisse der inneren Verwaltung dieser Anstalten.

Der Begriff des eigenen Vermögens unterliegt vielfach ungleichmässiger Auffassung, wie schon in früheren Berichten bemerkt. Für 59 Kassen berechnet sich zusammen das Vermögen auf 91,9 Millionen Mark.

Davon treffen auf Berlin 13,6, Breslau 4,8, Dresden 4,8, Magdeburg a 4,7, Altona b 4,5, Bremen a, Frankfurt a. M., Leipzig a je über 3, Chemnitz, Dortmund, Düsseldorf, Hamburg a, Kiel, Köln, Mainz, Wiesbaden a je über 2, Barmen, Bochum, Crefeld, Essen, Görlitz, Frankfurt a. O., Freiburg i. Br., Halle a. S., Hannover b, Karlsruhe, Königsberg i. Pr., Mannheim, München je über 1 Million, — auf Augsburg, Bremen b, Erfurt a, Hamburg b, Liegnitz, Lübeck a und b, Nürnberg, Plauen, Posen, Potsdam, Spandau, Strassburg und Zwickau Summen über 500 000 Mark, — auf die übrigen 16 Kassen geringere, darunter einige sehr bescheidene Beträge. Die Angaben fehlen für Braunschweig, wo die Sparkasse an dem Vermögen der herzoglichen Leihanstalt theilnimmt, — für Altona c, Wiesbaden b und c, wo das Gesammtvermögen der betreffenden Genossenschaften als Deckung für die Spareinlagen dient.

Bei sämmtlichen Kassen zeigt das eigene Vermögen gegenüber dem Vorjahre eine Vermehrung, die in mehreren Fällen ganz beträchtlich ist.

Grund- und Hausbesitz verzeichnen 21 Kassen. Davon weisen drei wesentliche Aenderungen gegen das Vorjahr auf:

	Werth in Mark	
Bremen a	60 600	(93 600 im Vorjahre)
„ b	119 000	(184 170 „ „)
Hamburg b . . .	680 110	(557 730 „ „)

Die von den betheiligten 60 Kassen (für Altona c, Braunschweig, Hannover a, c, Wiesbaden b, c fehlen die Angaben) verwalteten Fonds betrugen 1363 Millionen Mark; davon sind 682,5 Millionen = 50,1 Prozent in Hypotheken, 521,1 = 38,2 Prozent in Werthpapieren und 159,4 Millionen = 11,7 Prozent in anderer Weise verzinslich angelegt.[*] —

Die Hypothekenanlage tritt der Grundzahl nach am stärksten hervor

in Hamburg a mit 63,9 Millionen, dann in Altona b mit 54,9, Berlin 47,9, Bremen a 39,8, Dresden 30,2, Frankfurt a. M. 29,6, Hamburg b 29,5, Kiel 25,9, Leipzig a 25,8, Magdeburg a 25,7, Mainz 21,3, Wiesbaden 21,1. Chemnitz, Hannover b, Königsberg weisen zwischen 15 und 20 Millionen nach, — Dortmund, Essen, Freiburg, Köln, Plauen und Zwickau zwischen 10 und 15 Millionen, — Bochum, Bremen b, Breslau, Düsseldorf, Erfurt a, Halle, Karlsruhe, Leipzig g, Lübeck a, Mannheim, München und Stuttgart zwischen 5 und 10 Millionen Mark. 16 Kassen haben noch über 1 Million und 7 erreichen diese Summe nicht mehr. Hannover a, Magdeburg b, Metz und Strassburg haben überhaupt keine Hypothekenanlagen.

Die bedeutendsten Anlagen in Werthpapieren hat

Berlin mit 124,1 Millionen. Daran schliessen sich Dresden mit 33,8, Magdeburg a 32,8, Breslau 26,8, Leipzig a 21,8, Düsseldorf 16,8, Altona b 16,6, Königsberg 15,8, — Frankfurt a. M., Bremen a, Köln, München, Hamburg b, Hannover b, Halle, Wiesbaden a mit je über 10 bis 15 Millionen. 11 Kassen hatten zwischen 5 und 10 Millionen, 17 weitere zwischen 1 und 5 Millionen in Werthpapieren, — die Kassen in Altona a, Charlottenburg, Erfurt b, die Leipziger Kassen b bis g, Magdeburg b, Metz, Strassburg und Stuttgart bleiben unter diesem Betrage. Hamburg c und d sowie Hannover a verzeichnen überhaupt keine Anlagen in Werthpapieren.

Von dem auf andere Weise angelegten Betrage treffen a) 85,5 Millionen Mark = 53,5 Prozent auf Darlehen an öffentliche

---

[*] Ueber das Verhältniss dieser Anlagen zu einander bei den einzelnen Kassen vergl. Tabelle III, Spalte 9—11.

Körperschaften, Anstalten oder Kassen, b) 40,₅ Millionen = 25,₄ Prozent auf Wechsel. c) 12,₉ Millionen = 8,₁ Prozent auf Lombarddarlehen, d) 9,₅ Millionen = 6,₀ Prozent auf Kontokorrentguthaben und e) 11,₀ Millionen = 7,₀ Prozent auf sonstige Anlagen, z. B. Schuldscheine gegen Bürgschaft etc. Letztere finden sich bei Kiel mit 4,₀ Millionen, Leipzig a mit 1,₄ und Wiesbaden a mit 3,₂ Millionen, theilweise durch Hypotheken gedeckt. Im allgemeinen wurde, wie schon früher bemerkt, die Unterscheidung der Anlagen nach diesen verschiedenen Formen nicht überall in gleich strenger Weise durchgeführt. Die folgende Zusammenstellung giebt ein Bild der von den einzelnen Kassen bevorzugten Anlagearten.

Städte	a. Darlehen	b. Wechsel	c. Lombard	d. Kontokorrent	e. Andere Anlagen	Städte	a. Darlehen	b. Wechsel	c. Lombard	d. Kontokorrent	e. Andere Anlagen
	in je 1000 Mark						in je 1000 Mark				
Altona a	309	.	.	.	120	Hannover a	10 698	.	.	.	.
„ b	3 189	6 085	1 188	.	92	„ b	.	.	489	.	.
Augsburg	365	.	.	102	.	Karlsruhe	.	.	304	86	.
Barmen	1 295	.	.	279	.	Kiel	657	.	247	83	4 045
Berlin	.	3 975	.	.	.	Köln	5 818	.	381	.	.
Bochum	3 920	.	40	.	53	Königsberg	1 128	.	2 577	.	.
Bremen a	3 653	11 707	.	.	.	Leipzig a	.	.	1 966	.	1 351
„ b	.	1 612	.	.	165	„ b—f	.	.	.	.	106
Breslau	4 634	.	1 773	.	17	„ g	40	.	9	.	.
Charlottenburg	.	.	.	.	113	Liegnitz	540	.	.	.	.
Chemnitz	.	.	.	108	.	Lübeck b	.	924	635	481	.
Crefeld	701	.	.	223	2	Magdeburg a	814	.	7	.	.
Dortmund	2 754	.	10	.	191	„ b	12	.	16	0,5	.
Dresden	4 816	.	.	.	.	Mainz	4	1 767	.	.	.
Düsseldorf	4 458	.	.	.	17	Mannheim	231	.	.	733	.
Duisburg	232	.	.	.	80	Metz	9 484	.	.	.	.
Erfurt a	140	.	159	.	.	München	1 056	.	.	320	.
„ b	596	.	4	.	.	Nürnberg	420	.	.	40	.
Essen	1 053	.	.	.	8	Plauen	46	.	50	20	.
Frankfurt a. M.	.	4 187	.	503	.	Posen	200	.	.	.	148
Frankfurt a. O.	1 165	.	300	.	.	Potsdam	80	.	.	.	954
Freiburg	2 237	.	100	.	607	Spandau	26	.	435	.	17
Görlitz	1 501	.	45	267	.	Strassburg	16 096	.	.	.	.
Halle	134	.	710	385	.	Stuttgart	180	.	129	662	.
Hamburg a	389	6 425	.	1 407	.	Wiesbaden a	.	29	1 220	668	3 225
„ b	4	3 790	.	3 091	.	Zwickau	467	.	81	.	.
„ c	.	.	.	0,3	.						
„ d	.	.	.	23	.						

Der Zinssatz, den die seitens der Sparkasse angelegten Gelder erzielen, schwankt zwischen 1_2 Prozent und 5 Prozent.

Der Satz zu $1/2$ Prozent wird von Frankfurt a. M. mitgetheilt, Berlin weist $1^3/_{16}$ Chemnitz, Dresden, Leipzig a bis f und Zwickau $1^1/_2$ Prozent als niederste Sätze nach. 5 Prozent verzeichnen 24 Kassen, die übrigen zumeist $2^1/_2$ bis $4^1/_2$ Prozent. Für die Hamburger Kassen und Metz mangeln die Angaben.

Der Kassenbestand am Ende des Rechnungjahres betrug bei 60 Kassen etwa 12,3 Millionen Mark.

Davon hatte Altona b mit über 1 Million die höchste Summe, 7 Kassen (Berlin, Breslau, Hamburg a, Hannover b, Königsberg i. Pr., Magdeburg a und Wiesbaden a) zwischen $1/2$ und 1 Million, 22 Kassen zwischen 100 000 und 500 000, die übrigen 30 unter 100 000 Mark, darunter Kassen mit ausgedehntem Kontokorrent-Verkehr, bei denen der Baarbestand wohl statutengemäss auf eine niedrige Summe beschränkt ist.

Die Zinseinnahmen ergaben für 60 Kassen rund 49,5 Millionen Mark, was einer durchschnittlichen Verzinsung von 3,6 Prozent für die von diesen Kassen zinsbar angelegten Kapitalien entspricht.

Der Reinertrag berechnete sich für 61 Kassen auf 8,5 Millionen Mark; Hamburg b verzeichnet einen Verlust von 1 698 Mark. Der Reinertrag berechnet sich auf etwa 0,7 Prozent des durchschnittlichen Einlagestandes der betheiligten Kassen.

Die Verwaltungkosten betrugen für 61 Kassen 2 321 309 Mark, etwa 0,34 Prozent des Gesammtumsatzes dieser Kassen (Summe der Einlagen und Rücknahmen.)

Tabelle III gibt in einer Reihe von Berechnungen verschiedene Anhaltspunkte zur Beurtheilung der einzelnen Kassen nach ihrer Bedeutung und ihren Beziehungen zur Einwohnerschaft.

Der Durchschnittswerth des auf ein Sparbuch treffenden Guthabens war am höchsten
in Altona c mit 1790 Mark, Bochum 1326 Mark, Altona a 1080 Mark. Daran reihen sich Freiburg i. Br. mit 958, Mainz 935, Dortmund 918, Altona b 874, Düsseldorf, Essen, Hamburg a, Karlsruhe und Mannheim mit je über 700, Bremen b, Duisburg und Kiel mit je über 600, Bremen a, Erfurt b, Frankfurt a. M. a, Hamburg b, c und Lübeck a mit je über 500 Mark; 42 Kassen verzeichnen zwischen 100 und 500 Mark. Bei Magdeburg b ist der Durchschnittswerth des Guthabens 64 Mark, am niedrigsten stellt er sich in Braunschweig (41 Mark); Hannover c ist ohne Angabe. Für die Kassen Bochum, Crefeld, Dortmund, Essen, Erfurt a, b, Hamburg c, Leipzig c, e, Lübeck a, b und Mannheim ergiebt sich ein geringeres Durchschnittsguthaben als im Vorjahre, obwohl wie bereits berichtet, die wirkliche Summe der Spareinlagen (Grundzahl) bei all diesen Kassen mit Ausnahme von Hamburg c grösser ist als im Vorjahre.

Die durchschnittliche Einlage war
in Altona a 308, Düsseldorf 254, Mainz 210 und Bochum 208 Mark. 24 Kassen hatten einen Durchschnitt von 100—200, 25 noch einen von mehr als 50 Mark; kleiner war er in Braunschweig mit 46, Magdeburg mit 15 und in Frankfurt b mit 3,8 Mark. 32 Kassen weisen eine höhere Einlagensumme und durchschnittliche Einlage, 13 Kassen wohl eine höhere Einlagensumme, dagegen eine niedrigere durchschnittliche Einlage als im Vorjahre nach. Bei 5 Kassen ist die Einlagensumme und durchschnittliche Einlage gegenüber dem Vorjahre geringer; bei den übrigen kann ein Vergleich in dieser Richtung nicht gezogen werden.

Die durchschnittliche Höhe einer Rücknahme betrug
in Altona a 391, Bochum 390, Dortmund 332, Augsburg, Barmen, Bremen a, Crefeld, Düsseldorf, Duisburg, Essen, Freiburg, Hamburg a, Karlsruhe, Kiel, Magdeburg a, Mainz und Mannheim je über 200 Mark; 26 Kassen verzeichnen zwischen 100 bis 200, 14 weniger als je 100 Mark, darunter Braunschweig mit 45 Mark.

30 Kassen weisen eine grössere Rücknahmensumme und gleichzeitig eine höhere durchschnittliche Rücknahme, 8 Kassen eine höhere Rücknahmensumme, dagegen geringere durchschnittliche Rücknahme als im Vorjahre nach; 11 Kassen hatten eine

(Fortsetzung auf Seite 133).

9*

Tabelle I. Geschäftsthätigkeit der Sparkassen im Jahre 1894 (1894/95).

Nummer	Stadt und Anstalt	Zinsfuss für Spareinlagen %	Einzahlungen Posten	Einzahlungen 1000 Mark	Rückzahlungen Posten	Rückzahlungen 1000 Mark	Stand der Spareinlagen Bücher	Stand der Spareinlagen 1000 Mark	Zinsanfall für die Sparer 1000 M.	Sparbücher wurden ausgegeben	Sparbücher wurden zurückgeliefert
	1.	2.	3.	4.	5.	6.	7.	8.	9.	10.	11.
1	Altona a	$3\frac{1}{4}$—$3\frac{1}{2}$	3 954	1 198,5	2 026	792,5	4 017	4 096,8	113,1	746	41
	„ b	$3\frac{1}{2}$—4	85 920	13 209,2	57 330	11 447,9	88 868	77 678,0	2 489,3	12 159	104
	„ c	$2\frac{1}{2}$—$3\frac{3}{4}$	.	2 159,1	.	1 961,9	3 025	5 417,0	170,4	.	
2	Augsburg	$3\frac{1}{8}$	24 199	1 897,6	7 606	1 583,5	22 515	8 313,4	257,6	3 802	26
3	Barmen	3	17 652	2 771,9	11 090	2 318,5	28 360	10 778,8	297,8	4 047	46
4	Berlin	3	526 295	37 965,4	341 972	30 932,4	509 732	162 842,0	4 533,7	87 507	621
5	Bochum	$3^{6}/_{10}$	13 972	2 839,6	7 102	2 774,9	11 528	15 286,6	659,7	2 044	15
6	Braunschweig	$2\frac{1}{2}$	34 721	1 612,9	27 797	1 249,9	28 145	1 171,2	13,3	34 721	273
7	Bremen a	2 und $3\frac{1}{4}$	148 886	26 950,2	117 730	24 415,1	113 484	66 911,5	2 124,7	15 070	110
	„ b	3—$3\frac{1}{4}$	.	6 410,7	.	6 110,7	11 418	7 737,0	246,7	1 521	13
8	Breslau	3	133 013	12 005,3	90 302	9 032,9	112 707	37 329,7	976,9	23 421	149
9	Cassel	3—$3\frac{1}{2}$	32 581	1 640,9	16 650	1 344,1	29 267	5 203,5	145,1	4 223	27
10	Charlottenburg	3	18 726	1 624,8	8 735	915,7	11 637	3 449,1	88,3	3 689	12
11	Chemnitz	$2^{3}/_{4}$	88 800	5 835,4	55 249	5 613,0	93 587	23 150,1	716,1	9 177	64
12	Crefeld	$2\frac{1}{2}$—4	19 401	3 613,6	15 218	3 509,1	20 083	9 185,4	251,7	4 349	31
13	Dortmund	$3\frac{1}{2}$, $3\frac{1}{8}$	31 605	5 748,5	15 956	5 298,4	28 276	25 983,1	825,6	5 158	37
14	Dresden	$3\frac{1}{8}$	244 622	15 670,2	158 182	13 969,6	315 416	63 965,2	2 013,7	26 853	197
15	Düsseldorf	$2\frac{1}{2}$—4	50 200	12 780,0	37 217	11 026,7	35 798	25 294,2	644,8	8 521	55
16	Duisburg	$3\frac{1}{8}$	9 888	1 679,1	5 147	1 397,0	9 128	5 641,9	176,5	1 851	11
17	Erfurt a	3	33 486	3 409,0	26 763	3 310,1	29 987	12 130,2	349,6	5 777	41
	„ b	3	.	628,9	.	611,0	8 477	1 873,5	45,4	566	3
18	Essen	3—$3\frac{1}{2}$	25 660	3 889,4	14 437	3 881,1	25 950	18 766,0	605,4	4 984	41
19	Frankfurt a.M. a	3	70 818	6 209,8	36 586	4 804,8	68 428	40 243,5	1 167,0	8 092	54
	„ b	3	611 400	2 320,5	23 831	2 144,9	12 207	5 997,0	177,0	1 532	10
20	Frankfurt a. O.	3	30 917	3 435,8	16 641	2 610,5	32 779	12 976,3	358,6	3 861	23
21	Freiburg i. Br.	$3\frac{1}{4}$ u. $3\frac{1}{2}$	17 060	3 143,5	10 547	2 762,8	15 441	14 802,3	457,0	2 599	30
22	Görlitz	3	.	2 824,9	.	1 943,6	34 085	11 469,1	323,0	3 470	21
23	Halle a. S.	3	63 666	8 514,6	38 916	7 747,7	42 789	19 420,0	568,1	7 517	41
24	Hamburg a	$3\frac{1}{2}$	106 701	15 242,5	49 926	11 915,8	102 488	79 436,0	2 505,1	15 921	11
	„ b	„	103 849	12 868,4	82 685	8 546,7	88 501	48 868,7	2 475,4	15 986	11
	„ c	„	586	86,4	402	71,1	630	383,9	11,4	94	1
	„ d	„	744	50,4	516	74,4	984	487,3	14,6	.	

Noch Tabelle I.

Stadt und Anstalt	Zinsfuss für Spareinlagen %	Einzahlungen		Rückzahlungen		Stand der Spareinlagen		Zinsanfall für die Sparer 1000 M.	Sparbücher wurden	
		Posten	1 000 Mark	Posten	1 000 Mark	Bücher	1 000 Mark		ausgegeben	zurückgeliefert
1.	2.	3.	4.	5.	6.	7.	8.	9.	10.	11.
Hannover a...	$3^1/_2$	38 512	6 527,6	24 210	4 524,5	26 012	11 060,2	312,9	7 788	5 001
„ b...	„	.	13 865,7	.	12 118,6	69 977	29 202,9	893,1	9 783	7 331
„ c...	„	.	2 613,6	.	2 291,6	.	3 607,2	121,2	.	.
Karlsruhe	$3^1/_2$—3	26 145	3 967,6	18 346	2 902,5	16 011	11 814,8	365,7	3 604	2 138
Kiel	2—$3^1/_2$	47 431	7 017,6	24 685	6 621,5	48 833	30 830,6	1 065,5	5 734	3 705
Köln	2—$3^1/_2$	97 192	14 899,2	65 738	11 830,3	66 441	30 541,7	796,8	16 005	8 958
Königsbergi.Pr.	$2^1/_2$—$3^1/_2$	110 912	19 191,9	77 625	14 155,4	75 409	33 618,4	882,7	18 485	12 512
Leipzig a	3	176 241	11 978,2	119 842	10 165,4	146 182	46 835,8	1 842,5	19 278	12 658
„ b	$3^1/_8$	3 383	200,7	2 047	157,5	2 873	711,4	21,9	460	274
„ c	„	2 054	129,3	1 285	189,6	2 331	849,3	27,1	221	151
„ d	„	2 145	111,9	1 597	112,0	2 161	567,7	18,2	220	160
„ e	„	2 668	140,7	1 404	107,9	1 903	362,6	11,1	492	213
„ f	„	4 080	282,8	2 605	259,5	4 267	1 382,8	43,9	544	379
„ g	3	22 870	1 501,8	22 176	1 575,6	23 782	8 325,0	248,0	2 836	2 646
Liegnitz	3	15 118	1 080,7	7 560	1 011,9	15 151	5 149,7	146,1	2 528	1 998
Lübeck a.	3	10 402	1 259,6	7 543	1 247,4	10 724	6 081,6	170,4	1 448	1 086
„ b.	„	26 090	3 591,2	18 510	3 410,1	21 127	6 182,3	161,7	2 358	1 103
Magdeburg a. .	3	115 712	20 882,1	83 048	19 027,9	118 169	55 852,3	1 544,4	18 302	14 014
„ b..	„	. 1 131	18,3	504	25,5	643	41,3	1,2	126	136
Mainz	$3^1/_2$	31 596	6 624,5	19 926	5 247,0	25 828	24 698,7	790,3	3 974	3 310
Mannheim....	$3^1/_4$—$3^1/_2$	33 897	4 382,3	20 900	4 301,5	20 239	15 447,1	509,7	4 161	3 388
Metz	$3^1/_4$	27 824	2 818,8	17 148	2 694,5	40 381	9 962,0	305,9	3 581	2 313
München.....	$3^3/_{10}$	68 886	6 196,5	30 852	4 585,6	56 826	23 251,8	708,7	12 669	8 283
Nürnberg ...	3	43 881	2 699,2	37 705	1 751,1	80 676	7 476,4	281,6	24 808	19 709
Plauen i. V. ..	3	49 756	4 628,6	23 433	4 275,7	41 244	16 493,2	473,8	6 289	3 680
Posen	$2^1/_2$—3	.	2 351,2	.	1 717,5	23 223	6 497,9	171,9	5 469	8 696
Potsdam	3	28 460	2 097,7	18 305	1 663,3	23 878	6 792,6	256,2	3 843	1 989
Spandau	$3^1/_2$	19 793	1 296,5	11 285	1 078,5	18 878	6 818,9	212,7	2 871	1 703
Strassburg ...	$3^1/_4$	60 766	4 444,4	27 542	3 859,9	54 301	16 064,4	486,1	6 356	3 519
Stuttgart	3	40 538	3 167,9	15 408	2 505,5	26 946	6 882,4	194,2	5 604	3 992
Wiesbaden a..	2 u. $3^1/_2$	84 104	13 486,6	55 021	10 493,9	88 669	36 592,2	1 060,3	15 806	8 324
„ b..	3	.	1 107,5	.	1 099,1	17 207	2 025,4	58,8	1 997	1 635
„ c..	3	.	344,3	.	835,0	1 801	589,2	16,2	304	229
Zwickau	3	40 600	3 128,6	22 883	2 841,8	43 826	12 508,6	364,4	5 009	3 552

Tabelle II. Innere Verwaltung der Sparkassen im Jahre 1894 (1894/95).

Nummer	Stadt und Anstalt	Eigenes Vermögen der Kasse in 1000 Mark	Baarer Kassenbestand am Jahresschlusse in 1000 Mark	Von dem in Verwaltung der Anstalt stehenden Vermögen sind zinsbar angelegt: in Hypotheken 1000 M.	in Werthpapieren 1000 M.	in anderer Weise 1000 M.	zusammen 1000 M.	Zinssatz in %: niedrigster	höchster	Zins-Einnahmen 1000 M.	Reinertrag 1000 M.	Verwaltungkosten M.
	1.	2.	3.	4.	5.	6.	7.	8.	9.	10.	11.	12.
1	Altona a	183,1	200,2	3 435,4	141,8	428,4	4 005,6	3	5	148,6	19,6	5 969
	„ b	4 507,3	1 152,3	54 966,0	16 641,3	10 554,6	82 161,9	3	4½	2 976,2	128,6	119 437
	„ c	.	.	.	.	.	.	.	.	.	.	.
2	Augsburg	931,2	295,6	2 768,3	5 676,4	466,7	8 911,4	2½	4½	334,4	179,8	14 986
3	Barmen	1 070,9	92,7	3 832,4	6 356,2	1 574,2	11 762,8	3	4½	434,4	131,6	11 246
4	Berlin	13 564,5	959,9	47 927,3	124 118,3	3 975,1	176 020,7	1 9/16	5	6 052,5	1 111,2	380 828
5	Bochum......	1 054,5	76,8	9 489,0	2 725,2	4 012,6	16 226,8	3½	5	655,2	114,5	17 919
6	Braunschweig .	.	.		.	.	.	.	.	.	.	.
7	Bremen a	3 480,0	225,5	39 791,6	14 660,4	15 359,9	69 811,9	3½	4½	2 438,5	196,9	120 286
	„ b	614,8	33,3	5 503,4	1 116,5	1 777,2	8 897,1	3⅝	4½	288,1	42,0	.
8	Breslau	4 775,1	504,7	8 463,2	26 799,7	6 423,8	41 686,7	3	4½	1 406,4	313,9	88 444
9	Cassel	443,5	3,5	2 308,0	3 308,5	.	5 616,5	3	4	198,6	41,0	10 690
10	Charlottenburg	51,3	17,8	2 520,3	848,6	112,6	3 476,5	3	4½	124,3	28,8	10 181
11	Chemnitz	2 158,6	352,9	18 095,6	7 092,2	107,7	25 295,5	1½	4¾	1 081,8	295,4	34 429
12	Crefeld	1 083,7	59,0	4 263,7	5 143,5	926,4	10 333,6	3½	5	395,0	159,0	19 576
13	Dortmund	2 009,9	428,4	13 600,8	8 932,2	2 955,8	25 488,3	3½	4¼	1 118,5	172,2	25 989
14	Dresden	4 756,3	.	30 171,7	33 840,6	4 815,7	68 828,0	1½	4½	2 492,8	389,2	107 599
15	Düsseldorf ...	2 719,0	342,3	6 346,1	16 778,0	4 474,9	27 599,0	3½	5	976,0	317,2	30 179
16	Duisburg	497,5	28,5	3 987,5	1 894,2	312,4	6 194,1	3	5	247,5	48,0	8 444
17	Erfurt a	636,6	160,4	8 154,4	4 227,0	299,0	12 680,4	3	5	487,1	134,5	18 399
	„ b	91,6	77,2	804,6	721,7	599,9	2 126,2	3½	5	.	15,1	4 995
18	Essen	1 888,4	213,8	13 208,1	6 179,0	1 061,9	20 449,0	4	5	804,7	117,2	21 822
19	Frankfurt a.M. a	3 699,2	461,4	29 583,0	14 992,2	4 689,6	49 264,8	½	4½	2 209,5	321,3	79 300
	„ b		22,6									31 871
20	Frankfurt a. O.	1 031,8	70,1	2 511,3	9 937,0	1 464,6	13 912,9	3	5	505,6	138,1	15 027
21	Freiburg i. Br. .	1 010,6	191,4	10 438,3	1 964,2	2 943,5	15 346,0	4	5	585,5	130,5	14 234
22	Görlitz	1 026,6	238,3	4 528,9	5 919,4	1 812,4	12 260,7	2	5	457,2	112,2	18 574
23	Halle a. S. ...	1 983,1	267,3	9 616,9	10 285,1	1 228,5	21 130,5	2	4½	749,9	216,0	22 154
24	Hamburg a ...	2 471,2	847,0	63 891,2	7 889,5	8 220,9	80 001,6	.	.	2 804,7	133,0	138 963
	„ b ...	847,9	117,3	29 467,1	11 912,6	6 885,4	48 265,1	.	.	1 578,6	—1,7	94 935
	„ c ...	24,3	2,9	355,1	.	0,258	355,3	.	.	14,4	2,0	1 082
	„ d ...	26,3	2,7	431,1	.	22,8	453,9	.	.	17,6	1,2	1 695

Noch Tabelle II.

Stadt und Anstalt	Eigenes Vermögen der Kasse in 1000 Mark	Baarer Kassenbestand am Jahresschlusse in 1000 Mark	Von dem in Verwaltung der Anstalt stehenden Vermögen sind zinsbar angelegt				Zinssatz in %		Zins-Einnahmen	Reinertrag	Verwaltungkosten
			in Hypotheken 1000 M.	in Werthpapieren 1000 M.	in anderer Weise 1000 M.	zusammen 1000 M.	niedrigster	höchster	1000 M.	1000 M.	M.
1.	2.	3.	4.	5.	6.	7.	8.	9.	10.	11.	12.
Hannover a...	.	28,8	.	.	10 698,0	10 698,0	4	4	380,1	51,2	20 026
„ b...	1 711,5	663,7	18 266,8	11 491.8	489,3	30 247,9	3	4½	1 127,9	180,7	.
„ c...	.	.	.	.	.	.	3	4½	.	.	.
Karlsruhe	1 056,2	100,5	7 445,9	4 986,1	389,8	12 821,8	2	4½	486,8	88,5	33 812
Kiel	2 571,9	144,0	25 893,0	2 092,2	5 032,6	33 017,8	2	5	1 301,1	235,4	43 159
Köln	2 933,5	352,8	12 824,5	14 458,5	6 198,5	33 481,5	2¼	5	1 176,3	221,1	55 005
Königsberg i.Pr.	1 717,6	586,9	15 335,0	15 832,6	3 704,7	34 872,3	3	5	1 299,9	333,9	55 976
Leipzig a	3 598,7	470,1	25 784,9	21 765,1	3 316,3	50 866,3	1½	5	1 966,1	344,0	95 620
„ b	35,6	7,3	556,7	164,5	14,0	735,2	1½	5	28,2	3,6	1 999
„ c	42,5	7,3	742,0	108,9	32,0	882,9	1½	4½	36,4	7,4	1 996
„ d	27,5	7,1	481,9	87,5	18,6	588,0	1½	5	24,1	4,5	2 360
„ e	1,3	10,9	256,6	79,6	14,5	350,7	1½	4½	13,7	0,888	901
„ f	65,8	8,2	1 237,4	173,8	27,0	1 438,2	1½	4¼	57,5	10,2	3 411
„ g	416,2	27,0	7 598,0	958,1	49,5	8 605,6	3½	5	364,1	90,2	32 083
Liegnitz	515,0	7,0	3 961,6	1 194,9	539,7	5 696,2	3	4½	221,6	38,5	12 874
Lübeck a	591,7	107,3	5 232,2	1 395,4	.	6 627,6	3½	4½	521,5	50,2	12 494
„ b....	720,1	82,4	3 122,9	1 643,0	2 040,2	6 806,1	2	5	370,4	106,2	28 273
Magdeburg a ..	4 654,0	970,8	25 676,3	32 856,6	820,7	59 353,6	3	5	2 144,0	521,9	65 830
„ b ..	0,34	0,32	.	13,0	28,7	41,7	2½	4½	1,7	0,431	421
Mainz	2 120,9	48,7	21 348,8	3 446,1	1 771,5	26 566,4	3¾	4½	312,5	151,6	36 483
Mannheim....	1 027,7	50,1	7 277,5	8 529,1	964,2	16 770,8	2	4¼	639,1	141,2	31 520
Metz	387,2	11,1	.	321,8	9 483,6	9 805,4	.	.	331,2	15,9	24 890
München.....	1 402,3	8,2	8 918,1	14 208,3	1 376,5	24 502,9	2¼	4½	850,4	111,0	32 162
Nürnberg.....	960,8	.	2 157,6	5 709,2	460,4	8 327,2	2	4½	297,6	125,7	23 450
Plauen i. V. ..	992,0	125,7	12 761,9	4 766,5	115,9	17 644,3	4	4	671,0	165,4	20 214
Posen	665,0	15,8	1 811,2	4 691,6	347,8	6 850,6	3	5	249,6	91,7	29 172
Potsdam	658,4	3,6	2 455,2	3 958,1	1 034,2	7 447,5	3	5	261,9	75,0	12 954
Spandau	652,8	172,9	4 260,1	2 584,5	477,9	7 322,5	3	5	308,7	95,2	13 845
Strassburg ...	831,5	0,107	.	261,2	16 090,5	16 357,7	3½	3½	527,5	35,5	36 288
Stuttgart	274,4	66,7	5 343,7	650,1	971,4	6 965,2	3½	5	250,3	68,6	14 775
Wiesbaden a .	2 096,5	576,4	21 150,2	10 005,9	5 142,0	36 298,1	4	4	1 437,5	22,3	91 498
Zwickau	612,4	180,6	10 138,1	2 546,9	547,4	13 232,4	1½	4½	514,7	133,6	19 070

Tabelle III. Wichtigste Verhältnisszahlen über Sparkassen im Jahre 1894 (1894/95).

Nummer	Stadt und Anstalt	Durchschnittswerth der: auf ein Sparbuch treffenden Guthaben	Einzahlungen	Rücknahmen	Auf 100 Einzahlungen kommen Rückzahlungen	Auf 100 Mark Einzahlung kommt eine Rückzahlung von	Verhältniss zur Einwohnerzahl: Auf 100 Einwohner treffen Sparbücher	Auf den Kopf der Gesammt-Bevölkerung treffender Sparbetrag	Prozentantheil an den zinsbar angelegten Kapitalien: Hypotheken	Werthpapiere	Sonstige Anlagen	Prozent-Verhältniss des Reinertrags zum durchschnittlichen Einlagenstand	der Verwaltungskosten zum Umsatze
		1.	2.	3.	4.	5.	6.	7.	8.	9.	10.	11.	12.	13.
1	Altona a	1 079,74	303,12	391,16	51,2	66,12	65,2	592,05	85,8	3,5	10,7	0,51	0,29
	„ b	874,08	153,80	199,68	66,7	86,67			66,9	20,2	12,9	0,17	0,44
	„ c . . .	1 790,74	.	.	.	90,87			.	.	.	.	.
2	Augsburg . . .	369,24	78,42	208,19	31,4	83,45	28,6	105,49	31,1	63,7	5,2	2,24	0,43
3	Barmen	380,07	156,97	209,07	62,8	83,64	23,1	87,88	32,6	54,0	13,4	1,26	0,23
4	Berlin	319,47	72,13	90,45	65,0	81,47	31,1	99,30	27,3	70,5	2,2	0,71	0,55
5	Bochum	1 326,04	203,24	390,72	50,8	97,12	22,1	293,18	58,5	16,8	24,7	0,76	0,32
6	Braunschweig .	41,61	46,42	44,97	80,1	77,49	25,3	10,53	.	.	.	.	.
7	Bremen a . . .	589,61	181,01	207,38	79,1	90,60	90,6	541,28	57,0	21,0	22,0	0,30	0,23
	„ b . . .	677,57	.	.	.	95,32			65,5	13,5	21,2	0,56	.
8	Breslau	331,21	90,26	100,03	67,9	75,24	31,2	103,52	20,2	64,2	15,4	0,88	0,42
9	Cassel	177,79	50,36	80,73	51,10	81,91	37,1	65,91	41,1	58,9	.	0,82	0,36
10	Charlottenburg	296,39	86,75	104,83	46,6	56,37	10,2	30,32	72,5	24,3	3,2	0,95	0,40
11	Chemnitz . . .	247,36	65,72	101,59	62,2	96,19	61,5	152,07	71,5	28,0	0,5	1,29	0,30
12	Crefeld	457,37	186,26	230,59	78,4	97,11	18,8	85,96	41,2	49,8	9,0	1,76	0,27
13	Dortmund . . .	918,91	181,25	332,07	50,5	92,17	27,7	254,81	53,4	35,0	11,6	0,68	0,23
14	Dresden	296,94	64,06	88,34	64,6	89,78	67,1	199,28	43,8	49,2	7,0	0,63	0,36
15	Düsseldorf . . .	706,68	254,58	296,28	74,1	86,28	21,4	151,27	23,0	60,8	16,2	1,32	0,12
16	Duisburg	618,09	178,86	271,42	54,8	83,90	13,6	83,94	64,4	30,6	5,0	0,88	0,27
17	Erfurt a	401,18	101,80	123,68	79,9	97,10	39,4	159,44	64,3	33,3	2,4	1,12	0,27
	„ b	538,83	.	.	.	97,16			37,8	34,0	28,2	0,82	0,40
18	Essen . , ...	723,16	151,57	268,69	56,2	99,79	28,9	208,70	64,6	30,2	5,2	0,63	0,29
19	Frankfurt a. M. a	588,16	87,97	135,24	51,7	77,37	40,5	232,33	60,1	30,4	9,5	0,72	0,72
	„ b	491,27	3,80	91,26	3,9	92,43							0,71
20	Frankfurt a. O.	395,87	113,13	156,87	53,8	75,98	57,4	227,38	18,1	71,4	10,5	1,11	0,25
21	Freiburg i. Br.	958,70	184,25	261,96	61,8	87,90	29,8	285,43	68,0	12,8	19,2	0,91	0,24
22	Görlitz	336,48	.	.	.	83,60	50,6	170,11	36,9	48,3	14,8	1,01	0,44
23	Halle a. S. . . .	453,85	133,89	199,09	61,1	90,99	37,4	169,70	45,5	48,7	5,8	1,15	0,14
24	Hamburg a. . .	775,12	142,80	238,67	46,8	78,17	82,3	215,49	79,8	9,9	10,3	0,17	0,51
	„ b. . .	557,83	119,10	103,86	79,6	69,10			61,0	24,7	14,3	Verlust	0,45
	„ c. . .	530,00	67,98	176,77	75,0	195,22			99,9	.	0,1	0,57	1,01
	„ d. . .	444,38	67,73	144,16	69,3	147,60			95,0	.	5,0	0,28	1,36

XIII. Sparkassen. 137

Noch Tabelle III.

Stadt und Anstalt	Durchschnittswerth der — auf ein Sparbuch treffenden Guthaben	Einzahlungen	Rücknahmen	Auf 100 Einzahlungen kommen Rückzahlungen	Auf 100 Mark Einzahlung kommt eine Rückzahlung von	Verhältniss zur Einwohnerzahl — Auf 100 Einwohner treffen Sparbücher	Auf den Kopf der Gesammtbevölkerung treffender Sparbetrag	Prozentantheil an den zinsbar angelegten Kapitalien — Hypotheken	Werthpapiere	Sonstige Anlagen	Prozent-Verhältniss des Reinertrags zum durchschnittlichen Einlagenstand	der Verwaltungskosten zum Umsatze
1.	2.	3.	4.	5.	6.	7.	8.	9.	10.	11.	12.	13.
Hannover a	425,00	169,00	181,00	63,0	69,31	48,3	222,04	.	.	.	0,52	0,18
„ b	417,32	.	.	.	87,67			60,4	38,0	1,6	0,65	.
„ c	.	.	.	.	87,68			.	.	.	.	.
Karlsruhe	737,93	151,75	217,48	51,0	73,18	19,5	145,98	58,1	38,9	3,0	0,79	0,49
Kiel	631,35	148,04	268,78	51,9	94,35	60,1	379,64	78,4	6,3	15,3	0,77	0,32
Köln	459,68	153,28	179,96	67,6	79,40	21,5	98,64	38,5	43,2	18,5	0,77	0,21
Königsbergi.Pr.	445,81	173,04	182,36	70,0	73,76	44,7	199,24	44,0	45,4	10,6	1,09	0,17
Leipzig a	320,49	67,24	84,82	68,0	84,90	47,3	152,35	50,7	42,8	6,5	0,76	0,43
„ b	247,62	59,33	76,96	60,5	78,48			75,7	22,4	1,9	0,53	0,55
„ c	364,37	62,95	108,61	62,6	107,94			84,1	12,3	3,6	0,89	0,74
„ d	262,70	52,16	70,15	74,4	100,11			82,0	14,9	3,1	0,80	1,01
„ e	190,52	52,83	76,82	52,7	76,66			73,2	22,7	4,1	0,76	0,56
„ f	324,06	69,31	99,61	63,8	91,75			86,0	12,1	1,9	0,76	0,63
„ g	350,05	65,67	71,05	96,9	104,91			88,3	11,1	0,6	1,09	1,04
Liegnitz	339,89	71,48	133,86	50,0	93,63	30,2	103,00	69,6	20,9	9,5	0,76	0,62
Lübeck a	567,11	121,09	165,37	72,5	99,03	46,9	180,67	79,0	21,0	.	0,84	0,50
„ b	292,63	137,65	184,23	70,9	94,96			45,9	24,1	30,0	1,77	0,40
Magdeburg a	472,65	180,03	229,12	71,8	91,34	56,2	264,53	43,2	55,4	1,4	0,96	0,16
„ b	64,20	15,34	50,20	44,6	138,25			.	31,3	68,7	0,95	0,97
Mainz	935,67	209,66	263,32	63,1	79,31	33,3	324,81	80,4	12,9	6,7	0,64	0,30
Mannheim	763,26	131,72	205,85	62,6	98,16	23,1	176,23	43,4	50,8	5,8	0,93	0,36
Metz	246,70	101,31	157,13	61,6	95,59	67,5	166,60	.	3,3	96,7	0,16	0,45
München	409,17	90,00	147,01	44,8	73,17	14,6	59,53	36,4	58,0	5,6	0,50	0,30
Nürnberg	243,72	61,51	46,44	85,9	64,50	19,5	48,37	25,9	68,6	5,5	1,88	0,53
Plauen i. V.	399,89	93,03	182,46	47,1	92,38	82,4	329,80	72,3	27,0	0,7	1,03	0,23
Posen	278,94	.	.	.	73,05	88,1	92,35	26,4	68,5	5,1	1,50	0,71
Potsdam	284,47	73,71	125,01	46,7	79,29	41,7	118,71	33,0	53,1	13,9	1,16	0,34
Spandau	361,31	65,00	95,55	57,0	88,17	34,3	124,00	58,2	35,3	6,5	1,44	0,58
Strassburg	295,84	73,13	140,14	45,3	86,85	41,1	121,66	.	1,5	98,5	0,23	0,44
Stuttgart	253,59	78,15	162,66	38,0	79,09	17,6	44,72	76,7	9,3	14,0	1,07	0,26
Wiesbaden a	412,63	160,56	190,73	65,4	77,81	.	.	58,3	27,5	14,2	0,07	0,38
„ b	117,71	.	.	.	99,24	.	.	.	.	.	.	.
„ c	327,15	.	.	.	97,30	.	.	.	.	.	.	.
Zwickau	285,42	77,05	124,19	56,4	90,83	91,3	260,60	76,6	19,3	4,1	1,09	0,32

(Fortsetzung von Seite 131.)

geringere Rücknahmensumme und gleichzeitig auch eine niedrigere durchschnittliche Rücknahme als im Vorjahre. Nur bei Braunschweig, Hamburg b und Nürnberg übertraf der Durchschnittwerth der Einlagen den der Rücknahmen.

Das Verhältnis der im Laufe des Jahres gemachten Einzahlungen zu den Rückzahlungen war am höchsten in Leipzig g mit 97 Prozent, in Nürnberg mit 86 und in Braunschweig mit 80 Prozent. Bei 11 Kassen betrug dieser Prozentsatz mehr als 70, bei 19 über 60, bei 18 über 50, bei den übrigen weniger als 50 Prozent. Bei Frankfurt b kamen nur 3,8 Mark Rücknahmen auf 100 Mark Einzahlungen. Auf die besondere Eigenthümlichkeit dieser Kasse wurde schon früher hingewiesen (Wochenkasse mit einer geringsten Wocheneinlage von 50 Pfennig und einer höchsten Einzahlung von 20 Mark).

Bezüglich der eingezahlten und zurückverlangten Geldsummen zeigt sich, dass bei einer Reihe von Kassen mehr zurückbezahlt als eingelegt wurde.

Es sind dies, wie schon erwähnt, die kleinen Kassen Hamburg c und d, Leipzig c, d, g und Magdeburg b. Bei 22 Kassen ist das Verhältnis 100:90 und mehr, bei 16 Kassen 100:80 und mehr; bei 23 Kassen bleibt die zurückgezahlte Geldsumme noch weiter hinter dem Einlagenbetrag zurück.

Durch Gutschrift von Zinsen hat der gesammte Einlagenstand der hier behandelten 66 Kassen von 1893 auf 1894 um 51 Millionen zugenommen. Dazu kommt als reiner Ueberschuss der Einlagen über die Rücknahmen der Betrag von 61 Millionen; sonach umfasst der Gesammtzuwachs 112 Millionen Mark.

In Betreff der berechneten Verhältniszahlen zur Bevölkerung gilt, was bereits in den früheren Berichten gesagt wurde. Sie geben nur ein ungefähres Bild der Benützung der einzelnen Kassen durch die Bevölkerung der Städte und ihrer nächsten Umgebung.

Der Kopftheil der Gesammtbevölkerung am Sparkapitale zeigt 1894 gegen 1893 in Chemnitz, Dortmund, Duisburg, Essen, Halle und Stuttgart eine Minderung, sonst überall Mehrung. Der höchste Kopftheil findet sich in Altona mit 592 Mark und Bremen mit 541 Mark. Die nächstfolgenden sind Kiel mit 379, Plauen mit 329 und Mainz mit 324 Mark; 10 Städte standen über 200, ausserdem noch 18 über 100 Mark. Von den übrigen 12 Städten standen 4 unter 50 Mark, wobei Braunschweig mit 10,53 Mark die Mindestzahl zeigt. Für Wiesbaden unterblieb die Berechnung.

Das Verhältnis der zinsbar angelegten Kapitalien bei den einzelnen Kassen bietet nach den drei Hauptarten der Anlagen zu einander tiefgreifende Unterschiede; ihre Vertheilung auf Hypotheken, Werthpapiere und sonstige Anlagen ist in Tabelle III Spalte 9 bis 11 ausgewiesen.

Das Verhältnis des Reinertrages zum Einlagenstande wurde nach dem Mittel des Standes am Beginne und am Schlusse des Jahres berechnet.

Der reine Gewinn erreicht den höchsten Stand mit 2,24 Prozent in Augsburg; dann folgen Nürnberg mit 1,83, Lübeck b mit 1,77, Crefeld mit 1,76, Posen, Spandau, Düsseldorf, Chemnitz, Barmen, Potsdam, Halle, Erfurt a, Frankfurt a. O., Königsberg, Leipzig g, Zwickau, Stuttgart, Plauen und Görlitz mit 1—1¹/₂ Prozent. Den geringsten Reinertrag liefert Wiesbaden a mit 0,07 Prozent.

Das Verhältnis der Verwaltungskosten zum Umsatze (Einlagen und Rücknahmen) betrug in Hamburg d 1,36, Leipzig g 1,04, Hamburg c und Leipzig d je 1,01 Prozent; die übrigen Kassen weisen weniger als ein Prozent nach, am wenigsten Halle mit 0,14 und Düsseldorf mit 0,19 Prozent. Bei 26 Kassen erscheinen die Verwaltungkosten gegen das Vorjahr verhältnismässig vermindert, bei 18 dagegen vermehrt, bei 9 sind sie in beiden Jahren gleich, bei den übrigen 11 mangelt die Angabe in dem einen oder anderen Jahre.

XIV.
Oeffentliche Leihhäuser.

Von

Dr. Eugen Würzburger,
Direktor des statistischen Amts der Stadt Dresden.

In diesem Abschnitt wurden in den vier ersten Jahrgängen des „Jahrbuchs" ausser den regelmässig wiederkehrenden statistischen Nachweisungen verschiedene Mittheilungen über die Satzungen und die Geschäftsgebahrung u. s. w. der öffentlichen Leihhäuser, sowie über die nicht öffentlichen Pfandleih-Geschäfte gebracht. Sie enthielten u. A. folgendes:

Eine den Verwaltungsberichten der Magistrate u. s. w. entnommene
Zusammenstellung der letztgenannten Art bezüglich der Rechnungsjahre 1893 und 1894 bezw. 1893/94 uud 1894/95, deren Statistik im vorliegenden Jahrgang behandelt wird, folgt nachstehend. Wie die früher
wiedergegebenen Aeusserungen, zeigt sie, dass einige (Elberfeld, Leipzig)
die Anschauung vertreten, als müssten günstige wirthschaftliche Verhältnisse einen Rückgang im Pfänderverkehr, ungünstige eine Zunahme
zur Folge haben, während andere (Duisburg, Frankfurt a. M., Halle)
der, ausgenommen was die Verpfändung der für den Gebrauch kaum
entbehrlichen Gegenstände anlangt, wohl richtigeren gegentheiligen
Meinung sind.

Breslau, Verwaltungsbericht des Magistrats für 1892/95, S. 535: Die Geschäfte
des Stadt-Leihamts sind in den abgelaufenen 3 Jahren immer mehr zurückgegangen.
Wenn auch gleichzeitig die Privatleiher über einen auffallenden Rückgang ihrer
Geschäfte zu klagen haben, so ist darin doch wohl nicht eine Hebung des Volks-
wohlstandes zu erkennen, sondern es dürften vielmehr die Gründe des allgemeinen
Rückganges der Leihgeschäfte darin zu suchen sein, dass viele stehende Kunden der
Leihinstitute ihr Kreditbedürfniss jetzt vielfach auf anderem Wege befriedigen können.

Darmstadt, Verwaltungsbericht der Grossherzoglichen Bürgermeisterei für 1893/94.
S. II, 99: Der Wenigererlös bei Pfänderversteigerungen ist hauptsächlich zurückzuführen
auf die fast ausschliessliche Betheiligung von — meist einen Ring bildenden —
Trödlern und Maklern bei den Pfänderversteigerungen, sowie auf den in der letzten
Zeit bedeutend gesunkenen Silberwerth. Pfänder, deren Versatzzeit ein- bis zweimal
verlängert worden war, konnten mehrfach bei der Versteigerung nicht den s. Z. bei
besseren Kursverhältnissen gewährten Darlehensbetrag erreichen.

Dresden, Verwaltungsbericht des Rathes für 1898, S. II, 87: Was die Verminderung der kleinen, zumeist auf Kleidungsstücke, Wäsche und Betten gewährten Darlehen betrifft, so könnte dieselbe, wenn man den Leihamts-Verkehr
als das Spiegelbild der Lage des kleinen Mannes betrachtet, als ein erfreu-
liches Zeichen für die zunehmende Verbesserung der wirthschaftlichen Verhältnisse
der minderbemittelten Klassen angesehen werden. Und sicherlich kann dieselbe auch
zum Theil auf die günstigen Arbeitsverhältnisse, welche seit längerer Zeit in hiesiger
Stadt für einen Theil der Arbeiterschaft, insbesondere für die Erd- und Bauarbeiten
in Folge der grossen öffentlichen Bauten bestehen, zurückgeführt werden; zum Theil
kann man sie wohl auch der Fürsorge zuschreiben, welche den Arbeitern aus der
sozialpolitischen Gesetzgebung erwachsen ist. Aber zu einem nicht geringen Theile
dürfte die Ursache der Rückwärtsbewegung des Versatzgeschäftes doch auf einem
ganz anderen Gebiete zu suchen sein und insbesondere in Folgendem ihren Grund
haben. Die in verschiedenen Zweigen der Industrie, vor allem aber bei der Her-
stelluug von Bekleidungsgegenständen gegenwärtig herrschende Massenerzeugung
minderwerthiger Waaren hat zur Folge, dass eine Menge derartiger Sachen zu ausserordentlich billigen Preisen auf den Markt geworfen wird. Vollständige Herrenanzüge
aus wollenen Stoffen zum Fabrikpreise von 10 bis 12 M., Winterüberzieher von
8 bis 10 M. und Stiefel für 3 M. gehören noch nicht zu den letzten Sorten. Diese
Waaren sind allerdings aus sehr geringen Stoffen hergestellt, haben aber ein
gefälliges, ja bestechendes Aussehen. Sie werden hauptsächlich von der Arbeiterbevölkerung getragen. Schon nach kurzem Gebrauche sind die Sachen jedoch zumeist in einem Zustande, dass sie, wenn sie dem Leihamte als Pfand angeboten
werden, als unbeleihbar zurückgewiesen werden müssen. Bei den Frauen-Kleidungs-
stücken tritt noch als weiterer gegen die Beleihung minderwerthiger Waaren
sprechender Umstand der ausserordentlich rasche Wechsel in der Mode hinzu. Sehr
unsicher gestaltete sich ferner infolge fortwährenden Sinkens des Silberpreises die
Schätzung der zum Versatz gebrachten Silbersachen und Uhren. Unter solchen Umständen kann es nicht verwundern, wenn sich die Taxatoren, welche zur Vertretung
entstehender Verluste verpflichtet waren und sie event. selbst verwilligen haben müssen,
zur grössten Vorsicht veranlasst sahen. Es erscheint daher erklärlich, wenn in letzter
Zeit die Zahl derjenigen Pfänder sich vermehrt hat, welche zurückgewiesen worden
sind, weil sie für das niedrigste Darlehen von 3 M. keine genügende Sicherheit boten.
Im Jahre 1898 dürften aus diesem Grunde mindestens 10 000 Personen im Leihamte

abgewiesen worden sein, und dieser Umstand kann als eine weitere Ursache des Rückganges der Zahl der kleinen Pfänder betrachtet werden.

Duisburg, Verwaltungsbericht für 1893/94, S. 79: Die Pfandleih-Anstalt weist im Berichtsjahre einen Rückgang auf, welcher wohl nur durch die allgemeinen ungünstigen Geschäftsverhältnisse des Jahres erklärt werden kann; ist es doch eine hier schon öfter beobachtete Erscheinung, dass der Verkehr im Leihhause in schlechteren Zeiten geringer ist, als in besseren. Abgesehen hiervon hat aber auch die Abnahme in der Zahl der Pfänder darin ihren Grund, dass schlechtere Pfänder, bezüglich deren man im Laufe der Zeit bei den Verkäufen schlechte Erfahrungen gemacht hat, zurückgewiesen wurden.

Elberfeld, Haushaltplan für 1895/96, S. 468: Die Fortdauer ungünstiger Erwerbsverhältnisse hat eine starke Benutzung des Leihhauses zur Folge. Der geringe Erlös, welcher seit längerer Zeit aus dem öffentlichen Verkaufe nicht eingelöster Pfänder erzielt worden, bedingt eine äusserst vorsichtige Bemessung der Darlehen. Desgleichen für 1896/97, S. 474: Die allmählich eingetretene Besserung der Erwerbsverhältnisse und die stetige Zunahme der Benutzung von Privatanstalten haben eine erheblich geringere Inanspruchnahme des städtischen Leihhauses zur Folge.

Frankfurt a. M., Verwaltungsbericht des Magistrats für 1893/94, S. 388: Bei lebhaftem Handel und Verkehr geht, wie eine langjährige Erfahrung lehrt das Pfandgeschäft besser, während es bei stockendem Geschäftsgang, bei Arbeitsmangel und gedrückten Löhnen stets zurückgeht. Im abgelaufenen Jahre (1893/94) war aus den Beobachtungen bei dem städtischen Pfandhaus nicht festzustellen, dass der Nothstand in hiesiger Stadt die regelmässigen Grenzen überschritten hätte.

Halle a. S., Bericht über den Stand und die Verwaltung der Gemeindeangelegenheiten für 1893/94, S. 72: Der Grund (des Rückgangs im Pfänderverkehr) liegt hauptsächlich in der in den letzten Jahren eingetretenen Entwerthung fast aller Versatzartikel. Die schlechten Geschäftsverhältnisse, welche jetzt im allgemeinen vorherrschend sind, trugen dazu bei, dass in den Auktionen des Leihamtes nur sehr geringe Erlöse erzielt wurden, weshalb dasselbe gezwungen war, die Darlehen bedeutend herabzumindern. Desgleichen für 1894/95, S. 82: Der Grund (der Zunahme des Versatzes) liegt darin, dass seit dem 16. Juli 1894 während der Nachmittagsdienststunden Versatz und Einlösungen stattfanden. Die Zahl der zu versteigernden Pfänder hat erfreulich abgenommen; auch die Auktionserlöse waren günstiger als im Vorjahre.

Kiel, Bericht der Kommission der Gesellschaft freiwilliger Armenfreunde für 1893/94, S. 29: Im Berichtsjahre ist eine geringe Verminderung der Zahl der zu versteigernden Pfänder sowohl als der durch dieselben repräsentirten Darlehenssumme eingetreten. Wenn wir dieser Thatsache nun auch nicht gerade eine besondere Bedeutung beimessen und daraus ohne Weiteres Schlüsse auf eine wesentlich verbesserte wirthschaftliche Lage der unsern Lombard benutzenden Bevölkerungsklasse ziehen wollen, so deutet dieselbe doch noch weniger eine Verschlechterung derselben an.

Leipzig, Verwaltungsbericht des Rathes für das Jahr 1893, S. 473: Da die Grundsätze in der Beleihung von Pfändern irgendwelche Veränderung nicht erlitten haben, andererseits auch eine stärkere Konkurrenz der Privatleihanstalten sich nicht bemerkbar gemacht hat, so kann man nur annehmen, dass die geringere Inanspruchnahme des Leihhauses auf einem verminderten Nothstande beruhe. Desgleichen für 1894, S. 432: Eine Erklärung für die geringere Inanspruchnahme des Leihhauses kann nicht gegeben werden. In der geschäftlichen Behandlung bei dem Versatze der Pfänder sind Aenderungen nicht eingetreten; man darf vielleicht annehmen, dass jetzt durch die Krankenkassen u. s. w. augenblicklichen Nothständen schneller abgeholfen wird als sonst, sodass die Hülfe des Leihhauses nicht in Anspruch genommen zu werden braucht.

Die sonstigen, nach obiger Uebersicht früher gebrachten Nachweisungen wurden für den vorliegenden Jahrgang ebenfalls theils aus den Verwaltungsberichten, theils aus den von den Leihhausverwaltungen ausgefüllten Fragebogen zusammengestellt, ergaben aber noch zu wenig Neues, als dass ihr Abdruck erforderlich erschienen wäre; sie bleiben daher einem späteren Jahrgange vorbehalten, ebenso wie die Fortsetzung der Aufstellungen über die Ausgaben und Einnahmen und über das Betriebsvermögen der Leihhäuser.

[Fortsetzung auf Seite 147.]

I. Pfandverkehr bei den öffentlicher

Rechnungsjahr: In den mit * bezeichneten Städten 1. April 1893 bis 31. März 1894; in den übrigen Kalenderjahr 1893

Leihhaus zu	Zahl der					Darlehnsbetrag der Pfänder					Erneuerte Pfänder	
	am Anfang des Jahres vorhandenen	im Laufe des Jahres			am Ende des Jahres vorhandenen	der am Jahresanfang vorhandenen	der im Laufe des Jahres			der am Jahresschluss vorhandenen	Zahl	Darlehnsbetrag
		beliehenen (einschl. der erneuerten)	ausgelösten (einschl. der erneuerten)	versteigerten od. verkauften			beliehenen (einschl. der erneuerten)	ausgelösten (einschl. der erneuerten)	versteigerten oder verkauften			
	Pfänder					Mark						*M*
1.	2.	3.	4.	5.	6.	7.	8.	9.	10.	11.	12.	13.
Altona* . .	4713	16988	14968	718	6015	38028	110952	99094	4633	45253	1852	20855
Augsburg. .	56799	103570	98507	6161	53701	266730	511393	492324	33941	251858	7277	56855
Barmen* . .	19167	51965	48507	2533	20092	112334	324829	308233	11133	117797	c.5100	c.46000
Berlin*. . . .	163982	219291	217885	14366	151022	3348790	4829376	4768253	216921	3192992	.	.
Braunschweig*	5967	13765	13777	879	5076	51546	103902	102852	6702	45894	6055	4947
Breslau* . .	11533	19972	19763	1180	10562	241976	445067	429559	18798	238686	1911	1652
Cassel . . .	15778	31747	28544	3171	15810	98954	131207	127127	14996	88038	1911	1652
Chemnitz. .	24323	60516	56761	3587	24491	196554	467342	440802	26480	196614	.	.
Crefeld* . .	6414	19253	17639	982	7046	64464	120942	113330	9477	62599	2935	2765
Danzig* . . .	24582	33024	35745	1887	19974	212051	257707	279760	11989	178009	19974	178009
Darmstadt* . .	7772	12465	12524	1211	6502	48318	66391	63632	5603	45474	1024	911
Dortmund*	5992	22213	22654	2250	3301	37303	87844	92386	11593	21168	1227	1149
Dresden . .	64423	139115	136460	7565	59513	1121674	636516	2531796	92797	1183597	47361	763548
Düsseldorf* . .	36384	72546	63377	8454	37099	243990	439892	379880	54650	249352	6215	49480
Duisburg* . .	13363	25796	25153	1187	12819	63011	148886	147431	6622	57844	.	.
Elberfeld* . .	42716	110993	98282	9117	46310	233230	541105	469792	41447	263096	.	.
Erfurt'	14886	26560	26897	1419	13130	95401	149622	152640	7988	84395	.	.
Essen* . . .	6638	26247	24547	1189	7149	54843	178709	164614	8157	60781	.	.
Frankfurt a.M.*	43767	100769	93604	5850	45082	401885	764062	714972	39957	411018	7653	.
Freiburg i.B. .	8220	12074	10395	2446	7453	80885	91242	82322	23598	66207	3485	3783
Görlitz* . . .	10372	15207	15811	1329	8439	78799	96107	112062		62844	.	.
Halle a. S. . .	27283	50808	48575	5192	24324	152822	236973	228057	27801	133937	6895	4485
Hamburg. .	31361	67563	60833	4888	33203	775220	1351235	1349554	79937	696964	7974	24017
Hannover. .	9638	16979	14817	2972	8828	91322	205902	225930	14930	56364	8650	6512
Karlsruhe. .	14378	26329	24122	1564	15021	112332	229748	204136	12501	125443	5068	6397
Kiel*. . . .	11550	38697	34926	2861	15460	79465	175685	158605	12547	83998	.	.
Köln*	39108	89992	79856	4819	44425	362593	690091	626287	32880	393517	10119	12257
Königsbg. i.Pr*.	19986	23709	24469	1328	17898	215814	242110	249459	12507	195428	2957	.
Leipzig. . .	98770	187285	175910	16566	93579	1071628	2347571	2257281	120137	1041781	.	.
Liegnitz* . . .	.	.	.	.	3796	.	.	.	.	38545	.	.
Lübeck. . . .	4561	5420	5136	446	4399	56602	50198	51713	3301	51786	.	.
Mainz*	12960	28284	28278	1230	11736	140996	213066	211156	18041	129865	2110	.
Mannheim . .	39102	101266	96932	4793	38633	215561	437977	420695	25972	206871	15089	106327
Metz*	18552	22818	20146	1449	19780	195758	191393	179822	13277	194052	3880	5788
München . . .	151567	446581	413017	44676	140455	1383974	3772382	3502899	302888	1350569	104555	128957
Nürnberg. . .	44922	97361	93880	5952	42451	311099	618636	595910	37112	296710	.	.
Posen*	19535	23462	26034	1751	15212	233622	263194	287022	17473	192321	.	.
Strassburg i.E.*	29463	59784	54786	2679	31782	312187	488115	449726	27168	323408	12287	155633
Wiesbaden* .	6712	12293	11137	713	7155	101427	144393	132000	8700	105120	1761	43590

lhhäusern. — Absolute Zahlen.

lechnungsjahr: In den mit * bezeichneten Städten 1. April 1894 bis 31. März 1895; in den übrigen Kalenderjahr 1894

Zahl der Laufe des Jahres (einschl. der erneuerten)	ausgelösten (einschl. der erneuerten)	versteigerten oder verkauften	am Ende des Jahres vorhandenen	Darlehnsbetrag der Pfänder im Laufe des Jahres beliehenen (einschl. der erneuerten)	ausgelösten (einschl. der erneuerten)	versteigerten oder verkauften	der am Jahresschluss vorhandenen	Erneuerte Pfänder Zahl	Darlehnsbetrag ℳ	Leihhaus zu
14.	15.	16.	17.	18.	19.	20.	21.	22.	23.	24.
6363	15 289	1 052	6 037	110 951	102 973	6 153	47 078	2 172	25 404	Altona*.
6841	98 277	6 310	57 955	514 236	479 687	32 293	254 114	7 199	52 015	Augsburg.
4949	50 010	3 328	21 703	334 538	313 403	14 496	124 486	c5 2u0	c47 000	Barmen².
9435	201 295	11 878	147 284	4 489 525	4 402 064	195 218	3 085 235	.	.	Berlin*.
1708	11 206	812	4 766	95 190	90 789	6 798	43 497	5 016	44 241	Braunschweig*.
9385	18 545	925	10 477	429 087	426 713	13 568	227 492	.	.	Breslau*.
1505	28 556	3 582	15 177	117 011	106 838	17 253	80 958	1 763	18 684	Cassel.
2237	64 812	4 398	27 518	518 943	475 390	34 463	205 704	.	.	Chemnitz.
7014	16 801	1 045	6 214	107 079	102 130	9 784	57 764	2 416	23 612	Crefeld*.
4230	31 720	1 388	21 096	259 285	247 541	9 000	180 753	.	.	Danzig*.
3296	12 736	1 151	5 861	79 016	74 570	7 109	42 811	1 537	15 546	Darmstadt*.
1594	20 091	1 280	3 524	80 665	74 104	7 250	20 479	1 204	11 352	Dortmund*.
8776	131 851	7 059	59 379	2 952 619	2 780 243	93 024	1 212 958	44 487	833 498	Dresden*.
3527	62 300	9 987	38 339	446 636	381 560	51 014	263 414	6 183	58 267	Düsseldorf*.
3901	22 508	1 201	13 011	203 696	191 528	9 045	60 965	.	.	Duisburg*.
6333	90 275	12 281	40 087	442 189	424 257	65 147	215 881	.	.	Elberfeld*.
3002	21 993	1 026	13 116	131 846	123 200	9 090	83 451	.	.	Erfurt*.
6914	25 584	1 435	7 014	195 781	186 196	9 744	60 622	.	.	Essen*.
1332	99 033	5 697	51 684	842 496	752 856	38 491	462 167	8 212	.	Frankfurt a.M.*
6641	14 131	2 166	7 797	135 308	109 506	20 271	71 738	3 909	37 155	Freiburg i. B.
2079	12 556	959	7 003	86 762	96 819		52 787	.	.	Görlitz*.
9791	50 908	3 800	27 587	268 132	234 853	18 375	148 841	5 629	37 911	Halle a. S.
0276	70 964	3 698	38 817	1 398 167	1 334 785	52 864	707 482	10 882	284 725	Hamburg.
9185	17 967	1 903	8 143	231 267	233 826	13 571	40 235	6 650	51 100	Hannover.
6791	25 316	2 394	14 102	276 186	253 831	21 025	126 773	4 980	67 473	Karlsruhe.
9671	35 471	3 196	16 464	178 500	158 449	14 524	89 525	.	.	Kiel*.
6291	90 463	6 268	53 985	780 327	675 625	39 358	458 861	10 931	142 747	Köln.*
2252	22 121	1 168	16 861	224 967	229 814	10 090	180 492	2 899	.	Königsbg. i.Pr.*
0604	168 639	15 679	89 865	2 429 503	2 326 496	111 896	1 032 892	.	.	Leipzig.
6914	6 609	389	3 762	64 161	61 627	3 387	37 692	2 918	32 400	Liegnitz*.
7338	6 024	614	5 099	76 082	60 950	4 753	62 165	.	.	Lübeck*.
7236	25 870	1 054	12 048	192 018	182 634	11 334	127 915	1 947	.	Mainz*.
0582	97 695	4 878	37 647	436 088	422 593	26 642	193 724	15 683	103 417	Mannheim.
1577	20 188	4 103	17 066	167 136	168 181	33 898	159 109	4 281	56 889	Metz*.
5078	393 644	42 510	139 379	3 774 176	3 455 980	299 097	1 369 668	101 194	1 259 444	München.
5895	90 885	5 881	41 580	610 923	578 707	37 222	291 704	.	.	Nürnberg.
4496	22 670	1 047	15 991	272 560	257 287	9 939	197 655	.	.	Posen*.
0750	56 990	3 225	32 317	499 373	448 468	28 233	346 080	13 149	161 370	Strassburg i.E.*
2830	11 244	731	8 010	148 029	135 762	8 037	109 350	2 066	41 649	Wiesbaden*.

II. Pfandverkehr bei den öffentlichen

Rechnungsjahr. In den mit * bezeichneten Städten 1. April 1893 bis 31. März 1894; in den übrigen Kalenderjahr 1893

Leihhaus zu	Durchschnittliche Beleihung der Pfänder (Mark)					Von je 100 erloschenen Pfändern wurden (Pfänder)			Von je 100 Mark erloschener Darlehen gelangten (Mark)		
	der am Jahresanfang vorhandenen	der im Laufe d. Jahres beliehenen (einschl. der erneuerten)	ausgelösten (einschl. der erneuerten)	versteigerten oder verkauften	der am Jahresschluss vorhandenen	ausgelöst	erneuert	versteigert oder verkauft	zur Auslösung	zur Erneuerung	zur Versteigerung oder zum Verkauf
1.	2.	3.	4.	5.	6.	7.	8.	9.	10.	11.	12.
Altona*	8,07	6,53	6,62	6,45	7,52	83,63	11,81	4,58	75,42	20,11	4,47
Augsburg	4,70	4,94	5,00	5,51	4,52	87,16	6,95	5,89	82,75	10,80	6,45
Barmen*	5,86	6,25	6,35	4,40	5,86	85,05	9,99	4,96	82,11	14,40	8,49
Berlin*	20,42	22,02	21,88	15,10	21,14	93,81		6,19	95,65		4,35
Braunschweig*	8,64	7,55	7,47	7,62	9,04	52,68	41,31	6,00	48,73	45,16	6,12
Breslau*	20,98	22,28	21,74	15,93	22,60	94,37		5,63	95,81		4,18
Cassel	6,27	4,13	4,45	4,73	5,57	83,98	6,03	10,00	77,82	11,63	10,55
Chemnitz	8,08	7,72	7,77	7,38	8,03	94,06		5,94	94,33		5,67
Crefeld*	10,05	6,28	6,42	9,65	8,88	78,96	15,76	5,27	69,78	22,50	7,72
Danzig*	8,63	7,80	7,83	6,35	8,91	41,91	53,08	5,01	34,88	61,01	4,11
Darmstadt*	6,22	5,33	5,08	4,63	6,99	83,73	7,46	8,82	78,74	13,16	8,09
Dortmund*	6,23	3,95	4,08	5,15	6,41	86,04	4,93	9,03	77,80	11,05	11,15
Dresden	17,41	18,95	18,55	12,27	19,05	61,86	32,88	5,25	67,37	29,09	3,54
Düsseldorf*	6,71	6,06	5,99	6,46	6,72	79,58	8,65	11,77	76,04	11,39	12,58
Duisburg*	4,72	5,77	5,86	5,58	4,51	95,49		4,51	95,70		4,30
Elberfeld*	5,46	4,88	4,78	4,55	5,68	91,51		8,49	91,89		8,11
Erfurt*	6,41	5,63	5,67	5,63	6,43	94,99		5,01	95,03		4,97
Essen*	8,26	6,81	6,71	6,86	8,50	95,38		4,62	95,28		4,72
Frankfurt a.M.*	9,18	7,58	7,64	6,83	9,12	86,42	7,70	5,88	94,71		5,29
Freiburg i. B.	9,84	7,56	7,92	9,65	8,88	53,81	27,14	19,05	41,99	35,71	22,28
Görlitz*	7,60	6,52	.	.	7,45	92,24		7,75	.	.	.
Halle a. S.	5,60	4,66	4,69	5,35	5,51	77,52	12,82	9,66	71,60	17,53	10,87
Hamburg	24,72	20,00	22,18	16,35	20,99	80,43	12,13	7,44	77,61	16,80	5,59
Hannover	9,48	12,13	15,25	5,02	6,38	34,67	48,63	16,71	66,76	27,04	6,20
Karlsruhe	7,81	8,73	8,46	7,99	8,35	74,18	19,73	6,09	64,70	29,53	5,77
Kiel*	5,46	4,54	4,54	4,39	5,43	92,43		7,57	92,67		7,33
Köln*	9,27	7,67	7,84	6,82	8,86	82,36	11,95	5,69	76,42	18,60	4,99
Königsbg. i.Pr.*	10,80	10,21	10,19	9,42	10,92	83,39	11,46	5,15	95,22		4,78
Leipzig	10,84	12,53	12,83	7,25	11,13	91,39		8,61	94,94		5,05
Liegnitz*	.	.	.	.	10,15	.	.	.	.	.	.
Lübeck	12,41	9,26	10,07	7,40	11,77	92,01		7,99	94,00		6,00
Mainz*	10,88	7,53	7,47	10,60	11,07	88,68	7,15	4,17	94,18		5,82
Mannheim	5,51	4,83	4,34	5,42	5,35	80,46	14,83	4,71	70,48	23,80	5,81
Metz*	10,55	8,89	8,93	9,16	9,81	75,55	17,74	6,71	63,16	29,97	6,87
München	9,13	8,45	8,48	6,78	9,62	67,59	22,84	9,76	58,16	33,88	7,96
Nürnberg	6,93	6,85	6,85	6,24	6,99	94,04		5,96	94,14		5,86
Posen*	11,96	11,22	11,02	9,98	12,64	93,70		6,30	94,26		5,74
Strassburg i.E.*	10,60	8,16	8,21	10,14	10,18	73,96	21,38	4,66	61,66	32,64	5,70
Wiesbaden*	15,11	11,75	11,85	12,20	14,69	79,12	14,86	6,02	62,84	30,98	6,18

Leihhäusern. — Verhältnisszahlen.

Rechnungsjahr: In den mit * bezeichneten Städten 1. April 1894 bis 31. März 1895; in den übrigen Kalenderjahr 1994

	Durchschnittliche Beleihung der Pfänder			Von je 100 erloschenen Pfändern wurden			Von je 100 Mk. erloschener Darlehen gelangen			
beliehenen (einschl. der erneuerten)	ausgelösten (einschl. der erneuerten)	versteigerten oder verkauften	der im Laufe d. Jahres am Jahresschluss vorhandenen	ausgelöst	erneuert	versteigert oder verkauft	zur Auslosung	zur Erneuerung	zur Versteigerung oder zum Verkauf	Leihhaus zu
Mark				Pfänder			Mark			
13.	14.	15.	16.	17.	18.	19.	20.	21.	22.	23.
6,78	6,74	5,85	7,80	80,27	13,29	6,44	71,08	23,28	5,64	Altona*.
4,81	4,88	5,12	4,38	87,08	6,88	6,03	83,53	10,16	6,31	Augsburg.
6,09	6,27	4,36	5,73	84,01	9,75	6,24	81,25	14,33	4,42	Barmen*.
21,44	21,87	16,44	20,95	94,43		5,57	95,75		4,25	Berlin*.
8,13	8,10	8,37	9,13	51,51	41,74	6,76	47,70	45,33	6,97	Braunschweig*.
22,13	23,01	14,67	21,71	95,24		4,75	96,92		3,06	Breslau*.
3,71	3,74	4,82	5,33	83,37	5,49	11,15	71,04	15,06	13,90	Cassel.
7,18	7,33	7,84	7,48	93,65		6,35	93,24		6,76	Chemnitz.
6,29	6,08	9,36	9,30	80,61	13,54	5,86	70,16	21,10	8,74	Crefeld*.
7,57	7,80	6,48	8,57	95,81		4,19	96,49		3,51	Danzig*.
5,94	5,83	6,18	7,80	80,71	11,03	8,26	72,26	19,03	8,70	Darmstadt*.
3,74	3,69	5,66	5,81	88,38	5,63	5,99	77,13	13,95	8,91	Dortmund*.
21,26	21,09	18,18	20,43	62,89	32,03	5,08	67,75	29,01	3,24	Dresden*.
6,07	6,12	5,11	6,87	77,63	8,55	13,82	74,74	13,47	11,79	Düsseldorf*.
8,52	8,51	7,53	4,69	94,93		5,07	95,49		4,51	Duisburg*.
4,59	4,70	5,80	5,39	88,03		11,97	86,69		13,31	Elberfeld*.
5,71	5,60	8,86	6,36	95,54		4,46	93,13		6,87	Erfurt*.
7,27	7,28	6,79	8,61	94,69		5,31	95,03		4,97	Essen*.
7,57	7,60	6,76	8,94	86,72	7,84	5,44	95,14		4,86	Frankfurt a.M.*.
8,13	7,75	9,36	9,20	62,72	23,99	13,29	55,75	28,63	15,62	Freiburg i. B.
7,18	.	.	7,54	92,90		7,10	.	.	.	Görlitz*.
4,63	4,61	4,84	5,40	82,76	10,29	6,95	77,77	14,97	7,26	Halle a. S.
17,42	18,61	14,30	18,23	80,47	14,58	4,95	75,67	20,52	3,81	Hamburg.
12,05	13,01	7,13	4,94	56,96	33,47	9,58	73,86	20,66	5,48	Hannover.
10,31	10,03	8,78	8,99	73,39	17,97	8,64	67,80	24,55	7,65	Karlsruhe.
4,50	4,47	4,54	5,44	91,73		8,27	91,60		8,40	Kiel*.
7,84	7,47	6,28	8,50	82,22	11,30	6,48	74,53	19,97	5,50	Köln.*
10,11	10,39	8,64	10,70	82,54	12,45	5,01	95,79		4,21	Königsbg.i.Pr.*
13,45	13,80	7,14	11,49	91,49		8,51	95,41		4,59	Leipzig.
9,28	9,32	9,99	10,02	53,12	42,00	4,88	44,95	49,84	5,21	Liegnitz*.
10,37	10,12	7,74	12,19	90,75		9,25	92,77		7,23	Lübeck.
7,05	7,06	10,75	10,62	88,85	7,23	3,91	94,16		5,84	Mainz*.
4,29	4,33	5,46	5,15	79,95	15,29	4,76	71,05	23,02	5,93	Mannheim.
7,85	8,33	8,36	9,32	65,49	17,62	16,89	55,08	28,15	16,77	Metz*.
8,67	8,78	7,04	9,83	67,05	23,20	9,75	58,49	33,54	7,97	München.
6,37	6,37	6,33	7,02	93,92		6,08	93,96		6,04	Nürnberg.
11,13	11,85	9,49	12,36	95,59		4,41	96,38		8,72	Posen*.
8,22	7,87	8,75	10,71	72,81	21,84	5,35	60,23	33,85	5,92	Strassburg i.E.*
11,54	12,07	10,99	13,65	76,64	17,25	6,10	65,45	28,96	5,59	Wiesbaden*.

XIV. Oeffentliche Leihhäuser.

III. Die versteigerten oder verkauften Pfänder.

Leihhaus zu	Rechnungsjahr 1893, bezw. 1893/94				Rechnungsjahr 1894, bezw. 1894/95			
	Jahrgang, dessen Pfänder, falls noch uneingelöst, im obigen Rechnungsjahre zu versteigern waren	Zahl der im nebengenannten Jahre beliehenen Pfänder	Im obigen Rechnungsjahre wurden versteigert überhaupt		Jahrgang, dessen Pfänder, falls noch uneingelöst, im obigen Rechnungsjahre zu versteigern waren	Zahl der im nebengenannten Jahre beliehenen Pfänder	Im obigen Rechnungsjahre wurden versteigert überhaupt	
1.	2.	3.	4.	5.	6.	7.	8.	9.
Altona* . . .	1.April1892bis31.März1893	13599	718	5,28	1.April1893bis31.März1894	16988	1052	6,2
Augsburg . .	1.Dez.1891bis30.Nov.1892	106061	6161	5,81	1.Dez.1892bis30.Nov.1893	105119	6310	6,
Barmen* . .	1.April1892bis31.März1893	55883	2533	4,57	1.April1893bis31.März1894	51965	3328	6,4
Berlin* . . .	1.Jan. bis 31. Dezemb. 1892	260815	14366	5,51	1.Jan. bis 31. Dezemb. 1893	230174	11878	5,
Breslau* . .	1.April1892bis31.März1893	22653	1180	5,21	1.April1893bis31.März1894	19972	925	4,
Cassel . . .	1.Juli 1891 bis 30.Juni 1892	32165	3171	9,86	1.Juli 1892 bis 30.Juni 1893	31775	3582	11,
Chemnitz . .	1.März1892bis28.Febr.1893	61379	3587	5,84	1.März1893bis28.Febr.1894	60803	4398	7,
Crefeld* . . .	1.April1892bis31.März1893	16586	982	5,92	1.April1893bis31.März1894	19253	1045	5,4
Danzig* . . .	1.Jan. bis 31. Dezemb. 1892	44867	1887	4,21	1.Jan. bis 31. Dezemb. 1893	34211	1388	4,
Dortmund* . .	1.Febr.1892 bis 31.Jan.1893	21073	2250	10,68	1.Febr.1893 bis 31.Jan.1894	22213	1280	5,
Dresden . . .	für die einzelnen Pfänderarten verschieden	137871	7059	5,12	für die einzelnen Pfänderarten verschieden	146893	7565	5,
Düsseldorf* . .	1.Jan. bis 31. Dezemb. 1892	69833	8454	12,11	1.Jan. bis 31. Dezemb. 1893	.	.	.
Erfurt* . . .	1.März1892bis28.Febr.1893	28928	1419	4,01	1.März1893bis28.Febr.1894	26560	1026	3,
Frankfurt a.M.*	1.Febr.1893bis31.Jan.1894	101139	5850	5,78	1.Febr.1894bis31.Jan.1895	98018	5697	5,
Freiburg i.B. .	1.Jan. bis 31. Dezemb. 1892	16551	2446	14,78	1.Jan. bis 31. Dezemb. 1893	15559	2166	13,
Halle a.S. . .	1.Okt.1891bis30.Sept.1892	60848	5192	8,53	1.Okt.1892bis30.Sept.1893	50469	3800	7,
Karlsruhe . .	1.Jan. bis 31. Dezemb. 1892	25567	1564	6,12	1.Jan. bis 31. Dezemb. 1893	.	.	.
Köln*	1.Febr.1892bis31.Jan.1893	78735	4819	6,12	1.Febr.1893bis31.Jan.1894	85904	6268	7,
Königsbg.i.Pr.*	1.Sept.1892bis31.Aug.1893	24396	1328	5,44	1.Sept.1893bis31.Aug.1894	.	.	.
Leipzig . . .	1.Jan. bis 31. Dezemb. 1892	194801	16566	8,50	1.Jan. bis31.Dezember1893	187285	15679	8,
Liegnitz* . .	.	.	.	.	1.April1893bis31.März1894	7189	339	4,
Mannheim . .	1.Dez.1891bis30.Nov.1892	101079	4793	4,74	1.Dez.1892bis30.Nov.1893	101846	4873	4,
Metz*	1.April1891bis31.März1892	16409	1449	8,83	1.April1892bis31.März1893	37943	4103	10,
München . .	1.Juni1892bis31.Mai1893	465629	44676	9,59	1.Juni1893bis31.Mai1894	443082	42510	9,
Nürnberg . .	1.Nov.1891bis31.Okt.1892	101869	5952	5,87	1.Nov.1892bis31.Okt.1893	98401	5881	5,
Posen* . . .	1.April1892bis31.März1893	29786	1751	5,88	1.April1893bis31.März1894	23462	1047	4,
Strassburg i.E.*	1.April1892bis31.März1893	55299	2679	4,84	1.April1893bis31.März1894	59784	3225	5

Der auf Seite 142 bis 145 gegebenen Statistik des Pfänderverkehrs in den Rechnungsjahren 1893 und 1894 bezw. 1893/94 und 1894/95 in absoluten und Verhältnisszahlen ist auf Seite 146 eine besondere Berechnung des Prozentsatzes derjenigen unter den versetzten Pfändern, die nicht wieder ausgelöst und deshalb versteigert werden, beigefügt. Die Ermittelung dieses Prozentsatzes erfolgt dabei in der Weise, dass die Zahl der in einem Rechnungsjahre versteigerten Pfänder mit der Zahl derjenigen früher versetzten Pfänder, welche, falls noch nicht ausgelöst oder erneuert, in dem Rechnungsjahre versteigert werden mussten, verglichen wird. Allerdings erhält man so nicht den wirklichen Prozentsatz der unter den Versetzungen jenes früheren Jahres nicht wieder ausgelösten Pfänder; denn eine Anzahl derselben ist infolge von Erneuerung noch immer beliehen und es lässt sich bezüglich dieser die Frage, ob sie ausgelöst werden oder der Versteigerung anheimfallen, erst nach Ablauf der zulässigen Erneuerungsfristen beantworten; der richtige Prozentsatz kann also immer nur für die Verpfändungen eines um geraume Zeit zurückliegenden Jahres berechnet werden. In Ermangelung des erforderlichen Materials muss hier auf solche genaue Berechnungen verzichtet und können nur Vergleiche der üblichen ersterwähnten Art für 27 Leihhäuser angestellt werden.

Anmerkungen zu den Uebersichten I und II.

Darmstadt. Am 22. Oktober 1893 gingen durch Einbruchsdiebstahl 279 Pfänder mit 3419 M. Darlehensbetrag verloren. Bis 31. März 1895 wurden die Besitzer von 196 dieser Pfänder, die mit 2087 M. beliehen waren, entschädigt; die übrigen Fälle blieben noch zu ordnen.

Erfurt. Nach dem „Bericht über die Verwaltung der Stadt Erfurt" für 1893/94 hat der Pfänderbestand am 31. März 1894 13 130 betragen, nach dem Berichte für 1894/95 aber 13 133. Letztere Zahl ist der Berechnung in Uebersicht I, Spalte 17, zu Grunde gelegt.

Frankfurt a. M. Unter den im Rechnungsjahre 1893/94 als „ausgelöst" bezeichneten Pfändern befinden sich 102 mit 14 878 M. Darlehen, die vom Verwalter der Silberkammer unterschlagen wurden und von der Pfandhausverwaltung ersetzt werden mussten.

Görlitz. Die Zahl der am Ende des Rechnungsjahrs 1892/93 vorhanden gewesenen Pfänder stimmt nach unseren Unterlagen nicht mit dem Anfangsbestande von 1893/94 überein; der Fehler scheint in den Zahlen von 1892/93 zu liegen.

Lübeck. Von den beiden in unseren Uebersichten behandelten Rechnungsjahren umfasste das erste das Kalenderjahr 1893, das zweite die 15 Monate vom Januar 1894 bis März 1895.

XV.

Die gerichtlichen Konkurse.

Von

Dr. M. Neefe,

Director des statistischen Amts der Stadt Breslau.

Auf Grund der Konkursordnung vom 10. Februar 1877 sind für die Jahre 1881 bis 1891 geschäftsstatistische Uebersichten über die Konkurse vom Reichs-Justizamt in der deutschen Justizstatistik (Jahrgang 1—7) veröffentlicht. Für die Jahre 1891—94 ist eine vorwiegend von volkswirthschaftlichen Gesichtspunkten ausgehende Konkursstatistik von dem Kaiserlichen statistischen Amt in den Vierteljahrsheften zur Statistik des Deutschen Reichs veröffentlicht worden. Eine eingehendere Konkursstatistik ist auf Antrag des Reichstags vom Bundesrath am 29. November 1894 beschlossen worden. Sie liegt erstmalig für das Jahr 1895 auf Grund von Zählkarten vor, welche zu Beginn und Ende des Konkursverfahrens von den Amtsgerichten ausgefüllt und dem Kaiserl. statistischen Amt vierteljährlich zugesandt worden sind. Die „Zählkarte für ein Konkursverfahren bis zum Beschluss über die Eröffnung", welche im Wesentlichen Namen, Firma, Artbezeichnung, Wohnsitz, Berufs-, Erwerbsoder Geschäftszweig des Gemeinschuldners enthält, ist für jeden Antrag auf Eröffnung des Konkursverfahrens auszustellen. Die „Zählkarte für ein eröffnetes Konkursverfahren bis zur Aufhebung oder Einstellung", welche ausser den Angaben der vorgenannten Zählkarte im Wesentlichen Aufschluss über die Art der Beendigung, die finanzielle Gebahrung und das Ergebniss des Verfahrens giebt, ist für jedes durch rechtskräftigen Beschluss beendete Konkursverfahren auszufüllen. Die Angaben der Zählkarten sind vom Kaiserl. statistischen Amte nach Prüfung auf ihre Vollständigkeit und Richtigkeit zur Aufstellung des reich gegliederten, mit einer interessanten textlichen Bearbeitung von Regierungs-Rath Dr. Klein versehenen Tabellenwerks benutzt, welchem wir die folgenden auf die 28 Grossstädte bezüglichen Uebersichten (SS. 149 und 150) entnommen haben[1]).

Dass die Grossstädte welche meistens Sitze von Handel und Industrie sind, einen grossen Theil der Konkurse stellen, entspricht den natürlichen Verhältnissen. Nach Tabelle I entfällt etwa $1/8$ aller Konkurse im Jahre 1895 auf die Grossstädte, deren Konkursziffer 25,3 mehr als doppelt so hoch ist, als die des übrigen Reichsgebiets mit 11,8. In den Grossstädten schwankt die Konkursziffer zwischen 44,1 (Bremen) und 11,0 (Dortmund). In Tabelle II sind die beendeten Konkurse enthalten. Obwohl $3/5$ aller Konkursverfahren durch Schlussvertheilung beendet werden, so giebt es doch auch Grossstädte (Barmen, Königsberg, Dortmund, Elberfeld), in denen die abgeschlossenen Zwangsvergleiche die Zahl der durch Schlussvertheilung beendeten Konkursverfahren übersteigen.

---

[1]) Vgl. Vierteljahrshefte zur Statistik des Deutschen Reichs. Herausgegeben vom Kaiserl. statistischen Amt. Jahrgang 1896, Heft 4, S. 132—193.

I. Die neuen Konkurse im Jahre 1895.

Städte.	Anträge auf Konkurseröffnung	Eröffnete Konkursverfahren	Abgewiesene Anträge auf Konkurseröffnung	Summe der neuen Konkurse		Die eröffneten Konkursverfahren betrafen				
				absolut	auf 100 000 Einwohner	physische Personen	Nachlässe	Handelsgesellschaften	Genossenschaften	andere Gemeinschuldner
Aachen . . . . , . .	19	16	—	16	14,5	15	—	1	—	—
Altona.	63	49	10	59	39,7	44	4	1	—	—
Barmen	24	28	—	28	18,2	20	—	3	—	—
Berlin	442	255	111	366	21,9	211	9	29	8	8
Braunschweig . . .	30	26	1	27	23,7	23	1	2	—	—
Bremen	68	49	13	62	44,1	38	8	3	—	—
Breslau	80	55	10	65	17,6	43	9	8	—	—
Charlottenburg. . .	25	17	1	18	14,1	14	1	2	—	—
Chemnitz	72	60	—	60	37,6	53	4	8	—	—
Crefeld	27	14	1	15	14,0	11	—	3	—	—
Danzig	26	19	5	24	19,2	18	1	—	—	—
Dortmund.	14	12	—	12	11,0	12	—	—	—	—
Dresden	100	71	13	84	25,4	63	4	4	—	—
Düsseldorf	78	62	3	65	37,5	56	1	5	—	—
Elberfeld	26	19	—	19	13,8	19	—	—	—	—
Frankfurt a. M. . . .	49	38	2	40	17,6	36	1	1	—	—
Halle a. S.	48	29	11	40	34,8	25	1	3	—	—
Hamburg	318	191	29	220	35,4	156	19	13	8	—
Hannover	59	34	8	42	20,3	28	3	3	—	—
Köln a. Rh.	98	52	4	56	17,6	48	1	8	—	—
Königsberg i. Pr. .	57	52	8	55	32,0	41	5	6	—	—
Leipzig	156	118	3	121	30,6	101	10	6	—	1
Magdeburg	84	63	6	69	32,3	54	6	8	—	—
München	143	116	2	118	29,3	96	10	9	1	—
Nürnberg	32	29	1	30	18,7	24	3	2	—	—
Stettin	47	35	2	87	26,7	27	2	6	—	—
Strassburg i. E. . . .	30	23	2	25	18,6	22	—	1	—	—
Stuttgart	67	53	2	55	35,1	51	—	2	—	—
Se. 28 Grossstädte	2 282	1 580	243	1 823	25,2	1 349	108	117	7	4
Uebriges Reichsgebiet	6 036	4 849	432	5 281	11,3	4 258	427	134	16	19

II. Die beendeten Konkursverfahren im Jahre 1895.

Städte.	Die beendeten Konkursverfahren überhaupt	Davon betrafen			Davon beendet				Von 100 beendeten Konkursverfahren wurden beendet durch			Es wurden mehr (+) weniger (—) Konkursverfahren beendet als eröffnet
		physische Personen	Nachlässe	Handelsgesellschaften und andere Gemeinschuldner	durch Schlussvertheilung	durch Zwangsvergleich	wegen allgemeiner Einwilligung	wegen Einstellung d. Konkurses wegen Nichtvorhandenseins einer den Kosten des Verfahrens entsprechenden Konkursmasse	Schlussvertheilung	Zwangsvergleich	allgemeine Einwilligung etc.	
Aachen	21	19	—	2	10	8	—	8	48	38	14	+ 5
Altona	46	38	1	7	25	14	1	6	54	31	15	— 3
Barmen	18	15	—	8	4	13	1	—	22	72	6	— 5
Berlin	277	228	12	37	162	98	8	9	59	35	6	+22
Braunschweig...	39	34	2	3	29	10	—	—	74	26	—	+13
Bremen	56	44	5	7	37	17	—	2	66	30	4	+ 7
Breslau	42	35	4	3	29	12	—	1	69	29	2	—13
Charlottenburg ..	28	24	3	1	18	9	—	1	64	32	4	+11
Chemnitz	82	77	1	4	56	22	—	4	68	27	5	+22
Crefeld	15	14	1	—	7	5	—	8	47	33	20	+ 1
Danzig	18	14	3	1	11	7	—	—	61	39	—	— 1
Dortmund......	24	22	—	2	11	12	—	1	46	50	4	+12
Dresden	92	79	7	6	72	18	1	1	78	20	2	+21
Düsseldorf	57	54	—	3	34	11	1	11	60	19	21	— 5
Elberfeld	15	13	—	2	6	7	—	2	40	47	13	— 4
Frankfurt a. M...	54	51	1	2	32	15	1	6	59	28	13	+16
Halle a. S.	58	50	3	5	41	15	—	2	71	26	3	+29
Hamburg	224	182	18	24	102	101	3	18	46	45	9	+33
Hannover	28	25	—	3	15	10	2	1	53	36	11	— 6
Köln a. Rh.	41	39	—	2	21	16	—	4	51	40	10	—11
Königsberg i. Pr.	43	35	4	4	16	27	—	—	37	63	—	— 9
Leipzig........	142	125	10	7	118	19	2	3	83	13	4	+24
Magdeburg	66	56	3	7	46	19	—	1	70	29	1	+ 3
München	99	82	11	6	46	36	3	14	47	36	17	—17
Nürnberg	33	28	2	3	17	16	—	—	52	48	—	+ 4
Stettin	39	28	5	6	24	13	1	1	62	33	5	+ 4
Strassburg i. E. .	28	28	—	—	16	8	—	4	57	29	14	+ 5
Stuttgart	39	37	1	1	26	7	—	6	61	18	15	—14
Se. 28 Grossstädte	1 724	1 476	97	151	1 051	565	24	104	60	33	7	+144
Uebriges Reichsgebiet	4 637	4 050	411	176	3 065	1 189	142	291	66	25	9	— 212

XVI.
Arbeitsnachweis und Nothstandsarbeiten.

Von

Dr. E. Hirschberg,

Berlin.

Nachdem im vorigen Jahrgang aus dem Ergebnisse einer Umfrage über das Arbeitsvermittelungswesen der einzelnen Städte ein allgemeiner Ueberblick gewonnen war, wurden die Ermittelungen diesmal nur auf solche Arbeisvermittelungs-Bureaus beschränkt, welche entweder ganz von der Stadtverwaltung unterhalten und verwaltet oder von derselben subventionirt wurden. Daran schlossen sich Erhebungen über die stattgehabten Nothstandsarbeiten.

a. **Arbeitsnachweis.** Nur 27 Städte hatten über centrale Arbeitsnachweisestellen Angaben gemacht. Hierunter befanden sich zehn städtische Einrichtungen, nämlich Crefeld, Duisburg, Erfurt, Frankfurt a. M., Leipzig, Liegnitz, München, Potsdam, Strassburg, Stuttgart. In den übrigen 17 Städten wurden mit Ausnahme von Bochum die betreffenden privaten gemeinnützigen Bureaus von den Stadtverwaltungen durch Gewährung baarer Zuschüsse oder Einräumung von Localitäten unterstützt. Die höchste Jahressubvention bezog die „patriotische Gesellschaft" zu Hamburg: 10 000 Mark, es folgen die betreffenden Einrichtungen in Dresden 5 200 Mark (ein Verein 4 000 Mark, ein anderer 1 200 Mark), Berlin 5 000 Mark, Halle 3 000 Mark, Köln 2 200 Mark, Freiburg 1 957 Mark, Königsberg 1 500 Mark, Mannheim 1 200 Mark, Düsseldorf, Karlsruhe, Posen je 1 000 Mark, Wiesbaden 600 Mark, Essen und Kiel je 300 Mark; die Einrichtungen in Breslau, Dortmund, Freiburg, Hamburg, Kiel, Königsberg, Posen und Wiesbaden erhielten von der Stadt die Localitäten zur Verfügung gestellt; ausserdem wurden dem Centralverein für Arbeitsnachweis in Berlin 15 000 Mark ausserordentliche Unterstützung für den Ausbau der Localitäten, dem betreffenden Bureau in Köln für den gleichen Zweck 3031 Mark gezahlt.

Die Vermittelung war in der Regel für beide Theile (Arbeitgeber und Arbeitnehmer) unentgeltlich. Nur der Berliner Verein erhob 20 Pfennige vom Arbeitnehmer als Einschreibegebühr, welche drei Monate Geltung hatte. Ferner wurden in Freiburg von Dienstboten am Orte 50 Pfennige, wenn sie sich persönlich, 80 Pfennige, wenn sie sich schriftlich meldeten, erhoben. Hiervon waren 20 Pfennige sogleich, das Uebrige nach geschehener Vermittelung zu zahlen. Dienstherrschaften zahlen 0,80 Mark bezw. 1,20 Mark, wovon 0,30 Mark bei der Anmeldung. Arbeitgeber zahlten in Freiburg bei der Anmeldung durchweg 20 Pfennige ein, auswärtige noch 10 Pfennige für Porto. In Halle wurden bei Besetzung der Stelle vom Arbeitnehmer 0,30 bis 1,50 Mk. erhoben, bei der Anmeldung jedoch keine Gebühren. In Posen zahlen auswärtige Arbeitgeber 0,60 bis 2 Mark bei der Eintragung, je nach dem Stelleneinkommen (im Abonnement billiger), auswärtige Arbeitnehmer die Hälfte. Gelingt die Vermittelung nicht, so wird auf Antrag die Hälfte der Gebühr zurückgezahlt. In Strassburg zahlen auswärtige Arbeitgeber und Arbeitnehmer, sowie alle Dienstboten und deren Herrschaft 0,50 bis 1 Mark Vermittelungsgebühr.

Die Art der vermittelnden Thätigkeit begreift vor allem ungelernte Arbeiter und Arbeiterinnen, unter ersteren vielfach Arbeitsburschen. In Berlin haben sich 1895 die Facharbeitsnachweise der Klempner (seit Juni), Weber, Schlosser (seit Juli), Zimmerer und Maurer (seit Juli) dem Centralverein angeschlossen und werden von demselben mit verwaltet. In Kiel schlossen sich die Innungen der Tischler und Schneider dem Arbeitsnachweis an. Beim weiblichen Geschlecht scheint die Vermittelung von Scheuerfrauen, Waschfrauen u. dergl. an einigen Orten besonders gepflegt zu werden (Breslau, Dresden, Leipzig), ebenso mehrfach auch Dienstboten-Vermittelung, wogegen letztere in Hamburg, Frankfurt a. M. ausdrücklich ausgeschlossen ist, und in anderen Bureaus (Berlin) nicht vorkommt.

Die Arbeitsnachweisestelle in Leipzig hat insofern einen von den übrigen hier angeführten Stellen abweichenden Charakter, als sie nur für Arme berechnet ist, die entweder schon unterstützt werden, oder in Unterstützung verfallen würden, wenn ihnen kein Broterwerb nachgewiesen werden kann.

Für Plauen wurde berichtet, dass zwei Arbeitsnachweisestellen bestehen. Die eine verwaltet ein Innungsmitglied für mehrere Innungen, die andere ist mit der vom Polizeiamt verwalteten Naturalverpflegungsstation verbunden. Die Benutzung der letzteren Stelle ist unentgeltlich. Die Arbeiter melden ihren Bedarf bei der Polizeiwache bezw. bei der Herberge zur Heimath, wo die Handwerksburschen gegen Abgabe der auf der Wache erhaltenen Marken verpflegt werden.

Im Jahre 1895 wurden Wache und Herberge von 411 Arbeitgebern in Anspruch genommen.

Was die in der Tabelle mitgetheilten Zahlen betrifft, so zeigen die Angaben über die Stellenbesetzungen den Erfolg der Thätigkeit des betreffenden Bureaus. Im Ganzen wurden in den 27 Nachweisestellen 144 850 Stellen vermittelt. Wenn auch die Häufigkeit des Stellenwechsels und die Thätigkeit von Vermittlern auf diesem Gebiete nicht einmal annähernd bekannt sind, so ist die letztere jedenfalls weit grösser als die Thätigkeit der angeführten amtlichen oder halbamtlichen Nachweisestellen. Die Bureaus kämpfen besonders mit der Gleichgiltigkeit der Arbeitgeber, welche sie nicht hinreichend benutzen. Die grössten Erfolge weist beim männlichen Geschlecht anscheinend Hamburg auf, mit 31 516 Vermittelungen, dann folgt Berlin mit 15 212, Mannheim mit 8 626, Köln mit 6 611, Stuttgart mit 5 652 in neun Monaten, Freiburg mit 3 440, Erfurt mit 2 775, Dresden mit 2 183 u. s. w. Diese Zahlen hängen naturgemäss nicht nur von der Grösse der Arbeiterbevölkerung ab, sondern auch von der Art der Stellungen, welche das betreffende Bureau nachweist. Handelt es sich wie in Hamburg um Hafenarbeiter, welche nur auf kurze Zeit Arbeit erhalten, so muss die Zahl der Besetzungen ungleich grösser sein. Wie oft an dieselbe Person Stellen nachgewiesen wurden, ist nicht ermittelt.

Städte und Vermittelungsanstalten (* Städtische Einrichtungen.)		Januar	Februar	März	April	Mai	Juni	Juli	August	September	October	November	December	Zusammen
Es wurden Stellen besetzt:														
Berlin, Centralverein für Arbeitsnachweis (einschliesslich Facharbeitsnachweis der Klempner seit 26. Juni, der Schlosser seit 3. Juli, der Maurer und Zimmerer seit 8. Juli)	m.	521	598	923	1 020	1 048	1 074	2 012	1 948	2 307	1 898	1 088	775	15 212
	w.	118	145	223	148	131	128	158	189	210	180	163	89	1 882
Bochum, Verein zur Beseitigung des Bettelns	m.	27	43	120	91	77	70	119	113	121	156	61	51	1 049
Breslau, Verein gegen Verarmung und Bettelei	m.	56	51	122	122	134	128	219	153	205	176	160	43	1 569
	w.	97	112	151	218	140	95	154	172	157	120	95	75	1 586
*Crefeld, Städtische Arbeitsvermittelungsstelle	m.	2	—	—	1	—	2	2	—	5	—	—	—	12
	w.	—	—	—	—	—	—	—	—	—	—	—	—	—
Dortmund, Wohlthätigkeitsverein	m.	20	24	49	40	64	72	60	61	55	59	50	36	590
	w.	25	29	35	12	42	45	18	15	89	26	27	15	328
Dresden, 1. Verein f. Arbeits-Nachweisung mit 2 Bureaus für weibliche Arbeiter. 2. Verein gegen Armennoth mit 1 Bureau für beide Geschlechter	m.	64	51	190	221	194	153	173	189	246	253	227	222	283
	w.	748	657	1 208	1 737	1 269	940	1 046	1 286	1 450	1 503	1 090	1 105	13 989
*Duisburg, Städtische Vermittelungsstelle	m.	9	4	3	—	—	1	—	—	—	—	—	6	23
Düsseldorf, Central-Arbeitsnachweis	m.	89	70	94	102	119	114	117	118	126	155	100	87	1 291
	w.	1	—	2	—	—	1	2	1	1	—	8	1	17
*Erfurt, Städtisches Arbeitsamt	m.	76	30	57	181	271	364	301	289	366	891	264	185	2 775
	w.	259	312	503	466	469	572	488	628	746	536	455	407	5 841
Essen, Arbeiter-Nachweis-Verein	m.	61	40	61	78	118	94	89	83	82	73	68	81	928
*Frankfurt a. M., Städt. Arbeitsvermittelung, eröffnet am 1. Mai 1895	m.	.	.	.	.	258	471	679	} 806	860	712	{ 452	33	} 4 732
	w.	.	.	.	.	23	31	28	}			{ 849	31	
Freiburg i. Br., Allgemeine Arbeitsnachweis-Anstalt	m.	110	102	251	338	319	266	401	397	407	410	265	174	3 440
	w.	117	70	222	132	118	158	128	124	239	146	123	110	1 687
Halle, Verein für Volkswohl, Arbeitsvermittelung seit 1. October 1895	m.	.	.	.	.	.	.	.	.	.	65	50	23	188
	w.	.	.	.	.	.	.	.	.	.	43	66	44	153

Städte und Vermittelungs-Anstalten (* Städtische Einrichtungen.)		Es wurden Stellen besetzt:												
		Januar	Februar	März	April	Mai	Juni	Juli	August	September	October	November	December	Zusammen
Hamburg, 1. Verein zur Vermittelung der Arbeit (besonders häuslicher Arbeit) 2. Patriotische Gesellschaft (Hafen-, Speicher-Arbeit)	m.	740	4 097	5 114	4 124	2 312	2 054	820	1 193	1 021	2 020	3 214	5 307	31 516
	w.	392	394	606	747	687	511	436	482	516	566	426	416	6 179
Karlsruhe, Anstalt f. Arbeits-nachweis	m.	.	.	.	.	.	.	.	.	.	.	.	.	} 8 066
	w.	.	.	.	.	.	.	.	.	.	.	.	.	
Kiel, Gesellschaft freiw. Armenfreunde (Nachweis seit Novbr. 1895)	m.	.	.	.	.	.	.	.	.	.	.	80	67	147
Königsberg i. Pr., Arbeits-Nachweise-Bureau	m.	525	500	317	100	40	25	25	60	70	95	100	580	2 387
	w.	25	76	76	76	20	15	15	20	25	25	15	15	403
Köln, Allgem. Arbeiternachweisanstalt (von einem Verband von 7 Vereinigungen gegründet)	m.	622	590	600	590	565	441	415	434	476	403	639	836	6 611
	w.	67	98	143	164	224	170	202	218	208	306	266	183	2 239
***Leipzig,** Städt. Arbeitsnachweisungs-Anstalt von der Armenverwaltung unterhalt.	m.	4	—	3	3	2	2	—	2	1	4	9	6	36
	w.	115	111	287	358	268	175	200	258	310	299	221	214	2 811
***Liegnitz,** Städtische Arbeitsvermittelungsstelle	m.	—		1	—	—		1	—	—	—	—	—	2
Mannheim, Centralanstalt für unentgeltl. Arbeitsnachweis, gegründet und verwaltet v. der Stadt, Kreisverwaltung und Vereinen	m.	396	440	767	870	865	815	840	861	834	828	605	505	8 626
	w.	138	131	186	184	168	169	174	163	199	184	180	129	2 035
***München,** Städtisches Arbeitsamt	m.	.	.	.	.	.	.	.	.	.	.	499	628	1 127
	w.	.	.	.	.	.	.	.	.	.	.	379	459	838
Posen, Centralanstalt für Arbeitsnachweis	m.	52	48	55	104	28	42	66	48	42	84	80	99	743
	w.	8	10	4	41	36	40	21	26	68	72	60	90	476
***Potsdam,** Städtischer Arbeitsnachweis	m.	29	37	78	80	55	59	72	50	49	58	48	37	652
***Strassburg,** Städtische Arbeitsnachweise-Stelle, eröffnet am 4. November 1895	m.	.	.	.	.	.	.	.	.	.	.	109	79	188
	w.	.	.	.	.	.	.	.	.	.	.	98	56	149
***Stuttgart,** Städtisches Arbeitsamt, eröffnet am 1. April 1895	m.	.	.		415	587	661	851	673	722	862	527	854	5 652
	w.				217	231	240	256	175	198	296	144	125	1 882
Wiesbaden, Verein für Arbeitsnachweis, eröffnet am 31. Januar 1895	m.	.	55	47	109	132	148	178	203	174	184	138	67	1 437
	w.	.	1	7	5	14	31	10	36	36	38	23	24	225

Städte und Vermittelungsanstalten (* Städtische Einrichtungen.)		Es wurden Stellenbewerber eingetragen:†)												
		Januar	Februar	März	April	Mai	Juni	Juli	August	September	October	November	December	Zusammen
Berlin, Centralverein für Arbeitsnachweis (einschliesslich Facharbeitsnachweis der Klempner seit 26. Juni, der Schlosser seit 8. Juli, der Maurer und Zimmerer seit 8. Juli)	m.	1 425	1 181	1 535	1 889	1 619	1 721	2 758	2 394	2 442	3 194	2 010	1 195	23 358
	w.	329	249	306	328	251	259	299	341	291	294	282	168	3 392
Bochum, Verein zur Beseitigung des Bettelns	m.	.	.	.	.	.	.	.	.	.	.	.	.	.
Breslau, Verein gegen Verarmung und Bettelei	m.	.	.	.	.	.	.	.	.	.	.	.	.	.
	w.	.	.	.	.	.	.	.	.	.	.	.	.	.
*__Crefeld,__ Städtische Arbeitsvermittelungsstelle	m.	65	11	4	4	9	7	8	—	—	1	3	4	111
	w.	1	—	—	—	1	—	—	—	—	—	—	—	2
Dortmund, Wohlthätigkeitsverein	m.	97	49	58	78	85	73	65	71	62	62	52	37	789
	w.	47	81	87	12	55	49	35	15	46	43	30	21	421
Dresden, 1. Verein f. Arbeits-Nachweisung mit 2 Bureaus für weibliche Arbeiter. 2. Verein gegen Armennoth mit 1 Bureau für beide Geschlechter	m. w.	.	.	.	.	.	.	.	.	.	.	.	.	.
*__Duisburg,__ Städtische Vermittelungsstelle	m.	173	71	4	2	4	5	5	2	1	1	9	39	316
Düsseldorf, Central-Arbeitsnachweisstelle	m.	2 140	1 051	818	1 104	998	929	1 277	1 058	921	918	988	846	12 978
	w.	13	7	15	7	9	5	15	15	8	9	88	6	147
*__Erfurt,__ Städtisches Arbeitsamt	m.	158	73	289	429	477	615	619	577	623	587	553	419	5 419
	w.	307	355	522	526	658	779	763	818	895	621	559	405	7 203
Essen, Arbeiter-Nachweise-Verein	m.	252	162	173	213	308	296	248	204	176	185	158	127	2 437
*__Frankfurt a. M.,__ Städtische Arbeitsvermittelungsstelle, eröffnet am 1. Mai 1895.	m.	.	.	.	.	1 413	1 571	1 805	1 652	1 622	1 192	916	780	10 901
	w.	.	.	.	.	117	100	116	110	77	48	65	60	693
Freiburg i. Br., Allgemeine Arbeitsnachweis-Anstalt	m.	168	142	302	423	380	364	530	516	517	580	358	251	4 476
	w.	121	81	246	154	185	186	151	131	261	154	184	118	1 872
Halle, Verein für Volkswohl, Arbeitsvermittelung, seit 1. October 1895	m.	.	.	.	.	.	.	.	.	.	240	69	110	419
	w.	.	.	.	.	.	.	.	.	.	160	152	106	418

†) Bei Berlin sind auch diejenigen Bewerber (3177 Männer) eingerechnet, welche wegen der Aussichtslosigkeit, ihnen Stellen zuzuweisen, nicht eingetragen wurden.

Städte und Vermittelungsanstalten (* Städtische Einrichtungen.)	Es wurden Stellenbewerber eingetragen:												
	Januar	Februar	März	April	Mai	Juni	Juli	August	September	October	November	December	Zusammen
Hamburg, 1. Verein zur Vermittelung der Arbeit (besonders häuslicher Arbeit). . . m.	819	1 330	2 206	1 500	1 054	907	743	585	592	734	1 064	1 553	13 087
2. Patriotische Gesellschaft (Hafen-, Speicher-Arbeit) w.	8	3	7	7	12	2	7	6	5	7	7	5	76
Karlsruhe, Anstalt f. Arbeits- m. nachweis. . . . . . . w.	.	.	.	.	.	.	.	.	.	.	.	.	} 8 395
Kiel, Gesellschaft freiw. Armenfreunde (Nachweis seit Novbr. 1895) . . . . m.	.	.	.	.	.	.	.	.	.	.	339	293	632
Königsberg i. Pr., Arbeits- m. Nachweise-Bureau . . . w.	376	35	13	1	.	.	.	.	.	.	.	402	827
Köln, Allgem. Arbeiternachweisanstalt (von einem Verband von 7 Vereinigungen gegründet) . . . . . m.	(1553)†	(847)†	(994)†	735	719	500	632	546	585	756	1 023	1 107	9 953
w.	(276)	(187)	(277)	221	262	209	263	242	249	400	388	220	3 194
***Leipzig,** Städt. Arbeitsnachweisungs-Anstalt, von der Armenverwaltung unterhalt. m.	.	.	.	.	.	.	.	.	.	.	.	.	1 677
w.	.	.	.	.	.	.	.	.	.	.	.	.	10 400
***Liegnitz,** Städtische Arbeitsvermittelungsstelle . . . . m.	—	—	3	2	2	—	2	1	—	—	—	1	11
Mannheim, Centralanstalt für unentgeltl. Arbeitsnachweis, gegründet und verwaltet von der Stadt, Kreisverwaltung und Vereinen . . . . . m.	715	841	1 525	1 755	1 529	1 571	1 633	1 774	1 672	1 701	1 273	966	16 965
w.	452	311	484	478	387	396	416	344	468	556	384	243	4 919
***München,** Städtisches Arbeitsamt . . . . m.	.	.	.	.	.	.	.	.	.	.	3 700	3 012	6 712
w.	.	.	.	.	.	.	.	.	.	.	1 921	1 028	2 949
Posen, Centralanstalt für Arbeitsnachweis . . . m.	413	197	233	219	127	187	233	360	311	479	433	379	3 521
w.	232	126	237	191	144	148	136	170	276	347	215	182	2 404
***Potsdam,** Städtischer Arbeitsnachweis . . . . m.	.	.	.	.	.	.	.	.	.	.	.	.	.
***Strassburg,** Städtische Arbeitsnachweise-Stelle, eröffnet am 4. November 1895 . m.	.	.	.	.	.	.	.	.	.	.	389	306	695
w.	.	.	.	.	.	.	.	.	.	.	154	127	231
***Stuttgart,** Städtisches Arbeitsamt, eröffnet am 1. April 1895 . m.	.	.	.	1 296	1 424	1 344	1 754	1 227	1 329	1 610	1 422	1 198	12 604
w.	.	.	.	431	408	417	424	274	334	486	242	196	3 212
Wiesbaden, Verein für Arbeitsnachweis, eröffnet am 31. Januar 1895 . . . . m.	.	260	309	320	281	268	392	447	438	435	342	189	3 684
w.	.	29	36	55	67	31	77	58	48	67	50	28	546

†) In den ersten drei Jahresmonaten wurde bei Arbeitsuchenden, deren Gesuch nach Ablauf der Gültigkeitsdauer erloschen war, eine Neumeldung angenommen, daher vom April ab, nachdem dies Verfahren aufgegeben war, die niedrigeren Zahlen. — Die Zugereisten, welche nicht sofort Arbeit erhalten konnten und darum weiterreisten, sind nicht mit enthalten (Juli 1895 bis Juni 1896: 800).

Städte und Vermittelungsanstalten (* Städtische Einrichtungen).	Es wurden offene Stellen angemeldet:												
	Januar	Februar	März	April	Mai	Juni	Juli	August	September	October	November	December	Zusammen
Berlin, Centralverein für Arbeitsnachweis (einschliesslich Facharbeitsnachweis der Klempner seit 26. Juni, der Schlosser seit 3. Juli, der Maurer und Zimmerer seit 8. Juli . . . . . . m.	538	621	955	1 037	1 065	1 092	2 052	1 972	2 386	1 925	1 129	786	15 508
w.	123	149	230	157	139	134	167	209	238	184	174	93	1 997
Bochum, Verein zur Beseitigung des Bettelns . . . . . . m.	30	45	132	115	98	80	138	147	170	186	82	68	1 286
Breslau, Verein gegen Verarmung und Bettelei . . . m.	67	51	125	122	185	128	223	153	205	178	161	43	1 591
w.	97	112	158	218	151	102	158	174	163	123	97	78	1 626
***Crefeld,** Städtische Arbeitsvermittelungsstelle . . . . m.	2	1	—	2	2	4	1	2	3	2	—	—	19
w.	—	—	—	—	—	—	—	—	—	—	—	—	
Dortmund, Wohlthätigkeitsverein . . . . m.	28	24	53	43	70	94	69	65	72	71	81	54	724
w.	38	42	50	38	49	51	18	31	43	29	32	17	438
Dresden. 1. Verein (Arbeits-Nachweisung mit 2 Bureaus für weibliche Arbeiter . . m.	.	.	.	.	.	.	.	.	.	.	.	.	.
2. Verein gegen Armennoth mit 1 Bureau für beide Geschlechter . . . w.	.	.	.	.	.	.	.	.	.	.	.	.	.
***Duisburg,** Städtische Vermittelungsstelle . . . . . m.	57	19	19	—	—	13	3	1	—	—	4	11	127
Düsseldorf, Central-Arbeitsnachweisstelle . . . . . m.	112	96	205	238	180	183	188	189	201	234	146	115	2 067
w.	5	15	6	2	4	4	12	3	6	7	2	2	68
***Erfurt,** Städtisches Arbeitsamt . . . . m.	76	31	68	198	286	400	351	325	436	437	298	191	3 092
w.	312	380	458	474	508	550	558	706	669	571	487	407	6 080
Essen, Arbeiter-Nachweis-Verein . . . . m.	.	.	.	.	.	.	.	.	.	.	.	.	959
***Frankfurt a. M.,** Städtische Arbeitsvermittelungsstelle eröffnet am 1. Mai 1895. m./w.	.	.	.	.	}390	540	754	965	989	802	{500 / 415	42 / 60	}5 457
Freiburg i. Br., Allgemeine Arbeitsnachweis-Anstalt . m.	127	118	346	391	364	348	447	409	458	397	256	174	3 830
w.	122	105	238	144	157	201	153	147	274	175	189	140	1 995
Halle, Verein für Volkswohl, Arbeitsvermittelung seit 1. October 1895 . . . m.	.	.	.	.	.	.	.	.	.	90	58	34	182
w.	.	.	.	.	.	.	.	.	.	139	182	88	359

Städte und Vermittelungsanstalten (* Städtische Einrichtungen.)		Es wurden offene Stellen angemeldet:												
		Januar	Februar	März	April	Mai	Juni	Juli	August	September	October	November	December	Zusammen
Hamburg, 1. Verein zur Vermittelung der Arbeit (besonders häuslicher Arbeit). . . 2. Patriotische Gesellschaft (Hafen-, Speicher-Arbeit)	m.	744	4 101	5 123	4 140	2 322	2066	327	1 203	1 026	2 034	3 226	5 319	31 631
	w.	425	427	643	792	739	520	436	495	535	593	440	438	6 503
Karlsruhe, Anstalt f. Arbeits-nachweis	m.	.	.	.	.	.	.	.	.	.	.	.	.	} 4 754
	w.	.	.	.	.	.	.	.	.	.	.	.	.	
Kiel, Gesellschaft freiw. Armenfreunde (Nachweis seit Novbr. 1895)	m.	.	.	.	.	.	.	.	.	.	.	92	80	172
Königsberg i. Pr., Arbeits-Nachweise-Bureau . . .	m.	110	65	40	35	25	20	25	30	30	40	45	85	550
	w.	25	76	76	76	20	15	15	20	25	25	15	15	403
Köln, Allgem. Arbeiternachweisanstalt (von einem Verband von 7 Vereinigungen gegründet).	m.	715	682	598	625	549	442	423	443	482	400	648	845	6 797
	w.	384	242	303	296	284	227	254	322	311	291	272	221	3 407
*Leipzig, Städt. Arbeitsnachweisungsanstalt, von der Armenverwaltung unterhalt.	m.	7	2	5	6	8	2	—	6	6	11	22	8	83
	w.	133	138	355	454	292	198	240	285	352	350	255	246	3 295
*Liegnitz, Städtische Arbeitsvermittelungsstelle . . .	m.	2	—	1	—	5	—	2	1	—	1	1	—	13
Mannheim, Centralanstalt für unentgeltl. Arbeitsnachweis, gegründet und verwaltet v. der Stadt, Kreisverwaltung und Vereinen	m. w.	} 542	534	755	1 283	1 133	1 023	1 065	1 084	1 107	980	629	601	10 706
*München, Städtisches Arbeitsamt	m.	.	.	.	.	.	.	.	.	.	.	646	706	1 852
	w.	.	.	.	.	.	.	.	.	.	.	584	703	1 287
Posen, Centralanstalt für Arbeitsnachweis . . .	m.	308	208	287	321	283	290	264	329	310	341	222	198	3 291
	w.	270	299	349	259	284	251	296	240	422	273	232	268	3 443
*Potsdam, Städtischer Arbeitsnachweis	m.	.	.	.	.	.	.	.	.	.	.	.	.	
*Strassburg, Städtische Arbeitsnachweise-Stelle, eröffnet am 4. November 1895 .	m.	.	.	.	.	.	.	.	.	.	.	148	91	239
	w.	.	.	.	.	.	.	.	.	.	.	121	75	196
*Stuttgart, Städtisches Arbeitsamt, eröffnet am 1. April 1895	m.	.	.	953	1 177	1 158	1 391	1 141	1 218	847	785	459		9 629
	w.	.	.	424	480	582	565	401	488	533	279	250		3 947
Wiesbaden, Verein für Arbeitsnachweis, eröffnet am 31. Januar 1895. : . . .	m.	.	62	188	132	137	184	181	178	183	287	128	102	1 612
	w.	.	6	3	15	25	84	19	39	35	40	25	28	269

Was das weibliche Geschlecht betrifft, so steht mit 13 989 Vermittelungen Dresden am höchsten, es folgt Hamburg mit 6 179, Erfurt mit 5 841, Köln mit 2 239, Mannheim mit 2 035. Auch hier hat die bevorzugte Nachweisung vorübergehender Arbeit wie in Dresden (für Scheuer-, Waschfrauen u. s. w.) eine höhere Zahl der Besetzungen zur Folge.

Die Zahlen der Stellenbewerber sind nicht immer registrirt; auch fragt es sich, wie dieselben gerechnet sind, ob durch Zusammenzählen, der täglich nachfragenden Personen, auch wenn es dieselben Personen sind, ob durch Verausgabung von Scheinen mit bestimmter Giltigkeit (wie in Berlin), ob unter Einrechnung oder Fortlassung auch solcher Personen, die von vornherein wegen Mangel an Arbeitsgelegenheit, wegen unzureichender Qualification abgewiesen werden. In Hamburg ist beim weiblichen Geschlecht das Missverhältniss der Angaben über die Bewerberinnen und der offenen und besetzten Stellen so gross, dass hier die Stellenbesetzungen aus anderen Kreisen als denen der Bewerberinnen erfolgt sein müssen. Hier werden über die bei der Arbeitsnachweisungs-Anstalt sich meldenden Personen zunächst Erkundigungen eingezogen. Von den 80 männlichen und 89 weiblichen Bewerbern wurden 59 bezw. 76 zur Aufnahme geeignet befunden.

Auch die Zahl der offenen Stellen ist nicht immer angemerkt worden, häufig nur dann, wenn die Besetzung erfolgen konnte, sodass in diesen Fällen für besetzte und offene Stellen gleiche Werthe vorhanden sein würden. Ferner scheinen auch nicht immer die offenen Stellen, sondern die Zahlen der Arbeitgeber, welche offene Stellen anmeldeten, notirt worden zu sein, sodass, wo ein Arbeitgeber eine grössere Anzahl von Arbeitern beschäftigen wollte, zu geringe Angaben vorliegen. Das Gleiche ist der Fall, wo solche Stellen nicht als offene notirt wurden, welche von den Arbeitgebern nicht angemeldet waren, dem Bureau aber durch die Zeitungen oder sonst wie bekannt geworden waren.

Unter solchen Umständen versteht es sich von selbst, dass nur für solche Städte aus dem Vergleich der Zahlen der Stellen-Besetzungen, Stellen-Bewerber und Stellen-Anmeldungen Schlüsse auf die Verhältnisse des Arbeitsmarktes gezogen werden können, wo die betreffenden Angaben erschöpfend und vergleichbar sind. Aber auch in solchen Fällen darf nicht ausser Acht gelassen werden, dass das Arbeitsvermittelungs-Bureau nur einen Theil der Arbeitsuchenden und Arbeitgebenden zusammenführt, dass ein grosser, wohl der grösste Theil leider die Nachweisestellen nicht in Anspruch nimmt, und dass dies gerade dann unterlassen wird, wenn auch der Arbeitsnachweis wegen Geschäftsstille dem Arbeiter keine Beschäftigung oder auch wegen Strikes oder Arbeitermangel dem Arbeitgeber keine Arbeiter nachweisen kann.

Stellt man die wenigstens äusserlich vollständig erscheinenden Angaben, also unter Fortlassung der Städte Bochum, Breslau, Dresden, Frankfurt a. M., Karlsruhe, Mannheim, Potsdam, sowie Hamburg und Königsberg (für die Angaben über das weibliche Geschlecht) zusammen, so ergiebt sich für die verbleidenden 20 Städte folgendes:

In 20 Städten	überhaupt	darunter	
		m.	w.
Besetzte Stellen	98 781	75 253	18 528
Stellenbewerber	140 152	103 711	36 441
Offene Stellen	108 681	81 897	26 784
Auf 100 Bewerber kamen offene Stellen .		79	74
" " " " besetzte " .		73	51
Von 100 offenen Stellen wurden besetzt .		92	69

Hiernach gelang es, von den männlichen Stellensuchenden 73 (in Berlin dieselbe Ziffer), von den weiblichen 51 (in Berlin 55) Prozent in Stellungen unterzubringen, während von den offenen Stellen bei den Arbeitern 92 (in Berlin 98), bei den Arbeiterinnen 69 (in Berlin 94) Prozent besetzt werden konnten. Der Zahl der gesuchten Stellen standen für das männliche Geschlecht auf 100 nur 79 (in Berlin 75), für das weibliche Geschlecht 74 (in Berlin 59) offene Stellen gegenüber.

b. Nothstandsarbeiten.

Die Zahl der Städte, welche Nothstandsarbeiten ausführen liessen, belief sich im Winter 1894/95 auf 14, im Winter 1895/96 nur auf 8. Ausserdem wurden in Chemnitz, wo zwar kein Nothstand vorlag, aber die Zahl der Arbeitslosen grösser war, als in normalen Zeiten, Arbeiten, wie die Herstellung von Strassen u. s. w. in der Absicht ausgeführt, den Beschäftigungslosen Arbeit zu geben. Hier wie überall wird die Arbeit nur Einheimischen gewährt, allenfalls — wie in Frankfurt — ausnahmsweise auch in Vororten Wohnenden.

Nothstandsarbeiten im Winter 1894/95 und 1895/96.

Städte	Die Arbeiten fanden statt von .. bis .., (Jahreszeit).	Die Zahl der Beschäftigten schwankte				Tägliche Arbeitszeit Stund.	Davon Pausen Stund.	Tages-Verdienst in Mark			Art der Arbeiten.
		von	am	bis	am			mindestens	durchschnittlich	höchstens	
Winter 1894/95.											
Altona	12.II./3.IV	4	12. XII	347	26. II	10	2	1,00	2,00	6,00	Steinschlagen (Stücklohn).
Braunschweig	4.III./20.IV	14	.	62	.	10	1½	2,00	.	2,30	Holzhacken.
Duisburg . . .	28.XII/16.III	30	.	40	.	11	2	1,80	.	.	Wegearbeiten, Schneeschaufeln.
Erfurt	8.XII/31.III	180	Dec. März	215	Jan Feb	9½	1½	1,60	1,76	1,84	Erdarbeiten, Mauerabbrüche.
Essen	Dec./März	40	.	150	.	9	1¼	1,70	2,46	2,70	Kirchhofanlage.
Frankfurt a.M.	21.XII/23.III	12	21. XII	294	21. II	8	1	.	.	1,75	Steinschl., Erdarb., Strassenreinig.
Hamburg . .	7.I/18.V.	229	11. I	401	9. II	9	1½	.	2,00	.	Erdarbeiten.
Königsberg . .	Januar/April	150	Anf.Nov	200	30.IV	10	1½	1,00	1,20	2,00	Steinschlagen, Erdarbeiten.
Leipzig	5.XII/30.III	46	15. I.	3	30.III	9/12	1	1,00	1,90	2,50	Knackschlagen (Stückl.).
Magdeburg . .	8.II/21.III	80	.	100	.	10/11	2	2,25	2,38	2,60	Erdarb. a. d. Elberegul. (Stückl.)
Mannheim . .	2.I/19.III	229	24. I	80	2. III	9	1¾	1,04	2,20	3,36	Steinschlagen (Stückl.).
Strassburg . .	30.XII/16.III	.	.	800	.	7/8	.	1,40	1,60	3,00	Erdarb., Steinschlag., Abbrüche v. Festungsw., Strassenreinigung.
Stuttgart . . .	15.XII/15.IV	70	Dec.	219	Jan.	10	.	0,70	.	4,00	Steinschl., Erdarb. (Stückl.).
Wiesbaden . .	1.II/31.III	150	.	160	.	11	1	1,60	1,80	2,00	Erdarb.,Schneeschauf., Steinschlg.
Winter 1895/96.											
Braunschweig	10.I/21.III	32	.	164	.	9	1	1,76	.	1,85	Holzhacken.
Erfurt	5.XII/31.III	180	Dec. März	175	Jan Feb	10½	1½	1,80	1,98	2,07	Erdarb., Mauerabbruch.
Frankfurt a. M.	4.I/16.III	.	.	.	.	8	1	.	1,75	.	Steinschlagen.
Leipzig	8.I/24.III	15	28. I	1	24.III	9/12	1	1,00	1,78	2,50	Knackschlagen (Stückl.)
Mannheim . .	31.XII/28.II	186	31. XII	13	28. II	9	1¼	0,88	2,44	4,00	Steinschlagen (Stückl.)
Strassburg . .	5.I/14.III	.	.	160	.	7/8	.	1,20	1,60	3,00	Steinschlagen, Schneeschaufeln. Strassenreinigung.
Stuttgart . .	15.XII/15.IV	111	Dec.	161	Feb.	10	.	0,70	.	4,00	Steinschlag., Erdarb. (Stückl.)
Wiesbaden . .	1.II/31.III	100	.	180	.	11	1	1,60	1,80	2,00	Erdarb.,Schneeschauf., Steinschlg.

Die Zahl der durch Nothstandsarbeiten Beschäftigten belief sich in ihrem Maximalstand im Winter 1894/95 auf etwa 3 300, im folgenden Winter nur auf etwa 1 200 Personen. Die meisten Arbeiter beschäftigte im Winter 1894/95 Strassburg (800), dann Hamburg (401), Altona (347). Der früheste Beginn der Arbeiten war in diesem Winter der 5. December in Leipzig, der 8. December in Erfurt, der späteste der 4. März in Braunschweig, der 8. Februar in Magdeburg, der 12. Februar in Altona, im Winter 1895/96 der früheste Beginn der 5. December in Erfurt, der 15. December in Stuttgart, der 31. December in Mannheim. Die Arbeiten dauerten in Hamburg bis zum 18. Mai 1895, in Stuttgart bis zum 15. April in beiden Wintern, in der Regel jedoch nur bis zum März.

Die Art der Beschäftigung bestand in Steinschlagen, Erdarbeiten, Abbrucharbeiten, Strassenreinigung (insbesondere Schneeschaufeln) und dergl. Der durchschnittliche Tagesverdienst war, soweit angegeben, mit 1,20 Mark in Königsberg am niedriegsten, mit 2,38 Mark in Magdeburg, 2,40 Mark in Essen und 2,44 Mark in Mannheim am höchsten.

Zum Theil war Zeitlohn, zum Theil Stücklohn eingeführt. In Frankfurt a. M. wurden im Winter 1896 besondere Vorschriften erlassen, wonach jeder zur Arbeit als Steinklopfer Zugelassene fünf Tage gegen festen Tagelohn von 1,75 Mark beschäftigt wurde, um die Arbeit zu erlernen, dann nach seinem Alter und seiner Fähigkeit einer besonderen Gruppe zugewiesen wurde. Die Arbeiter waren nämlich in drei Gruppen getrennt: bis zu 25 Jahren, Familienväter von 25 bis 50 Jahren, insofern sie nicht Gewerben angehörten, welche naturgemäss das Steinschlagen weniger gut verrichten können (Schneider, Schreiber), ältere Leute, sowie Personen. welche mit Rücksicht auf ihr Gewerbe nicht in die zweite Gruppe verwiesen werden konnten. Die ersten beiden Gruppen mussten täglich mindestens ein Viertel, die letzte ein Fünftel Cubikmeter schlagen. Wer dieses Mindestmass nicht leistete, konnte entlassen werden. Der Tagelohnsatz von 1,75 Mark wurde zu Grunde gelegt, jedoch bei Mehrleistung ein Ueberverdienst gewährt. Von der Einführung der Stückarbeit wurde abgesehen, weil dieselbe der Natur der Arbeit nach für schwächere Arbeiter eine Härte dargestellt haben würde, für geübte aber so lohnend hätte werden können, dass sich dieselben an die Arbeiten herangedrängt hätten. (Bericht des Armen-Amtes für 1895/96).

XVII.

Oeffentliche Bäder.

Von

Direktor Dr. **G. H. Schmidt,** Docent der Staatswissenschaften,
Vorstand des statistischen Amts der Stadt Mannheim.

Das Baden hat nicht nur aus dem Gesichtspunkte der Hygiene, sondern ebensosehr auch in allgemein kultureller Hinsicht grosse Bedeutung. In welcher Ausdehnung Krankheiten und Epidemieen durch Unreinlichkeit begünstigt und endemisch werden, lässt sich auch heute noch und nicht nur bei Pest und Cholera ermessen, und überall, wo wir in der Gegenwart oder in der Vergangenheit eine Vernachlässigung der Körperpflege finden, gewahren wir ein Daniederliegen der Kultur, sei es allgemein bei ganzen Völkern, sei es wenigstens bei breiten Schichten derselben, aus denen als Ausnahmen nur wenige bevorzugte Bevölkerungsklassen mit luxuriösen Badenfahrten hervorragen.

Badeeinrichtungen von genügender Beschaffenheit stehen in Privathäusern, wie die Statistik zeigt, nur einem verschwindend kleinen Theile der Bevölkerung zur Verfügung; die Mehrzahl der Haushaltungen kann sich hierin selber nicht helfen, ist angewiesen auf öffentliche Anstalten.

Wo öffentliche Gewässer vorhanden sind, ist das Bedürfniss wenigstens für die heisse Sommerszeit, wann es am dringendsten auftritt, verhältnissmässig leicht zu befriedigen und hat bereits am weitesten zu öffentlichen Badeeinrichtungen geführt, sei es nun, dass die Anstalten von gemeinnützigen Gesellschaften oder öffentlichen Corporationen erstellt und betrieben werden, sei es, dass die private Unternehmerlust auf eigenes Risico dieselben geschaffen hat. Damit ist aber blos für vier Monate oder, unter günstigsten klimatischen Verhältnissen deutscher Städte und in warmen Jahren, für höchstens fünf Monate Vorkehr getroffen, indessen auch nur für gesunde kräftige Personen.

Im Uebrigen können lediglich vor der Unbill des nordischen Klimas geschützte geschlossene Badeanlagen das bieten, was das Bedürfniss erheischt. Eine grosse Anzahl derartiger privater Unternehmungen — mit oft mangelhaften Einrichtungen und relativ hohen Preisen — stehen zwar überall zur Verfügung, dieselben entziehen sich aber einer genügend vollständigen statistischen Aufnahme, namentlich lässt sich über ihre

Frequenz annähend zuverlässige Nachricht nicht gewinnen. Die statistische Zusammenstellung musste sich auf die von öffentlichen Corporationen oder gemeinnützigen Vereinen ins Leben gerufenen und betriebenen Warmbäder beschränken, wobei allerdings die Abgrenzung von den rein privatwirthschaftlichen Anstalten — mit ihrem einzigen Princip des höchsten Ertrages bei den geringsten Kosten — nicht in allen Fällen strikte gezogen werden kann.

———————

Die Berechnungen der Frequenz der Badeanstalten für das Jahr 1895 in den einzelnen Städten auf je 10000 Einwohner können ein erschöpfendes Bild darum leider nicht geben, weil meistenorts von Anstalten dieser oder jener Art vollständige Angaben nicht zu erlangen waren. Die Ziffern sind somit nur als Minimalzahlen anzusehen.

Die Benutzung der Bäder in offenen Gewässern ist nach unseren Angaben am grössten in Hamburg mit 22569 auf 10000 Einwohner, es folgt Halle a. S. mit 21936, weiter Breslau 12845, Freiburg i. B. 11525, Leipzig 11317, Königsberg i. Pr. 8285, Kiel 8254, Braunschweig 7151, Potsdam 6588, ferner Mannheim 6474, Berlin 6430, Lübeck 5924. Chemnitz 5616, Duisburg 5271, Augsburg 4171, München 3729, Bremen 3199, Frankfurt a. O. 2348, und weiter Metz 1777, Nürnberg 1514, Köln a. Rh. 1498, Strassburg i. E. 1340, Posen 1160, Hannover 243.

In Bezug auf die Benutzung der Warmbäder in städtischem oder gemeinnützigem Betriebe steht Stuttgart mit 32973 Bädern auf 10000 Einwohner obenan, es folgt Dortmund mit 29547, Crefeld 26021, Bochum 19968, Bremen 19025, Nürnberg 18197, Magdeburg 18162, Düsseldorf 17852, Aachen 16889, Essen 16108, Altona 15919, Barmen 15694, Mainz 14352, Köln a. Rh. 14286, ferner Wiesbaden, Erfurt, München, Kiel, Hamburg, Braunschweig, Zwickau, Karlsruhe, Strassburg, Mannheim, Hannover, Metz, Dresden, Posen, Duisburg, Leipzig, Augsburg, Breslau, Berlin, Plauen i. V., Halle a. S., Lübeck und Königsberg.

Die Benutzung der Warmbäder von seiten der beiden Geschlechter ist dergestalt, dass drei Viertel auf männliche und ein Viertel auf weibliche Personen entfallen.

———————

Bemerkungen zu Tabelle II. (S. 168.)

Augsburg. Von den 7 städtischen Badeanstalten sind drei ausschliesslich für Frauen bestimmt. Die Spalten 8 und 9 wurden nur von vier Anstalten ausgefüllt; desgleichen Spalte 22 und 23. In drei Anstalten besorgen die Badeaufseher das Ausleihen wie Aufbewahren der Wäsche privatim. In Spalte 24 bis 27 beziehen sich die Angaben nur auf vier, in Spalte 29 und 30 auf fünf Anstalten.

Berlin. Unter den 19 Anstalten befinden sich acht Frauenbadeanstalten.

Breslau. Von den drei Anstalten sind zwei ausschliesslich für Frauen und die dritte für Lehrlinge und Schüler bestimmt. Unter den in Spalte 8 aufgeführten männlichen Personen befinden sich 28397 Schulknaben; von diesen nahmen 155 Schwimmunterricht zum ermässigten Preise von 5 bis 6 Mark. Davon schwammen sich 104 frei, welchen die Hälfte des Honorars als Prämie von der Stadt zurückgezahlt wurde.

Halle a. S. Spalte 22 und 23 sind nur von einer Anstalt ausgefüllt.

Hamburg. Unter den sechs Anstalten sind zwei den Frauen zum Alleingebrauch überwiesen.

Leipzig. Von den drei Anstalten sind zwei Freibäder. Die Angaben in Spalte 8, 9 und 26 sind nur von einer Anstalt gemacht.

11*

Lübeck. Von den drei Anstalten sind zwei Freibäder. Spalte 5 ist nur von zwei Anstalten ausgefüllt, desgleichen Spalte 8. Unter den in dieser Spalte angegebenen Personen befinden sich 8656 Schulknaben. Ausser den in Spalte 15 und 16 genannten Personen erhielten noch 188 Knaben und 212 Mädchen unentgeltlichen Schwimmunterricht; die Ausgaben hierfür wurden von der gemeinnützigen Gesellschaft bestritten. In Spalte 15 und 16 sind die Angaben nur von einer Anstalt und in Spalte 24 bis 30 von zwei Anstalten gemacht.

Nürnberg. Von den vier Anstalten ist eine Freibad. Spalte 8 und 9 sind nur von drei Anstalten, Spalte 15 allein von dem Freibade ausgefüllt.

Bemerkungen zu Tabelle III. (S. 170.)

Augsburg. Zwei Privatanstalten, eine Militärschwimmschule. Bei den beiden Privatanstalten sind die Angaben mangelhaft resp. hat die eine Anstalt die Ausfüllung des Fragebogens verweigert, in Spalte 22, 23 und 24 bis 27 sind die Angaben nur von der Militärschwimmschule und einer anderen Anstalt gemacht.

Breslau. Von den zehn Anstalten, sämmtlich in Privatbetrieb, sind zwei Frauenbäder. Spalte 7 und 8 sind von sechs Anstalten ausgefüllt; in Spalte 13 und 14 fehlen die Angaben einer Anstalt.

Dresden. Die Spalte 9 blieb bei einer Anstalt unbeantwortet.

Frankfurt a. O. Vier Privat-, eine Garnisonschwimmanstalt, die Angaben in Spalte 6 betreffen nur eine Anstalt.

Halle a. S. Unter den Badeanstalten befindet sich eine Militärschwimmschule. Die Frage 7 und 8 haben nur zwei Anstalten ganz, vier theilweise und die übrigen garnicht beantwortet. Die Spalten 10, 11 und 12 haben sechs Anstalten, Spalte 13 und 14 sieben Anstalten, Spalte 20 und 21 fünf Anstalten beantwortet. Spalte 22 bis 27 sind theils von sieben, theils von fünf resp. drei, zwei und einer Anstalt ausgefüllt.

Hamburg. Eine Badeanstalt beantwortete keine Frage, die übrigen drei lückenhaft. Die Angaben in Spalte 7 und 8 beziehen sich auf nur eine Anstalt, Spalte 12, 13, 14, 25 und 27 wurde von zwei Anstalten ausgefüllt.

Kiel. Spalte 4 haben drei und Spalte 7 und 8 zwei Anstalten beantwortet. Die Angaben in Spalte 13 und 14 betreffen zwei Anstalten.

Köln a. Rh. Unter den sechs Anstalten befindet sich eine Pionier-Schwimmschule. Eine Anstalt hat keine Frage beantwortet. Die Angaben in Spalte 7 sind nur von einer Anstalt gemacht, Spalte 13, 14 und 15 ist von vier Anstalten ausgefüllt.

Königsberg i. Pr. Die beiden Anstalten sind Militärschwimmschulen.

Leipzig. Die Angaben in Spalte 4 betreffen drei Anstalten, diejenigen in Spalte 5 und 6 zwei Anstalten und diejenigen in Spalte 7 und 8 drei Anstalten. Spalte 20 und 21 wurde von drei resp. vier Anstalten ausgefüllt. Die Spalten 22 bis 27 sind wesentlich nur von zwei Anstalten beantwortet.

Lübeck. Von den drei Anstalten sind zwei in militärfiskalischem Betriebe; beide Anstalten, die im Jahre 1798 errichtet wurden, sind im Laufe des Jahres 1896 wegen Baufälligkeit abgebrochen worden.

Magdeburg. Eine Anstalt verweigerte jede Auskunft. Spalte 20 und 21 ist von je einer Anstalt, Spalte 22 von zwei, Spalte 23 und 24 von einer Anstalt ausgefüllt.

Mannheim. Unter den vier Anstalten befindet sich eine Militärschwimmschule und eine ausschliesslich für Frauen bestimmte private Badeanstalt. Frage 5 und 6 wurde von zwei, Frage 7, 8, 25 bis 27 von einer, Frage 21 von drei und Frage 22 nur von der Militärschwimmschule beantwortet.

Metz. Sämmtliche vier Anstalten haben die Fragen ungenügend oder gar nicht beantwortet. Die Angaben in Spalte 7 und 8 sind nur von zwei Anstalten gemacht, Die Angaben in Spalte 22 bis 27 betreffen nur eine Anstalt.

München. Unter den sechs aufgeführten Badeanstalten befindet sich eine Militärschwimmschule mit 115 Abonnenten. Die Angaben in Spalte 5 und 6 sind von drei, die in Spalte 7, 8 und 21 von einer Anstalt gemacht.

Posen. Von den beiden Militärschwimmanstalten wurde nur Spalte 7 bis 19 ausgefüllt. Die Angaben in Spalte 7 und 8 umfassen alle vier Badeanstalten. Von den beiden Privatanstalten ist die Anzahl der badenden Personen geschätzt, dagegen von den militärischen Anstalten die Zahl der badenden Civilpersonen mit 1160, darunter 60 weiblichen, notirt.

Potsdam. Die Militärschwimmanstalt machte keinerlei Angaben. Spalte 6 und 10 wurden nur von einer Anstalt ausgefüllt.

Strassburg i. E. Von den acht Badeanstalten sind fünf in militärfiskalischem Betriebe, von diesen waren keine Angaben zu erhalten. Von den drei Privatanstalten haben zwei Spalte 3, eine Spalte 4, zwei Spalte 7, 8, 10 und 11 ausgefüllt. Die Angaben in Spalte 20, 21 betreffen eine und diejenigen in Spalte 22 bis 27 zwei Anstalten.

Bemerkungen zu Tabelle IV. (S. 172 ff.)

Aachen. Ausser den zehn in der Tabelle verzeichneten Badeanstalten sind noch sechs der Stadt gehörige aber an Privatunternehmer vermiethete schon seit Alters in Betrieb befindliche Thermalbäder zu nennen, welche täglich geöffnet sind. Die Zahl der Badewannen wie der Douchen, die Frequenz der einzelnen Bäderarten und die Preise derselben wurden in runder Zahl für alle sechs Anstalten zusammen angegeben wie folgt: In 91 Badewannen nahmen 134 000 Personen männlichen und weiblichen Geschlechts Wannenbäder. Die Anzahl der Douchen ist 55; Douchebäder nahmen männlich und weiblich zusammen 4600 Personen und Dampfbäder nahmen männlich und weiblich zusammen 320 Personen. Angaben über Gesammteinnahmen wie Ausgaben wurden nicht gemacht. Die Preise variiren für ein Wannenbad zwischen Mk. 1,60 höchster Preis und 0,60 niederster Preis, für eine Thermaldouche zwischen 3 Mark höchster Preis und 2 Mark niederster Preis, für ein Dampfbad zwischen Mark 3,50 höchster Preis und 2 Mark niederster Preis. Bei allen Bädern ist die Wäsche in obenstehendem Preise inbegriffen. Von den anderen Badeanstalten sind in städtischer Verwaltung acht Schulbrausebäder und ein Volksbrausebad. Das in der Tabelle aufgeführte Bassinbad ist in gemeinnützigem Betriebe. Die Aufzeichnungen in Spalte 35 und 46 betreffen nur die neun städtischen Anstalten. Spalte 44 giebt die Einnahmen des städtischen Volksbades für Erwachsene aus dem Verkauf von Badekarten.

Altona. Unter den drei Anstalten befindet sich ein Schulbrausebad, in welchem 7539 Knaben und 4967 Mädchen badeten; dieselben sind in Spalte 30 und 31 inbegriffen. Ein Bassin befindet sich nur in einer Anstalt. Die Angaben in Spalten 44 bis 47 betreffen nur zwei, dagegen diejenigen in Spalten 48 bis 53 alle drei Anstalten.

Augsburg. Die städtische Badeanstalt ist ein Volksbrausebad, in dessen Frauenabtheilung auch 1083 Wannenbäder abgegeben wurden. Die Anstalt in gemeinnützigem Betriebe hat keinerlei Angaben über ihre Frequenz gemacht. Die Angaben in Spalte 44 und 45 sind von der städtischen, die in Spalte 38 von der gemeinnützigen, die in Spalten 48 bis 53 von beiden Anstalten.

Breslau. Unter den städtischen Badeanstalten befinden sich 6 Schulbäder für 27 städtische Volksschulen, benützt wurden dieselben von 3210 Knaben und 2426 Mädchen, die in Spalten 30 und 31 mit aufgeführt sind; die restirende städtische Anstalt ist ein Volksbrausebad. Die eine der in gemeinnützigem Betriebe sich befindenden Anstalten ist ausschliesslich den Frauen überwiesen, die zweite Anstalt ist im Besitze des Asylvereins für Obdachlose; der Besuch dieser Anstalt ist in Spalte 25 und 26 angegeben; die Bäder sind frei.

Dortmund. Die Angaben in Spalten 17, 18, 30, 31 und 43 betreffen nur eine Anstalt. Dieselbe wird unter Verwendung des Abdampfes der Kühlmaschinen vom Schlachthofe mit Dampf versorgt.

Duisburg. Fragen 7, 20 bis 28, 30 bis 33 wurden von einer einzigen Anstalt beantwortet; ein Brausebad wurde erst Ende 1895 in Betrieb gesetzt. Der Kohlenverbrauch einer Anstalt ist schätzungsweise angesetzt, da die Heizung durch das städtische Kühlhaus mit geschieht.

Erfurt. Die in städtischem Betriebe befindliche Anstalt ist ein Volksbrausebad, die zweite Badeanstalt ein Actienunternehmen auf gemeinnütziger Grundlage, diese erhält täglich 30 cbm Freiwasser aus der städtischen Wasserleitung gratis, so lange die Actionäre nicht über 4 % Dividende erhalten und die Anstalt ihren gemeinnützigen Charakter bewahrt.

Frankfurt a. M. Für das Jahr 1895 konnten nähere Angaben über die städtischen Badeanstalten nicht mehr gemacht werden. Aufzeichnungen über in Privatbesitz befindliche Bäder wurden überhaupt nicht gemacht. Das aufgeführte städtische Schwimmbad war 1895 noch im Bau.

[Fortsetzung auf Seite 176.]

I. Vergleichende Darstellung der Frequenz

Städte	Einwohnerzahl (wie in Abschn. XII berechnet)	Offene Saison-Bäder					
		in städtischem oder gemeinnützigem Betriebe			in privatem oder militärfiscalischem Betriebe		
		Auf 10 000 Einwohner nahmen Bäder					
		Männlich	Weiblich	Zusammen	Männlich	Weiblich	Zusammen
1.	2.	3.	4.	5.	6.	7.	8.
Aachen . . .	109 904	910	.	910	—	—	—
Altona	148 469	—	—	—	—	—	.
Augsburg. . .	80 367	356	3 644	4 000	174	—	174
Barmen . . .	126 097	—	—	—	—	—	—
Berlin	1 669 138	4 212	2 218	6 430	.	.	.
Bochum . . .	53 272	—	—	—	—	—	—
Braunschweig.	113 549	881	.	881	6 270	—	6 270
Bremen . . .	140 583	.	.	3 199	.	.	.
Breslau . . .	370 038	1 578	2 667	4 245	7 087	1 513	8 600
Chemnitz. . .	159 155	4 292	1 305	5 597	19	—	19
Crefeld. . . .	107 108	—	—	—	—	—	—
Dortmund . .	109 478	—	—	—	—	—	—
Dresden . . .	330 172	.	.	.	.	.	.
Düsseldorf . .	173 409	—	—	—	—	—	.
Duisburg . . .	69 370	.	.	5 271	—	—	—
Erfurt	77 683	—	.	—	—	—	—
Essen	94 723	—	—	—	—	—	—
Frankfurt a. O.	58 773	2 348	—	2 348	.	.	.
Freiburg i. B.	52 738	11 040	485	11 525	.	.	.
Halle a. S. . .	115 060	6 518	2 173	8 691	10 455	2 790	13 245
Hamburg. . .	621 189	18 518	4 051	22 569	.	.	.
Hannover. . .	205 729	—	—	—	194	49	243
Karlsruhe . .	83 144	—	—	—	.	.	.
Kiel	84 293	—	4 467	4 467	.	.	3 787
Köln a. Rh.. .	318 118	809	—	809	689	.	689
Königsberg i.Pr	171 497	5 684	2 539	8 223	62	—	62
Leipzig. . . .	394 868	1 266	.	1 266	.	.	10 051
Lübeck. . . .	69 350	2 452	.	2 452	.	.	3 472
Magdeburg . .	213 429	—	—	—	.	.	.
Mainz	76 549	—	—	—	.	.	.
Mannheim . .	90 111	5 550	666	6 216	.	.	258
Metz.	59 780	.	.	.	1 317	460	1 777
München . . .	402 459	.	.	.	2 984	745	3 729
Nürnberg. . .	160 731	.	.	1 514	.	.	.
Plauen i. V. .	54 514	.	.	.	—	—	—
Posen	72 934	685	.	685	398	77	475
Potsdam . . .	58 086	—	—	—	4 233	2 355	6 588
Strassburg i. E.	134 329	—	—	—	.	.	1 340
Stuttgart . . .	154 996	—	—	—	.	.	.
Wiesbaden . .	73 347	—	—	—	—	—	—
Zwickau . . .	49 875	—	—	—	—	—	—

der öffentlichen Badeanstalten im Jahre 1895.

Bäder in geschlossenen Badeanstalten in städtischem oder gemeinnützigem Betriebe nahmen auf 10 000 Einwohner

in Bassins			Wannen-bäder			Brause-bäder			Dampf- und Heilbäder			Summe aller Bäder in geschlossenen Anstalten			Städte
Männlich	Weiblich	Zusammen	Männlich	Weiblich	Zusammen	Männlich	Weiblich	Zusammen	Männlich	Weiblich	Zusammen	Männlich	Weiblich	Zusammen	
9.	10.	11.	12.	13.	14.	15.	16.	17.	18.	19.	20.	21.	22.	23.	1.
1 391	1405	2 796	358	158	516	8697	4880	13 577	—	—	—	10 446	6 443	16 889	Aachen.
4 240	1625	5 865	3308	2006	5316	4403	335	4 738	—	—	—	11 951	3 968	15 919	Altona.
—	—	—	.	135	135	3697	725	4 422	.	.	.	3 697	860	4 557	Augsburg.
11 382	3720	15 102	.	.	.	.	.	.	507	85	592	11 889	3 805	15 694	Barmen.
1 159	310	1 469	774	412	1186	691	91	782	.	.	.	2 624	813	3 437	Berlin.
12 723	4012	16 735	2049	780	2829	—	—	—	343	61	404	15 115	4 853	19 968	Bochum.
—	—	—	1314	.	1314	.	.	5 663	—	—	—	1 314	.	6 977	Braunschweig.
5 502	2485	7 987	6410	3381	9791	720	—	720	463	64	527	13 095	5 980	19 025	Bremen.
—	—	—	2	13	15	2872	775	3 647	—	—	—	2 874	788	3 662	Breslau.
—	—	—	.	.	.	.	.	.	.	.	.	.	.	.	Chemnitz.
16 048	6883	22 931	1665	1039	2704	—	—	—	332	54	386	18 045	7 976	26 021	Crefeld.
21 416	3168	24 584	1737	966	2703	1429	499	1 928	312	20	332	24 894	4 653	29 547	Dortmund.
.	.	1 186	.	.	3794	—	—	—	—	—	—	.	.	4 980	Dresden.
8 692	2418	11 110	2213	1666	3879	2434	—	2 434	393	36	429	13 732	4 120	17 852	Düsseldorf.
—	—	—	.	.	1731	2892	33	2 925	—	—	—	2 892	33	4 656	Duisburg.
4 043	1223	5 266	.	.	1872	.	.	1 504	.	.	888	4 043	1 223	9 530	Erfurt.
11 698	1996	13 694	1513	480	1993	.	.	—	404	17	421	13 615	2 498	16 108	Essen.
—	—	—	.	.	.	.	.	.	—	—	—	—	—	—	Frankfurt a. O.
—	—	—	.	.	.	.	.	.	—	—	—	—	—	—	Freiburg i. B.
—	.	.	.	.	2622	.	.	50	.	.	547	.	.	3 219	Halle a. S.
—	.	4 038	.	.	3265	.	.	—	—	—	—	.	.	7 803	Hamburg.
583	889	972	340	292	632	3573	314	3 887	107	39	146	4 603	1 034	5 687	Hannover.
—	—	—	.	.	521	.	.	4 878	.	.	1140	.	.	6 589	Karlsruhe.
—	—	—	.	.	7710	—	—	—	.	.	403	.	.	8 113	Kiel.
7 049	1609	8 658	2436	1538	3974	1095	181	1 276	345	33	378	10 925	3 361	14 286	Köln a. Rh.
—	—	—	317	115	432	798	113	911	—	—	—	1 115	228	1 343	Königsberg i. Pr
18	1	19	.	.	1136	3039	418	3 457	—	—	—	3 057	419	4 612	Leipzig.
—	—	—	1734	729	2463	.	.	5 188	283	36	319	2 017	765	2 782	Lübeck.
5 623	4217	9 840	.	.	2532	4332	856	5 188	.	.	602	9 955	5 078	18 162	Magdeburg.
—	—	—	.	.	4776	.	.	9 576	.	.	.	.	.	14 352	Mainz.
—	.	.	.	.	181	.	.	6 163	—	—	—	.	.	6 294	Mannheim.
.	.	.	3033	2431	5464	.	.	.	—	—	—	3 083	2 431	5 464	Metz.
—	—	—	.	.	862	.	.	7 300	.	.	.	.	.	8 162	München.
—	—	—	.	.	.	.	.	18 197	.	.	.	.	.	18 197	Nürnberg.
.	.	.	.	.	2073	—	—	.	.	.	1248	.	.	3 321	Plauen i. V,
—	—	—	548	137	685	3442	633	4 075	—	—	—	3 990	770	4 760	Posen.
—	—	—	.	.	.	.	.	.	—	—	—	—	—	—	Potsdam.
—	—	—	776	959	1735	4157	378	4 535	40	—	40	4 973	1 337	6 310	Strassburg i. E.
16 645	6275	22 920	5334	3584	8868	.	.	6 137	972	213	1185	22 951	10 022	32 973	Stuttgart.
—	—	—	.	.	5569	.	.	.	.	.	3717	6 082	55	9 854	Wiesbaden.
—	—	—	.	.	.	.	.	.	.	.	1325	.	.	6 894	Zwickau.

II. Offene Fluss-, See- oder Bassinbäder
(nur im Sommer

Städte	Anstalten in städtischem / gemeinnützigem Betriebe		Jahr der Erbauung	Anlagekosten (Baukapital) ℳ	Für 1895 gezahlte Grund- und Gebäude- / Gewerbe- Steuer ℳ ℳ		Fluss-, See-, Bassinbäder nahmen Männer	Frauen	Anzahl der Auskleidezellen	Grösse der Bassins in Flussbadeanstalten	Seebadeanstalten	Bassinbadeanstalten in □meter	Anzahl der vorhandenen Douchen
1.	2.	3.	4.	5.	6.	7.	8.	9.	10.	11.	12.	13.	14.
Aachen	1	—	1856	.	—	—	10 000	.	30	.	.	.	1
Augsburg . . .	7	—	1846—95	75 038	8,18	—	2 858	29 286	207	7 622,5	—	—	6
Berlin	19	—	1858—95	488 873	—	—	703 065	370 211	309	89 813,3	—	—	46
Braunschweig .	1	—	.	.	—	.	10 000	—	11	—	—	—	1
Bremen . . .	—	1	1883	25 000	—	—	44 966	.	25	243	—	—	—
Breslau . . .	3	—	1886—95	.	.	.	58 397	98 671	100	—	—	209	.
Chemnitz . . .	2	—	1888—90	98 500	163,34	—	68 291	20 772	86	—	—	882	7
Dresden . . .	5	—	.	.	.	.	33 400		.	.	.	.	.
Duisburg . . .	1	—	1875	8 000	—	—			8	.	.	.	.
Frankfurt a. O.	1	—	1895	.	.	.	13 800	—	.	.	.	.	.
Freiburg i. B. .	1	—	1865	86 776	15	2	56 216	2 556	35	486	—	—	5
Görlitz	1	—	.	.	.	.			1 Halle	.	—	—	.
Halle a. S. .	2	—	1887—93	.	.	.	75 000	25 000	3	.	.	.	.
Hamburg . .	6	-	1864—87	433 406	.	.	1 150 361	251 688	554	36 459	—	—	27
Kiel	1	—	1866	2 100	—	—	—	37 653	.	—	11 784,1		—
Köln a. Rh. . .	1	—	1892	12 500	—	—	25 735	—	2	7 575	—	—	—
Königsberg . .	2	—	.	.	.	.	97 468	43 532	.	—	—	182,4	.
Leipzig	3	—	1870—93	3 960	.	.	50 000	.	20	10 086	—	—	—
Liegnitz . .	1	—	1895	14 500	.	.	.	.	.	—	—	450	.
Lübeck	2	1	1885—95	28 700	.	—	17 005	.	75	—	—	—	—
Mannheim . .	1	—	1872	.	—	—	50 000	6 000	22	585	—	—	2
Metz	1	—	.	.	.	.	.	.	2	.	.	—	.
München . . .	2	—	1855—94	100 878	11,40	—	.		52	6 840	—	—	11
Nürnberg . . .	4	—	1822—95	38 420	5,09	3,64	24 345		131	3 569,2	—	—	7
Plauen i. V. . .	2	—	.	.	.	.	.	.	41	—	—	—	2
Posen	1	—	.	.	.	.	5 000	.	.	1 400	—	—	.
Spandau . . .	2	—	1845 u.76	42 858	.	.	.	.	.	.	.	.	.

in städtischem oder gemeinnützigem Betriebe
in Betrieb).

Schwimm-unterricht			Preise der Bäder				Die Badeanstalten ent-liehen 1895 Wäschestücke	Die eigene Wäsche deponirten 1895 Personen	Einnahmen der Anstalten		Zuschüsse von		Ausgaben für		
nah-men		Derselbe kostet pro Person	Som-mer-Abonn. für		Einzel-preis (ohne Cabine) für				Betrag aus verkauften Bade-karten	Nebeneinnahme für entliehene Wäsche etc.	Stadt	Staat	bauliche Unter-haltung	Löhne und Gehälter	Son-stiges
Männlich	Weiblich		Erwachs.	Kinder	Erwachs.	Kinder									
		$\mathscr{M}$	$\mathscr{M}$	$\mathscr{M}$	$\mathscr{Z}$	$\mathscr{Z}$			$\mathscr{M}$	$\mathscr{M}$	$\mathscr{M}$	$\mathscr{M}$	$\mathscr{M}$	$\mathscr{M}$	$\mathscr{M}$
15.	16.	17.	18.	19.	20.	21.	22.	23.	24.	25.	26.	27.	28.	29.	30.
25	—	13	—	—	20	10	1800	80	2 400	180	—	—	200	—	—
176	56	6, 4,50 3, 20	6	4,50	20	10	8920	1043	7 178,60	1020,30	.	.	6 460,77	4 201,67	720,09
574	609		.	.	.	.	—	—	59 351,40	—	—	—	27 082,67	20 227,69	5994,64
40	—	4,50		frei			400	50	—		—	—	.	.	.
—	—	—	6	4	20	15	15057	148	4 686	—	—	—	958	1 050	1020
155	—	6 u. 5		frei			—	—	—	—	—	—	.	.	.
—	—	5	—	—	20	5	—	—	4 023,75	—	—	—	1 645,64	1 650,02	438,45
.	.	.		frei			.	.	1 804	—	27 030	—	21 087	6 749	998
—	—	—		frei			—	—	—	—	—	—	1 200	—	—
.	.	.		frei			.	.	.	—	.	.	.	.	.
29	—	6	6	4	20	10	—	—	8 041	—	—	—	2 015	1 034	600
.	.	.		frei			.	.	.	—	.	.	.	.	.
				frei			500	4	—	—	.	.	.	847	
702	33	6 u. 3	5	2,50	10	5	122717	344	18 115	6 819	22 000	—	.	21 307	8019
—	—	—		frei			—	—	—	250	—	146,24	102	—
—	—	—		frei			—	—	—	1 309	—	772	455	82
.	.	.		frei			—	—	—	1 200	—	568,98	631,02	—
—	—	—	5	—	10	—	900	3	.	100	950	—	1 478,91	496	—	2 Frei-bäder.
.	.	.		frei			—	—	—	.	.	.	.	.
25	15	14	5	—	15	—	—	—	.	—	815	—	815	350	—	2 Frei-bäder.
—	—	—		frei			—	20	—	—	5090,66	—	2 710	2 012	367
.	.	.		frei			.	.	.	.	.	.	.	.
.	.	.		frei			.	.	—	1054,15	.	300	1 269	2 098,26	1923,47
47	.	.	4	2	20	10	.	.	4 444	—	.	—	6 575	2 529	8419	1 Frei-bad.
.	.	.		frei			.	.	.	.	.	.	.	.
—	—	—		frei			.	.	.	280	—	.	200	.
.	.	.		.	.	.	.	.	.	.	.	.	.	.

III. Offene Fluss- oder Bassinbäder
(nur im Sommer

Städte	Anstalten in privatem oder militärfiscalischem Betriebe	Jahr der Erbauung	Anlagekosten (Baukapital) ℳ.	Für 1895 gezählte Grund- und Gebäude-Steuer ℳ.	Gewerbe-Steuer ℳ.	Fluss- und Bassinbäder nahmen Männer	Frauen	Anzahl der Auskleidezellen	Grösse der Bassins in Flussbadeanstalten in □meter	Bassinbadeanstalten	Anzahl der vorhandenen Douchen
1.	2.	3.	4.	5.	6.	7.	8.	9.	10.	11.	12.
Augsburg ...	3	1840—77	.	13	100	1 400	—	86	1 192	—	28
Braunschweig .	1	.	.	.	.	71 200	—	32	—	—	1
Bremen	1	1881	.	.	.	.	.	89	—	172,5	8
Breslau.....	10	1834—95	.	.	.	262 260	56 000	826	21 122,8	—	27
Charlottenburg	1	.	.	40,80	24	.	.	.	.	.	.
Chemnitz ...	1	.	.	.	—	800	—	.	.	.	.
Dresden	8	.	.	.	.	.	.	266	—	1 310,4	.
Frankfurt a. O.	5	1838—77	.	.	24	.	.	381	3 557	—	4
Görlitz	2	1861—66	.	.	.	.	.	20	.	—	.
Halle a. S....	12	1735—93	104 000	162		120 300	32 100	475	3 856,5	—	19
Hamburg ...	4	1870—87	600 000	517	.	.	.	652	2 400	1 305	8
Hannover ...	1	1840	1 000	.	4	4 000	1 000	12	—	182	3
Karlsruhe ...	1	.	54 000	.	.	.	.	.	See	.	.
Kiel......	4	1866—91	272 000	2 654,41	362	31 920		263	824,5	—	1
Köln a. Rh...	6	1820—65	158 500	—	8	21 928	.	510	8 092,6	—	6
Königsberg...	2	1879 u. 90	17 000	—	—	1 060	—	34	.	1 889	1
Leipzig.....	4	1846—92	276 000	175,60	1036	396 900		381	3 143	—	18
Lübeck.....	3	.	.	.	.	24 079 nur Schulkinder		90	.	.	—
Magdeburg...	4	1867—95	74 000	—	159	.	.	67	1 085,5	—	4
Mannheim ...	4	1855—76	158 000	5,13	215	2 822		175	975	—	22
Metz	4	1886	4 000	3	16	7 878	2 750	92	.	.	2
München....	6	1827—98	100 000	541,90		120 115	30 000	516	—	4 980	23
Nürnberg....	3	.	.	.	.	.	.	.	Flussbäder	.	.
Posen......	4	1850—94	18 000	68	30	2 900	560	91	1 294	—	4
Potsdam	5	1818—71	.	.	24	24 581	13 677	138	540	—	5
Strassburg i. E.	8	1864—93	137 852	204	148,29	18 000		190	630	1 870	8

in privatem oder militärfiscalischem Betriebe in Betrieb).

Schwimmunterricht nahmen Männlich	Weiblich	Derselbe kostet pro Person ℳ.	Preise der Bäder: Sommer-Abonnement für Erwachsene ℳ.	Kinder ℳ.	Niedrigster Einzelpreis (ohne Cabine) für Erwachsene ₰	Kinder ₰	Die Badeanstalten entliehen 1895 Wäschestücke	Die eigene Wäsche deponirten 1895 Personen	Einnahmen der Anstalten: Betrag aus verkauften Badekarten ℳ.	Nebeneinnahme für entliehene Wäsche ℳ.	Städtische Zuschüsse ℳ.	Ausgaben für: bauliche Unterhaltung ℳ.	Löhne und Gehälter ℳ.	Sonstiges ℳ.
13.	14.	15.	16.	17.	18.	19.	20.	21.	22.	23.	24.	25.	26.	25.
600	—	5 u. 4	6	—	20	—	.	370	1 967	195	—	1855	540	602,55
60	—	7,50	5	—	15	—	600	500	.	.	—	.	.	.
.	.		—	—	40	30	200	—	.	.	.	.	.	.
993	595	6 u. 5	.	.	.	.	.	.	.	.	.	.	.	.
.	.	.	.	.	.	.	.	.	.	.	.	.	.	.
.	.	.	—	—	10	—	.	.	.	.	.	.	.	.
.	.	.	11	—	30	10	.	.	.	.	.	.	.	.
24	87	2—6	6	4	20	10	.	405	.	.	.	.	.	.
.	.	.	6 u.3	—	10	—	.	.	.	.	.	.	.	.
00	190	14—6	9—3	—	25	15	14 660	559	4 000	315	—	4700	3674	300
44	120	30—5	15	10	40	25	.	550	.	.	.	3200	2100	1150
50	—	5	9	—	30	15	.	200	.	.	.	.	.	.
.	.	.	.	.	.	.	.	.	.	.	.	.	.	.
11	35	6—9	10	6	30	15	2 100	—	19 135	290	2 500	5497,80	5297,90	3050,25
7	—	9 u. 6	9	—	25	—	7 000	70	.	.	.	.	.	.
2	—	8—3	4	3	15	—	62	39	3 360	5	—	888	308	2059
483		10 u.7,50	4	2,50	10	5	55 738	875	36 787,60	1224,65	700	8373,69	5755	9390
6	64	10 u.2,40	6	5	20	15	.	.	.	.	.	.	.	.
)	70	8 u. 6	9	5	30	20	4 000	100	5 452	400	120	6200	4750	500
)	94	6—3,50	9	—	25	—	.	1130	1 600	.	—	1500	2000	950
.	.	9 u. 6	12	—	30	—	320	5	700	20	400	500	105	3
)	90	8—5	4	.	30	10	.	50	.	.	.	.	.	.
.	.	.	.	.	.	.	.	.	.	.	.	.	.	.
.	30	6	6	—	10	—	1 100	220	.	.	.	.	.	.
.	109	12—3	9	4,50	10	5	—	334	.	.	.	.	.	.
.	.	.	10	5	25	16	2 000	180	10 200	350	400	2000	2140	—

IV. Geschlossene Badeanstalten in städtischen
(das ganze Jah[r]

Städte	Anstalten in städtischen Betriebe	gemeinnützig Betriebe	Jahr der Erbauung	Anlage-kosten (Bau-kapital) *M.*	Für 1895 gezahlte Grund- und Gebäude-Steuer *M.*	Gewerbe-Steuer *M*	Bassinbäder nahmen Männer	Frauen	Preis derselben im Abonnement für Erwachs. *M.*	Kinder *M.*	Einzelpreis für Erwachs.	Kinder	Anzahl der Auskleidezellen
1.	2.	3.	4.	5.	6.	7.	8.	9.	10.	11.	12.	13.	14.
Aachen . . .	9	1	1881—95	206 200	438		15 285	15 449	10	5	50	25	70
Altona	3	—	1881—92	337 000	—	—	62 944	24 128	20	10	30	20	47
Augsburg. . .	1	1	1894	35 147	15,45	36,70	—	—	—	—	—	—	
Barmen . . .	—	1	1882	337 000	322	198	143 527	46 912	25	12,50	10	5	38
Berlin . . .	2	—	1891—93	778 970	—	—	193 418	51 801					52
Bochum . . .	1	—	1894	382 028	—	—	67 782	21 371	20	10	40 u.10	20	58
Braunschweig.	—	2	1889—94	64 400	.	.					—		
Bremen . . .	—	1	1877	643 483	—	.	77 348	34 931	30	15	40 u. 5	25	137
Breslau . . .	7	2	1873—93	.	.	.	171 887	73 723	25	15	40 u.10	—	120
Crefeld. . . .	1	—	1889	918 765	1012,80	—	234 464	34 678	20	10	15	5	4
Dortmund . .	2	—	1878—92	438 551	.	.							
Dresden . . .	3	—	1884—88	113 520	1163		39 173		—	—	30	20	18
Düsseldorf . .	2	—	1887—95	562 000	244	180	150 725	41 934	20	9	40 u.10	20	4
Duisburg . . .	3	—	1866—95	30 000	.	6	—						
Erfurt	1	1	1879—94	180 586	214	42	31 400	9 500	24	16	40	25	35
Essen	1	—	1882	237 000	48	—	110 812	18 912	20	10	50 u.10	25	41
Frankfurt a. M.	1	—	1894—96	800 000	.	.	.	.	.	.	.	.	133
Halle a. S. . .	—	1	1881	250 000	329,20	45	.	.	.	.	.	.	
Hamburg . . .	—	3	1854—94	606 654			250 852		25		45	—	128
Hannover . .	2	1	1867—91	51 240	276	180	12 000	8 000	.	.	40	—	90
Karlsruhe . . .	5	—	.	300 000									
Kiel	—	1	1872	240 000	615	80	—	—					
Köln a. Rh. . .	2	—	1885—92	726 286	—	—	224 261	51 199	25	20	40	35	322
Königsberg i. Pr.	1	—	1894	37 194	—		—						
Leipzig. . .	2	2	1884—94	77 258	30	—	707	40	—	—	30	15	82
Lübeck. . . .	—	1	1875	150 000	.								15
Magdeburg . .	3	1	1859—95	.420 000	1380		120 000	90 000	20		35		120
Mainz . . .	2	—	1891	150 061	509,91								
Mannheim . .	6	—	1890	62 366	.	. -							
Metz	2	—	1824	.	184,67	283,30	.	.	.	.	.	.	
München . . .	5	—	1888—93	135 318	154,19	.	—	—	—	—	—	—	
Nürnberg. . .	10	—	1888—94	90 081	55,55	.	.	.	.	.	.	.	55
Plauen i. V.. .	1	—	1872	30 000	.	.	.	.	.	.	.	.	
Posen . . .	1	1	1840 u.1895	2 000	.		—						
Strassburg i. E.	2	1	1863—95	63 710	418,76	188,24	—	—					
Stuttgart . . .	—	2	1870 u. 93	1 670 000	6815		257 988	97 254	25	12,50	40 u.10	20 u.10	554
Wiesbaden . .	3	—	1882—90	406 168	—	—					—		
Zwickau . . .	1	—	1866	168 070	146	4	—	—					

oder gemeinnützigem Betriebe (Volksbäder)
in Betrieb).

Oberfläche der Bassins in qm	Anzahl der vorhandenen Douchen	Schwimmunterricht nahmen männlich	weiblich	derselbe kostet pro Person ℳ	Anzahl der vorhandenen Badewannen	Wannenbäder nahmen: I. Klasse männlich	I. Klasse weiblich	II. Klasse männlich	II. Klasse weiblich	III. Klasse männlich	III. Klasse weiblich	Niedrigst. Einzelpreis für Erwachs. ₰	Kinder ₰	Städte
15.	16.	17.	18.	19.	20.	21.	22.	23.	24.	25.	26.	27.	28.	
144,5	8	115	115	10 u. 5	14	3 932	1735	—	—	—	—	50	—	Aachen.
104	6	67	42	5 u. 8	87	3 554	986	14 264	7 660	31 289	21 157	30	20	Altona.
—	2	—	—		5	—	1088	.	.	.	.	80	—	Augsburg.
314	12	92	79	10 u. 5	14	.	.	.	.	.	.	40	—	Barmen.
289,5	17	398	286	5 u. 4	114	19 167	5573	110 109	63 216	—	—	.	.	Berlin.
300	14	42	59	10 u. 5	28	1 747	464	9 169	3 693	—	—	50	—	Bochum.
—	—	—	—	—	12	nur eine Klasse 14 778						30	—	Braunschweig.
290,5	10	218	235	5	85	13 697	4851	76 420	42 676	—	—	25	12	Bremen.
—	—	—	—	—	3	—	—	—	368	78	125	frei	frei	Breslau.
490,7	23	184	156	10 u. 6	48	5 704	2565	12 132	8 566	—	—	50	—	Crefeld.
576	35	17	4	10 u. 6	26	6 919	3143	12 097	7 431	—	—	50	—	Dortmund.
70	1	27	—	9 u. 5	62	—	—	10 109		115	138	20	—	Dresden.
242	12	165	154	10 u. 5	41	9 092	3437	16 455	17 544	12 823	7 909	30	—	Düsseldorf.
—	—	—	.	—	20	1968		9 004				40	—	Duisburg.
104	4	103	95	4 u. 3	20	378		6 260		7 903		55	—	Erfurt.
281	8	39	41	10 u. 6	11	14 334 männlich, 4 547 weiblich						60	30	Essen.
672	38	.	.	.	40	noch im Bau und noch nicht im Betriebe								Frankfurt a. M.
.	.	.	.	.	26	17 850		12 320		.	.	50	.	Halle a. S.
438	4	.	.	20	171	202 824				—	—	30	—	Hamburg.
204	6	70	90	10	17	7 000	6000	—	—			75	—	Hannover.
—	—	—	—	—	38	3606		726		—	—	70	—	Karlsruhe.
—	—	—	—	—	45	20 000		9000		36 000		50 u.10	—	Kiel.
511	25	226	241	10 u. 6	86	10 409	2904	39 890	25 878	27 202	20 156	25	—	Köln.
—	—	—	—	—	4			5 432	1 964			25	—	Königsbergi.Pr.
100	4	47	40	5	43	2 406		85 470		6 986		30	15	Leipzig.
—	—	—	—	—	18	4 017	1374	8 006	3 682	—	—	30	—	Lübeck.
232	15	250	267	6	67	4 000		27 000		23 040		25	frei	Magdeburg.
—	—	—	—	—	14	2 305		34 254		.	.	25	—	Mainz.
—	—	—	—	—	—	—		—		1 177		20	—	Mannheim.
.	.	.	.	.	34			18 127	14 531			50	—	Metz.
—	—	—	—	—	14			34 689				25	—	München.
—	—	—	—	—	—							—	—	Nürnberg.
.	.	.	.	.	16	3 298		4 082		8 920		25	—	Plauen i. V.
—	—	—	—	—	17	4 000	1000	.	.	.	.	60	—	Posen.
—	—	—	—	—	38	5 029	1916	2 767	1 474	2 629	9 489	80	—	Strassburg i. E.
1284	29	152	235	11 u. 6,50	120	13 016	4398	34 299	31 180	35 349	19 188	25	—	Stuttgart.
—	—	—	—	—	59							.	—	Wiesbaden.
—	—	—	—	—	28	1 084		10 282		16 406		20	—	Zwickau.

Noch IV. **Geschlossene Badeanstalten in städtischem**
(das ganze Jahr

Städte	Anzahl der vorhandenen Brausen	Brausebäder nahmen		Einzelpreis für		Dampf- und Heilbäder nahmen		Niedrigster Einzelpreis für		Gesammt-Einnahmen hieraus	Die Badeanstalten entliehen 1895 Wäschestücke	Die eigene Wäsche deponirten 1895 Personen	Wasserverbrauch 1895 Woher wird das Wasser genommen?	Grösse des Wasserverbrauchs in cbm
		männlich	weiblich	Erwachs. ℳ	Kinder ℳ	männlich	weiblich	Erwachs. ℳ	Kinder ℳ	ℳ.				
	29.	30.	31.	32.	33.	34.	35.	36.	37.	38.	39.	40.	41.	42.
Aachen . . .	119	95 591	53 640	10	frei	—	—	—	—	—	17 000	—	Städt. Wasserleitung	6 250
Altona	30	65 371	4 967	10	frei	—	—	—	—	—	1 625	179	Städt. Leitung	76 997
Augsburg. . .	19	29 708	5 826	10	.	.	.	1	—	3 400	25 400	—	städt. Leitung	3 516
Barmen . . .	—	—	—	—	—	6 394	1068	1	—	8 255	55 248	1646	eigener Brunnen	—
Berlin	84	115 321	15 205	.	.	.	.	—	—	—	85 034	1127	Tief brunnen u. städt. Leitung	204 915
Bochum . . .	—	—	—	—	—	1 829	327	1,25	—	3 692	23 947	450	städt. Wasserleitung	121 200
Braunschweig.	41	64 303		10	—	—	—	—	—	—	—	—	städt. Wasserleitung	89 924
Bremen . . .	9	10 125	—	10	—	6 506	906	1	—	10 380	299 000	1800	eig. Brunnen u. städt.Leitung	154 277
Breslau . . .	28	106 257	28 688	10	frei	—	—	—	—	—	—	—	städt. Leitung	20 989
Crefeld . . .	—	—	—	—	—	3 559	575	1,50	—	5 992	50 512	1174	städt. Leitung	201 782
Dortmund . .	16	15 646	5 459	15	5	3 417	215	2	—	5 407	41 347	1659	städt. Leitung	146 640
Dresden . . .	—													—
Düsseldorf . .	8	42 200	—	10	frei	6 817	628	1,50	—	9 889	116 777	836	eigener Brunnen	260 000
Duisburg . . .	34	18 327	208	15	—	—	—	—	—	—	200	—	städt. Leitung	18 337
Erfurt	14	11 686		10	5	6 904		1,50	—	6 175	396	.	eigener Brunnen u. städt. Leitung	64 652
Essen	—	—	—	—	—	3 829	161	1,20	—	.	2 081	430	städt. Wasserleitung	72 888
Frankfurt a. M.	noch im Bau und noch nicht in Betrieb													
Halle a. S. .	2	572				6 290		1,50	—	.	.	.	städt. Wasserleitung	29 500
Hamburg . .	.							1,50	—	.	.	991	Wasserkunst	230 074
Hannover . .	49	73 504	6 452	10	5	2 200	800	1,25	—	3 000	57 659	—	städt. Leitung	7 809
Karlsruhe . .	.	40 549				9 479		1,60	—	10 959	.	—	städt. Wasserleitung	.
Kiel	.					3 400		0,30	—	.	94 000	—	eigener Brunnen	60 000
Köln a. Rh. .	34	34 847	5 748	20u.10		10 975	1044	2	—	17 085	232 085	1329	städt. Wasserleitung	431 308
Königsbergi.Pr.	10	13 678	1 938	10	frei	—	—	—	—	—		—	städt. Leitung	9 834
Leipzig . . .	34	120 000	16 488	10	10	—	—	—	—	—	186 227	—	eig. Brunnen u. städt.Leitg.	21 159
Lübeck . . .	2					1 963	248	2	—	—	170	.	städt. Leitung	.
Magdeburg . .	52	92 465	18 267	10	5	12 856		2	—	.	129 195	1600	städt. Leitung	133 332
Mainz . . .	35	73 310		10		—		—	—	—	.	—	städt. Leitung	25 900
Mannheim . .	28	55 529		10	—	—	—	—	—	5 281	52 810	—	städt. Wasserleitung	.
Metz	2			20	.	.	.	.	.	.	10 220	—	städt. Wasserleitung	.
München . .	71	293 808 darunt. Kinder 114 060		10	—	.	.	.	.	.	328 497	.	städt. Leitung	.
Nürnberg . . .	35	292 498		15	frei	—	—	—	—	—	110 127	—	städt. Leitung	10 907
Plauen i. V. . .	—	—	—	—	—	6 801		1,25	—	7 500	1 800	—	Brunnen und städt. Leitung	1 600
Posen	14	25 106	4 620	10	—	—	—	—	—	—	32 726	—	städt. Leitung	.
Strassburg i. E.	38	55 832	5 083	10	—	538	—	1	—	1 076	1 538	—	städt. Leitung	15 843
Stuttgart . . .	.	.	.	.	.	15 073	3301	1,60	—	29 745	87 479	1942	städt. Leitung	337 570
Wiesbaden . .	22	44 606	405	10	—	27 258		0,50	—	18 125	44 894	—	Quelle u. städt. Leitg.	3 134
Zwickau . . .	—	—	—	—	—	6 607		1,50	—	5 848	5 717	—	eigener Brunnen	25 784

ler gemeinnützigem Betriebe (Volksbäder)
Betrieb).

	Einnahmen der Badeanstalten				Ausgaben der Badeanstalten für					
ohlen- rbrauch 895 in kg	Betrag aus verkauften Bade-karten	Neben-einnahme für entliehene Wäsche etc.	Städt. Zu-schuss	von gemein-nützigen Gesellschaften	Wasser	Kohlen	bauliche Unter-haltung	Löhne u. Gehälter des Personals	Be-leuch-tung	Sonstiges
kg	M	M	M	M	M	M	M	M	M	M
43.	44.	45.	46.	47.	48.	49.	50.	51.	52.	53.
39 600	16 631	2 707	4 900	—	1 544	4 431	1 471	11 344	412	1 400
56 188	47 551,70	3 599,56	28 808,08	—	8 233,52	12 392,36	5 527,79	26 278,30	27 896,37	
17 950	4 018,20	1,50	.	.	439,52	1 001,35	300	2 650	.	1 815,21
60 000	64 624,20		—	—	120	8 705	4 250	19 338	1 668	6 485
70 000	130 926,85	9 275,95	16 181,41	—	24 596,50	26 317,60	4 248,82	39 616,57	5 637,56	8 199,33
.	27 176,60	3 164,80		—	frei	9 626,39	—	13 802,80	209,68	.
78 000	11 170,30	—	—	—	970	2 200	—	3 250	220	1 708
33 150	88 473	1 122	—	—	7 954	13 699	11 394	39 393	2 687	6 954
25 800	64 743	11 371	4 923	—	—	14 668	12 789	27 216	978	19 886
19 400	66 100	3 500	8 000	—	4 500	18 900	7 300	27 200	5 500	6 800
.	31 890	—	1 600	—	579	4 548	4 833	5 255	892	1 572
00 000	84 600	15 800	—	—	2 328	11 400	2 500	29 900	5 900	34 800
97 100	5 752,05	—	—	—	—	1 703,82	698,68	2 100	—	140,51
13 000	25 392,70	686,40	616,24	—	3 220,85	6 576,45	2 479	7 504,41	610,54	1 118,23
55 800	28 985		—	.	4 935	4 800	6 520	9 560	1 115	6 200
.	28 906	.	—	—	4 720	3 720	2 347	4 446	8 310	.
99 650	90 040	2 076	—	—	frei	16 195		48 631	4 051	
0 870	6 560,75	—	3 224,15	—	frei	2 049,83	754,52	4 877,05	658,57	1 944,93
.		—	.	.		4 060		.		.
00 000	28 000		—	4000	eig. Anlagen	4 500	2 700	10 000		
7 200	141 005	23 943	—		4 572	27 844	13 983	46 078	5 684	41 500
2 500	3 827	.	518	750	1 524	1 982	315	725		549
7 840	20 141	.	2 761	—	1 772,75	4 597	2 674,36	8 109,19	599,29	3 413,86
.	13 280				600	3 000	1 500	3 000	500	—
				nur städtischer Betrieb						
6 700	92 627	1 442	—	—	1 074	3 709	417	3 394	459	1 159
				Anstalten in gemeinnütz. Betriebe 47 000 M zusammen						
0000	17 808,80	—	4 248,43	—	8 833,50		538,98	5 092,80	—	7 591,95
.	5 281	—	16 323	—	.	.	2 155	3 480	.	.
.	2 447	129,04	.	.	.	.			.	.
	38 593,05	126,95	.	.	2 095,92	10 126,07	1 864,13	15 451,63	3 901	2 657,06
7 450	23 281	.	—	—	—	4 367	459	5 519	682	8 698
0000	7 500	—	—	—	—	2 400	785	2 000	.	513
1 334	2 973		.	.	1 770	2 095	335	2 379	582	
	19 770	76,90	.	.	571	5 627	1 270	5 992	616	1 596
5000	163 356	10 400	—	—	21 698	39 204	i. Sp. 52,53 enth.	45 969	30 501	
	22 616	—	—	—	1 737	749	184	5 498	288	631
	18 435	294	—	—	42	3 176	5 156	5 260	400	3 277

[Fortsetzung zu S. 165.]

Hamburg. Die Aufzeichnungen in Spalten 5, 8 bis 19 sind von zwei Anstalten, diejenigen in Spalten 20 bis 27 von allen drei Anstalten gemacht, Spalte 40 betrifft eine, Spalte 43 zwei und Spalten 44 bis 53 wieder alle drei Anstalten.

Hannover. Die beiden städtischen Anstalten sind Volksbrausebäder; sämmtliche Angaben in Spalten 29 bis 33, 39, 42 und 53 beziehen sich auf diese beiden Anstalten, Spalte 43 dagegen auf alle drei.

Karlsruhe. Die Angaben in Spalte 5 betreffen nur eine Anstalt. In den vier Schulbrausebädern, wovon zwei mit Volksbädern verbunden sind, nahmen insgesammt 36 662 Schulkinder männlichen und weiblichen Geschlechts Bäder; diese Ziffer ist in Spalten 30 und 31 inbegriffen; Spalte 49 betrifft nur eine Anstalt.

Köln a. Rh. Die Angaben in Spalten 8 bis 19 betreffen eine Anstalt, in der zweiten ist kein Badebassin vorhanden. Wannenbäder dritter Klasse und Dampf- und Heilbäder wurden in beiden Anstalten abgegeben. Die eine Anstalt ist ein Volksbad.

Königsberg i. Pr. In Spalten 23 und 24 sind 1015 von Kindern beiderlei Geschlechts genommene Wannenbäder enthalten.

Leipzig. Die eine der in städtischem Betriebe befindlichen Badeanstalten ist ein Volksbrausebad, die andere ein Wannenbad; nur ersteres füllte Spalten 4 und 5 aus, alle anderen Fragen wurden von beiden Anstalten beantwortet. Unter den beiden Anstalten in gemeinnützigem Betriebe befindet sich ein Volksbrausebad mit annähernd 32 268 Besuchern männlichen und weiblichen Geschlechts, diese Ziffer ist in Spalten 30 und 31 der Tabelle mit enthalten. Die andere gemeinnützige Anstalt hat ein Bassin. Die Angaben in Spalten 8, 9, 12 bis 19 betreffen nur diese eine Anstalt. Spalte 43 wurde nur von einer Anstalt ausgefüllt.

Magdeburg. Die drei städtischen Bäder sind Volksbadeanstalten mit Wannen und Brausen, in einer Anstalt wurden auch Dampf- und Heilbäder genommen. Fragen 4 und 43 wurden nur von zwei Anstalten beantwortet, die dritte der städtischen Anstalten wurde erst am 15. November 1895 eröffnet.

Mannheim. In vier privaten Badeanstalten werden Arbeiterbäder — Wannenbäder nur für Arbeiter — zum ermässigten Preise von 35 Pf. abgegeben, hiervon zahlt die Stadt für jedes Bad 15 Pf. Die Stadtverwaltung hat demgemäss im Jahre 1895 diesen vier Anstalten 177 Mark bezahlt. Die beiden andern Anstalten sind städtische Volksbrausebäder. Die Angaben für Spalten 42 und 43 konnten für 1895 nicht mehr ermittelt werden. Drei Anstalten sind Schulbrausebäder; in denselben badeten 2719 Kinder, welche in Spalten 30 und 31 inbegriffen sind.

Metz. Auf Fragen 44 und 45 gab nur eine Anstalt Auskunft.

München. Nur in einer Anstalt wurden Wannenbäder abgegeben.

Nürnberg. Unter den aufgeführten städtischen Badeanstalten befinden sich sieben Schulbrausebäder, die drei übrigen sind städtische Volksbrausebäder, sämmtliche Angaben in Spalten 39, 42 bis 53 beziehen sich lediglich auf diese drei Anstalten.

Posen. Die städtische Anstalt ist ein Volksbrausebad. Die Angaben in Spalte 44 beziehen sich nur auf die städtische, diejenigen der Spalten 48 bis 58 auf beide Anstalten.

Strassburg i. E. Die städtischen Badeanstalten sind Volksbrausebäder; in der Frauenabtheilung wurden auch Wannenbäder abgegeben und zwar wurden die beiden Abtheilungen im Jahre 1895 von zusammen 7234 Frauen benützt; dieselben sind in Spalte 26 mit verzeichnet; Spalten 5, 30, 31 und 48 wurden von der in privatwirthschaftlichem Betriebe befindlichen Anstalt nicht, und Spalten 6 und 7 nur von dieser ausgefüllt.

Stuttgart. Die Angaben in Spalten 8 bis 20, 42, 43, 45 und 53 betreffen nur die auf gemeinnütziger Grundlage errichtete musterhafte Anstalt der Stuttgarter Badegesellschaft,*) alle übrigen Spalten enthalten daneben die Angaben der Actiengesellschaft Bade- und Waschanstalt Stuttgart.

Wiesbaden. Das eine der städtischen Bäder ist eine Volksbrausebadeanstalt, die beiden anderen sind Heilbäder, deren Wasser der Schützenhofquelle entnommen wird. Die Angaben in Spalten 39, 42, 50 und 53 betreffen nur die Brausebadeanstalt, die Angaben in Spalten 49 und 52 ausserdem das Schützenhofbad und diejenigen der Spalten 48 und 51 alle drei Anstalten.

---

cf.: Jahresberichte des Stuttgarter Schwimmbades, sowie Leo Vetter & Dr. H. Fetzer, Moderne Bäder erläutert am Stuttgarter Schwimmbad, Stuttgart 1894.

XVIII.
Kultus.

Von Dr. G. Koch,
Vorstand des statistischen Bureaus der Steuer-Deputation zu Hamburg.

Die in der nachfolgenden Tabelle über die kirchlichen Verhältnisse bei den Evangelischen und Katholiken für das Jahr 1894 mitgetheilten Zahlen beruhen wiederum auf den von den einzelnen Stadtgemeinden auf den Fragebogen gemachten Angaben. Nicht ausgefüllt worden sind die Fragebogen von den Städten Aachen, Braunschweig, Danzig, Darmstadt, Elberfeld, M.-Gladbach, Mülhausen i. E., Münster, Stettin und Würzburg, welche daher in der Tabelle ganz fehlen, während die in verschiedenen Spalten für manche Städte vorhandenen Lücken sich aus der theilweise leider recht mangelhaften Ausfüllung der Fragebogen erklären. Soweit sich diese Lücken auf die standesamtlichen Akte bezogen, sind sie aus anderen Quellen ergänzt worden (für die preussischen Städte aus Heft 138 der „Preussischen Statistik"**), doch ist hierbei zu beachten, dass für manche Städte die Kirchengemeinden nicht mit der politischen Gemeinde zusammenfallen. Mit Rücksicht hierauf und weil für einige Städte die Zahl der evangelischen bezw. katholischen Bewohner nur für das Jahr 1890 bekannt war, ist die Berechnung von Verhältnisszahlen diesmal unterblieben; sie soll im nächsten Jahrgange für den fünfjährigen Zeitraum von 1891 bis 1895 nachgeholt werden. Im Uebrigen sei auf die Bemerkungen am Fusse der Tabelle bezw. im Anhange zu derselben aufmerksam gemacht; die Tabelle selbst hat gegen das Vorjahr eine Erweiterung um die Spalten 15/16, 21/22, 29/30 und 37/38 erfahren, sodass jetzt sämmtliche in der evangelischen bezw. katholischen Kirche vorgenommenen Handlungen enthält.

Im Nachstehenden mögen noch einige Verhältnisszahlen aus der „Preussischen Statistik" (Heft 143) Platz finden, die erkennen lassen, wie sich die Häufigkeit der evangelischen Taufen und Trauungen in der preussischen Landeskirche sowie in der Stadt Berlin seit dem Jahre 1875 geändert hat:

	Auf je 100 Eheschliessungen entfielen Trauungen				Von je 100 Lebendgeborenen wurden getauft					
	bei rein ev. Paaren		bei evang. Mischpaaren		Kinder a. rein evang. Ehen		Kinder aus ev. Mischehen		uneh. Kind. v. evg. Müttern	
Jahre	Staat	Berlin	Staat	Berlin	Staat	Berlin	Staat	Berlin	Staat	Berlin
1875	88,87	27,25	71,08	16,55	*93,87	*69,16	.		81,95	44,13
1880	89,98	41,45	83,30	39,51	*94,62	78,03	.	84,42	81,02	52,18
1885	92,09	58,46	90,88	69,04	95,92	86,25	81,94	97,20	85,04	72,67
1890	92,67	64,36	91,34	68,23	95,70	87,43	85,66	98,85	84,96	70,87
1891	92,90	64,84	89,45	61,34	96,52	86,70	86,39	94,38	85,89	72,80
1892	93,25	65,13	91,02	57,64	96,15	86,55	88,24	107,96	84,72	67,51
1893	94,11	65,12	92,19	59,01	97,18	90,53	88,05	94,99	86,85	69,26
1894	93,88	66,07	92,65	61,46	96,75	90,98	91,01	98,73	86,36	69,44
1895	93,73	65,58	93,62	55,05	97,51	93,49	91,25	94,66	86,18	64,00

* Mit Einschluss der evangelischen Mischehen.
**) Diese nicht aus den Fragebogen stammenden Ergänzungen sind in der Tabelle durch cursiven Druck hervorgehoben worden.

Die kirchlichen Verhältnisse bei den Evangelischen

Städte	Kirchspiele (Parochien)		Anzahl der Bewohner in diesen Kirchspielen am 2. Decbr. 1895		Gotteshäuser		Seelsorger		Anzahl der			
									von rein evangelischen Paaren	von rein katholischen Paaren	von evg. Männern mit kath. Frauen	
	evg.	kath.	evangel.	kathol.	evg.	kath.	evg.	kath.			ev. K.	k. K.
	1.	2.	3.	4.	5.	6.	7.	8.	9.	10.	11.	12.
Altona	5	2	140 157	5 788	8	2	16	3	1 114	28	15	2
Augsburg**)	5	.	27 125	.	13	.	14	.	141	.	14	.
†Barmen	4	2	103 219	23 200	12	2	28	6	751	136	47	36
Berlin	44	5	1 426 591	154 970	78	10	156	19	8 513	511	*822	*377
Bochum**)	1	1	36 775	32 500	7	5	9	10	335	266	19	26
Bremen**)	7	.	129 997	.	13	.	24	.	976	.	*75	.
Breslau**)	12	11	209 525	183 300	14	13	34	23	1 296	638	229	243
Cassel**)	7	2	71 956	ca. 8 800	6	1	16	4	567	54	16	.
Charlottenbg.**	1	1	ca.106 000	ca. 12 000	4	1	5	2	525	65	27	13
Chemnitz**)	8	1	135 285	ca. 7 000	8	2	25	3	1 143	41	*104	3
Crefeld	1	5	21 971	82 042	5	7	6	28	83	551	61	.
Dortmund	3	3	58 700	32 000	4	4	13	15	489	276	34	26
Dresden	16	3	301 943	28 141	15	3	46	11	2 819	113	*348	*63
Duisburg**)	1	.	29 976	38 242	5	.	7	.	210	.	22	.
Düsseldorf	8	12	46 314	126 904	4	15	8	34	.	.	.	.
Erfurt	10	.	67 442	10 468	9	.	19	.	380	.	18	.
Essen	.	.	40 896	53 679	.	.	.	.	.	.	.	.
Frankfrt.a/M.**	4	2	ca.120 700	ca. 60 000	10	9	20	21	691	373	148	97
Frankfurta/O.**	6	1	51 091	3 518	6	.	11	.	302	.	4	.
Freiburg i.Br**)	8	4	12 240	85 420	8	4	5	17	57	199	20	*59
Görlitz**)	1	1	54 316	7 445	4	1	7	2	464	26	25	10
Halle a/S.	8	1	109 941	4 890	9	1	20	2	581	18	9	4
Hamburg	16	1	570 599	23 242	33	4	60	12	4 326	69	56	29
†Hannover	.	.	186 468	18 050	19	.	36	.	1 441	.	51	.
Karlsruhe?	2	2	39 047	32 111	.	.	.	.	258	.	99	.
Kiel	1	.	73 966	3 914	8	.	7	.	436	.	13	.
Köln	7	36	46 999	259 990	11	.	17	.	211	.	96	.
Königsbrg.i.P**	12	1	157 888	8 317	14	1	27	5	1 182	32	10	19
Leipzig	20	1	378 019	14 394	30	2	60	5	2 872	46	.	10
Liegnitz?	3	1	42 948	9 247	8	1	7	3	264	23	12	9
Lübeck**)	7	1	62 158	1 065	11	1	16	2	514	1	22	1
Magdeburg	14	5	197 300	12 700	15	4	29	8	951	41	21	24
Mainz**)	1	9	20 000	ca.40 000	1	15	4	24	67	297	38	*101
Mannheim?	4	3	45 549	38 614	4	4	9	11	269	244	91	71
Metz	.	.	.	.	.	.	.	.	.	.	.	.
†München	1	14	57 478	340 403	4	53	12	144	244	3 144	*296	*359
Nürnberg**)	11	1	104 760	37 613	13	4	34	11	783	207	*236	75
Plauen i. V.**)	8	1	45 584	1 186	4	1	8	2	429	5	13	2
Posen	.	.	23 745	43 595	.	.	.	.	.	.	.	.
Potsdam	5	.	53 041	4 753	7	.	11	.	177	.	9	.
Spandau	3	2	48 111	7 145	4	1	6	2	363	.	23	.
Strassburg**)	17	.	44 750	.	14	.	28	.	396	.	70	.
Stuttgart**)	13	2	117 123	18 935	19	2	34	10	803	69	*107	27
Wiesbaden**)	3	1	42 294	19 668	8	8	8	6	282	114	79	26
Zwickau**)	8	1	ca. 42 000	1 876	5	1	12	2	321	83	14	1

Ein * in Spalte 11/12 und 19 bedeutet, dass die entsprechenden Angaben der nachfolgenden Spalten in diesen Zahlen bereits enthalten sind, soweit nicht durch — angedeutet ist, dass Angaben überhaupt nicht zu machen sind. Bei den mit † versehenen Städten beziehen sich alle Angaben auf das Jahr 1895; bei und Katholiken im Jahre 1894.

Trauungen				Anzahl der Eheschliessungen					
von kathol. Männern mit evang. Frauen		von anderen Paaren		von rein evangelisch. Paaren	von rein katholischen Paaren	von evang. Manne mit kathol. Frau	von kathol. Manne mit evang. Frau	von sonstigen ev. Männern oder Frauen	von sonstigen k. Männern oder Frauen
evg. K.	kth. K.	evg. K.	kth. K.						
13.	14.	15.	16.	17.	18.	19.	20.	21.	22.
35	11	—	—	1323	22	83	88	7	1
69	.	.	.	428	129	86	64	—	1
92	27	—	—	771	115	80	98	2	1
.	.	.	.	12933	676	1801	1812	205	27
18	15	.	.	214	239	44	82	—	—
.	.	.	.	1018	.	*102	.	.	.
379	136	.	.	1322	704	643	575	17	9
33	.	1	.	551	18	29	52	2	.
31	19	1	—	714	52	64	89	52	9
.	13	.	.	1157	25	66	68	8	5
.	42	15		83	551	61	42	10	4
58	29	.	.	400	363	115	124	—	5
36	.	—	.	2581	115	227	269	22	2
.	.	—	.	224	224	56	79	2	—
.	.	.	.	244	955	196	126	4	1
28	.	—	.	460	28	47	60	—	1
170	128	2	.	321	474	83	68	3	—
14	.	.	.	859	373	319	350	13	9
12	.	—	—	372	11	10	27	1	—
.	.	.	.	.	.	.	.	.	.
68	16	—	—	465	25	87	89	6	—
24	11	—	—	734	11	21	48	1	—
138	49	7	1	4977	80	152	360	46	8
69	.	.	.	1434	83	91	147	13	—
.	.	.	.	279	213	112	118	1	—
15	.	.	.	575	9	28	89	6	—
89	.	.	.	209	2113	329	179	4	6
18	8	—	—	1157	29	28	52	12	—
.	26	214	—	3016	89	122	171	18	1
45	6	—	—	267	25	31	60	2	—
.	1	.	.	518	1	8	19	—	1
22	16	—	—	1370	88	60	95	31	2
33	.	1	—	83	.	100	98	1	—
77	73	4	—	318	253	175	200	8	9
.	.	.	.	78	247	95	48	—	—
.	.	.	.	211	3221	385	186	5	6
.	55	—	—	634	182	*347	.	.	.
15	4	—	—	387	1	13	16	1	1
.	.	.	.	153	354	33	12	2	—
10	.	.	.	340	18	14	20	.	1
24	.	.	.	501	52	57	64	—	—
85	.	.	.	296	374	157	172	—	—
.	33	—	—	387	.	*212	.	.	.
54	54	—	—	285	115	114	110	8	4
7	18	2	—	331	10	10	24	5	.

Barmen aber nur die kirchlichen. Zwei Sterne in der Vorspalte bedeuten, dass die Einwohnerzahlen in Sp. 3 oder 4 sich auf frühere Jahre beziehen; bei den mit ? versehenen Städten ist das Jahr zweifelhaft. Die cursiv gedruckten Zahlen sind nicht den Fragebogen, sondern amtlichen Veröffentlichungen entnommen worden.

12*

Die kirchlichen Verhältnisse bei den Evangelischen

Städte	Anzahl der Taufen									
	von Kindern aus rein evangelisch. | katholischen Ehen		von Kindern mit evang. Vater und kathol. Mutter		von Kindern mit kathol. Vater und evang. Mutter		von ehelichen Kind. anderer als vorgenannter Eltern		von unehelichen Kindern	
	evang. Kirche	kathol. Kirche	evang.	kath.	evang.	kath.	evang.	kath.	evang.	kath.
	23.	24.	25.	26.	27.	28.	29.	30.	31.	32.
Altona	3 582	*189	51	.	85	*.	9	.	334	.
Augsburg ...	510	.	60	.	190	.	—	.	139	.
†Barmen ...	2 825	*756	164	.	178	.	6	.	92	.
Berlin	29 287	*3 026	*2 615	.	.	.	.	.	3 717	519
Bochum ...	1 509	1 404	*102	.	.	.	.	.	89	20
Bremen	3 126	.	*196	.	.	.	-	.	198	.
Breslau	4 995	2 620	1 129	470	880	1 024	-	—	1 166	673
Cassel	1 751	*225	26	.	24	.	3	.	115	.
Charlottenburg	2 811	300	90	48	107	85	20	—	115	30
Chemnitz ...	5 341	402	*309	4	.	74	.	.	679	.
Crefeld	448	2 328	86	5	108	5	.	.	19	108
Dortmund ...	1 775	*1 660	118	.	123	.	.	.	70	87
Dresden	6 905	388	*593	*891	.	.	.	—	1 526	281
Duisburg ...	937	.	77	.	74	.	4	.	22	.
Düsseldorf ..	.	.	.	.	.	.	.	.	.	.
Erfurt	1 722	.	*157	.	.	.	—	.	179	.
Essen	.	.	.	.	.	.	.	.	.	.
Frankfurt a/M.	1 872	846	*751	243	.	294	24	15	299	254
Frankfurt a/O.	1 233	.	*56	.	.	.	—	.	175	.
Freiburg i. Br.	217	745	86	*100	44	.	1	—	54	168
Görlitz	1 327	104	73	29	155	67	2	.	211	25
Halle a. S. ..	3 035	104	*168	26	.	85	.	1	367	45
Hamburg ...	14 237	328	174	*288	433	.	95	.	1 019	28
†Hannover ..	4 635	.	141	.	190	.	.	.	775	.
Karlsruhe ...	615	.	328	.	.	.	.	.	124	.
Kiel	1 997	.	22	.	52	.	2	.	379	.
Köln	828	.	214	.	226	.	7	.	149	.
Königsberg i.P.	4 266	159	11	30	21	·27	88	1	655	35
Leipzig	9 922	230	.	41	.	97	540	7	1 675	165
Liegnitz	1 165	112	102	81	135	70	.	.	161	35
Lübeck	1 665	7	*54	5	.	11	.	—	137	3
Magdeburg ..	4 964	313	141	70	171	65	31	—	508	47
Mainz	306	1 055	143	.	101	.	4	.	108	72
Mannheim ...	957	859	279	188	221	243	—	.	108	91
Metz	.	.	.	.	.	.	.	.	.	.
†München ...	667	8 077	*632	*687	.	.	.	.	333	3 607
Nürnberg ...	2 430	898	*629	*460	.	.	.	—	672	401
Plauen i. V. .	1 726	18	30	9	·39	23	2	.	858	19
Posen	.	.	.	.	.	.	.	.	.	.
Potsdam	981	.	*50	.	.	.	.	.	131	.
Spandau	1 683	.	98	.	82	.	1	.	140	.
Strassburg ..	874	.	115	.	155	.	—	.	236	.
Stuttgart	2 492	271	*332	?	.	?	—	.	545	102
Wiesbaden ..	804	352	193	84	105	102	12	.	88	61
Zwickau	1 388	139	35	5	21	27	4	—	108	24

Ein * in den Spalten 24/26 und 35 bedeutet, dass die Angaben der entsprechenden nachfolgenden Spalten soweit nicht durch — angedeutet ist, dass Angaben überhaupt nicht zu machen sind, in denselben bereits enthalten sind.

und Katholiken im Jahre 1894.

Lebendgeborene Kinder						von unverehelichter Mutter		Konfirmirte Kinder bezw. Erstcommunicanten		überhaupt		unter den evangelisch befanden sich männliche
aus rein kathol. Ehen	von evang. Vater und kath. Mutter	von kathol. Vater u. evang. Mutter	von sonst. evang. Vater od. Mutter	von sonst. kathol. Vater od. Mutter		evang.	kathol.	evang.	kathol.	evang.	kathol.	
35.	36.	37.	38.			39.	40.	41.	42.	43.	44.	
4 120	94	76	188	20	3	648	29	2 604	100	11 198	.	.
622	1 510	.	.	.	.	116	396	515	.	15 161	.	6 068
2 852	428	290	335	3	—	104	23	2 192	448	.	16 900	.
32 182	2 248	2 168	2 817	362	49	5 362	948	22 586	1 876	212 159	133 122	79 702
873	1 075	144	106	1	1	59	21	775	712	12 361	89 709	5 880
3 324	.	*305	.	.	.	240	.	2 682	.	17 536	.	7 176
4 403	2 545	1 592	1 832	22	21	1 189	987	4 035	2 124	ca 58 000	.	ca. 20 500
1 618	78	102	108	19	—	148	15	1 235	180	17 105	.	7 224
2 677	247	176	221	69	—	269	43	1 141	142	8 864	ca. 8 000	3 887
4 997	115	141	205	37	26	717	60	2 655	102	36 938	4 121	15 867
406	2 439	220	164	32	12	25	129	523	1 474	3 093	.	894
1 710	1 657	345	888	—	6	81	84	1 205	795	11 216	.	4 732
7 174	294	412	571	35	3	1 686	250	4 863	439	83 594	33 142	87 317
953	1 451	243	227	1	—	30	49	602	.	3 326	.	1 231
1 150	4 521	376	257	5	8	90	296	.	.	.	.	.
1 768	118	154	220	7	1	221	25	1 136	.	15 984	.	6 901
1 435	1 905	248	200	25	—	45	93	—	.	17 328	133 838	4 932
2 065	914	721	712	26	9	413	278	2 096	765	10 480	.	3 574
1 876	37	50	74	9	6	185	26	1 000	.	.	.	.
.	.	.	.	.	.	.	.	202	330	5 846	18 500	.
1 329	111	100	241	3	2	246	45	1 189	133	14 198	6 300	5 854
3 558	124	*249	.	.	.	602	.	2 140	69	19 386	6 874	8 819
16 996	318	379	870	129	14	2 431	121	10 339	181	50 752	38 757	17 761
4 729	278	227	369	25	2	909	146	2 798	.	44 659	.	11 889
2 425	71	40	107	12	1	474	71	.	.	8 427	.	.
854	8 259	766	442	11	14	190	964	650	.	.	.	.
4 212	90	81	74	25	—	949	37	2 866	86	34 011	4 277	15 424
10 790	175	284	519	55	3	1 933	182	6 280	139	78 258	13 322	33 690
1 033	107	121	218	(7) 18	(3)	151	41	900	169	11 833	6 000	4 113
1 793	7	24	46	.	.	169	3	1 359	13	11 060	4 562	4 784
6 064	240	231	329	96	6	765	54	3 332	212	22 920	24 572	8 763
294	.	300	250	7	.	126	.	324	995	5 971	16 912	1 856
1 018	808	478	468	27	7	184	131	774	605	774	28 000	385
238	674	174	62	—	.	55	159	.	.	.	.	.
.	.	.	.	.	.	.	.	816	4 840	22 537	.	9 046
3 134	908	*1 111	.	.	.	.	.	1 941	.	26 524	501	10 232
1 544	17	38	56	3	—	328	15	1 171	23	16 850	787	5 105
444	1 224	52	54	2	—	58	224	.	.	.	.	.
1 134	39	53	66	—	—	149	18	1 015	.	11 973	.	3 588
1 862	195	135	171	18	5	175	51	761	.	7 678	.	2 637
880	1 390	382	351	—	1	326	480	921	.	22 457	.	4 154
2 557	.	*618	.	.	.	583	.	1 911	247	38 540	ca 20 000	11 243
848	373	305	284	12	10	78	83	672	280	7 878	ca 50 000	2 092
.	.	.	.	.	.	.	.	919	45	19 587	2 682	11 859

sind. Bei den mit † versehenen Städten beziehen sich alle Angaben auf das Jahr 1895; bei Barme[n] nur die kirchlichen. Die cursiv gedruckten Ziffern sind nicht den Fragebogen, sondern amtlichen Ve[r-] öffentlichungen entnommen worden.

Bemerkungen zur Tabelle Kultus. (S. 178 bis 181).

Barmen. Die kirchlichen Ziffern beziehen sich auf das Jahr 1895.

Breslau. Die Angaben über die katholische Kirche umfassen auch die alt-katholische Gemeinde, in Spalte 8 jedoch mit Ausschluss der Mitglieder des Domkapitels und der Franziskaner-Patres, die auch seelsorgerisch thätig sind. — Die standesamtlichen Angaben beziehen sich nur auf das Stadtgebiet, während die Zahlen der kirchlichen Handlungen auch die der eingepfarrten Landgemeinden betreffen.

Cassel. Sämmtliche Angaben verstehen sich einschliesslich der beiden Militärgemeinden (1 evang. und 1 kathol.).

Chemnitz. Die Zahlen umfassen auch den am 1. October 1894 einverleibten Vorort Altchemnitz.

Crefeld. Unter den die katholische Kirche betreffenden Angaben ist ein altkatholisches Kirchspiel mit einem Geistlichen enthalten.

Dortmund. Die Angaben über die katholische Kirche sind unvollständig, da eine (die Propsteikirche) die erforderlichen Angaben nur zum kleinsten Theile gemacht, und die Liebfrauenkirche ihre Seelenzahl nicht aufgegeben hat. — Zu Spalte 22: Davon 2 Paare rein altkatholisch und in 2 Fällen altkatholische Frauen mit evangelischen Männern, in 1 Falle altkatholische Frau mit katholischem Mann. — Zu Spalte 38: Das sind Kinder aus altkatholischen Ehen.

Dresden. Die Angaben über die evangelische Kirche umfassen die evangelisch-lutherische Landeskirche und die evangelisch-reformirte Kirche. — Zu Spalte 1: Einschliesslich der lutherischen Gemeinde böhmischer Exulanten (Personalgemeinde). — Zu Spalte 3: Das sind evangelisch-lutherische, -reformirte und -unirte Bewohner (mit Ausschluss von 102 Personen, die zu nichtstädtischen Kirchengemeinden gehören und mit Ausschluss der zu städtischen Kirchengemeinden gehörenden Bewohner von Vororten). — Zu Spalte 7: Ausserdem 1 z. Zt. unbesetzte Stelle und 3 Hofprediger und 3 Vereinsgeistliche ohne Parochien oder Anstalten. — Zu Spalte 8: Ausserdem der apostolische Vicar. — Zu Spalte 43 und 45: Einschliesslich der ausserhalb der Stadt wohnenden Angehörigen einiger der Kirchengemeinden.

Erfurt. Die öffentlichen Anstaltsgemeinden (Krankenhaus, Gefängniss, Siechenhaus) sind in den anderen Kirchengemeinden eingepfarrt und die in ersteren vollzogenen Handlungen bei den betreffenden Gemeinden mitgerechnet.

Frankfurt a. O. Bei den Angaben für die evangel. Gemeinden ist die Militärgemeinde ausser Betracht geblieben.

Kiel. Unter den Communicanten sind auch die aus den Landbezirken enthalten, weil eine Ausscheidung nicht angängig war.

Köln. Bei den Evangelischen ist die Gemeinde Kalk eingeschlossen, zu der auch ein Theil des Stadtbezirkes Deutz (ca. 5500 Einw., davon 500 Evangel.) gehört, ebenfalls gehören dazu die beiden evangelischen Militärgemeinden. Ebenso sind bei den Katholiken, die nur die Fragen der Spalten 2 und 4 beantwortet haben, die Pfarreien Immendorf und Weiler eingeschlossen, zu denen Theile des Stadtgebietes (ca. 2600 und 200 Einw., darunter 2400 und 200 Kathol.) gehören, sowie die beiden kathol. Militärpfarreien.

Königsberg. Zwei Kapellen und 3 Geistliche sind in Spalte 5/7 nicht mitgezählt, da der Gottesdienst in denselben nur von den Anstaltsinsassen besucht wird.

Leipzig. In der evangelisch-lutherischen Kirche ist der nicht zur Stadtephorie gehörige Stadtbezirk Leipzig-Sellerhausen ausgeschlossen.

Lübeck. Zu Spalte 3: Einschliesslich 410 Bewohner ländlicher in städtische Kirchspiele eingepfarrter Ortschaften.

Mainz. Die auf die evangelische Kirche bezüglichen Zahlen verstehen sich ohne Militärgemeinde. — Zu Spalte 31: Einschliesslich Entbindungsanstalt.

München. Ueber die Anzahl und Vertheilung der lebendgeborenen Kinder liegen Angaben nicht vor; nach „Geburten und Sterbefälle in München 1895" betrug die Gesammtzahl der Lebendgeborenen im Stadtgebiete 13 937, darunter 4075 oder 29,24 Procent uneheliche. Eine Unterscheidung nach dem Religionsbekenntnisse der Eltern hat nicht stattgefunden.

Nürnberg. Zu Spalte 33 bis 40: Die Anzahl der unehelich lebendgeborenen Kinder betrug im Ganzen also einschl. Israeliten etc. 995; in den mitgetheilten Zahlen sind die Antheile der Unehelichen enthalten, deren Höhe im Einzelnen ist aber nicht bekannt.

Plauen. Unter den katholischen Communicanten befanden sich 282 männliche.

Stuttgart. Unter den getauften unehelichen Kindern der evangelischen Kirche befanden sich 312 in der Hebammenschule geborene, solche sind auch in den 102 in der katholischen Kirche getauften Kindern enthalten. — Die katholische Kirche ist nicht in der Lage, genaue Angaben über die Taufen von Kindern aus Mischehen zu machen, schätzungsweise ca. 140 Kinder aus solchen Ehen hervorgegangen sein.

Zwickau. Von den 8 evangelischen Parochien sind 4 nur Theilparochien, desgleichen gehören von den 12 Seelsorgern 9 den vollen und 3 den Theilparochien an.

XIX.

Das Begräbnisswesen.

Von

Dr. H. Rettich,

Direktor des städtischen statistischen Amts und a. o. Mitglied des K. statist. Landesamts
in Stuttgart.

———

1. Die Friedhöfe im Allgemeinen.

Grösse und Besitzverhältnisse; Gräber.

Die Aufnahme eines Abschnitts über das Begräbnisswesen in das
statistische Jahrbuch rechtfertigt sich durch die Allgemeinheit des
Interesses, welches an der Art und Weise der öffentlichen Regelung der
hier in Betracht kommenden Verhältnisse besteht. Das Begräbniss ist
ein kultureller Vorgang, welcher an jede Familie mehr oder weniger
häufig und früher oder später, immer aber mit unfehlbarer Sicherheit
herantritt. Neben der seelischen und religiösen Bedeutung hat dieser
Akt in der grossen Mehrheit der Fälle auch eine höchst empfindliche
finanzielle Folgewirkung für den Haushalt. Dieselbe ist für die weniger
bemittelten Klassen von solcher Wichtigkeit und Dringlichkeit, dass
hier, wie aus der Geschichte des Versicherungswesens bekannt ist, die
ersten Formen genossenschaftlicher Selbsthilfe einsetzten, welche schon
bei den Römern zur Bildung der collegia funeratica und im frühen
Mittelalter zu Associationen führten, die als Vorläufer der eigentlichen
späteren Sterbekassen betrachtet werden können. Die Uebernahme der
Begräbnisskosten ist schliesslich eine in allen Ländern seit Alters be-
stehende Obliegenheit der Armenpflege, und auch die moderne Social-
gesetzgebung hat dieselbe in den Bereich ihrer Fürsorge gezogen.
Neuerdings ist das Bestreben der Sozialpolitiker aller Schattirungen auf
die vollständige Kostenlosigkeit der Beerdigung für Jedermann gerichtet.
Auf der in Tübingen im Herbst 1896 stattgehabten evangelisch-sozialen
Conferenz wurde diese Forderung mit grosser Wärme vertheidigt,
während ein allerdings nur kleines Staatswesen, nämlich der Kanton
Basel-Stadt, die Unentgeltlichkeit des Begräbnisses einschliessl. des nothwendigen Begleitaufwandes schon im Jahr 1886 zum Gesetz gemacht hat.*)

———

*) Der Staat liefert unentgeltlich das Grab, den Sarg mit Sargtuch, den Leichen-
wagen und das zur Bestattung und Begleitung erforderliche Personal. Uebrigens
besteht die Unentgeltlichkeit des Begräbnisses in einigen kleineren Gemeinden der
Kantone St. Gallen und Zürich schon seit längerer Zeit.

Mit den nachfolgenden Zusammenstellungen ist nun der Versuch gemacht worden, die beim Beerdigungswesen in Betracht kommenden allgemeinen und speziellen Verhältnisse der im Städtejahrbuch betheiligten Städte statistisch zu erfassen und darzustellen. Das erforderliche Material, welches jedoch nicht überall in erwünschter Vollständigkeit zu beschaffen war, wurde mittels zweier Fragebogen, eines allgemeinen und eines speziellen über die Begräbnisskosten, eingeholt. Seitens der Städte Danzig, Darmstadt, Elberfeld, M.-Gladbach, Mülhausen i. E., Münster und Stettin ist das Ersuchen um Ausfüllung des allgemeinen Bogens unbeantwortet geblieben, dagegen wurde der Spezialfragebogen von sämmtlichen 55 Städten ausgefüllt. Soweit nicht anderes bemerkt ist, bezeichnen die mitgetheilten Zahlen den Stand des Jahres 1895.

Tab. I betrifft die Anzahl, Fläche und Benützung der im Gebrauch befindlichen Friedhöfe. Die in derselben genannten 44 Städte verfügen über insgesammt 289 Begräbnissplätze. Durch eine ausserordentlich grosse Anzahl zeichnen sich die Städte Königsberg (32), Breslau (21), Hamburg (16), Leipzig, Braunschweig und Köln (je 14) aus; Dresden und München haben je 12; durchschnittlich treffen auf eine Stadt 6. Eine eigentliche Centralisirung findet sonach in keiner dieser Grossstädte statt; es wurde vielmehr je nach Bedarf bald hier bald dort ein grösseres oder kleineres Stück Land zu einem neuen Begräbnissplatz verwendet und damit in vielen Fällen für die weitere Ausdehnung der Stadt, insbesondere zu Wohnzwecken, ein lästiges Verkehrshinderniss auf viele Jahrzehnte geschaffen; sind doch die Friedhöfe in den meisten Fällen — nur 45 bilden eine Ausnahme — innerhalb der städtischen Bauzone gelegen. Es ist einleuchtend, wie sehr diese Zersplitterung, bei der allerdings meist auch religiöse Momente mitgewirkt haben, die Verwaltungskosten im Ganzen und damit diejenigen der einzelnen Beerdigung vertheuert. Berechnungen darüber, für wieviele Jahre die vorhandenen Friedhöfe ausreichen, lassen sich nur schwer aufstellen. Bringt man die hauptsächlichsten Momente in der Weise auf eine Einheit, dass man die Fläche der Friedhöfe einerseits und den durchschnittlichen Raumbedarf für ein Grab incl. Umgänge und Wege mit 3,4 qm andererseits zu Grunde legt, diese Ziffer zur Zahl der jährlich anfallenden Leichen in Beziehung setzt und schliesslich dabei annimmt, dass die Friedhöfe in den 44 Städten der Tabelle I sämmtlich neu eröffnet würden, so ergiebt sich, dass dieselben durchschnittlich für 33 Jahre ausreichen würden, dass also nach Ablauf dieser Frist entweder mit den Ausgrabungen begonnen oder neue Begräbnissstätten angelegt werden müssten. Diese Berechnung ist natürlich nicht einwandfrei; der unterschiedliche Raumbedarf für Kinder- und Familiengräber gegenüber dem Normalgrab, wie auch der jährliche relative Zuwachs infolge der Zunahme der Todesfälle mit der steigenden Bevölkerung konnte beispielsweise nicht berücksichtigt werden. Da aber diese Fehlerquellen überall gelten, giebt die Rechnung doch ein ungefähres Bild davon, welche Zeiträume die Friedhofspolitik der deutschen grösseren Städte durchschnittlich in's Auge fasst, bzw. in welchem Verhältniss der dem Begräbnisswesen zur Verfügung gestellte Raum zum Bedarfe steht. Im Einzelnen zeigen sich sehr beträchtliche Unterschiede. Am längsten würden nach Maassgabe dieser Berechnung die Friedhöfe in Frankfurt a. O. ausreichen, nämlich 68 Jahre, während in Augsburg

und Plauen nur für 11 und in Chemnitz nur für 13 Jahre Platz-
vorrath bliebe. Die Bedeutung des für Begräbnisszwecke abzusondernden Raumes
gegenüber dem grosstädtischen Gesammtareale lässt sich schon aus der
im letzten Bande des Jahrbuchs Seite 7 gegebenen Zusammenstellung
über die Fläche der Stadtgebiete nach der Benützungsart (Jahr 1893/94)
erkennen. Die Friedhöfe nehmen durchschnittlich 1,04 % der Gesammtfläche ein, während den gemeinsamen, für die Erholung der Lebenden
dienenden öffentlichen Anlagen etwas mehr als das Doppelte, nämlich
2,88 %, gewidmet sind. Dabei wird dieses Durchschnittsverhältniss nur
durch die ausserordentliche Ausdehnung der öffentlichen Anlagen in
Cassel und Potsdam erbracht, während in einer Anzahl anderer Städte
das Verhältniss für die Lebendigen noch sehr viel ungünstiger liegt.
In Crefeld beispielsweise sind für die Begräbnissstätten 12, für die
Erholungsanlagen nur 6, in Dortmund für diese gar nur 2 und für die
ersteren 13 Prozent der Gesammtfläche verwendet. Von wesentlichem
Einfluss auf die Bedeutung der Gesammtfläche der Friedhöfe für den
Zweck der letzteren, die Todten eines bestimmten Wohnplatzes aufzu-
nehmen, ist die den Gräbern bewilligte Ruhezeit, die Umtriebszeit
des Friedhofs. Dieselbe beträgt nach den vorliegenden Ermittelungen
in 41 Städten für Erwachsene durchschnittlich 21 1/2 Jahre, für Kinder
in 14 Städten, von denen besondere Angaben vorliegen, durchschnittlich
12 Jahre. Nach Ablauf dieser Fristen hört für die grosse Ueberzahl
der Gestorbenen der Besitz eines eigenen Grabes auf und die Reste
werden in Sammelgruben u. dergl. vereinigt. In einzelnen Städten,
z. B. in Stuttgart, wird die Ruhezeit dadurch verlängert, dass der erste
Leichnam sehr tief (2,40 m) eingebettet und auf denselben nach einer
Reihe von Jahren (15) ein zweiter Leichnam gelegt wird.
Die vorgeschriebene Tiefe eines Grabes, die wesentlich durch die
Bodenzusammensetzung bedingt ist, beträgt in 44 Städten für Erwachsene
durchschnittlich 1,84, für Kinder 1,32 m. Sie geht für Erwachsene nirgends
über 2 m und sinkt für Kinder nur in 4 Städten, nämlich in Görlitz,
München, Crefeld und Duisburg unter 1 m, in letzteren beiden beginnt
die vorgeschriebene Tiefe für ein Kindergrab mit 0,75 m.
Als Besitzer der Friedhöfe und damit in den meisten Fällen
wohl auch als Unterhaltungspflichtige weist die Tabelle im Wesentlichen
3 Kategorien nach: die Stadtgemeinden, die Cultusgemeinden und
Anstalten. Von insgesammt 289 Friedhöfen sind 110 = 38,1 % im
Eigenthum der Stadt, 168 = 58,1 % in solchem von Cultusgemeinden
und 11 = 3,8 % gehören an Anstalten, Garnisonen etc. Aus diesen
Besitzverhältnissen tritt die einschneidende Bedeutung des religiösen
Moments für das Beerdigungswesen auch der Grossstädte deutlich zu
Tage, und es unterliegt keinem Zweifel, dass grade dieser Umstand
einer rationelleren Ordnung der hygienisch und finanziell so wichtigen
Materie vornehmlich im Wege steht. Nur soweit die Friedhöfe im Besitz
der Stadtgemeinde sich befinden, sind die kirchlichen Sonderinteressen
mehr in den Hintergrund getreten. Von 110 städtischen Friedhöfen
sind nur 7 confessionell. Von den letzteren befinden sich in Berlin 2,
während die übrigen in Bochum, Braunschweig, Leipzig, Mainz und
Strassburg sind. Im Verhältniss überaus zahlreich sind die jüdischen
Friedhöfe. Lediglich keinen konfessionellen Friedhof, auch keinen

jüdischen, besitzen nur 3 Städte, nämlich Charlottenburg, Dortmund und Potsdam; in Duisburg ist der einzige Friedhof zwar paritätisch, aber er hat konfessionell abgetrennte Felder.

2. Leichenhäuser.

Durch das Nichtvorhandensein dieser insbesondere in hygienischer Beziehung so wichtigen Zubehör der öffentlichen Begräbnissstätten zeichnen sich, wie aus Tab. II ersichtlich, die beiden elsass-lothringischen Hauptstädte Strassburg und Metz aus. Alle übrigen 43 auf der Tabelle laufenden Grossstädte haben Leichenhäuser eingerichtet, wenn auch nicht jeder Friedhof mit einem solchen versehen ist. Insgesammt treffen auf 289 Begräbnissplätze blos 174 Leichenhäuser. Die Benützung derselben ist aber nur bei 26 obligatorisch, also weitaus für die Minderzahl. Die Städte, welche den Leichenhauszwang eingeführt haben, sind: Augsburg, Charlottenburg, die beiden badischen Städte Freiburg und Karlsruhe, sodann Mainz, München und Nürnberg. Unter diesen verlangen Charlottenburg, Freiburg i. Br., Karlsruhe und Mainz auch keine Gebühren, während die übrigen dem Leichenhauszwang noch den Gebührenzwang hinzugefügt haben. Gebührenfreie Leichenhäuser ohne obligatorische Benützung stehen zur Verfügung in Aachen, Altona, Berlin, Bochum, Breslau, Chemnitz, Crefeld, Dortmund, Duisburg, Erfurt, Essen, Frankfurt a. M., Halle, Hamburg, Hannover (s. Tab.), Königsberg (s. Tab.), Köln a. Rh., Liegnitz, Lübeck (s. Tab.), Plauen, Potsdam (s. Tab.), Stuttgart (s. Tab.), Wiesbaden (s. Tab.). Wo Gebühren bezahlt werden müssen, machen dieselben häufig einen beträchtlichen Theil der nicht zu vermeidenden Begräbnisskosten aus (s. u.)

Aus der Tabelle wird auch die Häufigkeit der Benützung ersichtlich. Dieser näher zu treten, kann natürlich nur dort von Interesse sein, wo kein Benützungszwang existirt. Im Gesammt-Durchschnitt war das Verhältniss der in der Leichenhalle aufgebahrten Leichen zu den Begrabenen überhaupt wie 24,73 zu 100, die Benützung also eine geringe. Nahezu allgemein, mit 98,85 %, ist die Benützung in Chemnitz, in Erfurt erreicht sie 89, in Aachen und Frankfurt a. M. je 76 %, auch in Dresden und Wiesbaden wurde noch für mehr als die Hälfte der Gestorbenen von der Leichenhalle Gebrauch gemacht, während in Leipzig die Hälfte mit 49 % nicht ganz erreicht wird. Durch eine ganz minimale Benützung fallen Bochum, Crefeld und Köln a. Rh. in's Auge, wo sie nicht einmal 1 % beträgt. Dagegen ist merkwürdig, dass gerade in diesen Städten Gebühren für die Benützung nicht erhoben werden. Diese sind also nicht ohne Weiteres als ein Hinderniss zu betrachten. Vielmehr dürften die Hauptursachen, welche die Häufigkeit der Benützung bestimmen, abgesehen von speziell lokalen Verhältnissen, in der Gewöhnung, religiösen Veranlagung und in den Wohnungsverhältnissen zu suchen sein.

3. Das Begräbnisswesen in den städtischen Etats.

Welche Summen für die Zwecke des Begräbnisswesens in den Etats derjenigen Städte figuriren, wo das letztere städtisch ist, oder wo sich wenigstens einige städtische Friedhöfe befinden, ist aus Tabelle III ersichtlich. Die Ausgaben setzen sich insgemein aus Besoldungen und Löhnen, Unterhaltungskosten der Anlagen, Bau- und Reparaturkosten und Sonstigem zusammen. Von besonderem Interesse sind die Einnahmen; dieselben fliessen im Allgemeinen aus Grabstellengeldern, Gebühren für Errichtung von Denkmälern, Pachtgeldern, Kapitalzinsen und Anderem. Eine eigentliche Einnahmequelle in der Weise, dass die Einnahmen (meist nach den Etats für 1895) die Ausgaben übersteigen, bildet das Begräbnisswesen in den Städten Bochum, Bremen, Breslau, Cassel, Chemnitz, Düsseldorf, Frankfurt a. M., Halle, Hamburg, Karlsruhe, Kiel, Lübeck, Magdeburg, Mannheim, Metz, Potsdam, Spandau, Strassburg, Wiesbaden. Inwieweit dies auch noch in anderen Städten ohne die zufälligen einmaligen Ausgaben im betreffenden Etatsjahre der Fall gewesen sein würde, steht dahin. Im Einzelnen sind die Ueberschüsse mit wenigen Ausnahmen verhältnissmässig gering. Würde in der Meinung, dass der Akt des Sterbens ein wenig geeigneter Anlass zu einer öffentlichen Einnahme sei, im betreffenden Jahr auf diese Einnahme verzichtet worden sein, so hätten die Grabstättengelder ermässigt werden können in Bochum um 25, Bremen 86, Breslau 6, Cassel 20, Chemnitz 25, Düsseldorf 64, ,Frankfurt a. M. 45, Halle 40, Karlsruhe 20, Kiel 51, Lübeck 89, Mannheim 0,30, Metz 37, Strassburg 25 %. In Wiesbaden betrug der Ueberschuss 105, in Spandau 106, in Magdeburg 113, in Hamburg 133, in Potsdam 332 % der Einnahmen aus den Grabstellengeldern.

Die Tabelle IV weist die Zahl der im städtischen Dienst für Zwecke des Beerdigungswesens stehenden ständigen oder unständigen Beamten nach. Die Zahlen bringen das Maass zum Ausdruck, in welchem die betreffenden Städte an dem Gegenstand verwaltungsmässig interessirt sind. Das grösste städtische Friedhofspersonal weist dementsprechend München auf, alsdann Hamburg und Frankfurt a. M. Wo die Friedhöfe lediglich im Besitz von Kultusgemeinden sind, sind selbstverständlich städtische Friedhofsbeamte zur Besorgung der laufenden Geschäfte des Beerdigungswesens nicht vorhanden.

4. Kosten der Beerdigung.

Der Ermittelung dieser Kosten ist mit Rücksicht auf die sozialpolitische Bedeutung der Frage besondere Sorgfalt gewidmet worden. Die hier in Betracht kommenden Momente sind jedoch so mannigfaltig und im einzelnen so häufig nur aus einer genaueren Kenntniss der lokalen Verhältnisse heraus zu verstehen, dass sich gerade hier der statistischen Verarbeitung des nicht selten blos in Form von Statuten und Tarifen eingegangenen Antwortenmaterials die grössten Schwierigkeiten boten und kleine Missverständnisse und Irrthümer nicht ausgeschlossen sind. In solchen Fällen bittet der Bearbeiter im Voraus um gütige Nachsicht. Aus dem bunten Vielerlei der Tabellen werden sich indessen wenigstens die hervorstechendsten Momente der lokalen Ordnungen immerhin unschwer herauslösen lassen. In dem allgemeinen Bogen wurden zunächst die Kosten eines Begräbnissplatzes für einzelne Personen mit Unterscheidung für Kinder und Erwachsene, sodann diejenigen der Familiengräber für 2 und mehr Personen erfragt. Dabei sollte zwischen dem höchsten und dem niedersten Satz unterschieden und die Zahl etwaiger Zwischenstufen gleichfalls angegeben werden. Die Ergebnisse sind in Tabelle V nach den Hauptpunkten zusammengestellt. Dieselben decken sich aber keineswegs überall mit dem unter keinen Umständen zu vermeidenden Aufwand speziell für den Grabplatz. In den meisten Städten stehen diesen gekauften Plätzen vielmehr noch gewöhnliche Plätze gegenüber, welche umsonst zur Verfügung stehen, oder für deren Benützung nur eine geringe Gebühr zu entrichten ist. Andererseits ist der Todesfall bezw. die Beerdigung der Leiche noch mit einer ganzen Reihe weiterer Ausgaben verknüpft, die je nach der örtlichen Gewohnheit in Zahl und Maass verschieden sind, zusammen aber in den meisten Fällen einen Betrag ausmachen, der in kleinen Haushalten dem Todesfall eines Angehörigen auch noch die Bedeutung eines schweren finanziellen Schlags verleiht. In diesem Sinne gewinnt die Ordnung des Begräbnisswesens sozial-politisches Interesse, und es schien besonders wichtig, die materielle Bedeutung desselben in den verschiedenen Städten klar zu legen. Im allgemeinen Fragebogen war deshalb eine Rubrik vorgesehen, in welcher die „übrigen bei einer Beerdigung nicht zu vermeidenden Gebühren" verzeichnet werden sollten. Die Ausfüllung gerade dieser Spalte erwies sich jedoch als so mangelhaft, dass der Bearbeiter genöthigt war, die Lücken durch Ausgabe eines Spezialfragebogens zu ergänzen. Es wurde in demselben folgende Frage gestellt: „Welches sind die ge-ringsten anlässlich der vorschriftsmässigen Beseitigung einer Leiche (nicht Armenleiche) nicht zu vermeidenden Kosten und zwar im einzelnen für 1. Todtenschau; 2. Leichenbesorger, Leichenfrau; 3. Sterbekleid; 4. Sarg; 5. Leichenwagen; 6. Fahrt auf den Friedhof; 7. Trägerlohn; 8. Gebühr für die Leichenhalle; 9. Ausstecken des Grabes; 10. Platz für das Grab; 11. Auswerfen und Zuschaufeln des Grabes; 12. gesammte Gebühren für den Ritus (Geistlichkeit)"? Dabei waren die Angaben für Erwachsene und Kinder je besonders zu machen. Obgleich die Ausfüllungen sämmtlich mit offensichtlicher Sorgfalt vollzogen wurden, ergab sich doch auch hier eine solche Menge lokaler Verschiedenheiten, dass die tabellarische Darstellung den grössten Schwierigkeiten begegnete. In vollständig korrekter Weise hätten die thatsächlichen Verhältnisse nur durch umfangreiche Anmerkungen, in einzelnen Fällen sogar nur durch Wiedergabe der ganzen Tarifordnung dargestellt werden können, wodurch aber jede Uebersichtlichkeit verloren gegangen und eine Menge zu Gewinnung eines orientirenden Ueberblicks nicht unter allen Um-ständen erforderlichen Details zum Druck gekommen wäre, wofür der erforderliche Raum nicht zu Gebote stand. Die Bearbeitung zog es daher vor, auf die Gefahr hin, dass in einer Anzahl von Städten die ·eingetragenen Minimalkosten die effektiven Kosten um ein Geringes über- oder unterbieten, die erläuternden Anmerkungen auf das Noth-wendigste zu beschränken. Bemerkt sei an dieser Stelle noch, dass ausser den im Fragebogen vorgesehenen Aufwendungen — die im einzelnen Falle entweder sämmtlich oder nur theilweise zutreffen — in Braunschweig und Charlottenburg noch Gebühren für Nummern-steine, in ersterem überdies eine Abgabe an die Schule (1 Mk.) und eine solche für den Leichenbegleiter (Kirchenvoigt), die letztere auch in Chemnitz und Halle, in Liegnitz eine für das Berasen des Grabes und Hügelmachen, in Nürnberg eine Verwaltungsgebühr (2 Mk.) und in

Stuttgart eine solche für den den Leichenzug begleitenden Schutzmann (70 Pf.) erhoben wird.

Weiterhin ist zu beachten, dass für alle diejenigen Städte, in welchen verschiedene Friedhofverwaltungen bestehen, nur die Sätze für den Sprengel der Hauptpfarrkirche bzw. für den Hauptfriedhof angegeben sind.

In der Tabelle VIa sind nun solcherweise die Mindestkosten eines Begräbnisses für Erwachsene zusammengestellt. Im Einzelnen ist folgendes hervorzuheben: Die Todtenschau-Gebühren betragen in den 36 Städten, wo sie angegeben wurden, im Durchschnitt 2,28 Mk. Der höchste Satz mit 4,50 Mk. wird in Hamburg, der niederste mit 70 Pf. in Stuttgart erhoben. In Breslau ist als Todtenschau-Gebühr der Betrag eingesetzt, welchen der Arzt für Ausstellung der dem Standesamt zu statistischen Zwecken einzureichenden Todesbescheinigung erhält. In Leipzig ist die Todtenschau unentgeltlich, in Crefeld besteht überhaupt keine. In 35 Städten sind Belohnungen für Leichenfrau und Leichenbesorger nicht zu vermeiden; dieselben betragen im Durchschnitt 3 Mk. 70 Pf. Besonders hoch — 9 Mk. — sind sie in Stettin; nicht üblich sind die Dienste dieser Personen in Düsseldorf, auch in Potsdam besteht keine zwingende Sitte, sich ihrer zu bedienen. Das Sterbekleid gilt in 40 Städten als ein nicht zu vermeidender Aufwand; durchschnittlich wird derselbe für 3 Mk. 41 Pf. bestritten. In Hamburg und Metz kommt es auf 8 Mk., in Charlottenburg genügt schon 1 Mk., in manchen anderen Städten 1 Mk. 50 Pf. Grosse Ausgaben verursacht der Sarg; nach den Angaben, welche für 47 Städte vorliegen, sind im Durchschnitt mindestens 16,50 Mk. aufzuwenden. Am theuersten sind die Särge in Darmstadt und Stettin, wo die örtliche Sitte eine derartige Ausstattung erfordert, dass der Sarg nicht unter 30 Mk. zu erhalten ist. Dem gegenüber beträgt dieser Aufwand bei den bescheidensten Anforderungen nur 4 Mk. 50 Pf., in Aachen, in Würzburg 5 Mk. 50 Pf., in Posen 6, in Münster 9 Mk.

Gebühren für die Benützung des Leichenwagens sind in 45 Städten nicht zu vermeiden; durchschnittlich werden 5 Mk. 44 Pf. erhoben. In 14 Städten wird dazu noch die Fahrt nach dem Friedhof mit durchschnittlich 4 Mk. 23 Pf. berechnet. Die Trägerlöhne kommen in 36 Städten durchschnittlich auf 6,03 Mk. zu stehen. Der Platz für das Grab stellt sich in 27 Städten, wo er besonders berechnet, d. h. nicht umsonst überlassen wird oder in den Gesammtkosten unausgeschieden inbegriffen ist, auf durchschnittlich 7,82 Mk.

Die Gebühren für den Ritus, also für die Bethätigung des religiösen Moments bei der Bestattung, werden in 38 Städten als nicht zu vermeidende Ausgaben besonders namhaft gemacht. Sie erreichen in denselben die durchschnittliche Höhe von 5,81 Mk., und sind in Frankfurt a. O., Breslau, Metz und Würzburg bei Sätzen von 16 bzw. 15, 13 und 11 Mk. besonders hoch.

Die nicht zu vermeidenden Gesammt-Ausgaben berechnen sich in 35 Städten, für welche erschöpfende Angaben vorliegen, auf durchschnittlich 49,50 Mk. für das Begräbniss. Voran steht Karlsruhe mit 92 Mk., es folgen Stettin mit 74, Nürnberg mit 73,95, Lübeck mit 71,05, Chemnitz mit 70,30, Altona und Königsberg mit 69 Mk. u. s. w.

Diese Sätze ermässigen sich in den meisten Städten bei den Beerdigungen für Kinder, welche in Tabelle VIb zusammengestellt sind, wesentlich. Die Kosten der Kinderbeerdigungen sind in der genannten Tabelle für 32 Städte berechnet und belaufen sich im Durchschnitt auf 24,12 Mk.

Zum Schlusse dürfte es von Interesse sein, noch durch eine weitere Berechnung die materielle Seite des grossstädtischen Todtenkultus zu beleuchten. Legt man jeweils die berechneten Minimal-Durchschnittssätze für die Begräbnisse Erwachsener und Kinder zu Grunde und multiplizirt man dieselben mit der Zahl der jährlich Beerdigten, so entfallen an Beerdigungskosten auf den Kopf der Bevölkerung jährlich in Königsberg 1,46 Mk., Karlsruhe 1,33 Mk., Nürnberg 1,15 Mk., Chemnitz 1,11, Altona 1,10, Lübeck 1,03 u. s. w.

5. Feuerbestattung.

Für diesen Modus der Todtenbeseitigung ist unter den am Jahrbuch betheiligten Städten nur in Hamburg (Ohlsdorf) Gelegenheit gegeben. Im dortigen Crematorium wurden 1895 41 Leichen verbrannt, darunter 22 von auswärts zugeführte. Der Höchstbetrag der Kosten einer Cremation beläuft sich daselbst auf 175 Mk., der Mindestbetrag auf 100 Mk. Die Kosten der Urnenaufbewahrung schwanken zwischen 20 und 50 Mk. Ausser in Hamburg ist noch Gelegenheit zur Beisetzung von Urnen gegeben in Frankfurt a. M. (Kosten 20 Mk.), in Wiesbaden (Kosten 5 Mk) und in Berlin (Kosten 15 Mk. pro Urne).

Anmerkungen zur Tabelle II über Leichenhäuser.

1) 5 Begräbnissklassen, Leichenhallegebühr für Erwachs.: 12,00, 8,00, 4,00, 2,00, 1,00 M. Kinder 6,00, 4,00, 2,00, 1,00, 0,50 M. —

2) in einer Einzelkammer pro Tag 2,00 M., im Saal I. Kl. 1,00, II. Kl. 0,50 M., im Souterr. 0,00.

3) für Erwachsene insgesammt 5,00, für Kinder 2,50 M.

4) ausserdem ein Leichenhaus auf einem Corpor.-Frdhf. mit 79 aufgeb. Leichen. Gebühr 5,00; Armenleichen 3,00 M.

5) 3 Klassen: 2,00, 1,50, 0,75 M. für 24 Stunden.

6) auf den evangelischen Friedhöfen durchschn. 1,00 pro Tag, auf den katholischen 8,00 für 3 Tage. Verschied. Var. möglich. Wenn auf evang. Frdhf. die Angehör. die Leiche bewachen wollen, 2 M. im Ganzen. Einzelne Friedhöfe erheben keine Gebühren.

7) 3234 Leichen, für die Gebühren gezahlt wurden; die gebührenfreien sind nicht gezählt worden.

8) I. u. II. Beerd.-Klasse 5,00 M., III. u. IV. frei. Ständige Beobachtung einer Leiche pro Kalendertag 10 M.

9) dient nur zur Unterbringung von Selbstmördern und Verunglückten.

10) Gebührenfrei, wenn die Leiche auf dem Friedhofe begraben oder amtlich in die Halle gewiesen wird. Andernfalls 15 M. für 72 Stunden oder kürzere Zeit.

11) Kinderleichen bis zu 4 Jahren 1,00 M., von 4—12 Jahren 2 M., Erwachsene 3 M., ausserdem der Wächter pro Leiche ohne Rücks. auf die Zeit 0,25 M.

12) 5 Stufen: 1,00, 2,00, 3,00, 4,00, 5,00 M.

13) für Leichen in gewöhnlichen Särgen Nichts. Für solche in doppelt-tannenen, eichenen oder metall. Särgen 1 M. pro Tag.

14) pro Tag M. 1,00. Für Leichen, die im gewöhnl. Reihengrab beerdigt werden, ist eine Gebühr nicht zu zahlen.

15) in einigen Leichenhallen kostet die Beisetzung nichts. In den andern kostet sie je nach der Begräbnissklasse 1 bis 9 M., dazu in einigen Hallen noch eine besondere Aufnahmegebühr (0,60 für Kinder, 1,20 f. Erwachsene).

16) Auf dem Allgem. Gottesacker 4 Tage lang frei, dann pro Tag M. 3,00; auf dem St. Lorenz-Friedhofe bis zu 48 Stunden 5 M., bis zu 7 Tagen 15 M.

[Fortsetzung der Anm. auf S. 193.]

I. Anzahl, Fläche und Benützung der im Gebrauch befindlichen Friedhöfe.

Städte	\[Stadtgemeind.] paritätische	confessionelle	\[Kultusgemeinden] protestant.	kathol.	jüdische	sonstiger	Anstalten, Corpor., Militärgemdn. etc.	Insgesammt	Darunter ausserhalb der Bauzone gelegene	Fläche der Friedhöfe insgesammt in ha	Zahl der beerdigten Leichen	Idealer Platzwerth für . Jahre
1.	2.	3.	4.	5.	6.	7.	8.	9.	10.	11.	12.	13.
Aachen . . .	.	.	2	2	1	.	.	5	2	23,45	2 680	25,73
Altona . . .	.	.	6	1	1	1	.	9	5	37,65	3 107	85,64
Augsburg . .	.	.	1	1	1	.	.	3	.	9,13	2 300	11,67
Bochum . . .	2	1	.	.	.	.	.	3	.	.	1 444	.
Braunschweig .	.	1	10	1	1	.	1	14	1	29,21	2 580	33,30
Bremen . . .	2	.	.	.	1	.	1	4	2	49,99 ǀ 3,30	2 573[1]	60,85
Breslau . . .	2	.	6	8	1	1	8	21	.	117,86	9 625	85,19
Cassel . . .	1	.	.	.	1	.	.	2	1	22,21	1 416	46,15
Charlottenburg.	3	.	.	.	.	.	.	3	.	16,63	2 316	21,13
Chemnitz . .	1	.	2	.	1	.	.	4	2	22,78	4 967	13,49
Crefeld . . .	2	.	.	.	1	.	.	3	.	25,52	2 150	84,91
Dortmund . .	2	.	.	.	.	.	.	2	.	25,00	2 272	32,37
Dresden . . .	.	.	9	2	1	.	.	12	6	51,46	5 453	27,76
Düsseldorf . .	7	.	.	.	1	.	.	8	8	50,46	3 992	87,13
Duisburg . .	1[7]	.	.	.	.	.	.	1	1	15,57	1 438	31,85
Erfurt . . .	1	.	.	.	1	.	.	2	.	13,55	1 545	25,79
Essen	2	.	.	.	1	.	.	3	3	18,62	2 086	19,20
Frankfurt a. M.	4	.	.	.	3	.	.	7	.	37,27	3 993	28,09
Frankfurt a. O.	3	.	.	.	1	.	.	4	.	26,14	1 132	67,92
Freiburg i. B. .	3	.	.	.	1	.	.	4	.	27,57	1 494	54,26
Görlitz . . .	1	.	.	.	1	.	.	2	.	21,98	1 690	38,25
Halle a. S. . .	3	.	1	.	1	.	1	6	.	25,37	2 873	31,44
Hamburg . .	1	.	11	1	2	1	.	16	2	160,22	12 106	88,93
Hannover . .	3	.	2	.	1	.	1	7	1	50,60	4 197	85,46
Karlsruhe . .	2	.	.	.	1	.	.	3	.	29,55	1 471	59,04
Kiel	.	.	2	.	.	.	.	2	.	15,23	1 506	29,74
Köln a. Rh. .	13	.	.	.	1	.	.	14	3	48,50	7 261	19,65
Königsberg i.P.	.	.	26	2	2	1	1	32	.	62,01	4 787	88,10
Leipzig . . .	3	1	9	.	1	.	.	14	.	.	3 839[3]	.
Liegnitz . . .	1	.	.	.	1	.	.	2	.	16,49	1 465	88,11
Lübeck . . .	2	.	2	.	1	.	.	5	1	9,29	1 208	22,62
Magdeburg . .	5	.	3	.	1	.	1	10	.	48,57	5 123	27,88
Mainz	.	1	.	.	1	.	.	2	.	13,72	1 487	27,14
Mannheim . .	1	.	.	.	1	.	.	2	2	17,95	1 988	26,42
Metz	3	.	.	.	1	.	1	5	.	9,00[4]	1 163[5]	22,76
München . .	9	.	.	2	1	.	.	12[6]	.	50,50	10 293	14,43
Nürnberg . .	1	.	4	.	1	.	1	7	1	24,19	3 718	19,14
Plauen i. V. .	.	.	2	.	.	.	.	2	.	4,319	1 138	10,91
Potsdam . . .	2	.	.	.	.	.	.	2	2	24,89	1 146	63,86
Spandau . . .	2	.	2	.	1	.	.	5	.	6,30	1 410[7]	13,14
Strassburg i. E.	5	1	.	.	2	1	.	8	3	18,98	2 917	19,14
Stuttgart. . .	5	.	.	.	1	.	.	6	.	19,11	3 165	17,76
Wiesbaden . .	2	.	.	.	3	1	.	6	4	22,75	1 386	48,28
Zwickau . . .	2	.	.	.	.	.	.	2	.	13,80	1 255	31,17

¹) ohne die Leichen des jüd. Friedhofs. — ²) der Friedhof hat confessionell abgetheilte Felder. — ³) wahrsch. ohne die confess. Friedhöfe. — ⁴),⁵) ohne Juden — und Militärfriedhöfe. — ⁶) ausserdem 4 kleine Klostergrüfte; zu 12: ohne die 2 kath. Friedhöfe. — ⁷) ohne den jüd. Friedhof.

II. Zahl der Leichenhäuser, deren Benützung etc.

Städte	oblig.	facult.	Zahl der aufgebahrten Leichen	Gebühr f. 1 Leiche (3 täg. Ben. angen.) ℳ	₰	Verhältniss der Zahl der in den Leichenhallen aufgebahrten Leichen zur Zahl der überhaupt begrabenen %
Aachen · ·	—	4	2052			76,87
Altona · ·	—	1	738			28,75
Augsburg ·	3	—	2289	12 bis 50¹)		
Berlin · ·	3	—	?			
Bochum · ·	—	2	11			0,761
Braunschweig ·	—	2	417	0,00²) · 6,00²		16,16
Bremen · ·	—	6³)	183	5 bis · —⁵)		7,119
Breslau · ·	—	19	1069			11,009
Cassel · ·	—	2	382	2,25 bis · 6,00⁶		23,447
Charlottenburg ·	2	4	1340			
Chemnitz · ·	—	4	4910			98,85
Crefeld · ·	—	1	8			0,572
Dortmund ·	—	2	195			8,563
Dresden · ·	—	12	3294¹)	0 bis · 3 bis⁸)		59,906
Düsseldorf ·	—	4	427	0 bis · 5 bis⁹)		10,086
Duisburg · ·	1⁹)	—	50			8,477
Erfurt · ·	—	3	1879			89,954
Essen · ·	1	1	?			
Frankfurt a. M. ·	—	6	3062			76,688
Frankfurt a. O. ·	—	3	111	3 bis · 25²¹		9,806
Freiburg i. B. ·	1	—	1164	25²¹		
Görlitz · ·	—	1	351			20,709
Halle a. S. ·	—	3	?			
Hamburg · ·	—	2	1120			9,850
Hannover · ·	—	7	1263			30,646
Karlsruhe ·	2	7	1420			
Kiel · ·	—	1	?	3		
Köln a. Rh. ·	—	7	6			0,396
Königsberg i. P. ·	—	26	?	1 bis · 9 bis		
Leipzig · ·	—	5	1886			49,187
Liegnitz · ·	—	1	373			25,461
Lübeck · ·	—	2	841	¹⁶)		28,298
Magdeburg ·	6	—	2189			42,790
Mainz · ·	2	—	900			
Mannheim ·	—	1	905	2 bis · 4 bis¹⁷		45,700
Metz¹⁵) · ·	9	—	?			
München · ·	9	—	10389	2 bis · 8 bis¹⁹		
Nürnberg · ·	7	—	4088	²⁰		
Plauen i. V. ·	—	2	?			
Potsdam · ·	—	2	846			
Spandau · ·	—	1	898			28,877
Strassburg i. E.²²	—	1	846	2 bis · 12 bis²¹		30,183
Stuttgart · ·	—	2	487	0 bis · —²³		15,387
Wiesbaden ·	—	2	805	²⁴		58,601
Zwickau · ·	—	2	136	· 75		10,587

17) 2—4 M. für Erwachsene, 1—2 M. für Kinder.

18) Metz hat noch kein Leichenhaus.

19) Je nach der Art des Begräbnisses bezw. des Grabes (Erbgruft etc.) für Erwachsene 0,72—21,60 M., Kinder 0,90—7,20 M.

20) Erwachsene je nach Begräbnissklasse 2, 5, 8 M auf dem Friedhofe St. Joh., St. Rochus, Wöhrd u. Centralfriedhofe, Kinder je nach Begräbnissklasse 1,20, 3, 6 auf dem Friedhofe St. Joh., St. Rochus, Wöhrd, 1,20, 2,50, 4 M. auf dem Centralfriedhofe.

21) Für gewöhnl. frei. Nur wenn Ausschmückung der Halle gewünscht wird, 6 M. für Erwachsene, 3 M. für Kinder.

22) Strassburg i. E. hat kein Leichenhaus.

23) I. Kl. per Tag 4, II. 3, III. u. IV. 0,00 M., bei Kindern 2 M. pro Tag, alles excl. Leichenwärtergebühr.

24) In Wiesbaden Steuer zahlende Personen zahlen für die Halle Nichts. Sonst 25 Pf. pro Stunde, vom 6. Tag an per Tag M. 1,00.

Anmerkungen zur Tabelle III über die Einnahmen und Ausgaben der Städte für die Friedhöfe.

Vorbemerkungen:

Von Barmen, Danzig, Darmstadt, Elberfeld, M.-Gladbach, Mülhausen i. E., Münster i. Westf., Posen, Stettin, Würzburg liegen überhaupt keine Angaben vor.

1) Altona, 2) Augsburg beantworten die Fragen nicht, weil die Friedhöfe Eigenthum der Kirchgemeinden sind. — 3) Berlin hat nur 3 städtische Friedhöfe. — 4) „Verwaltungskosten". — 5) „incl. Beerdigungsgebühren". — 6) 2 städtische Friedhöfe. — 7) Die Friedhofsverwalter haben nur freie Wohnung, beziehen aber die Gebühren für das Berasen, Pflegen etc. der Gräber, sie haben jedoch dafür auch die nothwendigen Friedhofsgehilfen zu bestellen und zu besolden. — 8) Angaben fehlen, Friedhöfe im Besitz der Kirchgemeinde. — 9) nur Besoldungen. — 10) alle Angaben von 9—14 inbegriffen. — 11) incl. „Beerdigungskosten". — 12) offenbar Erbbegräbnisse gemeint. — 13) alle Friedhöfe im Besitz von Kirchgemeinden.

Anmerkungen zur Tabelle V über die Kosten der Grabplätze.

1) Gräber, die nach Ablauf der Ruhezeit der Kirche verfallen 20—40 pro Einzelgrab, 25—50 pro Familiengrab, je pro Grabstelle u. d. Dauer d. Fhfs. 100—200 p. Grabstelle.

2) Die Gräber des kath. Fhfs. können nur auf 100 Jahre erw.

3) Wahlstellen für Erwachs. 10,0; Kinder 5,0, auf 30 Jahre 25,00; in gewöhnlicher Reihe 5,0 für Erwachsene, 0,50—2,50 für Kinder; Familiengrab 15 M. pro qm.

4) Familiengräber 20—40 M. pro qm.

5) Familiengräber 20—30 M. pro qm.

6) Die Begräbnisskosten steigen mit der Steuerstufe. Evang. Erwachs. 15 bis 440 M., Kinder 4—200 M., je incl. Grabstelle, Kath. 4—220 Erw. Grabstelle 1—15 M. (1—8 Kinder; 3—15 Erw.) Familiengrab 10—800 M. pro qm.

7) Wahlstatt 53,50 M., Reihe 27,0—12,50 M.; ad 5 und 6: Wahlstatt 44,50—53,50, Reihe 5, 9, 19,50, 25 M.

8) ad 8/9: nur für 1 Person.

9) Familiengräber für 6 Personen 600 M, Erbbegräbniss I. Kl. 75 M., II. Kl. 50 M. pro Stelle.

10) ad 8/9: Gelöste Gräber (20jähr. Dauer) 30, 40, 50 M. bei Erwachs., 15—30 bei Kindern; Grab mit Monumentstelle 60—90 M. Ein freies Erbbegräbniss kostet + 20%.

11) ad 8/9: Familienbegräbniss auf 40 Jahre bezw. Erbbegräb., auf 40 Jahre. Familienbegräb.. = 4 Stellen à 3,69 qm., Erbbegräb. 1 Stelle = 3,6 qm. Nach 60 bezw. 40 Jahren Verlängerung gegen halbe Taxe.

12) ad 8/9: pro 1,25 lfd. m. 60 M. in I., 36 M. in II. Kl.

13) ad 8/9: Familienbegräb. je nach Zahl der Grabstelle 80 M. pro Stelle in der Regel 240 M., Erbbegräbniss.

14) ad 8/9: Familienbegräb. 200, 150, 120 M. pro 1 Stelle.

15) ad 8/9: 28 M. pro lfd. m.

16) ad 8/9: pro Einheit 75—200 M.

17) Die Gebühren pro 2/6 richten sich nach der Einkommensteuerstufe. ad 8/9 Stadtgottesacker 300, Nordfriedhof 200 M. — je 2 Stellen, Südfriedhof 100 M. = 1 Stelle.

18) Reihengrab kostenfrei; reserv. Platz für Gross und Klein 10 M., Familiengrab für Eheleute 15 M., ehel. Kinder 30, ehel. Kinder und Enkel 40 M. je per Stelle von 2,5 qm.

19) Erbbegräbnisse 100—150 M. pro Stelle von 2.62 u. 1,16 m, 85—50 M pro qm. Vergrösserung; ewiges Grab 200—250 M. pro qm.

[Fortsetzung der Anm. auf S. 200.]

III. Einnahmen und Ausgaben

| Städte. | E i n n a h m e n | | | | | | A u s - |
	Grab-stellen-Gelder *M.*	Gebühren f. Errichtung von Denkmälern *M.*	Pacht-gelder *M.*	Kapital-Zinsen *M.*	Andere Ein-nahmen *M.*	Ins-gesammt *M.*	Besoldungen und Löhne *M.*
1.	2.	3.	4.	5.	6.	7.	8.
·Aachen . . .	35 704	—	890	35	33 390	60 019	32 897
Altona[1]) . . .							
Augsburg[2]) . .							
Berlin[3]) . . .	6 093	s. 2.	20	—	6 771	12 884	14 301
Bochum . . .	4 335	.	.	.	251	4 586	300[4])
Braunschweig .	33 433	3 922	.	267	72 661	110 283	27 067
Bremen . . .	52 282	1 542	1 329	2 108	60 203[5])	117 464	50 550
Breslau[6]) . .	9 470	130	3 154	109	46	12 909	— [7])
Cassel . . .	28 980	2 850		.	10 660	42 490	12 290
Charlottenburg[8])							
Chemnitz . .	52 214	—	—	—	8 279	60 493	7 862
Crefeld . . .	7 300	—	328	—	—	7 628	1 600[9])
Dortmund . .	16 410	.	537	—	29 108	46 050	1 779
Düsseldorf . .	51 982	2 294	5 209	188	88 564	148 187	17 803
Duisburg . .	6 024	—	35	—	—	6 059	1 620
Erfurt . . .	12 222	2 928	181	289	308	15 928	1 973
Essen	9 440	—	—	—	—	9 440	—
Frankfurt a. M. .	80 598	—	195	4 245	78 842	163 880	100 918
Frankfurt a. O.	1 711	50	—	438	98	2 297	2 682
Freiburg i. Br.	63 154[11])	180	18 950[12])	282	—	82 566	14 858
Görlitz . . .	4 445	2 053	410	—	15 203	22 111	4 549
Halle a. S. . .	48 529	—	1 935	6 937	2 428	59 829	5 494
Hamburg . .	89 937	2 645	—	—	208 732	301 314	132 456
Hannover . .	66 502	8 900	750	5 888	130 465	212 505	12 725
Karlsruhe i. B.	85 430	1 240	—	—	584	87 254	53 890
Kiel	22 196	—	30	538	3 522	26 286	12 993
Köln a. Rh. . .	55 641	—	1 620	1 501	118 272	177 084	20 406
Königsberg i.Pr.[13])							
Leipzig . . .	58 546	—	125	—	17 270	75 941	56 076
Liegnitz . . .	8 934	630	4 205	2 368	12 521	28 658	3 956
Lübeck . . .	16 827	371	128	647	30 801	48 774	18 960
Magdeburg . .	20 618	5 892	5 255	—	13 670	45 435	4 650
Mainz . . .	16 066	—	—	938	804	17 808	6 305
Mannheim . .	24 016	3 210	1 580	2 252	56 627	87 685	43 003
Metz i. L. . .	14 000	—	—	—	2 639	16 639	8 395
München . .	109 760	23 211	—	1 147	237 178	371 296	46 686
Nürnberg . .	26 765	—	—	—	21 393	48 158	12 690
Plauen i. V. .	7 728	40	—	9 317	12 024	29 109	10 113
Potsdam . .	5 375	808	300	1 539	38 290	46 312	21 690
Spandau . . .	6 374	—	—	—	835	7 209	421
Strassburg i. E.	—	—	28 193	—	—	28 193	2 286
Stuttgart . .	92 287	4 567	311	3 575	2 232	102 972	42 220
Wiesbaden . .	48 200	—	254	—	43 917	92 371	16 672
Zwickau i. S. .	7 998	666	530	—	3 214	12 408	4 360

der Städtischen Friedhöfe.

Unterhaltg. d.Friedhofs-Anlagen ℳ.	Bau- u. Reparat.-Kosten ℳ.	Andere ordentl. Ausgaben ℳ.	Einmal. ausserord. Ausgaben für Bauten ℳ.	sonst. Zwecke ℳ.	Ins-gesammt ℳ.	Mehr- Einnahme ℳ.	Ausgabe ℳ.	Um wieviel pCt. hätten die Gebühren a. Sp. 2 ermäszigt w. k.; wenn auf die Ueberschüsse v. Sp. 15 verzichtet würde?
9.	10.	11.	12.	13.	14.	15.	16.	17.
4 327	2 538	13 409	13 912	5 141	72 224	—	12 205	—
10 499	3 116	8 054	—	30 786	61 756	—	48 872	—
.	1 891	1 274	—	—	3 465	1 121	—	25,86
10 118	1 515	71 588	—	—	110 283	—	—	—
3 955	—	5 483	—	12 311	72 299	45 165	—	86,39
2 349	2 011	389	3 871	3 696	12 316	593	—	6,26
3 200	1 210	14 600	3 870	1 260	36 430	6 060	—	20,91
4 986	1 748	32 675	—	—	47 271	18 222	—	25,32
6 672[20])	.	.	.	—	8 272	—	644	—
6 267	5 554	32 284	—	166	46 050	—	—	64,06
10 304	2 146	54 971	.	29 660	114 884	33 803	—	—
5 445	—	—	—		7 065	—	1 006	—
1 059	708	8 246	6 504	587	19 077	—	3 149	—
8 720	840	—	—	—	9 560	—	120	—
1 798	5 477	10 267	7 003	1 300	126 763	36 617	—	45,43
502	699	747	1 514	754	6 898	—	4 601	—
5 571	241	30 755	251 493	15 473	318 391	—	235 825	—
1 986	202	9 001	—	6 605	22 343	—	282	—
11 989	2 335	20 145	—	—	89 963	19 866	—	40,94
18 654	—	80 285	—	—	181 395	119 919	—	133,34
4 866	5 091	164 310	32 052	38 619	252 663	—	40 158	—
11 140	3 007	2 672	—	—	70 109	17 145	—	20,07
1 618	256	—	—	—	14 867	11 419	—	51,45
73 920	1 540	16 984	56 348	68 644	237 843	—	60 809	—
14 769	1 357	59 971	—	1 332	133 505	—	57 564	—
1 146	391	6 273	—	11 892	23 658	—	—	—
8 347	456	6 028	—	—	33 791	14 983	—	89,04
9 043	2 853	1 094	4 728	257	22 125	23 810	—	113,06
5 605	1 238	6 636	—	—	19 784	—	1 976	—
3 448	3 880	37 782	—	—	87 618	72	—	0,30
—	—	3 003	—	—	11 398	5 241	—	37,43
24 221	4 743	10 179	361 392	6 879	454 100	—	82 804	—
5 845	600	29 661	—	—	48 796	—	638	—
3 677	—	15 717	—	—	29 507	—	398	—
4 802	—	1 934	—	32	28 458	17 854	—	332,17
—	—	24	—	—	445	6 764	—	106,12
1 977	in 9) inbegr.	—	—	—	4 263	23 930	—	25,93
7 684	4 405	11 461	54 918	9 927	130 615	—	27 643	—
10 649	1 600	—	12 887	—	41 808	50 563	—	104,90
4 213	1 550	87	26 174	—	36 384	—	23 926	—

13*

IV. Zahl der im städtischen Dienst für Zwecke des Beerdigungswesens stehenden Beamten.

Städte.	Zahl der Beamten			Städte.	Zahl der Beamten		
	ständige	nicht ständige	insgesammt		ständige	nicht ständige	insgesammt
1.	2.	3.	4.	1.	2.	3.	4.
Aachen . . .	5	1	6	Hamburg . .	12	110	122
Altona . . .	—	—	—	Hannover . .	8	22	30
Augsburg . .	—	—	—	Karlsruhe i. B .	25	—	25
Barmen . . .	.	.	.	Kiel	2	—	2
Berlin . . .	1	1	2	Köln a. Rh. .	6	19	25
Bochum . . .	2	—	2	Königsberg i. P.	—	—	—
Braunschweig .	2	5	7	Leipzig . . .	21	5	26
Bremen . . .	4	—	4	Liegnitz . . .	1	—	1
Breslau . . .	2	—	2	Lübeck . . .	6	—	6
Cassel . . .	5	10	15.	Magdeburg . .	4	—	4
Charlottenburg	—	—	—	Mainz . . .	1	4	5
Chemnitz . .	2	—	2	Mannheim . .	3	15	18
Crefeld . . .	1	—	1	Metz i. L. . .	2	—	2
Danzig . . .	.	.	.	Mülhausen i. E.	.	.	.
Darmstadt . .	.	.	.	München . .	15	125	140
Dortmund . .	3	9	12	Münster i. W. .	.	.	.
Dresden . . .	4	—	4	Nürnberg . .	2	—	2
Düsseldorf . .	10	—	10	Plauen i. V. .	3	4	7
Duisburg . .	3	—	3	Posen . . .	.	.	.
Elberfeld . .	.	.	.	Potsdam . .	2	4	6
Erfurt . . .	1	2	3	Spandau . . .	2	—	2
Essen . . .	3	—	3	Stettin . . .	.	.	.
Frankfurt a. M.	6	62	68	Strassburg i. E.	—	—	—
Frankfurt a. O.	2	1	3	Stuttgart . . .	2	16	18
Freiburg i. Br.	2	9	11	Wiesbaden . .	10	—	10
M.-Gladbach .	.	.	.	Würzburg . .	.	.	.
Görlitz . . .	2	—	2	Zwickau i. S. .	4	6	10
Halle a. S. . .	4	1	5				

V. Kosten der Grabplätze.

Städte.	Kosten eines Grabplatzes für						Kosten eines Familiengrabes für 2 Personen		
	Erwachsene			Kinder					
	höchster Satz	niederster Satz	Zahl der Zwisch.-Stufen	höchster Satz	nied. Satz	Zwischen-Stufen	höchster Satz	nieder. Satz	Zwischen-Stufen
	$\mathcal{M}$	$\mathcal{M}$	$\mathcal{M}$	$\mathcal{M}$	$\mathcal{M}$	$\mathcal{M}$	$\mathcal{M}$.	$\mathcal{M}$	$\mathcal{M}$
1.	2.	3.	4.	5.	6.	7.	8.	9.	10.
Aachen . . .	180,0	180,0	0	180,0	180,0	0	1200,0	360,0	
Altona . . .	[1])								
Augsburg . .	10,0[2])	10,0	0	6	4	0	400,0	250,0	
Berlin[3]) . . .	.	.	.	.	.	.	.	.	
Bochum[4]) . .	0	0	0	0	0	0	.	.	
Braunschweig .	70,0[5])	9	18	50,0	4,5 bzw. 1,0	12	—	—	1 mit 150 $\mathcal{M}$.
Bremen . . .	30,0	30	0	—	—	—	225,0	75,0	Bv. 14 Steuers.
Breslau . . .	[6])								Kat. 6
Cassel . . .	12,0	4,0	8	6	2	4	200,0	100,0	0
Charlottenburg	[7])								
Chemnitz . .	30,0	20,0	—	30,0	5,0	1 à 15,0	690,0	270,0	1 à 345,0
Crefeld . . .	—	—	—	—	—	—	60,0[8])	40,0	
Dortmund . .	60,0	12,0	1 à 40	30,0	5,0	3 (20, 10, 8)	[9])		
Dresden . . .	10,0	10,0	—	6,0	3,0	1 à 4,0	600,0[10])	250,0	5
Düsseldorf . .	15,0	6,0	1 (10)	10,0	3,0	3	1152,0,104,0[11])	40,0	
Duisburg . .	—	—	—	—	—	—	30,0	30,0	
Erfurt . . .	24,0	2,95	8	12,0	1,50	3	[12])		
Essen	15,0	{ 2,0 bzw. 0,0	2	7,5	{ 1,0 bzw. 0,0	2	240,0[13])	240,0	
Frankfurt a. M.	—	—	—	—	—	—	200,0[14])	120,0	1 à 150,0
Frankfurt a. O.	3,0	3,0	—	2,0	1,0	—	[15])		
Freiburg i. Br.	45,0	30,0	—	45,0	30,0	—	1800,0	30,0	1 à 150,0
Görlitz . . .	10,0	3	1 à 6,0	6,0	1,0	2	[16])		
Halle a. S. . .	12,0[17])	3,0	2 (8, 4)	9,0	1,0	2	300,0	100,0	1 à 200,0
Hamburg . .	—[18])						—	—	
Hannover . .	5,0	3,50	—	2,0	2,0	—	[19])		
Karlsruhe i. B.	[20])								
Kiel	15,0[21])	6,0	—	7,50	3,0	—	80,0	75,0	
Köln a. Rh. .	120,0	20,0	4	120,0	20,0	4	1800,0	240,0	1 à 600,0
Königsberg i.Pr	33,0	5,50	2	17,0	1,5	2	[22])		
Leipzig . . .	50,0	15,0	1)	8,0	6,5	—	900,0	900,0	
Liegnitz . . .	6,0	4,0	—	3,0	2,0	—			
Lübeck . . .	[23])								
Magdeburg . .	20,0-12,0	5,0-3,0	2	10,0	2,5	2	60,0[24])	60,0	
Mainz							[25])		
Mannheim . .	15,0	0,0	3 (6, 8, 10)	8,0	0,0	2 (2, 5)	[26])		
Metz	—	—	—	—	—	—	[27])		
München . .	14,40	1,80	3	7,20	0,9	2	[28])		
Nürnberg . .	24,0-20,0	20,0	—	10,0	5,10	—	[29])		
Plauen i. V. .	3,0	3,0	—	2,0	1,0	1 (1, 50)	[30])		
Posen . . .									
Potsdam. . .	12,0	6,50	—	4,0	2,0	—	112,20[31])	120,20	—
Spandau . . .	5,0	5,0	—	1,0	1,0	—	200,0[32])	200,0	—
Strassburg i. E.	[33])						240,0	240 f.	1 Stelle.
Stuttgart . .	164,04[34])	26,90	4	58,00	6,7	6	879,60	59,10	5
Wiesbaden . .	—	—	—	—	—	—	1000,0	100,0	
Würzburg . .									
Zwickau i. S. .	12,0	3,0	—	6,0	1,5	1,0	[35])		

VIa. Mindestkosten eines Begräbnisses. 1. Erwachsene.

Städte.	Todten-Schau.	Leichenbesorger, Leichenfrau.	Sterbkleid.	Sarg.	Leichenwagen.	Fahrt a. d. Friedhof.	Trägerlöhne.	Gebühr für die Leichenhalle.	Aussteckendes Grabes.	Platz für das Grab.	Auswerfen und Zuschaufeln des Grabes.	Gesammte Grabgebühren f.d. Ritus.	Sonstiges.	Summe aller Ausgaben.
1.	2.	3.	4.	5.	6.	7.	8.	9.	10.	11.	12.	13.	14.	15.
Aachen	3,00	.	1,50	4,50	7,50	s. 5[1])	.	.	.	.	3,00	5,37	.	24,87
Altona	3,00	3,00	2,00	20,00	7,50	.	24,00	s. 11	s. 11	s. 11	9,50	frei	.	69,00
Augsburg	1,50	2,00	2,00	11,50	8,00	.	3,00	1,00	.	.	1,80	7,00	.	32,80
Barmen	2,00	3,00.	2,50	27,00	6,00	.	9,00	0,50	.	3,00	3,00	8,00	.	59,00
Berlin	3,00	8,00	3,00	18,50	4,00	.	4,00	3,00	.	5,00	3,00[2])	.	.	.
Bochum	2,00	4,50	2,00	25,00	2,00	s. 5	6,00	frei	—	[5])	2,50	.	[4])	.
Braunschweig	3,00[5])	.	2,00	15,00	3,00	.	3,00	0,50	.	2,00	8,00	6,00	3,00	40,50
Bremen	1,00	[6])	[7])	.[8])	s. 11	s. 11	s. 11	5,00	s. 11	s. 11	17,00	.[9])	.	.
Breslau	2,00	2,00	2,00	10,00	10,00	2,00	1,50	.	.	5,00	5,50	13,00	.	53,00
Cassel	1,00	6,50	7,00	18,0	2,50	3,00[10])	6,40	1,50	.	4,00	Senktüch. 6,62 f.d.L'tuch	.	.	56,22
Charlottenburg	3,00	3,00	1,00	20,00	6,00	—	8,00	—	5,00	4,00	2,00 2,50	4,50	0,50	59,00
Chemnitz	3,00	2,50	6,00	15,00	3,00	s. 5	7,20	—	6,00	20,00	—	4,50	3,00	70,80
Crefeld	besteht nicht[11])	3,50	—	10,0	8,00	.	.	—	.	.	1,50	6,00	.	.
Danzig	.	.	.	15,00	4,50	1,50	4,00	s. 11	s. 11	24,00	.	.[17])	.	.
Darmstadt	3,00	5,00	5,00	30,00	12,00	.	.	.	.	.	3,50	.	2,00	.
Dortmund	.	2,00	3,00	24,00	12,00	s. 5	.	s. 5	s. 5	s. 5	s. 5	0,40	.	.
Dresden	4,00	s. 1	3,00	8,00	5,00	—	7,50	—	3,00	10,00	4,50	frei	.	45,00
Düsseldorf	2,00	s. üblich	1[13])	20,00	3,50	s. 5	—	—	—	6,00	1,50	6,60	.	39,80
Duisburg	4,00	5,00	3,00	6,00	4,00	4,00	—	—	3,00	.	s. 9	5,50	.	37,50
Elberfeld	2,00	—	2,00	18,00	6,00	s. 5	—	—	3,00	8,00	.	.	.	34,00
Erfurt	1,00	—[14])	1,50	12,00	3,00	—	8,00	—	.	2,25	2,50	8,00[15])	.	.
Essen	2,00	3,00	3,00	12,00	frei	frei	3,00	frei	frei	frei	2,00	kath. 6,0 evg. frei	.	31,00
Frankfurt a. M.	—	3,00	5,00	15,00	s. 11	s. 11	s. 11	s. 11	s. 11	.	15,00	.	.	38,00
Frankfurt a. O.	—	3,00[16])	2,00	12,00	4,50	.	6,00[17])	0,25	—	3,00	2,13	16,25	.	49,13
Freiburg i. Br.	1,60	.	.	.	.	.	—[19])	.	.	.	12,00	8,15	.	.
M.-Gladbach	2,00	—[18])	2,00	20,00	4,00	—	—[19])	.	s. 11	s. 11	1,50	1,75	.	31,25
Görlitz	2,00	1,00	5,00	15,00	2,50	2,00	6,00	2,00	s. 11	4,00	4,00	—[20])	.	43,50
Halle a. S.	1,50	—[21])	1,50	15,00	5,00	s. 5	6,00	frei	frei	3,00	frei	—[22])	1,00	33,00
Hamburg	4,50	4,80	8,00	20,00	7,20	s. 5	s. 5	s. 5	s. 11	s. 11	10,00	—[23])	.	54,50
Hannover	.	7,50	.[24])	.	.	9,00	3,00	.	.	5,00	3,50	8,00	.	.
Karlsruhe i. B.	1,10	3,00	4,00	s. 11	s. 11	s. 11	s. 11	s. 11	s. 11	50,00	30,00	4,00	.	92,00
Kiel	1,50	6,00	3,00	25,00	7,00	3,00	8,00	—	4,00	6,00	—	3,00	.	66,50
Köln a. Rh.	2,00	.	.	.	3,44	s. 5	2,40	s. 5	s. 11	s. 11	1,50	0,80	.	.
Königsberg i. Pr	[25])	[26])	1,50	25,00	12,00[27])	4,00	s. 5	4,00	—	11,00	4,50	7,00	.[28])	69,00
Leipzig	frei	5,00	3,50	18,00	7,00	4,00	3,00	frei	1,00	s. 11	15,00	.	.	.
Liegnitz	2,00	.	2,50	15,00	10,00	s. 5	6,00	s. 11	.	4,00	3,00[29])	3,20	1,50	49,70
Lübeck	3,00	3,00	6,00	Vergleich 25,00, 1,50	s. 11	s. Halle 4,80 s. 11	frei	s. 11	s. 11	24,00	3,00	.	71,45	
Magdeburg	.	2,00	.	18,00	6,00	—	10,25	.	.	.	4,50	13,00	.	.
Mainz	1,50	3,00	3,00	14,00	2,00	—	4,00	frei	frei	frei	3,20	2,80[30])	.	33,5
Mannheim	1,50	2,80	—	7,30	0,55	3,50	4,20 s.[31])	2,00	.	1,70	7,00[37])	.	.	.
Metz i. L.	.	.	8,00	14,00	9,80	s. 5	4,20	—	.	s. 11	s. 11	15,00	.	60,00
Mülhausen i. E.	.	.	.	16,00	6,40	.	n. übl.	—	.	4,00	4,00	.	.	.
München	2,50	2,70	2,50	11,80	0,10	3,50	4,20	0,90	.	1,80	2,20	5,76	.	37,4
Münster i. W.	.	.	3,00	9,00	3,00	.	.	2,00	2,00	1,50	s. 9	1,85	.	.
Nürnberg	2,50	4,00	5,00	15,00	6,00	8,00	s. 11	2,20	s. 11	20,00	5,00	6,25	2,00	73,85
Plauen i. V.	.	2,50-4,0	5,00	12-14,0	9,0-12,50	.[32])	4,00	.	.	5,00	7,00	3,00	.	46,50-51
Posen	.	3,00	6,00	3,00	4,00	.	5,00	3,00	3,00	8,00	8,00	7,75	.	37,75
Potsdam	s. eing. s. erford.[36])	[34])	[35])	2,50	—	7,50	frei	s. 11	s. 11	6,50	s. erford.	.		
Spandau	[36])	6,00	2,00	20,00	4,00	s. 5	3,00	.	4,50[37])	5,00	4,00	6,00	.	.
Stettin	3,00	9,00	6,00	30,00	10,00	.	7,00	—	—	.	3,00	6,00	.	74,00
Strassburg i. E.	—[38])	—[39])	—[40])	18-20,0	.[41])	.	12,00	—	—	.	3,20	?	.	.
Stuttgart	0,70	5,10	.	12,00	5,00	.	8,25	.	1,00	.	2,75 u. 70	.	0,70	35,50
Wiesbaden	[47])													
Würzburg	1,90	2,00	3,50	5,50	3,00	.	2,00	1,00	.	6,00	3,50	11,07	1,00	40,47
Zwickau i. S.	—	4,00	—	18,00	2,00	4,50	4,50	0,75	—	3,00	4,00	8,75	.	44,50

VIb. Mindestkosten eines Begräbnisses. 2. Kinder.

Städte	Todten-Schau	Leichenbesorger, Leichenfrau	Sterbkleid	Sarg	Leichenwagen	Fahrt a. d. Friedhof	Trägerlöhne	Gebühr für die Leichenhalle	Aussstecken des Grabes	Platz für das Grab	Auswerfen und Zuschaufeln des Grabes	Gesammte Gebühren f. d. Ritus	Sonstiges	Summe aller Ausgaben
1.	2.	3.	4.	5.	6.	7.	8.	9.	10.	11.	12.	18.	14.	16.
Aachen	3,00	.	1,50	1,25	1,50	s. 5	.	.	.	.	1,50	5,87	.	14,12
Altona	8,00	1,50	1,00	10,00	7,50	s. 5	12,00	frei	.	.	3,80	frei	.	88,30
Augsburg	1,50	1,50	1,00	3,00	1,00	s. 5	0,50	.	.	.	0,90	6,60	.	10,90
Barmen	2,00	2,00	1,50	2,25	6,00	s. 5	3,00	0,85	2,00	1,50	s. 9	3,00	.	28,50
Berlin	3,00	1,50	1,50	5,75	N,00	.	1,00	1,50	.	1,17	1,50	.	.	.
Bochum	2,00	4,50	1,25	3-12,0	2,0	.	6,00	—	—	—1)	2,00	.	.	.
Braunschweig	3,00	.	0,50	2,00	3,00	.	1,50	0,50	.	1,00	1,50	.	2,20	15,20
Bremen	.2)	.	3)	4)	5)	s. 11	s. 11	s. 11	2,50	s. 11	s. 11	8,50	6)	.
Breslau	1,50	1,00	0,50	3,00	3,00	.	—	—	1,00	2,00	7,00	.	.	19,00
Cassel	1,00	4,00	3,00	5,00	2,50	3,00 7)	.	1,50	.	2,00	.	3,41	0,75	26,16
Charlottenburg	3,00	1,00	0,50	10,00	4,50	.	8,00	.	2,00	2,75	Senkt. 1,50, 1,25	2,25	0,50	36,75
Chemnitz	3,00	1,25	1,50	2,50	4,00	.	0,90	.	3,00	5,00	.	2,00	.	23,15
Crefeld	.	.	.	5,00	4,90	.	1,50	.	.	.	0,75	3,00	.	15,15
Darmstadt	3,00	8,00	2,00	6—12,0	6,00	.	.	.	.	.	2,00	.	.	22—28,00
Dortmund	.	2,00	2,00	8,75	8,00	.	.	.	s. 5	5,00	s. 5	0,40	.	26,25
Dresden	s. 2	2,50	1,25	5,75	.	.	6,00	.	2,00	3,00	1,00	frei	.	21,50
Düsseldorf	2,00	.	.	7,0-12,0	2,50	.	.	.	.	3,0-4,0	1,0-1,50	2,10-3,00	.	18,10-24,60
Duisburg	4,00	3,00	1 50	3,00	4,00	4,00	2,00	.	3,00	.	.	5,50	.	30,00
Elberfeld	2,00	.	0,70	8,00	6,00	.	.	.	1,50	1,50	.	.	.	19,70
Erfurt	1,00	.	0,50	2,00	4,00	.	1,50	.	.	1,50	1,25	.	.	11,75
Essen	2,00	2,00	1,50	6,00	frei	frei	.	frei	—	frei	1,50	3,00 8)	.	.
Frankfurt a. M.	.	3,00	2,00	4,0-15,0	4,0-12,0	s. 5	s. 5	s. 5	s. 5	s. 5	.	.	.	.
Frankfurt a. O.	.	3,00	1,00	6,0	4,50	3,50 9)	.	0,85	.	1,00	1,18	8,90	.	28,38
Freiburg i. Br.	1,80	.	.	.	.	.	.	.	.	.	6,00	2,00	.	.
M.-Gladbach	2,00	.	0,50	8,00	4,00	.	.	.	.	.	1,50	1,15	.	16,65
Görlitz	2,00	1,00	2,50	2,50-8,0	2,50	2,00	8,00	2,00	.	1,50-10) 8,00	1,50-11)	.	.	.
Halle a. S.	1,50	.	1,00	5,00	.	3,0-4,012	.	.	.	1,0-2,0	.	.	.	.
Hamburg	.	3,00	8,50	9,00	1,80-3,00 13)	s. 11	s. 11	s. 11	s. 11	.	2,50-8,0 14)	.	.	19,80-24,10
Hannover	.	8,00	.	.	7,50	1,50	8,00	.	.	2,00	2,50	6,00	.	.
Karlsruhe i. B.	1,10	3,00	2,50-3,0	s. 11	s. 11	s. 11	s. 11	s. 11	s. 10	25,00	25,00 15)	4,00	.	42,10-61,10
Kiel	1,50	—	0,80	4,0-9,0	4,00	.	.	.	2,50	.	1,50-5,0	.	.	.
Köln a. Rh.	2,00	.	.	.	1,72	.	1,20	.	.	.	0,75	0,40	.	.
Königsberg i. Pr	.	.	0,90	10,00	7,00	4,00	.	ca4,00	.	3,0-5,0	2,40	3,50	.	.
Leipzig	frei	3,00	2,50	8,00	5,00	4,00	2,50	frei	0,50	s. 11	6,00	16)	.	88,50
Liegnitz	2,00	.	1,50	6,00	4,00	s. 5	1,00	.	.	2,00	Senkt. 0,75 n.0,80	3,20	0,75	.
Lübeck	3,00	3,00	4,00	20,00 Pich. 1,50	s. 11	4,86 17	0,75	s. 11	s. 11	s. 11	12,00	3,00	.	41,50
Magdeburg	—	1,00	.	1,00 und mehr	3,00	.	1,50	.	.	.	2,25	18)	1,00	.
Mainz*	1,00	1,50	1,50	6,00	1,00	.	2,00	.	.	.	1,60	2,80-10,0	.	.
Mannheim	1,50	0,90	.	2,60	0,30	1,50	.	1,00	.	.	0,90	2,50 3,50 Chais. des Geistl.	.	14,70
Metz i. L.	.	2,00	.	8,00	8,00	s. 5	2,00	.	2,40	s. 9	s. 9	6,00	.	28,40
Mülhausen i. E.	.	.	.	2,00	4,00	.	.	.	.	.	2,40	2,00	.	.
München	2,50	0,90-1,08 19)	1,0-1,80 20)	0,70-3,20 21)	0,10	3,50	1,50	0,90	.	0,90	0,95	3,56	.	16,31-19,99
Münster i. W.	.	.	1,50	4,00	1,50	.	22)	1,00	1,50	s. 9	1,85	.	.	12,35
Nürnberg	2,50	2,00	2,00	2,0-3,0	2,00	.	.	1,40	.	5,00	2,50	2,50	1,00	24,30
Plauen i. V.	.	1,50-3,50	1,50-5,10	4,50-12,0	5,00	.	0,50-1,50	.	.	1,00-4,0	2,0-5,00	3,00	.	17,00-37,0
Posen	.	.	s. 4	3,00	.	.	.	3,00	.	1,50	1,50	6,50	.	18,50
Potsdam	.	.	.	.	2,00	.	2,50	.	.	.	2,0-3,50	.	.	.
Spandau	.	3,00	0,75-1,50 23)	6,0-15,0 24)	2,50-4,50 25)	.	1,50	.	2,25-3,00 26)	1,0-3,0 27)	1,0-2,0 28)	.	.	.
Stettin	3,00	6,00	8,00	15,00	6,00	.	.	.	.	.	1,50	6,00	.	40,50
Strassburg i. E.	.	—29)	—30)	4—6,00	2,00	—	—	—	—	.	0,80-2,30	—	.	.
Stuttgart	.	.	.	.	.	.	.	.	.	.	.	.	.	6,28-32,35 31
Würzburg	1,90	0,60-1,20	.	2,0-5,00	8,00	.	1,00	1,00	.	1,0-2,00	2,50	1,50	1,00	.
Zwickau	—	2,75	.	3,50	1,00	2,00	1,50	.	.	1,00	1,50	3,75	.	17,50

[Fortsetzung zu S. 193.]

20) Reihengräber 0,0 bezw. Taxe in den allgemeinen Kosten inbegriffen. Besondere Grabstätten 30—60 M. für Erwachs. und 15—30 für Kinder; Grüfte 200 M. für 1 Leiche Erw., 100 für Kinder, ausserdem 5—10 M. pro Jahr und Gruft Taxe.

21) 8/9: für 1 Stelle. Gemauerte Gräber 20 M. pro qm.

22) ad 8/9: 15,50 M. pro qm. auf 60 Jahre, auf einigen Friedhöfen 48—60 M. pro Stelle.

23) 1 Grabstelle auf 30 Jahre für Kinder und Erwachsene pro 1 Leiche 72 M., für 2 Leichen 96 M. Erbl. Grab 66 M. pro qm., in Minimo 6 Leichen = 4,186 qm. = 273 M.

24) ad 8/9: für sogen. Erbbegr. 60 M.

25) Für eine Grabstätte von 4,875 qm. 65 M.

26) ad 8/9: der lfd. Fuss Breite bei 16½ Fuss Tiefe (Länge) M. 65.

27) ad 8/9: pro qm. 88,50 M.

28) Familiengrab auf 25 Jahre 27 M., 36, 48, 90, 144, 180. Grüfte auf 100 Jahre 3000—6000 M.

29) ad 8/9: Einf. Sandgrab auf 100 Jahre 100—300 M. dopp. 200—600 M. Grüfte: einf. 600. dopp. 1200. Einf. Sandgrab auf 50 Jahre 200—350 M.

30) ad 2—6: Der Preis gilt für Reihengräber. Kaufgräber: Erw. 30 M., Kinder 10, 15, 20 M. Familiengrab 255 M.

31) 2/3: Wahlstelle 35 M., ad 5/6: Wahlstelle 17,50 M., ad 8/9: für 2 Personen 112,20; 3 Pers. 140,30; 4 Pers. 150; 6 Pers. 187,50; 8 Pers. 280 etc.; 12 Pers. 375 u. s. f. 1 qm. 10 M.

32) Wahlstatt 30 M. für Erwachs. und Kinder.

33) 1 Grab von 2 qm auf 5 Jahre 15,56 M., 10 Jahre 33,16, 15 Jahre 49,16, 30 J. 10,96, immerwähr. 250,56 (jew. incl. Stempel v. 1,16, 4,96, 10,56).

34) Ungekaufte Gräber kosten nichts. Gekaufte Einzelgräber für Kinder 6,66 bis 58 M., 6 Zwischenstufen für Erwachsene 26,80—164,04 M., 4 Zwischenstufen.

35) 8/9: für 4 Personen 200; für 8 Personen 400 M. Armenleichen: Erwachsene 1,50, Kinder 0,50 u. 0,75 M.

Anmerkungen zur Tabelle VI a über Mindestkosten eines Erwachsenen-Begräbnisses.

1) s. 11, s. 5 etc. bedeutet, der Betrag ist in der Summe der Spalte 11, 5 etc. enthalten. — 2) Senktücher extra 2,00 M. — 3) für Einheim. frei, Auswärtige 15 M. — 4) Kath. Leichen 13,50 M. — 5) Ist der Tote plötzlich verstorben, ärztl. Behandlung nicht vorangegangen, so stellt der amtl. Physicus den Todtenschein unentgeltlich aus. -- 6—9 „ist Privatsache". — 10) „f. d. Pfarrer" — 11) Sp. 1—4: „Privatabkommen". — 12) „wird meist nach Belieben gegeben." — 13) Sterbkleid (3) wird zus. m. d. Sarg geliefert und ist in 4 inbegr. — 14) bes. der Sarglief. — 15) Die 3 M. s. f. die Chaise des Geistl., Stolgebühren existieren nicht mehr. — 16) u. 17) kann auch von den Angehör. selbst besorgt werden, dann fallen die betr. Beträge fort. — 18) u. 19) versehen allgemein die Nachbarn unentgeltlich. — 20) kostet für gewöhnl. nichts, weil Kirchensteuern gezahlt werden. — 21) besorgt gew. der Sarglieferant umsonst oder gegen ein Trinkgeld. — 22) Der Geistliche beansprucht in der Regel nichts. — 23) unentgeltlich. — 24) Sp. 3—5 „hierfür besteht kein amtl. Tarif." — 25) bes. der beh. Arzt und berechnet 1 Gang dafür. — 26) nicht üblich, bes. die Angehör. — 27) vier Träger inbegriffen. — 28) zu bestimmten Stunden des Tages frei. — 29) Darunter je 1,50 M. für Bahre und Senktücher. — 30) kath. 10 M.) — 31) Droschke für die Träger 1,50 M. — 32) darunter die Chaise des Geistl. mit 3,50 M. — 33) jede Kutsche 6 M. — 34), 35) „entzieht sich amtl. Beurtheilung." 36) bes. der Arzt, Preis verschieden. — 37) „Belegen des Grabes." — 38) frei. — 39), 40) bes. die Hinterbliebenen. — 41) Leichenwagen nicht obligatorisch. — 42) Sp. 1, 2, 5, 11 kostet IV. Kl. 7 M.

Anmerkungen zur Tabelle VI b über Mindestkosten eines Kinder-Begräbnisses.

*) s. 5, s. 11 etc. heisst: Der betreffende Kostenbetrag ist in der Summe der Spalten 5, 11 etc. inbegriffen. — 1) Einheim. frei, Ausw. 7,50 M. — 2—6 „ist Privatsache". — 7) Fahrt des Pfarrers. — 8) 3 M. bei den Katholiken, Evang. frei. — 9) f. d. Geistl. — 10—15) je nach Alter des † Kindes. — 16) zu gewissen Stunden des Tages frei. — 17) Verbringen in die Leichenhalle (facult). — 18) 2,80 M. f. Evang., 10 M. für Kath. — 19—21) je nach Alter des Kindes. — 22) stellt der Sarglief. umsonst. — 23—28) je nach Alter des †. — 29, 30) besorg. die Hinterbl. — 31) je nach dem Alter des † Kindes.

Armen- und Krankenpflege.

Von

Medicinalrath **Dr. med. Max Flinzer,**

Vorstand des statistischen Amts der Stadt Chemnitz.

A. Oeffentliche Armenpflege.

1. Offene Pflege
(in den Wohnungen der Armen).

Die Unterlagen, welche bei der Aufstellung der nachfolgenden Tabellen I benützt wurden, sind auf dem gleichen Wege wie in den früheren Jahren gewonnen worden.

Betheiligt haben sich im Ganzen 44 Städte, darunter zum ersten Male Liegnitz, Lübeck, Plauen i. V., Spandau, dagegen fehlen die Angaben von Danzig, Darmstadt, Duisburg, Elberfeld, M.-Gladbach, Mülhausen i. E., Münster, Stettin und Wiesbaden.

Ueber die Kosten der offenen öffentlichen Armenpflege giebt die nachstehende Uebersicht Auskunft. Um den Vergleich zu erleichtern hat man die Verhältnisszahlen des vorhergehenden Jahres mit angeführt.

Es kommen auf einen Einwohner:

In	1894 bezw. 1894/95 ℳ	1893 bezw. 1893/94 ℳ	In	1894 bezw. 1894/95 ℳ	1893 bezw. 1893/94 ℳ
Aachen	3,51	4,11	Halle a. S. . . .	3,14	3,02
Altona	2,71	2,68	Hamburg . . .	7,04	7,51
Augsburg . . .	1,61	1,68	Hannover . . .	3,21	3,12
Barmen	3,52	3,57	Karlsruhe . . .	3,25	3,11
Berlin	3,52	3,54	Kiel	2,51	2,16
Bochum	3,11	3,89	Köln a. Rh. . .	2,08	2,10
Braunschweig .	1,97	1,95	Königsberg i. Pr.	2,09	2,19
Bremen	4,14	4,25	Leipzig	2,81	2,71
Breslau	2,01	2,00	Liegnitz	1,01	—
Cassel	1,89	1,78	Lübeck	*)	*)
Charlottenburg .	1,60	1,45	Magdeburg . . .	1,75	1,82
Chemnitz . . .	1,99	2,09	Mainz	2,00	1,85
Crefeld	5,86	5,53	Mannheim . . .	3 23	3,32
Dortmund . . .	2,07	2,64	Metz	1,15	1,58
Dresden	3,33	3,47	München	2,77	2,06
Düsseldorf . . .	3,68	3,46	Nürnberg . . .	3,05	2,98
Erfurt	2,42	2,58	Plauen i. V. . .	1,07	—
Essen	3,59	3,78	Posen	3,20	2,95
Frankfurt a. M. .	4,87	4,40	Potsdam	2,08	1,95
Frankfurt a. O. .	1,57	1,59	Spandau	1,41	—
Freiburg i. Br. . .	3,15	3,24	Strassburg i. E. .	2,29	2,08
Görlitz	2,01	1,96	Stuttgart	3,54	3,25

*) Lübeck, wo wegen Verschiebung des Rechnungsjahres das Berichtsjahr ausnahmsweise 15 Monate umfasst, musste hierbei ausser Berücksichtigung bleiben.

Es haben nur geringfügige Aenderungen stattgefunden.

2. Geschlossene Armenpflege
(in Armenhäusern und sonstigen Anstalten).

Die hierüber aufgestellte Tabelle II ist genau wie im Vorjahre eingerichtet.

Wenn man den mittleren Bestand zu Grunde legt, so gehen die Verpflegungskosten für die Insassen der Armenhäuser aus der nachstehenden Tabelle hervor. Sie betragen für einen Insassen pro Kopf der Bevölkerung:

In	1894 bezw. 1894/95	1893 bezw. 1893/94	In	1894 bezw. 1894/95	1893 bezw. 1893/94
	$\mathcal{M}$	$\mathcal{M}$		$\mathcal{M}$	$\mathcal{M}$
Altona	102,0	106,5	Hannover . . .	156,3	161,2
Augsburg . . .	198,9	190,3	Kiel	118,5	495,4
Barmen . . .	137,3	148,4	Königsberg i. Pr.	116,4	108,4
Bochum . . .	199,6	177,8	Leipzig	137,3	140,5
Braunschweig .	136,9	—	Liegnitz . . .	90,9	—
Breslau . . .	120,9	146,8	Lübeck . . .	148,5	—
Chemnitz . . .	151,1	153,9	Magdeburg . .	155,1	164,1
Dortmund . . .	158,8	166,3	München . . .	207,1	212,7
Dresden . . .	137,3	140,6	Plauen i. V. . .	148,1	—
Düsseldorf. . .	175,8	191,2	Potsdam . . .	241,5	—
Frankfurt a. M. .	238,8	255,6	Stuttgart . . .	269,6	56,6
Hamburg . . .	203,1	202,6			

In den Altersversorgungsanstalten betragen die Verpflegungskosten durchschnittlich auf den Kopf in

	$\mathcal{M}$		$\mathcal{M}$		$\mathcal{M}$
Aachen*	179,0	Frankfurt a. M. .	403,3	Magdeburg	210,8
Augsburg	263,5	Frankfurt a. O. . .	60,4	Mainz*	265,1
Berlin	216,4	Freiburg i. Br. . .	233,4	Metz	345,3
Breslau	188,5	Görlitz*	324,1	München.	383,5
Cassel*	167,1	Halle a. S.	311,2	Nürnberg	299,3
Chemnitz	201,8	Köln a. Rh. . . .	50,7	Posen*	144,0
Crefeld	190,1	Liegnitz	154,3	Strassburg	190,2
Dresden	321,1	Lübeck	396,3	Stuttgart	365,2
Erfurt	210,4				

Für Charlottenburg belaufen sich die Kosten in allen Anstalten auf den Kopf mit 170,3 Mark.

Bei den Städten, die mit einem Stern versehen sind, handelt es sich nur um städtische Anstalten.

Die Kosten in den Siechenhäusern belaufen sich auf den Kopf in:

	$\mathcal{M}$		$\mathcal{M}$		$\mathcal{M}$
Aachen	326,3	Görlitz	305,5	Leipzig	247,7
Altona	118,1	Halle a. S. . . .	154,9	Lübeck	162,5
Breslau	179,0	Köln a. Rh.. . . .	204,9	Magdeburg	249,3
Erfurt	164,2	Königsberg i. Pr. .	186,5	Nürnberg	220,1

Was die Waisenhäuser betrifft, so geht das Nähere aus der nachstehenden Uebersicht hervor.

Es entfallen auf einen Kopf:

In	1894 bezw. 1894/95 $\mathcal{M}$	1893 bezw. 1893/94 $\mathcal{M}$	In	1894 bezw. 1894/95 $\mathcal{M}$	1893 bezw. 1893/94 $\mathcal{M}$
Aachen	179,0	—	Hannover . . .	160,9	181,2
Augsburg . . .	223,1	226,0	Köln a. Rh. . . .	126,3	98,3
Barmen. . . .	808,4	186,8	Königsberg i. Pr.	339,9	359,7
Berlin	164,5	—	Leipzig	126,7	124,4
Breslau. . . .	144,7	153,1	Liegnitz . . .	86,9	—
Chemnitz . . .	187,1	270,9	Lübeck	249,3	—
Dortmund . . .	174,0	176,2	Mainz	109,5	—
Dresden . . .	185,1	144,6	Mannheim . . .	292,5	—
Erfurt	218,6	217,3	Metz.	148,9	—
Essen	174,7	158,4	München . . .	352,9	305,0
Frankfurt a. M. .	853,8	416,2	Nürnberg . . .	349,3	245,3
Frankfurt a. O. .	151,5	181,9	Plauen i. V. . .	168,5	—
Freiburg i. Br. .	143,4	—	Posen	222,1	210,8
Hamburg . . .	154,0	154,1	Strassburg i. E. .	255,9	—

Die Ausgaben in den Kinderpflege-Anstalten beliefen sich für den Kopf in:

	$\mathcal{M}$		$\mathcal{M}$
Augsburg	197,3	Essen	179,8
Chemnitz	157,0	Königsberg i. Pr. .	116,8
Dortmund	81,7	Strassburg i. E. . .	24,9
Dresden	150,7		

Die Kosten in den Erziehungs- und Besserungsanstalten berechnen sich in:

Barmen . . auf 160,2 $\mathcal{M}$ Crefeld . . . auf 80,3 $\mathcal{M}$ Magdeburg . auf 193,9 $\mathcal{M}$
Berlin . . . „ 96,4 „ Düsseldorf . . „ 144,8 „ München . . „ 260,1 „
Breslau . . „ 187,2 „ Frankfurt a. O. . „ 119,3 „ Potsdam . . „ 244,9 „
Chemnitz . . „ 234,6 „ Hamburg . . „ 188,1 „ Strassburg i. E. „ 164,5 „

Es bestehen nach wie vor grosse Verschiedenheiten unter den einzelnen Städten, die einen zuverlässigen und nutzbringenden Vergleich nicht gestatten, ohne dass man ganz ausführlich in die Einzelheiten einzugehen in der Lage wäre, was leider nicht thunlich ist.

B. Die Krankenanstalten.

In Tabelle III a ist eine Spalte eingeschoben, die dazu bestimmt ist, zu zeigen, ob die betreffende Anstalt städtisch oder privat ist.

Neue Städte, die Aufnahme in der Tabelle gefunden haben, sind Bochum, Braunschweig, Cassel, Freiburg i. Br., Liegnitz, Plauen i. V., Spandau, Würzburg, Zwickau.

Von Danzig, Darmstadt, Elberfeld, M.-Gladbach, Mülhausen i. E., Münster i. W. und Stettin fehlen Angaben.

Im Ganzen sind 48 Städte betheiligt.

Von 1000 Behandelten starben in:

Aachen	104	Duisburg	50	Lübeck	71
Altona	117	Erfurt	112	Magdeburg	97
Augsburg	46	Essen	49	Mainz	59
Barmen	78	Frankfurt a. M.	64	Mannheim	53
Berlin	145	Frankfurt a. O.	57	Metz	118
Bochum	58	Freiburg i. Br.	80	München	60
Braunschweig	66	Görlitz	94	Nürnberg	29
Bremen	98	Halle a. S.	82	Plauen i. V.	85
Breslau	80	Hamburg	99	Posen	93
Cassel	59	Hannover	61	Potsdam	114
Charlottenburg	97	Karlsruhe i. B.	52	Spandau	97
Chemnitz	84	Kiel	157	Strassburg i. E.	82
Crefeld	86	Köln a. Rh.	82	Stuttgart	45
Dortmund	53	Königsberg i. Pr.	91	Wiesbaden	49
Dresden	96	Leipzig	113	Zwickau	55
Düsseldorf	74	Liegnitz	81		

Es kommen Verpflegungstage auf einen Kranken in:

Aachen*	31	Duisburg	32	Lübeck	31
Altona	43	Erfurt	42	Magdeburg	24
Augsburg	24	Essen*	23	Mainz*	23
Barmen*	29	Frankfurt a. M.	28	Mannheim	20
Berlin	33	Frankfurt a. O.	42	Metz	32
Bochum	26	Freiburg i. Br.	68	München	24
Braunschweig	25	Görlitz	19	Nürnberg*	16
Bremen	50	Halle a. S.	25	Plauen i. V.*	26
Breslau	48	Hamburg	47	Posen*	29
Cassel	26	Hannover	24	Potsdam	36
Charlottenburg*	23	Karlsruhe i. B.*	19	Spandau*	37
Chemnitz	30	Kiel*	36	Strassburg i. E.	25
Crefeld*	33	Köln a. Rh.	33	Stuttgart	28
Dortmund	26	Königsberg i. Pr.*	29	Wiesbaden	30
Dresden	38	Leipzig	29	Zwickau	44
Düsseldorf	33	Liegnitz*	25		

Anmerkung: Die mit * versehenen Städte haben nur eine Heilanstalt.

Anmerkungen zu Tabelle I (Seite 206).

Aachen: [1]) Der Zuschuss (Sp. 22) zu den Gesammtkosten des Armenwesens betrug pro 1894/95 467175 M.

Altona. [2]) Zu Sp. 11: Auf Kosten der Armenverwaltung sind 314 Personen beerdigt worden.

Berlin. [3]) Zu Sp. 10: Pro April/Juni 1894 sind die Erkrankungsfälle nicht ermittelt. Zu Sp. 11: Ausserdem 112 Todesfälle ohne vorherige armenärztliche Behandlung.

Braunschweig. [4]) In den Summen Sp. 20 bis 22 sind die Beträge sowohl für offene als auch geschlossene Armenpflege enthalten, da bei denselben eine Trennung in der Rechnungsführung nicht stattfindet.

Breslau. [5]) Ausser der Summe in Sp. 10 waren noch 1822 Fälle, in denen nur Atteste oder Todtenscheine ausgestellt wurden und 850 Fälle, in denen die Anstaltsbehandlung angeordnet wurde. — Das Mehr gegen das Vorjahr in Sp. 12 ist eine Folge der Umgestaltung der Armenverwaltung nach dem Elberfelder System.

welche eine Vergrösserung der Centralstelle und ausserdem 10 009 M. an Verwaltungskosten der Bezirks-Armen-Commission erforderte. — In der Summe in Sp. 16 sind
14 367 M. für Behandlung Armer in nicht städtischen Krankenanstalten inbegriffen. —
Zu Sp. 17 kommen noch 15 155 M. Ausgaben der Armen-Arbeitsanstalten, welche
17 992 M. Einnahmen hatten. Die Ueberschüsse wurden für deren Fonds kapitalisirt.
— Zu Sp. 19 wurden noch 46 644 M. Legatzinsen vertheilt.

   Charlottenburg. [6]) Zu Sp. 12: Die Gehälter etc. werden in dem Etat der
allgemeinen Verwaltung nachgewiesen bezw. verrechnet.

   Dresden. [7]) Zu Sp. 16: Darunter 10 281 M. Pflegegelder für Kinder in Er-
ziehungs- und Besserungsanstalten. — Zu Sp. 17: Kinderpflege und Waisenerziehung,
Stadt- und Landpflege. — Zu Sp. 21: Auf Unterstützungskosten erstattete Beträge und
Einnahme an Pflegegeldern für die Stadt- und Landpflege.

   Essen. [8]) In der Summe in Sp. 14 sind 64 182 M. Kosten der geschlossenen
Armenpflege enthalten.

   Halle a. S. [9]) Die Summen in Sp. 10 und 11 können nicht angegeben werden.
Die Behandlung kranker Stadtarmer erfolgt gegen Zahlung eines jährlichen Pausch-
quantums von 8000 Mark durch die Königl. Universitätsklinik.

   Hamburg. [10]) In der Summe in Sp. 9 sind die nicht in Waisenpflege aufgenommenen Kinder zu verstehen.

   Kiel. [11]) Die Summe in Sp. 10 und 11 kann nicht angegeben werden, da die
Armen-Krankenpflege hier von der Königl. Universitäts-Poliklinik ausgeübt wird.

   Köln a. Rh. [12]) Zu Sp. 8: Darunter 20 mit streitigem Unterstützungswohnsitz.
— Zu Sp. 19: Hierin sind noch 22 253 M. Unterstützungen und Pflegegeld an auswärtige Armenverbände enthalten.

   Leipzig. [13]) Die Zahlen in Sp. 2 bis 4 lassen sich mit Sicherheit nicht mehr
feststellen, doch ist die Zahl der vorübergehend Selbstunterstützten zweifellos eine
sehr erhebliche.

   Lübeck. [13b]) Die hier gemachten Angaben gelten für 15 Monate, 1. Januar
1894 bis 31. März 1895.

   Magdeburg. [14]) Die Angaben in Sp. 5 und 6 beziehen sich auf Personen über
15 Jahre, desgl. in Sp. 7 unter 15 Jahre.

   München. [15]) Zu Sp. 8: Das Gesetz über den Unterstützungswohnsitz hat in
Bayern keine Giltigkeit. — In der Summe in Sp. 19 ist ein Zuschuss zum St. Josefs-
Hospital und ein dergl. zu den Armenanstalten enthalten. — Von der Summe in
Sp. 22 verblieb ein Activ-Rest von 11 708 M., welcher aus unverbrauchten Stiftungs-
und Schenkungsresten herrührt und zur zweckentsprechenden Verwendung in die
nächstjährige Rechnung übertragen wurde.

   Nürnberg. [16]) Zu Sp. 10 und 11: Ausserdem wurden noch behandelt: in
Privatpflege 800 Personen, Sterbefälle unbekannt, in auswärtigen Krankenhäusern 108,
davon 5 gestorben.

   Plauen i. V. [17]) Zu Sp. 2: Einschliesslich der in Sp. 10 enthaltenen Unter-
stützten. — In den Summen Sp. 20, 21 sind die Kosten für geschlossene
Armenpflege im Gesammtbetrage von 29 665 M. mitenthalten.

   Stuttgart. [18]) In der Summe Sp. 17 ist ein Beitrag zum Kreislandarmen-
verband von 104 667 M. enthalten.

I. Uebersicht über den Umfang und di...

Städte.	Im Jahr	Zahl der Selbstunterstützten		darunter		Zahl der selbstunterstäzten Personen			Zahl der mit den Selbstunterstützten unterstützten Personen	Zahl der auf Kosten der öffentlichen Armenpflege in Privatpflege oder nicht städtischen Anstalten untergebrachten Kinder	Zahl der in offener Armenpflege Behandelten	
		dauernd	vorübergehend	solche mit auswärtigem Unterstützungswohnsitz	Landarme	über 14 Jahre m.	über 14 Jahre w.	unter 14 Jahre				
		1.	2.	3.	4.	5.	6.	7.	8.	9.	10.	11.
Aachen¹). .	1894/95	1 252	1 117	45	50	.	.	.	7 812	203	7 376	.
Altona²). . .	"	1 853	.	107	49	.	.	.	.	191	.	.
Augsburg . .	1894	1 314	837	.	.	720	1 122	309	609	81	395	44
Barmen . .	1894/95	683	519	92	30	836	774	42	1 898	199	973	83
Berlin³). . .	..	30 642	.	.	.	6 374	18 529	.	.	8 939	26 734	84?
Bochum . .	"	599	230	39	196	.	.	.	3 485	160	919	58
Braunschweig⁴)	"	1 208*)	.	.	99	.	.	.	1 641	114	1 149	.
Bremen . .	"	1 694	826	172	220	966	1 033	521	3 475	600	6 510	.
Breslau⁵) . .	"	6 024*)	.	.	.	5 021		1 003	1 003	.	6 510	136
Cassel . . .	"	1 994	2 522	693	524	1 881	2 452	183	1 445	183	2 414	136
Charlottenburg⁶)	"	1 339	.	177	76	253	887	199	.	199	1 531	72
Chemnitz .	1894	1 839	299	235	114	.	.	.	.	98	1 652	95
Crefeld . .	1894/95	1 247	1 485	104	51	1 507	1 225	.	7 444	392	1 558	155
Dortmund .	"	661	582	24	22	106	471	.	3 270	217	2 241	155
Dresden⁷) .	1894	2 986	2 084	436	569	.	.	.	.	1 101	.	.
Düsseldorf .	1894/95	1 395	622	163	117	683	1 334	.	4 977	243	.	.
Erfurt. . .	"	1 374	403	111	120	461	1 057	259	1 777	181	1 210	163
Essen⁸) . .	"	1 501	415	92	101	527	895	79	2 744	164	2 510	66
Frankfurt a.M..	"	2 762	4 878	1 191	1 259	2 239	4 730	671	15 063	569	3 133	.
Frankfurt a. O.	"	972	38	18	30	184	888	157	.	157	.	.
Freiburg i. Br.	"	685	1 189	285	35	.	.	.	3 560	161	.	.
Görlitz . .	"	1 325	543	26	85	211	945	169	.	169	566	66
Halle a. S.⁹)	"	1 296	853	59	67	538	1 611	230	2 231	230	.	.
Hamburg¹⁰).	1894	15 179	4 694	1 919	.	.	.	.	.	428	23 565	53
Hannover .	1894/95	614	1 446	114	98	1 157	895	8	3 618	753	2 141	74
Karlsruhe i. B.	1894	406	1 981	156	187	.	.	.	6 919	175	1 121	155
Kiel¹¹). .	1894/95	766	701	119	113	351	789	327	2 146	327	.	.
Köln a. Rh.¹²)	"	2 100	1 989	169	188	1 185	2 904	.	6 823	842	.	.
Königsbergi.Pr.	"											
Leipzig¹³) .	1894	5 437	.	.	.	1 472	3 962	3	6 673	238	4 451	93
Liegnitz . .	1894/95	536	409	47	89	.	.	.	.	70	209	.
Lübeck¹³ᵇ).	"	163	366	24	30	329	192	8	1 049	158	613	34
Magdeburg¹⁴)	"	2 262	4 769	777	665	3 162	3 360	509	8 589	302	4 665	.
Mainz . . .	"	297	1 314	47	12	819	792	.	5 973	150	1 043	.
Mannheim .	1894	2 889		422	372	1 878	1 011	214	3 134	555	.	.
Metz . . .	1894/95	1 387	540	29	1 898	1 927		.	5 860	.	2 419	.
München¹⁵) .	1894	10 478	9 013	.	.	15 040		4 451	.	707	2 419	.
Nürnberg¹⁶) .	"	6 849	5 660	180	.	11 401		608	4 261	550	359	.
Plauen i. V.¹⁷)	"	540	345	63	60	116	368	56	480	186	172	.
Posen. . .	1894/95	1 346	408	28	59	209	1 137	.	1 168	250	2 309	.
Potsdam . .	"	519	461	38	33	200	780	115	1 193	151	1 972	.
Spandau . .	"	354	62	17	30	73	281	223	463	223	136	30
Strassburg i.E..	"											
Stuttgart¹⁸) .	"	1 517	2 500	.	.	.	.	.	.	792	3 031	108

*) Im Monatsdurchschnitt.

osten der offenen Armenpflege.

									Von den Ausgab. wurden gedeckt		
Kosten der offenen Armenpflege											
Ausgaben											
Gehälter, Remunerationen, Pensionen der Beamten und Amtsbedürfnisse	Remunerationen an Aerzte, Hebammen und Heilgehülfen	Uebrige Kosten der Armenkrankenpflege (ausschl. Sp.19) einschl. Begräbnisskosten	An Unterstützungen in natura und baar	An Pflegegeld etc. für die auf Kosten der offenen Armenpflege in Anstalten Untergebracht	Sonstige		Ueberhaupt	aus eigenen Mitteln der Armenverwaltung (einschl. Geschenke etc.)	aus Rückerstattungen incl. Unterstützungen einschl. fremder Armenverbände	durch städtischen Zuschuss
					regelmässige	ausserordentliche				
ℳ.	ℳ.	ℳ.	ℳ.	ℳ.	ℳ.	ℳ.	ℳ.	ℳ.	ℳ.	ℳ.
12.	13.	14.	15.	16.	17.	18.	19.	20.	21.	22.
33 850	17 780	21 912	283 170	.	26 436		383 148	.	13 115	.
26 740	6 474	8 795	167 144	160 956	51 035		421 144	2 117	80 082	338 945
10 475	2 133	20 897	86 857	12 909	.	301	138 072	77 684	3 336	52 052
14 386	6 867	64 299	150 382	178 074		8 099	422 057	123 848	66 209	232 005
64 706	106 343	223 434	5 223 537	.	211 177	390 131	6 219 328	38 893	353 248	5 827 187
4 250	2 600	14 462	118 516	28 371	.	.	163 199	26 772	41 874	94 553
25 443	7 482	6 432	176 494	.	254	5 094	221 199	76 682	57 866	205 706
36 712	6 946	240 462	213 291	37 165	179	28 460	563 215	.	92 048	471 167
105 559	17 840	41 716	499 673	57 505	1 452	.	723 745	137 659	34 679	551 407
16 349	2 826	3 898	95 525	20 843	3 369	5 474	148 284	33 661	80 745	88 878
.	5 168	8 183	121 079	19 603	8 188		162 221	7 494	82 465	122 262
8 897	4 183	97 728	167 185	28 931	3 207	6 112	316 243	121 246	64 578	130 419
16 983	9 300	82 687	398 155	98 552	2 000	16 080	622 857	24 052	36 702	562 103
18 570	3 964	34 972	104 958	88 727	1 000	559	202 750	52 689	23 578	126 483
90 918	15 263	21 146	351 918	335 159	214 304	6 456	1 035 164	512 326	134 720	388 118
19 600	13 229	197 778	323 094	7 642	.	7 314	568 657	68 682	30 616	469 359
14 553	4 120	9 100	136 981	31 005	3 961	.	199 720	29 127	81 355	139 238
10 129	3 112	70 584	191 481	42 109	.	662	318 077	27 206	49 764	241 107
73 046	9 480	76 576	247 284	544 870		4 401	955 657	279 301	203 790	472 566
176	3 601	3 590	57 812	18 858	5 264	.	89 296	17 359	9 280	62 657
10 547	2 650	43 688	101 771	8 942	74	3 578	171 250	45 960	62 990	171 250
11 064	2 550	8 772	87 036	19 304	3 563	1 978	134 267	15 646	18 138	100 483
20 818	549	68 024	236 116	24 399	2 014	10 111	362 031	37 013	70 743	254 275
08 140	47 808	1 156 460	2 433 353	619 586	3 724	14 998	4 478 569	53 945	328 218	4 096 406
88 605	7 224	104 834	146 845	101 620	175 398	6 446	580 472	61 632	108 770	410 070
12 317	5 886	10 841	62 705	91 541	71	85 816	268 677	1 480	35 051	182 146
18 567	3 600	5 272	177 822	.	.	.	205 061	51 687	32 024	121 350
57 515	22 708	34 600	461 115	50 853	1 106		650 150	285 229	44 870	320 551
3 662	9 141	10 780	270 147	56 980	2 625	.	353 335	28 615	9 252	315 468
13 888	25 913	25 567	597 942	277 554	86 732	218	1 127 814	282 916	174 113	670 785
124	1 776	5 312	40 100	508	2 317	.	50 187	23 269	2 519	24 349
19 742	3 000	3 561	74 053	58 544	7 048	3 300	169 248	106 144	63 104	.
18 190	9 442	18 799	271 580	49 272	1 725	8 425	407 433	38 228	36 266	332 939
2 646	4 580	5 109	108 733	14 591	326	6 470	152 455	23 552	8 332	120 571
13 774	4 590	55 183	35 841	97 898	67 651	11 357	296 294	2 450	43 989	249 855
9 337	4 840	5 792	46 968	.	2 760	4 465	74 162	53 452	5 950	14 760
6 108	13 171	137 432	562 071	165 779	7 908	20 681	1 106 404	284 604	34 567	848 941
4 795	5 409	102 082	328 969	43 937	.	.	495 142	88 477	41 372	365 293
2 570	2 109	1 979	32 104	10 620	1 859	2 846	53 587	22 008	25 500	35 744
5 000	4 110	3 623	161 191	30 658	1 084	275	225 941	13 029	20 331	192 581
0 000	2 975	12 775	83 553	8 246	128	.	117 677	17 983	12 288	87 406
.	900	20 284	.	9 854	44 564	1 688	77 290	23 278	11 599	42 413
7 045	10 433	5 104	177 590	3 080	7 468	71 218	301 938	201 414	55 045	45 479
6 837	5 505	52 397	161 172	64 174	114 001	1 674	445 760	57 944	50 266	337 550

II. Armen-, Waisen-, Alters- und andere

a. Armen

Städte	Die Anstalt ist	Zahl der Anstalten	Bestand am Anfange des Jahres	Zahl der Anstaltsinsassen		davon Abgang		Bestand am Schlusse des Jahres	Von den gesammten Insassen gehörten der öffentlichen Armen- und Waisenpflege an (Sp. 4 und 5)	Sa. der Verpflegungstage	
				Zu-gang	durch Tod	in andere Versorgung				überhaupt	darunter für in öffentlicher Armen- bezw. Waisenpflege Stehende
1.	2.	3.	4.	5.	6.	7.	8.	9.	10.	11.
Altona . . .	städtisch	2	380	622	31	573	398	1 002	139 081	
Augsburg . .	„	1	127	42	15	7	147	169	44 702	
„	nichtstädt.	1	20	8	2	.	21	.	7 596	
Barmen . . .		4¹)	338	147	24	78	383	384	115 678	100 722
Bochum . . .	städtisch	1	71	48	4	36	79	79	28 227	
Braunschweig.	„	1	318	176	5	154	335	335	113 003	112 667
Breslau . . .	„	1	598	1 192	93	1 049	648	1 790	227 536	
Cassel . . .	„	1	70	6	2	9	65	.	.	.
Chemnitz . .	„	1	160	214	9	207	158	374	56 747	
Dortmund . .	„	1	69	63	8	55	69	132	26 214	23 349
Dresden . . .	„	1	321	169	46	105	339	490	118 555	
Düsseldorf . .	„	1	471	235	107	83	516	706	197 381	
Frankfurt a. M..	„	1	142	249	250		141	391	.	
Hamburg. . .	staatlich	1	327	419	135	222	1 389	1 319	494 720	459 931
Hannover . .	städtisch	4	125	828	28	287	188	458	51 222	
Kiel	„	1	63	413	.	421	55	476	21 697	
Königsberg . .	„	1	139	316	40	276	139	455	45 565	
Leipzig . . .	„	4	448	248	69	170	457	696	165 087	
Liegnitz . . .	„	1	73	37	14	23	65	108	24 354	23 259
Lübeck⁴) . . .	„	1	106	53	14	15	130	159	50 694	
Magdeburg . .	„	1	226	488	17	483	214	714	80 844	77 289
München . . .	„	3	638	153	99	45	647	791	237 980	
Nürnberg . .	„	4	.⁵)	.	.	.	.	.	.	.
Plauen i. V.. .	„	2	99	181	3	189	88	280	31 225	
Potsdam . . .	„	1	152	374	.	359	167	526	58 382	
Spandau . . .	„	1	27	187	3	136	25	.	365	
Stuttgart . . .	„	1	47	15	.	23	39	62	18 933	.

¹) Davon sind 2 Anstalten zugleich Waisenhaus.
²) Darunter 50 Mark Belohnung für gute Führung an Versorgte.
³) In dieser Summe ist der Zuschuss für das Waisenhaus mitenthalten.

Versorgungsanstalten (incl. Asyle für Obdachlose.)
häuser.

	Kosten der Anstalt (excl. Valuta) für					Zu den gesammten Kosten (Sp. 16) trug die Stadtgemeinde bei	Städte
Gehälter, Remunerationen, Pensionen, Löhne für Beamte, Aerzte, Geistliche, Wärterpersonal	Verpflegung und sonstige persönliche Bedürfnisse der Insassen	Neu- und Umbauten	übrige Ausgaben incl. Anstaltsbedürfnisse	Zusammen			
ℳ	ℳ	ℳ	ℳ	ℳ		ℳ	
12.	13.	14.	15.	16.		17.	
7 503	39 687	8 002	15 630	70 822		51 014	Altona.
2 933	24 645	1 769	4 895	34 242		30 270	Augsburg.
1 095	6 688	.	6 705	14 488		.	
12 443	49 169	54 088	28 808	144 458		68 909	Barmen.
1 557	14 970	630	4 529	21 686		13 428	Bochum.
6 241	44 482	3 995	49 753	104 471		92 957	Braunschweig.
25 359	75 312	.	31 475	132 146		119 619	Breslau.
762	.	548	227	1 537		1 537	Cassel.
5 301	24 024	2 886	4 613	36 824		10 291	Chemnitz.
1 163	10 579	4 205	2 931	18 878		13 358	Dortmund.
18 158	45 313	.	54 085[2])	117 506		98 640	Dresden.
24 530	86 739	.	6 622	117 891		97 251	Düsseldorf.
6 854	33 789	.	46 233	86 876		86 876	Frankfurt a. M.
67 020	275 112	30 993	470 648	843 768		452 628	Hamburg.
6 778	20 541	1 219	9 362	37 900		20 105[3])	Hannover.
3 183	6 993	940	3 719	14 835		9 349	Kiel.
7 862	16 181	1 995	3 701	29 739		27 806	Königsberg.
15 197	62 128	.	24 896	102 221		74 525	Leipzig.
3 340	6 274	.	6 733	16 347		8 525	Liegnitz.
7 988	21 979	.	9 956	39 873		15 462	Lübeck.[4])
17 230	34 132	3 726	3 735	58 823		84 300	Magdeburg.
9 079	133 086	.	60 898	203 063		102 101	München.
413	.	.	.	5 843		4 199	Nürnberg.
2 602	13 382	3 265	2 894	22 143		15 520	Plauen i. V.
6 178	38 524	.	9 154	53 856		48 475	Potsdam.
800	.	.	7 110	7 910		.	Spandau.
3 074	11 591	.	6 786	21 451		21 401	Stuttgart.

[4]) Die Anstalt umfasst zugleich 1 Asyl für Obdachlose und eine Krankenstation (Zahl der Insassen unter d und h). Getrennte Rechnungsführung findet nicht statt. Die in Sp. 11—16 angeführten Kostenbeträge beziehen sich daher auf die Gesammtanstalt.
[5]) In den Armenhäusern wurden 111 Erwachsene und 102 Kinder verpflegt, welche sämmtlich in öffentlicher Armenpflege standen.

Noch Tabelle II.   **b. Altersversorgungs**

Städte	Die Anstalt ist	Zahl der Anstalten	Zahl der Anstaltsinsassen		davon Abgang			Von den gesammten Insassen (Sp. 4 und 5) gehörten der öffentlichen Armen- und Waisenpflege an	Sa. der Verpflegungstage	
			Bestand am Anfange des Jahres	Zugang	durch Tod	in andere Versorgung	Bestand am Schlusse des Jahres		überhaupt	darunter für in öffentlicher Armen- bezw. Waisenpflege Stehende
1.	2.	3.	4.	5.	6.	7.	8.	9.	10.	11.
Aachen . . .	städtisch	2	435	189	76	119	429	518	157 700	152 510
Augsburg. . .	nichtstädt.	3	297	34	86	.	295	.	14 837⁷)	.
Berlin	städtisch	8	1 581	1 325	887	905	1 614	2 906	579 758	.
	nichtstädt.	1	10	.	.	.	10	.	3 650	.
Breslau . . .	„	11	771	109	60	2	818	.	286 810	.
Cassel	städtisch	1	168	343	38	314	159	.	.	.
Charlottenburg	„	2	54	10	1	14	49	60	12 720	.
Chemnitz . . .	nichtstädt.	1	112	10	12	.	110	.	.	.
Crefeld	„	1	50	14	2	6	56	64	20 206	.
Dresden . . .	städtisch	2	83	12	11	.	84	.	30 720	.
	nichtstädt.	3	213	23	26	.	212	.	55 810	.
Erfurt	„	1	186	16	22	2	178	179	64 970	.
Frankfurt a. M.	„	1	155	24	23	6	150	.	55 668	.
Frankfurt a. O.	„	3	209	9	14	.	204	58	.	.
Freiburg i. B. .	„	1	283	53	36	31	269	281	82 166	64 460
Görlitz	städtisch	1	121	29	18	5	127	115	44 778	40 398
Halle a. S. . .	nichtstädt.	1	89	14	18	.	90	.	33 018	„
Hannover. . .	„	1	21	8	.	2	22	24	.	.
Karlsruhe . .	städtisch	1	66	19	10	4	71	71	.	.
Köln a. Rh. . .	nichtstädt.	7	389	51	50		390	45	13 827⁹)	8 424
Liegnitz . . .	„	2	36	.	.	.	36	.	11 627	.
Lübeck. . . .	„	1	137	22	22	1	136	.	61 474	.
Magdeburg . .	„	9	686	54	42	6	692	.	.	.
Mainz	städtisch	1	212	57	35	19	215	240	80 886	1 736
Metz	nichtstädt.	1	16	10	3	5	18	.	5 775	.
München . .	„	3	241	17	10	4	244	.	.	.
Nürnberg. . .	„	1	302	.	.	.	302	.	.	.
Posen	städtisch	1	87	21	9	6	93	108	38 248	31 788
Potsdam . . .	nichtstädt.	1	10	1	.	1	10	.	.	.
Strassburg i. E.	städtisch	1	375	97	71	.	362	.	135 251	.
	nichtstädt.	2	206	38	26	12	206	.	84 350	.
Stuttgart . . .	städtisch	1	400	6 216	173	6 005	438	1 084	152 329	30 656
	nichtstädt.	1	203	330	68	226	239	400	75 897	70 199

¹) Der Zuschuss der Stadt Aachen zu den Gesammtkosten des Armenwesens Insassen nur im Genusse freier Wohnung; in einer dritten bekommen sie neben ⁷) Ausserdem 5 875 Mark an vorbehaltenen Zinsen. — ⁸) In den Summen Sp. 12—16 dem in einer Anstalt 709 569 Mark Aufwand für den Neubau, der sich indess auf erhalten die Insassen keine Verpflegung, es wird ihnen Baarunterstützung (3 698 Mark) in 5 anderen (Convente) erhalten die Insassen nur freie Unterkunft und ärztliche Be- ⁹) Kosten von 5 Anstalten (Convente). — ¹⁰) Hierunter 7 427 Mark Kosten der Land- verausgabt worden.

aastalten, Hospitäler.

Kosten der Anstalt (excl. Valuta) für					Zu den gesammten Kosten (Sp. 16) trug die Stadtgemeinde bei	Städte
Gehälter, Remunerationen, Pensionen, Löhne für Beamte, Aerzte, Geistliche, Wärterpersonal	Verpflegung und sonstige persönliche Bedürfnisse der Insassen	Neu- und Umbauten	übrige Ausgaben incl. Anstaltsbedürfnisse	Zusammen		
ℳ	ℳ	ℳ	ℳ	ℳ	ℳ	
12.	13.	14.	15.	16.	17.	
17 768	98 270	2 700	88 188	151 926	. [1]	Aachen.
10 143	77 991	.	9 608	97 742	.	Augsburg.
121 017	344 670	2 839	148 609	617 135	606 318	Berlin.
549	3 148	1 325	320	5 357	.	
24 692	149 735	94 258	88 933	307 018[2]	.	Breslau.
9 218	27 325	2 221	17 205	55 969	48 567	Cassel.
2 840[4]	17 369	2 088	4 558	26 855	.	Charlottenbg.
2 650	22 404	3 212	5 714	33 980	3 000	Chemnitz.
2 265	9 926	.	2 851	15 042	.	Crefeld.
9 741	26 810	. [5]	20 697	57 248	11 637	Dresden.
14 700	46 847[7]	.	45 921	107 468[6]	.	
5 745	38 301	25 991	29 094	99 131	.	Erfurt.
12 350	61 588	24 662	21 460	120 055	.	Frankfurt a.M.
3 256	12 463	.	5 218	20 987	.	Frankfurt a.O.
5 800	64 419	.	5 051	75 270	.	Freiburg i.Br.
10 960	40 190	2 000	747	53 897	.	Görlitz.
7 476	27 851	10 259	29 010	74 596	.	Halle a. S.
50	.	255	124	429	429	Hannover.
300	.	1 718	768	2 781	2 481	Karlsruhe.
876[9]	13 928[9]	. [9]	21 856[9]	36 155[9]	5 494	Köln a. Rh.
845	5 552	.	2 036	8 433	.	Liegnitz.
6 413	54 155	7 223	16 179[10]	83 970	.	Lübeck.
16 926	145 245	5 432	71 262	238 865	.	Magdeburg.
9 846	56 597	4 666	11 343	82 454	76 328	Mainz.
3 817	5 871	.	3 175	12 863	.	Metz.
3 207	92 998	7 501	34 989	138 695	.	München.
10 887	90 381	4 481	19 018	124 767	.	Nürnberg.
2 264	12 963	.	8 007	23 234	22 624	Posen.
.	.	842	3 533	4 375	.	Potsdam.
.	.	.	.	135 000	.	Strassburg i.E.
912	29 636	4 000	720	36 268	4 000	
50 444	168 101	118 818	85 001	417 359	60 500	Stuttgart.
22 681	65 609	. [11]	13 674	101 964	50 408	

betrug 1894/95 467 175 Mark. — [7] Nur für 1 Anstalt, in einer anderen stehen die freier Wohnung und Heizung Geldspenden und müssen sich damit selbst verpflegen. — sind die Ausgaben für das Siechen- und Obdachlosen-Haus mitenthalten. — [5] Ausser mehrere Jahre vertheilt. — [6] Kosten von nur Anstalten. — [7] In einer Anstalt und Feuerungsmaterial (122 Mark) gewährt. — [8] Verpflegtage nur von einer Anstalt, handlung und beziehen zum grössten Theile Geldunterstützungen (vergl. Sp. 13). — besitzer. — [11] Für Bauplatz und Baukosten der neuen Anstalt sind 1 703 690 Mark

14*

Noch Tabelle II.   **e. Siechen**

Städte	Die Anstalt ist	Zahl der Anstalten	Zahl der Anstaltsinsassen		davon Abgang			Von den gesammten Insassen (Sp. 4 und 5) gehörten der öffentlichen Armen- und Waisenpflege an	Sa. der Verpflegungstage	
			Bestand am Anfange des Jahres	Zu-gang	durch Tod	in andere Versorgung	Bestand am Schlusse des Jahres		überhaupt	darunter für in öffentlicher Armen- bezw Waisenpflege Stehende
1.	2.	3.	4.	5.	6.	7.	8.	9.	10.	11.
Aachen	städtisch	1	90	26	21	6	89	56	32 856	19 840
Altona	„	1	208	486	67	348	229	644	78 179	
Breslau	„	1	154	28	27	2	153	.	55 944	.
Charlottenburg	„	1	22	29	8	18	25	51	8 380	
Erfurt	„	1	96	20	14	15	87	80	30 426	29 200
„	nichtstädt.	1	42	8	5	1	44	80	. ⁴)	.
Görlitz	städtisch	1	51	68	25	45	49	112	19 473	19 064
Halle a. S.	„	1	145	74	35	31	153	219	58 988	
Köln a. Rh.	„	1⁵)	215	73	36	62	190	288	74 628	
Königsberg	„	1	112	88	26	.	124	96	46 004	38 749
Leipzig	„	1	201	116	52	67	198	317	68 061	
Lübeck	„	1	78	24	17	3	82	102	36 500	
Magdeburg	nichtstädt.	1	46	3	2	.	47	.	17 884	.
Nürnberg	städtisch	1	321	140	48	61	352	352	120 720	.

d. Häuser für

Augsburg	städtisch	1	20⁶)	3⁶)	.	.	28	23	. ⁷)	. ⁷)
Berlin	„	1	267	7 833	9	7 881	260	260	89 848	
Bochum	„	1	202	54	.	88	168	55		
Breslau	„	1	.	4 719⁸)	.	4 719⁸)	.	4 719⁸)	23 404⁸)	
„	nichtstädt.	1	.	7 693	.	7 693	.	.	7 693⁸)	.
Cassel	städtisch	1	10	523	.	530	3	.		
Charlottenburg	„	1	20	59	.	45	34	72		
Crefeld	„	1	62	60	.	49	73	122	23 380	
Dresden	nichtstädt.	2	.	29 057	.	29 057	.	.		
Halle a. S.	städtisch	1	40	31	.	20	51	71	.	.
Hannover	„	1	89	90	.	90	39	129	4 852	
Köln a. Rh.	„	1	.	1 118	.	1 118	.	1 118	11 686	
„	nichtstädt.	1	.	267	.	267	.	267	1 354	

¹) Der Zuschuss der Stadt Aachen zu den Gesammtkosten des Armenwesens betrug 1894/95 467 175 M.

²) Ausserdem 60 M. an vorbehaltenen Zinsen.

³) In den Summen Sp. 12 bis 16 sind die Ausgaben für das Obdachlosenhaus und das Hospital mitenthalten.

⁴) Die Werthe für Sp. 10 bis 17 sind nicht mitgetheilt.

⁵) Ausserdem werden in 7 Krankenanstalten Invalide verpflegt, in 6 davon (darunter 1 städtische) arme Invalide, am Schlusse des Jahres 71.

häuser.

Kosten der Anstalt (excl. Valuta) für					Zu den gesammten Kosten (Sp. 16) trug die Stadtgemeinde bei	Städte
Gehälter, Remunerationen, Pensionen, Löhne für Beamte, Aerzte, Geistliche, Wärterpersonal	Verpflegung und sonstige persönliche Bedürfnisse der Insassen	Neu- und Umbauten	übrige Ausgaben incl. Anstaltsbedürfnisse	Zusammen		
$\mathcal{M}$	$\mathcal{M}$	$\mathcal{M}$	$\mathcal{M}$	$\mathcal{M}$	$\mathcal{M}$	
12.	13.	14.	15.	16.	17.	
4 880 .	29 200	.	14 334	47 914	. [1]	Aachen.
6 270	25 808	2 217	7 585	41 880	13 805	Altona.
8 348	27 480	.	9 781	45 609 [7]	21 265	Breslau.
2 840 [9]	15 017	2 084	4 209	24 100	.	Charlottenbg.
1 876	15 024	1 417	4 225	30 099	8 665	Erfurt.
.	.	.	.	.	.	Görlitz.
3 674	15 276	950	19 900			Görlitz.
5 581	23 078	15 351	21 746	65 756	45 783	Halle a. S.
11 973	41 497	.	32 509	85 979	52 078	Köln a. Rh.
6 422	22 008	2 053	6 877	37 360	10 636	Königsberg.
25 379	49 407	.	27 622	102 408	70 876	Leipzig.
1 409	12 982	.	2 460	16 851	13 087	Lübeck.
1 965	11 594	1 069	843	14 971	.	Magdeburg.
9 438	74 052	11 419	29 204	124 108	30 882	Nürnberg.

Obdachlose.

588	21	173	646	1 428	1 428	Augsburg.
80 620	71 639	.	69 119	221 378	221 378	Berlin.
.	.	.	.	.	.	Bochum.
4 638	.	.	1 562	6 200	5 531	Breslau.
.	.	.	.	9 858	.	„
457	.	1 312	88	1 857	1 857	Cassel.
2 840 [10]	15 017	2 084	4 209	24 100	.	Charlottenbg.
1 800	10 596	.	1 958	14 354	7 986	Crefeld.
9 767	3 043	.	13 116	25 926	3 000	Dresden.
200	. [11]	.	1 823 [11]	2 023	2 023	Halle a. S.
1 546	3 458	517	733	6 249	6 249	Hannover.
1 397	.	.	794	2 191	2 191	Köln a. Rh.
.	.	.	.	. .	1 447	„

[6]) Ausserdem ist im Jahre 1894 ca. 1000 Personen vorübergehend Obdach gewährt worden.

[7]) Die Obdachlosen erhielten nur Nachtquartier.

[8]) Das sind Personen, welche zusammen 23 404 Nächte im Asyl zubrachten.

[9]) Das sind zugebrachte Nächte.

[10]) In den Summen Sp. 12 bis 16 sind die Ausgaben für das Siechenhaus und das Hospital mitenthalten.

[11]) Verpflegung wird nicht gewährt.

[12]) Einschliessl. 1800 M. Miethwerth der Räume.

Noch Tabelle II.

Städte	Die Anstalt ist	Zahl der Anstalten	Zahl der Anstaltsinsassen		davon Abgang		Bestand am Schlusse des Jahres	Von den gesammten Insassen (Sp. 4 und 5) gehörten der öffentlichen Armen- und Waisenpflege an	Sa. der Verpflegungstage	
			Bestand am Anfange des Jahres	Zu- gang	durch Tod	in andere Versorgung			überhaupt	darunter für in öffentlicher Armen- bezw. Waisenpflege Stehende
1.	2.	3.	4.	5.	6.	7.	8.	9.	10.	11.
Leipzig . . .	städtisch	2	61	507	28	470	70	568	28 066	
Lübeck . . .	"	1	8	52	.		41	14	55	2 822	
Mannheim . .	"	1	43			14	29	43	6 990	
München . .	"	1	27	810		806	81	27	11 647[6]		. [6]
"	nichtstädt.	1	. [4]	. [6]	. [6]	. [6]	. [6]	. [6]	. [6]	. [6]
Nürnberg . .	städtisch	1	.	1 576	.	1 576	.	1 576	5 873	
Posen	"	1	.	213	.	213	.	213	436	
Stuttgart . .	"	1	.	51[5]	.	51	.	51	208	

e. Waisen

Städte	Die Anstalt ist	Zahl der Anstalten	Bestand am Anfange des Jahres	Zu- gang	durch Tod	in andere Versorgung	Bestand am Schlusse des Jahres	Von den gesammten Insassen	überhaupt	darunter für in öffentlicher Armen- bezw. Waisenpflege Stehende
Aachen . . .	städtisch	1	90	124	18	108	88	214	30 263	
Augsburg . .	nichtstädt.	2	192	24	2	22	192	13	79 288	4 446
Barmen . . .	"	1	82	5	1	18	68	61	27 408	19 088
Berlin . . .	städtisch	5	4 500	5 860	198	5 502	4 660	10 360	1 597 528	
Breslau . . .	nichtstädt.	4	282	46	1	45	282	11	108 295	4 015
Chemnitz . . .	städtisch	1	98	17	.	17	98	115	.	
Dortmund . .	"	1	32	128	.	115	45	160	18 464	9 978
Dresden . . .	nichtstädt.	1	49	15	.	14[10]	50	64	17 611	
Erfurt . . .	"	2	137	28	1	23	141	27	50 880	8 466
Essen	"	1	76	29	.	24	81	39	29 827	12 017
Frankfurt a. M.	"	1	341	38	2	59	318	379	.	.
Frankfurt a. O.	städtisch	1	45	6	.	7	44	51		
Freiburg i. Br.	nichtstädt.	1	47	19	.	24	69	62	11 613	7 742
Hamburg . .	staatlich	1	604[12]	2 819	90	2 217	616[13]	2 609	220 863	135 012
Hannover . .	städtisch	1	84	95	.	85	44	129	13 178	
Köln a. Rh.	"	1	415	861	7	843	426	1 276	152 832	
"	nichtstädt.	1	72	20	.	15	77	29	24 895	9 364
Königsberg . .	städtisch	1	32	6	.	6	32	38	11 610	
Leipzig . . .	"	1[14]	1 146	757	48	659	1 196	1 903	. 411 889	
Liegnitz . .	"	1	21	22	.	27	16	42	6 238	

[1] Vergl. Anmerkung in Tabelle IIa. Armenhäuser.
[2] Das sind zugebrachte Nächte.
[3] Insassen nicht vorhanden.
[4] Das ist für freie Wohnung des Aufsehers.
[5] Ausserdem wurden 8225 obdachlose Durchreisende verpflegt.
[6] Der Haushalt ist mit dem des Josephinischen Institutes vereinigt, siehe Tab. IIb., Altersversorgungsanstalten etc.
[7] Einschliessl. 100 M. Werth verbrauchter Gartenerzeugnisse.
[8] Ausserdem 455 M. an vorbehaltenen Zinsen und 8467 M. an Spargeldern der Zöglinge.
[9] Einschliessl. des Aufwandes für 87 anderweit untergebrachte Waisenkinder.

Gehälter, Remunerationen, Pensionen, Löhne für Beamte, Aerzte, Geistliche, Wärterpersonal	Kosten der Anstalt (excl. Valuta) für				Zu den gesammten Kosten (Sp. 16) trug die Stadtgemeinde bei	Städte
	Verpflegung und sonstige persönliche Bedürfnisse der Insassen.	Neu- und Umbauten	übrige Ausgaben incl. Anstaltsbedürfnisse	Zusammen		
$\mathcal{M}$	$\mathcal{M}$	$\mathcal{M}$	$\mathcal{M}$	$\mathcal{M}$	$\mathcal{M}$	
12.	13.	14.	15.	16.	17.	
5 645	9 974	. [1]	9 154	24 773	20 290	Leipzig.
. [1]	. [1]	. [1]	. [1]	. [1]	. [1]	Lübeck.
1 888	3 001	.	270	4 654	4 654	Mannheim.
2 292	907	.	2 847	6 046	1 687	München.
2 644	4 944	6 043	3 215	17 206	500	.
237	.	.	.	1 047	1 047	Nürnberg.
250[4]	.	.	1 084	1 084	1 084	Posen.
817	2 136	.	1 790	4 748	4 748	Stuttgart.

häuser.

3 614	. [6]	250	940	4 804	.	Aachen.
15 846	42 847	1 821	6 961	66 975	.	Augsburg.
4 549	28 180	.	3 627	31 306	16 059	Barmen.
78 971	758 352	.	75 878	902 701	902 701	Berlin.
14 174	40 807 [7]	.	14 512	69 493[8]	.	Breslau.
4 844	18 337	1 570	27 252[9]	51 503	31 080	Chemnitz.
1 468	6 698	.	1 797	9 963	6 215	Dortmund.
3 648	6 685	.	12 006	22 339	.	Dresden.
2 225[11]	11 960 [11]	937[11]	4 066[11]	19 188[11]	885	Erfurt.
2 788	13 716	.	7 631	28 135	3 984	Essen.
18 800	116 586	.	1 125	136 511	.	Frankfurt a.M.
2 080	6 742	596	4 477	13 895	3 521	Frankfurt a.O.
2 764	10 970	56 550	760	71 044	.	Freiburg i.Br.
115 568	542 430 [13]	.	121 782[13]	779 730	.	Hamburg.
950	6 275	281	1 748	9 254	. [14]	Hannover.
25 936[13]	141 271 [15]	.	80 765[15]	197 972[15]	94 861	Köln a. Rh.
612	10 877	2 366	357	14 212	.	Königsberg.
10 278	148 385	.	5 571	164 284	117 858	Leipzig.
.	1 608	.	458	2 061	1 362	Liegnitz.

10) 11 Knaben in die Lehre, 3 Mädchen in Dienst.
11) Die Kosten sind nur von einer Anstalt mitgetheilt.
12) Ferner waren auswärts untergebracht am Jahresanfang 2813, am Jahresende 3005 Zöglinge, welche für die in Sp. 13 bezeichnete Summen mit in Betracht kommen.
13) Eine genaue Trennung der Summen nach Vorschrift der Sp. 13 und 15 ist nicht immer durchführbar gewesen.
14) Vergl. Bemerkung in Tab. II a.. Armenhäuser betreffend.
15) Die Kosten beziehen sich auch auf die in Stadt- und Landpflege, sowie in anderen Anstalten untergebrachten Kinder, zusammen 693.
16) Einschliessl. der ausserhalb der Station in Privatpflege untergebrachten Kinder.

Noch Tabelle II.

Städte	Die Anstalt ist	Zahl der Anstalten	Bestand am Anfange des Jahres	Zu-gang	durch Tod	in andere Versorgung	Bestand am Schlusse des Jahres	Von den gesammten Insassen gehörten der öffentlichen Armen- und Waisenpflege an (Sp. 4 und 5)	überhaupt	darunter für in öffentlicher Armen- bezw. Waisenpflege Stehende
1.	2.	3.	4.	5.	6.	7.	8.	9.	10.	11.
Lübeck . . .	nichtstädt.	1	124	29	1	30	122	.	55 845	.
Mainz . . .	städtisch	2	117	27	.	30	114	187	29 610	14 966
Mannheim . .	nichtstädt.	1	31	.	.	.	31	30	13 933	13 568
Metz	„	1	60	5	.	5	60	.	21 540	.
München . .	städtisch	1	146	19	.	15	150	165	52 891	.
„ . .	nichtstädt.	2	142	24	.	31	135	6	16 108	1 798
Nürnberg . .	städtisch	1	98	.	.	.	98	98	8 248	.
Plauen i. V.	nichtstädt.	1	28	7	.	7	23	.	.	.
Posen . . .	städtisch	1	16	5	.	3	18	21	5 860	.
„ . . .	nichtstädt.	1	30	.	.	.	30	30	10 950	.
Strassburg i. E.	„	4	425	435	2	444	414	627	111 507	79 905

f. Kinderpflege

Städte	Die Anstalt ist	Zahl der Anstalten	Bestand am Anfange des Jahres	Zu-gang	durch Tod	in andere Versorgung	Bestand am Schlusse des Jahres	Von den gesammten Insassen	überhaupt	darunter
Augsburg . . .	städtisch	1	40	3	1	6	36	43	11 598	
Chemnitz . . .	„	1	180	119	14	127	158	299	.	.
Dortmund . .	„	1	213	210	.	176	247	358	47 754	38 725
Dresden . .	„	1	55	211	.	208[2])	58[4])	266	21 090	
Essen	„	1	30	60	.	50	40	90	13 128	
Halle a. S. . .	„	1[5])	.	52	2	27	28	52	2 746	
Köln a. Rh.. .	nichtstädt.	4	527	595	28	470	624	15	302 085[6])	5 123
Königsberg . .	städtisch	1	18	101	.	85	29	114	6 581	
Strassburg i. E.	nichtstädt.	1	254	49	15	20	268	.	95 265	.

g. Erziehungs- und

Städte	Die Anstalt ist	Zahl der Anstalten	Bestand am Anfange des Jahres	Zu-gang	durch Tod	in andere Versorgung	Bestand am Schlusse des Jahres	Von den gesammten Insassen	überhaupt	darunter
Barmen . . .	städtisch	1	110	86	2	91	108	196	36 569	
Berlin	„	3	686	388	.	396	628	37	188 600	11 367
Breslau . . .	„	1	111	38	.	48	106	60	36 897	
Chemnitz . . .	nichtstädt.	1	38	6	.	7	37	.	.	.
Crefeld. . . .	städtisch	1	32	62	.	70	24	94	7 489	

[1]) Von Seiten der Stadtgemeinde werden der Anstalt ein Jahreszuschuss von 2800 M. und Räume gewährt, wofür letztere die Verpflichtung hat, dauernd 30 der öffentlichen Armenpflege anheimgefallene Mädchen zu unterhalten.
[2]) Einschliesslich des Aufwandes für untergebrachte Lehrlinge.
[3]) Davon 15 konfirmirt, 63 den Eltern zurückgegeben, 125 in andere Versorgung, 5 entwichen.

Kosten der Anstalt (excl. Valuta) für					Zu den gesammten Kosten (Sp. 16) trug die Stadtgemeinde bei	Städte
Gehälter, Remunerationen, Pensionen, Löhne für Beamte, Aerzte, Geistliche, Wärterpersonal	Verpflegung und sonstige persönliche Bedürfnisse der Insassen	Neu- und Umbauten	übrige Ausgaben incl. Anstaltsbedürfnisse.	Zu- sammen		
ℳ	ℳ	ℳ	ℳ	ℳ	ℳ	
12.	13.	14.	15.	16.	17.	
5 176	30 670	.	9 509	43 355	.	Lübeck.
3 866	12 646	1 103	8 204	25 819	20 874	Mainz.
1 652	9 069	434	1 920	13 075	.	Mannheim.
4 974	8 935	.	2 634	16 543	.	Metz.
4 237	72 395	3 686	1 836	82 154	.	München.
4 166	28 707	7 093	5 209	45 175	.	„
1 626	34 228	1 771	4 178	41 803	.	Nürnberg.
888	3 877	2 047	1 524	8 336	.	Plauen i. V.
530	3 776	.	1 120	5 426	5 426 [1])	Posen.
.	.	.	.	.	.	„
17 984	107 340	5 325	19 119	149 768	.	Strassburgi.E.

anstalten.

1 885	7 498	440	2 146	11 969	11 126	Augsburg.
5 040	26 584	2 106	12 918	46 598[2])	20 464	Chemnitz.
2 963	7 491	.	3 637	14 091	8 790	Dortmund.
3 577	8 512	.	10 082	22 171	16 877	Dresden.
.	6 294	794	1 830	8 918	8 918	Essen.
613	1 236	22 870	621	25 340	.	Halle a. S.
.	.	.	.	.	.	Köln a. Rh.
1 560	2 452	.	1 066	5 078	4 945	Königsberg.
1 500	6 500	.	5 000	71 500	.	Strassburgi.E.

Besserungsanstalten.

6 379	17 063	.	5 478	28 920	28 485	Barmen.
28 772	60 733	.	4 942	94 447	45 621	Berlin.
12 270	14 886[3])	.	8 111	35 267	8 875	Breslau.
1 890	8 799	2 043	15 128	27 860	.	Chemnitz.
415	2 247	.	79	2 741	2 450	Crefeld.

[1]) Davon 4 in der Kinderheilanstalt.
[2]) Die Anstalt ist am 1. November 1894 eröffnet worden.
[3]) Zugleich mit für das mit einer Anstalt verbundene Marienheim, siehe Tab. IIh.
[4]) Einschliesslich des Werthes der aus der Wirthschaft zur Beköstigung verwendeten Erzeugnisse im Betrage von 2 229 ℳ.

Noch Tabelle II.

Städte	Die Anstalt ist	Zahl der Anstalten	Zahl der Anstaltsinsassen		davon Abgang			Von den gesammten Insassen (Sp. 4 und 5) gehörten der öffentlichen Armen- und Waisenpflege an	Sa. der Verpflegungstage	
			Bestand am Anfange des Jahres	Zu-gang	durch Tod	in andere Versorgung	Bestand am Schlusse des Jahres		überhaupt	darunter für in öffentlicher Armen- bezw Waisenpflege Stehende
1.	2.	3.	4.	5.	6.	7.	8.	9.	10.	11.
Düsseldorf . .	städtisch	1	128	140	2	184	132	268	48 178	.
Frankfurt a. O.	„	1	80	18	.	11	82	96	.	
Hamburg . . .	staatlich	1	181	81	.	82	180	15	60 566	8 733
Köln a. Rh. .	nichtstädt.	2[1])	808	78	7	50	824	.	.	.
Magdeburg . .	städtisch	1	20	25	.	24	21	45	7 185	.
München . .	nichtstädt.	6[2])	566	102	5	75	588	82	28 982[4])	1 790
Potsdam . . .	„	1	49	17	.	9	57	57	19 280	
Strassburg i. E.	„	4	288	55	.	58	285	24	12 955[5])	.

h. Sonstige

Städte	Die Anstalt ist	Zahl der Anstalten	Bestand am Anfange	Zu-gang	durch Tod	in andere Versorgung	Bestand am Schlusse	Von den gesammten Insassen	überhaupt	darunter
Augsburg . . .	nichtstädt.	2	58	12	6	1	58	28	17 162	6 573
Breslau . . .	städtisch	1	441	462	19	423	461	.	162 710	
Chemnitz . . .	„	1	28	45	.	28	45	.	10 650	.
Dresden . . .	nichtstädt.	2	65[7])	221	51[6])	150	85[9])	262	29 911[10])	20 416[10])
Erfurt	„	1	78	72	2	62	81	68	26 288	10 290
Frankfurt a. M.	„	2	81	8	.	8	85	17	19 950	2 190
Freiburg i. Br.	„	1	.[12])	4 944	.[12])	4 944	.[12])	.[12])	.[12])	.[12])
Halle a. S. . .	städtisch	1	.[12])	.[12])	.[12])	.[12])	.[12])	.[12])	.[12])	.[12])
Köln a. Rh. . .	nichtstädt.	6	244	3 934	.	2 915	263	22	56 279[14])	7 368[14])
Lübeck. . . .	städtisch	1	13	605	1	578	39	618	4 877	
München . . .	„	13	.	.	.	.	.	.	2 751[16])	.
,, . . .	nichtstädt.	6	191[17])	38	7	8	214	8	3 920[15])	.
Nürnberg . .	städtisch	1	77	.	.	.	77	77	7 439	
Strassburg i. E.	nichtstädt.	1	834	55	7	46	886	4	222 275	1 460
Stuttgart . .	städtisch	1	66	30	.	32	64	96	18 642	

[1]) Ausserdem eine Anstalt, von welcher Angaben nicht vorliegen.
[2]) Ausserdem 1 Anstalt mit einem Bestande von 96 Kindern, von welcher weitere Angaben nicht vorliegen.
[3]) Kosten nur von 5 Anstalten, von der sechsten werden sie anderweit getragen.
[4]) Verpflegtage nur von einer Anstalt.
[5]) Nur von einer Anstalt.
[6]) Die Anstalt erzielte einen Ueberschuss von 8256 M.
[7]) Darunter 5 in Armenpflege.
[8]) Darunter 4 in Armenpflege und 15 in der Kinderheilanstalt.
[9]) Darunter 21 in Armenpflege und 12 in der Kinderheilanstalt.
[10]) Darunter 1906 Pflegetage für die in der Kinderheilanstalt und 5233 Pflegetage für die bei Ammen untergebrachten Kinder.
[11]) Darunter 1363 M. Kurkosten an die Kinderheilanstalt und 3493 M. Pflegekosten für die in Privatpflege zum Stillen gegebenen Kinder.

Kosten der Anstalt (excl. Valuta) für					Zu den gesammten Kosten (Sp. 16) trug die Stadtgemeinde bei	Städte
Gehälter, Remunerationen, Pensionen, Löhne für Beamte, Aerzte, Geistliche, Wärterpersonal	Verpflegung und sonstige persönliche Bedürfnisse der Insassen	Neu- und Umbauten	übrige Ausgaben incl. Anstaltsbedürfnisse	Zusammen		
ℳ	ℳ	ℳ	ℳ	ℳ	ℳ	
12.	13.	14.	15.	16.	17.	
5 508	17 719	.	736	23 958	19 475	Düsseldorf.
4 047	9 685	1 241	2 728	17 701	18 465	Frankfurt a.O.
25 150	33 958	.	9 905	69 013	55 091	Hamburg.
.	.	.	.	.	.	Köln a. Rh.
4 808	3 974	537	251	9 570	5 811	Magdeburg.
77 212[7]	128 099[7]	6 241[5]	16 278[7]	227 825	982	München.
3 306	12 978	.	2 092	18 376	12 727	Potsdam.
11 673	47 138	10 154	5 826	74 791	1 987	Strassburg i.E.

Anstalten.

4 076	15 031	.	7 694	26 801	.	Augsburg.
47 625	42 782	.	13 824	103 731	. [9]	Breslau.
1 275	8 234	617	2 223	12 349	5 792	Chemnitz.
5 748	17 690[11]	558	19 209	43 205	.	Dresden.
1 880	12 388	395	6 758	21 371	.	Erfurt.
20 388	30 014	1 400	9 880	61 682	5 300	Frankfurt a.M.
.	.	.	.	3 968	.	Freiburg i.Br.
. [13]	5 484	810	3 067	9 361	9 861	Halle a.S.
.	.	.	.	.	108	Köln a. Rh.
. [15]	. [15]	. [15]	. [15]	. [15]	. [15]	Lübeck.
6 269	24 170	.	2 326	32 765	6 964	München.
2 442	45 512	30 974	22 863	101 791	208	Nürnberg.
1 356[19]	8 191	.	3 329	7 876[19]	4 465	Strassburg i.E.
1 880	45 118	683	8 745	56 376	.	Stuttgart.
6 759	16 864	.	594	24 217	.	Stuttgart.

[12]) Die Anstalt ist aufgesucht zum vorübergehenden Aufenthalt von 12013 Personen.

[13]) Die Verwaltung erfolgt nebenamtlich.

[14]) Die Verpflegtage einer Anstalt sind bereits in Tab. II.f. mitenthalten.

[15]) Vergl. Anmerkung in Tabelle IIa, Armenhäuser.

[16]) Das sind Kochtage, an welchen zusammen 236 565 Portionen verabreicht wurden.

[17]) In einer Anstalt waren Insassen nicht vorhanden. 287 Mädchen und 18 Frauen fanden vorübergehend Aufnahme. 21 621 Nachtlager, 16 254 Frühstücke, 14 846 Mittagessen und 17 120 Abendessen gewährt.

[18]) Nur von einer Anstalt (Evangel. Arbeiterinnenheim) angegeben.

[19]) Von einer Anstalt fehlen die Kosten.

III a. Allgemeine (öffentliche und private)

Städte	Charakter der Anstalt	Zahl der Anstalten	Krankenbetten	Leitende Aerzte	Assistenz- Aerzte	Warte-personal		Kranken- Bestand am Anfang des Jahres		Zugang	
						m.	w.	m.	w.	m.	w.
1.	2.	3.	4.	5.	6.	7.	8.	9.	10.	11.	12.
Aachen. . . .	städtisch	1	ca440	2	6	7	58	135	169	1 978	1 529
Altona	„	2	658	3	7	16	58	272	190	2 315	1 604
„	nichtstädtisch	4	185	4	.	1	21	53	74	252	311
Augsburg. . .	städtisch	1	450	2	4	2	37	98	93	1 910	1 264
„	nichtstädtisch	2	92	1¹⁾	.	1	9	14	12	89	183
Barmen . .	städtisch	1	346	1	3	14	10	142	78	1 469	795
Berlin . . .	„	4	3304	9	50	161	227	1434	983	14 718	10 216
Bochum . . .	nichtstädtisch	2	525	4	7	4	48	230	112	3 142	1 211
Braunschweig.	staatlich	1	270	3	6	18	9	93	63	1 932	942
„	städtisch	1	130	2	1	.	.	56	35	818	243
„	nichtstädtisch	1	70	1	1	2	16	22	30	264	259
Bremen . .	städtisch	2	847	.¹¹⁾	.¹¹⁾	.¹¹⁾	.¹¹⁾	318	307	1 980	1 335
„ . . .	nichtstädtisch	5¹²⁾	345	.¹¹⁾	.¹¹⁾	.¹¹⁾	.¹¹⁾	124	115	981	1 084
Breslau . .	staatlich	6³⁾	630	6	26	88	25	349		6 379	
„	städtisch	4⁴⁾	941	8	11	14	111	869		7 359	
„ . . .	nichtstädtisch	25	1101	27	32	88⁵⁾	132⁵⁾	734		10 736	
Cassel	„	2	395	3	4⁶⁾	8	27	307		3 528	
Charlottenburg	städtisch	1	161	1	2	9	8	43	34	876	591
Chemnitz. . .	„	1	500	2	4	15	42	140	103	1 360	935
„	nichtstädtisch	3	114	4	2	.	.	11	10	490	448
Crefeld . . .	städtisch	1	360	1	3	10	18	128	134	1 324	1 265
Dortmund . .	„	1	338	2	4	6	17	191	61	1 962	801
„	nichtstädtisch	8	247	4	1	1	30	140	27	1 671	640
Dresden . . .	staatlich	2	469	6⁷⁾	8	32	6	258	8	3 481	78
„	städtisch	3	1771	7	12	54	78	525	599	4 147	3 717
„	nichtstädtisch	6	542⁷⁾	12⁷⁾	10	6	122	185	179	1 961	2 008
Düsseldorf . .	„	3	754	6	5	24⁷ᵃ⁾	105⁷ᵇ⁾	602		6 189	
Duisburg . .	„	3	514	6	2	17	49	249	87	2 675	954
Erfurt	städtisch	1	248	2	2	3	16	145		1 298	
„	nichtstädtisch	2	175	2	1	1	15	121		1 086	
Essen . . .	nichtstädtisch	3	603	5	2	9	39	273	89	3 817	1 450
Frankfurt a. M.	staatlich	1	113	2	2	6	.	45	.	1 000	.
„	städtisch	3	583	4	13	7	65	190	161	1 897	1 349
„	nichtstädtisch	24	1090	36⁹⁾	11	34	164	620		8 805	
Frankfurt a. O.	städtisch	2	220	3	1	3	8	93	70	908	504
„	nichtstädtisch	2	90	2	1	2	14	44		463	
Freiburg i. Br.	staatlich	1	655	1	1	7	11	337	265	248	65
„	städtisch	1	380	2	8	6	29	150	111	2 055	1 308
Görlitz	„	1	75	1	1	.	.	21	12	503	322
„	nichtstädtisch	1¹⁰⁾	85	1	2	3	4	5	3	194	163

¹) Nur für eine Anstalt (Kinderheilanstalt), in der zweiten ᵗKrankenanstalt des
die Angaben von einer Anstalt, weil eine Statistik darüber nicht geführt worden ist. —
Neueinrichtung einer Filiale der Krankenabtheilung des Armenhauses haben sich in
es sind deshalb die Zahlen für das Kalenderjahr eingesetzt worden. — ⁵) Mit Aus-
Anstalt behandelt ausserdem jeder Arzt, welcher Kranke einweist, diese selbst. —
Spalte 19 und 20 sind nur die auf Kosten der Ortskrankenkasse aufgenommenen
15 Diakonissen und drei freiwilligen Krankenpflegerinnen. — ⁹) In mehreren Anstalten
zwei Anstalten für Frauenkrankheiten und einer für Hautkrankheiten waren Angaben
22 Heildiener beschäftigt. — ¹²) Ausserdem wurden in einer Privat-Frauenklinik in

Heilanstalten im Jahre 1894 bezw. 1894/95.

Kranken-						Von den gesammten Kranken (Sp. 9–12) wurden als Arme frei, bezw. auf Kosten der öffentlichen Armenpflege verpflegt		Summa der Verpflegungstage der Kranken		Städte
Abgang überhaupt		davon durch Tod		Bestand am Schlusse des Jahres				überhaupt	der als Arme frei verpflegten	
m.	w.	m.	w.	m.	w.	m.	w.			
13.	14.	15.	16.	17.	18.	19.	20.	21.	22.	1.
1 929	1 555	220	142	184	143	1 128	741	118 709	92 262	Aachen.
2 296	1 583	241	164	291	211	1 248	1 025	171 545	113 055	Altona.
255	322	50	65	50	63	146	157	47 666	25 089	„
1 937	1 283	78	44	71	74	268	181	68 871	11 332	Augsburg.
88	171	17	20	15	24	142		18 283		„
1 839	731	95	67	272	142	514	331	72 796	35 530	Barmen.
14 606	10 101	2 108	1 465	1 546	1 048	6 722		915 035	377 601[1]	Berlin.
3 066	1 291	171	81	306	32			122 288	2 585	Bochum.
1 911	962	105	41	114	43	249	336	70 881	.	Braunschweig.
795	232	46	42	79	46	860	261	36 921	36 246	„
258	266	27	30	33	23	28	49	28 134	4 689	„
1 998	1 344	160	105	300	298	.	.	220 082	.	Bremen.
1 008	1 085	120	142	97	114	.	.	87 787	.	„
6 291		269		437		.	.	160 533	.	Breslau.
7 206		1 085		1 022		4 297		345 091	257 946	„
10 708		512		762		.	.	262 368	.	„
3 508		208		327		740		98 860	2 914	Cassel.
851	578	94	44	68	52	491		36 143	11 886	Charlottenburg.
1 342	925	153	107	158	113	620	324	80 934	41 615	Chemnitz.
486	444	.	8	15	14			23 715	.	„
1 340	1 260	119	104	125	126	807	942	94 653	59 981	Crefeld.
1 980	794	81	65	178	68	846		83 050	20 575	Dortmund.
1 664	683	78	44	147	84	15	27	58 528	3 001	„
3 553	·80	80	7	186	6	. [5]		82 533	.	Dresden.
4 154	3 710	472	397	518	606	591	664	432 972	206 092	„
1 948	1 992	304	270	198	195	27[5]	37	140 251	2 036	„
6 107		449		684		206		225 764	19 772	Düsseldorf.
2 583	858	134	38	341	183	306	128	127 258	.	Duisburg.
1 256		153		187		326		58 869	22 839	Erfurt.
1 091		110		116		43		58 389	2 169	„
3 766	1 892	134	119	324	147	645	413	132 126	46 927	Essen.
976		2	.	69	.			19 114	.	Frankfurt a. M.
2 867	1 340	167	139	223	170	1 719	1 244	128 936	108 847	„
8 731		580		694		1 901		243 207	92 394	„
901	476	60	49	100	98	268	134	62 269	10 215	Frankfurt a. O.
440		24		67		176		24 657	11 414	„
266	69	44	38	319	261	570	306	206 826	197 384	Freiburg i. Br.
2 052	1 307	108	104	153	112	395	309	102 409	23 146	„
502	320	41	82	22	14	.	.	.	.	Görlitz.
190	161	18	19	9	5	5	9	7 108	383	„

evang. Diakonissenhauses) hat jeder Kranke seinen eigenen Arzt. — [2]) Hierzu fehlen [3]) Eine Anstalt (Kgl. Klinik für Kinder) besteht seit 5. November 1894. — [4]) Infolge Angaben für das Etatsjahr derart verschoben, dass ihre Richtigkeit zweifelhaft ist, schluss einer Anstalt, deren Personal nach Bedarf gedeckt wird. — [6]) In einer [7]) Externe und an den Polikliniken thätige Aerzte sind nicht mitgezählt. – [8]) In Personen gezählt. — [7a]) Einschliesslich der Handwerker. — [7b]) Einschliesslich werden die Kranken auch von anderen als den Anstaltsärzten behandelt. — [10]) Von nicht zu erlangen. — [11]) In sämmtlichen Krankenanstalten waren 6 Aerzte und 2441 Pflegetagen 133 Kranke behandelt, wovon zwei starben.

Noch Tabelle IIIa.

Städte	Charakter der Anstalt	Zahl der Anstalten	Kranken-betten	Leitende (Aerzte)	Assistenz. (Aerzte)	Warte-personal m.	Warte-personal w.	Bestand am Anfang des Jahres m.	w.	Zugang m.	w.
1.	2.	3.	4.	5.	6.	7.	8.	9.	10.	11.	12.
Halle a. S.	staatlich	1[11])	.	.	.	.	.	29	34	591	457
,,	nichtstädtisch	1	120	2	2	3	15	79		1 477	
Hamburg	staatlich	3	3528	14	35	176	163	1553	936	10 761	7 760
Hannover	staatlich	1	273	4	12	36	.	115	.	2 030	
,,	städtisch	3	615	5	8	20	29	148	46	3 174	1 077
,,	nichtstädtisch	7	517	15	7	4	100	167	136	2 066	1 562
Karlsruhe	städtisch	1	250	2	2	4	16	113	85	1 976	1 475
Kiel	städtisch	1	150	1	2	2	7	58	68	580	474
Köln a. Rh.	,,	2	1118	3	14	31	89	476	386	6 016	4 657
,,	nichtstädtisch	16[1])	1742	24[2])	16	82	185[3])	620	363	5 589	2 435
Königsberg i.Pr.	städtisch	1	433	2	3	4	22	123	133	1 846	1 303
Leipzig	,,	2	1400	3	15	5	131	502	286	5 081	2 899
,,	nichtstädtisch	11	403	15	18	5	54	72	59	1 074	1 790
Liegnitz	städtisch	1	154	1	1	1	5	46	22	490	366
Lübeck	staatlich	2[4])	294	2	2	11	13	61	62	1 308	709
,,	nichtstädtisch	1	36	1	—	.	4	12	14	78	62
Magdeburg	städtisch	2	1083	4	12	39	54	291	307	4 641	4 538
,,	nichtstädtisch	2	100	3	2	1	23	43	26	591	453
Mainz	städtisch	1	450	1	4	5	31	159	123	2 359	2 201
Mannheim	,,	1	443	5	2	4	20	142	84	2 226	1 589
,,	nichtstädtisch	4	125	5	1	1	17	17	24	244	305
Metz	,,	2	436	4	2	9	59	131	135	1 033	668
München	städtisch	5	1934	8	22	23	192	620	577	7 922	6 539
,,	nichtstädtisch	11[8])	451	14	6	6[6])	66	105	155	1 404	1 593
Nürnberg	städtisch	1	450	4	6	7	16	117	133	2 746	2 305
Plauen i. V.	,,	1	140	1	1	1	6	44	27	477	360
Posen	,,	1	200	2	2	9	11	78	41	911	795
Potsdam	,,	1	226	1	3	12	22	100	95	1 028	1 019
,,	nichtstädtisch	2	238	2	3	5	25	153		1 514	
Spandau	städtisch	1	234	2	.	5	10	76	64	769	530
Strassburg i.E.	nichtstädtisch	4[7])	951	11	23	24	91	297[8])	346	3 496	5 075
Stuttgart	städtisch	1	690	4	6	4	64	228	230	3 067	2 991
,,	nichtstädtisch	10[9])	90...	17	12	31	133	330	216	4 344	2 387
Wiesbaden	städtisch	1	300	2	2	4	18	44	48	1 387	777
,,	nichtstädtisch	5[10])	214	7	12	12	103	105		1 573	
Zwickau	städtisch	1	150	1	2	5	8	71	31	447	237

[1]) Ausserdem fünf Privatanstalten, von welchen Angaben nicht zu erlangen Stadt behandeln zu lassen. — [2]) Bei einer Anstalt ist die Zahl der Pflegeschwestern, das Berichtsjahr infolge der im Jahre 1894 verfügten anderweiten Begrenzung des Militärlazareth. — [5]) Ausserdem noch 2 Anstalten (1 staatl. Poliklinik und 1 Privatwaren. — [6]) Ausserdem haben ca. 100 Aerzte aus der Stadt in 2 Anstalten Kranke heiten, 1 für Irre etc. und 1 Entbindungsabtheilung, siehe Tab. IIIb, IIIc und IIId. — worden. — [9]) Hierunter das Königl. Garnisonlazareth mit ca. 1000 Kranken und behandelt. — [11]) Königl. Universitätsklinik.

Kranken-						Von den gesammten Kranken (Sp. 9—12) wurden als Arme frei, bezw. auf Kosten der öffentlichen Armenpflege verpflegt		Summa der Verpflegungstage der Kranken		Städte
Abgang überhaupt		davon durch Tod		Bestand am Schlusse des Jahres				überhaupt	der als Arme frei verpflegten	
m.	w.	m.	w.	m.	w.	m.	w.			
13.	14.	15.	16.	17.	18.	19.	20.	21.	22.	1.
571	450	49	36	49	41	.	.	28 778	.	Halle a. S.
1 840		109		106				38 601	.	"
10 908	7 865	1 128	732	1 406	881	8 158		989 590	485 544	Hamburg.
1 998	.	13	.	152	.	.	.	54 444	.	Hannover.
3 117	1 089	176	109	205	84	1 849		67 606	29 316	"
2 080	1 565	165	134	203	133	177	289	125 446	25 634	Karlsruhe.
1 942	1 464	85	92	147	96	829		69 957	21 688	Kiel.
568	502	97	71	70	40	638	542	42 735	42 735	Köln a. Rh.
6 020	4 566	524	393	472	477	2 414	2 466	314 727	164 701	"
5 544	2 421	314	281	665	377	379	328	354 067	45 912	"
1 792	1 286	156	125	177	150	.	.	98 833	.	Königsberg i. Pr.
5 078	2 904	528	363	505	281	1 766	792	274 331	109 102	Leipzig.
1 074	1 774	177	151	72	75	192	652	66 810	17 661	"
500	366	40	30	36	22	59	49	23 069	3 726	Liegnitz.
1 266	706	60	55	98	65	523	182	64 528	23 943	Lübeck.
77	61	19	15	13	15	56	58	7 808	5 749	"
4 559	4 494	486	410	373	351	1 213	562	239 099	47 931	Magdeburg.
594	446	38	42	40	38	76	75	25 056	8 739	"
2 206	2 049	148	101	164	171	585	615	109 663	30 681	Mainz.
2 257	1 598	111	65	111	75	745	356	74 945	22 122	Mannheim.
230	289	27	27	31	40	114	144	16 793	10 670	"
1 008	688	106	98	161	115	534	280	68 246	51 218	Metz.
7 899	6 569	459	312	648	547	2 276		390 038	89 276	München.
1 388	1 578	114	159	121	170	1 315		57 858	20 558	"
2 660	2 255	91	52	203	183	973		85 293	15 062	Nürnberg.
499	359	49	24	22	28	198	90	23 850	11 008	Plauen i. V.
902	760	90	65	87	76	.	.	52 506	.	Posen.
1 049	1 017	131	132	79	97	.	.	83 335	.	Potsdam.
1 501		142		186		69		59 140	1 897	"
765	534	69	57	80	60	208	215	53 885	16 923	Spandau.
3 526	5 084	411	296	267	387	.	.	227 165	.	Strassburg i. E.
3 075	3 002	107	66	220	219	977		151 488	14 327	Stuttgart.
4 348	2 368	238	170	326	235	1 162		231 147	64 944	"
1 859	775	84	41	72	50	773	364	42 809	22 973	Wiesbaden.
1 571		56		107		53		77 249	26 013	"
471	235	25	14	48	32	115	47	34 781	10 456	Zwickau.

waren. — [7]) In einer Anstalt ist den Kranken freigestellt, sich von Aerzten aus der welche sich je nach Bedarf richtet, nicht angegeben. — [4]) In einer Anstalt umfasst Rechnungsjahres 15 Monate, vom 1. Januar 1894 bis 31. März 1895. Hierunter das anstalt) mit ca. 12 000 Behandelten, von denen genauere Angaben nicht zu erlangen behandelt. — [7]) Hierzu gehören noch in einer Anstalt 1 Abtheilung für Augenkrank- [8]) Von einer Anstalt sind Angaben über die Krankenbewegung nicht gemacht 6 Sterbefällen. — [10]) Ausserdem wurden in 2 Anstalten 6628 Personen poliklinisch

III b. Irrenanstalten im Jahre 1894 bezw. 1894/95.

Städte	Charakter der Anstalt	Zahl der Anstalten	Kranken-betten	Aerzte Leitende	Assistenz-	Warte-personal m.	w.	Bestand am Anfang des Jahres m.	w.	Zugang m.	w.	Abgang überhaupt m.	w.	davon durch Tod m.	w.	Bestand am Schlusse des Jahres m.	w.	Von den ges. Kranken wurden als frei bezw. auf Kosten der öffentlichen Armenpflege verpflegt über-haupt	frei ver-pflegten	Summa der Verpflegungstage der Kranken über-haupt	der als Arme frei ver-pflegten
1.	2.	3.	4.	5.	6.	7.	8.	9.	10.	11.	12.	13.	14.	15.	16.	17.	18.	19.	20.	21.	22.
Altona · · ·	städtisch	1	132	1	·	2	3	31	47	27	44	27	41	12	18	31	44	58	91	28 051	28 051
Berlin · · ·	"	3	2710	6	16	174	160	1026	1275	1086	782	1131	236	18	220	1412	1077	2457	1729	881 101	842 093
Breslau · · ·	nichtstädtisch	1	212	1	4	25	21	105	132	595	305	629	325	85	98	85	·	611	69 186	41 068
Charlottenburg	nichtstädtisch	1	141	1	·	3	3	31	27	44	41	27	12	18	·	31	44	·	1 736	
Dresden · ·	städtisch	6	744	9	2)	35	39	28	19	259	438	255	23	10	35	312	72	2457	22 855	5 977
Düsseldorf ·	nichtstädtisch	1	600	3	1	26	25	313	274	30	17	20	16	16	284	320	168	285	216 820	
Frankfurt a. M.	städtisch	1	296	1	3	33	32	146	141	197	142	197	137	23	40	146	146	238	219	105 813	69 832
Görlitz · ·	nichtstädtisch	1	130	1	4	29	23	57	61	43	30	59	39	4	19	59	37	·	·	37 051	
Halle a. S. ·	städtisch	1	·	1	·	10	12	12	46	34	47	35	3	9	9	11	·	·	6 854	
Hamburg · ·	nichtstädtisch	2	1412	3	4	79	73	664	601	343	272	299	240	61	35	708	633	713	645	317 512	
Hannover ·	städtisch	1	119	1	2	5	4	39	63	347	369	395	91	5	59	17	58	17	311	27 847	12 066
Köln a. Rh. ·	nichtstädtisch	1	220	1	·	13	17	91	113	96	92	95	40	18	90	110	152	156	15 141	57 766
Leipzig · ·	städtisch	1	150	1	3	20	·	119	·	45	·	·	·	19	·	124	·	·	48 632	
Lübeck · ·	nichtstädtisch	1	70	1	1	16	16	58	76	323	182	326	178	28	20	73	62	313	184	50 709	3 636
"	nichtstädtisch	1	150	2	1	21	26	22	31	11	12	12	9	2	3	30	35	·	·	20 942	
Mün. la	städtisch	1	150	4	3	45	69	27	28	23	14	71	30	7	24	57	182	·	35	57 182	31 428
"	nichtstädtisch	2	550	2	1	45	50	296	280	160	112	188	115	43	30	258	277	·	247	216 583	72 293
Strassburg i. E.	"	2	92	2	3	15	11	38	21	505	512	506	511	15	6	37	22	72	·	35 516	
Stuttgart · ·	nichtstädtisch	·	125	23)	1	19	17	42	49	277	279	277	276	26	22	44	61	·	·	34 859	
"	·	9	61	3)	·	3	8	20	29	86	98	95	113	7	7	11	11	·	37	11 022	4 801

1) Die übrigen Angaben sind nicht festgestellt. — ²) In diesen Zahlen sind die Aerzte (1,1) für die Krankenabtheilung des Bürgerhospitals inbegriffen. — ³) Aer e und Wartepersonal zugleich für die Siechenabtheilung des Bürgerhospitals.

Die oben erwähnten Anstalten sind folg.: Altona. Städtische Irrenpflegeanstalt. — Berlin: Irrenanstalt Herzberge der Stadt Berlin, Irrenanstalt der Stadt Berlin zu Dalldorf; Idiotenanstalt zu Dalldorf. — Breslau. Städtisches Krankenhaus an der Einbaumstras e; Privatklinik für Nervenkranke. — Charlottenburg. Privat-Irrenanstalten. — Dresden. Irrenabtheilung des Stadt-Irren- und -Siechenhauses.- Düsseldorf. Departemental-Irrenanstalt. — Frankfurt a. M. Städtische Abtheilung für Irre und Epileptische. — Görlitz. Nervenheilanstalt und Heil-Pädagogium von Dr. Kahl um Halle a. S. Psychiatrische und Nervenklinik der Universität. — H.. Irrenheilanstalt Friedrichsberg; Landes Kolonie für Geisteskranke in Langenhorn. — H.. Stadthannoversches Krankenhaus III. — Köl a. Rh. Irr l Lindenberg; Alte Irren-, Heil- und Pflegeanstalt Lindenthal. — Leipzig. Psychiatrische und Nervenklinik der Universität; Irren-, Heil- und Pflegeanstalt Leipzig-Thonberg. — Lübeck: Irrenanstalt. — München: Königl. Kreisirrenanstalt für Ob rbayern; Kuranstalt Neufriedenheim. — Strassburg i. E. Abtheilung des Bürgerhospitals für Irre, Epileptiker und Nerven-kranke. — Stuttgart. Irrenabtheilung des Bürgerhospitals; Ottilien von Dr. Wildermuth.

III c. Augenheilanstalten im Jahre 1894 bezw. 1894/95.

Städte	Charakter der Anstalt	Zahl der Anstalten	Krankenbetten	Leitende Aerzte	Assistenz-Aerzte	Wartepersonal m.	w.	Bestand am Anfang des Jahres m.	w.	Zugang m.	w.	Abgang überhaupt m.	w.	davon durch Tod m.	w.	Bestand am Schlusse des Jahres m.	w.	Von den ges. Kranken frei verpflegt m.	w.	Zahl der Verpflegungstage überhaupt	der als arme frei verpfl. gten
1.	2.	3.	4.	5.	6.	7.	8.	9.	10.	11.	12.	13.	14.	15.	16.	17.	18.	19.	20.	21.	22.
Augsburg · · ·	nichtstädtisch	2	49	2	·	·	4	8	5	126	184	121	171	·	·	8	18	18	84	5 787	1 853
Bremen · · ·	„	2	22	2	·	·	·	4	·	208		212		·	·	·	·	·	·	47 229	·
Breslau · · ·	„	5	189	5	8	·	8	72		1816		1824		·	2	64	·	·	·	·	·
Chemnitz · · ·	„	8	30	8	·	·	·	4	1	126	56	129	57	·	·	1	·	·	·	2 340	·
Dortmund · · ·	„	1	10	1	·	·	1	·	·	29	21	29	21	·	·	·	·	1	·	743	15
Frankfurt a. M.	„	2	57	2	1	·	6	14	12	288	188	233	192	·	·	9	8	·	112	9 188	2 586
Görlitz · · ·	„	2[1]	85	3	1	·	4	4	1	239	206	236	209	2	·	7	5	·	31	5 759	690
Köln a. Rh. · ·	„	1	48	1	2	·	2	11	1	141	98	150	99	·	·	2	3	·	·	5 805	7 877
Leipzig · · ·	„	4	118	5	13	13	13	52	74	870	765	848	781	·	·	74	108	171	298	21 795	·
München · · ·	„	3	104	3	4	10	6	83	27	689	555	670	587	1	1	52	45	107	94	24 349	5 570
Strassburg i. E.	„	1	55	1	2	1	6	15	3	333	328	339	310	·	·	9	16	·	·	11 663	·
Stuttgart · · ·	„	4	154	4	4	1	16	89		1217		1292		1	·	84	·	·	494	32 034	11 779
Wiesbaden · ·	„	1	92	1	1	·	4	25	21	436	364	437	357	·	·	24	18	71	90	22 115	6 671

1) Ausserdem eine Privatheilanstalt, von welcher Angaben nicht zu erlangen waren.

Berichtigung für den V. Jahrgang 1896.

Auf Seite 247, Tabelle III c Augenheilanstalten, müssen die Angaben für Strassburg folgendermassen lauten:

Strassburg i. E.	1 private	55	1	2	1	6	20	10	308	270	318	277	·	1	15	3	·	·	11 208		

III d. Oeffentliche Entbindungsanstalten im Jahre 1894 bezw. 1894/95.

Städte	Charakter der Anstalt	Zahl der Anstalten	Krankenbetten	Leitende	Assistenz-	Wartepersonal m.	Wartepersonal w.	Bestand am Anfang des Jahres m.	w.	Zugang m.	w.	Abgang überhaupt m.	w.	davon durch Tod m.	w.	Bestand am Schlusse des Jahres m.	w.	frei verpflegt m.	w.	Summa überhaupt	der als Arme frei verpflegten
1.	2.	3.	4.	5.	6.	7.	8.	9.	10.	11.	12.	13.	14.	15.	16.	17.	18.	19.	20.	21.	22.
Bremen	nichtstädtisch	1	11	.1b	.	7²	12²	.	65	.	188	.	183	.	38	.	97	.	84	2 806	.
Breslau	"	2	155	2	7	.	1	.	.	.	1803	.	1776	.	.	.	2	.	2	34 696	.
Dortmund	"	1	18	1	1	.	.	.	11	.	54	.	52	.	.	.	16	.	.	831	.
Dresden	staatlich	1	52	1	4	4	6	.	10	.	426	.	420	.	18	.	16	.	153	12 394	1 991
Frankfurt a. M.	städtisch	1	18	1	1	1	2	.	11	.	304	.	307	.	2	.	8	.	128	3 811	1 230
"	nichtstädtisch	1	6	1	1	1	2	.	.	.	123	.	123	.	.	.	.	.	.	1 230	.
Hannover	"	1	72	1	2	.	3³	.	81	.	871	.	874	.	10	.	58	.	190	17 4×1	5 086
"	"	2	109	3	2	.	11⁴	.	55	.	1057	.	1059	.	13	.	79	.	.	8 916⁵	447⁷
Köln a. Rh.	staatlich	1	.	1	.	.	.	.	.	.	.	.	.	.	.	.	.	.	.	.	.
Leipzig	"	1	95	1	2	7	3	.	3	.	1042	.	1042	.	.	.	2	.	45	1 386	1 149
Lübeck	"	1	10	1⁷	3	.	13	.	3	.	55	.	56	.	.	.	40	.	708	18 888	10 824
München	"	1	89⁶	3	.	.	9⁵	.	43	.	1244	.	1247	.	11	.	.	.	.	.	.
"	"	1	.	.	.	.	.	.	.	.	.	.	.	.	.	.	.	.	.	.	.
Strassburg i. E.	nichtstädtisch	1	43	1	1	.	4	.	13	.	593	.	577	.	12	.	29	.	.	6 684	.
Stuttgart	staatlich	1	68	1	2	.	4	.	44	.	706	.	701	.	8	.	49	.	561	15 216	11 423

1b) Siehe Bemerkung in Tabelle IIIa. — ⁴) Ausserdem in einer Anstalt 50 Hebammenschülerinnen. — ⁵) Ausserdem 30 Hebammenschülerinnen und fünf Wartefrauenschülerinnen. — ⁶) Ausserdem 38 Hebammenschülerinnen und zwei Hebammen. — ⁷) Ausserdem 30 HebammenVereins. — ²) Nur von der Provinzialanstalt. — ³) Aerzte und Wartepersonal gleichzeitig für das allgemeine Krankenhaus (siehe Tabelle IIIa). — ⁸) Darunter 15 Betten für Hausschwangere. — ⁹) Darunter vier Hebammen.

Tabelle IV. Die Ausgaben der städtischen allgemeinen Krankenanstalten im Jahre 1894 bezw. 1894/95.

Städte	Zahl der Anstalten	Gehälter, Pensionen, Remunerationen etc. für			Für Heilmittel, Verpflegung und andere Gesammtbedürfnisse der Kranken	Für Verpflegung des Personals	Für Neu- und Umbauten	Uebrige Ausgaben (incl. Löhne), Amtsbedürfnisse	Zusammen	Zu den gesammten Kosten (Sp. 10) trug die Stadtgemeinde bei
		Aerzte	Wartepersonal	Verwaltungspersonal						
		ℳ	ℳ	ℳ	ℳ	ℳ	ℳ	ℳ	ℳ	ℳ
1.	2.	3.	4.	5.	6.	7.	8.	9.	10.	11.
Aachen	1	17 775	9 800	.	84 220	21 580	16 574	56 998	206 947	.
Altona	1[1]	15 400	27 872	18 948	157 883	62 800	67 266	39 312	389 481	134 992
Augsburg	1	7 931	6 981	6 160	89 969	22 970	8 393	48 476	185 880	.
Barmen	1	.	.	.	.	.	.	.	159 839	34 212
Berlin	4	105 234	145 273	190 727	803 616	470 115	68 222	959 333	2 742 520	1 547 485
Braunschweig	1[2]	.	.	.	.	.	.	.	.	.
Bremen	2	87 509			193 757		31 479	145 590	458 335	.
Breslau	4[3]	19 500	30 112	40 063	244 562	40 143	10 116	142 103	526 599	341 965
Charlottenburg	1	4 200	11 471[4]	. [5]	49 596	. [6]	2 774	20 687	88 728	29 892
Chemnitz	1	8 466	23 367[7]	5 811	92 999	20 381	.	5 220	156 244	105 620
Crefeld	1	7 565	10 670	3 410	124 384	.	11 225	18 075	175 329	27 283
Dortmund	1	13 854	9 349	2 600	103 263	.	.	20 758	149 824	10 599
Dresden	3	40 727	63 512	43 171	355 545	80 768	8 337	282 054	874 114	122 528
Erfurt	1	6 313	3 971	1 370	8 026	30 130	5 309	26 080	81 199	26 621
Frankfurt a. M.	2[8]	19 317	17 447	12 066	242 778	1 237	42 157	136 671	471 673	267 342
Frankfurt a. O.	2	2 496	5 916	1 276	47 541	1 414	1 944	11 885	72 532	19 813
Freiburg i. Br.	1	. [9]	8 300	7 650	169 000	6 710	25 640	1 566	218 866	2 741[10]
Halle a. S.	1	1 200	2 281	2 100	23 078	2 737	15 351	19 009	65 756	45 783
Hamburg	3	160 658	167 279	159 354	1 235 158	544 992	116 695	201 548	2 585 684	1 050 511
Hannover	3	18 318	8 080	18 319	159 344	28 401	8 385	64 415	305 212	23 277
Karlsruhe	1	7 094	8 621	4 553	70 286	11 879	15 151	59 826	177 410	15 692
Kiel	1	2 550	2 804	6 231	33 801	4 745	4 429	20 341	74 901	74 901
Köln a. Rh.	2	19 433	21 470	20 075	259 548	75 578	12 781	186 533	595 438	338 726
Königsberg i. Pr	1	33 263			116 895		.	7 113	157 271	79 096
Leipzig	2	17 090	73 972	53 803	500 400	79 932	53 434	189 577	968 208	440 753
Liegnitz	1	3 150	3 048	2 100	18 504	2 206	1 790	4 607	35 405	3 502
Lübeck	1	6 000	7 210	5 229	60 762	15 899	.	68 538	163 688	42 253
Magdeburg	2	34 778	34 406	53 864	349 300	30 246	27 675	14 709	544 978	283 196
Mainz	1	7 200	6 493	5 369	89 774	.	9 314	37 194	155 844	18 527
Mannheim	1	4 600	11 500	7 260	91 130	16 194	11 880	72 436	215 000	27 215
München	5	51 192	52 118	59 820	496 787	77 705	454 496	377 883	1 569 503	515 450
Nürnberg	1	13 087	10 519	9 628	110 728	16 510	12 813	54 249	227 534	30 000
Plauen i. V.	1	8 750	4 069	5 348	15 584	4 933	2 997	55 478	92 104	52 868
Posen	1	5 300	6 302	7 580	40 966	7 420	.	43 466	111 034	71 960
Potsdam	1	4 700	10 086	6 970	87 679	15 400	.	.	124 835	21 727
Spandau	1	4 400	4 404	1 600	47 302	8 760	.	21 245	187 711	34 477
Stuttgart	1	12 592	14 019	11 014	196 387	32 850	113 813	26 394	407 069	60 500
Wiesbaden	1	8 700	9 082	11 462	53 971	17 074	66 040	30 202	137 181	44 955
Zwickau	1	5 500	5 104	2 800	33 230	.	3 072	9 520	59 226	8 100

[1] Für die Krankenabtheilung des Siechenhauses sind Kosten nicht angegeben. — [2] Kosten können nicht angegeben werden. — [3] Nur für zwei Anstalten, die Kosten für die Krankenabtheilungen des Armen- und· des Arbeitshauses sind in den betr. Gesammtanstalten, Armenpflege, mitenthalten. — [4] Einschliessl. der Löhne für 1 Heizer, 1 Portier, 1 Hausdiener, Küchen- und Waschpersonal. — [5] Werden im allgemeinen Besoldungsetat geführt. — [6] In Spalte 6 mitenthalten. — [7] Einschliessl. Hauspersonal. — [8] Für die Krankenabtheilung des städt. Armenhauses können Kosten nicht angegeben werden. — [9] Das gesammte ärztliche Personal erhält seine Besoldung aus Staatsmitteln. — [10] Beitrag städtischer Stiftungen zum Verwaltungsaufwand.

Verzeichniss

der in Tabelle II (S. 208 bis 219) **enthaltenen Anstalten nach einzelnen Gruppen (a—h).**

A a c h e n. b. Josephinisches Institut; Mariabrunn. — c. St. Vincenzhospital. — e. Waisenhaus.

A l t o n a. a. Versorgungsanstalt; Armenhaus bei Osdorf. — c. Siechenhaus und Irrenpflegeanstalt.

A u g s b u r g. a. Pfründe, Anstalt; Antonspfründe. — b. Bissinger-Hallersches Stiftungshaus; Parität. Hospitalpfründe zum heiligen Geist; Parität. Versorgungsanstalt bei St. Margaretha. — d. Asyl für Obdachlose. — e. Katholisches Waisen- und Armenkinderhaus; Evangelisches Waisenhaus. — f. Kinderanstalt. — h. Incurabelhaus; Gilg-Schneider'sches Stiftungshaus.

B a r m e n. a. Evangelisches Armenhaus; Reformirtes Armen- und Waisenhaus; Lutherisches Gemeindehaus; Katholisches Armen- und Waisenhaus. — e. Evangelisches Waisenhaus. — g. Anstalt für verlassene Kinder.

B e r l i n. b. v. Scheve'sches Stiftungshaus; Friedrich Wilhelm-Hospital und Siechenanstalten Fröbelstrasse; Friedrich Wilhelm-Hospital Pallisadenstrasse. — d. Städt. Familien-Obdachhaus. — e. Waisenhäuser. — g. Erziehungsanstalt für verwahrloste Mädchen, Klein-Beeren; Erziehungshaus für verwahrloste Knaben in Rummelsburg; Zwangserziehung in Kostpflege und Privatanstalten.

B o c h u m. a. Kaiser Wilhelm-Augusta-Hospital. — d. Asyl für Obdachlose.

B r a u n s c h w e i g: a. Städtisches Pflege- und Armenhaus.

B r e s l a u. a. Armenhaus. — b. Bürgerversorgungsanstalt; Pathe'sche Stiftung; die Hospitäler zu St. Trinitatis, St. Bernhardin, zum heiligen Geist, zu St. Hieronymus, zu den 11 000 Jungfrauen, zu St. Anna, für alte hilflose Dienstboten; Guder'sche Stiftung; Heimann'sche Stiftung. — c. Classen'sches Siechhaus. —· d. Asyle für Obdachlose. — e. Schiffke'sches Waisenhaus; Kinderhospital zum heiligen Grabe;. Kindererziehungsinstitut zur Ehrenpforte; Knabenhospital in der Neustadt. — g. Willert'sche Stiftung. — h. Arbeitshaus.

C a s s e l. a. Allgemeines Armenhaus. — b. Versorgungsanstalt einschl. Arbeitshaus. — d. Asyl für Obdachlose.

C h a r l o t t e n b u r g. b. Bürgerhospital; städt. Familienhaus für Hospitaliten. — c. Städt. Familienhaus für Sieche. — d. Städt. Familienhaus fnr Obdachlose.

C h e m n i t z. a. Versorgungsanstalt einschl. Correctionsanstalt und Obdachlosenhaus. — b. Hospital St. Georg. — e. Waisenhaus. — f. Kinderversorgungshaus. — g. Erziehungsanstalt Johanneum. — h. Zwangsarbeitsanstalt.

C r e f e l d. b. Corneliusstift. — d. Städtisches Verpflegungshaus. — g. Anstalt für verlassene Kinder.

D o r t m u n d. a. Armenhaus. — e. Waisenhaus. — f. Kinderbewahr- und Speiseanstalt.

D r e s d e n. a. Versorghaus. — b. Bürgerhospital; vereinigtes Frauenhospital; Hohenthal-Haus; katholisches Armenstift; Henriettenstift. — d. Asyl für obdachlose Männer; Asyl für Obdachlose. — e. Stadt-Waisenhaus. — f. Kinderpflegeanstalt. — h. Stadt-Findelhaus; Asyl für erwachsene taubstumme Mädchen.

D ü s s e l d o r f. a. Pflegehaus Himmelgeisterstrasse. — g. Pflegehaus Ratingerstrasse.

E r f u r t. b. Evangelische milde Stiftungen. — c. Wilhelm Augusta-Stiftung; Lucius-Hebel-Stiftung. — e. Evangelisches Waisenhaus; katholisches Waisenhaus. — h. Augusta-Victoria-Stiftung.

E s s e n. e. Evangelisches Waisenhaus. — f. Städtische Anstalt für verlassene Kinder.

F r a n k f u r t a. M. a. Armenhaus. — b. Versorgungshaus. — e. Waisenhaus-Stiftung. — h. Taubstummenanstalt; Blindenanstalt.

F r a n k f u r t a. O. b. Hospital St. Spiritus; Hospital St. Georg; Hospital St. Jacobi. — e. Lutherisches Waisenhaus. — g. Gursch'sches Gestift.

F r e i b u r g i. Br. b. Heiliggeist-Spital. — e. Waisenhaus. (Acht andere Anstalten konnten wegen zu ungenügender Angaben nicht aufgeführt werden.)

G ö r l i t z. b. Central-Hospital. — c. Siechenhaus.

Halle a. S. b. Hospital St. Cyriaci et Antonii. — c. Siechenanstalt. — d. Asyl für Obdachlose. — f. Theodor Schmidt-Stiftung. — h. Naturalverpflegungsanstalt.

Hamburg. a. Werk- und Armenhaus. — e. Waisenhaus. — g. Erziehungs- und Besserungsanstalt Ohlsdorf.

Hannover. a. Armenhäuser I—IV. — b. Uellner'sches Haus. — d. Asylhaus. — e. Waisenhaus.

Karlsruhe. b. Städtisches Armenpfründerhaus.

Kiel. a. Städtisches Armenhaus.

Köln a. Rh. b. 5 Convente; Clara-Elisen-Stift; Kloster St. Maria in der Kupfergasse. — c. Städtisches Invalidenhaus. — d. Asyl für männliche arbeitsfähige Obdachlose; Asyl für weibliche und arbeitsunfähige Obdachlose. — e. Städtisches Waisenhaus; Evangelische Waisenversorgungsanstalt. — f. St. Josephshaus; van Gils Asyl für arme Mädchen; Marienheim; Evangelisches Diakonissen- u. Kinderheim; St. Josephsstift für arme Knaben. — g. Kloster vom guten Hirten; Kloster Mariahilf; St. Magdalenen-Stift. — h. Martha-Stift; Marienheim; Heim für blinde Mädchen; Arbeiterinnen-Hospiz des Klosters der Franziskanerinnen; Unterkunft für stellenlose Dienstmädchen des Klosters der Franziskanerinnen; Lehrlingsheim zum seligen Hermann Josef.

Königsberg i. Pr. a. Armenhaus. — c. Siechenhaus. — e. Waisenhaus. — f. Kinderasyl.

Leipzig. a. Armenhaus Alt-Leipzig; Armenhaus Leipzig-Connewitz; Armenhaus Leipzig-Eutritzsch; Armenhaus Leipzig-Lindenau. — c. Irrensiechenhaus. — d. Ermittirtenhaus; Wöchnerinnen- und Kinderasyl. — e. Waisenhaus.

Liegnitz. a. Armenhaus. — b. Bürgerhospital; Schnabelstiftung. — e. Waisenhaus.

Lübeck. a. Armenhaus. — b. Altersversorgungsanstalt. — c. Siechenhaus. — d. Asyl für Obdachlose. — e. Waisenhaus. — h. Krankenstation des Armenhauses.

Magdeburg. a. Armen- und Arbeitsanstalt. — b. Kloster Beatae-Mariae-Magdalenae; Kloster St. Augustin; Zweiganstalt Kaiser Wilhelm- und Kaiserin Augusta-Stiftung; die Hospitäler St. Georgii, St. Gertraud, Schwiesau, Schartau; Coqui'sche Stiftung; Budenberg-Stiftung. — c. H. W. Müller'sches Siechenhospital. — g. Städt. Erziehungsanstalt.

Mainz. b. Invalidenhaus. — e. Knabenwaisenhaus; Mädchenwaisenhaus.

Mannheim. d. Isolirhospital. — e. Familie Wespin-Stiftung.

Metz. a. Israelitisches Hospiz. — e. Asyl Ste. Constance.

München. a. Armenversorgungsanstalt am Gasteig; desgl. am Kreuz; desgl. im Nockherhause. — b. Schnitter'sche Pflege- und Versorgungsanstalt; Vinzentinum; Lippschütz'sche Versorgungsanstalt. — d. Asyl für Obdachlose; Haus für Obdachlose. — e. Städtisches Kinderasyl; Evangelische Waisenhaus; St. Josefs-Vereinsanstalt. — g. Blindeninstitut; Centralanstalt für Erziehung und Bildung krüppelhafter Kinder; Central-Taubstummeninstitut; St. Anna-Erziehungsanstalt; Magdalenenklasse des Klosters der Frauen zum guten Hirten; Magdalenenasyl; Erziehungsanstalt des St. Marien-Ludwig-Ferdinand-Vereins. — h. Städtische Suppenanstalten (13); Blindenversorgungsanstalt; Marianum für Arbeiterinnen; Arbeiterinnenheim des Frauenvereins; Evangel. Arbeiterinnenheim; Maria-Martha-Stift; Reliktenanstalt Neuberghausen.

Nürnberg. a. Armenhaus Maxplatz 8; Armenhaus Spittlerthormauer 13; Armenhaus Peter Vischergasse 6; Armenhaus Katharinenkloster 10. — b. Heilig-Geist-Spital. — c. Sebastian-Spital. — d. Asyl für Obdachlose. — e. Waisenhaus. — h. Armenbeschäftigungsanstalt.

Plauen i. V. a. Armen- und Arbeitsanstalt; Armen- (Tennera-) Asyl. — e. Waisenhaus.

Posen. b. Hospital. — d. Haus der Obdachlosen. — e. Waisenknabenanstalt; Dr. Jacob'sche Waisenmädchenanstalt.

Potsdam. a. Armenhaus. — b. Brendel'sche Stiftung. — g. Frank'sches Stift.

Spandau. a. Armenhaus.

Strassburg i. E. a. Anstalt St. Marie; Asyl für Greise; Pfründnerhaus. — e. Städtisches Waisenhaus; Israelitisches Waisenhaus für Mädchen; Kloster zum Kinde Jesu; Waisenanstalt St. Joseph, Metzgerau 3. — f. St. Barbara-Kloster. — g. Protestant. Anstalt zur Erziehung armer Kinder Neuhof bei Strassburg; Marschallhof, Besserungsanstalt für protestantische Knaben; Mägdeanstalt; Israelitische Kunstgewerbeschule. — h. Unsere Frau von der Liebe des guten Hirten.

Stuttgart. a. Armenhaus. — b. Katharinenhospital; Bürgerhospital. — d. Asyl für Obdachlose mit Naturalverpflegungsstation. — h. Armenbeschäftigungsanstalt.

XXI.

Apotheken und pharmazeutisches Personal.

Von

Dr. M. Neefe,

Direktor des statistischen Amts der Stadt Breslau.

Am 1. Juli 1895 hat im Anschluss an die Erhebung im Jahre 1887[1]) eine statistische Aufnahme der Apotheken und des pharmazeutischen Personals im deutschen Reiche stattgefunden. Die Ergebnisse der Aufnahme sind in den „Medizinalstatistischen Mittheilungen aus dem Kaiserlichen Gesundheitsamte" veröffentlicht. Derselben sind die Angaben auf S. 231 und 232 für die hier in Betracht kommenden 55 Städte mit über 50000 Einwohnern entlehnt.

In diesen Städten wurden einschliesslich der Filialen zusammen 843 Apotheken ermittelt. Im Vergleich zu der am 14. Juni 1895 gezählten Bevölkerung (8652466) kommen 1,03 Apotheken auf je 10000 Einwohner; für das deutsche Reich überhaupt[2]) beträgt diese Ziffer 0,997. In den einzelnen Städten ist die Grösse dieser Verhältnisszahl sehr verschieden und ungleichwerthig, da das ideelle Absatzgebiet der Apotheken in Bezug auf die Umgegend der Städte nicht berücksichtigt ist. Nach dem Besitzverhältniss zerfallen dieselben in 198 privilegirte oder realberechtigte, 627 konzessionirte und 18 der Krone etc. gehörige einschl. Filialen). Es wurden 20 Apotheken ohne pharmazeutisches Hilfspersonal betrieben, 116 mit je 1, 262 mit je 2 und 445 mit je 3 und mehr pharmazeutischen Hilfspersonen.

Die Gesammtzahl des pharmazeutischen Personals belief sich in den (betreffenden Städten auf 3198 oder 3,7 im Verhältniss zu je 10000 Einwohnern (im Reiche überhaupt[3] auf 2,3). Unter demselben befanden sich 860 Betriebsleiter (Besitzer, Pächter und Verwalter), 1687 Gehilfen und 651 Lehrlinge.

---

[1]) Vergl. den I. Jahrgang des Jahrbuchs S. 180 und 182.
[2]) Die Zahl der Apotheken im Reiche einschliessl. 185 Filialen betrug 5161, gegen 4680 im April 1887.
[3]) Das in den Apotheken des deutschen Reiches beschäftigte pharmazeutische Personal (einschl. Besitzer, Pächter u. s. w.) betrug 1895: 12036, 1887: 10610. Unter dem 1895 ermittelten Personal befanden sich 5209 Betriebsleiter (Besitzer, Pächter, Verwalter), 2254 Gehilfen mit und 2254 ohne Approbation als Apotheker, 2319 Lehrlinge.

Die pharmazeutischen Anstalten und deren Personal am 1. Juli 1895.

Städte	Gesammtzahl incl. Filialen	Besitzverhältniss				Betriebsverhält. Apotheken aller Art mit			Pharmaz. Personal				Auf je 10000 Einwohner kommen	
		privilegirte oder realberechtigte	konzessionirte veräusserliche	unveräusserliche	andere und Filialen	1	2	mehr pharmazeut. Hilfspersonen	Betriebsleiter	Gehilfen	Lehrlinge	Zusammen	Apotheken	Pharmazeut. Personen
Aachen . . .	11	—	10	—	1	—	5	6	11	21	7	39	1,91	3,59
Altona . . .	10	5	5	—	—	2	6	1	10	15	3	28	0,69	1,92
Augsburg . .	10	6	—	4	—	2	2	6	10	18	10	38	1,25	4,76
Barmen . . .	10	—	10	—	—	3	5	1	10	12	4	26	0,80	2,06
Berlin . . .	147	24	122	—	1	12	44	89	148	362	50	560	0,91	3,47
Bochum . . .	5	—	5	—	—	—	3	2	5	10	2	17	0,95	3,24
Braunschweig.	10	4	—	5	1	1	—	9	10	17	21	48	0,89	4,25
Bremen . . .	13	—	13	—	—	1	8	4	14	25	6	45	0,95	3,28
Breslau . . .	28	8	18	—	2	1	2	25	28	74	33	135	0,77	3,73
Cassel . . .	8	7	1	—	—	—	2	6	8	16	13	37	1,00	4,63
Charlottenburg	9	1	8	—	—	—	5	4	9	19	4	32	0,75	2,68
Chemnitz . .	12	4	—	8	—	1	4	7	12	20	19	51	0,76	3,23
Crefeld . . .	11	—	11	—	—	2	4	5	11	20	5	36	1,04	3,39
Danzig . . .	16	9	5	—	2	6	2	8	16	24	15	55	1,31	4,50
Darmstadt . .	7	—	5	2	—	—	1	6	7	17	7	31	1,14	5,06
Dortmund . .	9	—	9	—	—	2	5	2	9	16	3	28	0,84	2,52
Dresden. . .	24	11	—	11	2	1	2	21	28	83	40	151	0,74	4,66
Düsseldorf . .	14	—	14	—	—	4	6	4	15	22	6	43	0,82	2,53
Duisburg . .	6	—	6	—	—	2	4	—	6	9	1	16	0,86	2,31
Elberfeld . .	12	—	12	—	—	3	4	5	12	18	14	44	0,88	3,24
Erfurt . . .	8	6	2	—	—	1	2	4	8	15	5	28	1,05	3,68
Essen . . .	6	—	6	—	—	—	2	4	6	12	4	22	0,64	2,34
Frankfurt a. M.	19	5	13	1	—	1	6	12	19	54	5	78	0,85	3,49
Frankfurt a.O.	6	4	1	1	—	1	2	3	6	10	5	21	1,03	3,60
Freiburg i.B. .	7	4	—	3	—	1	4	2	7	10	5	22	1,33	4,16
Gladbach . .	5	—	5	—	—	1	3	1	5	7	3	15	0,95	2,85
Görlitz . . .	7	1	6	—	—	—	2	5	7	14	8	29	1,03	4,27
Halle a. S. . .	10	3	6	—	1	2	2	5	10	19	6	35	0,88	3,06

Fortsetzung der Tabelle.

Städte	Gesammtzahl incl. Filialen	Besitzverhältniss				Betriebsverhält. Apotheken aller Art mit			Pharmaz. Personal				Auf je 10000 Einwohner kommen	
		privilegirte oder realberechtigte	konzessionirte veräusserliche	unveräusserliche	andere und Filialen	1	2	mehr pharmazeut. Hilfspersonen	Betriebsleiter	Gehilfen	Lehrlinge	Zusammen	Apotheken	Pharmazeut. Personen
Hamburg . .	46	—	46	—	—	5	22	19	50	93	16	159	0,76	2,63
Hannover . .	15	1	13	—	1	—	—	15	15	39	20	74	0,74	3,67
Karlsruhe . .	10	6	—	3	1	3	—	7	10	20	6	36	1,23	4,45
Kiel	5	3	2	—	—	—	1	4	5	13	9	27	0,54	2,91
Köln	27	—	25	2	—	3	7	17	27	47	32	106	0,87	3,43
Königsberg i.P.	18	10	8	—	—	2	1	15	18	39	29	86	0,53	0,53
Leipzig . . .	32	9	—	21	2	8	6	18	32	75	30	137	0,83	3,55
Liegnitz . .	5	2	3	—	—	—	1	3	5	9	3	17	0,96	3,34
Lübeck . . .	8	8	—	—	—	—	2	5	8	11	11	30	1,16	4,35
Magdeburg . .	17	—	17	—	—	3	7	7	17	27	18	62	0,83	2,98
Mainz . . .	8	—	7	—	1	1	5	2	10	13	4	27	1,07	3,60
Mannheim . .	9	6	—	3	—	—	5	4	9	17	5	31	1,02	3,51
Metz	20	—	20	—	—	8	4	1	20	10	9	39	3,38	6,59
Mülhausen i.E.	15	—	15	—	—	8	6	—	15	7	13	35	1,83	4,27
München . .	41	8	—	32	1	2	18	21	42	94	33	169	1,05	4,32
Münster . . .	6	—	6	—	—	—	1	5	6	11	10	27	1,09	4,91
Nürnberg . .	18	7	—	11	—	4	8	6	18	34	10	62	1,16	4,01
Plauen . . .	4	2	—	2	—	1	1	2	4	6	4	14	0,74	2,58
Posen . . .	7	6	1	—	—	—	2	5	7	12	11	30	1,00	4,29
Potsdam . .	6	5	—	1	—	1	—	5	6	12	11	29	1,04	5,04
Spandau . .	4	3	1	—	—	1	2	1	4	7	2	13	0,71	2,31
Stettin . . .	13	4	8	1	—	1	3	9	13	28	12	53	0,97	3,94
Strassburg i.E.	26	—	26	—	—	10	9	3	26	22	15	63	1,97	4,77
Stuttgart . .	18	7	—	10	1	1	6	11	20	37	14	71	1,17	4,62
Wiesbaden .	9	—	9	—	—	2	—	7	10	21	2	33	1,20	4,42
Würzburg . .	11	6	—	4	1	1	6	4	11	16	13	40	1,20	4,42
Zwickau . .	5	3	—	2	—	1	2	2	5	8	5	18	1,01	3,64

XXII.

Gewerbegerichte.

Von

Dr. jur. G. Pabst,

Direktor des statistischen Amts der freien und Hansestadt Lübeck.

Zu den Gewerbegerichten, welche im Jahre 1893 in deutschen Städten mit über 50 000 Einwohnern in Wirksamkeit gewesen waren, traten im Jahre 1894 das Gewerbegericht in Cassel (11. Juli) und im Jahre 1895 die Gerichte in Dortmund, Franfurt a. O. (1. Januar) und Potsdam (15. November) hinzu. Es bestanden also 50 Gerichte im Jahre 1895.[*] Im folgenden Jahre wurden Gerichte in Spandau und Würzburg errichtet, so dass ohne Gerichte nur blieben: Darmstadt, Münster i. W. und Zwickau.

Die Zusammenstellungen umfassen die Berichtsjahre 1894 und 1895. Sie enthalten die Ziffern über die Thätigkeit von 46 Gerichten im ersteren Jahre, von 49 im letzteren Jahre. Mit Ausnahme von Mülhausen i. E. hatten mithin alle Städte, in welchen die Gerichte in den betreffenden Jahren in Thätigkeit waren, Fragebogen zurückgesandt. In Folge vielfach veranlasster Rückfragen konnte für beide Jahre ziemlich vollständiges Material vorgelegt werden.

Bei den neuerrichteten Gewerbegerichten kann das Wahlrecht nur von solchen Personen ausgeübt werden, welche sich unter Vorlegung von Ausweisen gemeldet haben. In Cassel wird vorgängig ein Verzeichniss aus den Registern der Meldestelle für die Krankenversicherung angefertigt und auf Grund der bei der Auslegung erfolgten Anmeldungen ergänzt.

Ueber vollzogene erstmalige Wahlen haben nur Cassel und Potsdam berichtet. In Cassel wählten von 1668 in den Listen enthaltenen Arbeitgebern 36 oder 2,2 %, von 5662 Arbeitnehmern 706 oder 12,5 %. In Potsdam liessen sich in die Listen eintragen 137 Arbeitgeber und 760 Arbeitnehmer, von ersteren wählten 75 oder 54,7 %, .von letzteren 649 oder 85,4 %.

Ersatzwahlen haben im Jahre 1894 in 24, im Jahre 1895 in 17 Städten stattgefunden.

---

[*] Nach einem in den Mittheilungen des Verbandes deutscher Gewerbegerichte „Das Gewerbegericht" I. Jahrgang 1896 No. 1 enthaltenen Verzeichnisse bestanden Ende 1895 in Deutschland überhaupt 275 Gewerbegerichte, hierunter in den 28 Städten mit über 100 000 Einwohnern 28 städtische und ausserdem 6 Schiedsgerichte für Landbezirke und 2 Bergschiedsgerichte, in 27 Städten mit 50 000—100 000 Einwohnern befanden sich 22 Gerichte und ausserdem 2 Schiedsgerichte für Landbezirke und 2 Bergschiedsgerichte, in 121 Gemeinden mit 20 000—50 000 Einwohnern waren 78 Gerichte in Thätigkeit, die übrigen 135 Gerichte entfielen auf die kleineren Gemeinden.

Es wurden Stimmen abgegeben

im Jahre 1894:	von Arbeitgebern	Arbeitnehmern		im Jahre 1894:	von Arbeitgebern	Arbeitnehmern
Aachen . . .	68	2070		Posen	272	193
Barmen . . .	74	1257		Stuttgart . . .	499	2194
Berlin	4481	12636		Wiesbaden . .	101	409
Bochum . . .	6	147				
Braunschweig .	83	2030		im Jahre 1895:		
				Altona	195	1985
Breslau . . .	224	1658		Braunschweig .	145	1560
Chemnitz . . .	480	3805		Charlottenburg .	298	1420
Danzig	1046	118		Crefeld . . .	90	3116
Dresden . . .	1206	4688		Düsseldorf . .	128	4403
Duisburg . . .	16	1845				
				Elberfeld . . .	171	1705
Elberfeld . . .	246	1997		Frankfurt a. M..	1197	2538
Erfurt	148	1090		Freiburg i. Br..	356	1296
Essen	50	1616		Görlitz . . .	11	1550
Frankfurt a. M..	1690	2897		Halle a. S. . .	470	2671
M.-Gladbach . .	88	690				
				Hamburg . . .	512	1971
Hannover . .	1031	2657		Köln a. Rh. . .	731	8127
Kiel	206	586		Königsberg i. Pr.	244	427
Köln a. Rh. . .	355	3432		Lübeck . . .	910	1058
Leipzig . . .	861	3588		Magdeburg . .	273	4115
Liegnitz . . .	19	654				
Nürnberg . . .	1957	2478		Mainz	120	671
				Metz	174	403

In 21 Städten, in welchen im Jahre 1894 und in 17, in welchen
für 1895 vergleichbare Ziffern mit den erstmaligen Wahlen und den
letzten Ersatzwahlen vorliegen (vergl. Jahrgang IV Seite 265, Jahrgang V
Seite 271), wurden im Jahre 1894 von Arbeitgebern 14 854, von Arbeitnehmern 50 734 Stimmen abgegeben (gegen 11 474 und 65 998
Stimmen bei früheren Wahlen), im Jahre 1895 von Arbeitgebern 5513,
von Arbeitnehmern 36 995 Stimmen (gegen 5661 und 18 869 Stimmen
bei früheren Wahlen). Gegenüber den früheren Wahlen hat also die
Wahlbetheiligung in denjenigen Städten, in welchen 1894 Ersatzwahlen stattgefunden, insgesammt bei den Arbeitgebern um 29,5 %
zugenommen, bei den Arbeitnehmern um 23,1 % abgenommen, während
umgekehrt im Jahre 1895 die Zahl der abgegebenen Stimmen im Vergleich mit den erstmaligen Wahlen bei den Arbeitgebern um 2,6 %
abgenommen, bei den Arbeitnehmern jedoch um 96,1 % zugenommen hat.
Im Jahre 1894 wurden bei 46 Gewerbegerichten 42 924 Sachen,
im Jahre 1895 bei 49 Gerichten 45 222 Sachen anhängig gemacht.[*]
Sieht man von denjenigen Gerichten, welche nicht das ganze Vorjahr
hindurch in Thätigkeit waren, oder welche für das Vorjahr keine Angaben gemacht, ab, so betrug die Zahl der anhängig gemachten Sachen
bei 39 Gerichten i. J. 1894 38 275, gegen 38 936 i. J. 1893 und bei
45 Gerichten i. J. 1895 43 759 Sachen gegen 42 542 i. J. 1894. Auf
die i. J. 1894 hinzugekommenen 7 Gerichte entfielen 3398, auf die
i. J. 1895 errichteten 3 Gerichte 927 Sachen. In denjenigen 43 bezw.
46 Städten, welche die nachfolgende Unterscheidung nach der Stellung
der Kläger gemacht haben, wurden insgesammt i. J. 1894 27 499 Klagen

---

[*] Die Zahl der ausserdem bei Innungsschiedsgerichten anhängig gemachten
Klagen betrug bei 89 Schiedsgerichten im Jahre 1894: 1344, bei 102 Schiedsgerichten
im Jahre 1895: 1389.

oder 94,6 %, i. J. 1895 30 278 oder 94,1 % von Arbeitern gegen ihre Arbeitgeber, ferner 1457 (5,0 %) bezw. 1753 (5,5 %) von Arbeitgebern gegen ihre Arbeiter und 122 (0,4 %) bezw. 115 (0,4 %) von Arbeitern, welche bei demselben Arbeitgeber arbeiten, gegen einander anhängig gemacht.

Vor der mündlichen Verhandlung zurückgezogen wurden 1894 in 45 Städten: 1501 Klagen von 41938 oder 3,6 %, 1895 in 48 Städten: 1459 Klagen von 44640 oder 3,3 %.

Zur Verhandlung gelangten 1894: 40796 Sachen in 46 Städten, 1895: 43163 in 49 Städten. Von diesen wurden verhandelt i. J. 1894: in 29 Städten, in welchen das vereinfachte Verfahren (durch den Vorsitzenden) zulässig ist 17 357, dagegen i. J. 1895 in 33 Städten 20 148. Im vereinfachten Verfahren wurden von diesen erledigt: 10636 oder 61,3 % bezw. 12 712 oder 63,1 % (hiervon durch Vergleich 6939 oder 40,0 % bezw. 8476 oder 42,1 %). Werden diejenigen 7 Städte, in welchen das abgekürzte Verfahren nicht zulässig ist, mit berücksichtigt, so wurden von 22846 i. J. 1894 und 25956 i. J. 1895 insgesammt verhandelten Sachen vor besetztem Gewerbegericht 12 210 (53,5 %) und 13 244 (51,0 %) erledigt, hierunter durch Endurtheil 4673 (20,5 %) und 4857 (18,7 %), durch Vergleich 4440 (19,4 %) und 4871 (18,7 %), durch Versäumnissurtheil 983 (4,3 %) und 1118 (4,3 %), durch Zurücknahme der Klage 1339 (5,9 %) und 1767 (6,9 %), durch Anerkenntniss und auf andere Weise 775 (3,4 %) und 631 (2,4 %). Zieht man auch diejenigen 9 Städte, für welche in beiden Jahren die im abgekürzten Verfahren erledigten Streitsachen nicht besonders aufgegeben waren, mit herein, so wurden von sämmtlichen 40 796 (i. J. 1894) und 43 163 (i. J. 1895) verhandelten Sachen durch Endurtheil erledigt 9642 (23,6 %) und 9075 (21,0 %), durch Vergleich 18 271 (44,8 %) und 20 585 (47,7 %).

Es dürfte von Interesse sein, die grossen Verschiedenheiten, welche die einzelnen Städte namentlich in Bezug auf die durch Vergleich beseitigten Klagesachen aufweisen, besonders zu verfolgen.

Von 100 verhandelten Sachen wurden durch Vergleich erledigt:

	1894	1895		1894	1895		1894	1895
Leipzig	91,9	92,2	Wiesbaden	48,8	50,2	Magdeburg	30,4	31,8
Barmen	89,0	83,0	Hamburg	47,8	51,5	Bochum	30,4	22,5
M.-Gladbach	87,3	83,1	Augsburg	47,0	50,0	Lübeck	30,0	48,9
Mainz	77,5	78,7	Stuttgart	45,9	49,1	Düsseldorf	29,3	28,5
Cassel	73,8	68,4	Mannheim	42,7	40,0	Charlottenb.	28,9	31,1
Duisburg	62,8	73,5	München	41,1	38,0	Erfurt	27,8	30,0
Braunschw.	59,1	56,8	Berlin	40,8	46,9	Freibg. i. B.	27,6	35,8
Königsb. i. P.	58,1	50,9	Elberfeld	40,8	52,7	Altona	27,4	24,1
Crefeld	56,9	58,9	Köln a. Rh.	40,4	49,4	Görlitz	26,8	22,8
Potsdam	.	56,3	Bremen	39,4	35,4	Aachen	25,7	29,6
Liegnitz	55,1	47,8	Dortmund	.	39,1	Metz	24,7	25,9
Dresden	55,0	57,5	Posen	38,0	37,6	Hannover	24,2	24,3
Nürnberg	52,9	49,4	Halle a. S.	37,5	35,6	Breslau	20,6	17,8
Plauen i. V.	52,4	46,1	Stettin	37,0	36,6	Essen	20,1	21,4
Chemnitz	52,3	53,4	Danzig	31,8	41,6	Frankfurt a. O.	.	16,0
Strassbg. i. E.	51,4	62,9	Kiel	31,3	27,2	Karlsruhe	14,4	20,5
Frankfurt a. M.	50,2	50,3						

Die Klagesachen waren i. J. 1894 aus 45 und 1895 aus 48 Städten nach dem Werthe getrennt mitgetheilt. Auf 4 von diesen Städten

beschränkten sich in beiden Jahren die Angaben auf die erledigten
Sachen. Von sämmtlichen Klagesachen entfallen auf die

Werthklassen	1894		1895	
bis 20 Mark . . .	18133 oder	43,4%	21287 oder	47,5%
über 20 bis 50 Mark	15265 „	36,6%	15494 „	34,6%
„ 50 bis 100 „	4704 „	11,3%	4592 „	10,3%
„ 100 bis 200 „	1379 „	3,3%	1258 „	2,8%
„ 200 bis 300 „	333 „	0,8%	341 „	0,8%
mehr als 300 Mark	292 „	0,7%	319 „	0,7%
nicht eingeschätzt	1617 „	3,9%	1495 „	3,3%
Zusammen	41723 oder	100%	44786 oder	100%

Bei einer Gesammtzahl von 2004 und 1918 Sachen im Werthe
von über M 100, bei welchen eine Berufung zulässig ist, sind 179
(8,9%) und 148 (7,7%) Berufungen an das Landgericht erfolgt.
In Augsburg, M.-Gladbach, Halle a. S., Königsberg i. Pr., Lübeck, Mainz,
Nürnberg und Plauen i. V. sind in beiden Jahren keine Berufungen
erhoben.

Gutachten über gewerbliche Fragen wurden im Jahre 1894
20, im Jahre 1895 15 abgegeben.

Ueber die Gesammtkosten sind aus 43 Städten für beide Berichtsjahre Mittheilungen gemacht. Sie betrugen i. J. 1894 insgesammt
M 192535, i. J. 1895 M 196598. Hierunter waren Entschädigungen
an Beisitzer M 38351 und M 38204, sonstige persönliche Ausgaben M 120276 und M 124294, sächliche Ausgaben M 33908 und
M 34100. Durchschnittlich kamen hienach auf eine verhandelte Sache
M 4,97 bezw. M 4,74. An Einnahmen hatten diese 43 Gewerbegerichte
M 21818 und M 18876, hierunter aus Gebühren M 21023 und M 18048,
aus Strafen M 795 und M 828. Gedeckt wurden hierdurch 11,3%
bezw. 9,6% der Kosten.

Als Einigungsamt haben Gewerbegerichte gewirkt i. J. 1894 in
Augsburg, Kiel und Nürnberg in je einem Falle. In Kiel und Nürnberg
kam eine Vereinbarung zu Stande, in Augsburg wurde ein Schieds-
spruch abgegeben. Im Jahre 1895 traten dagegen Gewerbegerichte als
Einigungsamt in Thätigkeit in 15 Fällen und zwar in Berlin in 11 Fällen
(6 Vereinbarungen, 5 Schiedssprüche), sodann in je einem Falle in
Crefeld, ferner in Barmen, Königsberg i. Pr. und Leipzig, welche sämmtlich zu einer Vereinbarung führten.

Bemerkungen zu Tabelle I.

Die Angaben beziehen sich in Berlin, Charlottenburg, Duisburg, Frankfurt a. M., Köln und Mainz auf das Geschäftsjahr 1. April 1894/95, in Cassel auf die Zeit vom 1. Juli 1894 bis 31. März 1895.

*) In Crefeld, Elberfeld, M.-Gladbach, Köln, Metz und Strassburg vor der Vergleichskammer bezw. dem Vergleichsamt.

**) Vor dem Vorsitzenden allein und vor besetztem Gewerbegericht erledigte Klagen in Altona, Barmen, Berlin, Breslau, Danzig, Düsseldorf, Essen, Magdeburg, Mainz, Mannheim und München.

†) Von den erledigten Klagen: in Breslau, Karlsruhe, Lübeck, von den erledigten Klagen mit Ausnahme der vor der mündlichen Verhandlung zurückgezogenen: in Berlin, von den anhängigen Klagen mit Ausnahme der aus dem Vorjahre übernommenen Klagen: in Stuttgart, in den übrigen Städten von sämmtlichen anhängigen Klagen.

Berlin und Mainz: [1]) Einschliesslich der aus dem Vorjahre als unerledigt übernommenen Klagen.

Berlin: [2]) Ohne Beamtengehalte.

Braunschweig, Chemnitz und Kiel: [3]) Die Besoldung der Gerichtsbeamten ist von ihrem Gesammtdienstbezuge nicht trennbar.

Cassel: [4]) Einschliesslich der Kosten der ersten Einrichtung.

Duisburg und Essen: [5]) Alle etwaigen sächlichen Ausgaben (Formularkosten u. s. w.) werden aus der Stadthauptkasse bestritten.

Hamburg: [6]) Hiervon Mark 1144 den Klägern in Folge Vergleichs u. s. w. zurückgezahlt.

München: [7]) Einschliesslich der vor der mündlichen Verhandlung zurückgezogenen Sachen.

Stuttgart: [8]) Ausserhalb der mündlichen Verhandlung zurückgezogen. — [9]) Die Kosten sind im städtischen Etat nicht ausgeschieden.

Bemerkungen zu Tabelle II.

Die Angaben beziehen sich in Berlin, Cassel, Charlottenburg, Duisburg, Frankfurt a. M., Köln und Mainz auf das Geschäftsjahr 1. April 1895/96, in Potsdam auf die Zeit vom 15. November bis 31. December 1895.

*) In Crefeld, Elberfeld, M.-Gladbach, Köln, Metz und Strassburg vor der Vergleichskammer bezw. dem Vergleichsamt.

**) Vor dem Vorsitzenden allein und vor besetztem Gewerbegericht erledigte Klagen in Altona, Barmen, Berlin, Breslau, Düsseldorf, Essen, Magdeburg, Mainz, Mannheim, München.

†) Von den erledigten Klagen: in Breslau, Karlsruhe, Lübeck, von den erledigten Klagen ohne die vor der mündlichen Verhandlung zurückgezogenen: in Berlin, von den anhängigen Klagen mit Ausnahme der aus dem Vorjahre übernommenen Klagen: in Düsseldorf, Elberfeld, Stettin und Stuttgart, in den übrigen Städten von sämmtlichen anhängigen Klagen.

Berlin: [1]) Mit Ausschluss von 490 aus dem Vorjahre übernommenen Klagen. — [2]) Ohne Beamtengehalte.

Braunschweig, Chemnitz, Kiel: [3]) Die Besoldung der Gerichtsbeamten ist von ihrem Gesammtdienstbezuge nicht trennbar.

Breslau: [4]) Kosten der Vorarbeiten zu den Wahlen für 1896.

Dresden: [5]) Einschl. 5 im Jahre 1894 eingestellter und auf Antrag der Parteien im Jahre 1895 wieder aufgenommener Verfahren.

Duisburg: [6]) Einschl. 7 aus dem Vorjahre übernommener Klagen.

Duisburg und Essen: [7]) Alle etwaigen sächlichen Ausgaben (Formularkosten u. s. w.) werden aus der Stadthauptkasse bestritten.

Elberfeld: [8]) Ohne die 12 aus dem Vorjahre übernommenen Klagen.

Hamburg: [9]) Hiervon Mark 1181 den Klägern in Folge Vergleichs u. s. w. zurückgezahlt.

Mainz: [10]) Einschl. 9 aus dem Vorjahre übernommener Klagen.

München: [11]) Einschl. der vor der mündlichen Verhandlung zurückgezogenen Klagen.

Stuttgart: [12]) Ausserhalb der mündlichen Verhandlung zurückgezogen. — [13]) Die übrigen Kosten sind im städtischen Etat nicht ausgeschieden.

I. Uebersicht über die Geschäftsthätigkeit

Städte	Neu anhängig gemachte Klagen				Hierzu aus dem Vorjahre übernommene Klagen	Anhängig gewesene Klagen überhaupt	Hiervon vor der mündlichen Verhandlung zurückgezogen	Erledigte Klagen überhaupt	Von den Klagen wurden erledigt					
									von dem Vorsitzenden allein		vor besetztem Gewerbegericht	hierunter erledigt durch		
	von Arbeitgebern gegen Arbeiter	von Arbeitern gegen Arbeitgeber	von Arbeitgeber von Arbeitern gegen Arbeiter	überhaupt					überhaupt	hierunter durch Vergleich	überhaupt	rechtskräftig Versäumnissurtheil	and. Endurtheil	Vergleich
1.	2.	3.	4.	5.	6.	7.	8.	9.	10.	11.	12.	13.	14.	15.
Aachen . . .	13	380	—	393	—	393	7	386	—	—	386	28	161	99
Altona	9	316	2	327	3	330	8	314	.	.	314	39	147	86
Augsburg . . .	3	97	—	100	1	101	15	85	4	2	81	5	33	38
Barmen . . .	90	458	—	548	10	558	—	544	.	.	544	9	51	484
Berlin	12 452		6	12 458[1])	.	12 458	82	11 886	.	.	11 886	1669	3042	4845
Bochum . . .	7	73	—	80	—	80	—	79	5	5	74	5	38	19
Braunschweig .	8	563	9	580	—	580	17	560	462	290	98	2	48	41
Bremen . . .	18	599	—	617	29	646	43	581	—	—	581	33	137	229
Breslau . . .	27	1178		1 205	105	1 310	—	1 201	.	.	1 201	139	440	247
Cassel . . .	8	374	—	382	—	382	24	357	222	172	135	21	17	91
Charlottenburg	1	626	6	633	34	667	13	641	409	148	232	12	165	37
Chemnitz . . .	21	645	6	672	7	679	63	606	466	279	140	3	78	38
Crefeld	41	469	—	510	7	517	11	506	366	243	140	9	42	45
Danzig . . .	6	292	—	298	—	298	—	280	.	.	280	16	55	89
Dresden . . .	82	1702	11	1 795	5	1 800	—	1 782	1517	856	265	—	88	124
Düsseldorf . .	36	1177	4	1 217	—	1 217	—	1 171	.	.	1 171	93	426	343
Duisburg . . .	1	254	—	255	7	262	29	226	175	142	51	—	46	—
Elberfeld . . .	137	889	5	1 031	—	1 031	42	977	654	373	323	49	168	25
Erfurt . . .	19	239	3	261	9	270	11	248	125	39	123	9	61	30
Essen	7	357	—	364	9	373	—	348	.	.	348	23	169	70
Frankfurt a. M.	23	1836	2	1 861	—	1 861	88	1 773	910	556	863	112	361	333
Freiburg i. B. .	—	128	—	128	1	129	—	127	65	28	62	15	21	12
M.-Gladbach .	21	422	—	443	7	450	65	376	259	259	117	11	35	69
Görlitz . . .	59	223	2	284	—	284	4	280	19	2	261	13	140	73
Halle a. S. .	6	489	4	499	13	512	61	437	105	60	332	20	151	104
Hamburg . . .	60	2339	3	2 402	57	2 459	—	2 389	—	—	2 389	300	479	1149
Hannover . .	30	804	26	860	7	867	40	819	—	—	819	103	374	198
Karlsruhe . .	23	639	—	662	4	666	..	660	—	—	660	65	311	95
Kiel	1	339	—	340	28	368	—	358	33	14	325	22	108	98
Köln a. Rh. .	46	1565	9	1 620	23	1 643	—	1 684	757	472	877	455		188
Königsberg i.Pr	14	563	3	580	6	586	4	573	395	276	178	5	67	57
Leipzig . . .	149	2356	—	2 505	16	2 521	667	1 846	1415	1415	431	87	62	282
Liegnitz . . .	22	158	—	180	1	181	14	167	127	87	40	2	27	5
Lübeck . . .	3	117	—	120	1	121	10	110	—	.	110	—	70	33
Magdeburg . .	4	740	—	744	—	744	38	706	.	.	706	70	247	215
Mainz	12	420	3	435[1])	10	435	—	426	.	.	426	—	—	330
Mannheim . .	5	210	—	215	2	217	—	213	.	.	213	27	42	91
Metz	19	169	—	188	4	192	..	190	83	28	107	12	56	19
München . . .	24	1375	16	1 415	72	1 487	.	1 405	.	.	1 405	104	401	577
Nürnberg . . .	16	289	2	307	11	318	.	310	28	19	282	21	46	145
Plauen i. V. .	246	418	—	664	—	664	13	640	439	282	201	4	62	103
Posen	18	282	—	300	—	300	10	287	203	76	84	—	43	33
Stettin . . .	7	591	—	598	—	598	—	586	344	183	242	3	194	34
Strassburg i.E.	.	.		183	12	195	—	189	127	88	62	—	43	9
Stuttgart . .	129	1157	3	1 289	10	1 299	119[5])	1 144	714	479	430	1	368	46
Wiesbaden . .	13	360	3	376	—	376	3	373	208	121	165	2	67	61

Bemerkungen zu Tabelle I siehe Seite 237.

der Gewerbegerichte im Jahre 1894.

Von den anhängigen[†]) Klagen betrafen Gegenstände im Werthe von ... bis ... M.							Berufung gegen Entscheidungen des Gewerbegerichts	Gutachten über gewerbliche Fragen	Einnahmen der Gewerbegerichte			Kosten der Gewerbegerichte				Städte
bis 20 M.	20–50 M.	50–100 M.	100–200 M.	200–300 M.	mehr als 300 M.	nicht eingeschätzt			Gebühren	Strafen	zusammen	Entschädigungen der Beisitzer	Sonstige persönliche Ausgaben	Sächliche Ausgaben	zusammen	
17.	18.	19.	20.	21.	22.	23.	24.	25.	26.	27.	28.	29.	30.	31.	32.	33.
165	182	25	18	2	6	—	4	—	107	10	117	800	3 460	398	4 658	Aachen.
124	134	42	16	4	10	—	2	—	356	—	356	219	2 800	750	3 769	Altona.
31	50	13	4	2	1	—	—	1	76	—	76	184	1 500	344	2 028	Augsburg.
207	276	42	13	4	2	14	1	2	52	—	52	300	5 500	955	6 755	Barmen.
322	4546	1751	483	82	64	178	71	—	8781	495	9276	14 848	4 012[2])	8 437	27 297	Berlin.
45	22	12	—	1	—	—	1	8	112	—	112	288	73	46	407	Bochum.
179	208	49	27	8	9	—	—	—	174	—	174	247	—[3])	227	474	Braunschweig.
194	376	53	19	1	3	—	1	—	350	—	350	306	—	533	839	Bremen.
154	282	96	30	7	6	126	4	1	448	6	454	690	127	—	817	Breslau.
208	121	29	2	1	—	21	3	—	178	53	231	332	101	926[4])	1 359	Cassel.
117	217	160	42	12	13	6	8	—	—	—	—	306	147	—	453	Charlottenburg
144	145	22	13	3	3	149	—	—	137	—	137	228	—[3])	—	228	Chemnitz.
105	219	46	16	3	5	23	1	1	70	—	70	1 479	7 442	488	9 409	Crefeld.
90	104	31	8	1	1	63	2	—	—	—	—	·	·	·	·	Danzig.
106	640	140	33	4	6	171	—	· —	277	49	326	778	6 682	704	8 164	Dresden.
28	502	144	47	18	7	71	6	—	·	·	·	·	·	·	·	Düsseldorf.
81	122	36	14	6	3	—	1	—	73	—	73	234	—	—[5])	234	Duisburg.
95	319	72	27	6	2	10	—	—	185	—	185	700	7 200	2 100	10 000	Elberfeld.
84	94	22	8	—	5	7	1	1	170	—	170	255	690	89	1 034	Erfurt.
15	160	51	86	—	—	11	4	—	198	—	198	357	1 200	—[5])	1 557	Essen.
38	831	274	69	31	18	—	2	3	779	76	855	696	6 573	2 141	9 410	Frankfurt a. M.
54	31	6	4	2	2	—	1	—	83	—	83	110	—	20	130	Freiburg i. B.
37	191	39	12	7	8	56	—	—	45	—	45	1 590	5 862	1 031	8 483	M.-Gladbach.
75	91	16	2	—	—	—	3	—	242	—	242	160	—	101	261	Görlitz.
77	222	51	25	5	3	29	—	—	244	5	249	468	24	77	569	Halle a. S.
17	758	319	112	26	27	—	13	—	3054[6])	—	3054	2 640	27 100	5 363	35 103	Hamburg.
97	278	111	44	15	12	—	5	—	556	10	566	1 360	3 294	181	4 835	Hannover.
98	187	52	15	2	6	—	2	—	436	—	436	4 216	250		4 934	Karlsruhe.
63	130	52	26	2	5	—	4	—	255	—	255	696	—[3])	179	875	Kiel.
40	797	215	75	25	21	—	9	—	604	5	609	1 615	7 973	1 976	11 564	Köln a. Rh
42	180	43	15	5	1	—	—	1	183	—	183	309	252	—	561	Königsbrg. i.Pr.
9	660	98	30	7	9	838	3	—	204	10	214	840	1 500	778	3 118	Leipzig.
3	31	4	1	—	—	72	2	—	16	—	16	30	—	—	80	Liegnitz.
0	49	15	3	5	1	17	—	—	173	6	179	62	613	39	714	Lübeck.
5	482	90	20	5	2	—	2	1	492	15	507	1 218	99	50	1 367	Magdeburg.
3	200	38	13	1	—	—	—	1	136	—	136	202	1 330	178	1 710	Mainz.
2	70	12	8	2	3	—	2	1	—	—	—	283	1 500	235	2 018	Mannheim.
0	38	16	4	3	1	—	—	—	—	—	—	94	480	40	614	Metz.
7	687	275	49	13	16	—	10	—	814	55	869	816	5 633	2 846	9 295	München.
3	110	16	8	1	—	20	—	1	—	—	—	513	4 917	1 344	6 774	Nürnberg.
7	122	19	4	—	1	221	—	—	95	—	95	178	—	68	246	Plauen i. V.
2	98	23	16	1	—	—	1	1	92	—	92	154	4 316	631	5 101	Posen.
4	171	46	15	4	8	·	—	2	·	·	·	·	·	·	·	Stettin.
·	·	·	·	·	·	·	1	·	·	·	·	400	1 360	340	2 100	Strassburg i. E.
9	416	107	49	8	—	—	6	2	660	—	660	656	—[9])	—[9])	656	Stuttgart.
5	132	38	8	6	2	14	1	—	116	—	116	242	2 300	48	2 585	Wiesbaden.

II. Uebersicht über die Geschäftsthätigkeit

Städte	Neu anhängig gemachte Klagen				Hierzu aus dem Vorjahre übernommene Klagen	Anhängig gewesene Klagen überhaupt	Hiervon vor der mündlichen Verhandlung zurückgezogen	Erledigte Klagen überhaupt	Von den Klagen wurden erledigt:						
	von Arbeitgebern gegen Arbeiter	von Arbeitern gegen Arbeitgeber	von Arbeitgebern gegen Arbeiter	überhaupt					von dem Vorsitzenden allein: überhaupt	hierunter durch Vergleich	vor besetztem Gewerbegericht: überhaupt	hierunter erledigt durch: rechtskräftig, Versäumnissurtheil	and. Endurtheil	Vergleich	Zurücknahme der Klage
1.	2.	3.	4.	5.	6.	7.	8.	9.	10.	11.	12.	13.	14.	15.	16.
Aachen	132	373	—	505	—	505	9	496	—	—	496	29	146	147	166
Altona	4	838	—	342	8	350	15	315	.	.	315	25	151	76	21
Augsburg	8	99	1	103	1	104	19	84	.	.	84	1	29	42	10
Barmen	70	538	—	608	14	622	—	611	.	.	611	17	74	517	
Berlin		11 792	2	11 794	490	12 284	98	11 267[1]	.	.	11267	1211	2254	5262	2450
Bochum	1	80	—	81	1	82	—	80	2	2	78	8	39	16	17
Braunschweig	6	499	2	507	3	510	14	494	370	234	124	3	58	47	6
Bremen	15	594	—	609	9	618	52	548	—	—	548	50	148	194	151
Breslau	25	1029		1 054	109	1 163	—	1051	.	.	1051	122	417	187	307
Cassel	21	507	8	536	1	537	35	483	331	215	152	14	82	91	5
Charlottenburg	5	664	8	677	13	690	19	653	404	139	249	8	164	64	7
Chemnitz	74	659	7	740	10	750	76	673	541	312	132	8	69	47	4
Crefeld	69	439	—	508	—	508	9	498	327	222	171	10	46	71	44
Danzig	4	287	—	291	18	309	20	286	181	83	105	10	57	36	2
Dortmund	16	761	2	779	—	779	—	770	455	225	315	12	179	76	25
Dresden	144	2288	10	2 437	(28[a])	2 460	—	2439	2007	1176	432	—	138	227	64
Düsseldorf	68	1277	4	1 349	46	1 395	—	1347	.	.	1347	107	446	394	153
Duisburg	5	225	—	230[b]	—	230	45	170	137	125	38	—	29	—	4
Elberfeld	140	1014	1	1 155	12	1 167	49	1072[c]	759	537	313	67	142	28	41
Erfurt	16	182	1	199	11	210	6	197	102	34	95	4	56	25	6
Essen	—	400	1	401	25	426	—	398	.	.	398	49	167	85	65
Frankfurt a/M.	30	1690	11	1 731	—	1 731	50	1681	918	601	763	104	376	246	12
Frankfurt a/O.	6	123	—	129	—	129	4	125	72	18	53	2	44	2	5
Freiburg i. Br.	9	176	—	185	2	187	—	179	114	59	65	5	43	5	12
M.-Gladbach	50	408	—	458	9	467	89	366	229	229	137	24	26	75	12
Görlitz	38	184	1	223	—	223	2	220	7	1	213	19	106	49	39
Halle a. S.	5	399	4	408	14	422	48	365	49	30	316	35	130	100	12
Hamburg	58	2449	4	2 511	70	2 581	—	2487	—	—	2487	244	542	1280	381
Hannover	28	939	5	972	8	980	46	925	—	—	925	145	353	225	80
Karlsruhe	38	610	—	648	6	654	—	647	—	—	647	35	273	133	71
Kiel	4	379	—	383	10	393	—	375	29	15	346	27	151	87	80
Köln a. Rh.	79	1821	—	1 900	9	1 909	—	1900	972	705	928	91	379	234	224
Königsberg i.P.	13	937	14	964	9	973	27	938	499	320	439	41	84	158	66
Leipzig	155	2524	1	2 680	8	2 688	519	2148	1866	1866	282	72	96	114	—
Liegnitz	29	125	—	154	—	154	14	138	93	54	45	2	25	12	5
Lübeck	5	102	—	107	1	108	11	94	—	—	94	—	40	46	3
Magdeburg	11	581	—	592	—	592	42	550	.	.	550	34	253	175	18
Mainz	13	431	—	444[10]	—	444	—	437	.	.	437	—	—	344	
Mannheim	7	286	—	243	4	247	—	285	.	.	285	32	38	94	66
Metz	18	175	—	193	2	195	—	193	84	22	109	6	58	28	15
München	35	1542	25	1 602	82	1 684	.	1607	.	.	1607	160	482	611	114[11]
Nürnberg	19	393	—	412	8	420	1	413	71	47	342	17	83	157	81
Plauen i. V.	193	520	—	713	11	724	19	689	484	205	255	5	85	112	48
Posen	21	333	—	354	3	357	11	341	246	95	95	—	58	33	1
Potsdam	—	19	—	19	—	19	1	16	8	8	8	1	6	1	—
Stettin	9	435	1	445	12	457	8	431	258	141	178	5	153	15	1
Strassburg i.E.	.	.	.	228	4	232	—	232	169	129	68	—	27	17	19
Stuttgart	82	1146	3	1 231	36	1 267	102[12]	1115	745	494	370	4	276	54	35
Wiesbaden	5	382	1	388	—	388	4	384	238	138	146	3	42	60	13

Bemerkungen zu Tabelle II siehe Seite 237.

der Gewerbegerichte im Jahre 1895.

Von den anhängigen†) Klagen betrafen Gegenstände im Werthe von … bis … M.					mehr als 300 M.	nicht eingeschätzt	Berufung gegen Entscheidungen des Gewerbegerichts	Gutachten über gewerbliche Fragen	Einnahmen der Gewerbegerichte			Kosten der Gewerbegerichte				Städte
bis 20 M.	20—50 M.	50—100 M.	100—200 M.	200—300 M.					Gebühren	Strafen	zusammen	Entschädigung der Beisitzer	Sonstige persönliche Ausgaben	Sächliche Ausgaben	Zusammen	
17.	18.	19.	20.	21.	22.	23.	24.	25.	26.	27.	28.	29.	30.	31.	32.	33.
226	228	33	10	3	5	—	1	—	146	10	156	870	3 460	187	4 517	Aachen.
139	145	43	12	4	7	—	5	—	351	—	351	211	2 800	446	3 457	Altona.
40	44	17	2	—	1	—	—	—	48	—	48	212	570	405	1 187	Augsburg.
219	316	52	17	8	10	—	2	—	64	—	64	344	5 825	1 457	7 626	Barmen.
5838	4051	1377	301	76	55	69	41	—	6043	329	6372	13 314	2 822[3])	5 368	21 504	Berlin.
43	24	10	5	—	—	—	1	—	68	—	68	254	31	16	301	Bochum.
343	116	33	10	5	3	—	1	1	186	28	214	184	—[5])	167	351	Braunschweig.
324	228	43	15	8	—	—	1	—	279	—	279	351	—	543	894	Bremen.
569	288	73	37	12	16	56	5	1	391	18	409	718	65	1 078[4])	1 861	Breslau.
319	174	28	5	1	—	10	—	—	275	10	285	408		557	965	Cassel.
259	230	159	19	6	6	11	1	—	.	.	.	262	8	—	270	Charlottenburg.
350	104	30	10	7	3	246	3	—	117	18	135	266	—[5])	—	266	Chemnitz.
241	190	80	8	5	4	30	3	1	79	—	79	1 590	7 441	1 011	10 042	Crefeld.
143	124	25	8	8	6	—	—	—	.	.	.	148	—		148	Danzig.
303	338	101	24	7	11	—	3	—	392	—	392	528	5 040	1 157	6 725	Dortmund.
1159	804	183	54	13	16	231	2	—	261		261	1 128	7 300	707	9 135	Dresden.
494	515	193	44	18	16	69	1	—	.			.		.[7])		Düsseldorf.
71	111	31	9	5	3	—	2	—	52	—	52	228		—[7])	228	Duisburg.
641	407	60	20	6	10	11	1	—	186	—	186	700	7 200	2 100	10 000	Elberfeld.
139	45	9	8	2	1	6	1	—	178	48	226	230	757	147	1 184	Erfurt.
139	148	59	29	—	—	51	1	—	252	—	252	312	1 200	—[7])	1 512	Essen.
677	776	194	59	12	13	—	10	6	610	89	699	1 138	6 307	2 528	9 973	Frankfurt a. M.
64	48	8	9	2	2	1	2	1	178	24	202	69	40	47	156	Frankfurt a. O.
113	58	13	3	—	—	—	1	—	76	—	76	92	—	122	214	Freiburg i. Br.
145	177	42	17	10	3	78	—	—	27	—	27	1 261	6 012	787	8 060	M.-Gladbach.
151	59	8	4	1	—	—	2	—	219	—	219	144	—	—	144	Görlitz.
179	181	33	16	2	2	9	—	—	178	3	181	438	36	46	520	Halle a. S.
1280	789	337	120	23	32	—	10	2	2837[2])	—	2837	2 926	27 550	6 795	37 271	Hamburg.
472	309	117	44	19	19	—	4	—	613	55	668	1 462	3 392	237	5 091	Hannover.
349	232	55	8	2	1	—	2	—	369	—	369	884	4 293	383	5 010	Karlsruhe.
168	147	50	19	2	7	—	4	—	290	5	295	810	—[8])	222	1 082	Kiel.
689	855	289	82	25	19	—	13	—	589	35	624	1 821	8 253	2 048	12 122	Köln a. Rh.
614	253	71	23		12		—	—	352	—	352	366	267	—	633	Königsberg i. Pr.
1443	673	125	39	7	7	394	1	1	111	15	126	629	1 500	449	2 578	Leipzig.
46	26	8	3	1	—	70	—	—	30	—	30	36	—	—	36	Liegnitz.
25	37	15	7	1	2	7	—	—	124	5	129	55	500	81	636	Lübeck.
257	250	52	21	10	2	—	3	—	414	15	429	1 173	79	50	1 302	Magdeburg.
194	190	44	11	5	—	—	1	—	77	—	77	160	1 219	150	1 529	Mainz.
155	62	15	8	3	4	—	1	—	.	.	—	206	1 500	249	1 955	Mannheim.
117	46	22	6	3	1	—	1	—	—	—	—	.	.	.	.	Metz.
554	782	320	60	14	14	—	13	—	915	108	1018	868	5 686	3 281	9 785	München.
201	145	21	19	4	4	26	—	—	5	—	5	306	5 686	680	6 672	Nürnberg.
490	105	23	1	—	1	104	—	—	108	13	121	236	—	91	327	Plauen i. V.
203	98	32	24	—	—	—	2	1	121	—	121	200	4 306	615	5 121	Posen.
4	13	1	—	—	—	1	—	—	—	—	—	10	52	117	179	Potsdam.
264	128	37	8	2	6	—	1	—	.	.	.	.	.	.	.	Stettin.
												400	1 860	340	2 100	Strassburg i. E.
760	340	86	38	.	7	.	2	1	560	—	560	588	—[12])	—[12])	588	Stuttgart.
174	145	85	10	4	—	20	1	—	143	—	143	168	1 787	43	1 998	Wiesbaden.

XXIII.

Gewerbliche Innungen.

Von

Dr. jur. G. Pabst,

Direktor des statistischen Amts der freien und Hansestadt Lübeck.

Die Uebersichten über die Verhältnisse der Innungen beziehen sich auf die beiden Geschäftsjahre 1894 und 1895.

Bereits in den Vorjahren hatte eine Anzahl von Stadtverwaltungen unter Hinweis auf die Schwierigkeiten, welche aus der Beschaffung des Materials erwachsen, um Mittheilung besonderer Fragebogen für die einzelnen Innungen ersucht. Nachdem durch vorgängige Anfrage festgestellt war, dass dieser Wunsch von 42 Stadtverwaltungen getheilt werde, sind diesen neben dem allgemeinen Fragebogen besondere Erhebungsformulare für die einzelnen Innungen in der erbetenen Anzahl übermittelt worden. Die neue Einrichtung hat sich durchaus bewährt; die Zahl der Städte, welche für das eine oder das andere Jahr mehr oder minder vollständige Angaben eingesandt haben, ist von 41 im Jahre 1893 auf 52 gewachsen. Unter ihnen befinden sich erfreulicherweise auch mehrere, welche sich im Uebrigen an den Arbeiten des Jahrbuches nicht betheiligen. Von sämmtlichen 55 deutschen Städten mit mehr als 50 000 Einwohnern haben sich demnach nur 3 von der Erhebung ausgeschlossen. Neu hinzugekommen sind gegen das Vorjahr folgende 11 Städte: Augsburg, Bochum, Darmstadt, Elberfeld, München-Gladbach, Liegnitz, Mainz, Mülhausen i. E., Plauen i. V., Spandau, Würzburg. Ausgefallen ist dagegen Braunschweig für beide Jahre, während Görlitz für 1894, Breslau und Stettin für 1895 die Aufgaben lieferten.

Bei Einsendung der Fragebogen und bei Beantwortung der erforderlich gewordenen Revisionsfragen, welche den Schriftwechsel mit 35 Stadtverwaltungen erforderlich machten, ist wiederholt das geringe Entgegenkommen hervorgehoben, welches die Vorstände der Innungen selbst der Erhebung entgegenbrächten. In einer Stadt sind die Aufgaben nur mittelst Anwendung von Strafandrohung vollständig eingegangen, in einer anderen Grossstadt konnten die Revisionsfragen nicht erledigt werden, da es an dem gesetzlichen Zwange zur Lieferung der Nachweisungen fehle.

Der Bestand der Innungen in sämmtlichen 41 Städten war im Berichtsjahre 1893: 834 und nach Abzug von Breslau und Braunschweig mit zusammen 87 Innungen: 747 Innungen. Im Jahre 1894 wurden aufgelöst in Altona, Frankfurt a. M., Mannheim, Nürnberg, Stuttgart, Wiesbaden je eine Innung, in Metz zwei Innungen. Neu errichtet wurden in ·Bremen, Freiburg i. Br., Königsberg und Leipzig je eine Innung. Durch Vervollständigung der Angaben kamen fünf Innungen hinzu und aus den 12 Städten, welche früher noch nicht berichtet hatten, zusammen 117 Innungen. Die Zusammenstellung für 1894 bezieht sich also auf 865 Innungen. Für 1895 fiel aus: Görlitz mit 21 Innungen, hinzukamen: Breslau und Stettin zusammen mit 89 Innungen. In Dresden wurde eine Innung aufgelöst und zwei wurden zusammengelegt. Neu errichtet dagegen wurden in Dresden, Duisburg und Würzburg je eine Innung. Das Berichtsjahr 1895 umfasst demnach 934 Innungen. Der Bestand sämmtlicher Innungen in denjenigen Städten, welche eine Vergleichung zulassen, ist fast derselbe geblieben. Er betrug in 39 Städten 1893 und 1894: 747 und 748 Innungen, 1894 und 1895 in 49 Städten: 844 und 845 Innungen.

Von den in die Uebersichten aufgenommenen Städten haben 3 in beiden Jahren die Mitgliederzahlen nicht für sämmtliche vorhandenen Innungen aufgeben können (siehe Anmerkung zu Tabelle I a und b). Für die Mitgliederzahl fallen aus im ersteren Jahre 10 Innungen, im letzteren 6 Innungen und sind nachgewiesen im Jahre 1894: 66 666 Mitglieder für 855 Innungen, im Jahre 1895: 73 792 Mitglieder für 928 Innungen. oder durchschnittlich 81,1 und 81,0 Mitglieder auf die Innung. In denjenigen Städten, welche eine Vergleichung zulassen, ist die Zahl der Mitglieder nur wenig verändert. In den Jahren 1893 und 1894 zählten 36 Städte: 55 992 und 55 976 Innungsmitglieder. In 48 Städten betrug deren Zahl im Jahre 1894: 65 295, in denselben Städten im Jahre 1895: 66 808. Es kamen durchschnittlich 1893: 81,1, 1894 80,9, 1895 80,1 Mitglieder auf eine Innung.

In Bezug auf die Zahl der Lehrlinge ergiebt sich in den zum Vergleich geeigneten Städten in den einzelnen Jahren ebenfalls keine erhebliche Abweichung. In 34 Städten wurden ermittelt 1893: 36 810, in denselben Städten 1894: 37 632 Lehrlinge. In 46 Städten betrug die Zahl der Lehrlinge 1894: 44 473, in denselben Städten 1895: 44 938 und im Verhältniss zu 100 Meistern: 68 in beiden Jahren. Im Jahre 1894 wurden aus 47 Städten 11 476 Lehrlinge von 42 384, im Jahre 1895 aus 46 Städten 12 450 Lehrlinge von 46 668 geprüft oder ausgeschrieben, oder 27,1 %, bezw. 26,7 % der in diesen Städten ermittelten Innungslehrlinge (28,0 % im Jahre 1893).

Die Zahl der Innungen mit obligatorischer Meisterprüfung betrug 1894 in 34 Städten: 404, vor denen 1201 Gesellen Prüfungen ablegten, im Jahre 1895 wurden in 36 Städten in 448 Innungen 1426 Gesellen geprüft. Bei den Innungen in 14 Städten ist eine Meisterprüfung überhaupt nicht vorgeschrieben.

Innungsschiedsgerichte wurden angegeben 1894: 89 in 29 Städten, 1895: 102 in 30 Städten. Die ihnen unterstellten Innungsmitglieder: 22 079 und 24 078 machten 54,2 % und 50,8 % der Innungsmitglieder dieser Städte aus. Die Zahl der anhängig gemachten Streitsachen betrug 1344 und 1389 (durchschnittlich eine Streitsache auf 16,4 und 17,3 Mitglieder).

Im Jahre 1894 waren in 39 Städten 164 besondere Innungs-fachschulen vorhanden, im Jahre 1895 in 40 Städten 181 Fach-schulen.

Mittheilungen über die Zahl der den Innungsmitgliedern gegenüber den Nichtinnungsmitgliedern gewährten Vorrechte liegen für 1894 für 49 Städte, 1895 für 50 Städte vor. In 13 dieser Städte war in beiden Jahren keine Innung im Besitze solcher Privilegien. Die Ziffern über die seit 1893 stattgehabten Veränderungen müssen sich auf diejenigen Städte beschränken, welche in beiden Jahren gleich vollständige An-gaben lieferten.

Zahl der einzelnen Innungen verliehenen Privilegien:

auf Grund der Gewerbeordnung:	a) Zahl der Fälle		b) zur Vergleichung mit den Vorjahren Fälle			
	1894: in 49 Städten	1895: in 50 Städten	1893: in 37 Städten	1894: in 48 Städten	1894:	1895:
§ 100e No. 1 . .	81	93	56	72	76	81
§ 100e No. 2 . .	77	90	65	70	74	79
§ 100e No. 3 . .	243	261	181	190	230	234
§ 100f No. 1 . . .	50	57	26	31	49	52
§ 100f No. 2 . . .	28	34	14	19	27	30
§ 100f No. 3 . . .	21	22	8	15	20	20
Verleihungsfälle insgesammt:	500	557	350	397	476	496
Betheiligte Innungen . .	270	293	190	207	255	262

Die Tabelle II bringt die Mittheilungen über die finanziellen Ergebnisse der Innungen gegen die Vorjahre in abgekürzter Form. Es sind nur die Gesammt-Einnahmen und -Ausgaben und die auf die Eintrittsgelder und Beiträge entfallenden Beträge der ersteren und die Aufwendungen für Schul- und Herbergswesen bei den letzteren hervor-gehoben worden, unter Hinzufügung des Kapitalvermögensbestandes. Gerade auf diesem Gebiete enthielten die Eintragungen in die Frage-bogen wieder sehr viele auffallende Ziffern, welche selbst durch die Revisionsfragen nur zum Theil haben beseitigt werden können. Aus letzterem Grunde ist davon abgesehen, die Ziffern über den Immobiliar-besitz der Innungen zum Abdruck zu bringen.

Im Jahre 1894 betrugen die Einnahmen (abzüglich der Kassen-bestände) bei 726 Innungen in 44 Städten 893 719 Mark (hievon aus Eintrittsgeldern und Beiträgen 351 829 Mark), die Ausgaben 820 707 Mark (hievon für Fach- und sonstige Schulen 95 544 Mark, für das Herbergswesen 88 831 Mark). Die Einnahmen des Jahres 1895 beliefen sich bei 787 Innungen in 44 Städten auf 1 031 205 Mark (hievon aus Eintrittsgeldern und Beiträgen 388 450 Mark), die Aus-gaben auf 1 028 543 Mark, (hievon für Schulwesen 94 572 Mark, für Herbergswesen 82 732 Mark). Ende 1894 betrug das Kapital-vermögen der Innungen in 45 Städten: 1 893 693 Mark, Ende 1895 in 46 Städten: 2 339 982 Mark. Der bedeutende Minderbetrag gegen das Jahr 1893 (2 485 044 Mark) erklärt sich daraus, dass für Dresden mit einem Kapitalvermögen der Innungen von über 700 000 Mark Angaben in beiden Berichtsjahren, für Breslau im Jahre 1894 fehlen.

Tabelle III beschränkt sich auf die Ziffern über die vorhandenen Nebenkassen für 1895, welche vollständiger sind als die für das Jahr 1894 aufgegeben. Aus 37 Städten wurden gemeldet 24 Wittwen- und Waisenkassen mit 1990 Mitgliedern, 77 Krankenkassen mit 22 372.

Mitgliedern, 253 Sterbekassen mit 41 581 Mitgliedern, 128 Kranken- und
Sterbekassen mit 49 766 Mitgliedern, 98 sonstige Kassen mit 11 084 Mitgliedern, zusammen 575 Nebenkassen mit 117 862 Mitgliedern. Unter
diesen Kassen befanden sich 151 Gesellen- und Lehrlingskrankenkassen,
welche den Vorschriften des Krankenversicherungsgesetzes vom 15. Juni
1883 entsprechen. Für das Jahr 1894 waren 492 Kassen aufgegeben.
Mittheilungen über die Mitgliederzahl fehlten aus grösseren Städten
u. a. von Berlin, Breslau und Dresden.

Ueber die Zahl der einem Innungsausschusse angeschlossenen
Innungen liegen für das Jahr 1894 aus 29 Städten, für das Jahr 1895
aus 30 Städten Mittheilungen vor.

Zahl der dem Innungsausschusse im Jahre 1895 angehörigen

	Innungen	deren Mitglieder		Innungen	deren Mitglieder
Altona . . .	17	911	Frankfurt a. O.	8	240
Barmen . .	4	399	Freiburg i. B.	9	253
Berlin . . .	46	12 256	Halle a. S. . .	16	918
Bochum . .	9	549	Hamburg. . .	28	3 281
Bremen . .	22	1 183	Hannover . .	16	1 101
Breslau. . .	40	3 770	Karlsruhe . .	8	242
Cassel . . .	11	545	Kiel	14	752
Charlottenburg	6	169	Köln.	17	1 418
Crefeld . . .	8	889	Leipzig . . .	28	2 370
Danzig . . .	22	1 080	Liegnitz . . .	15	678
Dortmund. .	6	439	Magdeburg . .	24	2 152
Dresden . .	39	3 796	München. . .	13	1 774
Elberfeld . .	5	265	Nürnberg . .	7	562
Erfurt . .	20	1 157	Potsdam . . .	8	314
Frankfurt a. M.	8	298	Wiesbaden. .	9	812

Die Gesammtzahl der den Innungsausschüssen angeschlossenen
Innungen betrug im Jahre 1894: 437 mit 40 963 Mitgliedern, im Jahre
1895 (abzüglich von Breslau) 438 Innungen mit 40 298 Mitgliedern.

Die Vorlage des Bundesrathes über die Organisation des Hand-
werks enthält ein Verzeichniss von 70 Gewerben, welche für die
Bildung von Innungen in Betracht kommen. Einen gewissen Anhalt
dafür, in welcher Anzahl Angehörige jener Gewerbe in den Grossstädten
vorhanden sind, gewähren die in Band 107 der Reichsstatistik (Berufsstatistik der Grossstädte) enthaltenen Ziffern über die in den einzelnen
Berufszweigen als Selbständige gezählten Personen. Zu berücksichtigen
ist allerdings dabei, dass die Fabrikanten in denselben mit enthalten
sind. Ihre Zahl wird sich erst nach Bearbeitung der neuen Gewerbe-
statistik feststellen lassen. Mit diesem Vorbehalt ist die nachstehende
Uebersicht zu betrachten. In ihnen ist die Gesammtzahl der Selbstständigen jener 70 Berufsarten in den 28 Grossstädten und in Mannheim und Lübeck (für welche besondere Bearbeitungen vorliegen) aufgeführt, unter Beifügung der Zahl der Innungsmitglieder jener Städte
und Berechnung des Prozentverhältnisses der Letzteren zur Gesammtheit.
Im Schneider- und Strickereigewerbe sind nur die selbstständigen männlichen Personen gerechnet. Andererseits bestehen in manchen Städten
auch Innungen für Gewerbe, welche nicht zu den Handwerken gehören.
Die Mitglieder solcher Innungen (u. A. Fischer, Fuhrleute, Schiffer,
Zahnkünstler, Gastwirthe, Kaufleute) sind bei denjenigen Städten, für
welche die Spezialziffern zur Verfügung standen, in Abzug gebracht worden.

Es betrug die Zahl der Selbständigen in jenen 70 Handwerks-arten nach der Berufsstatistik von 1895 in den 28 deutschen Gross-städten, sowie in Mannheim und Lübeck, gegenüber der Zahl der in diesen Städten vorhandenen Innungsmitglieder:

	Selbst-ständige.	Innungs-mitglieder.	%		Selbst-ständige.	Innungs-mitglieder.	%
A. Norddeutschland (ohne Rheinland).				Lübeck.....	1 810	677	37,4
Königsberg...	3 750	1 805	48,1	Bremen....	4 132	1 274	30,8
Danzig.....	2 765	1 253	45,3	Hamburg....	16 139	4 846	30,0
Berlin.....	46 900	16 818	35,9	B. Süddeutschland (mit Rheinland).			
Charlottenburg	2 144	324	15,1	Frankfurt a. M.	6 586	600	9,1
Stettin.....	3 934	2 100	53,4	Düsseldorf...	4 065	648	15,9
Breslau.....	9 822	4 179	42,6	Elberfeld....	5 039	854	17,0
Magdeburg...	5 063	2 516	49,7	Barmen....	4 562	534	11,7
Halle a. S...	2 866	1 340	46,8	Crefeld.....	5 846	977	16,7
Altona.....	3 725	1 464	39,3	Köln......	8 040	1 670	20,8
Hannover...	5 220	2 153	41,2	Aachen.....	2 834	461	16,3
Dortmund...	1 856	610	32,9	München....	10 863	2 108	19,4
Dresden....	8 865	3 967	44,8	Nürnberg....	5 378	1 836	34,1
Leipzig.....	9 036	2 848	31,5	Stuttgart....	4 350	460	10,6
Chemnitz....	4 124	2 433	59,0	Mannheim...	2 928	56	1,9
Braunschweig.	2 971	1 484	50,0	Strassburg i. E.	2 131	190	8,9

In sämmtlichen 30 Städten waren insgesammt 197 739 selbständige Personen ermittelt und 62 485 Innungsmitglieder (oder 31,6% der Ersteren). In den norddeutschen Städten ohne Rheinland berechnet sich die Zahl der Selbständigen auf 135 122, der Innungsmitglieder auf 52 091 (oder 38,6%), dagegen in den süddeutschen Städten mit Rheinland ergeben sich 62 617 Selbständige und 10 394 Innungsmitglieder (oder 16,6%).

Tabelle Ia.   Verhältnisse der Innungen im Allgemeinen, deren Einrichtungen und Vorrechte im Jahre 1894.

Städte	Innungen Zahl		Mitglieder Zahl		deren Lehrlinge Zahl		Gepr. bezw. ausgeschr. Lehrlinge	f. m. oblig. Meisterprf.	Geprüfte Gesellen (Meisterprüfung)	Innungs-Schiedsgerichte** Zahl	Mitglieder d. betheiligten Innungen	anhg. Streits	Innung. m. Fachsch.†	Innungen m. Vorrechten nach § 100e und f						§ 100e u. f überh.
														§ 100e			§ 100f			
	1893	1894	1893	1894	1893	1894								No. 1	No. 2	No. 3	No. 1	No. 2	No. 3	
1.	2.	3.	4.	5.	6.	7.	8.	9.	10.	11.	12.	13.	14.	15.	16.	17.	18.	19.	20.	21.
Aachen . . .	9	9	467	454	254	214	60	3	11	2	89	—	1	1	1	6	—	—	—	6
Altona . . .	28	27	1 518	1 507	1 030	1 004	301	19	46	7	587	23	8	—	—	9	2	—	—	11
Augsburg . .	.	8		364	.	129	41	—	—	—	—	—								
Barmen . . .	7	7	524	505	194	210	58	—	—	2	471	13	2	—	—	3	1	1	—	3
Berlin . . .	68	68	17 452	17 582	9 331	10 179	2515	32	213	3	13 813	958	29	16	16	13	4	1	2	21
Bochum . . .		10	.	548	.	545	120	10	26	1	548	42	1	—	—	8	—	—	—	8
Bremen . . .	24	25	1 234	1 248	845	959	255	1	—	—	—	—	4	—	—	2	1	—	—	2
Cassel . . .	15	15	726	738	972	1 002	226	15	20	2	170	7	2	—	—	8	—	—	—	8
Charlottenburg	14	14	309	330	286	300	93	—	—	1	23	—	3	2	2	3	—	—	—	3
Chemnitz . .	23	23	2 574	2 412	1 925	1 074	410	3	61	—	—	—	5	—	—	2	1	1	1	2
Crefeld . . .	9	9	972	956	546	547	128	4	21	—	—	—	2	—	—	7	—	—	—	7
Danzig . . .	26	26	1 266	1 270	1 273	1 265	412	25	51	—	—	—	2	5	5	5	—	—	—	5
Darmstadt . .	.	8		320	.	70	26	—	—	—	—	—	1							
Dortmund . .	11	11	558	563	489	543	56	2	23	1	64	—	—	—	—	5	—	—	—	5
Dresden . . .	47	47	4 411	4 518	3 167	3 159	.	.	.	—	.	.	12	1	1	18	4	2	—	19
Düsseldorf . .	7	7	584	553	294	299	75	3	15	4	342	14	—	—	—	4	—	—	—	4
Duisburg . .	5	5	165	188	112	173	16	3	9	2	31	1	1	—	—	2	—	—	—	2
Elberfeld*) . .	.	11	.	854¹)	.	214¹)	25	1	1	1	120	10	—							
Erfurt . . .	31	31	1 333	1 326	723	804	250	23	33	4	296	10	—	—	—	9	2	—	—	9
Essen . . .	8	8	424	421	282	257²)	49²)	8	7²)	1	40	1	1	—	—	3	—	—	—	3
Frankfurt a. M.	11	10	684	569	245	143	32	1	4	—	—	—	2	1	1	1	1³)	1³)	—	1
Frankfurt a. O.	21	21	707	664	449	508	141	16	27	12	501	9	6	4	3	6	1	1	2	6
Freiburg i. B..	8	9	239	267	157	135	49	—	—	2	84	13	—	—	—	—	—	—	—	—
M.-Gladbach .	.	4	.	88	.	25	6	—	—	—	—	—	1							
Görlitz*) . . .	21	21	774	517	518	499	145	7	14	1	80	—	2	.	.	.	.	.	.	.

*) Sämmtliche Angaben der Spalten 5, 7 und ff. beziehen sich in Görlitz auf 16 J., der Spalten 8 u. ff. in Elberfeld auf
11 J. — **) Hierunter Schiedsgerichte der Innungsausschüsse in Barmen, Berlin, Bochum, Frankfurt a. O. — †) Fachschulen, von mehreren Innungen gemeinsam unterhalten, bestehen in Aachen 2. — ¹) Elberfeld: Stand am 1. Dezember
1894. — ²) Essen: Angaben nur für 7 J. — ³) Frankfurt a. M.: Die Innung besitzt jedoch keine eigene Fachschule
und keine eigene Herberge; als erstere benutzt sie vielmehr die gewerbliche Fortbildungsschule und als letztere die
allgemeine Herberge zur Heimath.

Noch **Tabelle 1a.** **Verhältnisse der Innungen im Allgemeinen, deren Einrichtungen und Vorrechte im Jahre 1894.**

Städte	Innungen Zahl 1893	1894	Mitglieder Zahl 1893	1894	deren Lehrlinge Zahl 1893	1894	Gepr. bezw. ausgesch. Lehrlinge	I. m. oblig. Meisterprf.	Geprüfte Gesellen (Meisterprüfung)	Innungs-Schiedsgerichte**) Zahl	Mitglieder d. betheiligten Innungen	anhg. Streits.	Innung. m. Fachsch. †)	§ 100e No.1	No.2	No.3	§ 100f No.1	No.2	No.3	
1.	2.	3.	4.	5.	6.	7.	8.	9.	10.	11.	12.	13.	14.	15.	16.	17.	18.	19.	20.	21.
Halle a. S. . .	25	25	1 404	1 305	2 265	1 888	497	23	52	1	813	21	8	12	12	12	1	1	1	12
Hamburg . .	29	29	4 097	4 839	2 346	2 821	823	22	138	—	—	9	—	—	16	13	3	—		29
Hannover*) .	30	32	2 091	2 112	1 436	1 637	412	19	55	3	316	106	1	5	3	13	1	1	1	15
Karlsruhe . .	8	8	230	243	284	239	28	5	2	—	—	1	—							
Kiel	17	17	847	837	861	830	255	14	33	—	—	3	—		2		—	—		2
Köln a. Rh. .	25	25	1 518	1 553	502	493	134	11	11	1	105	—	4	—	—	10	—	—	—	10
Königsbg. i. Pr.	29	30	1 722	1 786	1 747	1 793	475	24	68	—	—	5	—	—	12		—	—		12
Leipzig . . .	36	38	2 678	2 728	2 651	3 153	950	22	68	—	—	10	3	2	8	4	2	2		19
Liegnitz . . .	.	26	.	889	.	749	237	11	16	3	213	2	1	—	—	10		—		10
Lübeck . . .	18	18	672	682	683	677	201	18	31	—	—	3	—		10		—	—		10
Magdeburg . .	30	30	2 485	2 504	2 543	2 498	601	17	47	24	2 276	58	14	12	12	12	2	2	2	13
Mainz*) . . .	.	8	.	369	.	141	35	1	.	2	205	4	1	1	1	3	1	1	2	3
Mannheim . .	3	2	170	172	65	57	6	—	—	1	59	—	1	—	—	—				
Metz	8	6	136	121	30	23	17	—	—											
Mülhausen i. E.	.	1	.	56	.	.	.	.												
München . .	20	21	1 973	2 005	.	832	211	—	—	1	77	19	7	3	2	1	3	3	2	3
Nürnberg . .	19	19	1 842	1 810	444	484	119	—	—	—	—	—	2				—	—		
Plauen i. V. .	.	14	.	758	.	526	195	—	—				1							
Posen	20	20	861	827	.	745	267	20	46	3	254	23	1	1	1	5		—	—	5
Potsdam . . .	18	18	787	796	950	859	274	6	35	1	305	6	2	9	10	12	3	3	3	12
Spandau . . .	.	14		318	.	331	130	10	14	—	—	3	3	3	3	3	3	5	5	3
Strassburg i. E.	1	1	66	54	63	43	4	—	—								—	—		
Stuttgart*) . .	7	6	434	245	.	95	55	—	—	1	130	2	—				—	—		
Wiesbaden . .	11	10	363	370	176	169	40	5	8	1	40	1	3	2	2	2	—	—		
Würzburg . .	.	13	.	525	.	203	21	1	—	1	27	1	2	—	—		1	1	—	

*) Sämmtliche Angaben der Spalten 5, 7 und ff. beziehen sich in Mainz auf 5 J., in Stuttgart auf 4 J., der Spalte u. ff. in Hannover nur auf 25 J. — **) Hierunter Schiedsgerichte der Innungsausschüsse in Halle a. S., Magdeburg u. Potsdam. — †) Fachschulen, von mehreren Innungen gemeinsam unterhalten, bestehen in Halle 2, Leipzig 1, Magdeburg 1.

Tabelle Ib. Verhältnisse der Innungen im Allgemeinen, deren Einrichtungen und Vorrechte im Jahre 1895.

Städte	Innungen Zahl 1894	1895	Mitglieder Zahl 1894	1895	deren Lehrlinge Zahl 1894	1895	Gepr. bezw. ausgeschr. Lehrlinge	I. m. oblig. Meisterprf.	Geprüfte Gesellen (Meisterprüfung)	Innungs-Schiedsgerichte Zahl	Mitglieder d. betheiligten Innungen	anhg. Streits.	Innung. m. Fachsch.	§ 100e No.1	No.2	No.3	§ 100f No.1	No.2	No.3	Innungen m. Vorrechten § 100e u. f überh.
1.	2.	3.	4.	5.	6.	7.	8.	9.	10.	11.	12.	13.	14.	15.	16.	17.	18.	19.	20.	21.
Aachen . . .	9	9	454	461	214	230	49	3	7	2	92	—	1	1	1	6	—	—	—	6
Altona	27	27	1 507	1 504	1 004	921	311	19	49	7	579	42	8	—	—	9	2	—	—	11
Augsburg. . .	8	8	364	419	129	132	40	—	—		—									
Barmen . . .	7	7	505	534	210	221	63	—	—	2	500	14	2	—	—	3	1	1	—	3
Berlin	68	68	17 582	17 667	10 179	9 444	2475	32	239	3	12 371	791	24	17	17	13	4	1	2	22
Bochum . . .	10	10	548	560	545	652	124	10	11	1	560	48	1	—	—	8	—	—	—	8
Bremen . . .	25	25	1 248	1 274	959	918	234	1	—	—	—	4	—	—	—	3	2	—		3
Breslau*)	.	59	.	4 345	.	.	1)1157	—	46	12	1 157	34	8	1	2	8	4	3	1	10
Cassel	15	15	738	769	1 002	935	256	15	53	2	184	3	2	—	—	8	—	—	—	8
Charlottenburg	14	14	330	324	300	276	.	—	—	1	22	—	3	2	2	3	—	—	—	3
Chemnitz. . .	23	23	2 412	2 433	1 074	1 101	369	3	59	—	—	7	—	—	2	1	1	1		2
Crefeld. . . .	9	9	956	977	547	547	135	4	13	—	—	2	—	—	7	—	—	—		7
Danzig	26	26	1 270	1 253	1 265	1 257	379	25	49	—	—	2	7	7	7	1	1	—		8
Darmstadt . .	8	8	320	328	. 70	72	24	—	—	—	—	1	—	—	—	—	—	—		
Dortmund . .	11	11	563	610	543	514	69	2	23	1	65	—	—	—	5	—	—	—		5
Dresden . . .	47	46	4 518	4 637	3 159	3 155	953	20	60²)	—	—	13	1	1	18	4	3	—		20
Düsseldorf . .	7	7	553	643	299	284	85	3	13	4	417	22	—	—	—	3	—	—	—	3
Duisburg . . .	5	6	188	226	173	201	21	3	21	2	30	1	1	—	—	2	—	—	—	2
Elberfeld*) . .	11	11	854	539	214	152	19	1	—	1	133	11	—							
Erfurt	31	31	1 326	1 346	804	825	243	23	35	4	311	10	—	—	—	9	2	—	—	9
Essen	8	8	421	433	257	242³)	45³)	8	5³)	1	44	1	1	—	—	3	—	—	—	3
Frankfurt a.M..	10	10	569	600	143	145	34	1	—	—	—	2	1	1	1⁴)	1⁴)	—	—		1
Frankfurt a.O..	21	21	664	650	508	493	141	16	13	12	500	12	6	4	3	6	1	1	2	6
Freiburg i. B..	9	9	267	253	135	126	39	—	—	2	91	15	—							
M.-Gladbach .	4	4	88	107	25	23	3	—	—	—	—	1	—							

*) Sämmtliche Angaben der Spalten 5, 7 u. ff. beziehen sich in Breslau auf 58 J., in Elberfeld auf 9 J. — **) Hierunter Schiedsgerichte der Innungsausschüsse in: Barmen, Berlin, Bochum, Frankfurt a. O. — †) Fachschulen von mehreren Innungen gemeinsam unterhalten, bestehen in Aachen 2, Breslau 1. — ¹) Breslau: Den Innungsvorständen ist die Zahl der Lehrlinge nicht durchweg bekannt, weil die Eintragungen in die Lehrlingsrolle erst gleichzeitig mit der Ausschreibung vorgenommen werden. 1895 neu in die Lehrlingsrolle aufgenommen sind 1148. — ²) Dresden: Ohne die vor der Prüfungskommission für Bauhandwerker abgelegten Prüfungen. — ³) Essen: Angaben nur f. 7 J. — ⁴) Frankfurt a. M.: Die Innung besitzt jedoch keine eigene Fachschule und keine eigene Herberge; als erstere benutzt sie vielmehr die gewerbliche Fortbildungsschule und als letztere die allgemeine Herberge zur Heimath.

Noch **Tabelle I b. Verhältnisse der Innungen im Allgemeinen, deren Einrichtungen und Vorrechte im Jahre 1895.**

Städte	Innungen Zahl 1894	1895	Mitglieder Zahl 1894	1895	deren Lehrlinge Zahl 1894	1895	Gepr. bezw. ausgesch. Lehrlinge	l. u. obligz. Meisterprf	Geprüfte Gesellen (Meisterprüfung)	Innungs-Schiedsgerichte**) Zahl	Mitglieder d. betheiligten Innungen	aufg. Streits.	Innung. m. Fachsch. †)	§ 100e No.1	No.2	No.3	§ 100f No.1	No.2	No.3	
1.	2.	3.	4.	5.	6.	7.	8.	9.	10.	11.	12.	13.	14.	15.	16.	17.	18.	19.	20.	21.
Halle a. S. . . .	25	25	1305	1340	1888	2061	476	28	108	1	918	19	7	13	13	13	1	1	1	13
Hamburg . . .	29	29	4839	4846	2821	2725	803	22	102	—	—	—	9	-	—	16	14	3	—	22
Hannover*) . .	32	32	2112	2153	1637	1660	412	19	55	3	322	114	1	5	3	13	1	1	1	15
Karlsruhe . . .	8	8	243	242	239	249	27	5	—	—	—	—	1	—	—	—	—	—	—	—
Kiel	17	17	837	832	830	876	254	14	25	—	—	—	3	—	—	2	—	—	—	2
Köln a. Rh. . .	25	25	1553	1670	498	527	109	11	7	1	110	—	4	—	—	10	—	—	—	10
Königsbg. i. Pr.	30	30	1786	1805	1793	1792	440	24	97	—	—	—	5	-	—	12	—	—	—	12
Leipzig. . . .	38	38	2728	2848	3153	3189	856	22	71	—	—	—	10	3	2	9	4	2	2	10
Liegnitz . . .	26	26	889	896	749	792	252	11	10	3	219	1	1	—	—	10	—	—	—	10
Lübeck. . . .	18	18	682	677	677	656	145	18	24	—	—	—	—	—	—	10	—	—	—	10
Magdeburg . .	30	30	2504	2516	2498	3101	626	17	47	24	2461	57	12	13	13	13	2	2	2	13
Mainz*) . . .	8	8	369	373	141	161	40	1	.	2	212	2	1	1	1	3	1	1	2	5
Mannheim .	2	2	172	190	57	52	13	—	—	1	69	1	1	—	—	—	—	—	—	—
Metz	6	6	121	126	23	21	15	—	—	—	—	—	—	—	—	—	—	—	—	—
Mülhausen i. E.	1	1	56	54	.	.	.	—	—	—	—	—	—	—	—	—	—	—	—	—
München . . .	21	21	2005	2108	832	960	214	1	—	1	79	14	8	3	2	1	3	3	2	3
Nürnberg . . .	19	19	1810	1836	484	458	117	—	—	—	—	—	2	—	—	—	—	—	—	—
Plauen i. V.	14	14	758	761	526	554	184	—	—	—	—	—	1	—	—	—	—	—	—	—
Posen . . .	20	20	827	888	745	783	305	20	45	3	253	18	1	1	1	5	—	—	—	5
Potsdam . . .	18	18	796	815	859	832	269	6	30	1	314	11	2	9	10	12	3	3	3	12
Spandau . . .	14	14	318	322	331	345	133	10	14	—	—	—	4	3	3	3	3	3	3	3
Stettin	.	30	.	2100	.	1764	531	30	93	1	1788	148	14	6	6	6	—	—	—	6
Strassburg i. E	1	1	54	56	43	51	1	—	—	—	—	—	—	—	—	—	—	—	—	—
Stuttgart*) . .	6	6	245	460	95	212	83	—	—	1	150	2	—	—	—	—	—	—	—	—
Wiesbaden . .	10	10	370	364	169	166	34	5	2	1	36	2	3	2	2	2	—	—	—	2
Würzburg . .	13	14	525	622	203	243	19	1	—	2	91	1	2	—	—	—	1	1	—	2

*) Sämmtliche Angaben der Spalten 4 u. ff. beziehen sich in Mainz auf 5 J., der Spalten 4 u. 6 ·; Stuttgart auf 4 J., der Spalten 6 u. ff.in Hannover auf 25 J. — **) Hierunter Schiedsgerichte d- Innungsausschüsse: in Halle a. S., Magdeburg u. Potsdam. — †) Fachschulen von mehreren Innung. gemeinsam unterhalten, bestehen in Halle a. S. 2, Leipzig 3, Magdeburg 4.

Tabelle II. Die Einnahmen und Ausgaben, sowie das Vermögen der Innungen im Jahre 1894 und 1895.

Städte	A. Einnahmen (ausschl. d. Kassenbestand.)				B. Ausgaben (ausschliesslich des Kassenbestandes).						C. Kapitalvermögen	
	Ueberhaupt		darunter aus Eintrittsgeld. und Beiträgen		Ueberhaupt		darunter für					
							Schulwesen		Herbergswesen			
	1894 M.	1895 M.	1894 M.	1895 M.	1894 M.	1895 M.	1894 M.	1895 M.	1894 M.	1895 M.	1894 M.	1895 M.
1.	2.	3.	4.	5.	6.	7.	8.	9.	10.	11.	12.	13.
Aachen . .	3 728	3002	2090	2406	2 369	2 951	231	198	391	255	5 446	5 653
Altona . . .	23 785	23254	10976	10687	22 931	21 613	5791	5 120	2 994	2 150	26 423	28 065
Augsburg . .	2 809	2660	2182	2386	2 426	1 983	270	270	446	456	2 154	2 468
Barmen . .	2 146	2202	1928	2039	1 870	2 256	311	328	378	353	1 042	1 023
Berlin . .	279 522	351655	97683	98350	252 187	327 445	18502	18 488	8 219	6 888	777 018	708 189
Bochum . .	8 399	2978	2421	2588	2 597	4 855	1417	1 277	392	102	3 946	5 831
Bremen . .	12 670	15392	7452	8715	10 598	16 398	504	1 834	1 339	3 887	11 704	7 884
Breslau*) . .	.	166370	.	22351	.	220166¹)	.	3653²)	.	2727³)	.	258746⁴)
Cassel . . .	10 329	8794	4338	4939	9 656	9 506	529	658	886	817	14 679	34 809
Charlottenbg.	4 201	4615	1473	2114	4 005	3 494	723	744	187	78	9 877	10 754
Chemnitz .	22 551	23754	10691	13302	22 241	23 899	2499	2 560	2 396	2 244	72 753	72 608
Crefeld . .	6 993	5948	4374	4265	6 985	6 399	1154	897	391	400	1 540	1 072
Danzig . . .	7 200	7350	4250	4350	5 100	5 200	2400	2 100	600	700	33 000	33 500
Darmstadt .	1 589	2675	1617	1857	1 553	2 786	30	23	230	153	1 540	1 108
Dortmund .	1 495	1685	1466	1638	364	187	139	149	65	38	2 612	.
Düsseldorf .	4 804	5474	3694	5150	4 082	4 241	764	800	450	467	8 999	11 307
Duisburg . .	858	1106	675	1049	920	924	75	76	102	143	1 879	1 565
Elberfeld*) .	7 130	6245	1697	1914	6572	3 443	85	33	164	155	3 167	5 165
Erfurt . . .	6 588	6221	3249	3214	5 973	5 850	94	118	1 028	1 017	19 574	19 510
Essen*) . .	3 153	3538	2440	2491	2 301	3 155	—	—	114	80	1 793	2 096
Frankfurt a. M.	7 271	6565	3852	4603	7 553	6 872	400	349	855	519	83 063⁵)	32835⁵)
Frankfurt a. O.	3 600	3444	2840	2652	2 370	1 552	1491	1 367	284	194	5 515	5 301
Freiburg i. Br.	1 750	1820	1038	1374	1 979	1 887	—	—	304	197	8 240	8 770
M.-Gladbach .	280	463	193	371	406	437	—	—	28	22	498	523
Halle a. S.	9 002	9589	4016	4170	6 144	7 053	1206	1 477	1 209	1 169	2 792	2 712

*) Sämmtliche Angaben beziehen sich für 1894 und 1895 bei Elberfeld auf 9 J., Essen auf 7 J. ir 1895 bei Breslau auf 57 J. — ¹) Breslau: Darunter 64 582 M. zum Ankauf von Werthpapieren. — Ausserdem 627 M. aus 2 Wohlfahrtskassen bestritten. — ³) Desgl. 1282 M. aus 5 Wohlfahrtskassen. — Ausschl. Legatvermögen 240 621 M. — ⁵) Frankfurt a. M.: Darunter Kapitalvermögen der Fleischer-mung 1894: 30 900 M., 1895: 30 611 M.

Noch **Tabelle II.** **Die Einnahmen und Ausgaben, sowie das Vermögen der Innungen im Jahre 1894 und 1895.**

Städte	A. Einnahmen (ausschl. d. Kassenbestand.)		darunter aus Eintrittsgeld. und Beiträgen		B. Ausgaben (ausschliesslich des Kassenbestandes).		darunter für				C. Kapitalvermögen	
	Ueberhaupt				Ueberhaupt		Schulwesen		Herbergswesen			
	1894 _M._	1895 _M._	1894 _M._	1895 _M._	1894 _M._	1895 _M._	1894 _M._	1895 _M._	1894 _M._	1895 _M._	1894 _M._	1895 _M._
1.	2.	3.	4.	5.	6.	7.	8.	9.	10.	11.	12.	13.
Hamburg . .	86 931	83 406	61228	64855	71 630	81 643	9817	11 689	22 628	21 847	200 818	202 572
Hannover*) .	_22 981_	_25 359_	_11068_	_14042_	_15821_	_15392_	_516_	_523_	_3 001_	_2 965_	_45 418_	_50 970_
Karlsruhe. .	1 505	1 891	1279	1485	1 564	2 223	260	238	51	56	2 034	1 767
Kiel. . . .	9 538	11 109	6074	6304	10 265	11 291	892	822	2 514	2 740	11 362	11 444
Köln a. Rh. .	17 090	15 487	8136	9453	9 272	8 167	1372	1 406	600	1 149	7 660	10 942
Leipzig .	93 603	96 700	24674	25587	92 555	93 687	29595	28 066	9 764	9 698	411 526	607 423
Liegnitz .	6 688	11 982	2242	2646	6 555	12 121	223	221	679	636	22 753	22 614
Lübeck .	10 140	8 423	4117	4205	9 293	8 640	148	90	719	710	5 686	6 423
Magdeburg .	19 367	18 649	12493	12412	21 051	17 714	8550	3 936	963	2 947	45 804	43 806
Mannheim. .	2 602	3 927	1912	2074	2 629	3 530	296	369	660	955	4 466	5 012
Metz . . .	549	379	534	364	559	336	—	—	20	20	851	735
Mülhausen i.E	162	356	162	356	25	124	—	—	—	—	136	369
München . .	138 064[1])	28 018	18427	14957	182957[2])	24 558	3113	2 988	20 715[3])	10 902	36 947	40 032
Nürnberg . .	60 010	56 883	23563	23327	57 313	57 431	263	190	2 362	2 768	50 545	55 263
Plauen i. V. .	3 926	4 201	1608	1983	3 911	3 768	224	210	694	626	2 443	3 246
Posen . . .	6 563	7 977	3973	4494	6 531	6 975	146	165	778	675	10 019	11 257
Potsdam . .	6 609	5 982	3545	3046	4 915	5 431	788	706	877	567	29 246	29 116
Spandau . .	2 291	2 301	985	1075	1 859	1 536	784	915	273	284	1 390	1 396
Stettin . . .	.	26 092	.	.	.	21 940	.	.	.	.	.	20 845
Strassburg i.E	.	.	.	.	.	.	.	.	.	.	205	157
Stuttgart*) .	_1 763_	_2 269_	_1176_	_1790_	_1 510_	_2 031_	_210_	_325_	_328_	_522_	_1 071_	_3 551_
Wiesbaden .	2 452	2 210	1886	1798	1 518	1 476	81	82	261	278	3 591	3 600
Würzburg. .	2 218	2 306	2181	2283	1 613	1 309	167	185	745	691	1 591	2 075

*) Sämmtliche Angaben beziehen sich für 1894 und 1895 bei Hannover auf 25 J., Stuttgart auf 4 J. — [1]) München: Hierunter 1894: 102 919 M. sonstige Einnahmen (Anleihen etc.). — [2]) Hierunter 1894: 97 314 M. sonstige Ausgaben (Rückzahlungen etc.). — [3]) Hierunter 17 496 M. der Bäcker-Innung.

Tabelle III. Die besonderen Kassen der Innungen im Jahre 1895.

Städte.	Wittwen- u. Waisen- kassen		Kranken- kassen		Sterbe- kassen		Kranken- und Sterbekass.		Sonstige Kassen *)		Besondere Kassen überhaupt		Hierv. Kassen m. d.R.G. v.15.6.88 entsprch. anerk.
	Kassen	deren Mitgl.	Kassen	deren Mitgl.	Kassen	deren Mitgl.	Kassen	deren Mitgl.	Kassen	deren Mitgl.	Kassen	deren Mitgl.	
1.	2.	3.	4.	5.	6.	7.	8.	9.	10.	11.	12.	13.	14.
Altona. . . .	—	—	3	123	18	1 613	1	200	5	854	27	2 290	2
Barmen . . .	—	—	—	—	2	252	5	1 014	—	—	7	1 266	6
Berlin . . .	8	819	12	8 881	46	16 882	20	23 364	30	4 288	116	54 179	18
Bremen . . .	1	23	—	—	5	460	15	1 678	3	227	24	2 388	15
Breslau**) . .	3	181	3	118	26	3 676	11	3 573	21	.	66	.	.
Cassel	—	—	—	—	2	229	10	2 445	—	—	12	2 674	10
Charlottenburg .	—	—	2	216	—	—	—	—	—	—	2	216	1
Chemnitz. . .	—	—	1	422	2	508	5	1 600	3	1 290	11	4 815	4
Crefeld . . .	—	—	—	—	2	272	7	1 336	2	89	11	1 697	7
Danzig . . .	8	578	4	192	16	1 308	3	305	3	.	34	.	2
Dortmund . .	—	—	—	—	2	544	5	971	—	—	7	1 515	5
Dresden . . .	—	—	12	5 728	25	4 647	—	—	—	—	37	10 370	8
Düsseldorf . .	—	—	.	.	.	.	—	—	—	—	.	.	4
Duisburg . . .	—	—	—	—	—	.	2	231	1	21	3	252	2
Elberfeld**) . .	—	—	2	500	2	143	4	670	—	—	8	1 313	4
Erfurt	—	—	2	89	11	1 001	6	1 190	1	10	20	2 290	6
Essen**) . . .	—	—	—	—	—	—	3	1 545	—	—	3	1 545	3
Frankfurt a. M.	—	—	—	—	—	—	2	857	—	—	2	857	2
Freiburg i. B .	—	—	1	257	—	—	—	—	—	—	1	257	1
Hamburg . . .	1	38	—	—	12	1 496	9	2 689	12	2 731	34	6 954	.
Hannover**) .	1	240	8	961	11	1 329	1	2 083	3	90	19	4 103	5
Karlsruhe . .	—	—	1	1 449	1	40	—	—	—	—	2	1 489	1
Kiel	—	—	1	41	9	751	—	—	2	124	12	916	—
Köln a. Rh.. .	—	—	1	570	1	67	1	42	—	—	3	679	—
Leipzig . . .	—	—	3	627	16	2 118	2	333	3	1 357	24	4 435	18
Liegnitz . . .	—	—	—	—	1	284	—	—	—	—	1	284	—
Lübeck . . .	1	47	5	242	5	226	8	704	3	40	22	1 259	5
Magdeburg . .	—	—	5	543	4	461	5	1 952	—	—	14	2 956	5
Mannheim . .	—	—	—	—	—	—	—	—	2	242	2	242	—
Metz	—	—	.	.	.	.	—	—	—	—	.	.	1
München . . .	—	—	5	1 691	9	1 589	2	382	—	—	16	3 662	6
Nürnberg. . .	1	64	—	—	8	300	1	602	2	170	7	1 136	2
Posen	—	—	3	119	10	566	—	—	—	—	18	685	—
Potsdam . . .	—	—	2	188	5	383	—	—	—	—	7	571	—
Stettin . . .	—	—	.	.	.	.	—	—	—	—	.	.	5
Stuttgart**) . .	—	—	—	—	3	430	—	—	—	—	3	430	—
Würzburg . .	—	—	1	20	2	61	—	—	2	56	5	137	—

*) Als sonstige Kassen wurden, ausser den im V. Jahrgang (Anmerk. zu Tab. III) aufgeführten, besonders genannt: Altona 2 Unterstützungskassen, 1 Magazinkasse m. 152 M., 1 Hefekasse m. 34 M. — Berlin: 1 Altersversorgungskasse, 1 Spar- und Darlehnskasse, 1 Feuerkasse mit 338 M. — Bremen: 1 Rohstoffverein m. 8 M., 1 Begräbnisskasse m. 52 M. — Breslau: 2 Kranken- und Unterstützungskassen, 3 Unterstützungskassen, 6 Wohlfahrtskassen, 10 Legatenkassen. — Chemnitz: 1 Altersunterstützungskasse m. 508 M., ferner besitzt die Klempner-I. einen eisernen Fonds, dessen Zinsen zur Unterstützung alter hülfsbedürftiger Meister verwandt werden. — Crefeld: 2 gewerbliche Vereinigungskassen. — Danzig: 1 Finnen- u. Trichinenkasse. — Duisburg: 1 Unterstützungskasse. — Hamburg: 9 Unterstützungskassen m. 2897 M., 1 Pensionskasse m. 61 M., 1 Darlehnskasse m. 212 M., 1 Vergnügungskasse m. 61 M. — Kiel: 1 Freud- u. Leidkasse m. 102 M. — Leipzig: 3 Arbeitslosen-Unterstützungskassen. — Lübeck: 1 Kasse f. Arbeitsnachweis u. Gesellenunterstützung m. 7 M , 1 Reisegeschenkkasse m. 28 M., 1 Vergnügungskasse m. 10 M. — Mannheim: 1 Unfallkasse m. 121 M., 1 Hefekasse m. 121 M. — Nürnberg: 1 Verein zur Schadloshaltung der Mitglieder für von der Sanitätspolizei beanstandete Schweine m. 54 M. — Würzburg: 2 Unterstützungskassen.

**) Sämmtliche Angaben beziehen sich bei Breslau auf 57 J., Elberfeld auf 9 J, Essen auf 7 J., Hannover auf 26 J., Stuttgart auf 4 J.

XXIV.
Viehhöfe, Schlachthöfe.
Von
Dr. E. Hirschberg, Berlin.

Die Vieh- und Schlachthöfe sind in der Regel städtische Einrichtungen, in Dresden und Stuttgart solche von Innungen. In Plauen finden nur Viehmärkte statt, in Altona beziehen sich die Zahlen auf 17 private Viehhöfe. Mit Ausnahme von Altona besteht überall obligatorische Fleischschau für das am Ort geschlachtete oder geschlachtet eingeführte frische Fleisch und, mit Ausnahme von Augsburg, Karlsruhe, Freiburg, Mainz, Metz, München, Strassburg, Stuttgart auch obligatorische Trichinenschau. Bei Schlachtungen von Pferden und Eseln besteht ebenfalls eine obligatorische Untersuchung, und zwar fast durchweg vor und nach der Schlachtung; ausgenommen sind Mannheim und Plauen.

Sperrungen der Viehhöfe wegen Seuchengefahr waren folgende angegeben:

Aachen 1895 . . . . . vom 25. Juni bis 6. Juli.
Altona 1895. . . . . . . Februar bis Juni.
Augsburg 1895 . . . . 14 Tage im Mai, 14 Tage im Juni.
Berlin 1895 . . . . . . für Rinder und Schafe vom 30. Nov. bis 13. Dec., für Schweine 16. Februar bis 22. April.
Bremen 1895 . . . . . vom 11. bis 26. December.
Cassel . . . . 13. October 95 bis 26. April 96.
Chemnitz 1895 . . . . in 9 Fällen mehrere Tage lang im März, Mai, Juni.
Dortmund 1895 . . . vom 2. bis 16. December.
Düsseldorf 1896 . . . 3. bis 8. Februar, 25. März bis 1. April.
Frankfurt a. M. 1895 am 18. und 21. November und am 28. und 27. December.
Freiburg 1895 . . . . März, April, 15. Juli bis 1. Aug., 15. Aug. bis 1. Oct., 5. bis 23. Nov.
Hannover . . . . . . vom 25. December 95 bis 30. März 96.
Karlsruhe 1896 . . . vom 26. Februar bis 2. März.
Köln . . . . 4. bis 5. Oct. 95, v. 24. bis 27. Nov. 95, am 12. u. am 21. März 96.
Leipzig 1895 . . . . . am 20. Februar, vom 1. bis 8. März, vom 25. bis 27. März, vom 1. bis 4. und am 9. Mai, vom 8. bis 25. Nov.. vom 28. Nov. bis 3. Dec., vom 9. bis 17. u. vom 23. bis 24. December.
Magdeburg . . . . . . an 18 Tagen (nähere Angaben fehlen).
Mannheim 1895 . . . vom 9. bis 15. März.
Metz . . . . 5 Mal auf einige Tage.
München 1895 . . . . vom 26. Februar bis 2. Juli und vom 2. bis 19. September.
Nürnberg 1895 . . . . am 24. Jan., 2., 13., 17. u. 18. Febr., 20. u. 21. März, im Oct. und November und am 18. December auf kurze Zeit.
Strassburg . . . . . . vom 9, bis 12. Jan. 96, vom 29. Febr. bis 2. März 96, für Schweine vom 19. bis 21. Nov. u. vom 13. bis 15. Dec. 1895 und vom 11. bis 13. Januar 1896.
Stuttgart 1895 . . . . vom 22. Januar bis 18. März, vom 11. bis 27. Mai.
Zwickau . . . . 7 Mal an einzelnen Tagen.

In den Städten Barmen, Breslau, Crefeld, Dresden, Duisburg, Essen, Halle, Hamburg, Kiel, Königsberg, Lübeck, Mainz, Plauen und Wiesbaden waren im Jahre 1895 (bezw. 1895/96) Sperrungen wegen Seuchengefahr nicht notirt.

In den nachstehenden Tabellen ist wie früher die Frequenz der Viehhöfe und Schlachthäuser nach den durch die Fragebogen gesammelten Nachrichten wiedergegeben worden. Für diejenigen Städte, für welche seit

[Fortsetzung des Textes auf S. 263.]

Verkehr auf den Vieh- und Schlachthöfen im Jahre 1895.

Städte (* Etatsjahr 1895/96)	Viehhöfe.†				Schlachthöfe.			
	Rinder etc.	Schweine.	Kälber.	Hammel, Lämmer, Ziegen.	Rinder etc.	Schweine.	Kälber.	Hammel, Lämmer, Ziegen.
*Aachen	5 968	12 644	13 102	6 325	6 684	18 382	18 513	7 177
Altona¹)	11 200	2 700	1 800	43 800	12 500	10 500	11 800	24 100
Augsburg²)	9 725	24 552	12 649	30 638	11 794	35 760	19 673	5 327
*Barmen	1 748	21 789	3 561	5 751	7 996	26 163	10 221	8 874
Berlin	194 074	149 653	773 030	627 654	129 250	604 942	124 321	378 153
*Bochum	.	.	.	.	4 107	16 222	4 745	1 420
*Braunschweig . .	.	.	.	.	7 437	46 196	8 284	9 809
*Bremen	10 365	57 154	18 559	14 997	8 641	51 156	16 957	13 708
*Breslau²)	44 573	97 308	38 423	29 260	20 477	84 588	42 989	28 799
*Cassel	4 539	10 337	2 189	3 591	6 784	21 846	12 895	10 290
Chemnitz	12 804	59 978	23 245	23 228	8 814	40 047	22 067	13 170
Crefeld	8 989	.	.	.	9 390	19 280	5 130	3 709
*Dortmund	33 826	45 238	15 321	2 385	7 925	27 204	8 776	2 040
Dresden⁴)	28 954	134 579	62 098	53 651	21 653	106 501	60 520	43 334
*Düsseldorf	1 727	29 464	14 648	532	14 260	42 636	15 400	16 136
*Duisburg	618	.	.	.	4 866	19 901	3 889	1 358
*Erfurt	.	.	.	.	6 526	24 676	7 800	10 332
*Essen	38 644	95 003	24 244	5 488	6 985	35 154	9 501	5 060
*Frankfurt a. M. .	57 402	126 696	61 333	35 678	24 380	80 696	52 501	28 371
Frankfurt a. O. . .	.	.	.	.	3 535	16 578	5 553	10 391
Freiburg	3 940	.	65	1	5 564	17 134	11 151	8 397
Görlitz⁵)	.	.	.	.	4 548	17 848	16 148	7 998

¹) Auftrieb auf die 17 privaten Viehhöfe und Schlachthöfe. ²) Schlachtzwang für die beiden städtischen Schlachthöfe nur für Grossvieh, für Kleinvieh ist der Auftrieb auf die privaten Schlachthöfe einbegriffen. ³) Der neue städtische Vieh- und Schlachthof ist am 1. Oct. 1896 dem Betrieb übergeben, erst seitdem Schlachtzwang auf demselben. Der Verkehr auf den privaten Schlachthöfen bis dahin ist einbegriffen. ⁴) Die Angaben in den früheren Jahrgängen bezogen sich nicht auf die privaten Schlachthöfe, welche diesmal eingeschlossen sind. Die Zahl der privaten Schlachtungen 1895: 182 Rinder, 1904 Schweine, 1422 Kälber, 671 Hammel. ⁵) Die Zahl der Schlachtungen auf den privaten Viehhöfen war nicht angegeben.

† Bei den Städten Altona, Augsburg, Dortmund, Dresden, Düsseldorf, Essen, Halle, Köln (bis zur Eröffnung des neuen Viehhofes), Königsberg, Magdeburg, Mannheim, Metz (zum Theil), München, Nürnberg, Wiesbaden, Zwickau sind in den angeführten Zahlen die Ueberstände, d. h. auf früheren Märkten unverkauft gebliebene Thiere mit eingerechnet.

Verkehr auf den Vieh- und Schlachthöfen im Jahre 1895.

[Fortsetzung umstehender Tabelle.]

Städte (*Etatsjahr 1895/96)	Viehhöfe.†				Schlachthöfe.			
	Rinder etc.	Schweine.	Kälber.	Hammel, Lämmer, Ziegen.	Rinder etc.	Schweine.	Kälber.	Hammel, Lämmer, Ziegen.
*Halle	1 109	11 484	1 348	465	6 362	19 902	12 798	14 248
Hamburg	103 503	380 323	62 914	99 504	70 665	216 186	49 227	69 743
*Hannover	14 511	59 402	16 935	15 953	12 721	55 288	16 248	15 101
Karlsruhe	5 039	23 781	12 674	417	9 496	27 253	16 133	1 612
*Kiel	.	.	.	.	12 041	26 670	15 499	9 174
*Köln⁶)	45 213	116 283	41 590	21 140	22 877	92 051	89 080	22 920
*Königsberg⁷) . . .	411	12 208	45	945	9 008	46 097	12 450	17 558
Leipzig	21 583	103 787	43 832	44 975	22 918	111 077	57 427	44 361
*Liegnitz	.	.	.	.	3 653	15 976	8 532	4 874
*Lübeck	13 188	7 884	687	—	15 692	29 416	12 019	6 288
*Magdeburg	11 660	95 411	20 172	18 473	13 081	59 622	17 855	20 829
*Mainz	18 635	34 599	9 976	238	.	.	.	.
Mannheim⁸)	29 338	72 830	14 313	678	9 157	56 355	18 139	3 738
*Metz	5 049	21 977	8 384	18 884	5 174	23 750	8 256	15 188
München	71 251	213 689	177 483	21 216	61 965	174 743	172 121	32 462
Nürnberg	35 669	106 432	30 308	28 847	16 346	82 302	20 498	20 283
Plauen⁹)	7 773	749	bei Rindern	315	2 671	(14 183)	582	? .
Potsdam	.	.	.	.	2 442	12 855	4 503	6 281
*Spandau	.	.	.	.	3 239	15 602	4 089	5 677
*Strassburg	9 959	30 788	22 520	5 874	11 290	35 875	28 750	9 492
Stuttgart	15 807	49 071	33 116	183	18 500	47 504	33 539	5 067
Wiesbaden	8 783	45 028	21 183	8 796	6 742	31 252	14 767	7 634
Zwickau	11 661	37 869	3 761	12 007	2 984	19 048	6 014	4 543

⁶) Der neue Vieh- und Schlachthof ist seit dem 1. Juli 95 in Betrieb, der Schlachtzwang auf dem letzteren wurde für die im Jahre 1888 eingemeindeten Vororte erst am 10. August eingeführt. Der Auftrieb auf die privaten Vieh- und Schlachthöfe bis zum 1. Juli 1895 ist nicht angegeben. ⁷) Der Vieh- und Schlachthof wurde am 19. Aug. 1895 eröffnet. Die Schlachtungen auf den privaten Schlachthöfen bis zu diesem Termin sind einbegriffen. ⁸) In dem Auftrieb auf den Viehhof 2890 Milchkühe; in dem Auftrieb auf den Schlachthof 28 029 Schweine, 6023 Kälber, 1445 Schafe auf private Schlächtereien. ⁹) Die Zahlen beim Viehhof beziehen sich auf die Viehmärkte; bei den Schlachtungen sind 418 Rinder, 5132 Schweine, 132 Kälber auf privaten Schlachthöfen geschlachtet worden. Die Schlachtungen von Ferkeln, Schafen u. s. w. sind nicht angegeben.

† Bei den Städten Altona u. s. w. (siehe Bemerkung auf vorstehender Seite).

Die Schlachtungen der verschiedenen Thierarten im Vergleich mit der Bevölkerung.

Aachen. — Altona. — Augsburg.

Art der Thiere.	Aachen Zahl der Thiere.	pro Thier	überhaupt	pro Kopf	Altona Zahl der Thiere.	pro Thier	überhaupt	pro Kopf	Augsburg Zahl der Thiere.	pro Thier	überhaupt	pro Kopf
Ochsen	1 725	510	879 750	7,96	4 600	250	150 000	7,42	4 284	265	1 135 260	13,56
Stiere	1 249	375	468 375	4,34	1 800	300	540 000	3,63	2 614	} 160	} 1 201 600	} 14,67
Kühe	2 880	320	921 600	8,33	2 400	225	540 000	3,63	3 706			
Rinder	830	155	128 650	1,16	3 700	280	851 000	5,71	1 190			
Kälber	13 513	55	743 215	6,72	11 800	70	826 000	5,55	19 678	30	590 190	7,31
Schweine	18 382	90	1 654 380	14,96	9 800	100	980 000	6,56	35 760	40	1 430 400	17,46
Ferkel	—	—	—		700	10	7 000	0,05	—	—	—	
Schafe	} 7 078	} 29	} 205 262	} 1,86	4 800	25	120 000	0,81	} 3 227	} 20	} 64 540	} 0,79
Hammel					12 600	30	378 000	2,54				
Lämmer	68	9	567	0,01	6 700	9	60 300	0,40	} 2 100	} 8	} 16 800	} 0,21
Ziegen	36	18	648	0,01	—	—	—					
Pferde	341	320	109 120	0,99	1 097	300	329 100	2,21	607	(270)	168 890	2,00
Zusammen			5 111 567	46,34			5 781 400	38,81			4 602 680	56,20

Barmen. — Berlin. — Bochum.

Art der Thiere.	Barmen Zahl der Thiere.	pro Thier	überhaupt	pro Kopf	Berlin Zahl der Thiere.	pro Thier	überhaupt	pro Kopf	Bochum Zahl der Thiere.	pro Thier	überhaupt	pro Kopf
Ochsen	3 575	359	1 283 425	10,11	} 129250	} 247	} 31 892 438	} 19,01	316	377,5	119 290	2,22
Stiere	782	} 138,5	} 510 650	} 4,02					} 2 871	} 295	} 846 945	} 15,7
Kühe	2 905											
Rinder	734	87	63 858	0,50					919	165	151 635	2,8
Kälber	10 221	36,75	375 622	2,96	124821	61	7 571 149	4,51	4 745	43,5	206 408	3,8
Schweine	26 127	94,5	2 469 002	19,44	604942	86	52 085 506	31,05	15 688	107	1 673 266	31,0
Ferkel	35	(12,5)	438	0,00					584	45	26 280	0,49
Schafe					} 378153	} 21	} 7 941 213	} 4,73	} 1 246	} 25	} 31 150	} 0,58
Hammel	} 8 862	} 23	} 203 826	} 1,61								
Lämmer												
Ziegen	12	15,75	189	0,00	—	—	—		174	19	3 306	0,06
Pferde	216	281	49 896	0,39	7842	225	1 651 950	0,96	580	315	182 700	3,39
Zusammen			4 956 906	39,08			101142256	60,30			3 240 980	60,90

Bremen. — Cassel. — Chemnitz.

Art der Thiere.	Bremen Zahl der Thiere.	pro Thier	überhaupt	pro Kopf	Cassel Zahl der Thiere.	pro Thier	überhaupt	pro Kopf	Chemnitz Zahl der Thiere.	pro Thier	überhaupt	pro Kopf
Ochsen	4 117	333	1 370 961	9,72	2 736	366	1 001 376	12,35	2 022	} 345	} 3 040 880	} 18,89
Stiere	1 618	326,5	528 277	8,74	590	383	225 970	2,76	965			
Kühe	1 639	291,5	477 769	3,39	2 795	294	821 730	10,05	8 577			
Rinder	1 267	250	316 750	2,34	668	242	160 446	1,96	2 250			
Kälber	16 957	80,5	1 365 039	9,67	12 895	35,8	461 641	5,65	22 067	40	882 680	5,43
Schweine	} 51 156	} 75	} 3 836 700	} 27,19	21 846	101	2 206 446	26,99	40 047	95,5	3 824 189	23,75
Ferkel									—	—	—	
Schafe					} 10 196	} 28,5	} 290 586	} 3,55	} 18 093	} 28,1	} 366 604	} 2,27
Hammel	} 13 657	} 27	} 868 739	} 2,61								
Lämmer												
Ziegen	51	17,5	8 925	0,06	94	12,8	1 208	0,02	77	20,5	1 579	0,01
Pferde	1 240	276	342 240	2,43	211	} (270)	} 5 724	} 0,07	369	330	121 770	0,75
Esel	—	—	—		1				—	—	—	
Hunde	—	—	—		—	—	—		202	18	2 626	0,02
Zusammen			8 615 400	61,04			5 175 122	63,30			8 240 278	51,17

(Fortsetzung.) Die Schlachtungen der verschiedenen Thierarten im Vergleich mit der Bevölkerung.

Art der Thiere.	Zahl der Thiere.	Fleischgewicht in kg			Zahl der Thiere.	Fleischgewicht in kg			Zahl der Thiere.	Fleischgewicht in kg		
		pro Thier	überhaupt	pro Kopf.		pro Thier	überhaupt	pro Kopf.		pro Thier	überhaupt	pro Kopf.
	Dortmund.				**Düsseldorf.**				**Duisburg.**			
Ochsen . . .					14 260	300	4 278 000	24,31	4 866	337,5	1 642 275	25,57
Stiere	7 925	235	1 862 375	16,74								
Kühe . . .												
Rinder . . .												
Kälber . . .	8 776	55	482 680	4,34	15 400	55	847 000	4,81	3 889	45	175 005	2,?
Schweine . .	27 204	90	2 448 360	22,01	42 500	90	3 825 000	21,73	19 872	75	1 490 400	21,?
Ferkel . . .					136	10	1 860	0,01	29	5	145	0,?
Schafe . . .												
Hammel . .	2 040	25	51 000	0,46	16 106	25	402 650	2,39	1 163	35	40 705	0,?
Lämmer . .												
Ziegen . . .	191	19	3 629	0,03	30	15	450	0,00	190	20	3 800	?
Pferde. . . .	566	235	138 010	1,20	874	300	262 200	1,49	284	500	117 000	?
Esel	—		—	—	3	150	450	0,01	—		—	—
Zusammen .			4 981 054	44,78			9 617 110	54,65			3 469 330	49,37
	Erfurt.				**Frankfurt a. M.**				**Frankfurt a. d. O.**			
Ochsen . . .	1 520	350	532 000	6,81								
Stiere					24 380	283,3	6 906 854	30,12	3 535	288,4	1 019 494	17,?
Kühe	5 006	275	1 376 650	17,61								
Rinder . . .												
Kälber	7 800	28	218 400	2,79	52 501	28	1 470 028	6,41	5 553	37	205 461	3,?
Schweine . .	24 676	85	2 097 460	26,83	79 140	65	5 144 100	22,44	16 578	97	1 608 066	27,?
Ferkel. . . .	—				1 556	5	7 780	0,03	—		—	—
Schafe. . . .	9 984	25	248 350	3,18								
Hammel . .					28 371	33	936 243	4,08	10 391	23	238 993	?
Lämmer . .												
Ziegen . . .	898	25	9 950	0,13								
Pferde. . . .	143	200	28 600	0,37	769	270	207 630	0,91	288	235	54 755	?
Esel	—		—	—	—		—	—	3	125	375	?
Zusammen .			4 511 410	57,72			14 672 635	63,99			3 127 144	52,?
	Freiburg.				**Halle.**				**Karlsruhe.**			
Ochsen . . .					969	410	80 852	0,70	3 118	400	1 247 200	14,?
Stiere	5 564	294,5	1 638 598	30,85	1 003				1 959	400	783 600	?
Kühe					3 828	315	1 382 850	11,89	2 363	200	472 600	?
Rinder . . .					562				2 056	250	514 000	?
Kälber . . .	11 151	30	334 530	6,30	12 798	37	473 526	4,07	16 133	30	483 990	?
Schweine . .	17 090	80	1 367 200	25,73	19 902	105	2 288 780	19,67	25 987	80	2 078 960	?
Ferkel. . . .	44	12,5	550	0,01	—		—	—	1 266	15	18 990	?
Schafe. . . .												
Hammel. . .	3 041	20	60 820	1,15	14 095	27	384 696	3,31	1 612	25	40 300	?
Lämmer . .												
Ziegen . . .	356	24	8 544	0,16	153							
Pferde. . . .	191	200	38 200	0,73	876	305	275 940	2,37	212	200	42 400	?
Esel	7	100	700	0,01	—		—	—	—		—	—
Hunde. . . .					1	15	15	0,00	—		—	—
Zusammen .			3 449 142	64,93			4 886 609	42,01			5 682 040	57,?

Fortsetzung.) **Die Schlachtungen der verschiedenen Thierarten im Vergleich mit der Bevölkerung.**

Art der Thiere.	Zahl der Thiere.	pro Thier	überhaupt	pro Kopf.	Zahl der Thiere.	pro Thier	überhaupt	pro Kopf.	Zahl der Thiere.	pro Thier	überhaupt	pro Kopf.
			Kiel.				**Köln.**				**Königsberg i. Pr.**	
chsen . . .	610	300			17 209	480						
iere . . .	2 642	280			1 664	400			9 008	250	2 252 000	13,03
ühe	6 926	240	} 8 190 865	37,25			} 8 729 863	27,15				
inder . . .	1 863	240			4 004	315						
ilber . . .	15 499	35	542 465	6,33	89 030	45	1 756 850	5,46	12 450	32,5	404 625	2,34
hweine . .	26 670	85	2 266 950	26,46	92 051	70	6 443 570	20,05	46 097	100	4 609 700	26,68
erkel. . . .	—	—	—		—	—	—		—	—	—	
hafe . . .												
ammel . . .	3 617	30										
immer . .	5 532	15	} 183 480	2,14	22 805	26	592 930	1,84	17 496	20	349 920	2,03
egen . .	25	15			115	19,5	2 242	0,00	62	20	1 240	0,01
erde	609	230	140 070	1,64	1 051	230	241 780	0,75	1 117	200	223 400	1,29
Zusammen .			6 323 830	73,82	Zusammen .		17 766 685	55,25	Zusammen .		7 840 885	45,38
			Leipzig.				**Liegnitz.**				**Lübeck.**	
hsen . . .	8 454	412,23							3 656			
ere	4 090	411,60	} 8 277 753	20,70	3 653	250	913 250	17,72	1 845	} 300	1 650 800	23,82
he	9 803	320,72										
nder . . .	1 071	300,23							10 191	220	2 242 020	32,36
lber	57 427	55,46	3 184 901	7,96	8 582	30	255 960	4,97	12 019	36	432 684	6,26
hweine . .	111 077	96,16	10 681 164	26,71	15 976	75	1 198 200	23,26	29 416	75	2 206 200	31,85
rkel	—	—	—		—	—	—		—	—	—	
hafe . . .												
mmel . . .	44 361	33,48	1 485 206	3,71	4 874	20	97 480	1,89	6 157	20	128 140	1,75
mmer . . .												
gen . . .					—	—	—		131	15	1 965	0,03
rde	961	279,5	268 599	0,67	194	270	52 380	1,02	480	230	110 400	1,59
nde	24	14	336	0,00	—	—	—		—	—	—	
Zusammen .			28 897 959	59,75	Zusammen .		2 517 270	48,66	Zusammen .		6 766 719	97,66
			Magdeburg.				**Mannheim.**				**Metz.**	
hsen . . .	3 258	415,27			1 837	400	734 800	7,51	2 709	320	866 880	14,50
ere	2 942	364,50	} 4 778 420	22,28	576	400	230 400	2,36	556	380	211 280	3,53
ue	5 850	333,59			1 456	200	291 200	2,98				
ider . . .	1 086				5 288	250	1 322 000	13,52	1 909	280	584 520	8,94
ber	17 855	39,55	706 165	3,29	18 139	30	544 170	5,57	8 256	60	495 360	8,28
weine . .	59 621	98,82	5 891 758	27,48	56 853	80	4 508 240	46,10	23 750	75	1 781 250	29,79
kel. . . .	1	8,00	8		2	12,5	25	0,00	—	—	—	
hafe . . .												
mmel . .	20 685	26,87	554 462	2,59	8 492	25	87 300	0,89	14 104	18	253 872	4,25
nmer . .												
gen . . .	194	23,00	4 462	0,02	245	15	3 675	0,04	1 084	12	18 008	0,22
rde	978	300,00	293 400	1,37	453	200	90 600	0,93	402	180	72 360	1,21
Zusammen .			12 228 675	57,08	Zusammen .		7 812 410	79,90	Zusammen .		4 228 580	70,72

17*

(Schluss.) **Die Schlachtungen der verschiedenen Thierarten im Vergleich mit der Bevölkerung.**

Art der Thiere	München				Nürnberg				Potsdam			
	Zahl der Thiere	pro Thier	überhaupt	pro Kopf	Zahl der Thiere	pro Thier	überhaupt	pro Kopf	Zahl der Thiere	pro Thier	überhaupt	pro Kopf
Ochsen	28 178	300	8 458 400	20,75	11 277	270	3 084 790	18,69				
Stiere	10 880	160	1 718 800	4,21	3 878	175	677 775	4,17	2 442	333	813 186	13,5
Kühe	16 313	200	3 262 600	8,02								
Rinder	6 594	120	791 280	1,94	1 196	175	209 300	1,29	4 508	36	162 108	2,7
Kälber	172 121	40	6 884 840	16,90	20 498	32,5	666 185	4,10				
Schweine	174 743	45	7 863 435	19,31	82 302	65	5 349 680	32,95	12 855	110	1 414 050	24,1
Ferkel	—				—				—			
Schafe / Hammel	26 711	20	534 220	1,31	20 283	15	304 245	1,87	6 281	19	119 339	2,x
Lämmer	5 751	4	23 004	0,05								
Ziegen	—				—							
Pferde	1 444	235	339 340	0,83	419	270	113 130	0,70	155	180	27 900	0,8
Zusammen			29 865 919	78,32			10 855 055	63,77			2 536 583	43,5

Art der Thiere	Spandau				Strassburg i. E.				Stuttgart			
Ochsen					5 382	406	2 218 112	16,36				
Stiere	3 289	267	864 813	15,49	2 266	408	947 188	6,98	18 500	273,7	5 063 450	31,88
Kühe					3 692	304	1 159 288	8,54				
Rinder												
Kälber	4 089	45,75	187 072	3,35	23 750	40,7	990 875	7,30	33 589	35	1 173 865	7,41
Schweine	15 602	102,75	1 759 125	31,50	35 875	66	2 367 750	17,46	47 504	86	4 085 344	25,x
Ferkel	—				—				—			
Schafe / Hammel	5 677	24,50	139 143	2,49	9 475	23	217 925	1,60	5 015	24	120 360	0,7x
Lämmer					—							
Ziegen	—	—	—	—	17	24	408	0,03	72	24	1 728	0,x
Pferde	102	314	32 028	0,57	822	270	221 940	1,64	150	317	47 550	0,3x
Esel					17	100	1 700	0,01	—			
Zusammen			2 982 181	53,40			8 124 686	59,91			10 492 297	66,x

Art der Thiere	Wiesbaden				Zwickau i. Sachsen			
Ochsen	4 098	450	1 844 100	24,88	1 162	376,9	437 957	8,69
Stiere					756	415,5	314 118	6,23
Kühe	2 644	330	872 520	11,77	740	351,4	260 036	5,16
Rinder					326	334,7	109 112	2,17
Kälber	14 767	112,50	1 661 485	22,41	6 014	42,8	257 399	5,10
Schweine	30 872	94,50	2 917 712	39,86	19 048	98,4	1 874 323	37,21
Ferkel	380	12,50	4 753	0,06	—			
Schafe / Hammel / Lämmer	7 556	30	226 680	3,06	4 543	29,4	133 564	2,65
Ziegen	78	20	1 560	0,02	110	270	29 700	—
Pferde	179	270	48 330	0,65	1	125	125	0,00
Esel	—	—	—	—	72	14	1 008	0,01
Hunde	—	—	—	—				
Zusammen			7 577 090	102,91			3 417 342	67,81

Bemerkung: Für Karlsruhe, wo die Gewichtssätze nicht notirt waren, sind diejenigen von Mannheim eingesetzt worden. Wo das Fleischgewicht der Pferde nicht angegeben war, ist 270 kg als Durchschnitt der Angaben gerechnet worden, bei Ferkeln 12,5 kg. Bei den übrigen nachsteh. angeführten acht Städten fehlten die Angaben über Gewichtssätze gänzlich.

Specialisirung des Auftriebs.
a. Viehhöfe.

Städte	Ochsen.	Stiere.	Kühe.	Rinder.	Ferkel.	Schafe u. Hammel.	Lämmer.	Ziegen.
Aachen . . .	453	330	4 220	965	.	6 325	—	—
Altona . . .	8 700	1 800	2 400	3 300	400	{13 600 / 18 700	12 500	—
Augsburg . .	3 056	1 573	4 481	615	2 014	10 079	20 559	
Barmen . . .	283	854	414	197	.	5 751		—
Bremen . . .	4 988	1 853	2 108 (Queen) 1 416		.	14 946		51
Breslau . . .	20 009		24 564		.	39 260		.
Cassel . . .	2 230	292	1 517	500	4 488	3 591	.	.
Chemnitz . .	.		.	.	.	23 150	.	78
Dresden . . .	12 251	{Bullen / 7 721	8 982	.	.	53 625	.	26
Düsseldorf . .	63	20	1 446	198	.	510	.	22
Essen	bei Rindern	2 843	35 801		30 757	.	.	.
Frankfurt a. M.	37 897 (einschl. Bullen.)		29 505		5 037	33 494	2 184	
Freiburg i. Br.	2 388		1 552		—	1	—	—
Halle a. S. . .	262	164	582	101	.	463		2
Karlsruhe i. B.	886	1 176	758	2 219	.	330	.	87
Köln a. Rh. . .	26 853	2 919	15 441		.	21 140		—
Königsberg i. Pr.	180	80	151	—	2 750	945	—	—
Leipzig . . .	8 537	3 778	8 254	964	.	44 966		9
Magdeburg . .	2 736	1 998	6 926		4	18 447		26
Mainz . . .	6 956	175	8 219	3 285	.	63		175
Mannheim . .	2 692	716	25 930		18 165	663		15
Metz . . .	2 122	340	2 587		.	18 451		433
München .	30 182	9 654	14 959	16 456	bei Lämmern	2 482	18 734	bei Schafen
Nürnberg . .	.	.	.	.	.	28 823		24
Strassburg i. E.	3 143	738	6 078	.	.	.	.	.
Stuttgart . .	689	1 497	107	13 514	.	137		46
Wiesbaden . .	4 622	.	4 161	.	9 361	8 478	179	139
Zwickau . .	2 283	854	7 360	1 164	.	12 007		—

Schlachthöfe (Nachtrag).

Städte	Ochsen.	Stiere.	Kühe.	Rinder.	Ferkel.	Schafe u. Hammel.	Lämmer.	Ziegen.
Braunschweig .	8 331		4 106		59	9 809 (einschl. Ziegen)		.
Breslau . . .	11 666		8 811		.	28 799 „ „		.
Crefeld . . .	617		7 824	949	56	3 876		333
Dresden . . .	8 670	7 157	5 896	.	.	43 331		3
Essen . . .	1 060		5 925		735	4 738		328
Görlitz . . .	310	262	3 976	.	2	7 896		97
Hamburg . .	40 688	4 938	15 631	9 458	.	69 743		—

Geschlachtetes Fleisch pro Kopf der Bevölkerung.

Städte	Rinder	Kälber	Schweine u. Ferkel	Hammel, Schafe, Lämmer, Ziegen	Pferde u. Esel	Ueberhaupt	Von 100 Kilogramm entfallen auf .... Fleisch				
							Rind	Kalb	Schweine	Hammel	Pferde
Aachen . . .	21,69	6,72	14,96	1,88	0,99	46,24	47	15	32	4	2
Altona . . .	20,69	5,55	6,61	3,75	2,31	38,81	.53	14	17	10	6
Augsburg . .	28,53	7,21	17,46	1,00	2,00	56,20	51	12	31	2	4
Barmen . . .	14,63	2,96	19,44	1,61	0,39	39,03	38	8	49	4	1
Berlin . . .	19,01	4,51	31,05	4,73	0,98	60,30	32	7	51	8	2
Bochum . . .	20,77	3,83	31,57	0,64	3,39	60,20	35	6	52	1	6
Bremen . . .	19,09	9,67	27,19	2,67	2,42	61,04	31	16	45	4	4
Cassel . . .	27,02	5,65	26,99	3,57	0,07	63,30	43	9	43	5	0
Chemnitz .	18,89	5,48	23,75	2,28	0,75	51,17	36	11	47	5	1
Dortmund .	16,74	4,34	22,01	0,49	1,20	44,78	37	10	49	1	3
Düsseldorf .	24,31	4,81	21,74	2,29	1,50	54,65	44	9	40	4	3
Duisburg . .	23,37	2,49	21,31	0,63	1,67	49,37	47	5	43	2	3
Erfurt . . .	24,42	2,79	26,83	3,31	0,37	57,72	42	5	46	6	1
Frankfurt a.M.	30,12	6,41	22,47	4,08	0,91	63,99	47	10	35	6	2
Frankfurt a. O.	17,23	3,47	27,18	4,04	0,94	52,86	33	7	51	8	1
Freiburg i. Br.	30,85	6,30	25,74	1,31	0,73	64,93	48	9	40	2	1
Karlsruhe i. B.	36,02	5,76	24,96	0,47	0,50	67,71	53	10	37	0	0
Halle a. S. . .	12,59	4,07	19,67	3,31	2,37	42,01	28	10	47	8	6
Kiel . . .	37,25	6,33	26,46	2,14	1,64	73,82	50	9	36	3	2
Köln a. Rh..	27,15	5.46	20,05	1,84	0,75	55,25	49	10	36	3	2
Königsbergi.Pr.	13,03	2,34	26,68	2,04	1,29	45,38	29	5	59	4	3
Leipzig . . .	20,70	7,96	26,71	3,71	0,67	59,75	35	13	44	6	1
Liegnitz . . .	17,72	4,97	23,26	1,89	1,02	48,86	36	10	48	3	3
Lübeck . . .	56,18	6,26	31,85	1,78	1,59	97,66	58	6	33	2	1
Magdeburg .	22,28	3,29	27,48	2,61	1,37	57,03	39	6	48	5	2
Mannheim .	26,37	5,57	46,10	0,93	0,93	79,90	33	7	58	1	1
Metz	26,97	8,28	29,79	4,47	1,21	70,72	38	12	42	6	2
München .	34,92	16,90	19,31	1,36	0,83	73,32	48	23	26	2	1
Nürnberg .	24,15	4,10	32,95	1,87	0,70	63,77	38	6	52	3	1
Potsdam. .	13,91	2,77	24,19	2,04	0,48	43,39	32	6	56	5	1
Spandau. .	15,49	3,35	31,50	2,49	0,57	53,40	29	6	59	5	1
Strassburg i. E.	31,88	7,80	17,46	1,62	1,65	59,91	53	12	29	3	3
Stuttgart . .	31,98	7,41	25,80	0,77	0,30	66,27	48	11	39	1	0
Wiesbaden .	36,65	22,41	39,42	3,06	0,65	102,21	36	22	39	3	0
Zwickau i. S.	22,25	5,10	37,21	2,65	0,59	67,81	33	8	55	4	0

(Fortsetzung von Seite (254))

1891 vergleichbare Daten über beide Einrichtungen vorlagen, sind dieselben summirt worden. Es waren dies folgende 22 zugleich mit Vieh- und Schlachthöfen versehene Städte mit einer Einwohnerzahl von 6 100 022 am 2. December 1895: Berlin, Hamburg, München, Leipzig, Breslau, Dresden, Köln, Frankfurt a. M., Hannover, Düsseldorf, Nürnberg, Chemnitz, Stuttgart, Bremen, Strassburg, Dortmund, Mannheim, Augsburg, Karlsruhe, Cassel, Lübeck, Metz.

Jahr	Viehhöfe.				Schlachthöfe.			
	Rinder	Schweine	Kälber	Hammel	Rinder	Schweine	Kälber	Hammel
1891	656 722	2 174 277	884 322	1 179 266	455 882	1 688 050	786 191	695 770
1892	697 267	2 061 597	891 857	1 100 687	468 670	1 573 555	834 902	684 330
1893	835 481	2 056 234	1 002 238	1 150 797	542 645	1 657 317	936 506	855 605
1894	835 875	2 283 462	866 973	1 123 817	541 220	1 792 997	810 207	833 024
1895	768 044	1 921 201	1 486 246	1 078 785	530 779	2 047 127	852 486	785 608

Bei einigen Städten geschah der Auftrieb auf den Schlachthof direkt, nicht erst über den Viehmarkt.

Nach vorstehenden Zahlen hat bei Rindern, Schweinen und Hammeln ein Rückgang des Auftriebs auf die Viehhöfe stattgefunden, welcher bei Hammeln schon seit 1893 besteht. Bei Kälbern, welche von 1893, einem Jahre mit offenbar ungewöhnlich hohem Auftrieb, auf 1894 zurückgegangen waren, fand eine Steigerung des Auftriebs statt. Die Schlachtungen sind bei Rindern und Hammeln zurückgegangen, bei Schweinen und Kälbern gestiegen. Die hohen Zahlen der Schlachtungen im Jahre 1893 sind die Folge der damaligen Futternoth. Des Vergleichs halber werden nachstehend die Zahlen der Reichsstatistik über die Ein- und Ausfuhr von Vieh und Fleisch in das Reichsgebiet mitgetheilt:

Jahr	Zuchtvieh bis zu 2½ Jahren Stücke		Kühe Stücke		Ochsen Stücke		Stiere Stücke		Fleisch v. Vieh, ausgeschlachtet 1000 kg	
	Einf.	Ausf.	Einf.	Ausf.	Einf.	Ausf.	Einf.	Ausf.	Einf.	Ausf.
1891	75 130	3 828	133 527	8 005	44 418	3 758	8 369	270	19 546	11 882
1892	76 429	5 728	135 487	3 221	43 524	4 826	7 251	731	27 702	4 871
1893	67 036	4 741	83 407	3 199	40 568	5 091	7 969	703	16 601	3 703
1894	106 408	3 637	153 310	3 907	87 082	3 719	14 635	259	27 588	3 118
1895	88 044	4 961	118 712	4 479	62 405	4 825	11 199	368	33 197	3 134

Darnach war hier ein Rückgang des eingeführten Viehs zu constatiren, sodass möglicher Weise eben dieser Rückgang auch den verminderten Auftrieb in den Städten zur Folge gehabt haben kann. Andererseits zeigt die Steigerung der Einfuhr von ausgeschlachtetem Fleisch — welches zur Hälfte aus den Vereinigten Staaten, zu einem grossen Theil aus den Niederlanden kommt — in welcher Weise der Bedarf zum Theil ersetzt worden sein dürfte.

Wie schwierig es ist, aus den angeführten Zahlen und dem sonst etwa vorliegenden Material die Höhe des Fleischconsums zu berechnen, ist schon in den früheren Jahrbüchern bemerkt worden. Im vorigen Jahrgang wurden die bezüglichen eigenen Berechnungen einzelner Städte mitgetheilt. Dieselben waren jedoch untereinander nicht vergleichbar, weil theils die Schlachtungen allein zu Grunde gelegt waren, theils auch noch die Einfuhr von Fleisch, Wild u. s. w. mit berücksichtigt worden war. Auch diese Angaben sind dann noch abgeändert worden, nachdem die Bevölkerungszahlen an der Hand der Volkszählung vom 2. December 1895 eine Correctur erfuhren.*)

Da diesmal durch die Volkszählung genaue Einwohnerzahlen vorlagen, so wurden dieselben mit den nach den Schlachtungen anzunehmenden Consum verglichen. Allerdings stellen diese nur einen, aber den hauptsächlichsten Theil des Fleischconsums dar und lassen auch insofern keinen sicheren Schluss zu, als ein Theil des geschlachteten Viehs ausgeführt wird. Ausserdem musste bei der örtlich verschiedenen Höhe des Fleischgewichts der Thiere, dasselbe nach den eigenen Angaben der betreffenden Städte zu Grunde gelegt werden, Angaben, welche nur auf Schätzung beruhten und nicht kontrollirbar waren.

Wo einzelne Angaben fehlen, wie bei Pferden, Ferkeln, wurde der Durchschnitt (bei Pferden 270 kg, bei Ferkeln 12,5) zu Grunde gelegt, und die betreffende Zahl eingeklammert.

Das Resultat dieser Vergleichung ist, dass das gesammte auf den Kopf des Einwohners treffende Fleischgewicht in Wiesbaden mit 102,81 kg am höchsten war; es folgen Lübeck mit 97,66, Mannheim mit 79,90, Kiel mit 73,82, München mit 73,32, Metz mit 70,72 kg. Die niedrigsten Zahlen weisen auf: Altona mit 38,81 kg, Barmen mit 39,03, Halle mit 42,01, Potsdam mit 43,39, Dortmund mit 44,78, Königsberg mit 45,39 kg. Die Ursachen dieser Verschiedenheiten sind u. a. in der Zusammensetzung der Bevölkerung nach Geschlecht, Alter, Beruf, wie in den örtlich verschiedenen Gewohnheiten der Bevölkerung bei der Ernährung, in der Höhe der Preise u. s. w. zu suchen; dass wohlhabende Städte wie Wiesbaden, Lübeck oder Städte mit grosser Garnison wie Metz obenan stehen, dagegen Städte mit grosser Arbeiterbevölkerung wie Altona, Barmen, Dortmund unten stehen, ist erklärlich.

In der Art des consumirten Fleisches zeigen sich ebenfalls starke Gegensätze. Der Antheil des Rindfleisches an dem Consum erscheint mit 58 Procent am grössten in Lübeck. Es folgen Altona, Karlsruhe, Strassburg mit 53 Proc. In Halle waren nur 28 Proc., in Spandau nur 29 Proc. des frischen Fleisches Rindfleisch. Der Antheil des Kalbfleisches war weitaus am grössten in München und Wiesbaden (23 und 22 Proc., 16,90 und 22,41 kg pro Kopf), des Schweinefleischs in Königsberg, Spandau, Mannheim (59 und 58 Proc.), des Hammelfleischs in Altona (10 Proc.), des Pferdefleischs in Altona, Bochum, Halle (je 6 Proc. und 2,28 bezw. 3,39 bezw. 2,37 kg pro Kopf).

---

*) Der Fleischverbrauch für Berlin und Umgegend (Gesammtverbrauch) wurde angenommen auf: 1891: 69,8, 1892: 71,9, 1893: 70,9, 1894: 75,9, 1895: 73,5 kg, — für Breslau (ohne Geflügel, Wild, Pferde): 1885/86 bis 1895/96: 43,9, 45,8, 45,7, 46,0, 44,9, 40,8, 43,4, 43,1, 42,7, 43,9, 44,8 — für München (ohne Geflügel und Wild): 1894: 74,0, 1895: 74,9 — für Dresden (Gesammtverbrauch) 71,8 kg, für Magdeburg Schlachtungen und frisches Fleisch) 1894: 61,7, 1895: 63,5 — für Augsburg (ohne Geflügel u. Wild): 1893: 64,5, 1894: 58,4, 1895: 58,0 kg pro Kopf.

Da der Consum von Pferden, Eseln, Hunden besonders interessirt, so werden wiederum die Schlachtungen dieser Thiere mitgetheilt:

Städte. *Etatsjahre	Pferde 1895	Pferde 1894	Esel 1895	Esel 1894	Hunde 1895	Hunde 1894	Städte *Etatsjahre	Pferde 1895	Pferde 1894	Esel 1895	Esel 1894	Hunde 1895	Hunde 1894
Aachen . . .	341	.	—	—	—	.	Hannover . .	1 060	1 035	—	—	—	—
Altona . . .	1 097	1 358	—	—	—	—	Hamburg . .	1 778	951	—	—	—	—
Augsburg . .	607	655	—	—	?	—	Karlsruhe . .	212	228	—	—	—	—
*Barmen. . .	216	244	—	—	1	1	*Kiel	609	684	—	—	—	—
Berlin . . .	7 338	7 620	4	7	—	—	*Köln. . . .	1 051	1 040	—	—	—	—
*Bochum . .	580	710	—	1	—	—	Königsberg . .	1 117	824	—	—	—	—
*Braunschweig	212	?	—	?	—	?	Leipzig . . .	961	1 058	—	—	24	22
*Bremen . .	1 240	?	—	?	—	?	*Liegnitz . .	194	?	—	?	—	?
*Breslau. . .	2 739	2 884	—	—	65	116	*Lübeck. . .	475	526	—	—	—	—
*Cassel . . .	211	245	1	—	—	—	*Magdeburg .	978	1 213	—	—	—	—
Chemnitz . .	369	395	—	—	202	186	*Mainz . . .	405	405	—	—	—	—
*Crefeld . . .	389	458	—	—	—	—	Mannheim . .	453	352	—	—	—	—
*Dortmund .	566	539	—	—	—	—	*Metz	402	424	—	2	—	—
Dresden . . .	1 096	1 158	1	—	89	58	München . .	1 444	1 659	—	—	—	—
*Düsseldorf. .	874	957	3	—	—	—	Nürnberg . .	419	409	—	—	—	—
*Duisburg . .	234	291	—	—	—	—	Plauen . . .	114	?	—	?	—	?
*Erfurt . . .	200	163	—	—	—	—	Potsdam . .	155	?	—	?	—	?
*Essen . . .	346	420	—	1	—	—	*Spandau . .	102	?	—	?	—	?
*Frankfurt a. M.	769	795	—	3	—	—	*Strassburg .	822	1 080	17	21	—	—
Frankfurt a. O.	233	277	3	—	—	—	Stuttgart . .	150	124	—	—	—	—
Freiburg . . .	191	186	7	6	—	—	*Wiesbaden .	179	?	?	?	?	?
Görlitz . . .	401	378	—	—	—	—	Zwickau . .	110	?	1	?	72	?
*Halle . . .	876	742	1	—	—	3							

Die Schlachtungen von Pferden sind hiernach in 23 Städten zurückgegangen, in 12 gestiegen, und zwar in Dortmund, Erfurt, Freiburg, Görlitz, Halle, Hannover, Hamburg (Steigerung von 951 auf 1778), Köln, Königsberg, Mannheim, Nürnberg, Stuttgart. In Berlin sind von den Zahlen 1895: 240, 1894: 237 für die Nahrung ungeeignet befundene Pferde abgesetzt, dagegen je 527 an die zoologischen Gärten u. dgl. abgegebene eingerechnet. Wie der Verwaltungsbericht des Polizei-Präsidiums bemerkt, sollen die Pferde zum grössten Theil nicht aus Berlin stammen, sondern von Händlern ausserhalb bis zu vierzig Meilen weit aufgekauft und zur Schlachtung eingeführt, auch bereits geschlachtete Thiere nach Berlin gebracht werden.

Die Gründe des Rückgangs in den Schlachtungen sind an den einzelnen Orten verschieden. Für Breslau, wo der Rückgang in den letzten Jahren besonders gross war (1893: 4374, 1894: 2884, 1895: 2739), hat sich das Zufuhrgebiet durch die Errichtung von Schlachthäusern in anderen Städten verringert.

Was die Schlachtung von Hunden anbetrifft, so sind es vorwiegend die sächsischen Städte (Chemnitz, Dresden, Leipzig, Zwickau), sowie Breslau, welche in Frage kommen. Chemnitz, Dresden, Leipzig, weisen eine Zunahme auf, Breslau einen Rückgang.

XXV.
Feuerlöschwesen.

Von G. Tschierschky,

Stadtrath und Polizeidirigent, Leiter der statistischen Stelle der Stadt Görlitz.

Für die nachstehenden Zusammenstellungen dienten als Grundlage die auf das Kalenderjahr 1894 oder das Etatsjahr 1894/95 bezüglichen von 47 betheiligten Städten mit über 50000 Einwohner erhaltenen Angaben. Gegen die in den früheren Jahrgängen zur Vergleichung herangezogenen Städte hat sich das diesmal in Berücksichtigung gezogene Material durch den Zutritt von Liegnitz, Münster, Spandau und Zwickau vermehrt. Seitens einiger Städte ist wiederum die Beantwortung der ausgesandten Fragebogen abgelehnt worden, nämlich von Danzig, Darmstadt, Elberfeld, M.-Gladbach Münster, Mülhausen, Stettin. Für Aachen gelten die Angaben für da Jahr 1895/96.

I. Organisation und Mittel der Löschhilfe.

Fast in allen Städten, welche eine wirkliche Berufsfeuerwehr unterhalten, ist eine Erhöhung des Mannschaftsbestandes zu verzeichnen. Beträchtlich ist diese Vermehrung in den Städten Altona, Charlottenburg, Chemnitz, Danzig, Dortmund, Dresden, Düsseldorf, Frankfurt a. M., Hamburg, Hannover, Königsberg, Leipzig, München, Nürnberg und Potsdam. Ganz ohne Berufsfeuerwehr kommt man noch aus in den, meistens Süd- und Westdeutschland angehörigen Städten: Augsburg, Bochum, Duisburg, Essen, Freiburg i. B., Karlsruhe, Metz, Spandau, Strassburg i. E. Sanitäre Einrichtungen in Verbindung mit dem Feuerlöschdienst entbehren nur noch Bochum, Dortmund, Essen Frankfurt a. O., Freiburg B., Halle, Potsdam. Das Feuermeldewesen wrd überall in richtiger Erkenntniss der grossen Wichtigkeit schnellen Eingreifens verbessert. Durchgängig sind, mindestens durch Benutzung der vorhandenen Fernsprecheinrichtungen Garantien für rasche Alarmirung angestrebt, auch eigene Leitung[1]) und automatische Feuermelder[2]) in mehreren Städten eingerichtet. Auch in Bezug auf die Bereitstellung der Löschhilfe ist ein erfreulicher Fortschritt durch Vermehrung der Wachen und Einrichtung solcher an Orten, wo dieselben fehlten, zu bemerken, die Zahl derjenigen Städte, in denen die Löschhilfe nach Eingang der Meldung erst zusammengerufen wird, ist in stetigem Abnehmen begriffen. Fast in allen Städten wird auf Sicherung des Publikums Bedacht genommen durch Entsendung von Feuerwehrposten zu Theater- und anderen Vorstellungen, Concerten und sonstigen Gelegenheiten, bei denen grössere Menschenansammlungen zugewärtigen sind.

---

[1]) In 36 Städten.   [2]) In 31 Städten zus. 2469 automatische Feuermelder.

Auch in Bezug auf die mechanischen Hilfsmittel zur Bekämpfung der Feuersgefahr schreitet die Modernisirung der Feuerlöschanstalten ebenfalls rasch vorwärts. Anscheinend entbehrt nur Spandau der Hilfe der Druckwasserleitung, in den von dort erhaltenen Angaben war eine Zahl der zur Verfügung der Löschhilfe vorhandenen Hydranten wenigstens· nicht enthalten. Mit der immer allgemeiner werdenden Benutzung dieser vorzüglichen Hilfsmittel vermindert sich allmählich die Zahl der Handdruckspritzen und Wasserwagen, während die Zahl der Dampfspritzen sich steigert und auch die Verwendung von Gasspritzen sich einführt. Aus den einzelnen Angaben lässt sich nicht genugsam ersehen, welche dieser Gasspritzen wirkliche Spritzen und welche nur sogenannte Kohlensäure-Extincteure waren, deshalb ist von einer Aufführung dieser Art von Löschwerkzeugen Abstand genommen.

Endlich ist auch in erfreulicher Weise eine erweiterte Fürsorge für die Löchmannschaften durch die Benutzung von Rauchschutzapparaten zu erkennen.

Die Tabelle I auf Seite 271 giebt eine übersichtliche Darstellung der vorhandenen Organisationen und Mittel der Löschhilfe.

2. Thätigkeit der Feuerwehren.

Die durchgreifende und allgemein fortschreitende Besserung der Melde- und Alarmeinrichtungen, die Vermehrung der Wachen und Bereithaltung der Gespanne, endlich auch die unversiegliche und energische Wasserzuführung durch die Druckwasserleitung, müssen nothwendig zwei Wirkungen herbeiführen, einmal die, dass die Thätigkeit der Löschhilfe im Verhältniss zur 'Zahl der gemeldeten Brände eine häufigere wird und sodann dass die Prozentzahl der Brände, welche eine grössere Ausdehnung gewinnen (Gross- und Mittelfeuer), sich vermindert. Freilich wird auch bei der letzterwähnten Erscheinung die allmählich fortschreitende Beseitigung feuergefährlicher Baulichkeiten nicht ohne Einfluss bleiben. Es ist leider mit Rücksicht auf das immer noch sehr lückenhaft zur Verfügung stehende Material — es fehlen für die meisten Städte die Angaben über Brände, zu denen die Löschhilfe nicht in Anspruch genommen wurde — nicht möglich, den Eintritt dieser unzweifelhaft vorhandenen Wirkungen zahlenmässig nachzuweisen; indessen ergiebt eine Vergleichung der in Tabelle II versuchten Zusammenstelluug der Feuerwehrthätigkeit in der Berichtszeit mit den gleichen Darstellungen in früheren Jahren, dass eine Verbesserung der Brandsicherheiten erreicht worden ist, wenn man erwägt, dass ungeachtet der durch den Verkehr und die ausserordentliche Verbreitung feuergefährlicher Gebrauchsgegenstände immer wachsenden Brandgefahr weder ein Wachsthum der absoluten Zahlen der Gross- und Mittelfeuer beträchtlich zu bemerken, noch anderseits Verminderung der Thätigkeit der Feuerwehren festzustellen ist. Die Tabelle zeigt übrigens auch wiederum sehr deutlich, von wie grossem Einflusse die lokale Entwickelung des Meldewesens und die Bereitstellung der Hilfe auf die wirklich geübte Löschthätigkeit ist. Dieser Einfluss würde noch deutlicher hervortreten, wenn die Zahl der Brände, bei welchen die Feuerwehr in Thätigkeit trat, derjenigen überall entgegengehalten werden könnte, der Brände, welche ohne Mitwirkung der Feuerwehr beseitigt werden konnten. In Tabelle II sind die bei der Feuerwehr eingegangenen Alar-

mirungsmeldungen und die in Folge dessen ins Werk gesetzten Actionen
der Löschhilfe der Zahl nach verzeichnet. In den Orten mit besonders
entwickelter Meldeeinrichtung sehen wir die Zahl der Meldungen meist
grösser als die Zahl der Ausmärsche, während in den Städten, bei
welchen noch ein primitiveres Verfahren in Gebrauch ist, die Zahl der
Meldungen gleich oder geringer ist, als die Zahl der Ausmärsche. Letz-
genannte Tabelle giebt ferner die Zahl derjenigen Fälle an, in welchen
die Löschhilfe ausserhalb der Stadt in Thätigkeit trat, sowie diejenigen
Hülfeleistungen, für welche abgesehen von Bränden, die Feuerwehr in
Anspruch genommen wurde. Die Zahl dieser Fälle erscheint in einigen
Städten sehr erheblich, was wohl auf eine reichliche Verwendung des
bei den Feuerwehren geübten Samariterdienstes schliessen lässt. Es fällt
auf, dass die Häufigkeit des blinden Lärms in manchen Städten ausserordentlich gross ist. In einzelnen Städten, namentlich solchen, in
welchen automatische, dem Publikum frei zugängliche Feuermelder
aufgestellt sind, sind auch böswillige falsche Alarmirungen in nicht
geringer Zahl angegeben worden.

3. Kosten der Löschhilfe.

Mit weuigen Ausnahmen weisen die Angaben für die Berichtszeit entsprechend der eingetretenen Vermehrung und besseren Ausstattung der Löschhilfe, eine Steigerung der für das Feuerlöschwesen gemachten Aufwendungen nach. Beträchtlich ist dieser grössere Aufwand
für Altona, Charlottenburg, Dresden, Erfurt, Essen, Frankfurt a. M.,
Hamburg, Leipzig und Magdeburg. Ueberraschend gross bei Potsdam,
88 900 Mk. gegen 12 360 Mk. im v. J. Wenn bei den übrigen Städten
der natürliche Zuwachs und besonders die Eingemeindung von Vororten
das beträchtliche Anwachsen der Kosten rechfertigt, so ist bei Potsdam
weder ein solcher Grund noch eine anderweitige Organisation der Löschhilfe für die ausserordentliche Steigerung der Ausgaben ersichtlich.
Eine Verminderung der Kosten ist nur bei Bremen, Breslau, Crefeld,
Düsseldorf, Halle, Karlsruhe, Lübeck, Mainz, Strassburg und Stuttgart
eingetreten. Die erhebliche Verminderung in Düsseldorf, Karlsruhe und
Stuttgart dürfte auf einmalige Ausgaben für grössere Anschaffungen in
der Vorperiode zurückzuführen sein.

Nicht in allen Städten werden die Kosten für die Feuerlöschhilfe
von der Gemeinde allein getragen. Abgesehen von den Staatszuschüssen
in Berlin, Braunschweig und Hamburg werden zu den Kosten beigetragen:

a. aus eigenen Einnahmen der Feuerwehr (Wohnungsmiethen, Arbeits-
   und Fuhrenverdienst, Stiftungen u. s. w.): in Aachen, Altona,
   Breslau, Erfurt, Köln, Königsberg, Mainz, Metz, Posen,
b. aus Versicherungsanstalten: in Berlin, Braunschweig, Breslau,
   Chemnitz, Dresden, Hamburg, Hannover, Köln, Leipzig, Plauen
   i. V., Posen, Zwickau i. S.,
c. aus Privatmitteln: in Augsburg, Dresden, Stuttgart
d. aus sonstigen nicht angegebenen Quellen: Frankfurt a. M., Halle,
   München, Nürnberg,
e. in Lübeck werden die Feuerlöscheinrichtungen aus einer besonderen Steuer unterhalten.

In Tabelle III S. 272 sind die Aufwendungen für die Löschhilfe
übersichtlich zusammengestellt und die Beiträge, wie die Leistungen der

Einwohnerschaft nachgewiesen. Hiernach ist in Bremen der höchste mit 169,61 Pf., in Görlitz der relativ geringste Betrag für Löschzwecke mit 5,12 Pf. auf den Kopf der Bevölkerung verausgabt worden, während die durchschnittliche Ausgabe auf 49,12 Pf. sich beläuft. Abzüglich der vorerwähnten Beiträge ist die Steuerkraft der Gemeinde für Feuer-löschzwecke in Bremen am stärksten in Anspruch genommen worden, mit 169.61 Pf. auf den Kopf der Einwohnerschaft, am geringsten in Plauen i. V. mit 2,86 Pf. auf den Kopf. Im Durchschnitt beträgt die Belastung des einzelnen Steuerzahlers 43,01 Pf.

4. Brände und deren Entstehungsursachen.

Die Gründe, weshalb eine Vergleichung der Brandgefahren in den verschiedenen Städten mit dem erreichbaren Material nicht vorzunehmen war, sind bereits angegeben worden. Nur von einigen Städten liegen vollständige Angaben über die Zahl aller zur Kenntniss gelangten Brandschäden vor. Aber auch diese Zahlen sind aus dem Grunde nicht für eine Vergleichung verwerthbar, weil einmal ein allgemein giltiger Begriff darüber, was als Brandschaden anzusehen ist, nicht besteht, anderseits aber eine Unterscheidung, welche der angegebenen Brand-fälle, als nicht unter diesen Begriff zu ziehen, auszuscheiden wären, nicht vorgenommen werden kann, ohne die einzelnen Umstände (Höhe des entstandenen Schadens, Bezeichnung der durch den Brand vernich-teten oder zerstörten Gegenstände) für jeden Fall zu kennen. In der That können für eine vergleichende Darstellung der Brandsicherheit solche Fälle nicht von Interesse sein, welche (wie die Beschädigung eines Kleides durch darauffallende Tabakfunken) zwar zur Geltendmachung eines Anspruches aus Versicherungsverträgen zur Anzeige gebracht wer-den, aber doch ohne Einfluss auf die relative Brandgefahr in der einen oder anderen Stadt sind. Es ist daher in Tabelle IV eine Zusammen-stellung nur der für die einzelnen Städte angegebenen Gross- und Mittelfeuer gegeben, also solcher Brände, bei welchen das Eingreifen der Löschhilfe unter Anwendung von Schläuchen oder Spritzen nothwendig wurde. Weil auch die Begriffe für Gross- und Mittelfeuer nicht allge-mein angenommen sind, manche Brände wohl auch wirklich nicht nach der Zahl der zur Anwendung gebrachten Spritzen und Schläuche zu classificiren sind, so ist nur die Summe dieser Brände unter Beziehung auf 10 000 der Einwohnerschaft zu einer allerdings rohen und unzu-länglichen Darstellung der relativen Brandgefahr benutzt worden. Selbstverständlich kann aus den Beobachtungen so kurzer Zeiträume irgend ein Schluss nicht gezogen werden, aber vielleicht können diese Aufzeichnungen als Grundlage für spätere Vergleichungen dienen.

Anlangend die Häufigkeit der Brandgefahr nach der Zeit ihrer Entstehung, so ist in Tabelle V das angegebene Zahlenmaterial der ent-standenen Brände nach Tag und Nacht und nach Monaten geordnet. Dabei ist zu bemerken, dass der Tag dabei als die Zeit von 6 Uhr Morgens bis 6 Uhr Abends gerechnet worden ist. Der Anregung, Tag und Nacht anders, nach dem wirthschaftlichen modernen Leben einzu-theilen, konnte für diesen Jahrgang nicht entsprochen werden. Es kann auch nicht unbedingt als zweckmässig anerkannt werden, die Nachtzeit erst von 10 Uhr ab zu rechnen, weil doch in einem grossen Theile des Jahres unter unserer Breite die Brandgefahr beeinflussenden

Eigenthümlichkeiten des nächtlichen Städtelebens lange vor 10 Uhr Abends schon einzutreten pflegen. Indess wird die anderweite Bemessung von Tag- und Nachtzeit der weiteren Erwägung vorbehalten. Bezüglich der Vertheilung auf die einzelnen Monate wird zu beachten sein, dass bei den Städten, welche nicht für das Kalenderjahr 1894 ihre Angaben gemacht haben, nach Tabelle I die Monate Januar bis März 1895 in Betracht kommen. Da nicht von allen betheiligten Orten Angaben über die Vertheilung der Brände nach der Zeit gemacht worden sind, darf die Verschiedenheit der Gesammtzahlen der Brände nicht auffallen. Von 8559 angegebenen Bränden fielen in die Tageszeit 4093 oder 47,65, in die Nachtzeit 4496 oder 52,35 %.

13 531 angegebene Brände vertheilen sich auf die einzelnen Monate wie folgt:

Januar	. . . .	1859 oder	13,74 %
Februar	. . . .	1607 „	11,88 %
Dezember	. . .	1589 „	11.74 %
März	. . . . .	1227 „	9,07 %
November	. . .	1191 „	8.80 %
Oktober	. . . .	1057 „	7,81 %
April	. . . . .	977 „	7,22 %
September	. . .	876 „	6.47 %
Juli	. . . . .	848 „	6.27 %
Mai	. . . . . .	808 „	5,97 %
August	. . . .	785 „	5,80 %
Juni	. . . . .	707 „	5,23 %

Nach Tabelle VI sind überhaupt für 7783 Brände die muthmasslichen Ursachen angegeben worden. Dieselben ordnen sich in folgender Weise:

1. Fahrlässigkeit mit . . .	2389 oder	30,69 %
2. Unermittelt	1750 „	22,49 %
3. Schornsteinbrände . . .	1217 „	15,62 %
4. Verschiedene nicht besonders bezeichnete Ursachen	917 „	11,78 %
5. Explosion	389 „	5,01 %
6. Unvorschriftsmäss. Feuerungsanlagen . . .	381 „	4,90 %
7. Selbstentzündung brennbarer Stoffe	274 „	3,52 %
8. Ueberheizung b. vorschriftsmässiger Feuerungsanlage	224 „	2,88 %
9. Brandstiftung	130 „	1,67 %
10. Gefährlich.Gewerbebetrieb	83 „	1,07 %
11. Blitzschlag	29 „	0,37 %

Von diesen Bränden entstanden 372 im Dachgeschoss.

I. Organisation des Feuerlöschwesens, Ausrüstung etc. 1. J. 1894 oder 1894/95.

Städte	Einwohnerzahl zu Ende der Berichtszeit	Feuerwehr Staats-	Gemeinde-	Berufs-	Pflicht-	Freiwillige	ständig bereite	z. bestimmten Zeit	nach Bedarf	Dampfspritzen	sonst. Spritzen	Rettungsleitern	sonst. Fahrzeuge	Wasserwagen	Rauchschutzapp.	ob Sanitätsdienst	automatische Feuermelder	eig. electrische Leitung	Anschl. a.d. Teleg.-N.	Benutz. and. Telegr.	Signale	Zahl d. Hydranten
Aachen . . .	110 551	.	1	94	.	.	3	.	B	1	.	2	.	2	6	J	56	1	.	.	.	695
Altona . . .	148 070	.	1	85	47	100	3	4	.	3	.	1	6	.	3	J	.	1	1	1	.	530
Augsburg* . .	80 920	.	1	.	.	952	.	1	B	1	8	5	3	.	3	J	.	.	.	1	G	792
Barmen* . .	124 600	.	1	4	4	650	.	2	.	.	31	3	63	.	51	J	78	.	.	.	1 H	702
Berlin . .	1 654 914	1	.	781	.	.	13	29	B	9	18	2	26	14	38	J	109	502	.	.	.	5060
Bochum* . .	52 770	.	1	.	.	154	.	.	B	.	2	.	5	.	.	N	.	.	.	.	H	363
Braunschweig .	113 240	1	.	37	.	360	1	.	B	.	15	4	2	28	1	J	114	187	.	.	C	1174
Bremen . . .	140 090	.	1	111	.	.	6	4	.	5	12	2	7	4	4	J	80	102	1	1	B	1354
Breslau . . .	366 902	.	1	163	.	.	6	.	B	2	23	2	4	9	8	J	174	180	1	.	.	2091
Cassel . . .	80 460	.	1	13	1143	269	1	.	.	.	20	7	2	.	6	J	30	31	.	.	.	644
Charlottenburg	121 480	.	1	38	.	.	1	.	.	6	1	2	1	.	4	J	29	34	.	.	.	708
Chemnitz* . .	156 600	.	1	32	22	524	1	5	.	1	24	2	2	.	4	J	89	96	.	.	.	1266
Crefeld* . .	106 840	.	1	12	.	282	1	.	B	1	13	1	19	.	1	J	.	.	.	T	S	724
Dortmund* . .	104 340	.	1	7	5	335	1	.	B	.	9	2	3	6	8	N	50	50	.	.	S	530
Dresden* . .	327 950	.	1	153	.	83	7	4	.	.	26	4	25	.	5	J	14	60	.	.	.	2120
Duisburg . .	68 300	.	1	.	.	178	.	.	B	.	7	2	2	.	14	J	6	5	.	1	H	625
Düsseldorf .	171 950	.	1	35	130	.	3	1	B	1	17	2	5	.	4	J	63	7	.	.	S	1194
Erfurt . . .	77 330	.	1	105	270	75	.	.	B	.	17	3	1	3	.	J	52	.	.	.	G	531
Essen . . .	92 580	.	1	.	32	300	1	.	B	.	5	.	5	.	3	N	.	1	.	.	.	600
Frankfurt a. M.	204 110	.	1	120	.	160	5	1	B	4	5	2	26	2	3	J	112	136	.	.	.	1770
Frankfurt a. O.	58 050	.	1	74	.	.	3	.	.	6	1	1	7	.	2	N	39	61	.	.	G	201
Freiburg i. Br.	52 530	.	1	.	.	620	.	.	B	.	16	3	28	.	1	N	.	11	.	.	S	440
Görlitz . .	68 510	.	1	24¹	250	66	.	.	B	.	9	1	2	1	8	J	.	17	.	.	G	447
Halle a. S. . .	114 280	.	1	34	.	59	1	2	B	1	6	2	4	.	4	N	25	1	.	.	G	880
Hamburg . .	613 720	1	.	347	124	.	8	.	B	28	83	4	18	15	9	J	241	.	.	.	.	4912
Hannover . .	205 040	.	1	84	13	59	3	.	B	1	5	2	5	1	5	J	19	40	.	.	.	1461
Karlsruhe i. B.	82 030	.	1	.	.	600	.	1	B	1	22	7	1	1	14	J	43	70	.	.	Ü	540
Kiel	83 360	.	1	17	533	150	1	.	B	.	13	3	10	.	2	J	.	13	.	.	T	456
Köln a. Rh. .	316 150	.	1	96	49	290	3	1	B	.	18	3	12	41	16	J	66	69	.	.	S	2471
Königsbergi.Pr.	171 510	.	1	123	.	.	4	.	B	3	5	1	6	9	3	J	48	45	.	1	S	430
Leipzig . . .	392 830	.	1	154	7	241	4	3	B	5	33	9	32	.	16	J	238	281	.	1	S	2593
Liegnitz . .	50 380	.	1	42¹	.	58	.	1	B	.	2	9	1	.	1	J	10	14	.	1	S	314
Lübeck . . .	68 810	.	1	255¹	.	.	1	.	B	5	9	1	4	6	1	J	21	21	.	1	S	948
Magdeburg . .	213 210	.	1	140	.	.	4	3	.	3	9	1	6	5	5	J	91	100	.	.	.	1390
Mainz . . .	76 270	.	1	4	.	176	1	.	B	.	18	3	6	24	2	J	91	291	.	.	.	832
Mannheim* . .	88 840	.	1	12	.	305	1	.	B	.	12	4	4	2	2	J	.	.	.	.	.	553
Metz . . .	59 790	.	1	.	.	² 18	1	.	B	.	21	2	6	.	26	J	.	.	16	.	G	356
München* . .	397 060	.	1	131	.	889	8	8	B	2	30	6	21	24	8	J	175	175	.	.	.	3027
Nürnberg* . .	156 280	.	1	92	.	323	1	3	.	1	8	5	6	.	8	J	110	110	.	.	.	1175
Plauen i. V.* .	58 230	.	1	.	240	294	.	.	B	.	7	8	15	5	10	J	.	10	.	.	S	320
Posen . . .	72 930	.	1	69	.	97	1	1	B	3	6	1	2	10	2	J	.	52	.	28	G	363
Potsdam . .	57 820	.	1	54	.	40	1	.	B	.	4	1	2	1	8	N	.	26	.	1	S	354
Spandau i. E.	56 150	.	1	.	.	78	.	.	B	.	7	1	1	.	4	J	.	.	.	.	S	
Strassburg i. E.	183 820	.	1	.	.	370	1	2	B	.	8	3	12	20	9	J	.	.	.	1	S	1164
Stuttgart . .	155 710	.	1	32	.	1436	1	.	B	2	37	13	11	.	3	J	145	.	.	.	.	1687
Wiesbaden . .	72 810	1²	1	140	589	495	1	.	B	.	12	4	2	.	1	J	51	63	.	.	S	788
Zwickau i. S.*	50 000	.	1	25	550	300	.	1	B	.	21	1	6	1	5	J	.	2	.	1	S	381
Summa		4	46	3552	4257	11 142	99	49	71	85	682	45	400	214	326		2469	2620	3	41		51941

¹) Unter der Zahl befinden sich städtische Angestellte und Einwohner im Unterberut.
²) Die freiwillige Feuerwehr ist als „städtische" bezeichnet (einschliesslich Musikkapelle).
³) Die Einrichtung ist als theils Staats-, theils Gemeindeeinrichtung bezeichnet.?

II. Thätigkeit der Feuerwehr.
im Jahre 1894 oder 1894/95.

Städte	Zahl der Meldungen	Häufigkeit der Löschhilfe	Brände ausserhalb der Stadt, bei welcher die Löschhilfe in Thätigkeit trat	Sonstige Hilfeleistungen	Blinder Lärm	Ausmarsch zu Bränden in der Stadt
Aachen	154	146	8	5	12	130
Altona	245	264	2	32	34	196
Augsburg...	19	10	.	.	1	9
Barmen....	36	36	.	.	1	35
Berlin	1570	1996	43	129	234	1527
Bochum....	8	8	.	.	.	8
Braunschweig	61	67	3	.	15	49
Bremen....	424	595	1	172	86	326
Breslau	329	739	9	419	82	229
Cassel	61	60	4	3	4	49
Charlottenburg	99	96	3	2	9	8
Chemnitz ...	240	115	2	11	28	68
Crefeld	56	170	.	114	5	51
Dortmund ..	39	64	.	4	1	59
Dresden....	243	221	26	4	48	143
Duisburg ...	17	17	.	.	.	17
Düsseldorf ..	504	467	.	37	12	418
Erfurt	17	15	2	.	.	13
Essen	40	41	.	1	3	37
Frankfurt a.M.	198	157	.	3	6	148
Frankfurt a.O.	32	32	1	2	3	26
Freiburg i. B.	9	9	.	.	1	8
Görlitz	10	10	.	.	.	10
Halle	81	81	2	3	10	66
Hamburg ...	1793	1793	40	150	294	1309
Hannover ...	162	162	.	.	11	151
Karlsruhe ..	32	29	2	.	.	27
Kiel	46	45	1	.	4	40
Köln	695	694	1	317	60	316
Königsberg ..	219	212	7	.	44	161
Leipzig	658	366	5	38	20	303
Liegnitz	23	23	3	.	1	19
Lübeck	27	27	5	.	.	22
Magdeburg ..	197	805	.	108	36	161
Mainz	42	42	.	2	.	40
Mannheim ..	54	54	.	2	.	52
Metz	93	93	5	.	2	86
München ...	150	150	6	.	15	129
Nürnberg ..	55	48	1	.	5	42
Plauen i. V. .	10	10	1	.	.	9
Posen	152	152	22	13	34	83
Potsdam....	35	35	1	1	.	33
Spandau....	24	24	.	.	1	20
München-Gladb	.	.	3	.	.	.
Strassburg i. E.	97	97	2	.	4	91
Stuttgart ...	80	85	.	.	5	80
Wiesbaden ..	33	38	.	1	.	32
Zwickau ...	13	13	2	.	.	11

III. Aufwendungen für das Feuerlöschwesen
im Jahre 1894 oder 1894/95.

IV. Zahl der Brände

Städte	Gesammtkosten ℳ.	Auf den Kopf der Bevölkerung ℳ.	Zuschuss aus anderen Fonds ℳ.	Von der Gemeinde aufzubringen ℳ.	Auf den Kopf der Bevölkerung ℳ.	Grossfeuer	Mittelfeuer	Zusammen	Auf 10000 Einwohner	Ausserdem Kleinfeuer
Aachen . . .	58 040	.	7 402	50 638	34,20	4	6	10	.	120
Altona . . .	172 203	116,3	40 005	132 198	76,77	8	20	28	1,533	510
Augsburg . .	18 826	23,26	225	18 601	22,99	6	10	16	2,000	14
Barmen . . .	19 689	15,76	.	19 689	.	4	8	12	1,000	124
Berlin . . .	1 414 051	85,45	715 265	708 795	42,22	69	136	205	1,242	6110
Bochum . .	3 200	6,06	.	3 200	.	4	3	7	1,400	1
Braunschweig	64 622	57,07	20 990	43 632	38,53	1	4	5	0,455	129
Bremen . . .	237 712	169,61	.	237 712	.	11	21	32	2,286	305
Breslau . . .	257 496	70,18	51 661	205 745	56,08	11	23	34	0,920	187
Cassel . . .	23 245	28,89	.	23 245	.	3	6	9	1,125	48
Charlottenburg	53 698	44,20	.	53 698	.	12	12	24	2,000	63
Chemnitz . .	64 429	41,14	26 005	37 685	24,06	1	11	12	0,750	171
Crefeld . . .	21 948	12,12	.	21 948	.	1	1	2	0,182	49
Danzig . . .	97 298	77,78	.	97 298	.	.	.	.	.	
Darmstadt . .	5 378	8,58	.	5 378	.	1	—	1	.	23
Dortmund . .	10 462	10,03	.	10 462	.	1	4	5	0,500	86
Dresden . .	274 741	83,78	119 813	154 928	27,24	2	23	25	0,756	453
Duisburg . .	4 360	6,38	.	4 360	.	2	4	6	0,857	
Düsseldorf .	60 615	35,25	.	60 615	.	6	34	40	2,253	415
Erfurt . . .	6 434	8,37	746	5 688	7,76	4	1	5	0,640	62
Essen . . .	17 494	18,90	.	17 494	.	1	10	11	1,222	26
Frankfurt a. M.	239 649	117,41	.	239 649	.	14	.	14	0,700	209
Frankfurt a. O.	26 025	45,87	1 574	24 451	42,13	5	9	14	2,333	18
Freiburg i. B.	7 692	14,64	.	692	.	2	3	5	1,000	3
Görlitz . . .	3 508	5,12	.	3 508	.	.	3	3	0,478	94
Halle . . .	57 201	50,5	900	56 301	49,37	1	8	9	0,818	186
Hamburg . .	84 070	167,04	740 653	143 417	23,37	62	70	132	2,164	1177
Hannover . .	126 317	61,60	2 000	124 317	60,63	6	18	24	1,143	113
Karlsruhe . .	23 693	28,88	.	23 693	.	1	22	23	2,750	12
Kiel	20 418	24,49	.	20 418	.	5	1	6	0,750	35
Köln . . .	212 747	65,17	6 110	206 637	65,36	12	22	34	1,065	297
Königsberg .	125 442	73,13	34 604	90 838	52,80	9	31	40	2,353	161
Leipzig . . .	345 554	87,95	123 777	201 777	87,95	9	15	23	0,616	583
Liegnitz . . .	7 063	14,02	.	7 063	.	4	5	9	1,800	18
Lübeck . . .	49 073	71,32	.	49 073	.	2	7	9	1,286	36
Magdeburg .	197 210	92,50	..	197 210	.	23	18	41	1,952	120
Mainz . . .	26 632	34,93	119	26 513	34,76	2	5	7	0,875	85
Mannheim . .	48 295	54,36	.	48 295	.	3	2	5	0,556	47
Metz . . .	31 810	52,37	2 761	28 548	47,75	5	6	11	1,667	80
München . .	262 875	66,21	55 010	227 865	57,39	13	43	56	1,400	53
Nürnberg . .	56 711	36,29	6 700	50 011	32,64	3	10	13	0,821	35
Plauen . . .	9 120	17,13	7 600	1 520	2,86	1	1	2	0,400	7
Posen . . .	62 676	85,93	18 485	44 191	60,59	4	16	20	2,857	63
Potsdam . .	88 902	153,76	.	88 902	.	6	7	13	2,167	20
Spandau . .	8 072	14,37	.	8 072	.	8	3	11	1,667	13
Strassburg . .	44 021	33,90	.	44 021	.	9	20	29	2,230	64
Stuttgart . .	64 865	41,46	24 657	40 267	25,86	10	9	19	1,188	122
Wiesbaden .	26 114	35,87	.	26 114	.	4	.	4	0,571	28
Zwickau . .	14 264	28,53	8 600	5 664	11,33	1	2	3	0,600	10

V. Zahl der Brände nach Monaten und nach der Entstehungszeit
im Jahre 1894 oder 1894/95.

Städte	Zahl der Brände	Devon ausserhalb der Stadt	Januar	Februar	März	April	Mai	Juni	Juli	August	September	October	November	December	bei Tag	bei Nacht
Aachen . . .	137	8	8	16	9	7	8	5	11	7	8	8	9	7	61	69
Altona . . .	230	2	74	63	55	41	32	27	37	17	26	43	48	70	257	276
Augsburg . .	19	.	5	5	3	4	.	.	1	3	3	3	.	3	15	15
Barmen . . .	35	.	22	24	11	10	11	6	4	4	4	11	9	20	40	96
Berlin . .	1336	43	835	785	602	423	387	318	379	366	423	477	548	712	617	719
Bochum	8	.	.	.	.	3	.	1	.	.	.	3	.	1	.	8
Braunschweig	46	3	20	7	11	8	8	6	11	12	13	16	13	9	66	68
Bremen . . .	337	1	46	46	39	25	12	8	17	11	28	33	40	32	183	154
Breslau . .	247	9	28	20	15	16	21	21	22	17	12	25	22	19	125	113
Cassel . .	57	4	8	7	8	3	5	4	3	3	2	2	2	10	25	32
Charlottenburg	90	3	10	9	13	5	4	11	3	8	10	3	4	7	30	57
Chemnitz . .	231	2	32	14	11	11	14	10	12	7	12	21	14	25	81	102
Crefeld . .	51	.	6	5	3	4	4	5	3	4	5	3	6	3	21	30
Darmstadt .	.	.	2	.	3	1	1	2	.	.	.	.	1	1	5	6
Dortmund .	39	.	18	2	5	7	4	4	6	7	3	9	13	13	70	21
Dresden .	195	26	70	39	28	39	28	37	29	25	33	37	50	63	240	234
Duisburg . .	17	.	.	1	.	1	.	.	.	.	.	2	.	.	.	6
Düsseldorf .	455	.	55	56	43	34	29	21	28	21	30	51	42	45	240	215
Erfurt . .	17	2	3	13	6	6	5	4	7	5	6	.	6	6	34	33
Essen . .	37	.	5	9	3	3	1	.	6	3	2	3	.	2	18	19
Frankfurt a. M·	148	.	28	22	20	27	9	17	16	11	17	13	19	24	108	115
Frankfurt a. O·	29	1	4	5	2	5	2	1	2	1	2	4	2	2	15	77
Freiburg i. B..	8	.	1	.	.	.	1	.	.	2	1	1	1	1	6	2
Görlitz . .	100	.	12	10	5	2	3	9	6	7	8	9	.	20	49	51
Halle . .	68	2	25	20	13	9	5	5	5	17	12	4	11	19	65	80
Hamburg .	1309	40	202	146	107	109	61	51	74	80	88	106	125	160	544	765
Hannover .	137	.	18	13	9	11	9	6	9	12	9	7	19	15	55	82
Karlsruhe . .	35	2	.	.	.	.	.	.	.	.	.	.	.	.	14	18
Kiel . . .	42	1	7	6	3	1	5	3	3	.	.	3	5	5	16	25
Köln . . .	332	1	53	59	25	30	26	16	20	16	8	17	24	37	170	161
Königsberg	175	7	27	18	28	12	3	8	14	16	15	19	17	24	107	94
Leipzig . .	612	5	101	67	50	37	31	40	45	38	33	49	47	69	284	328
Liegnitz . .	22	3	4	2	1	1	2	2	2	.	2	3	1	2	12	10
Lübeck . .	27	5	4	6	5	2	2	3	2	4	4	5	2	6	9	13
Magdeburg .	161	.	16	20	16	13	15	9	13	2	9	13	14	21	89	72
Mainz . .	42	.	4	4	3	3	4	3	4	2	5	3	4	3	17	25
Mannheim .	52	.	16	6	2	5	4	2	3	6	4	.	1	3	27	25
Metz . . .	91	5	17	10	12	9	5	6	4	7	5	3	9	4	54	37
München .	135	6	19	11	11	13	10	6	11	12	8	13	17	13	77	67
Nürnberg .	50	1	6	4	5	2	3	3	4	2	6	4	7	9	34	21
Plauen . .	10	1	.	2	1	1	.	.	.	.	2	.	1	.	4	6
Posen . .	105	22	9	14	6	7	3	5	10	9	6	6	3	5	41	42
Potsdam .	34	1	4	4	3	2	3	.	2	3	2	.	7	4	17	17
Spandau .	23	3	1	4	4	2	3	1	1	.	1	3	.	4	8	14
Strassburg .	93	2	13	14	12	7	9	7	7	5	1	7	6	5	50	43
Stuttgart .	80	.	19	16	8	12	11	12	9	8	7	15	11	18	71	75
Wiesbaden .	32	.	1	2	4	4	3	1	1	3	1	1	5	6	16	16
Zwickau .	13	1	1	1	1	1	.	1	1	1	1	2	1	2	6	7

VI. Muthmassliche Entstehungsursachen der Brände
im Jahre 1894 oder 1894/95.

Städte	Brandstiftung	Fahrlässigkeit	Ueberheizung bei vorschriftsmässiger Feuerungsanlage	Unvorschriftsmäss. Feuerungsanlage	Schornsteinbrand	Gefährl. Gewerbebetr.	Selbstentzündung brennbarer Stoffe	Explosion	Blitzschlag	Andere Ursachen	Unbekannte Ursachen	Darunter Brände im Dachgeschoss	Summe
Aachen . . .	.	5	10	8	23	.	.	10	1	24	38	11	119
Altona . . .	.	320	.	6	60	.	2	59	.	55	81	.	533
Augsburg . .	5	10	.	4	1	3	2	.	.	3	2	11	30
Barmen . .	.	45	6	4	3	1	.	8	.	39	30	9	136
Berlin . .	12	6	.	60	60	.	28	28	.	.	436	.	630
Bochum . .	.	.	.	.	.	.	.	.	.	.	8	.	8
Braunschweig	3	93	.	6	3	2	3	3	1	12	3	6	134
Bremen . . .	7	148	6	30	77	.	3	4	1	60	13	18	349
Breslau . . .	3	72	.	10	17	7	.	10	.	52	76	18	247
Cassel . . .	1	20	3	3	13	.	1	2	1	.	13	8	57
Charlottenburg'	4	30	18	.	12	2	15	16	.	.	.	7	97
Chemnitz . .	3	67	3	2	6	18	5	4	8	54	18	15	183
Crefeld . . .	.	7	2	12	7	1	.	4	.	.	18	3	51
Dortmund . .	.	27	1	3	4	.	3	8	10	8	27	4	91
Dresden . .	4	155	8	14	20	2	7	22	1	184	61	24	478
Düsseldorf . .	4	127	10	.	17	.	.	37	.	15	141	13	351
Elberfeld . .	.	.	.	.	.	.	.	.	.	.	.	.	.
Erfurt . . .	.	2	1	1	1	.	4	5	1	41	11	9	67
Essen . . .	.	4	2	2	4	.	1	3	.	10	11	3	37
Frankfurt a. M	7	76	11	15	19	5	8	18	.	16	48	3	223
Frankfurt a. O.	2	7	3	4	2	1	2	2	.	6	3	.	32
Freiburg i. B. .	.	1	1	.	.	.	.	.	.	.	6	4	8
Görlitz . . .	4	89	.	1	3	.	.	.	1	1	.	.	99
Halle . . .	.	16	5	1	22	3	7	2	.	86	3	5	145
Hamburg . .	9	341	.	58	898	.	.	56	.	53	394	.	1809
Hannover . .	1	19	.	10	51	1	4	.	.	1	51	14	138
Kiel	4	16	.	6	5	.	1	1	1	.	5	14	39
Köln	10	139	5	39	59	4	2	10	1	50	35	29	354
Königsberg . .	3	81	8	17	38	1	1	13	.	12	28	29	202
Leipzig . . .	3	163	61	2	79	16	158	4	4	66	55	22	611
Liegnitz . .	1	9	.	3	1	.	.	1	1	.	6	3	22
Lübeck . . .	1	8	1	5	1	1	4	4	.	5	15	.	45
Magdeburg . .	9	42	18	11	23	6	9	12	.	14	17	13	161
Mainz . . .	1	7	2	4	10	.	.	1	.	1	16	5	42
Mannheim . .	.	.	.	.	24	.	.	.	.	.	28	.	52
Metz . . .	.	3	1	7	63	.	.	1	.	4	12	6	91
München. . .	4	52	19	.	14	.	.	18	.	15	21	12	143
Nürnberg . .	.	16	7	10	6	2	.	4	.	2	3	6	50
Plauen . .	5	.	.	.	.	.	.	.	.	.	4	4	9
Posen . . .	1	31	1	6	14	.	.	6	.	2	22	3	83
Potsdam . .	6	13	1	6	4	.	.	1	1	2	.	6	34
Spandau . .	10	6	.	.	.	.	.	.	.	1	1	11	18
Strassburg . .	2	11	6	6	30	1	.	2	1	12	22	11	98
Stuttgart . .	2	87	2	5	17	5	3	8	.	8	7	7	139
Wiesbaden . .	.	13	2	.	6	1	.	2	.	8	1	8	33
Zwickau . . .	.	.	.	.	.	.	1	.	.	.	.	10	8	19

XXVI.
Beleuchtungswesen.

Von

K. Zimmermann,

Director des statistischen Bureaus der Stadt Köln.

Erläuterungen zu den Tabellen.

Von den 54 Städten mit mehr als 50 000 Einwohnern fehlt in allen Tabellen nur München-Gladbach. Die Fragebogen waren ausserdem unbeantwortet geblieben von Danzig, Darmstadt, Elberfeld, Erfurt, Mülhausen i. E., Münster i. W., Stettin und Würzburg. Doch liessen sich über diese den Verwaltungsberichten u. s. w. einzelne Angaben entnehmen.

In dem Tabellenwerk bedeutet * am Namen der Stadt, dass das öffentliche Gas- oder Elektricitätswerk nicht städtisches, sondern Privateigenthum, **, dass es städtisch, aber verpachtet ist, ein ., dass die betreffende Angabe fehlt, ein —, dass eine Eintragung nicht vorzunehmen war.

A. Die öffentlichen Gaswerke.

Zu Tabelle I.

Sp. 1. Altona: Das Gaswerk ist am 10. August 1894 in den Besitz und die Verwaltung der Stadt übergegangen.

Sp. 2. Die Berichtszeiten sind: a = vom 1. April bis 31. März, b = Kalenderjahr, c = vom 1. Juli bis 30. Juni.

Sp. 8. Es bedeutet =, dass das Gasversorgungsgebiet gleich dem Stadtgebiet ist, <, dass einzelne Stadttheile an das Leitungsnetz nicht angeschlossen sind, >, dass auch an Nachbarorte Gas abgegeben wird. — (Berlin: Die städtischen wie die privaten Gaswerke versehen auch umliegende Orte mit Gas; die Werthe der Tabellen beziehen sich jedoch je auf das Gebiet der Stadt Berlin allein).

Sp. 4. Altona: Seit Beginn des Jahres 1896 wird die Stadt von dem neuen Werk aus mit Gas versorgt; das alte ist ausser Betrieb gesetzt. — Berlin, Städtisches Werk: Ausser den 5 Gasbereitungsanstalten sind 3 Gasbehälteranstalten vorhanden. — Erfurt: Von den beiden Anstalten liegt die eine im Sommer still. Eine dritte vorhandene Anstalt ist bis auf Weiteres ausser Betrieb gesetzt. — Hamburg: Ausser den 3 Gasbereitungsanstalten ist eine Gasbehälteranstalt vorhanden. — Kiel: Eine zweite Gasanstalt ist seit Jahren ausser Betrieb.

Sp. 9. Es bedeutet a: westfälische, b: schlesische, c: Saar-, d: sächsische, e: englische, f: böhmische Gaskohle, g: englische, h: böhmische, i: westfälische, k: schlesische, l: Zwickauer Zusatzkohle. — In Braunschweig, Bremen und Hamburg wurden 1895/96 ausser den Kohlen bezw. 48, 57 und 250 t Benzol zur Gasgewinnung verbraucht.

Sp. 11. [1]) Danzig: Verkäuflicher Coke einschliesslich Cokeklein, Breeze pp. 778 kg. — [2]) Dortmund: Verkäuflicher Coke 1894/95 440 kg, 1895/96 464 kg. — [3]) Esssen: Desgleichen 465 bezw. 427 kg. — [4]) Görlitz: 12,1 bezw. 12,6 hl. — [5]) Liegnitz: 49,8 bezw. 56,6 hl.

Sp. 13. [6]) Görlitz: je 1,0 hl. — [7]) Spandau: Einschl. des angekauften fremden Wassers 98 bezw. 100 kg.

Sp. 14. [8]) Görlitz, Mainz und Metz: Concentrirtes Ammoniakwasser. — [9]) Königsberg, Mannheim und Stuttgart: Ammoniak (NH_3). — [10]) Augsburg: Magdeburg und Strassburg: Salmiakgeist.

Zu Tabelle II.

Sp, 9 bis 12. Es ist zweifelhaft, ob die Werthe der Spalte 9 überall nur den Verbrauch der Gasmotoren, die der Spalte 11 den sonstigen Verbrauch zu technischen sowie den zu Koch- und Heizzwecken bezeichnen.

Barmen: Sp. 11/2. Einschliesslich 283 Mille cbm. = 4,0 % bezw. 274 Mille cbm. = 3,6 % Flämmereigas. – Berlin: Privatwerk 1894/95. Die Gesammt-Gasabgabe, Sp. 2, ist aus dem nachgewiesenen Verbrauch, Sp. 4, und dem Gasverlust, Sp. 13, berechnet, das Verhältniss des letzteren aber, weil genauere Angaben fehlen, gleich dem bei den städtischen Werken angenommen worden. In dem nachgewiesenen Verbrauch, Sp. 4, ist überdies der Selbstverbrauch nicht wie sonst enthalten. Die Zahlen für das Jahr 95/96 fehlen. Es können daher für dasselbe die Gasabgabe und der Privatverbrauch pro Kopf nicht berechnet werden. — Dresden: Sp. 9 bis 12. Einschl. 2883 Mille cbm. = 11,7 % bezw. 3129 Mille cbm. = 12,1 % zur Flur-, Treppen- und Küchenbeleuchtung. — Hamburg: Der Selbstverbrauch in den Gasanstalten und den Bureaus ist in einer Summe mit dem Gasverlust in Sp. 13 angegeben. — Leipzig (städt. Werke): Der Verbrauch der Gasmotoren und sonstigen gewerblichen Anlagen betrug 1754 Mille cbm. = 10,0 % bezw. 1887 Mille cbm. = 10,6 %, der der Heiz- und Kochanlagen in Privatwohnungen: 118 Mille cbm. = 0,7 % bezw. 157 Mille cbm. = 0,9 % des Nutzgases. — München: 1895/96. Der Selbstverbrauch der Anstalten ist nicht angegeben worden, es kann daher auch der nachgewiesene Verbrauch, Sp. 4, und der Gasverlust, Sp. 13, nicht berechnet werden. — Posen: Sp. 11/12. Einschl. 234 Mille cbm. = 9,5 % bezw. 258 Mille cbm. = 9,5 % zur Flurbeleuchtung. — Stettin: Sp. 5/6. Einschl. 359 Mille cbm. = 6,8 % bezw. 368 Mille cbm. = 6,8 % Verbrauch der Privatlaternen.

Zu Tabelle III.

[1]) Altona (1895): Nur Kochapparate. — [2]) Barmen, Crefeld und Stettin: Zahl der für die Motoren bezw. Apparate vorhandenen Gasmesser. — [3]) Danzig und Plauen i. V.: Zahl der Anlagen. — [4]) Frankfurt a. O.: Diese Motoren dienen ausser dem elektrischen Betriebe auch anderen maschinellen Einrichtungen. — [5]) Spandau: Die geringe Durchschnittsstärke der Gasmotoren ist darauf zurückzuführen, dass die meisten der Motoren zum Wasserpumpen für Haus- und Wirthschaftszwecke dienen und deshalb nur die Stärke von $1/2$ PS besitzen.

Zu Tabelle IV.

Es bedeutet: = in den Spalten 7 ff., dass je der in den Spalten 2 bis 6 aufgeführte Preis gilt; † in den Spalten 13 und 14, dass eine besondere, unten erläuterte Preisberechnung stattfindet.

Bochum: Die Werthe der ersten Zeile beziehen sich auf die Gaslieferung innerhalb des Stadtgebietes, die der zweiten auf die Gaslieferung an auswärtige Abnehmer.

Frankfurt a. M.: Auf der ersten Zeile sind die Preise der Frankfurter Gas-Gesellschaft, auf der zweiten die der Englischen Gesellschaft angegeben. Der Leuchtwerth des Gases der beiden Gesellschaften verhält sich wie 212 : 100.

Sp. 2. Breslau: Der aufgeführte Grundpreis wird in Wirklichkeit nicht erhoben, da auch auf den Gasverbrauch bis zu 2000 cbm Rabatt und zwar 2 %, gewährt wird. Der höchste zu zahlende Preis stellt sich demnach auf 17,64 Pf. pro cbm. — Crefeld: Die im vorjährigen Bericht erwähnte Gassteuer ist infolge Ueberganges des Gaswerkes in städtisches Eigenthum (am 1. Juli 1896) vor dem Inkrafttreten wieder aufgehoben worden. — Stuttgart: Ausser dem aufgeführten Preis sind von jedem Kubikmeter Gas 4 Pf. Gassteuer zu zahlen.

Sp. 3 bis 7: Augsburg: Der Rabatt erhöht sich von 5 %, bei einem Jahresverbrauch von 12430 cbm, an für jeden Mehrverbrauch von 2486 cbm um 1 %. — Dresden, Kiel und Zwickau: Der Rabattscala ist die Preissumme des Jahresverbrauches zu Grunde gelegt (statt der verbrauchten Gasmenge), es bedeuten dementsprechend in Sp. 5 und 6 die in [ ] eingeschlossenen Werthe die Grenzstufen in Mille Mark.

Sp. 8. In den durch 1 gekennzeichneten Städten wird, entsprechend den Stufen des Tarifs, für die einzelnen Theile des Verbrauches verschiedener Rabatt gewährt oder es tritt der höhere Rabatt je erst ein, wenn der Höchstbetrag der vorangegangenen Verbrauchsstufe überschritten worden ist.

Sp. 9 und 10. Barmen. Für das Motorengas ist der in Sp. 2 bis 6 angegebene Preis mit einem Extrarabatt von $33^1/_3\%$ zu zahlen; darnach ist der in Sp. 9 aufgeführte Preis berechnet. — Braunschweig, Halle a. S., Kiel und Köln: Die Preisermässigung tritt nicht ein, wenn die Motoren zur Erzeugung elektrischen Lichtes dienen. In den ersten beiden Städten ist alsdann derselbe Preis wie für Leuchtgas zu zahlen, in Köln 13 Pf. pro cbm (ohne Rabatt), in Kiel 15 Pf. mit Rabatt (für die Rabattbewilligung ist der Gesammtverbrauch von Leucht- und Motorengas massgebend). — Cassel: Es kostet dieses Gas im Sommerhalbjahr 10, im Winterhalbjahre 13 Pf. das cbm. — Stuttgart: Der aufgeführte Preis erhöht sich durch die Gassteuer um 4 Pf.

Die angegebene Preisermässigung geniesst in Breslau auch das Gas zur Haus-, Flur-, Treppen- und Hofbeleuchtung, in Dresden das Gas zur Flur-, Treppen- und Küchenbeleuchtung, in Posen das Gas zur Flurbeleuchtung (10 Pf. pro cbm), in Mainz das Kellergas. Weiter wird in Barmen für das in Flämmereien verbrauchte Gas ein Extrarabatt von 10% auf den Preis des Leuchtgases gewährt.

Sp. 11. Der Rabatt auf das zu anderen als Beleuchtungszwecken benutzte Gas stellt sich folgendermassen:

Städte.	Grundpreis pro cbm. Pf.	Rabatt				Daher niedrigster Preis Pf.	Der Rabatt ist nach den Tarifstufen für die einzelnen Theile des Verbrauches verschieden.
		von	bis	bei einem Verbrauch			
				von	bezw.		
Barmen . . (Motorengas)	$11^3/_3$	$^1/_3$	$4^1/_3$ Pf.	4	60 Mille cbm.	$7^1/_3$	1
Duisburg . .	10	1	2 „	32	50 „ „	8	—
Erfurt . . .	13	1	2 „	3	7,5 „ „	11	1
Köln . . . (städt. Werk)	10	1	2 „	5	20 „ „	8	1
München . . (Motorengas)	$17^1/_4$	25	39 %	10	200 „ „	14,03	—
Plauen . . .	14	2	10 %	5	40 „ „	12,60	—
Potsdam . .	13	1	2 Pf.	7,5	30 „ „	11	—
Zwickau . .	12	4	20 %	100	3000 „ „	9,60	—

Auf den Preis des Gases für Koch-, Heiz- etc. Zwecke wird in Barmen und München Rabatt nicht gewährt.

Sp. 12. Die Gasmesser werden sämmtlich unentgeltlich gestellt in Barmen, Görlitz, Karlsruhe, Königsberg, Liegnitz, Nürnberg und Stuttgart, zum Theil nur und zwar für das Beleuchtungsgas in Augsburg und Breslau, für das Gas zu technischen, Heiz- und Kochzwecken in Duisburg und Elberfeld, desgleichen in Freiburg i. Br., Posen und Wiesbaden, jedoch unter der Bedingung, dass der monatliche Verbrauch mindestens 20 cbm bezw. der Jahresverbrauch mindestens 200 cbm beträgt bezw. gleichzeitig Leuchtgas verbraucht wird, für das Gas zu Koch- und Heizzwecken in Strassburg i. E. In Danzig ist je 1 Hauptgasmesser und 1 Gasmesser für das Motoren- etc. Gas, in Frankkfurt a. M. 1 Gasmesser für jeden Abnehmer frei. In Mannheim wird den Abnehmern, die sich vor dem 1. Juli 1894 gemeldet haben, bei einem Jahresverbrauch von mehr als 300 cbm die Miethe für den zu Koch- und Heizzwecken aufgestellten Gasmesser, je nach Jahresschluss rückvergütet. Dass nur theilweise die Gasmesser unentgeltlich gestellt werden, ist in dem Tabellenwerk durch ( ) bezeichnet.

Sp. 13 und 14. Wenn der Preis des Gases für die städtischen Gebäude und die öffentliche Beleuchtung infolge des Schwankens der Herstellungskosten mit den Jahren wechselt, sind die Werthe in ( ) eingeschlossen worden. — Augsburg: Der Gasverbrauch in den städtischen Gebäuden und bei der öffentlichen Beleuchtung ist bis zu 497 221 cbm kostenfrei. Für den Mehrverbrauch sind 19,8 Pf. per cbm mit 10% Rabatt zu zahlen. — Köln: Das Privatwerk hat für die öffentliche Beleuchtung 330 000 Brennstunden (60 000 cbm) unentgeltlich zu liefern, für jede weitere Brennstunde empfängt es 2 Pf. — In Barmen werden 2,3 Pf. pro Laternenbrennstunde vergütet, in Crefeld 1 M. für 48 Brennstunden, in Stuttgart und Potsdam 20 M. für 1000 Brennstunden, in Hannover 25,50 M., in Bremen 50 M. und in Braunschweig 70 M. pro Flamme und Jahr. — Die Werke von Görlitz und Leipzig (städtisches) erhalten Pauschalsummen, das Privatwerk von Leipzig liefert das Gas zu verschiedenen zwischen 9 und 16,2 Pf. gelegenen Preisen. — Dem städtischen Werk in Berlin werden die Kosten der öffentlichen Beleuchtung nur soweit ersetzt, als sie durch elektrisches Licht und Petroleum erfolgt.

Sp. 15. Chemnitz, Görlitz und Zwickau: Die Laternenwärter werden von der Stadt unmittelbar bezahlt. — Dresden: Für die öffentliche Beleuchtung besteht eine getrennte Verwaltung. - Für die Bedienung und Unterhaltung werden den Werken pro Laterne und Jahr vergütet in Aachen 14,50 M., in Frankfurt a. M. 16,30 M., in Leipzig (Privatwerk) 3 und 6 M. In den übrigen durch 1 gekennzeichneten Städten werden den Gaswerken die Selbstkosten der Bedienung und Unterhaltung der öffentlichen Laternen erstattet.

Nach der Berichtszeit sind, soweit bekannt geworden ist, folgende Aenderungen des Tarifs für die Gasabgabe eingetreten: In Kiel wurde am 1. April 1896 der Grundpreis für Leuchtgas auf 18 Pf. festgesetzt und in Altona, Hamburg und Leipzig (Privatwerke) der Preis für das zu technischen, Heiz- und Kochzwecken dienende Gas am 1. Juli bezw. 15. Juni und 1. Januar 1896 auf 12 Pf., in Stettin desgleichen am 1. October 1896 auf 10 Pf. (mit Gestattung einer Küchenflamme aus derselben Leitung) ermässigt.

Zu Tabelle V.

Wie in den früheren Jahrgängen enthält diese Tabelle neben der Zusammenstellung der Einnahme- und Ausgabebeträge der Rechnungsabschlüsse — ohne die aus Anleihen, Reservefonds etc. — unter B eine Uebersicht, in der die Verschiedenheit in der Buchung der von den Gasanstalten selbst verbrauchten Erzeugnisse, ferner in der Vermögens- und Schuldenverwaltung, in der Belastung der Gasanstalten mit den Kosten der öffentlichen Beleuchtung u. s. w. dadurch beseitigt ist, dass die durchlaufenden Posten (der Werth des Selbstverbrauchs), die aus dem Vorjahre herrührenden Kassenbestände und -Vorschüsse, die Kapitalan- und Kapitalablagen sowie alle Vergütungen für die öffentliche Beleuchtung gestrichen, die von der Hauptverwaltung getragenen Ausgaben an Zinsen und Tilgungsraten, sowie für die öffentliche Beleuchtung dagegen hinzugefügt worden sind. Diese Uebersicht bringt demnach das finanzielle Ergebniss jedes Berichtsjahres für sich zur Darstellung und zwar unter der Annahme, dass überall sämmtliche Kosten der öffentlichen Beleuchtung von dem Gaswerk zu tragen sind, sowie dass der eigene Verbrauch an Gas und Nebenprodukten nicht in Anrechnung kommt. — Von mehreren Städten waren nur die Zahlen vom Jahre 1895/96 bekannt, von Elberfeld und Mannheim nur die vom Jahre 1894/95. — Für den Vergleich der Gaswerke unter einander sind noch folgende Unterschiede in der Rechnungsführung etc. hervorzuheben:

Braunschweig: Sp. 7, 1895/96: Einschliesslich 24 Mille Mark aussergewöhnliche Ausgaben (Erneuerung von Laternen u. s. w.). — Sp. 12. Ueber das gesammte Installationsgeschäft für Gas-, Wasser- und Entwässerungsanlagen wird beim Wasserwerk Rechnung geführt.

Charlottenburg. Sp. 5 und 6. Die Tilgung erfolgt aus der Summe der Abschreibungen. Sie ist, da diese ganz in Ansatz gekommen sind, nicht berücksichtigt worden. — Sp 7 und 14. Die Strassenbeleuchtung hat einen Gewinn ergeben und nur dieser ist, in Sp. 14, in Ansatz gekommen.

Duisburg. Sp. 8 und 16. Die Abrechnung der Gasanstalt schliesst ohne Betriebsüberschuss. In den vorliegenden Uebersichten sind dafür die Ausgaben für Wiederherstellung des Strassenpflasters, sowie die Rücklage zum Dispositionsfonds eingestellt worden (siehe Leipzig). Weiter ist zu beachten, dass in Duisburg die Beleuchtung in den städtischen Gebäuden von dem Gaswerk unentgeltlich zu tragen ist.

Essen. Sp. 13. Die Einnahme an Miethe ist in Sp. 14 mitenthalten.

Hamburg. Sp. 8 und 14. Einschliesslich der Einnahmen bezw. der Betriebskosten der Gasanstalt auf der Insel Steinwärder.

Karlsruhe. Sp. 12. Die Einnahme aus der Herstellung von Installationen ist 1895/96 in Sp. 14 mitenthalten; 1894/95 war ein Verlust zu verzeichnen.

Königsberg. Einnahmen und Ausgaben balanciren nur mit den Resten aus den Vorjahren und dem Kassenbestand der Berichtsjahre. — Sp. 7. Die Kosten der öffentlichen Beleuchtung sind in Sp. 4 mitenthalten.

Leipzig. Sp. 16. Einschliesslich je 200 000 Mark Beitrag zur Strassenunterhaltung und 1895/96: 50 000 Mark zur Erhöhung des Betriebsfonds (siehe Duisburg).

Magdeburg. Sp. 14. Einschliesslich der von dem Wasserwerk und der Werkstatt gezahlten Beträge an antheiligen Gehältern etc.

Posen. Sp. 12. Das Installationsgeschäft und die Werkstatt bilden eine besondere Verwaltung. — Sp. 14, 1895/96. Einschliesslich der Beiträge der Wasserwerks- und Magazinverwaltung zu den Verwaltungskosten und der Zuschüsse aus Anleihemitteln zu ausserordentlichen Rohrlegungen. Da der betreffende Betrag im Einzelnen nicht bekannt ist, konnte er in Uebersicht B nicht ausgeschieden werden.

Von den rechnungsmässigen Mehreinnahmen, Uebersicht A, Sp. 16, lieferten die städtischen Gasanstalten für allgemeine Zwecke an die Hauptverwaltung folgende Beträge ab:

(Die Ablieferungen der städtischen Gaswerke für allgemeine Zwecke.)

Städte.	Ablieferung				Städte.	Ablieferung			
	1894/95		1895/96			1894/95		1895/96	
	überhaupt	pro 100 cbm Nutzgas	überhaupt	pro 100 cbm Nutzgas		überhaupt	pro 100 cbm Nutzgas	überhaupt	pro 100 cbm Nutzgas
	ℳ	ℳ	ℳ	ℳ		ℳ	ℳ	ℳ	ℳ
Altona			193 054	5,7	Karlsruhe . .	346 537	5,0	257 027	3,4
Barmen . . .	473 782	6,8	417 138	4,5	Kiel . . .			21 887	0,6
Berlin	3 335 676	3,4	3 555 842	3,4	Köln a. Rh.. .	827 272	3,7	815 765	3,6
Bochum . . .	146 821	5,0	186 473	4,2	Königsberg i.Pr.	237 247	4,6	387 420	7,6
Braunschweig.	175 426	3,9	186 240	4,0	Leipzig. . . .	592 817	3,4	455 005	2,6
Bremen . . .			462 601	5,1	Liegnitz . . .	29 145	1,9	89 300	5,4
Breslau . . .	564 339	4,2	495 455	3,7	Lübeck	119 810	4,5	164 047	5,4
Cassel . . .	.		114 181	3,2	Magdeburg . .	524 152	5,9	564 165	6,4
Charlottenburg			489 807	4,9	Mainz			261 491	5,5
Dresden . . .	170 142	0,7	225 298	0,9	Mannheim . .	355 023	6,1	340 662	5,5
Düsseldorf . .	200 000	1,9	200 000	1,8	Nürnberg. . .	489 797	6,8	476 966	5,7
Essen	138 629	3,8	179 751	4,1	Plauen i. V. .	80 000	2,8	80 000	2,5
Freiburg i. B. .			189 682	8,0	Posen *) . . .	118 363	4,7	114 047	4,2
Görlitz . . .	175 827	7,2	178 107	6,9	Spandau . . .			74 580	5,1
Halle a. S. . .	272 619	5,7	287 524	5,8	Wiesbaden . .	142 000	4,1	152 580	3,4
Hamburg. . .	.		3 593 416	9,4	Zwickau . . .				

*) Davon wurde bestimmungsgemäss in erster Linie die Vergütung für das zur öffentlichen Beleuchtung gelieferte Gas (39 553 bezw. 38 941 Mark) bestritten, sodass für allgemeine Zwecke nur 78 810 = 3,1 Mark pro 100 cbm bezw. 75 706 Mark = 2,8 Mark pro 100 cbm verblieben.

Die privaten öffentlichen Gaswerke dagegen zahlten, soweit bekannt ist, an die Städte für die Berechtigung zur Abgabe von Gas an Private folgende Summen: Aachen 102 557 Mark (1895/96: 1U9 673 Mark), Berlin 525 376 Mark (513 773 Mark), Frankfurt a. M. 194 000 Mark (196 000 Mark), Frankfurt a. O. 10 000 Mark (10 000 Mark), Hannover 395 583 Mark (414 836 Mark), Köln — ausser der unentgeltlich zu liefernden Gasmenge, siehe oben — 12 000 Mark (12 000 Mark), Metz 54 580 Mark, Potsdam 20 879 Mark (21 637 Mark). — Stuttgart hatte aus der Gassteuer eine Einnahme von 256 568 bezw. 257 502 Mark, d. i. von 3,0 bezw. 2,9 Mark pro 100 cbm Nutzgas.

B. Die öffentlichen elektrischen Centralanlagen.

Die Zahl der öffentlichen elektrischen Centralanlagen vermehrte sich während der beiden Berichtsjahre — ohne das am 1. Dezember 1895 theilweise eröffnete Werk von Dresden — um fünf; es wurden in Betrieb genommen die Werke von Chemnitz (1. Juli 1894), Frankfurt a. M. (1. Januar 1895), Leipzig (24. August 1895), Stuttgart (10. September 1895) und Strassburg i. E. (1. Januar 1896). Bis zur Zeit der Ausfüllung der Fragebogen kamen noch hinzu die Werke von Nürnberg (25. April 1896) und Görlitz (1. Juli 1896). In dem Tabellenwerk fehlt, weil die gewünschten Angaben nicht gemacht worden sind, das Werk von Stettin. Weiter ist unberücksichtigt geblieben in Düsseldorf das im Frühjahr 1896 zur Versorgung des Hafens in Betrieb genommene, in Barmen und Lübeck je das für die Strassenbahn vorhandene Werk.

In Duisburg dient die Anlage nur zur Beleuchtung des städtischen Hafens sowie der Ladeplätze, Kontore und Magazine daselbst.

Die Betriebskraft war ausser in Bochum und Cassel überall Dampfkraft. Das Werk von Cassel wurde durch Wasserkraft (Turbine an der Fulda, mit Dampfmaschine zur Reserve) getrieben, das von Bochum durch Gaskraft.

Mehr als 1 Centrale besassen Berlin (4 nebst 1 Accumulatoren-Unterstation), Hamburg (2) und München (3). Mehrere Stationen waren vorhanden in Bremen (1 Maschinenstation und 3 Accumulatoren-Unterstationen), Cassel (1 Primärstation und 2 Unterstationen, davon 1 mit Accumulatoren), Düsseldorf (1 Maschinenstation und 3 Accumulatorenstationen) und Leipzig (1 Haupt- und 1 Unterstation).

Nach dem Stromsystem gruppiren sich die Städte wie folgt: Hochgespannten einphasigen Wechselstrom (mit Transformatoren) liefern die Werke von Frankfurt a. M. und Köln (nach den Berichtszeit auch die von Dresden und Nürnberg), hochgespannten Drehstrom die von Chemnitz und Strassburg i. E., hochgespannten Wechsel- bezw. Drehstrom, der von den Unterstationen in Gleichstrom umgewandelt wird, die Werke von Cassel und Leipzig, alle übrigen Werke Gleichstrom. Bei den letzteren erfolgt die Stromvertheilung allgemein im Dreileitersystem, nur Königsberg und Duisburg haben ein Fünf- bezw. Zweileitersystem. In Bremen und Düsseldorf liefern die Maschinenstationen den Strom für die Unterstationen im Zweileitersystem.

Für den Betrieb der elektrischen Strassenbahn lieferten den Strom die Werke von Aachen, Berlin, Hamburg, Königsberg, Strassburg i. E. und Stuttgart.

A. Die öffentlichen
I. Allgemeines und die durchschnittliche Ausbeute aus

Städte	Berichtszeit	Gasversorgungsgebiet	Oeffentliche (Gasanstalten)	Nichtöffentliche (Gasanstalten)	Mittlere Bevölkerung des angeschlossenen Gebietes, Mille	Länge des Hauptrohres Ende des Jahres, km	Vergaste Kohlen — Menge, Mille Tonnen	Vergaste Kohlen — Hauptsächlichste Arten und deren Verhältniss	Durchschn. Ausbeute aus 1 t Kohle — Gas, cbm	Coke, kg	Theer, kg	Ammoniakwasser, kg	Schwefelsaures Ammoniak, kg
1.	2.	3.	4.	5.	6.	7.	8.	9.	10.	11.	12.	13.	14.
a) 1894 (1894/95).													
Aachen*	b	>	1	—	124	.	.		276	574	51	—	.
Altona	a	=	1	1	147	93	18,2	93 e : 7 g	823	566	65	—	4,7 [10])
Augsburg*	a	=	2	—	80	91	12,9	91 c : 9 h					
Barmen	c	>	1	—	125	108	27,2	a	284	717	45	116	
Berlin	a	}={	5	.	1647	862	365,3	94 b : 6 e	284	670	50	99	—
" *	b		2	.									
Bochum	a	>	1	1	74	38	10,7	a	307	676	48	—	9,5
Braunschweig	a	=	2	1	111	76	15,3	52 a : 32 e : 16 g	310	598	67	—	7,9
Bremen	a	>	1	1	142	174	29,4	16 a : 37 e : 30 g : 17 i	308	657	67	—	1,9
Breslau	a	>	3	6	363	191	47,3	b und k	311	638	51	148	
Cassel	a	>	1	1	90	58	12,4	a	279	718	52	.	.
Charlottenburg	a	=	2	—	114	125	31,8	87 b : 13 e	284	718	47	99	
Chemnitz	a	>	2	—	186	124	29,8	d	280	546	63	—	5,6
Crefeld*	a	>	2	—	119	86	25,6	a	257	500	43	87	—
Danzig	a	<	1	.	112	50	10,8	e	324	[1])	53	—	8,7
Darmstadt	a	.	1	—	62	65	8,4	c	296	621	66	143	—
Dortmund*	c	>	2	1	105	79	20,0	a	282	[7])	51	110	—
Dresden	b	>	3	4	352	304	85,4	25 b : 66 d : 9 h	297	565	61	100	—
Düsseldorf	a	=	2	—	169	148	37,4	a	296	698	48	—	8,?
Duisburg	a	<	1	2	53	57	11,6	a	284	641	44	84	.
Elberfeld	a	.	.	.	150	.	28,0	a	305	682	49	132	0,3
Erfurt*	b	.	2	2	76	.	.						
Essen	a	<	1	2	91	52	14,6	a	320	[3])	44	—	4,9
Frankfurt a. M.*	a	=	2	—	234	.	.						
Frankfurt a. O.*	b	=	1	.	57	42	.		.	.	.	.	.
Freiburg i. B.	b	<	1	1	51	54	7,7	98 c : 2 g	321	648	74	—	2,1
Görlitz	a	<	1	2	67	46	9,4	92 b : 8 h	277	[4])	51	[9])	11,7 [?])
Halle a. S.	a	<<	2	2	113	98	17,1	91 a . 1 b : 2 e : 6 h	302	665	48	99	—
Hamburg	b	>	3	.	604	430	135,2	87 e : 7 g : 6 h	306	644	57	115	—
Hannover*	b	>	1	2	245	.	.						
Karlsruhe	a	=	2	1	81	66	26,6	c	299	727	70	60	—
Kiel	a	=	2	2	81	60	12,2	4 a : 90 e : 6 g	292	629	40	—	4,0
Köln a. Rh.	a	}≷{	1	1	278	242	79,8	a	299	712	41	—	8,9
" *	.		1	1	20	.							
Königsberg	a	>	1	.	170	78	18,7	e	297	751	48	.	.
Leipzig	b	}>{	2	}11{	221	243	58,2	42 b : 54 d : 4 h	305	641	64	107	—
"	b		3		198	127	14,3	34 a : 66 d	285	594	58	138	—
Liegnitz	a	=	1	—	50	34	5,7	b	298	[5])	50	.	.
Lübeck	a	<	2	—	67	78	9,5	92 e : 8 g	305	615	48	—	5,?
Magdeburg	a	=	2	2	212	152	30,9	97 a : 3 h	306	712	47	115	6,7 [?])
Mainz	a	>	1	1	76	69	17,6	c	277	609	75	—	9,9 [?])
Mannheim	a	=	1	2	90	93	20,5	99 c : 1 g	308	662	64	115	1,8 [?])
Metz*	b	>	1	—	66	.	8,5	c	281	643	60	—	1,5 [?])
Mülhausen i. E.	a	.	.	.	86	.	16,2	c	397	695	67	—	7,2
München*	a	=	2	.	394	.	48,4	9 b : 50 c : 35 f : 6 h	322	630	65	—	4,7
Münster i. W.	a		.	.	54	.	7,0	a	272	706	47	68	—
Nürnberg	b	>	1	1	171	156	26,5	92 c : 7 g : 1 h	305	620	50	—	6
Plauen i. V.	a	>	1	.	52	48	10,0	98 d : 2 h	290	541	70	141	6,9
Posen	a	>	1	1	72	37	10,2	b	293	700	50	—	5
Potsdam*	b	>	2	—	71	.	.		.	.	.	.	.
Spandau	a	=	2	2	55	29	5,2	34 b : 60 e : 6 i	308	650	49	[7])	6,4

Gaswerke.

einer Tonne Kohle. (Erläuterungen siehe Seite 276.)

Städte	Berichtszeit	Gasversorgungsgebiet	Oeffentliche Gasanstalten	Nicht-öffentliche	Mittlere Bevölkerung des angeschlossenen Gebietes Mille	Länge des Hauptrohres Ende des Jahres km	Vergaste Kohlen Menge Mille Tonnen	Vergaste Kohlen Hauptsächlichste Arten und deren Verhältniss	Gas c m	Coke kg	Theer kg	Ammoniakwasser kg	Schwefelsaures Ammoniak kg
1.	2.	3.	4.	5.	6.	7.	8.	9.	10.	11.	12.	13.	14.
tettin	a	·	1	·	134	76	18,8	99e:1g	803	717	41	·	—
trassburg i.E.*	c	>	1	—	140	149	23,9	1a:99c	296	659	63	112	8,0[10])
tuttgart*	b	<	1	1	150	112	83,9	98c:2h	279	652	74	144	·
iesbaden	a	=	2	·	72	69	11,8	c	312	670	61	89	—
ürzburg	b	·	1	·	66	·	6,4	92c:8h	308	681	68	114	5,1
wickau	b	>	2	—	60	62	7,6	98d:2h	290	602	70	—	4,9

b) 1895 (1895/96).

Städte	Berichtszeit	Gasversorgungsgebiet	Oeffentliche Gasanstalten	Nicht-öffentliche	Mittlere Bevölkerung Mille	Länge des Hauptrohres km	Vergaste Kohlen Menge Mille Tonnen	Arten und deren Verhältniss	Gas	Coke	Theer	Ammoniakwasser	Schwefels. Ammoniak
ltona	a	=	1	1	149	102	17,6	96e:4g	281	687	40	—	4,3
ugsburg*	a	=	2	—	82	93	14,4	92c:8h	317	565	70	—	4,7[10])
armen	c	>	1	—	130	117	28,5	a	286	707	44	129	—
erlin	a	}=(	5	·	1665{	895	378,1	97b:3e	291	675	51	102	—
„ *	b		2	·		·	·	·	·	·	·	·	·
chum	a	>	1	1	75	38	11,4	a	312	706	49	—	9,4
aunschweig	a	=	2	1	115	77	15,7	56a:27e:17g	311	597	69	—	7,8
emen	a	>>>	1	1	147	178	32,1	4a:61e:19g:16i	299	629	52	—	2,2
eslau	a		3	6	871	199	48,6	b und k	313	655	53	159	—
ssel	a		1	1	92	67	14,0	97a:3c	290	685	43	·	·
arlottenburg	a	=	2	·	131	183	36,0	71b:29e	298	672	47	80	·
emnitz	a	>>	2	—	190	133	30,7	d	280	547	63	—	5,1
feld*	a		2	—	119	88	26,6	a	262	500	43	82	—
rmstadt	a	·	1	—	63	66	8,6	c	801	620	65	133	—
rtmund*	c	=	2	1	111	89	20,6	a	292	⁷)	45	116	—
sden	b	>	3	4	862	321	89,0	27b:64d:9h	299	576	62	100	—
sseldorf	a		2	—	174	157	41,7	a	295	692	46	—	8,1
sburg	a	<	1	2	57	63	12,3	a	289	642	43	88	—
en	a	<<<	1	2	95	55	16,9	a	317	³)	38	—	4,1
iburg i. B.	b	<	1	2	52	56	8,3	98c:2g	328	655	65	—	1,8
litz	a	<	1	2	68	46	9,8	98b:2h	282	⁴)	52	⁹)	10,4[9])
e a. S.	a	>>	2	2	115	102	18,2	81a:7d:6e:6h	304	659	52	83	—
burg	b		3	—	619	444	129,9	69e:22g:9h	314	630	56	·148	—
sruhe	a	=	2	1	83	69	29,1	c	292	681	66	64	—
. . .	a		2	2	84	61	14,1	15a:80e:5g	ᵇ88	608	37	—	3,1
. . .	a	}≥(	1	1	285	254	84,4	a	289	715	45	·	9,5
. . .	·		1	1	20	·	·	·	·	·	·	·	·
gsberg	a	>	1	2	172	79	19,3	98e:2?	290	746	48	·	2,1[9])
zig	b	}>(	2	}11{	223	248	59,4	dh und i	301	658	62	114	—
*	b		3		206	131	15,8	84a:66d	288	595	56	127	—
jitz	a	=	1	—	51	85	6,1	b	298	⁵)	57	·	·
ck	a	<	2	—	68	80	10,8	98e:1g:6i	310	624	48	—	4.1
eburg	a		2	2	214	155	31,1	98a:2h	80?	709	46	114	6,0[10])
.	a	>	1	1	77	69	18,6	c	276	624	59	—	9,6[9])
heim	a	=	1	2	98	96	21,0	c	300	662	63	116	1,8[9])
ien*	b	>	1	—	67	·	8,7	b	287	635	60	—	0,8[9])
erg.	a		2	—	405	332	47,2	10a:72c:15f:3h	298	664	50	—	4,7
ı i. V.	b	>>>	1	1	176	159	28,8	92c:1g:7h	298	664	50	—	6,0
. . .	b		1	1	55	50	11,3	97d:8h	287	590	63	125	6,1
. . .	a		1	1	73	40	11,3	b	286	700	50	—	·
au	a	=	2	2	56	30	5,2	b:6?c:1	306	676	42	⁷)	6,7
burg i.E.*	c	≤	1	—	141	155	26,8	c	291	700	65	102	7,5[10])
urt*	b	≤	1	1	154	115	36,3	99c:1h	274	684	68	164	2,1[9])
den	a	/=	2	—	74	71	12,6	c	802	660	61	81	—

II. Der Gasverbrauch.

Städte	Gesammt-gasabgabe überh. Mille cbm	pro Kopf cbm	Nachgewiesener Gasverbrauch (Nutzgas) Mille cbm	Davon — Zur öffentl Beleuchtung überh. Mille cbm	in % von Sp. 4	zum Privatverbrauch überh. Mille cbm	pro Kopf cbm	Insbesondere Verbrauch — der Gasmotoren überh. Mille cbm	in % von Sp. 4	zum Kochen, Heizen etc. überh. Mille cbm	in % von Sp. 4	Gasverlust überh. Mille cbm	in % von Sp. 2
1.	2.	3.	4.	5.	6.	7.	8.	9.	10.	11.	12.	13.	14.

a) 1894 (1894/95).

Städte	2	3	4	5	6	7	8	9	10	11	12	13	14
Altona	5017	34	4225	910	21,6	3180	22	243	5,7	.	.	792	15,?
Augsburg*	4046	51	3825	418	10,9	3338	42	300	7,8	28	0,8	221	5,5
Barmen	7712	62	7018	888	12,6	6018	48	874	12,5	1265	18,0	694	9,0
Berlin	108913	83	99834	16262	16,4	82176	69	9981	= 10,0			4578	4,4
" *	33074		31617	608	1,9	31009		.	.			1457	4,4
Bochum	3284	44	2949	622	21,1	2283	31	719	= 24,4			385	10,?
Braunschweig	4743	43	4534	766	16,9	3711	33	421	= 9,3			209	4,4
Bremen	9048	64	8431	1670	19,8	6691	47	444	5,3	2026	24,0	617	6,5
Breslau	14686	40	13246	3108	23,5	9867	27	1041	= 7,9			1439	9,?
Cassel	3430	38	2951	795	26,9	2091	28	191	6,5	109	3,7	472	13,?
Charlottenburg	9030	79	8614	1312	15,2	7063	62	424	4,9	488	5,7	416	4,6
Chemnitz	8339	45	8017	1597	19,9	6337	34	1062	13,2	55	0,7	322	3,9
Crefeld*	6560	55	5711	487	8,5	5134	43	427	7,5	1769	30,9	850	13,0
Danzig	3501	31	3473	686	19,7	2755	25	299	= 8,6			27	0,8
Darmstadt	2479	40	2363	669	28,3	1639	26	191	8,2	216	9,2	116	4,7
Dortmund*	5645	54	5187	724	14,1	4318	41	377	7,3	319	6,2	508	9,0
Dresden	25368	72	24578	4438	18,1	20047	57	8792	= 15,4			790	3,1
Düsseldorf	11082	66	10310	2015	19,5	8108	48	3099	= 30,1			772	7,0
Duisburg	3300	62	2940	463	15,8	2421	46	269	9,1	189	6,4	361	10,9
Elberfeld	8559	57	8092	1201	14,8	6780	45	1631	= 20,2			467	5,5
Erfurt*	3194	42	.	.	.	.	.	.	.	.	.	.	.
Essen	4667	51	3691	958	25,9	2644	29	581	= 15,7			975	20,?
Frankfurt a.O.*	1983	35	.										
Freiburg i. Br.	2534	50	2214	389	17,6	1782	35	151	6,8	244	11,0	320	12,6
Görlitz	2602	39	2445	720	29,5	1704	25	321	= 13,1			157	6,0
Halle a. S.	5165	46	4762	1370	28,7	3337	30	420	8,8	109	2,3	403	7,?
Hamburg	41342	68	38701	8041	20,8	30659	51	2175	= 5,6			2642	6,4
Karlsruhe	7952	98	6984	1072	15,4	5740	71	426	6,1	1183	16,9	968	12,5
Kiel	3565	44	3430	1134	33,1	2220	27	218	6,3	241	7,0	134	3,?
Köln a. Rh.	23803	86	22156	5484	24,8	16206	58	1635	7,4	1775	8,0	1648	6,9
Königsberg i. P.	5551	83	5117	1389	27,1	3612	21	256	5,0	264	5,2	434	7,?
Leipzig	17767	80	17503	2351	13,4	14941	68	1872	= 10,7			265	1,5
" *	4089	21	3917	908	23,1	2985	15	775	= 19,8			172	4,2
Liegnitz	1688	34	1467	302	20,6	1130	23	136	= 9,3			221	13,1
Lübeck	2894	43	2659	876	32,9	1735	26	124	4,7	94	3,5	224	7,?
Magdeburg	9431	44	8662	1773	19,7	6823	32	801	9,2	162	1,9	769	8,?
Mainz	4855	64	4550	845	18,6	3611	48	1254	= 27,6			305	6,3
Mannheim	6288	70	5841	1009	17,3	4680	52	551	9,4	302	5,2	447	7,?
Metz*	2388	36	2115	356	16,8	1711	26	147	7,0	.	.	273	11,?
Mülhausen i. E.	4804	56	4324	744	17,2	3501	41	.	.	.	.	480	10,0
München*	15566	40	13954	1808	12,9	11990	30	2073	= 14,8			1612	10,4
Münster i. W.	1912	35	1786	580	32,4	1177	22	221	= 12,4			125	6,6
Nürnberg	8087	47	7728	1224	15,8	6393	37	1566	= 20,3			359	4,4
Plauen i. V.	2885	55	2855	381	13,3	2432	47	822	28,8	182	6,4	30	1,?
Posen	2988	41	2517	610	24,2	1862	26	146	5,6	840	13,5	471	15,?
Potsdam*	3109	44	.	.	.	.	.	.	.	.	.	.	.
Spandau	1569	28	1422	188	12,9	1223	22	.				147	9,3
Stettin	5699	42	5258	1608	30,6	3592	27	378	= 7,2			441	7,7
Strassburg i.E.*	7082	51	6441	1224	19,0	5188	37	697	10,8	254	4,0	642	9,1
Stuttgart*	9455	63	8605	1095	12,7	7361	49	877	10,2	558	6,5	850	9,?

(Erläuterungen siehe Seite 277.)

Städte	Gesammt-gasabgabe		Nachgewiesener Gasverbrauch (Nutzgas) Mille cbm	Davon				Insbesondere Verbrauch				Gasverlust	
				zur öffentl. Beleuchtung		zum Privat-verbrauch		der Gasmotoren		zum Kochen, Heizen etc.			
	überh. Mille cbm	pro Kopf cbm		überh. Mille cbm	in % von Sp. 4	überh. Mille cbm	pro Kopf cbm	überh. Mille cbm	in % von Sp. 4	überh. Mille cbm	in % von Sp. 4	überh. Mille cbm	in % von Sp. 2
1.	2.	3.	4.	5.	6.	7.	8.	9.	10.	11.	12.	13.	14.
Wiesbaden . .	3 689	51	3 428	504	14,6	2 870	40	243	7,0	71	2,1	241	6,5
Würzburg . .	1 984	30	1 827	372	20,4	1 405	21	280 =	12,6			157	7,9
Zwickau . . .	2 218	37	2 121	303	14,3	1 772	80	146	6,8	52	2,5	96	4,3

b) 1895 (1895/96).

Städte	überh. Mille cbm	pro Kopf cbm	Nutzgas Mille cbm	überh. Mille cbm	in % Sp.4	überh. Mille cbm	pro Kopf cbm	überh. Mille cbm	in % Sp.4	überh. Mille cbm	in % Sp.4	überh. Mille cbm	in % Sp.2
Altona	4 943	83	4 126	921	22,3	3 072	21	261	6,3	515	1,3	817	16,6
Augsburg* . .	4 570	56	4 184	525	12,6	3 558	43	346	8,3	75	1,8	386	8,4
Barmen . . .	8 154	68	7 532	931	12,4	6 475	50	1003	13,3	1696	22,5	622	7,6
Berlin	110 029	.	104 522	16 807	16,1	86 747	.	13452 =	12,9			5507	5,0
Bochum . .	3 549	47	3 218	650	20,2	2 521	34	846 =	26,3			332	9,3
Braunschweig.	4 906	43	4 655	779	16,7	3 818	33	528 =	11,4			251	5,1
Bremen . . .	9 603	65	8 993	1 649	18,3	7 267	49	507	5,6	2342	26,0	610	6,4
Breslau . . .	15 228	41	13 573	3 211	23,7	10 097	27	2265 =	16,7			1655	10,9
Cassel	4 071	44	3 580	807	22,6	2 638	29	254	7,1	175	4,9	491	12,1
Charlottenburg	10 754	82	10 067	1 240	12,3	8 642	66	713	7,1	921	9,1	687	6,4
Chemnitz . . .	8 585	45	8 351	1 705	20,4	6 561	35	1133	13,6	77	0,9	234	2,7
Crefeld* . . .	6 967	59	6 101	562	9,2	5 450	46	518	8,4	1939	31,8	867	12,4
Darmstadt . .	2 575	41	2 449	613	25,0	1 781	28	203	8,3	295	12,0	126	4,9
Dortmund* . .	6 017	54	5 668	759	13,4	4 794	43	480	8,5	394	6,9	349	5,8
Dresden . . .	26 601	73	25 965	4 737	18,2	21 124	58	4527 =	17,4			636	2,4
Düsseldorf . .	12 299	71	11 376	3 180	18,7	9 082	52	3600 =	31,6			923	7,5
Duisburg . .	3 536	62	3 169	439	13,9	2 671	47	279	8,8	269	8,5	367	10,4
Erfurt*	3 302	43	.	.	.	.	.	.		.		.	.
Essen	5 352	56	4 339	1 096	25,2	3 134	33	763 =	17,6			1012	18,9
Frankfurt a.O.*	1 987	34	.	.	.	.	.	.		.		.	.
Freiburg i. Br.	2 727	52	2 391	404	16,9	1 944	37	175	7,3	322	18.5	336	12,3
Görlitz	5 754	40	2 594	752	29,0	1 820	27	449 =	17,3			161	5,8
Halle a. S. . .	5 516	48	5 035	1 349	26,8	3 630	32	437	8,7	181	3,6	481	8,7
Hamburg . .	40 807	66	38 095	8 355	21,9	29 740	48	1992	5,1	417	1,1	2712	6,6
Karlsruhe. . .	8 484	102	7 572	1 117	14,7	6 266	75	524	6,9	1875	18,2	912	10,8
Kiel	4 065	48	3 855	1 251	32,5	2 517	30	244	6,3	380	9,9	210	5,2
Köln	24 472	86	22 697	5 731	25,3	16 509	58	1846	8,1	2194	9,7	1774	7,3
Königsberg . .	5 615	33	5 105	1 417	27,8	3 560	21	252	4,9	359	7,0	510	9,1
Leipzig. . . .	17 874	80	17 697	2 384	13,2	15 137	68	2044 =	11,5			177	1,0
„ * . . .	4 550	22	4 868	942	21,6	3 389	16	889 =	20,4			182	4,0
Liegnitz . . .	1 810	35	1 528	317	20,8	1 179	23	145 =	9,5			282	15,6
Lübeck. . . .	3 334	49	3 025	909	30,1	2 060	30	290	9,6	240	7,9	309	9,3
Magdeburg . .	9 421	44	8 919	1 718	19,3	7 128	33	891	10,0	308	3,4	502	5,3
Mainz	5 125	67	4 791	889	17,5	3 851	50	.	.	.	.	335	6,5
Mannheim . .	6 300	69	5 861	971	16,6	4 737	51	609	10,4	466	7,9	489	7,0
Metz*	2 482	37	2 280	358	15,7	1 817	27	151	6,6	.	.	202	8,1
München* . .	15 655	39	.	1 668	.	12 135	30	1625	.	689	.	.	.
Nürnberg . .	8 640	49	8 378	1 273	15,2	6 990	40	.	.	.	.	262	3,0
Plauen i. V.. .	3 239	59	3 191	425	13,3	2 716	49	891	27,9	248	7,8	48	1,5
Posen	3 236	44	2 731	587	21,5	2 094	29	139	5,1	451	16,6	506	15,6
Potsdam* . . .	3 309	45	.	.	.	.	.	.	.	.	.	.	.
Spandau . . .	1 600	29	1 460	182	12,4	1 258	22	149 =	10,2			140	8,8
Stettin	5 812	42	5 392	1 577	29,2	3 815	27	282	5,1	181	3,4	419	7,2
Strassburg i.E.*	7 806	55	6 990	1 336	19,1	5 576	40	767	11,0	571	8,2	816	10,5
Stuttgart*. . .	9 959	65	8 980	1 186	12,7	7 653	50	957	10,7	669	7,4	979	9,8
Wiesbaden . .	3 807	51	3 515	429	12,3	3 010	41	366	10,4	123	8,5	292	7,-
Zwickau . . .	2 370	38	2 194	296	13,5	1 852	80	158	7,2	90	4,1	176	7,r

III. Die angeschlossenen Gasmotoren und

Column groups: **Gasmotoren** (cols 2–8), **Gasapparate** (cols 9–13), **Auf 10000 Einwohner kommen** (cols 14–18). Col 5/6 = *Deren Stärke im*; col 7/8 = *Davon für elektrischen Betrieb*.

Städte	bis zu 2 PS	von mehr als 2 PS	zusammen	Ganzen PS	Durchschnitt PS	Zahl	Stärke PS	Heizöfen	Badeöfen	Kochapparate	sonstige	zusammen	Gasmotoren	desgl. ohne die für elektrischen Betrieb	Kleinmotoren (bis zu 2 PS)	Gasapparate	Gasheiz- und Bade-öfen und Gaskochapparate
1.	2.	3.	4.	5.	6.	7.	8.	9.	10.	11.	12.	13.	14.	15.	16.	17.	18.
a. Ende 1894 (1894/95).																	
Altona	84	36	120	304	2,5	3	34	.	.	.	.	.	8,2	8,0	5,7	.	.
Barmen . . .	.	.	276[7])	574	2,1	.	.	.		1 699[2])	59[7])	1 758[3])	22,1	.	.	140,6[2])	135,2[7])
Berlin	554	650	1 204	5 592	4,6	99	.	.	.	.	.	.	7,3	6,7	3,4	.	.
Bochum . . .	1	50	51	268	5,2	6	93	212	59	423	18	712	6,9	6,1	0,1	96,2	93,8
Braunschweig .	69	55	124	414	3,3	8	69	.	.	.	.	.	11,2	10,5	6,2	.	.
Bremen . . .	62	99	161	630	3,9	4	25	.	.	.	.	.	11,3	11,1	4,4	.	.
Breslau. . . .	77	106	183	800	4,4	17	228	.	.	.	.	.	5,0	4,6	2,1	.	.
Cassel	37	26	63	194	3,1	3	40	.	.	.	.	.	7,0	6,7	4,1	.	.
Charlottenburg	35	36	71	307	4,3	.	.	.	.	.	.	ca.2500	6,2	.	3,1	ca.220,0	.
Chemnitz . . .	112	117	229	871	3,8	30	326	73	14	103	54	244	12,3	10,7	6,0	13,1	10,2
Crefeld*) . . .	79	52	131	427	3,3	11	99	.		1 502[2])	106[7])	1 608[3])	11,0	10,1	6,6	135,1[1])	126,2[7])
Danzig	.	.	52	243	4,7	.	.	.		208[3])	.	.	4,6	.	.	.	18,1[1])
Darmstadt . .	.	.	73	215	2,9	.	.	310	99	529	647	1 585	11,8	.	.	255,5	151,3
Dortmund*) . .	68	41	109	386	3,5	13	163	.	.	.	.	.	10,4	9,1	6,5	.	.
Dresden . . .	179	256	435	2 357	5,4	93	1 137	.	.	.	.	.	12,4	9,7	5,1	.	.
Düsseldorf . .	88	86	174	808	4,6	.	.	.	.	.	.	.	10,3	.	5,2	.	.
Duisburg . . .	34	26	60	236	3,9	4	41	.	.	.	.	.	11,3	10,6	6,4	.	.
Elberfeld . . .	.	.	139	388	2,8	.	.	.	.	.	.	.	9,3	.	.	.	.
Essen . .	36	52	88	503	5,7	17	365	.	.	.	.	.	9,7	7,8	4,0	.	.
Frankfurt a.O.*)	17	14	31	91	2,9	3[4])	15	.	.	.	.	.	5,4	4,9	3,0	.	.
Freiburg i. Br..	26	34	60	201	3,4	1	8	.	.	.	.	.	11,3	11,6	5,1	.	.
Görlitz . . .	20	30	50	243	4,9	9	102	.	.	.	.	.	7,5	6,1	3,0	.	.
Halle a. S. . .	52	41	93	879	4,1	9	121	66	.	129	.	195	8,2	7,4	4,6	17,3	.
Hamburg . . .	.	.	513	2 022	3,9	.	.	.	.	.	.	.	8,5	.	.	.	.
Karlsruhe. . .	.	.	115	463	4,0	.	.	.	.	.	.	.	14,5	.	.	.	.
Kiel	.	.	78	231	3,0	7	67	.	.	.	.	.	9,6	8,8	.	.	.
Köln a. Rh.. .	234	171	405	1 847	3,5	22	208	.	.	.	.	.	14,6	13,8	8,4	.	.
Königsberg i.P.	9	41	50	308	6,2	.	.	.	.	.	.	528	2,9	.	0,5	31,1	.
Leipzig. . . .	153	150	303	1 218	4,0	51	484	.	.	.	.	ca.3350	13,7	11,4	6,9	ca.150,0	.
„ *) . .	186	75	261	541	2,1	9	96	.	.	.	.	.	13,2	12,7	9,4	.	.
Liegnitz . . .	22	13	35	120	3,5	1	6	.	.	.	.	.	7,0	6,8	4,4	.	.
Lübeck	29	23	52	186	3,6	3	19	.	.	.	.	.	7,8	7,3	4,3	.	.
Magdeburg . .	135	112	247	928	3,5	.	.	.	.	.	.	.	11,7	.	6,4	.	.
Mainz	31	101	132	564	4,3	12	114	.	.	.	.	.	17,4	15,8	4,1	.	.
Mannheim . .	18	126	144	532	3,7	12	100	.	.	.	.	.	16,0	14,7	2,0	.	.
Metz*)	22	32	54	152	2,8	.	.	80	1517	—	.	1 597	8,2	.	3,3	242,0	242,0
Mülhausen i. E.	.	.	40	86	2,1	.	.	.	.	.	.	.	4,7	.	.	.	.
München*) . .	.	.	374	2 169	5,8	77	1 055	.	.	.	.	.	9,5	7,5	.	.	.
Münster i. W.. .	.	.	35	123	3,5	.	.	.	.	.	.	.	6,5	.	.	.	.
Nürnberg. . .	197	171	368	1 207	3,3	29	229	.	.	.	.	ca.1360	21,5	19,8	11,5	ca.80,0	.
Plauen i. V.. . .	.	.	178	539	3,0	6	46	.	.	.	.	368[3])	34,2	33,1	.	70,3[5])	.
Posen	.	.	35	115	3,3	2	24	.	.	.	.	.	4,9	4,6	.	.	.
Spandau . . .	.	.	250	155	0,6[5])	.	.	.	.	.	.	.	55,4	.	.	.	.
Stettin . . .	.	.	80	322	4,0	.	.	.	.	.	.	301[7])	6,0	.	.	22,5[7])	.
Strassburg i.E.*	66	99	165	755	4,6	15	200	3 206	.	.	.	.	11,3	10,7	4,7	.	229,0
Wiesbaden . .	35	39	74	332	4,5	18	217	.	.	.	.	.	10,3	7,8	4,9	.	.
Würzburg . . .	.	.	61	209	3,4	.	.	.	.	.	.	.	9,2	.	.	.	.
?wickau . . .	.	.	70	172	2,5	.	.	.	.	.	.	.	11,7	.	.	.	.

Gasapparate. (Erläuterungen siehe Seite 277).

Städte	bis zu 2 PS	von mehr als 2 PS	zusammen	Ganzen PS	Durchschnitt PS	Zahl	Stärke PS	Heizöfen	Badeöfen	Kochapparate	sonstige	zusammen	Gasmotoren	desgl. ohne die für elektrischen Betrieb	Kleinmotoren (bis zu 2 PS)	Gasapparate	Gasheiz- und Bade- öfen und Gaskoch- apparate
				Gasmotoren		**Deren Stärke im**	**Davon für elektrischen Betrieb**			**Gasapparate**					**Auf 10000 Einwohner kommen**		
1.	2.	3.	4.	5.	6.	7.	8.	9.	10.	11.	12.	13.	14.	15.	16.	17.	18.
						b. Ende 1895 (1895/96).											
Altona	79	39	118	355	3,1	3	34		155				7,9	7,7	5,3		10,4[1]
Augsburg*) . .			129	578	4,5	12	58						15,7	14,3			
Barmen . . .			306[2]	628	2,1			2 345[2]		59[2]	2 404[2]		23,5		184,9[2]	180,4[2]	
Berlin	543	641	1 184	5 400	4,6	71							7,1	6.7	3,3		
Bochum . . .	1	55	56	374	6,7	6	181	237	84	482	35	838	7,5	6,7	0,1	111,7	107,1
Braunschweig.	83	61	144	456	3,2	8	69						12,8	11,8	7,2		
Bremen . . .	63	102	165	636	3,9	4	25	—		—	—	—	11,2	11,0	4,3		
Breslau. . . .	88	114	202	883	4,4	20	247	74	21	458	130	683	5,4	4,9	2,4	18,4	14,9
Cassel . . .	36	31	67	212	3,2	3	40						7,3	7,0	3,9		
Charlottenburg	36	46	82	449	5,5	—	—					ca.4000	6,3		2,7	ca.800,0	
Chemnitz . . .	114	121	235	947	4,0	34	369	88	19	133	71	311	12,4	10,6	6,0	16,4	12,6
Crefeld*). . .	80	60	140	475	3,4	16	119	1 718[2]		109[2]	1 827[2]		11,8	10,4	6,7	153,5[2]	144,4[2]
Danzig			49	227	4,6			268[2]					4,3				23,7[2]
Darmstadt . .			80	232	2,9			386	147	698	760	1 991	12,6			313,5	193,8
Dortmund*). .	64	47	111	416	3,7	14	175						10,0	8,7	5,8		
Dresden . . .	177	283	460	2 766	6,0	108	1 441						12,7	9,7	4,9		
Düsseldorf .	97	100	197	1 244	6,3								11,3		5,6		
Duisburg . .	38	29	67	272	4,1	4	11						11,8	11,0	6,7		
Essen	39	60	99	688	6,9	23	414						10,4	8,0	4,1		
Frankfurt a.O.*	18	15	33	101	3,1	3[4]	15						5,6	5,1	3,1		
Freiburg i. Br..	31	34	65	204	3,1	1	8						12,5	12,3	6,0		
Görlitz	21	34	55	264	4,8	9	102						8,1	6.8	3,1		
Halle a. S. . .	56	45	101	419	4,2	8	117	96	30	124	81	331	8,8	8,1	4,9	28,8	20,6
Hamburg . . .	246	266	512	2 119	4,1	67	738	360		233	173	766	8,3	7,2	4,0	12,4	9,6
Karlsruhe. . .			130	519	4,0								15,7				
Kiel			88	268	3,0	7	67					692	10,5	9,6		82,4	
Köln a. Rh. . .	271	163	434	1 448	3,3	22	236						15,2	14,5	9,5		
Königsberg i.P.			56	378	6,7								3,3				
Leipzig. . . .	159	160	319	1 277	4,0	48	397					ca.3750	14,3	12,4	7,1	ca. 170,0	
„ *) . .	205	87	292	628	2,2	9	96						14,2	13,7	9,9		
Liegnitz . . .	24	13	37	128	3,5	1	6						7,3	7,1	4,7		
Lübeck. . . .	29	31	60	276	4,6	6	51						8,8	7,9	4,3		
Magdeburg . .	142	114	256	944	3,7								12,0		6,6		
Mainz	37	107	144	607	4,2	12	111						18,7	17,1	4,8		
Mannheim . .	25	137	162	599	3,7	15	124						17,4	15,8	2,7		
Metz*) . .		34	23	57	164	2,9		116	1688	—	1 784	8,5		5,1	266,3	266,3
München*) . .			397	2 406	6,1	86	1 142						9,8	7,7			
Nürnberg. . .	202	175	377	1 275	3,4	29	250				2 111		21,4	19,8	11,5	119,9	
Plauen i. V.. .			180	574	3,2	6	50	58	12	565	567	1 202	32,7	31,6		218,5	115,4
Posen			40	119	3,0								5,5				
Spandau . . .			267	164	0,6[5]								47,7				
Stettin . . .			85	338	4,0							408[2]	6,1			29,1[2]	
Strassburg i.E.*	67	99	166	753	4,5		205		4 360				11,8	10,6	4,8		309,2
Stuttgart*) . .	104	133	237	872	3,7		36						15,4	15,2	6,8		
Wiesbaden . .	38	45	83	895	4,8		231						11,2	8,2	5,1		
Zwickau . . .			68	192	2,8	18	35						11,0	10,2			

(Tab. IV siehe Seite 292).

V. Die Rechnungsergebnisse der städtischen

Spalte a: Absolute Beträge in Mille Mark.   Spalte b: Auf 100 cbm

Städte	Fabrikations-kosten		Allgemeine Unkosten		Unterhaltung der Anlage und des Rohrnetzes		Verzinsung und Tilgung des Anlage-Capitals		Abschreibung. Rücklagen, Erneuerungs-kosten		Kosten der öffentlichen Be-leuchtung		Sonstige Ausgaben	
1.	2.		3.		4.		5.		6.		7.		8.	
	a.	b.	a.	b.	a.	b.	a.	b.	a.	b.	a.	b.	a.	b.

1. 1894 (1894/95.)   A. Nach dem

Barmen . . .	487	6,9	52	0,8	7	0,1		80	= 1,2		29	0,4	30	0,4
Berlin. . . .	5 897	9,0	1 501	1,5	453	0,5	2 409	2,4	1 421	1,4	347	0,3	18	0,0
Bochum . . .	157	5,3	28	1,0	25	9,8	40	1,4	74	2,5	17	0,6	—	—
Braunschweig .	509	11,2	52	1,1	43	0,9		112	= 2,5		30	0,7	—	—
Breslau . . .	879	6,6	177	1,3	62	0,5	328	2,5	171	1,3	64	0,5	37	0,3
Dresden · · ·	1 829	7,4	258	1,1	238	1,0	—	—	658	2,7	—	—	80	0,3
Düsseldorf . .	711	6,9	58	0,5	52	0,5	53	0,5	124	1,2	49	0,5	—	—
Duisburg . .	167	5,7	32	1,1	29	1,0	50	1,7	69	2,3	17	0,6	5	0,2
Elberfeld . .	514	6,4	46	0,6	68	0,8	15	0,2	43	0,5	56	0,7	105	1,2
Essen . . .	291	7,9	42	1,1	17	0,4		73	= 2,0		32	0,9	—	—
Görlitz . . .	249	10,2	26	1,1	54	2,2	20	0,8	—	—	—	—	—	—
Halle a. S.. .	446	9,4	40	0,8	22	0,4	30	0,7	61	1,3	—	—	1	0,0
Karlsruhe . .	517	7,4	69	1,0	57	0,8	122	1,7	34	0.5	31	0,5	9	0,1
Köln a. Rh.. .	1 198	5,4	153	0,7	246	1,1		530	= 2,4		143	0,7	—	—¹
Königsberg i. P.	340	6,6	48	0,9	87	1,7	65	1,3	91	1,8	.	.	670	13,
Leipzig . . .	1 433	8,2	262	1,5	116	0,7	525	3,0	302	1,7	—	—	3	0,0
Liegnitz . . .	131	8,9	17	1,2	40	2,7	8	0,5	10	0,7	7	0,5	23	1,6
Lübeck . . .	247	9,3	40	1,5	28	1,0	—	—	—	—	32	1,2	—	—
Magdeburg . .	808	9,4	166	1,9	62	0,7	253	3,0	94	1,1	26	0,3	—	—
Mannheim . .	380	6,5	54	0,9	77	1,3		140	= 2,4		33	0,6	2	0,0
Nürnberg . .	812	10,5	70	0,9	89	1,2	124	1,6	79	1,0	57	0,7	3	0,0
Plauen i. V. .	263	9,2	42	1,5	23	0.8	62	2,2	84	2,9	12	0,4	—	—
Posen . . .	237	9,4	56	2,2	15	0,6	79	3,1	47	1,9	16	0,7	1	0,0
Wiesbaden . .	267	7,8	40	1,2	53	1,5	30	0,8	125	3,6	17	0,5	—	—

B. Nach Streichung der durchlaufenden Posten etc. u. unter der Annahme, dass

Barmen . . .	487	6,9	52	0,8	7	0,1		80	— 1,2		29	0,4	30	0,4
Berlin. . . .	8 100	8,1	1 365	1,4	453	0,5	2 409	2,4	1 421	1,4	696	0,7	18	0,0
Bochum . . .	146	4,9	23	0,8	25	0,8	40	1,4	74	2,5	17	0,6	—	—
Braunschweig .	509	11,2	52	1,1	43	0,9	67	1,2	45	1,0	30	0,7	—	—
Breslau . . .	879	6,6	177	1,3	62	0,5	328	2,5	171	1,3	64	0,5	37	0,3
Dresden . . .	1 696	6,9	252	1,0	238	1,0	—	—	658	2,7	499	2,0	80	0,3
Düsseldorf . .	638	6,2	57	0,5	52	0,5	53	0,5	124	1,2	49	0,5	—	—
Duisburg . .	167	5,7	32	1,1	29	1,0	50	1,7	69	2,3	17	0,6	5	0,2
Elberfeld. . .	472	5,8	35	0,5	68	0,8	15	0,2	43	0,5	56	0,7	6	0,1
Essen	291	7,9	42	1,1	17	0,4		73	= 2,0		32	0,9	—	—
Görlitz . . .	219	9,0	28	0,9	54	2,2	20	0,8	—	—	21	0,9	—	—
Halle a. S.. .	416	8,7	33	0,7	22	0,4	30	0,7	61	1,3	37	0,8	1	0,0
Karlsruhe . .	517	7,4	69	1,0	57	0,8	122	1,7	34	0.5	31	0,5	9	0,1
Köln a. Rh.. .	1 178	5,3	152	0,7	246	1,1		530	= 2,4		143	0,7	—	—
Königsberg i. P.	340	6,6	48	0,9	87	1,7	65	1,3	91	1,8	.	.		
Leipzig . . .	1 302	7,4	237	1,3	116	0,7	525	3,0	302	1,7	157	0,9	3	0,0
Liegnitz . . .	112	7,6	12	0,8	40	2,7	8	0,5	10	0,7	7	0,5	23	1,6
Lübeck . . .	247	9,3	40	1,5	28	1,1	40	1,5	23	0,9	32	1,2	1	0,0
Magdeburg . .	714	8,2	160	1,8	62	0,7	253	3,0	94	1,1	26	0,3	—	—
Mannheim . .	380	6,5	54	0,9	77	1,3		140	= 2,4		33	0,6	2	0,0
Nürnberg . .	729	9,4	60	0,8	89	1,2	196	2,5	79	1,0	57	0,7	3	0,1
Plauen i. V. .	219	7,7	37	1,3	23	0,8	62	2,2	84	2,9	12	0,4	—	—
Posen. . . .	217	8,7	49	2,0	15	0,6	79	3,1	47	1,9	19	0,7	1	0,0
Wiesbaden . .	267	7,8	40	1,2	53	1,5	30	0,8	125	3,6	17	0,5	—	—

Gaswerke. (Erläuterungen siehe Seite 279.)

Nutzgas, Tabelle II Sp. 4, berechnete Beträge in Mark.

Zusammen Ausgaben		Einnahme für Gas		Einnahme für Nebenproducte		Aus Leitungsarbeiten, Miethe von Gasmessern etc.		Aus dem Vermögen (Zinsen, Miethe etc.)		Sonstige Einnahmen		Zusammen Einnahmen		Mehr-Einnahme (Ueberschuss)		Auf 100 Mk. Ausgabe Spalte 9	Städte
9.		10.		11.		12.		13.		14.		15.		16.		17.	18.
a.	b.	a.	b.	a.	b.	a.	b.	a.	b.	a.	b.	a.	b.	a.	b.	M.	

Rechnungsabschluss der Gaswerke.

685	9,8	919	13,1	186	2,6	40	0,6	9	0,1	5	0,1	1 159	16,5	474	6,7	69,2	Barmen.
15 046	15,1	12 922	13,1	5 059	5,1	167	0,1	221	0,2	13	0,0	18 382	18,5	3 336	3,4	22,2	Berlin.
341	11,6	270	9,2	101	3,4	9	0,3	87	1,3	9	0,3	426	14,5	85	2,9	24,9	Bochum.
746	16,4	767	16,9	133	2,9	17	0,4	3	0,1	2	0,0	922	20,5	176	3,9	23,5	Braunschwg.
1 718	18,0	1 837	13,9	412	3,1	14	0,1	2	0,0	17	0,1	2 282	17,2	564	4,2	32,9	Breslau.
3 063	12,5	3 263	13,3	780	3,2	22	0,1	158	0,6	10	0,0	4 233	17,2	1 170	4,7	38,2	Dresden.
1 047	10,1	1 036	10,0	376	3,7	26	0,2	—	—	—	—	1 438	13,9	391	3,8	37,3	Düsseldorf.
369	12,6	308	10,5	88	3,0	7	0,2	2	0,1	1	0,0	406	13,8	37	1,2	10,0	Duisburg.
847	10,5	991	12,2	304	3,8	28	0,3	104	1,3	59	0,7	1 486	18,4	639	7,5	85,3	Elberfeld.
455	12,3	462	12,5	103	2,8	17	0,5	.	.	11	0,3	593	16,0	138	3,8	19,4	Essen.
349	14,3	376	15,4	108	4,4	38	1,6	0	0,1	3	0,1	525	21,5	176	7,2	50,3	Görlitz.
600	12,6	705	14,8	209	4,4	11	0,3	5	0,1	1	0,0	931	19,6	331	7,0	55,3	Halle a. S.
839	12,0	912	13,1	301	4,3	—	—	—	—	0	0,0	1 213	17,4	374	5,4	44,4	Karlsruhe.
2 270	10,3	2 309	10,4	659	3,0	91	0,4	20	0,1	18	0,1	3 097	14,0	827	3,7	36,4	Köln a. Rh.
1 801	25,4	679	13,3	247	4,8	21	0,4	458	9,0	3	0,1	1 408	27,5	107	2,1	8,2	Königsberg.
2 641	15,1	2 634	15,0	727	4,2	45	0,3	23	0,1	5	0,0	3 434	19,6	793	4,5	30,0	Leipzig.
236	16,1	180	12,3	57	3,9	27	1,8	—	—	1	0,1	265	18,1	29	2,0	12,3	Liegnitz.
347	18,0	286	10,7	160	6,0	19	0,7	—	—	1	0,1	466	17,5	119	4,5	34,4	Lübeck.
1 409	16,4	1 340	15,5	518	6,0	4	0,0	—	—	71	0,8	1 933	22,3	524	5,9	37,2	Magdeburg.
686	11,7	806	13,8	204	3,5	23	0,4	8	0,1	—	—	1 041	17,8	355	6,1	52,1	Mannheim.
1 234	15,9	1 373	17,8	444	5,7	4	0,0	—	—	—	—	1 821	23,5	587	7,6	47,7	Nürnberg.
486	17,0	427	14,9	124	4,4	9	0,3	6	0,2	—	—	566	19,8	80	2,8	16,5	Plauen i. V.
451	17,9	391	15,5	158	6,1	6	0,2	1	0,1	19	0,7	570	22,6	119	4,7	26,2	Posen.
532	15,4	541	15,7	100	2,9	21	0,6	14	0,4	—	—	676	19,6	144	4,2	27,6	Wiesbaden.

Überall die Kosten der öffentlichen Beleuchtung von dem Gaswerk zu tragen sind.

685	9,8	873	12,5	186	2,6	40	0,6	9	0,1	5	0,1	1 113	15,9	428	6,1	62,4	Barmen.
14 462	14,5	12 814	12,9	4 233	4,3	167	0,1	221	0,2	13	0,0	17 448	17,5	2 986	3,0	20,5	Berlin.
325	11,0	265	9,0	90	3,0	9	0,3	2	0,1	9	0,3	375	12,7	50	1,7	15,4	Bochum.
746	16,4	654	14,4	133	2,9	17	0,4	3	0,1	2	0,0	809	17,8	63	1,4	8,4	Braunschwg.
1 718	18,0	1 573	11,9	412	3,1	14	0,1	2	0,0	17	0,1	2 018	15,3	300	2,2	17,5	Breslau.
3 423	13,9	2 936	12,0	645	2,6	22	0,1	158	0,6	10	0,0	3 771	15,3	348	1,4	10,2	Dresden.
973	9,4	1 022	9,9	304	3,0	26	0,2	—	—	—	—	1 352	13,1	379	3,7	39,0	Düsseldorf.
369	12,6	308	10,5	88	3,0	7	0,2	2	0,1	1	0,0	406	13,8	87	1,2	10,0	Duisburg.
695	8,6	832	10,3	262	3,2	28	0,3	5	0,1	2	0,0	1 129	14,0	484	3,7	62,4	Elberfeld.
455	12,3	348	9,4	103	2,8	17	0,5	.	.	11	0,3	479	13,0	24	0,7	3,4	Essen.
337	13,8	307	12,5	77	3,2	38	1,6	0	0,0	3	0,1	425	17,4	88	3,6	26,1	Görlitz.
600	12,6	513	10,7	180	3,8	11	0,3	5	0,1	1	0,0	710	14,9	110	2,3	18,4	Halle a. S.
839	12,0	847	12,1	301	4,3	—	—	—	—	0	0,0	1 148	16,4	309	4,4	36,8	Karlsruhe.
2 249	10,2	2 309	10,4	638	2,9	91	0,4	20	0,1	18	0,1	3 076	13,9	827	3,7	36,8	Köln a. Rh.
631	12,2	549	10,7	247	4,8	21	0,4	—	—	3	0,1	820	16,0	189	3,7	30,0	Königsberg.
2 642	15,1	2 508	14,3	596	3,4	45	0,3	23	0,1	5	0,0	3 177	18,1	535	3,0	20,2	Leipzig.
212	14,5	175	11,9	38	2,6	27	0,3	—	—	1	0,1	241	14,9	29	0,4	13,7	Liegnitz.
411	15,5	286	10,7	160	6,0	19	0,7	—	—	1	0,1	466	17,5	55	2,0	13,4	Lübeck.
1 309	15,1	1 103	12,8	424	4,9	4	0,0	—	—	52	0,6	1 583	18,3	274	3,2	18,9	Magdeburg.
686	11,7	706	12,1	204	3,5	23	0,4	8	0,1	—	—	941	16,1	255	4,4	37,4	Mannheim.
1 213	15,7	1 176	15,2	361	4,7	4	0,0	—	—	—	—	1 541	19,9	328	4,2	27,0	Nürnberg.
437	15,3	380	13,3	80	2,8	9	0,3	6	0,2	—	—	475	16,6	88	1,3	8,7	Plauen i. V.
427	17,0	305	12,1	106	4,3	6	0,2	1	0,1	19	0,7	437	17,4	10	0,4	2,3	Posen.
532	15,4	541	15,7	100	2,9	21	0,6	11	0,3	—	—	673	19,5	141	4,1	26,5	Wiesbaden.

Noch Tabelle V.

Städte.	Fabrikationskosten. 2.a	2.b	Allgemeine Unkosten. 3.a	3.b	Unterhaltung der Anlage und des Rohrnetzes. 4.a	4.b	Verzinsung und Tilgung des Anlage-Capitals. 5.a	5.b	Abschreibungen, Rücklagen, Erneuerungskosten. 6.a	6.b	Kosten der öffentlichen Beleuchtung. 7.a	7.b	Sonstige Ausgaben. 8.a	8.b
1.														

2. 1895 (1895/96). A. Nach dem

Städte.	2.a	2.b	3.a	3.b	4.a	4.b	5.a	5.b	6.a	6.b	7.a	7.b	8.a	8.b
Altona . . .	250	6,0	40	0,9	39	0,9	212	5,2	40	1,0	118	2,9	—	—
Barmen . . .	472	6,8	51	0,7	53	0,7	219 = 2,9				30	0,4	32	0,4
Berlin . . .	9 141	8,7	1 526	1,5	528	0,5	2 418	2,3	1 489	1,4	376	0,4	15	0,0
Bochum . . .	169	5,3	26	0,8	29	0,9	34	1,0	76	2,4	17	0,5	—	—
Braunschweig .	471	10,1	53	1,1	44	0,9	67	1,5	46	1,0	56	1,2	—	—
Bremen . . .	830	9,2	62	0,7	94	1,1	190	2,1	110	1,2	82	0,9	40	0,5
Breslau . . .	905	6,7	181	1,3	57	0,4	328	2,4	200	1,5	66	0,5	44	0,3
Cassel . . .	290	8,1	41	1,1	125	3,5	151	4,2	21	0,6	39	1,1	6	0,2
Charlottenburg	964	9,6	165	1,7	54	0,5	204	2,0	191	1,9	—	—	—	—
Dresden . . .	1 922	7,4	258	1,0	216	0,8	—	—	656	2,5	—	—	99	0,4
Düsseldorf . .	798	7,0	62	0,5	55	0,5	55	0,5	208	1,8	51	0,5	—	—
Duisburg . .	175	5,5	31	1,0	25	0,8	52	1,6	89	2,8	19	0,6	4	0,1
Essen . . .	338	7,8	41	1,0	18	0,4	91 = 2,1				35	0,8	—	—
Freiburg i. Br.	203	8,5	23	1,0	22	0,9	68	2,8	38	1,6	18	0,7	2	0,2
Görlitz . . .	226	8,7	30	1,2	53	2,0	20	0,8	11	0,4	—	—	3	0,2
Halle a. S. . .	450	8,9	47	1,0	22	0,4	29	0,6	59	1,2	—	—	1	0,
Hamburg . .	2 840	7,5	482	1,3	447	1,2	—	—	288	0,5	488	1,3	68	0,2
Karlsruhe . .	555	7,3	76	1,0	85	1,1	140	1,8	49	0,7	29	0,4	6	0,2
Kiel	324	8,4	30	0,8	72	1,9	130	3,3	—	—	10	0,3	1	0,
Köln a. Rh. .	1 816	5,8	154	0,7	247	1,1	529 = 2,3				153	0,7	—	—
Königsberg i.Pr	360	7,1	58	1,1	112	2,2	117	2,3	99	1,9	.	.	584	11,5
Leipzig . . .	1 456	8,2	288	1,6	143	0,8	523	3,0	298	1,7	—	—	5	0,
Liegnitz . . .	133	8,7	13	0,9	29	1,9	9	0,6	80	2,0	8	0,5	28	1,
Lübeck . . .	248	8,2	43	1,4	38	1,2	—	—	—	—	35	1,1	—	—
Magdeburg . .	800	9,0	162	1,8	56	0,6	257	2,9	100	1,1	30	0,3	—	—
Mainz . . .	536	11,2	21	0,4	38	0,7	107	2,2	144	3,0	33	0,7	40	0,4
Nürnberg . .	852	10,2	79	0,9	89	1,1	121	1,4	79	0,9	57	0,7	8	0,1
Plauen i. V. .	281	8,8	58	1,8	17	0,5	65	2,1	96	3,0	13	0,4	—	—
Posen . . .	264	9,7	59	2,2	14	0,5	79	2,9	71	2,5	27	1,0	3	0,2
Spandau . . .	137	9,4	13	0,9	13	0,9	34	2,3	—	—	11	0,7	6	0,4
Wiesbaden . .	265	7,5	37	1,1	61	1,7	30	0,9	144	4,1	21	0,6	—	—
Zwickau . . .	158	7,2	62	2,8	2	0,1	51	2,3	86	3,9	—	—	—	—

B. Nach Streichung der durchlaufenden Posten etc. und unter der Annahme, das

Städte.	2.a	2.b	3.a	3.b	4.a	4.b	5.a	5.b	6.a	6.b	7.a	7.b	8.a	8.b
Altona . . .	250	6,0	40	0,9	39	0,9	212	5,2	40	1,0	118	2,9	—	—
Barmen . . .	472	6,8	51	0,7	53	0,7	219 = 2,9				30	0,4	32	0,
Berlin . . .	8 832	8,0	1 386	1,3	528	0,5	2 418	2,3	1 489	1,4	734	0,7	15	0,
Bochum . . .	155	4,8	22	0,7	29	0,9	34	1,0	76	2,4	17	0,5	—	—
Braunschweig .	471	10,1	53	1,1	44	0,9	67	1,5	46	1,0	56	1,2	—	—
Bremen . . .	830	9,2	62	0,7	94	1,1	190	2,1	110	1,2	82	0,9	40	0,3
Breslau . . .	905	6,7	181	1,3	57	0,4	328	2,4	200	1,5	66	0,5	44	0,3
Cassel . . .	290	8,1	41	1,1	125	3,5	151	4,2	21	0,6	43	1,2	6	0,2
Charlottenburg	809	8,1	142	1,4	54	0,5	204	2,0	291	2,9	—	—	—	—
Dresden . . .	1 786	6,9	250	0,9	216	0,8	—	—	656	2,5	534	2,1	99	0,4
Düsseldorf . .	722	6,3	60	0,5	55	0,5	55	0,5	208	1,8	51	0,5	—	—
Duisburg . .	175	5,5	31	1,0	25	0,8	52	1,6	89	2,8	19	0,6	4	0,1
Essen . . .	338	7,8	41	1,0	18	0,4	91 = 2,1				35	0,8	—	—
Freiburg i. Br.	203	8,5	23	1,0	22	0,9	68	2,8	38	1,6	20	0,8	2	0,1
Görlitz . . .	199	7,7	26	1,0	53	2,0	20	0,8	11	0,4	18	0,7	3	0,1
Halle a. S. . .	419	8,3	40	0,8	22	0,4	29	0,6	59	1,2	42	0,8	1	0,
Hamburg . .	2 402	6,3	482	1,3	447	1,2	—	—	238	0,5	488	1,3	68	0,
Karlsruhe . .	555	7,3	76	1,0	85	1,1	140	1,8	49	0,7	29	0,4	6	0,
Kiel	324	8,4	30	0,8	72	1,9	130	3,3	—	—	10	0,3	1	0,
Köln a. Rh. .	1 296	5,7	154	0,7	247	1,1	529 = 2,3				153	0,7	—	—

Zusammen Ausgaben 9. a	b	Einnahme für Gas 10. a	b	Einnahme für Nebenproducte 11. a	b	Aus Leitungsarbeiten, Miethe von Gasmessern etc. 12. a	b	Aus dem Vermögen (Zinsen, Miethe etc.) 13. a	b	Sonstige Einnahmen 14. a	b	Zusammen Einnahmen 15. a	b	Mehr-Einnahme (Ueberschuss) 16. a	b	Auf 100 Mk. Ausgabe Spalte 9. 17. M.	Städte 18.
Rechnungsabschluss der Gaswerke.																	
699	16,9	724	17,0	164	4,0	10	0,2	—	—	—	—	898	21,8	199	4,8	28,4	Altona.
857	11,4	1 003	13,3	222	2,9	28	0,4	9	0,1	12	0,2	1 274	16,9	417	5,5	48,7	Barmen.
15 493	14,8	13 275	12,7	5312	5,1	221	0,2	228	0,2	13	0,0	19 049	18,1	3 556	3,4	22,9	Berlin.
351	10,9	293	9,1	101	3,2	12	0,4	40	1,2	1	0,0	447	13,9	96	3,0	27,4	Bochum.
737	15,8	763	16,3	137	2,9	19	0,4	3	0,1	2	0,1	924	19,8	187	4,0	25,3	Braunschwg.
1 408	15,7	1 516	16,9	312	3,5	39	0,4	3	0,0	—	—	1 870	20,8	462	5,1	32,9	Bremen.
1 781	13,1	1 811	13,4	419	8,1	19	0,1	3	0,0	24	0,2	2 276	16,8	495	3,7	27,8	Breslau.
673	18,8	523	14,6	140	3,9	63	1,8	50	1,4	6	0,2	783	21,9	-110	-3,1	-16,3	Cassel.
1 578	15,7	1 490	14,8	548	5,4	104	1,0	—	—	25	0,3	2 167	21,5	589	5,8	37,3	Charlottenbg.
3 151	12,1	3 428	13,2	814	3,1	29	0,1	180	0,7	25	0,1	4 476	17,2	1 325	5,1	42,1	Dresden.
1 229	10,8	1 140	10,0	404	3,6	24	0,2	—	—	—	—	1 568	13,8	339	3,0	27,6	Düsseldorf.
395	12,4	332	10,5	91	2,9	8	0,2	2	0,1	1	0,0	434	13,7	39	1,3	9,9	Duisburg.
523	12,1	537	12,4	119	2,7	23	0,5	.	.	24	0,6	703	16,2	180	4,1	34,4	Essen.
374	15,6	407	17,0	112	4,7	16	0,7	16	0,7	13	0,5	564	23,6	190	8,0	50,7	Freiburg i.Br.
343	13,2	396	15,3	111	4,3	9	0,3	0	0,0	5	0,2	521	20,1	178	6,9	52,0	Görlitz.
608	12,1	740	14,7	227	4,5	16	0,3	7	0,1	1	0,0	991	19,7	383	7,6	62,9	Halle a. S.
4 563	12,0	6 110	16,0	1816	4,8	86	0,2	0	0,0	145	0,4	8 157	21,4	3 594	9,4	78,7	Hamburg.
940	12,4	998	13,2	320	4,2	.	.	—	—	22	0,3	1 840	17,7	400	5,3	42,5	Karlsruhe.
567	14,7	560	14,5			23	0,7	2	0,0	4	0,1	589	15,3	22	0,6	3,9	Kiel.
2 399	10,6	2 316	10,2	760	3,4	96	0,4	28	0,1	15	0,1	3 215	14,2	816	3,6	34,3	Köln a. Rh.
1 330	26,1	676	13,2	256	5,1	86	0,7	587	11,5	22	0,4	1 577	30,9	247	4,8	18,6	Königsberg.
2 713	15,3	2 597	14,7	739	4,2	58	0,3	24	0,1	—	—	3 418	19,3	705	4,0	26,0	Leipzig.
250	16,1	225	14,8	66	4,3	39	0,6	—	—	1	0,1	331	19,8	81	3,4	32,0	Liegnitz.
364	12,0	326	10,8	181	6,0	20	0,6	—	—	1	0,0	528	17,4	164	5,4	45,1	Lübeck.
1 405	15,7	1 372	15,4	518	5,8	8	0,0	—	—	72	0,8	1 970	22,0	565	6,3	40,1	Magdeburg.
914	19,0	734	15,2	224	4,7	60	1,2	—	—	158	3,2	1 176	24,4	262	5,4	28,7	Mainz.
1 285	15,3	1 441	17,2	446	5,3	6	0,1	—	—	—	—	1 898	22,6	608	7,3	47,4	Nürnberg.
530	16,6	475	14,9	130	4,1	5	0,1	0	0,0	—	—	610	19,1	80	2,5	15,1	Plauen i. V.
517	18,9	414	15,1	144	5,3	7	0,2	5	0,2	62	2,3	632	23,1	115	4,2	22,3	Posen.
214	14,6	240	16,4	57	3,9	23	1,6	7	0,5	—	—	327	22,4	118	7,8	58,0	Spandau.
558	15,9	558	15,9	119	3,4	22	0,6	13	0,4	—	—	712	20,3	154	4,4	27,5	Wiesbaden.
359	16,3	280	12,8	101	4,6	36	1,6	0	0,0	6	0,3	423	19,3	64	3,0	17,8	Zwickau.
überall die Kosten der öffentlichen Beleuchtung von dem Gaswerk zu tragen sind.																	
699	16,9	592	14,4	164	4,0	10	0,2	—	—	—	—	766	18,6	67	1,7	9,6	Altona.
857	11,4	911	12,1	222	2,9	28	0,4	9	0,1	12	0,2	1 182	15,7	325	4,3	37,9	Barmen.
14 902	14,2	13 158	12,6	4 480	4,3	221	0,2	228	0,2	13	0,0	18 100	17,3	3 198	3,1	21,5	Berlin.
333	10,3	288	8,9	88	2,8	12	0,4	2	0,1	1	0,0	391	12,2	58	1,9	17,4	Bochum.
737	15,8	626	13,4	137	2,9	19	0,4	3	0,1	2	0,1	787	16,9	50	1,1	6,7	Braunschwg.
1 408	15,7	1 302	14,5	312	3,5	39	0,4	3	0,0	—	—	1 656	18,4	248	2,7	17,6	Bremen.
1 781	13,1	1 542	11,4	419	8,1	19	0,1	2	0,0	24	0,2	2 007	14,8	226	1,7	12,7	Breslau.
677	18,9	402	11,2	140	3,9	63	1,8	3	0,2	6	0,2	618	17,3	-59	-1,6	-8,7	Cassel.
1 500	14,9	1 293	12,8	392	3,9	104	1.0	—	—	25	0,3	1 814	18,0	314	3,1	20,9	Charlottenbg.
3 541	13,6	3 071	11,8	675	2,6	29	0,1	180	0,7	25	0,1	3 980	15,3	439	1,7	14,3	Dresden.
1 151	10,1	1 125	9,9	327	2,9	24	0,2	—	—	—	—	1 476	13,0	325	2,9	28,3	Düsseldorf.
895	12,4	332	10,5	91	2,9	8	0,2	2	2,1	1	0,0	434	13,7	39	1,3	9,9	Duisburg.
523	12,1	404	9,3	119	2,7	23	0,5	.	.	24	0,6	570	13,1	47	1,0	9,0	Essen.
376	15,7	347	14,5	112	4,7	16	0,7	7	0,3	13	0,5	495	20,7	119	5,0	31,6	Freiburg i.Br.
330	12,7	322	12,4	84	3,3	9	0,3	0	0,0	5	0,2	420	16,3	90	3,5	27,3	Görlitz.
612	12,1	551	10,9	197	3,9	16	0,3	7	0,2	1	0,0	772	15,3	160	3,2	26,1	Halle a. S.
4 125	10,8	5 274	13,8	1 377	3,6	86	0,2	0	0,0	145	0,4	6 882	18,0	2 757	7,2	66,8	Hamburg.
940	12,4	922	12,2	320	4,2	.	.	—	—	22	0,3	1 264	16,7	324	4,3	34,5	Karlsruhe.
567	14,7	560	14,5			23	0,7	2	0,0	4	0,1	589	15,3	22	0,6	3,9	Kiel.
2 879	10,5	2 316	10,2	740	3,3	96	0,4	28	0,1	15	0,1	3 195	14,1	816	3,6	34,3	Köln a. Rh.

Noch Tabelle V.

Städte.	Fabrikations-kosten.		Allgemeine Unkosten.		Unterhaltung der Anlage und des Rohrnetzes.		Verzinsung und Tilgung des Anlage-Capitals.		Abschreibungen, Rücklagen, Erneuerungsarbeiten.		Kosten der öffentlichen Beleuchtungen.		Sonstige Ausgaben.	
1.	2.		3.		4.		5.		6.		7.		8.	
	a.	b.	a.	b.	a.	b.	a.	b.	a.	b.	a.	b.	a.	b.
Königsberg i.Pr	360	7,1	58	1,1	112	2,2	117	2,3	99	1,9	.	.	5	0,0
Leipzig . . .	1 321	7,4	262	1,5	148	0,8	523	3,0	298	1,7	162	0,9	—	—
Liegnitz . . .	108	7,1	13	0,9	29	1,9	9	0,6	30	2,0	8	0,5	28	1,5
Lübeck . . .	248	8,2	43	1,4	38	1,3	86	2,8	23	0,8	35	1,1	20	0,7
Magdeburg . .	715	8,0	155	1,8	56	0,6	257	2,9	100	1,1	30	0,3	—	—
Mainz . . .	496	10,4	15	0,3	33	0,7	107	2,2	—	—	33	0,7	40	0,3
Nürnberg . .	770	9,2	68	0,8	89	1,1	169	2,0	79	0,9	57	0,7	8	0,1
Plauen i. V. .	240	7,5	52	1,6	17	0,5	65	2,1	96	3,0	13	0,4	—	—
Posen. . . .	242	8,9	46	1,1	14	0,5	79	2,9	71	2,6	30	1,1	3	0,1
Spandau. . .	137	9,4	13	0,9	13	0,9	34	2,3	—	—	11	0,7	6	0,4
Wiesbaden . .	265	7,5	37	1,1	61	1.7	30	0,9	144	4,1	21	0,6	—	—
Zwickau . . .	136	6,2	58	2,7	2	0,1	51	2,3	86	3,9	17	0,8	—	—

IV. Der Preis des Gases (pro cbm) Ende

Städte.	Grund-preis	Leuchtgas Rabatt Von	bis	Bei e. Verbrauche von bzw. mehr als Mille cbm	Mille cbm	Daher niedrigster Preis	Bei Rabatt gilt nur für Mehrverbrauch	Für Kraftmaschinen	Zu Koch-, Heiz- etc Zwecken	Ob mit Rabatt	Ob die Gaswerke unentschlies.	Gas für städt. Gebäude	Gas z. öffentl. Beleuchtung	Ob außerdem Entschädigung für die Unterhaltung der Beleuchtung der Laternen.
1.	2.	3.	4.	5.	6.	7.	8.	9.	10.	11.	12.	13.	14.	15.
Aachen*. . .	16	1	8 ₰	15	120	13	—		12	—	—		5,3	1
Altona . . .	20	—	—	—	—	=	—		15	—	—	=	(13,6)	—
Augsburg*. .	22	3	30 %	2,5	74,6	15,4	—	18	14	(1)	†	†	—
Barmen . . .	17,5	0,5	6,5 ₰	4	60	11	1	11 7/8	8	1	1	=		
Berlin . . . }16	—	—	—	—	=	—		10	—	—	=	{ unentgeltlich (13 1/8)	—
Bochum . .	14	0,5	2,5 ₰	5	90	11,5	—	7	—	—	12	unentgeltlich	
	16	0,5	2,5 ₰	5	90	13,5	—	8	—	—	—	12	
Braunschweig.	17	—	—	—	—	=	—	13	—	—	=	†	
Bremen . .	20	—	—	—	—	—	—	12	15	—	—	†	
Breslau . . .	18	3	15%	2	50	15,3	—	12	—	(1)	(8,4)	(8,4)	—
Cassel . . .	16	3	5%	1,5	30	15,2	—	10 bezw. 13	—	—	15	(ca. 10)	1
Charlottenburg	16	—	—	—	—	=	—	12,8	—	—	12,8	12	1
Chemnitz . .	18	1 ₰		10	17	—	13	—	—	15	10	1	
Crefeld*. . .	19,4	1,4	9,4 ₰	6	96	10	1	10	—	—	=	†	—
Danzig . . .	17	—	—	—	—	=	—	12	—	(1)	=	unentgeltlich	
Darmstadt . .	22	2	8 ₰	1,5	5	19	1	12	—	—	9	9	1
Dortmund*. .	16	1	5 ₰	20	60	11	1	10	—	—	=	(10,4)	1
Dresden . .	17	3	20%	[1,0]	[60,0]	13,6	—	12	—	—	11	(7,52)	1
Düsseldorf .	16	1	3,5 ₰	3	100	12,5	1	8	—	—	=	unentgeltlich	
Duisburg .	16	1	4 ₰	8	50	12	—	10	1	(1)	=	unentgeltlich	
Elberfeld . .	16	1	7,3 ₰	20	300	8,8	1	8	—	(1)	10	10	—
Erfurt* . .	18	1	3 ₰	3	15	15	1	13	1	—	14	11	—
Essen . . .	15	0,5	2 ₰	10	25	13	—	10	—	—	10	11,4	—
Frankfurt a. M.*	37	5	10%	4,2	12,6	33,3	—	27	=	—	(1)	33,3	14,69	1
Frankfurt a. O.*	15,7	5	10%	10	30	14,13	—	12	=	—	(1)	14,13	6,5	1
	16	—	—	—	—	=	—	13	—	—	14	13	—
Freiburg i. Br.	20	5	10%	3	30	18	—	14	—	(1)	=	15	—
Görlitz . . .	20	5	20%	3	30	16	—	14	—	1	16	†	1
Halle a. S. .	18	2,5	25%	1,5	50	18,5	—	10	—	—	=	13,5	1

Zusammen Ausgaben		Einnahme für Gas		Einnahme für Neben-producte		Aus Leitungs-arbeiten, Miethe von Gasmessern etc.		Aus dem Vermögen (Zinsen, Miethe sk.)		Sonstige Ein-nahmen		Zusammen Einnahmen		Mehr-Einnahme (Ueber-schuss)		Auf 100 Mk. Ausgabe. Spalte 9.	Städte
9.		10.		11.		12.		13.		14.		15.		16.		17.	
a.	b.	a.	b.	a.	b.	a.	b.	a.	b.	a.	b.	a.	b.	a.	b.	M.	1 d.
746	14,6	536	10,5	256	5,1	36	0,7	8	0,1	22	0,4	858	16,8	112	2,2	15,0	Königsberg.
2 714	15,3	2 471	14,0	603	3,4	58	0,3	24	0,1	—	—	3 156	17,8	442	2,5	16,3	Leipzig.
225	14,8	185	12,1	44	2,9	39	0,6	—	—	1	0,1	269	15,7	44	0,9	19,8	Liegnitz.
493	16,3	326	10,8	181	6,0	20	0,6	—	—	1	0,0	528	17,4	35	1,1	7,1	Lübeck.
1 313	14,7	1 142	12,8	432	4,9	8	0,0	—	—	53	0,6	1 635	18,3	322	3,6	24,5	Magdeburg.
724	15,1	649	13,6	207	4,3	60	1,2	—	—	14	0,3	930	19,4	206	4,3	28,5	Mainz.
1 240	14,8	1 236	14,7	363	4,3	6	0,1	—	—	—	—	1 605	19,1	365	4,3	29,4	Nürnberg.
483	15,1	423	13,3	88	2,8	5	0,1	0	0,0	—	—	516	16,2	33	1,1	6,9	Plauen i. V.
485	17,7	331	12,1	96	3,5	7	0,2	5	0,2	62	2,3	501	18,3	16	0,6	3,3	Posen.
214	14,6	209	14,3	57	3,9	23	1,6	7	0,5	—	—	296	20,3	82	5,7	38,6	Spandau.
558	15,9	558	15,9	119	3,4	22	0,6	11	0,3	—	—	710	20,2	152	4,3	27,2	Wiesbaden.
350	16,0	275	12,6	80	3,6	36	1,6	0	0,0	6	0,3	897	18,1	47	2,1	13,4	Zwickau.

der Berichtszeit. (Erläuterungen siehe Seite 277.)

Städte.	Gas für Private							Sonstig. Verbrauch				Gas für städt. Gebäude	Gas z. öffentl Beleuchtung	Ob ausserdem Entschädigung für die Unterhaltung und Bedienung der Laternen.
	Grund-preis	Leuchtgas				Daher nie-drigst. Preis	Der Rabatt gilt je nach d. Mehr-verbrauch	Für Kraft-maschinen.	Zu Koch-, Heiz- etc. Zwecken	Ob mit Rabatt	Ob die Gasmenge nennenswerth			
		Von	bis	Rabatt										
				Bei e. Verbrauche von bezw. mehr als										
				Mille cbm	Mille cbm									
1.	2.	3.	4.	5.	6.	7.	8.	9.	10.	11.	12.	13.	14.	15.
Hamburg . .	18	—	—	—	—	—	—	15	—	—	=		10	—
Hannover* .	16	0,5	2,5 ₰	3	48	13,5	1	12	—	—	=		†	—
Karlsruhe .	18	1,7	5 ₰	33,5	200	13	—	12	—	1	8		8	1
Kiel . . .	20	8	20%	[2,9]	[20,0]	16	1	12	—	—	=		unentgeltlich	
Köln a. Rh.	16	1	3 ₰	2,5	25	13	1	10	1	—	=		unentgeltlich	
*	14	—	—	—	—	=	—	12	—	—	=		†	—
Königsberg i.P.	16	—	—	—	—	=	—	12	—	1	=		(ca.9,8)	—
Leipzig . .	}18	2	5%	5	30	17,1	1	15	—	—	}†		†	1
*									—	—			†	1
Liegnitz . .	17	1	3 ₰	15	50	14	1	13	—	1	14		=	—
Lübeck . .	18	5	20%	2,5	10	14,4	1	12	—	—	=		unentgeltlich	
Magdeburg .	18	1	8 ₰	15	45	15	—	12	—	—	15		13	—
Mainz . . .	20	—	—	—	—	=	—	12	—	—	=		9	—
Mannheim . .	18	5	30%	1	50	12,6	—	12	—	(1)	12		10	—
Metz* . . .	20	—	—	—	—	=	—	16,8	=	—	=		=	—
Mülhausen i. E.	24	·	—	—	—	—	·	20	—	—	·		12	·
München* . .	23	2,5	28%	5⅓	226,5	16,56	·	17¼	14	1	·	=	16,56	·
Münster i. W.	18	·	·	·	·	·	·	10	—	1	·		8	—
Nürnberg . .	20	—	—	—	—	=	—	13	—	1	16		15	—
Plauen i. V.	18	2	15%	6	25	15,3	—	14	1	—	11		11	—
Posen . . .	17	—	—	—	—	=	—	10	13	—	(1)	10		10	—
Potsdam* . .	17,5	1	2,5 ₰	2,5	50	15	—	13	—	1	=		†	—
Spandau . .	17	—	—	—	—	=	—	14	—	—	=		=	—
Stettin . .	15	·	—	·	·	·	·	12	—	—	8		8	—
Strassburg i.E.*	16	—	—	—	—	=	—	13,4	—	(1)	=		8	—
Stuttgart* . .	16	—	—	—	—	=	—	12	—	1	=		†	—
Wiesbaden . .	20	—	—	—	—	=	—	12	—	(1)	15		unentgeltlich	—
Würzburg . .	20	·	·	·	·	·	·	12	—	—	=		11	—
Zwickau . .	17	5	16%	[0,5]	[20,0]	14,38	—	12	—	1	—	11,9		unentg	1

(Tab. V siehe Seite 288.)

B. Die öffentlichen elektrischen Centralanlagen.

VI. Die Abnehmer Ende der Berichtszeit. (Erläuterungen siehe Seite 281.)

Städte	Berichtszeit	Länge des Haupt-Kabels km	Ab-nehmer	An-schlüsse	Bogen-lampen	davon zur öffentlich. Be-leuchtung	Glüh-lampen	Motoren bis zu 2PS.	Motoren von mehr als 2 PS.	Motoren mit zus. PS.	Appa-rate	Der angeschlossenen Bogen- und Glühlampen Aequivalent in Lampen zu 16 NK.	Moto-ren u. Appa-rate
1.	2.	3.	4.	5.	6.	7.	8.	9.	10.	11.	12.	13.	14.

a. 1894 (1894/95).

Städte	Berichtszeit	Länge	Ab-nehmer	An-schlüsse	Bogen-lampen	davon öffentl.	Glüh-lampen	bis 2PS	mehr 2PS	zus. PS	Apparate	Aequiv.	Mot. u. App.
Altona* . . .		129,3	399	335	319	4	10 909	16	4	51	—	13 071	918
Barmen. . . .		66,6	181	190	328	4	8 100	11	—	12	—	10 820	230
Berlin*		.	2 930	1 966	6 463	180	136 983	291	372	2 366	228	194 700	41 700
Bochum . . .		22,5	40	40	151	—	985	—	—	—	—	.	.
Bremen . . .	a/a	211,5	543	463	470	—	21 785	24	21	110	—	24 555	2 050
Breslau. . . .		.	409	.	788	12	9 915	27	5	47	—	(8 914)	(374)
Cassel		61,2	218	166	256	14	4 812	12		81	—	(3 885)	
Chemnitz** .		35,5	207	170	153	—	6 633	20	15	90	—	7 858	1 383
Darmstadt . .		58,1	315	.	217	—	9 396	11	—	15	—	(10 424)	
Düsseldorf . .	a/a	.	388	355	795	4	14 993	14		27	14	20 369	
Duisburg . . .	a	.	3	3	89	6	60	—	—	—	—	950	—
Hannover . .	a	98	532	380	687	48	15 351	20	34	208	.	20 877	2 827
Köln	a	27,4	275	275	386	15	20 554	8	5	36	—	24 564	712
Königsberg. .	a	13,5	290	235	438	4	8 521	14	2	21	1	10 849	416
Lübeck. . . .	a	14	254	222	98	24	4 715	7	5	33	—	6 152	492
München . . .	b	56	81	3	377	288	2 297	—	—	—	—	5 123	—

b. 1895 (1895/96).

Städte	Berichtszeit	Länge	Ab-nehmer	An-schlüsse	Bogen-lampen	davon öffentl.	Glüh-lampen	bis 2PS	mehr 2PS	zus. PS	Apparate	Aequiv.	Mot. u. App.
Altona*. . . .		153,3	494	430	513	8	15 354	27	14	176	—	19 660	2 574
Barmen . . .		68,0	188	207	374	4	9 076	11	2	19	—	12 130	370
Berlin*. . . .		.	3 750	2 472	8 216	196	166 182	648	699	4 813	292	285 200	85 000
Bochum . . .		23,6	50	.	.	.	.	.	.	.	.	.	.
Bremen . . .	a/a	214,0	685	577	551	6	30 110	38	33	177	—	33 162	3 200
Breslau. . . .		.	498	.	841	12	12 993	42	12	.	—	.	
Cassel		62,3	226	180	247	14	5 423	19		47	—	(4 010)	
Chemnitz** .		35,5	270	225	234	—	8 339	35	34	148	—	9 384	2 405
Darmstadt . .		59,0	335	.	245	—	10 289	15		32	—	6 214	306
Düsseldorf . .	a/a	.	365	393	832	6	17 074	25		63	16	22 247	1 215
Duisburg . . .	a	.	3	3	89	6	60	—	—	—	—	950	—
Frankf. a.M.**	a	96	484	486	495	—	29 346	26	45	643	—	32 811	12 178
Hamburg* . .	c	619	1 119	804	1 311	87	32 640	99	75	425	—	39 892	27 438
Hannover . .	a	115	644	446	837	56	23 899	25	64	265	.	34 774	
Köln	a	34,1	350	350	454	30	26 260	14	21	150	—	31 100	2 925
Königsberg. .	a	13,5	333	265	480	4	16 124	20	6	50	6	12 848	1 006
Leipzig* . . .	b	167,2	280	229	898	48	15 696	31	17	123	8	18 940	2 272
Lübeck. . . .	a	14	265	237	141	24	4 786	14	9	66	—	6 500	966
München . . .	b	56	81	3	377	288	2 461	—	—	—	—	5 287	—
Stuttgart* . .	b	.	548	397	424	6	16 280	14	31	137	.	21 986	

VII. Der Stromverbrauch. (Erläuterungen siehe Seite 299 u. 300).

Städte	Gesammt-stromabgabe 1000 Hectowattstund.	Nachgewiesener Stromverbrauch (Nutzstrom) 1000 Hectowattstund.	Davon						Insbesondere Verbrauch für Kraft- etc. Zwecke		Stromverlust	
			Selbstverbrauch überhaupt 1000 Hectowattst.	in% von Sp.3	zur öffentlichen Beleuchtung überhaupt 1000 Hectowattst.	in% von Sp.3	zum Privatverbrauch überhaupt 1000 Hectowattst.	in% von Sp.3	überhaupt 1000 Hectowattst.	in% von Sp.3	überhaupt 1000 Hectowattst.	in% von Sp.2
1.	2.	3.	4.	5.	6.	7.	8.	9.	10.	11.	12.	13.
a. 1894 (1894/95).												
Altona*	7 669	6 042	792	13,1	75	1,2	5 175	85,7	1 714	28,4	1 627	21,2
Barmen	1 412	1 205	71	5,9	8	0,7	1 126	93,4	81	2,6	207	14,7
Bochum	.	.	.	.	—		515	.	—	—	—	.
Bremen	6 083	4 001	435	10,9	—	—	3 566	89,1	273	6,8	2 082	34,2
Breslau	.	5 025	169	3,4	180	3,6	4 676	93,0	133	2,7	.	.
Cassel	2 056	1 314	64	4,8	104	8,0	1 146	87,2	149	11,3	742	36,1
Chemnitz**	.	1 484	188	12,7	—	—	1 296	87,3	255	17,2	.	.
Darmstadt	.	2 088	.	.	—	—	(2 088)	100,0	46	2,2	.	.
Düsseldorf	5 658	3 906	41	1,1	62	1,6	3 803	97,3	56	1,4	1 752	31,0
Duisburg	571	.	.	.	.		.	.	.	.	.	.
Elberfeld	.	3 168	.	.	136	4,3	(3 027)	.	52	1,6	.	.
Hamburg*	.	9 765	.	.	556	5,7	(9 209)	.	488	5,0	.	.
Hannover	6 503	5 706	46	0,8	478	8,4	5 182	90,8	467	8,2	797	12,3
Köln	.	5 681	274	4,8	211	3,7	5 196	91,5	204	3,6	.	.
Königsberg	.	(2 504)	.	.	26	1,1	2 478	98,9	46	1,8	.	.
Lübeck	1 584	1 340	40	3,0	89	6,6	1 211	90,4	72	5,3	244	15,4
München	.	(4 816)	.	.	3 954	82,1	862	17,9	—	—	.	.
b. 1895 (1895/96).												
Altona*	7 641	6 407	712	11,1	231	3,6	5 464	85,3	688	10,7	1 284	16,2
Barmen	1 872	1 605	61	3,8	28	1,8	1 516	94,4	48	3,0	267	14,2
Bochum	.	.	.	.	.		877	.	.	.	.	.
Bremen	7 870	5 245	600	11,4	72	1,4	4 573	87,2	516	9,8	2 625	33,4
Breslau	.	5 541	236	4,3	180	3,2	5 125	92,5	238	4,3	.	.
Cassel	1 983	1 367	82	6,0	104	7,6	1 181	86,4	170	12,4	616	31,1
Chemnitz**	.	2 169	251	11,6	—	—	1 918	88,4	607	28,0	.	.
Düsseldorf	6 518	4 653	42	0,9	78	1,7	4 533	97,4	348	7,5	1 865	28,6
Duisburg	612	.	.	.	.		.	.	.	.	.	.
Frankfurt a.M.**	.	(14 302)	.	.	—	—	(14 302)	.	.	.	.	.
Hamburg*)	16 688	13 562	539	4,0	600	4,4	12 423	91,6	1 583	11,7	3 126	19,3
Hannover	9 281	8 465	72	0,9	662	7,8	7 731	91,3	1 098	13,0	816	8,8
Köln	.	6 760	297	4,4	503	7,4	5 960	88,2	520	7,7	.	.
Königsberg	.	(2 976)	.	.	92	3,1	2 884	96,9	87	2,9	.	.
Leipzig*	.	(1 285)	.	.	274	21,3	1 011	78,7	67	5,2	.	.
Lübeck	1 883	1 544	49	3,2	94	6,1	1 401	90,7	166	10,8	289	15,8
München	.	(5 216)	.	.	4 278	82,0	938	18,0	—	—	.	.

VIII. Die Rechnungsergebnisse der städtischen

Sp. a: absolute, Sp. b: auf 1000 Wattstunden Nutzstrom

Städte.	Fabrikationskosten		Allgemeine Unkosten		Unterhaltung der Anlagen etc.		Verzinsung und Tilgung		Abschreibungen, Erneuerungen etc.		Sonstige Ausgaben		Zusammen Ausgaben	
1.	2.		3.		4.		5.		6.		7.		8.	
	a.	b.	a.	b.	a.	b.	a.	b.	a.	b.	a.	b.	a.	b.
	ℳ	ℳ	ℳ	ℳ	ℳ	ℳ	ℳ	ℳ	ℳ	ℳ	ℳ	ℳ	ℳ	ℳ
1. 1894 (1894/95) A. Nach dem Rechnungs-														
Barmen . . .	24 182	20,1	14 366	11,9	5 507	4,6	44 839	37,2	—	—	—	—	88 894	73,8
Bochum . . .	8 768 = 17,1						—	—	—	—	—	—	8 768	17,1
Breslau . . .	81 651 = 16,3				22 215	4,4	54 208	10,8	106 565	21,2	6 051	1,2	270 690	53,9
Cassel . . .	2 621	2,0	21 915	16,7	6 785	5,2	44 072	33,5	3 592	2,7	1 356	1,0	80 341	61,1
Darmstadt .	17 607	8,4	27 247	13,0	7 256	3,5	38 865	18,6	35 192	16,9	24 633	11,8	150 827	72,2
Düsseldorf .	46 230	11,8	18 617	4,8	2 263	0,6	81 182	20,8	75 840	19,4	—	—	224 132	57,4
Elberfeld . .	45 764	14,5	20 654	6,5	10 323	3,3	51 471	16,3	37 838	12,0	117	0,0	166 167	52,6
Hannover . .	38 948	6,8	38 567	6,7	10 773	1,9	63 198	11,1	114 247	20,0	4 851	0,9	270 584	47,4
Köln	44 602	7,9	26 436	4,7	18 983	3,3	106 138	18,7	57 694	10,2	6 392	1,1	260 245	45,9
Königsberg .	40 814	16,3	14 641	5,9	9 075	3,6	75 358	30,1	26 037	10,4	17 046	6,8	182 971	73,1
Lübeck . . .	17 880	13,2	13 651	10,2	12 510	9,3	—	—	—	—	—	—	44 041	32,9
München . .	in Sp. 4 enthalten		26 875	5,6	65 424	13,6	69 637	14,5	—	—	—	—	161 936	33,7
B. Nach Streichung der durchlaufenden Posten und der Einnahme für														
Barmen . . .	24 182	20,1	14 366	11,9	5 507	4,6	44 839	37,2	—	—	—	—	88 894	73,8
Bochum . . .	8 768 = 17,1						4 062	7,9	3 757	7,3	—	—	16 587	32,3
Breslau . . .	81 651 = 16,3				22 215	4,4	54 208	10,8	106 565	21,2	6 930	1,3	271 569	54,0
Cassel . . .	2 621	2,0	21 915	16,7	6 785	5,2	44 072	33,5	3 592	2,7	1 356	1,0	80 341	61,1
Darmstadt .	17 607	8,4	27 247	13,0	7 256	3,5	38 865	18,6	35 192	16,9	10 308	5,0	136 501	65,4
Düsseldorf .	46 230	11,8	18 617	4,8	2 263	0,6	81 182	20,8	75 840	19,4	—	—	224 132	57,4
Elberfeld . .	45 764	14,5	20 654	6,5	10 323	3,3	51 471	16,3	37 838	12,0	117	0,0	166 167	52,6
Hannover . .	38 948	6,8	35 332	6,8	10 773	1,9	83 812	14,7	11 500	2,0	156 984	27,5	337 349	59,0
Köln	44 602	7,9	26 436	4,7	18 983	3,3	106 138	18,7	57 694	10,2	6 392	1,1	260 245	45,9
Königsberg .	40 814	16,3	14 641	5,9	9 075	3,6	75 358	30,1	26 037	10,4	17 046	6,8	182 971	73,1
Lübeck . . .	17 880	13,2	13 651	10,2	12 510	9,3	15 300	11,4	—	—	9 045	6,8	68 386	51,0
München . .	in Sp. 4 enthalten		26 875	5,6	65 424	13,6	69 637	14,5	—	—	—	—	161 936	33,7
2. 1895 (1895/96). A. Nach dem Rechnungs-														
Barmen . . .	19 441	12,1	14 765	9,3	9 445	5,9	47 673	29,7	—	—	—	—	91 324	56,9
Bochum . . .	14 853 = 16,9						—	—	—	—	—	—	14 853	16,9
Bremen . . .	55 599	10,6	16 799	3,2	16 879	3,2	155 436	29,6	21 031	4,0	16 553	3,2	282 297	53,8
Breslau . .	100 896 = 18,2				13 530	2,4	62 368	11,3	93 995	17,0	242	0,0	271 031	48,9
Cassel . . .	6 608	4,8	18 569	13,6	8 340	6,1	47 566	34,8	32 867	24,1	1 120	0,8	115 070	84,2
Darmstadt .	21 208	.	30 230	.	9 487	.	37 430	.	33 020	.	19 600	.	150 975	.
Düsseldorf .	47 506	10,2	19 733	4,2	3 215	0,7	80 420	17,3	77 390	16,6	—	—	228 264	49,0
Köln . . .	47 883	7,1	25 628	3,8	22 154	3,3	101 729	15,0	100 000	14,8	8 851	1,3	306 245	45,3
Königsberg .	44 718	15,0	14 570	4,9	7 582	2,6	76 910	25,8	38 948	13,1	17 703	6,0	200 431	67,4
Lübeck . . .	23 478	15,0	13 559	8,8	16 407	10,6	—	—	—	—	—	—	53 414	34,4
München . .	in Sp. 4 enthalten		51 523	9,9	74 764	14,3	68 746	13,2	—	—	—	—	195 033	37,4
B. Nach Streichung der durchlaufenden Posten und der Einnahme für														
Barmen . . .	19 441	12,1	14 765	9,3	9 445	5,9	47 673	29,7	—	—	—	—	91 324	56,9
Bochum . . .	14 853 = 16,9						4 417	5,0	8 284	9,5	—	—	27 554	31,4
Bremen . . .	55 599	10,6	16 799	3,2	16 879	3,2	155 436	29,6	21 031	4,0	16 553	3,2	282 297	53,8
Breslau . .	100 896 = 18,2				13 530	2,4	62 368	11,3	93 995	17,0	1 036	0,2	271 825	49,1
Cassel . . .	6 608	4,8	18 569	13,6	8 340	6,1	47 566	34,8	32 867	24,1	1 120	0,8	115 070	84,2
Darmstadt . .	21 208	.	30 230	.	9 487	.	37 430	.	33 020	.	8 235	.	139 610	.
Düsseldorf . .	47 506	10,2	19 733	4,2	3 215	0,7	80 420	17,3	77 390	16,6	—	—	228 264	49,0
Köln . . .	47 883	7,1	25 628	3,8	22 154	3,3	101 729	15,0	100 000	14,8	8 851	1,3	306 245	45,3
Königsberg .	44 718	15,0	14 570	4,9	7 582	2,6	76 910	25,8	38 948	13,1	17 703	6,0	200 431	67,4
Lübeck . . .	23 478	15,0	13 529	8,8	16 407	10,6	15 300	9,9	—	—	8 954	5,8	77 668	50,3
München . .	in Sp. 4 enthalten		51 523	9,9	74 764	14,3	68 746	13,2	—	—	—	—	195 033	37,4

elektrischen Centralanlagen. (Erläuterungen siehe Seite 302.)

(siehe Tab. VII Sp. 3) berechnete Beträge.

Einnahme für Strom		Electr. Messermiethe und Lampengebühr		Aus Leitungsarbeiten etc.		Aus dem Vermögen		·Sonstige Einnahmen		Zusammen Einnahmen		Mehr-Einnahmen (Ueberschuss)		Auf 100 Mark Ausgaben
9.		10.		11.		12.		13.		14.		15.		16.
a.	b.	a.	b.	a.	b.	a.	b.	a.	b.	a.	b.	a.	b.	
M.	*M.*	*M.*	*M.*	*M.*	*M.*	*M.*	*M.*	*M.*	*M.*	*M.*	*M.*	*M.*	*M.*	
Abschluss der Werke.														
101 346	84,2	4 359	3,6	5 149	4,3	4 000	3,3	—	—	114 854	95,4	25 960	21,6	29,2
20 533	39,8	503	1,0	1 212	2,4	—	—	—	—	22 248	43,2	13 480	26,1	153,7
318 565	63,4	28 642	4,7	8 285	1,7	473	0,1	9 741	1,9	360 706	71,8	90 016	17,9	33,3
93 444	71,1	5 422	4,1	—	—	1 659	1,3	16 578	12,6	117 063	89,1	36 722	28,0	45,3
149 579	71,6	2 152	1,0	14 731	7,1	2 901	1,4	14 634	7,0	183 997	88,1	33 170	15,9	22,0
250 134	64,0	1 826	0,5	5 350	1,4	25	0,0	—	—	257 335	65,9	33 208	8,5	14,8
188 822	59,7	3 167	1,0	461	0,1	5 578	1,8	8 139	2,6	206 167	65,2	40 000	12,6	24,1
329 247	57,7	11 807	2,0	10 702	1,9	8 117	1,4	1 211	0,2	360 584	63,2	90 000	15,8	33,3
325 952	57,4	7 516	1,3	6 150	1,1	—	—	3 981	0,7	343 599	60,5	83 354	14,6	32,0
180 335	72,0	6 628	2,6	30 521	12,2	770	0,3	17 454	7,0	235 708	94,1	52 737	21,0	28,8
87 277	65,2	4 564	3,4	3 659	2,7	—	—	21	0,0	95 521	71,3	51 480	38,3	116,9
170 335	35,9	—	—	—	—	—	—	—	—	170 335	35,4	8 399	1,7	5,2
1em zur öffentlichen Beleuchtung gelieferten Strom.														
101 346	84,2	4 359	3,6	5 149	4,3	4 000	3,3	—	—	114 854	95,4	25 960	21,6	29,2
20 533	39,8	503	1,0	1 212	2,4	—	—	—	—	22 248	43,2	5 661	10,9	34,1
309 414	61,6	28 642	4,7	8 285	1,7	473	0,1	9 741	1,9	351 555	70,0	79 986	16,0	29,5
85 044	64,7	5 422	4,1	—	—	1 659	1,3	665	0,5	92 790	70,6	12 449	9,5	15,5
149 579	71,6	2 152	1,0	3 096	1,5	2 901	1,4	11 943	5,8	169 671	81,3	33 170	15,9	24,3
248 940	68,7	1 826	0,5	5 350	1,4	25	0,0	—	—	256 141	65,6	32 009	8,2	14,3
188 828	59,7	3 167	1,0	461	0,1	5 578	1,8	8 139	2,6	206 167	65,2	40 000	12,6	24,1
306 012	53,6	11 307	2,0	7 202	1,3	8 117	1,4	1 211	0,2	333 849	58,5	−3 500	−0,6	−1,0
325 952	57,4	7 516	1,3	6 150	1,1	—	—	3 981	0,7	343 599	60,5	83 354	14,6	32,0
180 335	72,0	6 628	2,6	30 521	12,2	770	0,3	17 454	7,0	235 708	94,1	52 737	21,0	28,8
87 277	65,2	4 564	3,4	3 659	2,7	—	—	21	0,0	95 521	71,3	27 135	20,3	39,7
51 700	10,7	—	—	—	—	—	—	—	—	51 700	10,7	−110 236	−23,0	−68,1
bschluss der Werke.														
105 872	66,0	4 825	3,0	6 409	4,0	6 000	3,7	—	—	123 106	76,7	31 782	19,8	34,8
34 378	39,2	1 362	1,5	322	0,4	—	—	—	—	36 062	41,1	21 209	24,2	142,6
288 522	55,0	11 469	2,3	306	0,1	1 543	0,3	—	—	301 840	57,6	19 543	3,8	6,9
355 525	64,2	26 151	4,7	15 655	2,8	37	0,0	598	0,1	397 966	71,8	126 935	22,9	46,8
101 515	74,3	5 812	4,3	2 510	1,8	3 326	2,4	1 907	1,4	115 070	84,2	—	—	—
64 247	.	2 394	.	11 704	.	2 900	.	15 806	.	197 051	.	46 076	.	30,5
76 716	59,5	2 090	0,4	3 832	0,8	25	0,0	—	—	282 663	60,7	54 399	11,7	23,8
64 890	54,0	9 172	1,4	10 943	1,6	—	—	3 085	0,4	388 040	57,4	81 795	12,1	26,7
15 481	72,4	8 173	2,8	28 211	9,5	1 120	0,4	20 791	7,0	273 776	92,0	73 345	24,6	36,6
97 752	63,5	4 980	3,2	1 796	1,2	—	—	—	—	104 528	67,7	51 114	33,1	95,7
84 623	35,4	500	0,1	—	—	—	—	100	0,0	185 223	35,5	− 9 810	−1,9	− 5,0
1m zur öffentlichen Beleuchtung gelieferten Strom.														
105 872	66,0	4 825	3,0	6 409	4,0	6 000	3,7	—	—	123 106	76,7	31 782	19,8	34,8
34 378	39,2	1 362	1,5	322	0,4	—	—	—	—	36 062	41,1	8 508	9,7	30,9
288 522	55,0	11 469	2,3	306	0,1	1 543	0,3	—	—	301 840	57,6	19 543	3,8	6,9
346 375	62,5	26 151	4,7	15 655	2,8	37	0,0	598	0,1	388 816	70,1	126 935	21,0	46,7
93 115	68,1	5 812	4,3	2 510	1,8	3 326	2,4	1 907	1,4	106 670	78,0	− 8 400	−6,2	−7,3
54 247	.	2 394	.	2 358	.	2 900	.	13 787	.	185 686	.	46 076	.	8,0
75 454	59,3	2 090	0,4	3 832	0,8	25	0,0	—	—	281 401	60,5	53 187	11,5	23,3
54 890	54,0	9 172	1,4	10 943	1,6	—	—	3 085	0,4	388 040	57,4	81 795	12,1	26,7
5 481	72,4	8 173	2,8	28 211	9,5	1 120	0,4	20 791	7,0	273 776	92,0	73 345	24,6	36,6
7 752	63,3	4 980	3,2	1 796	1,2	—	—	—	—	104 528	67,7	26 860	17,4	34,6
6 281	10,8	500	0,1	--	—	—	—	100	0,0	56 881	10,9	−138 152	−26,5	−70,8

IX. Der Preis des elektrischen Stromes für den Privatverbrauch.

(Erläuterungen siehe Seite 299.)

Städte	Strom für Beleuchtungszwecke: Grundpreis: pro Hectowattst. Pf.	pro 1 Ampèrest. Pf.	bei e. Spannung von Volt	pro Stunde der Lampe von 16 NK. ungefähr Pf.	Rabatt: steigend: von	bis	Rabatt: beginnend bei einem Verbrauch: von mehr als	bezw. von mehr als	Rabatt für jede Stufe besonders	Strom für Kraft- etc. Zwecke: Grundpreis: pro Hectowattst. Pf.	pro 1 Ampèrest. Pf.	p. Pferdekraft-st. ungefähr Pf.	Ob mit Rabatt	Ob die Elektricitätsmesser unentgeltlich.
1.	2.	3.	4.	5.	6.	7.	8.	9.	10.	11.	12.	13.	14.	15.
Aachen**	7	—	.	3,5	—	—	—	—	—	1,8	—	.	1	—
Altona*	—	6,9	108	3,45	0,4	1,15 Pf.	750	1 500 d. Brst.	—	2,5	—	25	—	—
Barmen	7,27	—	110	3,64	4	10%	200	6000 *M*	1	2,5	—	20-25	—	—
Berlin*	6	—	109	3,0	5 5	25% 20%	800 unt 10000	3000 d. Brst. 75 000 *M*	1	1,6	.	13,5	—	—
Bochum	—	8	110	4,0	4	25%	200	12 000 *M*	.	—	—	—	—	—
Bremen	—	8	110	3,5	2	10%	200	10 000 „	.	—	8	22	1	—
Breslau	—	8	110	4,0	2½ 2½	17,5% 12,5%	400 20 000	1000 d. Ampèrest. 150 000 Ampèrest.	—	3,4	—	25	1	1
Cassel	8	—	110	4,0	5%	20%	800	1500 d. Brst.	—	4	—	29,4	1	1
Chemnitz**	7	—	120	3,85	—	—	—	—	—	1,8	—	16	—	—
Darmstadt	7,4	—	.	4	5	15%	800	2000 d. Brst.	—	7,4	—	.	1	—
Düsseldorf	8	—	107	.	5	20%	200	10 000 *M*	1	—	—	—	—	—
Duisburg	—	10	120	5	—	—	—	—	—	—	—	—	—	—
Elberfeld	7	—	.	3,75	4	15%	200	12 000 *M*	—	—	3	.	—	—
Frankfurt a. M.**	8	—	120	4	5	30%	300	2000 d. Brst.	—	2	—	15	1	—
Hamburg*	8	—	107	4	5	30%	500	3000 „ „	—	2,5	—	23	—	—
Hannover	7	—	110	3,5	2½	20%	500	10 000 *M*	—	2	—	15	—	—
Köln	7	—	{72 bz. 110}	3,5	(Siehe Erläuterungen)				1	2,5	—	.	1	—
Königsberg	—	8,5	110	.	0,5	2,5 Pf.	10 000	80 000 Ampèrest.	1	—	4,5	.	—	—
Leipzig*	7	—	.	3,5	1	8%	1 000	8000 *M*	—	2	—	17—19	1	—
Lübeck	—	7,5	100	3,97	5	20%	1 000	3000 d. Brst.	1	.	.	20	—	—
München	8	—	106	4	25%		500 d. Brst.		1	—	—	—	—	—
Nürnberg	7	—	.	3,5	5	30%	500	10 000 *M*	.1	2	—	14,72	1	—
Stettin*	.	.	.	4	5	25%	800	3000 d. Brst.	.	4	—	20	1	.
Strassburg i. E.*	6	—	118	3	1 Pf.		30 000 Hectowattst.		1	2	—	20	—	—
Stuttgart*	7	—	110	3,5	1%		für je 1000 *M*		—	2	—	20	1	—

Zu Tabelle IX.

Strom für Beleuchtungszwecke. Es bedeutet in Sp. 9: d. = durchschnittliche, Brst. = Brennstunden (der angeschlossenen Glühlampe im Jahre). — Berlin und Breslau: Die beiden Ermässigungen (auf den Durchschnittsverbrauch der Lampe und auf den Gesammtverbrauch) werden gleichzeitig gewährt. — Bremen. Sp. 2: 110 Wattstunden kosten 8 Pf., hiernach ist der für 100 Wattstunden eingesetzte Preis berechnet. — Köln: Der Rabatt wird nach der Höhe des Produktes: Mark × durchschnittlich Brennstundenzahl gewährt; er beginnt mit dem Produkte 250 000 und erreicht seinen höchsten Werth bei 200 Millionen. — Ausser dem angegebenen Preis ist eine Lampengebühr nur

(Fortsetzung des Textes auf S. 3[illegible])

Zu Tabelle VI.

Sp. 2. Es bedeutet: a die Zeit vom 1. April bis 31. März, b das Kalenderjahr, c die Zeit vom 1. Juli bis 30. Juni. Für die während der zweijährigen Beleuchtungszeit eröffneten Werke (siehe oben) beziehen sich die Betriebsergebnisse auf die betreffenden Jahrestheile (Frankfurt a. M.: 1. Januar 1895 bis 81. März 1896, Leipzig: 24. August bis 31. December 1895, Stuttgart: 10. September bis 31. Dezember 1895) und sind deshalb in *Cursivschrift* gesetzt.

Sp. 12. Hannover: Die Apparate sind unter den Motoren mitgezählt.

Sp. 13/14. Breslau und (1894/95) Cassel und Darmstadt: Hectowatt statt Normalkerzen, daher in () eingeschlossen.

Zu Tabelle. VII.

Der Selbstverbrauch an Strom ist nicht festgestellt worden und daher auch nicht in dem — deshalb in ( ) eingeschlossenen — Gesammtverbrauch enthalten bei Frankfurt a. M., Königsberg, Leipzig und München, zum Privatverbrauch ist er dagegen gerechnet bei Darmstadt, Elberfeld und Hamburg (1894/95).

Hamburg: Der Verbrauch der Strassenbahn ist unberücksichtigt geblieben.

Zu Tabelle VIII.

Die Tabelle stellt wie im Vorjahre die Einnahmen und Ausgaben der städtischen Elektrizitätswerke zusammen und zwar unter A die Beträge der Rechnungsabschlüsse, unter B die um die durchlaufenden Posten, die Vergütung für den zur öffentlichen Beleuchtung gelieferten Strom etc. (siehe die Erläuterungen zu Tab. V) gekürzten Beträge.

Ueber die Ablieferungen der privaten oder verpachteten städtischen öffentlichen Elektrizitätswerke liegen folgende Mittheilungen vor:

Aachen: Das Werk zahlt an die Stadt 8% der Bruttoeinnahme aus Strom und Miethe für Elektrizitätszähler, vom 15. XII. 95 ab jedoch 10%. Ablieferung 1894/95: 13 800 ℳ, 1895/96: 16 875 ℳ

Berlin erhält eine Abgabe von 10% von der jährlichen Bruttoeinnahme für Stromlieferung, Lampengebühr und Elektrizitätsmesser-Miethe und ausserdem 25% von dem 6% des Capitals übersteigenden Reinertrage; 1894/95: 523 191 ℳ. 1895/96: 625 067 ℳ

Chemnitz: 8% der jeweiligen Anlagekosten, 1894/95: 67 533 ℳ, 1895/96: 73 864 ℳ

Frankfurt a. M. Im 1. Betriebsjahre 5%, steigend bis zum 4. und in den folgenden auf 10%, des jeweiligen Anlagekapitals, ferner nach Dotirung des Erneuerungsfonds bis zu 10% derselben Summe die Hälfte des hiernach verbleibenden Reingewinns. 1895/96: 190 653 ℳ. Das Elektrizitätswerk in Bockenheim lieferte ab: 1894/95: 1800 ℳ, 1895/96: 2000 ℳ

Hamburg. Bis 30. Juni 1896: 20% der Bruttoeinnahme, von da ab 15¹/₅% von der Bruttoeinnahme aus der Stromlieferung für Beleuchtung und andere Zwecke und 20% von der Bruttoeinnahme von der elektrischen Strassenbahn. 1894/95: 201 900 ℳ, 1895/96: 314 600 ℳ

Bochum und Lübeck. Die Tilgung und Verzinsung des Anlagekapitals etc. erfolgt durch die Stadt-Hauptkasse; die betr. Summen erscheinen daher nur unter B.

Hannover: In der Uebersicht B des Jahres 1894/95 sind die in der Gewinn- und Verlust-Rechnung (A) unter „Abschreibungen" und „Gewinn" geführten Beträge nach ihrer Verwendung vertheilt worden, die für die Benutzung der Strassen durch das Kabelnetz an die Stadtkasse gezahlten 20000 ℳ, dabei aber nicht unter den Ausgaben in Ansatz gekommen. In der Summe der Spalte 7 sind 128 633 ℳ zur theilweisen Bestreitung der Vergrösserung der Betriebsmittel enthalten.

München. Die Kosten der öffentlichen elektrischen Beleuchtung sind in Sp. 4, statt wie sonst in Sp. 7, enthalten.

(Fortsetzung des Textes zu S. 296.)

in Breslau zu zahlen (2 M. jährlich für jede Glühlampe, 7,50 M. jährlich für jede Bogenlampe).

Der für städtische Gebäude gelieferte Strom genoss folgende Ermässigungen: Altona 5%, Hamburg, Strassburg i. E. und Stuttgart 10%, Aachen 15%. In Leipzig war der Grundpreis mit dem Maximalrabatt und einem Extrarabatt des so erhaltenen Betrages von $33\frac{1}{2}$% zu zahlen.

Für die öffentliche Beleuchtung war der Strom unentgeltlich zu liefern und der Aufwand für die Bedienung und Unterhaltung der Lampen vom Elektrizitäts-Werke zu tragen in Köln, Königsberg und Lübeck. In München und Strassburg kosteten 100 Wattstunden (einschliesslich der Bedienung und Unterhaltung der Laternen) 3 Pf., in Cassel 5 Pf. In Frankfurt a. M. sind nach dem Vertrag für 100 Wattstunden bei einer Brenndauer bis zu 2000 Stunden 3 Pf., bei einer solchen von mehr als 2000 Stunden 2,6 Pf., ausserdem für die Bedienung und Unterhaltung der Laternen 0,7 Pf. pro 100 Wattstunden zu zahlen. Der gleiche Preis wie für die Beleuchtung in städtischen Gebäuden wurde vergütet in Aachen, Hamburg, Leipzig und Stuttgart. In Breslau genoss der Strom für die öffentliche Beleuchtung einen Rabatt von 30%, während die Bedienung und Unterhaltung der 12 öffentlichen Lampen 375 M. kostete. In Altona wurden für eine 10-Ampère-Bogenlampe bei einer Brenndauer bis zu 1200 Stunden 375 M. gezahlt, bei längerer Brennzeit für jede weitere Stunde 0,38 M., für eine 16kerzige Glühlampe 33,75 M. bezw. 0,27 M. In den übrigen Städten bestanden keine besonderen Preise für die öffentliche elektrische Beleuchtung, nur war in Barmen für den gewöhnlichen Strompreis auch die Bedienung und Unterhaltung der öffentlichen Flammen vom Elektrizitätswerk zu tragen.

Strom für Motoren etc. Die auf diesen Stromverbrauch gewährten Preisermässigungen waren:

Breslau . . . 15—30% bei über 1500 bezw. über 3000 Stunden durchschn. Benutz.
Cassel . . . 7,5—25% „   „ 1200 „   „ 2500 „   „   „   „
Frankfurt a. M. 5—25% „   „ 750 „   „ 2500 „   „   „   „

Ausserdem in Darmstadt bis 50, in Bremen bis $66\frac{2}{3}$% (weitere Angaben fehlen). Ferner kam in Köln und Leipzig der in den Spalten 4 bis 7 angegebene Rabatt auf den gesammten Verbrauch von elektrischen Strom zur Verrechnung. In Aachen waren bei durchschnittlich mehr als 3500 Verbrauchsstunden pro 100 Wattstunden 1,5 Pf. zu zahlen, in Königsberg für 1 Ampèrestunde bei Aronzähler 4,5 Pf., bei Zeitzähler unter Zugrundelegung des Maximalverbrauches 3,0 Pf. In Düsseldorf und Hannover trat eine Preisermässigung nur ausnahmsweise auf Grund besonderer Vereinbarung ein. Ausgeschlossen war von der Preisermässigung in Köln und Lübeck der Strom, der zur Erzeugung oder Aufspeicherung elektrischer Energie für Beleuchtungszwecke diente.

Für den nicht zu Beleuchtungs- oder motorischen Zwecken verbrauchten Strom (ausser dem für die Strassenbahn) sind in Hamburg 4 Pf. pro 100 Wattstunden zu zahlen.

Die Strassenbahn vergütet in Aachen 1,2 Pf., in Hamburg 1,25 Pf. pro 100 Wattstunden.

(Fortsetzung auf S. 302.)

C. Die öffentliche Beleuchtung Ende 1895 (1895/96).

Die Abends und die Nachts brennenden Strassenlaternen. (Erläuterungen s.S. 302)

Städte	\[Abends\] Elektrische Lampen	Gaslaternen mit Gasglühlicht-flammen	Gaslaternen mit sonstigen Intensiv-Brennern	Gaslaternen mit gewöhnl. Brennern	Gaslaternen zusammen	auf 1 km Hauptrohr	Petroleum-laternen	Laternen im Ganzen	auf 1000 Ein-wohner	\[Nachts\] Elektrische Lampen	Gaslaternen	In Procent von Sp. 6	Darunter mit Intensiv-Brennern	Petroleum-laternen	Laternen im Ganzen
1.	2.	3.	4.	5.	6.	7.	8.	9.	10.	11.	12.	13.	14.	15.	16.
achen*	—	—	8	1 751	1 759	.	—	1 759	14	—	1 159	67	8	—	1 159
ltona	16	15	3	2 781	2 828	28	—	2 844	19	—	1 551	55	—	—	1 551
ugsburg*	—	429	—	1 315	1 744	19	—	1 744	21	—	919	53	146	—	919
erlin	202	51	6 855	13 968	20 374	24	1 165	21 741	14	80	17 953	88	702	1 163	19196
*	—	.	217	585	802	.	—	802	—	—	680	85	14	—	680
ochum	—	—	72	857	929	25	—	929	12	—	344	37	67	—	844
raunschweig	—	10	—	1 850	1 860	24	88	1 948	17	—	1 860	100	10	88	1 948
remen	6	—	—	4 341	4 341	24	—	4 347	30	4	2 920	67	-	—	2 924
reslau	12	71	—	5 587	5 658	28	745	6 415	17	—	3 322	52	42	682	4 004
assel	8	56	4	2 024	2 084	31	210	2 302	25	—	801	39	—	210	1 011
harlottenburg	—	889	—	1 808	2 197	17	87	2 284	17	—	1 745	79	677	87	1 832
hemnitz	—	11	25	3 286	3 322	25	10	3 332	18	—	1 285	39	5	10	1 295
refeld*	—	10	11	1 329	1 350	15	58	1 408	12	—	740	55	19	58	798
armstadt	—	633	—	1 067	1 700	26	.	.	.	—	410	24	.	.	.
ortmund*	—	64	8	1 032	1 104	12	45	1 149	10	—	705	64	64	-	705
resden	—	.	2 153	6 193	8 346	26	736	9 082	25	—	4 724	57	14	685	5 409
üsseldorf	6	28	25	3 221	3 274	21	36	3 316	19	—	1 312	40	8	—	1 312
uisburg	6	357	—	533	890	14	36	932	16	—	379	43	159	—	379
ssen	—	142	40	1 643	1 825	33	128	1 953	20	—	1 060	58	77	—	1 060
rankfurt a. M.*	34	46	50	5 660	5 756	.	19	5 809	24	—	3 724	65	60	19	3 743
rankfurt a. O.*	—	33	16	551	600	14	.	.	.	—	421	70	40	.	.
reiburg i. Br.	—	50	17	876	943	17	23	966	20	—	230	24	23	—	230
örlitz	—	86	5	994	1 085	24	82	1 167	17	—	812	75	-	40	852
alle a. S.	—	132	505	2 318	2 955	29	133	3 088	27	—	2 073	70	436	99	2 172
amburg	87	277	131	26 125	26 538	60	—	26 620	43	18	26 569	100	309	—	26587
annover*	46	51	—	4 988	5 039	.	89	5 174	21	—	1 667	33	—	—	1 667
arlsruhe	—	9	—	1 874	1 883	27	—	1 883	23	—	983	52	5	—	983
iel	—	126	—	1 546	1 672	27	254	1 926	23	—	861	51	61	122	983
öln a. Rh.	33	94	134	6 385	6 613	26	} 238	7 120	23 {	—	4 056	61	142	13	4 072
*	—	—	—	241	241	.				—	183	76	—	—	183
önigsberg i. P.	124	221	25	1 542	1 788	23	58	1 970	11	—	885	45	.	.	.
eipzig	48	..	268	4 762	5 080	20	} 236	9 327	22 {	3	1 994	31	33	135	2 129
„	—	—	—	3 061	3 061	23				—	900	29	—	—	900
iegnitz	—	211	1	533	745	21	23	768	15	—	249	33	73	23	272
übeck	24	87	30	1 467	1 584	20	—	1 608	24	24	1 477	95	73	—	1 501
agdeburg	—	206	6	3 302	3 514	23	358	3 872	18	—	1 762	50	—	155	1 917
ainz	—	411	—	1 526	1 937	28	.	.	.	—	960	50	.	.	.
annheim	—	234	—	1 786	2 020	21	.	2 020	22	—	917	45	80	—	917
etz*	—	28	—	830	858	.	—	858	13	—	401	47	28	—	401
ünchen*	581	1 294	1	3 118	4 408	13	106	5 095	13	451	2 486	56	769	106	3 073
ürnberg	3	.-	2	2 983	2 985	19	25	3 013	17	3	2 418	81	-	25	2 446
lauen i. V.	—	90	55	918	1 063	21	71	1 134	21	—	620	58	115	71	691
osen	—	564	—	528	1 092	27	96	1 188	16	—	464	42	235	—	464
pandau	—	110	—	341	451	15	—	451	8	—	111	25	32	—	111
tettin	38	323	7	3 587	3 917	.	—	3 955	28	74	694	18	105	—	768
trassburg i. E.*	—	142	149	2 558	2 849	18	—	2 849	20	—	1 898	66	113	—	1 893
tuttgart*	30	87	18	3 022	3 127	27	179	3 336	22	8	1 461	47	64	8	1 477
7iesbaden	—	1 557	—	156	1 713	24	—	1 713	23	—	463	27	889	—	463

Die Elektrizitätsmesser werden im Allgemeinen an die Consumenten verkauft oder vermiethet. In Breslau, wo sie unentgeltlich gestellt werden, ist eine einmalige Grundgebühr von 30 M. zu zahlen.

Nach der Berichtszeit hat der Tarif für die elektrische Energie, soweit hierüber in den Fragebogen Angaben gemacht worden sind, folgende Aenderungen erfahren:

Breslau: Grundpreis der Ampèrestunde für Beleuchtung seit 1. April 1896 7,5 Pf. (über die gleichzeitig geänderte Rabattscala fehlen die näheren Angaben).

Hamburg: Grundpreis von 100 Wattstunden seit 1. Juli 1896 für Beleuchtung 6 Pf., für andere Zwecke 2 Pf.

Hannover: Grundpreis von 100 Wattstunden für Beleuchtung seit 1. October 1896 6 Pf. Rabatt: 1—22½% (bei mehr als 500 bezw. mehr als 10000 M. Verbrauch).

Königsberg: Seit 1. April 1896. Die näheren Angaben fehlen.

Lübeck: Grundpreis der Ampèrestunde seit 1. April 1896 für Beleuchtung 6,5 Pf. Rabatt 2—20% (bei mehr als 200 bezw. mehr als 5000 M. Verbrauch, jedoch je nur für die Zwischenstufen); ausserdem 50% dieses Rabattes als Extrarabatt, wenn die durchschnittliche Brennzeit für das angeschlossene Ampère mehr als 1000 Stunden im Jahre beträgt. Grundpreis der Ampèrestunde für Koch-, Heiz- und technische Zwecke 2 Pf.

C. Die öffentliche Beleuchtung.
Zu Tabelle X.

Der Vergleich der Strassenbeleuchtung stützt sich wie in früheren Jahren auf die Zahl der brennenden Laternen; in den Spalten 2—10 ist die Beleuchtung der Strassen in den Abendstunden, in den Spalten 11—16 die während der Nacht zur Darstellung gebracht. — In Spalte 3 ist erstmalig die Zahl der Laternen mit Gasglühlicht aufgenommen.

In Spalte 2 sind Glühlampen enthalten bei Berlin 10, Frankfurt a. M. 24, Köln 3, Königsberg 120, München 293, Stuttgart 24; desgleichen in Spalte 11 bei Berlin 10, Köln 3, München 311, Stettin 74, Stuttgart 6.

Braunschweig und Hamburg, Sp. 12 bis 14: Die Laternen brennen Nachts mit kleinerer Flamme. — Lübeck, Sp. 12 bis 14: Bis 2 Uhr oder früh brennend (die übrigen Laternen werden um 12 Uhr gelöscht). — München: Die Zahlen beziehen sich auf den Stand vom September 1896. — Stettin, Sp. 6: Unter den aufgeführten Laternen befinden sich 1051 in Privateigenthum.

XXVII.

Bevölkerung.

Im statistischen Amt der Stadt Berlin unter Leitung des Direktors, des Geh. Reg.-Raths Prof. Dr. R. Böckh, bearbeitet von Dr. Franz Eulenburg.

Vorbemerkung. Obgleich die Bevölkerungsstatistik durch ihre ausgebildeten wissenschaftlichen Methoden die Frage nach der Bewegung der Bevölkerung im allgemeinen hinreichend exakt zu beantworten vermag, so reicht doch das Material, das dem Bearbeiter für die Mehrzahl der Städte zur Verfügung steht, bei weitem nicht aus, um den methodischen Anforderungen genüge zu thun. Gerade für die Berechnung der Geburts-, Verehelichungs- und Sterblichkeitsziffern erweisen sich die vorliegenden Daten als unzureichend, da weder der Altersaufbau noch die Zusammensetzung der Bevölkerung nach dem Civilstand, weder die Ehedauer noch die Absterbeordnung für die grosse Mehrzahl der Städte bekannt ist. Wir mussten uns daher meist mit den üblichen, ganz ungenauen Vergleichsziffern begnügen; es ist in dem begleitenden Text auf die Mangelhaftigkeit der Berechnungen aufmerksam gemacht worden. Für eine solche Darlegung der Bevölkerungselemente, welche der wissenschaftlichen Methode entspricht, sei u. A. auf das „Statistische Jahrbuch der Stadt Berlin" hingewiesen.

A. Stand der Bevölkerung.

Für den Stand der Bevölkerung konnten durchgehends die Ergebnisse der Volkszählung vom 2. Dezember 1895 benutzt werden (s. letzte Spalte der Tabelle I). Die Zahl der Grossstädte über 100 000 Einwohner hat sich seit der letzten Volkszählung am 1. Dezember 1890 von 26 auf 28 vermehrt (neu hinzugekommen sind Charlottenburg und Dortmund). Die Zahl der Mittelstädte über 50 000 Einwohner ist in diesem Zeitraum von 21 auf 29 gestiegen (neu hinzugekommen: Freiburg, Bochum, Münster, Spandau, Plauen, M.-Gladbach, Liegnitz und Zwickau), so dass jetzt im ganzen 55 Städte in diese Grössenklasse gehören.

In der folgenden Zusammenstellung geben wir das Zunahmeverhältniss der Städte in der Periode 1890/95 an. Um den Einfluss der Eingemeindung auf das Wachsthum der Bevölkerung hervorzuheben, sind bei den Städten, welche in diesem Zeitraum ihr Weichbild erweitert haben, in Klammern die Zahlen hinzugefügt worden, die sich aus dem Vergleich der beiden Volkszählungen ergeben, wenn bereits für 1890 der gegenwärtige Stadtumfang zu Grunde gelegt wird.

Charlottenburg	72,34	Wiesbaden...	14,63		Strassburg...	9,81
Leipzig.....	35,56 [11,98]	Köln......	14,16		Barmen....	9,84
Hannover...	28,09 [20,11]	Karlsruhe...	14,04		Freiburg....	8,61
Frankfurt a. M.	27,38 [15,32]	Zwickau....	14,01	[8,75]	Augsburg...	8,39
Dortmund...	24,06	Braunschweig.	13,92		M.-Gladbach..	8,17
Kiel......	23,84 [21,42]	Nürnberg....	13,88		Erfurt.....	8,03
Spandau....	23,09	Stuttgart...	13,34		Potsdam....	8,00
Essen......	22,13	Bochum....	13,11		Mülhausen...	7,90
Düsseldorf...	21,67	Darmstadt...	13.01		Königsberg...	6,88
Dresden....	21,66 [16,08]	Bremen....	12,95	[8,23]	Aachen......	}6,74
Stettin.....	21,08	Görlitz.....	12,94		Mainz.....	}
Duisburg....	18,53	Würzburg...	12,63		Berlin.....	6,34
Plauen.....	17,41	Cassel.....	11,43		Frankfurt a. O.	6,10
München....	16,69 [16,15]	Breslau....	11,03		Magdeburg...	6,02
Chemnitz....	15,88 [11,16]	Elberfeld....	10,68		Posen......	4,49
Münster....	15,79	Liegnitz....	9,93		Danzig.....	4,38
Mannheim...	15,16	Lübeck.....	9,88		Altona.....	3,97
Halle......	14,69	Hamburg....	9,87		Crefeld.....	1,77
					Metz......	0,64

B. Fortschreibung der Bevölkerungszahlen.

Hinsichtlich der Fortschreibung der Bevölkerung zerfallen die Städte in 2 Gruppen: a) In die erste gehören alle die, bei denen für die einzelnen Jahre 1890 bis 1895 ausser den Geburten und Sterbefällen auch noch die Zahl der zu- und abgezogenen Personen angegeben ist. Bei ihnen konnte das Zuschlagsverhältniss für die Zu- bezw. Abzüge genauer bestimmt werden. Und zwar betrug es:

Für Augsburg —35,14, Barmen —17,49, Berlin —19,88, Bochum —13,13, Breslau 2,87, Braunschweig —3,43, Chemnitz —2,93, Crefeld —1,05, Dortmund —2,03, Düsseldorf —0,31, Duisburg —12,28, Erfurt —0,23, Essen 11,62, Frankfurt a. O. + 2,81, M.-Gladbach —0,57, Görlitz + 1,50, Halle —9,38, Kiel — 16,33, Köln —2,59, Liegnitz + 2,46, Nürnberg —3,11, Plauen —1,47, Spandau —1,02, in Prozenten der gemeldeten Abgezogenen (—) bezw. Zugezogenen (+).

Soweit Abweichungen von den Angaben im V. Bande dieses Jahrganges (S. 305) vorkommen, beruhen sie zumeist auf Richtigstellung der Bevölkerungsziffern.

b) Bei den übrigen 34 Städten waren Angaben über die Zu- und Abzüge entweder überhaupt nicht vorhanden, oder doch nur so unvollständig (bezw. wie bei Charlottenburg fehlerhaft), dass die Zuschlagsquote nicht berechnet werden konnte. Hier ist dann die Fortschreibung in der Weise vorgenommen worden, dass die Differenz zwischen Geburtenüberschuss und Bevölkerungsstand vom 2. Dezember 1895 mit der Zählung von 1890 verglichen und in geometrischer Progression vertheilt wurde; zu den so erhaltenen Zahlen trat dann der jeweilige Geburtenüberschuss hinzu. Das Verfahren steht insofern hinter dem ersteren zurück, konnte aber bei dem mangelhaften Material durch kein besseres ersetzt werden. Es ist zu hoffen, dass künftig die Zahl der Städte mit genaueren Angaben sich vermehren wird; und es mag darum auch an dieser Stelle der Wunsch ausgesprochen werden, dass die Städte nach Möglichkeit ihre Mittheilungen vervollständigen.

C. Die Bevölkerung nach dem Religionsbekenntniss.

Neu aufgenommen ist diesmal eine Tabelle II, welche die Bevölkerung nach dem Religionsbekenntniss am 2. December 1895 im Vergleich mit dem am 1. Dezember 1890 bringt. Die Angaben sind den landesstatistischen Veröffentlichungen entnommen; doch lagen für Hessen-Darmstadt, Elsass-Lothringen, sowie die Hansestädte noch keine Mittheilungen vor. Es tritt eine zwar nur kleine, aber doch charakteristische Verschiebung des Antheils der einzelnen Bekenntnisse hervor. Der Antheil der Juden hat überall abgenommen; am stärksten in Frankfurt a. M., Mannheim, Posen (97 bezw. 57 und 88 pro Mille gegen 85 bezw. 49 und 79 im Jahre 1895). Eine Ausnahme bilden nur Berlin, Charlottenburg, Essen und Köln. Dagegen haben die Andersgläubigen (sonstige Christen, Dissidenten, Freireligiöse, ohne Angaben) ausser in Augsburg, Braunschweig, Freiburg, Köln, Nürnberg, Stuttgart und Würzburg in allen Städten etwas zugenommen. Auch die Katholiken haben in 28 Städten einen grösseren Antheil gewonnen, die Evangelischen nur in 13 (Breslau, Cassel, Chemnitz, Düsseldorf, Erfurt, Essen, Frankfurt a. M., Freiburg, Halle, Köln, München, Münster, Würzburg); in 6 Städten (Aachen, Braunschweig, Hannover, Magdeburg, Potsdam und Zwickau) ist der Bestand der beiden Konfessionen derselbe geblieben.

D. Die Elemente der Bevölkerungsbewegung.

In den Städten, welche den Fragebogen nicht ausgefüllt haben, wurden die Angaben theils wie bei Danzig, Darmstadt, Elberfeld, M.-Gladbach, Münster und Würzburg den betreffenden Landesstatistiken, theils wie bei Mülhausen i. E. den Verwaltungsberichten entnommen. Diese Quellen wurden auch jedesmal zu Grunde gelegt, wenn die Angaben unvollständig waren; auch die Mittheilungen des Reichsgesundheitsamtes mussten — namentlich hinsichtlich der Sterbefälle und Todesursachen — öfters benutzt werden.

1. Eheschliessungen.

Wie im Vorjahre hat auch diesmal trotz der Bevölkerungszunahme die absolute Zahl der Eheschliessungen in einer Reihe von Städten abgenommen, nämlich in folgenden 13: Aachen, Altona, Berlin, Braunschweig, Bremen, Crefeld, Elberfeld, Halle a. S., Hamburg, Magdeburg, Mainz, Potsdam und Wiesbaden, relativ ist sie ausserdem in Cassel, Chemnitz, Frankfurt a. O., Görlitz, Lübeck und Strassburg zurückgegangen.

Die allgemeine Heirathsziffer des Reiches ist im Jahre 1894 auf 7,9 pro Mille geblieben; sie wurde nur in 14 Städten nicht erreicht, dagegen in einer ganzen Anzahl nicht unerheblich übertroffen. Voran stehen in dieser Beziehung Spandau mit 13,19, Mannheim (wie im Vorjahr) mit 11,59, Essen mit 10,59, München mit 10,94, Frankfurt a. M. mit 10,22, Berlin mit 10,20, Braunschweig mit 10,17, Altona mit 10,14, Dortmund und Dresden mit je 10,0; am geringsten ist der Antheil in Freiburg mit 6,91, Potsdam mit 6,98 und Lübeck mit 6,99 gewesen. Es ist jedoch zu bemerken, dass diese Ziffern nur eine unvollkommene Vorstellung von der wirklichen Heirathshäufigkeit geben. Denn diese ist wesentlich bedingt von dem Altersaufbau der Bevölkerung und der Vertheilung der einzelnen Altersklassen in den 4 Civilstandsklassen, so dass gerade bei gleichen Verhältnissen die Verehelichungsziffer in Folge der Verschiedenheit der Verheirathungsfähigen verschieden sein muss.

2. Ehescheidungen.

Für die Ehescheidungen haben nur 30 Städte Angaben gemacht, während für die anderen 24 keine Zahlen vorlagen. Aber auch die vorhandenen Ziffern lassen sich nur unvollkommen zur Berechnung der Ehescheidungsquote verwenden, da die Zahl der stehenden Ehen bekannt sein müsste, um die Zahl der möglichen Fälle mit der der wirklichen vergleichen zu können. Die Höhe der stehenden Ehen nach den Ergebnissen der Volkszählung am 2. Dezember 1895 sind noch nicht veröffentlicht worden und ebenso wenig lagen für die Städte Ehedauertafeln vor, um mit deren Hilfe die Zahl der stehenden Ehen feststellen zu können. Sonach blieb nur übrig die Zahl der Ehescheidungen einmal mit der der Eheschliessungen, sodann mit der der Ehelösungen des Jahres 1894 überhaupt in Beziehung zu setzen, um wenigstens ungefähre Anhaltspunkte zu gewinnen (Tab. IV).

Es zeigt sich, dass die grössten Quoten Plauen mit 95,0 bezw. 153,8, Berlin mit 67,0 bezw. 127,6, Hamburg mit 63,3 bezw. 120,9, Erfurt 71,8 bezw. 102,9, Magdeburg mit 63,2 bezw. 97,1 pro Mille aufweisen; die geringsten hatten Cassel mit 9,0 bezw. 19,1, Augsburg mit 10,7 bezw. 26,2, Aachen 13,0, bezw. 12,5. Im allgemeinen war die Ehescheidungsziffer in den überwiegend katholischen Städten erheblich kleiner als in den evangelischen, ein Ergebniss, das sich auf Grund der Verschiedenheit in der Erschwerung bezw. Erleichterung der Scheidung von vorneherein erwarten liess. Einen Vergleich mit den Verhältnisszahlen des Vorjahres anzustellen, verbieten methodische Erwägungen, da die absolute Zahl der Fälle meist viel zu klein ist, als dass sie nicht von ganz zufälligen Momenten beeinflusst sein könnte.

3. Legitimationen.

Bezüglich der legitimirten Kinder fehlen in diesem Jahre die Angaben von 16 Städten. In der Mehrzahl der Städte hat eine Zunahme der Legitimationen stattgefunden, die zum Theil wie in München und Nürnberg nicht unerheblich ist (1320 bezw. 420 gegen 1111 bezw. 335 im Vorjahre); abgenommen hat die Zahl der Fälle in folgenden Städten: Augsburg, Barmen, Breslau, Duisburg, Frankfurt a. O., Karlsruhe, Köln, Leipzig, Magdeburg, Mannheim, Posen. Die Zahl der Legitimationen steht in einem nothwendigen Verhältniss zum Antheil der unehelichen Geburten. Wenn wir daher die Legitimationen pro Mille der Eheschliessungen berechnen, so zeigen eine besonders hohe Legitimationsziffer München, Nürnberg, Plauen, Stuttgart, Strassburg, Kiel — also gerade die Städte mit hoher Zahl der Unehelichen. Dagegen zeichnen sich durch eine niedrige Legitimationsziffer Barmen, Dortmund, Duisburg, Essen, Erfurt, Karlsruhe aus, in denen auch die Quote der Unehelichen gering ist. Berlin steht mit 87,5 pro Mille der Eheschliessungen etwa in der Mitte.

4. Geburten.

Für Bremen, Würzburg und Darmstadt konnten nicht sämmtliche Daten beschafft werden, so dass hier Lücken bleiben mussten. Die Trennung der ehelichen und unehelichen Todtgeborenen fehlte ausserdem für Hannover und Mülhausen. Die absolute Zahl der Geburten ist in nicht weniger als 21 Städten zurückgegangen, nämlich in Altona, Barmen, Berlin, Braunschweig, Cassel, Crefeld, Dortmund, Elberfeld, Freiburg, Görlitz, Halle, Leipzig, Lübek, Magdeburg, Mainz, Mannheim, Metz, München, Potsdam, Strassburg und Stuttgart; und zwar hat in diesen Städten, ausser München, nicht nur die Gesammtzahl der Geburten überhaupt, son dern auch die der Lebendgeborenen allein abgenommen. Das Verhältniss der Geschlechter unter den Geburten anlangend, so ist die Durchschnittsziffer von 100 : 106, die auch für das Jahr 1894 im Reiche zutraf, von 35 Städten nicht erreicht worden. Der Ueberschuss der geborenen Knaben betrug in Elberfeld 5,19, in Metz 4,99, in Danzig 4,88, in Potsdam 4,77, in Crefeld 4,65 Prozent der Gesammtzahl der Geborenen (im Reiche nur 2,91); in 6 Städten (Essen, Karlsruhe, Köln, Mannheim, Stettin, Wiesbaden) blieb die Anzahl der geborenen Knaben sogar diesmal hinter der der Mädchen zurück. — Für eine Vergleichung der Geburtsziffern (Tab. III) stellen sich dieselben Bedenken ein, auf die bei den Eheschliessungen aufmerksam gemacht wurde.

Durch eine hohe Geburtsziffer zeichnen sich Spandau mit 49,99, Duisburg mit 45,95, Essen mit 45,41, Chemnitz mit 43,53, Bochum mit 43,49 pro Mille der mittleren Bevölkerung aus: also vorwiegend Orte mit starker Industrie und dementsprechend grosser Arbeiterbevölkerung. Ueberhaupt wurde die Geburtenziffer des Reiches 37,1 nur in 10 Städten übertroffen, blieb in 38 zum Theil nicht unerheblich dagegen zurück; und zwar zeigen die kleinsten Geburtenziffer Potsdam mit 25,76, Darmstadt mit 25,86, Metz mit 25,94, Freiburg mit 26,83, Cassel mit 27,86, Frankfurt a. M. mit 28,97, Karlsruhe mit 28,55 und Wiesbaden mit 28,57 — also dieselben Städte wie im Vorjahre: Orte mit grossen Garnisonen und niedriger Verehelichungsziffer.

Der Antheil der Todtgeborenen überhaupt machte im Reiche 33 pro Mille der Geburten aus. Diese Ziffer wurde in 23 Städten übertroffen, am meisten in Mülhausen mit 54,08, Mainz 52,89, Görlitz mit 46,50, Strassburg mit 45,50, Nürnberg mit 45,51, Metz mit 45,06. Im allgemeinen hatten die süddeutschen Städte eine grössere Anzahl Todtgeborener als die norddeutschen; am kleinsten stellte sich ihr Antheil in M.-Gladbach mit 22,41, Würzburg 25,69, Frankfurt a. O. 25,06, Charlottenburg 25,86, Posen 26,86, Aachen 26,69, Dortmund 27,09, Köln 27,18, Bochum 27,33, Königsberg 27,48. — Unter den Geschlechtern bei den Todtgeborenen überwiegen die Knaben meist beträchtlich, da die Lebensgefährdung bei ihnen erheblich grösser ist als bei den Mädchen. Am stärksten war das Ueberwiegen der ersteren über die letzteren in Frankfurt a. O. mit 37,50, Metz mit 34,23, Freiburg mit 33,33, Chemnitz mit 30,44, Erfurt mit 31,87 und Essen mit 26,81 Prozent. — Pro Mille der mittleren Bevölkerung bewegt sich der Antheil der Todtgeborenen zwischen 0,69 in Freiburg und 1,83 in Mülhausen; der unteren Grenze stehen nahe Münster mit 0,76, Frankfurt a. M. mit 0,79, Posen mit 0,83, der oberen nähern sich Nürnberg mit 1,69, Spandau mit 1,60, Essen mit 1,67 und Mainz mit 1,55.

Die Ziffer der unehelich Geborenen ist auch dieses Jahr in den bayerischen Städten am grössten gewesen. München mit 10,63, Nürnberg mit 7,06, Würzburg mit 7,72, Augsburg mit 6,9; sonst stehen noch voran Strassburg mit 8,36, Kiel mit 6,98, Plauen mit 6,79, Görlitz mit 6,35 und Dresden mit 6,31. Bedeutend unter dem Durchschnitt stehen die westlichen Städte Barmen mit 1,12, Bochum mit 1,14, Münster mit 1,24, Duisburg mit 1,27, Essen mit 1,58, Elberfeld mit 1,63, Dortmund mit 1,70, Aachen mit 1,77, Crefeld mit 1,96 und ausserdem Charlottenburg mit 1,71; Berlin hat 4,11 pro Mille der mittleren Bevölkerung.

5. Sterbefälle.

Die Sterblichkeitsziffer (Tab. VIII), welche aus einer Vergleichung der absoluten Zahl der Sterbefälle mit der mittleren Bevölkerung entstanden ist, kann nur ein sehr äusserliches Bild der wirklichen Verhältnisse geben. Es müsste zu einer genaueren Konstruktion der verschiedene Altersaufbau der Bevölkerung, sowie der Einfluss der Zu- und Abzüge in den einzelnen Städten berücksichtigt werden. Der Unterschied zwischen der scheinbaren und der wissenschaftlich berechneten Sterblichkeit ist im vorigen Jahrbuch S. 307 für die Stadt Berlin mitgetheilt worden; er machte durchschnittlich in den letzten Jahren bis 1891 den sechsten Theil aus.

Die Sterblichkeit hat sich in sämmtlichen 54 Städten gegenüber dem Vorjahre verringert; es entspricht das auch den analogen Verhältnissen im Reich, wo die Sterblichkeitsziffer von 25,8 auf 23,5 pro Mille gesunken ist. Diese Veränderung ist wesentlich auf die günstigeren Temperaturverhältnisse des letzten Jahres, besonders in den Sommermonaten, zurückzuführen. Die höchste Quote weisen auf Chemnitz mit 27,19, Breslau mit 26,79, Liegnitz und Stettin mit 26,34, Spandau mit 25,81, Königsberg mit 26,09, Magdeburg mit 25,30, Danzig mit 25,17, Mülhausen mit 25,04; unter dem Reichsdurchschnitt blieben überhaupt 37 Städte zurück. Besonders günstig war die Sterblichkeitsziffer in Cassel mit 15,95, Frankfurt a. M. mit 17,17, Elberfeld mit 17,18, Bremen mit 17,45, Barmen mit 17,77, Charlottenburg mit 18,06 pro Mille der mittleren Bevölkerung. Wie man sieht, geht nur zum Theil die hohe bezw. geringe Sterblichkeit mit der entsprechenden Geburtsfrequenz parallel, so in Chemnitz, Spandau, Cassel, Frankfurt a. M. Dagegen springt der Zusammenhang zwischen der allgemeinen Sterblichkeit und der Kindersterblichkeit sofort in die Augen; so macht in Chemnitz die letztere fast die Hälfte der ersteren aus. Eine hohe Kindersterblichkeit haben ausserdem Stettin, Spandau, Plauen, Danzig, Augsburg, also meist Städte, in denen auch die Gesammtsterblichkeit verhältnissmässig hoch ist. Gering blieb die Kindersterblichkeit in Frankfurt a. M., München, Cassel, Darmstadt, Bremen, in denen zumeist auch die allgemeine Sterblichkeit am geringsten war. — Der Antheil des männlichen Geschlechtes an der Sterblichkeit war in fast allen Städten beträchtlich höher als des weiblichen, ein Zeichen, dass die Lebensbedrohung der Männer erheblich grösser ist als die der Frauen; dies würde noch stärker zum Ausdruck kommen, wenn man berücksichtigt, dass in der Mehrzahl der Städte die Männer relativ zurücktreten. Nur in Cassel und Mülhausen sind mehr Frauen als Männer gestorben; am meisten bedroht war das Leben des Mannes im Verhältniss zu dem der Frau in Duisburg, Bochum, Metz, Frankfurt a. O., Kiel, Hamburg.

Da eine zuverlässige Berechnung der Sterblichkeit nach Todesursachen bei dem Mangel der Unterscheidung der Gestorbenen nach Altersklassen und Todesursachen, sowie einer korrekten Sterblichkeitstafel nicht möglich ist, so begnügen wir uns für dieses Jahr, nur die absoluten Zahlen für die Sterbefälle nach Todesursachen (Tabelle VI) mitzutheilen.

6. Ab- und Zuzüge; Zerlegung der Bevölkerungszunahme in natürliche und räumliche Bewegung; Umzüge.

Die Zahl der Städte, aus denen Angaben über Zu- und Abzüge vorlagen, ist diesmal grösser geworden und belief sich auf 35, sodass nur noch 19 fehlten. Aber nur 25 Städte hatten sämmtliche Angaben für die 5 Jahre, um den Zuschlag für die fehlenden Meldungen berechnen und die örtliche Vermehrung genauer ausdrücken zu können. Da aber die An- und Abmeldepflicht in den verschiedenen Orten gewiss in verschiedener Weise gehandhabt wird, mithin auf beiden Seiten Lücken vorliegen werden, so ist es zweifelhaft, ob der Massstab der Zurechnung zu demjenigen Theil, welcher die Hauptlücke darbietet, mit diesem allein annähernd richtig bestimmt wird.

Berechnet man unter diesem Vorbehalte die Quote der Zu- und Abzüge pro Mille der mittleren Bevölkerung (Tab. VIII), so zeigen die grössten Wanderungsbewegungen Frankfurt a. M. mit 296,41 und 254,40, Essen mit 219,53 und 213,15, Bochum mit 207,78 und 206,86; es folgen Erfurt mit 195,03 und 188,91, Liegnitz mit 189,77 und 178,15, Kiel mit 189,69 und 168,43. Am geringsten ist die Bewegung in Nürnberg mit 95,32 und 71,69, in Crefeld mit 85,54 und 96,57 und Barmen mit 96,63 und 95,71. Die Reihenfolge der Städte ist in dieser Beziehung ziemlich dieselbe wie im Vorjahre.

Der Geburtenüberschuss ist am grössten gewesen in Spandau mit 23,59, Essen mit 22,14, Bochum mit 21,35, Duisburg mit 21,35, Kiel mit 20,83, M.-Gladbach mit 20,59, Düsseldorf mit 20,13 — also in Städten mit hoher Geburtenfrequenz und relativ geringer Kindersterblichkeit. Am geringsten war diese natürliche Bevölkerungszunahme in Freiburg mit 4,10, Potsdam mit 4,54, Darmstadt mit 6,40, Königsberg mit 6,49, Metz mit 6,69 pro Mille. — Der wahrscheinliche Zuwanderungsüberschuss war am grössten in Frankfurt a. M. mit 40,81, Plauen mit 39,19, Dortmund mit 29,31, Spandau mit 27,33, Augsburg mit 26,81; eine Abnahme durch Wanderung wiesen folgende Städte auf: Danzig mit —11,03, M.-Gladbach mit —3,37, Halle a. S. mit —22,22, Königsberg mit —7,48 pro Mille. Für die 10 Städte, bei denen die Meldungen nicht für alle 5 Jahre vorlagen, war es nicht möglich, diese Verhältnissziffern mitzutheilen, da die einmaligen Zahlen eine Korrektur nicht zulassen und also das Zuschlagsprozent nicht berechnet werden konnte.

I. Fortgeschriebener bezw. berechneter Bevölkerungsstand vom 31. Dezember 1893 bis zum 31. März 1895.

Städte	Stand am						Ergebniss der Volkszählung vom 2. Dezember 1895
	31. Dezbr. 1893	31. März 1894	30. Juni 1894	30. Septbr. 1894	31. Dezbr. 1894	31. März 1895	
Aachen . . .	107 720	108 120	108 540	108 810	109 280	109 630	110 551
Altona . . .	146 350	146 730	146 990	147 290	147 840	148 070	148 944
Augsburg . .	78 300	79 250	80 380	80 220	80 920	81 590	81 903
Barmen . - .	121 600	122 000	122 820	123 200	123 760	124 600	126 992
Berlin. . . .	1 640 730	1 639 039	1 641 678	1 639 390	1 655 715	1 654 914	1 677 304
Bochum. . .	51 560	52 030	53 080	53 340	52 770	53 380	53 842
Braunschweig .	110 260	108 960	111 180	111 310	112 380	113 240	115 138
Bremen . . .	136 680	137 250	137 820	138 510	139 130	140 090	141 138
Breslau . . .	356 452	358 321	360 755	362 110	365 521	366 902	373 163
Cassel . . .	78 000	78 450	78 930	79 410	79 960	80 460	81 752
Charlottenburg.	104 090	107 320	110 650	114 090	117 630	121 480	132 377
Chemnitz. . .	146 350	146 970	148 710	149 410	156 600	157 950	161 015
Crefeld . . .	106 830	106 580	106 530	106 890	106 840	107 160	107 245
Danzig . . .	123 680	123 940	124 240	124 410	124 800	125 100	125 605
Darmstadt . .	60 770	61 100	61 460	61 880	62 320	62 700	63 747
Dortmund . .	99 450	100 440	103 450	104 150	104 840	106 840	111 232
Dresden . . .	318 750	320 920	323 200	325 440	327 950	330 310	336 44$_0$
Düsseldorf . .	163 290	165 430	168 625	169 517	170 297	171 950	175 98$_5$
Duisburg. . .	66 100	66 470	66 750	67 060	67 540	68 300	70 27^5
Elberfeld . .	134 240	134 980	135 760	136 400	137 090	137 760	139 832
Erfurt. . . .	75 200	75 280	76 040	76 500	76 980	77 330	78 174
Essen. . . .	88 550	90 270	91 420	92 640	91 220	92 580	96 128
Frankfurt a. M.	196 670	198 160	199 560	201 070	202 660	204 110	229 279
Frankfurt a. O.	56 780	56 850	57 280	57 250	57 710	58 050	59 161
Freiburg i. Br.	51 560	51 700	51 930	52 150	52 390	52 530	53 118
M.-Gladbach	51 910	52 090	52 330	52 590	52 820	53 100	53 662
Görlitz . . .	66 710	66 690	67 050	67 450	67 910	68 510	70 175
Halle a. S.. .	113 450	112 640	113 120	111 950	118 100	114 280	116 304
Hamburg. . .	595 430	599 060	602 380	609 640	613 720	617 080	625 552
Hannover . .	196 070	197 810	199 600	201 230	203 210	205 040	209 535
Karlsruhe . .	79 930	80 440	80 090	81 490	82 030	82 580	84 030
Kiel	79 070	79 860	80 740	81 590	82 470	83 860	85 666
Köln a. Rh. .	306 980	309 080	311 170	312 040	315 240	316 150	321 564
Königsberg . .	168 490	169 120	169 780	170 130	170 900	171 510	172 796
Leipzig . . .	383 810	386 020	388 410	390 290	392 380	395 140	399 963
Liegnitz . . .	49 230	49 370	49 670	49 930	50 380	50 680	51 518
Lübeck . . .	67 270	67 580	67 910	68 180	68 560	68 920	69 874
Magdeburg . .	210 310	210 880	211 350	211 700	212 490	213 210	214 424
Mainz	75 000	75 190	75 410	75 410	75 640	76 270	76 946
Mannheim . .	86 590	87 200	87 670	88 240	88 840	89 480	97 780
Metz	59 910	59 890	59 830	59 820	59 880	59 790	59 794
Mülhausen i.E..	80 630	80 750	81 060	81 040	81 400	81 800	82 986
München. . .	385 050	387 850	390 910	393 880	397 060	399 950	407 307
Münster i. W..	54 020	54 400	54 850	55 300	55 720	56 050	57 135
Nürnberg . .	150 530	151 990	153 210	154 680	156 280	157 730	162 386
Plauen i. V. .	50 390	50 800	51 460	51 800	53 230	58 760	55 191
Posen. . . .	71 800	72 000	72 170	72 340	72 680	72 990	73 229
Potsdam . . .	56 660	56 810	57 020	57 260	57 540	57 820	58 455
Spandau . . .	53 550	54 300	55 360	55 410	56 250	56 150	55 841
Stettin . . .	131 130	132 550	133 850	134 860	134 860	136 420	140 724
Strassburg i. E.	130 830	131 430	132 060	132 540	133 300	133 820	135 608
Stuttgart. . .	151 140	151 890	152 860	153 840	154 820	155 710	158 321
Wiesbaden . .	70 270	70 770	71 260	71 760	72 310	72 810	74 133
Würzburg . .	65 510	65 900	66 250	66 680	67 180	67 590	68 747
Zwickau . . .	—	—	—	—	—	—	50 391

II. Die Bevölkerung nach dem Religionsbekenntniss am 2. Dez. 1895.

Städte	Evangelische	Katholische	Andere Christl. u.sonst. Relig.	Juden	Auf 1000 Einw. kommen Evg.	Kath.	Andere	Juden	Am 1. Dezember 1890 auf 1000 Einwohner Evg.	Kath.	Andere	Juden
Aachen . .	6 819	102 298	92	1 842	62	925	1	12	62	924	1	18
Altona . .	189 766	5 866	1 103	2 209	988	39	8	15	946	36	8	15
Augsburg . .	28 391	57 159	190	1 156	286	698	2	14	290	691	4	15
Barmen . .	102 818	21 031	2 643	500	811	166	20	4	812	166	18	4
Berlin . . .	1 420 833	155 363	14 956	86 152	847	93	9	51	860	86	4	50
Bochum . .	28 549	29 270	220	808	439	542	4	15	499	488	2	16
Braunschwg.	105 943	7 589	787	819	920	66	7	7	920	62	11	7
Bremen . .	.	.	.	.	.	.	.	.	938	50	6	6
Breslau . .	213 398	139 816	1 500	18 449	572	375	4	49	569	374	4	53
Cassel . . .	71 956	6 879	718	2 199	880	84	9	27	878	86	8	28
Charlottenbg.	113 268	13 559	868	4 687	857	101	6	35	874	102	6	18
Chemnitz . .	151 823	6 989	1 270	995	943	43	8	6	934	52	7	7
Crefeld . .	21 971	82 042	1 322	1 910	205	765	12	18	208	761	12	19
Danzig. . .	88 561	38 286	1 284	2 474	667	304	10	19	681	298	10	21
Darmstadt .	.	.	.	.	.	.	.	.	811	160	3	26
Dortmund. .	58 918	50 371	382	1 566	528	453	4	14	583	450	2	15
Dresden . .	302 210	28 276	3 407	2 547	898	84	10	8	901	80	10	9
Düsseldorf .	46 314	126 904	987	1 780	258	727	5	10	257	728	5	10
Duisburg . .	30 989	38 242	469	572	441	545	6	8	460	526	6	8
Elberfeld . .	100 492	85 460	1 893	1 492	721	254	14	11	723	255	11	11
Erfurt . . .	66 424	10 468	514	768	850	134	7	9	844	140	6	10
Essen . . .	40 396	58 679	573	1 480	420	559	6	15	405	576	5	14
Frankfurt a.M.	138 753	68 904	2 134	19 488	605	301	9	85	599	296	6	97
Frankfurt a.O.	54 170	3 881	333	777	915	66	6	13	917	63	6	14
Freiburg i. B.	14 088	37 875	171	989	265	714	2	19	249	727	4	20
M.-Gladbach .	8 812	43 947	198	710	164	819	4	18	167	816	4	13
Görlitz . . .	60 274	8 699	549	653	860	124	7	9	863	123	3	11
Halle a. S. .	109 782	5 031	445	1 046	944	43	4	9	942	45	4	9
Hamburg . .	.	.	.	.	.	.	.	.	913	39	17	31
Hannover . .	185 002	19 088	1 344	4 151	883	91	7	19	883	86	7	24
Karlsruhe . .	44 704	36 872	285	2 169	581	439	4	26	532	436	4	28
Kiel	80 873	3 914	498	381	944	46	6	4	949	40	6	5
Köln a. Rh. .	52 944	260 006	682	7 982	163	810	2	25	156	817	8	24
Königsberg .	159 820	7 182	1 718	4 076	925	41	10	24	926	43	6	25
Leipzig. . .	378 048	14 439	3 604	4 872	943	36	9	12	947	36	5	12
Liegnitz . .	40 901	9 247	484	886	795	179	9	17	798	174	9	19
Lübeck . .	.	.	.	.	.	.	.	.	971	17	9	10
Magdeburg .	196 757	12 704	2 957	2 006	919	59	13	9	919	62	9	10
Mainz . . .	.	.	.	.	.	.	.	.	348	601	6	45
Mannheim. .	48 300	43 456	1 256	4 768	494	444	13	49	500	432	11	57
Metz . . .	.	.	.	.	.	.	.	.	285	689	2	24
Mülhausen .	.	.	.	.	.	.	.	.	221	747	4	28
München . .	57 478	340 408	2 259	7 167	141	836	5	18	188	842	2	18
Münster . .	9 517	47 120	31	467	166	826	—	8	155	834	—	11
Nürnberg . .	117 365	39 140	1 144	4 737	723	241	7	29	732	230	8	30
Plauen i. V. .	53 056	1 760	229	146	961	32	4	3	970	25	3	2
Posen . . .	23 745	43 595	89	5 810	324	596	1	79	332	577	3	88
Potsdam . .	53 041	4 753	184	477	908	81	8	8	908	79	3	10
Spandau . .	48 111	7 145	234	351	861	128	4	7	866	123	2	7
Stettin . . .	130 704	5 628	1 542	2 850	929	40	11	20	930	38	10	22
Strassburg i.E.	.	.	.	.	.	.	.	.	469	495	8	83
Stuttgart . .	182 592	22 297	3 489	.	837	141	2	20	839	136	5	20
Wiesbaden .	47 944	23 265	1 205	1 717	647	314	16	23	654	306	16	24
Würzburg. .	18 808	52 802	137	2 500	194	768	2	36	182	775	3	40
Zwickau . .	47 886	2 161	273	71	951	43	5	1	951	43	5	1

III. Eheschliessungen im Jahre 1894.

Städte	Ueberhaupt	Junggesellen mit			Wittwer mit			Geschiedene Männer mit		
		Jungfrauen	Wittwen	Geschied Frauen	Jungfrauen	Wittwen	Geschied Frauen	Jungfrauen	Wittwen	Geschied Frauen
Aachen. . .	845	724	31	4	55	21	2	6	2	—
Altona . . .	1491	1210	62	33	94	43	13	24	8	4
Augsburg . .	697	569	24	3	77	18	1	5	—	—
Barmen . .	1085	958	35	7	51	28	2	1	3	—
Berlin . . .	16820	13890	562	303	1221	316	71	342	72	43
Bochum . .	535	451	29	2	31	14	1	5	2	—
Braunschweig	920	748	31	5	88	28	1	9	9	1
Bremen . .	1153	961	54			94			44	
Breslau. . .	3405	2660	121	48	344	115	18	67	24	8
Cassel . . .	669	571	17	—	56	20	1	4	—	—
Charlottenburg	1000	843	29	12	68	20	3	21	3	1
Chemnitz . .	1349	1049	31	23	110	66	20	27	19	4
Crefeld . .	764	643	35	2	53	22	2	5	2	—
Danzig[1] . .	1027	823	37	14	77	38	8	18	10	2
Darmstadt. .	.	.	.	.	.	.	.	.	.	.
Dortmund . .	1019	838	55	7	76	33	5	5	—	—
Dresden . .	3282	2629	104	55	255	85	18	58	16	12
Düsseldorf. .	1536	1325	73	5	84	32	2	9	5	1
Duisburg . .	588	487	32	4	32	25	2	4	2	—
Elberfeld[1] .	1155	963	42	9	79	45	6	8	2	1
Erfurt . . .	600	509	9	4	89	22	6	4	3	4
Essen . . .	956	800	52	4	64	32	—	3	—	1
Frankfurt a. M.	2040	1720	55	27	156	48	7	21	6	—
Frankfurt a. O.	427	321	12	3	60	21	3	2	2	3
Freiburg i. B.	359	293	17	2	37	4	2	4	—	—
M.-Gladbach[1]	452	375	17	2	38	17	1	2	—	—
Görlitz . . .	625	498	22	11	50	22	9	7	4	2
Halle a. S. .	817	646	24	19	67	21	6	16	9	9
Hamburg . .	5722	4517	278	99	500	174	31	72	40	11
Hannover . .	1806	1532	66	20	118	40	10	17	2	1
Karlsruhe i. B.	739	643	18	3	58	14	2	—	1	—
Kiel	658	578	25	5	31	10	—	4	5	—
Köln. . . .	2867	2402	115	19	214	77	9	21	8	2
Königsberg .	1302	1081	52	12	106	27	1	17	4	1
Leipzig. . .	3399	2741	105	71	257	94	30	74	20	7
Liegnitz . .	393	303	13	6	40	14	4	8	5	—
Lübeck. . .	543	472	8	8	37	11	2	4	—	1
Magdeburg .	1614	1291	55	24	118	57	14	32	18	5
Mainz . . .	550	452	22	6	45	13	2	6	3	1
Mannheim . .	996	781	54	13	88	33	—	19	7	1
Metz. . . .	469	408	16	4	25	8	1	6	1	—
Mülhausen. .	741	598	32	8	58	30	4	8	2	1
München . .	4003	3396	170	28	281	78	5	36	7	2
Münster[1] . .	386	318	5	1	44	15	1	1	—	1
Nürnberg . .	1196	.	.	.	.	.	.	.	.	.
Plauen . . .	421	344	10	3	40	15	1	4	1	3
Posen . . .	587	500	19	4	41	18	—	3	1	1
Potsdam . .	398	340	16	3	23	10	—	4	2	—
Spandau . .	675	610	19	3	35	3	1	2	2	—
Stettin[1] . .	1208	995	35	21	92	28	2	37	7	5
Strassburg i. E.	1027	861	26	12	76	33	4	9	3	3
Stuttgart . .	1189	976	38	6	118	27	5	13	5	1
Wiesbaden .	648	562	20	4	45	9	1	4	1	2
Würzburg . .	600	.	.	.	.	.	.	.	.	.
Zwickau . .	380	311	14			27			28	

[1] Ergänzt aus der Preuss. Statistik (Heft 188).

IV. Ehescheidungen im Jahre 1894.
V. Legitimationen im Jahre 1894.

Städte.	überhaupt	in Promille der Eheschliessungen	in Promille der Ehegängen	Legitimirte Kinder überhaupt m.	w.	1894 m.	w.	1893 m.	w.	1892 m.	w.	1891 m.	w.	1890 m.	w.	1889 m.	w.	1888 u. früher m.	w.	in Promille der Eheschliessungen
Aachen	11	13,0	21,5	23	12	7	5	9	4	2	—	4	1	1	—	—	1	—	1	41,4
Altona	73	49,2	94,9	85	94	48	42	10	8	9	9	8	8	2	5	—	6	18	16	120,1
Augsburg . .	12	10,7	26,2	65	69	93	18	26	29	8	8	6	5	3	3	3	3	5	6	192,2
Barmen	20	18,4	37,0	14	11	5	3	5	1	4	3	—	3	—	1	—	·	—	—	23,0
Berlin	1 127	67,0	127,6	763	708	234	201	144	170	98	128	62	59	31	32	36	23	108	95	87,5
Bochum	·	·	·	·	·	·	·	·	·	·	·	·	·	·	·	·	·	·	·	·
Braunschweig .	·	·	·	36	42	·	·	·	·	·	·	·	·	·	·	·	·	·	·	84,8
Bremen , . . .	·	·	·	·	·	·	·	·	·	·	·	·	·	·	·	·	·	·	·	·
Breslau . . .	·	·	·	226	194	58	42	44	37	45	42	42	30	18	14	8	6	16	28	123,3
Cassel	6	9,0	19,1	24	39	16	20	4	5	3	2	—	4	—	—	—	—	1	8	94,2
Charlottenburg	21	21,0	40,0	85	40	12	13	10	14	3	3	1	3	3	4	1	1	5	2	75,0
Chemnitz....	51	37,8	65,3	95	98	32	37	35	26	11	12	8	8	5	9	1	2	8	4	143,1
Crefeld	19	24,9	39,5	22	20	6	4	4	8	6	5	2	2	3	—	—	—	1	1	54,9
Danzig	·	·	·	·	·	·	·	·	·	·	·	·	·	·	·	·	·	·	·	·
Darmstadt ...	·	·	·	·	·	·	·	·	·	·	·	·	·	·	·	·	·	·	·	·
Dortmund . . .	13	12,7	28,1	4	6	—	—	—	1	3	1	1	1	—	—	2	1	—		9,8
Dresden	·	·	·	220	225	49	57	59	54	27	32	15	16	18	13	7	13	45	40	137,7
Düsseldorf...	·	·	·	·	·	·	·	·	·	·	·	·	·	·	·	·	·	·	·	·
Duisburg	10	17,1	32,4	11	9	4	5	5	2	—	—	1	—	—	1	1	1	—	—	34,0
Elberfeld	·	·	·	·	·	·	·	·	·	·	·	·	·	·	·	·	·	·	·	·
Erfurt	43	71,8	102,9	1	4	—	—	—	2	—	—	—	—	—	—	—	—	1	2	8,3
Essen......	·	·	·	19	12	9	5	3	3	3	2	1	1	1	—	1	1	1	—	32,4
Frankfurt a. M.	67	32,8	68,2	53	55	10	11	16	15	2	6	6	11	2	8	7	5	5	4	52,9
Frankfurt a. O.	24	56,2	107,6	18	19	10	11	2	4	4	3	1	—	—	—	—	—	1	1	87,6
Freiburg i. Br.	6	16,7	21,8	13	21	3	4	1	8	1	3	1	2	3	—	—	—	3	2	95,2
M.-Gladbach ..	·	·	·	·	·	·	·	·	·	·	·	·	·	·	·	·	·	·	·	·
Görlitz	·	·	·	·	·	·	·	·	·	·	·	·	·	·	·	·	·	·	·	·
Halle a. S...	38	46,5	57,6	61	50	18	16	15	5	6	13	8	12	3	8	8	—	8	2	135,9
Hamburg...	362	63,8	120,9	·	·	·	·	·	·	·	·	·	·	·	·	·	·	·	·	·
Hannover ...	64	36,0	·	·	·	·	·	·	·	·	·	·	·	·	·	·	·	·	·	·
Karlsruhe ...	29	39,2	73,6	6	15	2	8	—	3	1	1	1	3	—	8	8	2	—	—	28,3
Kiel......	·	·	·	42	44	13	16	7	10	5	6	2	4	1	—	1	—	13	8	130,7
Köln a. Rh...	57	19,8	·	123	101	30	29	44	25	20	16	15	12	7	7	6	4	1	8	78,1
Königsberg ..	·	·	·	·	·	·	·	·	·	·	·	·	·	·	·	·	·	·	·	·
Leipzig.....	184	54,1	93,4	217	210	59	53	69	65	27	25	21	25	15	11	4	5	22	26	125,6
Liegnitz ...	20	50,9	64,7	25	21	9	11	8	6	2	1	3	—	1	—	—	—	3	2	116,3
Lübeck....	27	49,7	88,2	20	23	8	5	6	11	5	3	1	3	—	—	—	—	—	1	79,2
Magdeburg...	102	63,2	97,1	88	92	20	16	27	25	13	13	10	10	4	10	3	6	11	12	111,5
Mainz......	·	·	·	32	33	4	6	12	15	4	—	4	2	2	4	2	4	4	2	118,2
Mannheim ...	38	38,1	84,8	30	33	7	12	11	14	4	2	2	1	2	2	—	—	4	2	63,2
Metz	14	30,0	55,8	42	27	11	7	13	8	7	10	3	—	3	—	1	—	4	2	147,1
Mülhausen ...	·	·	·	·	·	·	·	·	·	·	·	·	·	·	·	·	·	·	·	·
München ...	71	18,8	34,7	1 320		449		270		183		124		89		151		54		329,7
Münster i. W..	·	·	·	·	·	·	·	·	·	·	·	·	·	·	·	·	·	·	·	·
Nürnberg ...	·	34	29,1	420		·	·	·	·	·	·	·	·	·	·	·	·	·	·	359,5
Plauen i. V. ..	40	95,0	153,8	48	39	11	12	17	15	9	2	8	1	2	2	2	3	4	4	206,6
Posen	13	22,1	32,2	13	15	—	2	8	8	2	2	1	2	2	—	1	1	4	5	47,7
Potsdam	·	·	·	12	15	4	8	3	4	3	6	1	—	—	—	—	1	1	1	67,9
Spandau	·	·	·	25	30	25	30	·	·	·	·	·	·	·	·	·	·	·	·	·
Stettin	·	·	·	·	·	·	·	·	·	·	·	·	·	·	·	·	·	·	·	·
Strassburg i. E.	·	·	·	95	98	23	15	22	25	13	14	4	15	6	6	7	8	15	16	178,1
Stuttgart ...	·	·	·	212		·	·	·	·	·	·	·	·	·	·	·	·	·	·	178,3
Wiesbaden ..	·	·	·	·	·	·	·	·	·	·	·	·	·	·	·	·	·	·	·	·
Würzburg ...	·	·	·	·	·	·	·	·	·	·	·	·	·	·	·	·	·	·	·	·
Zwickau	·	·	·	·	·	·	·	·	·	·	·	·	·	·	·	·	·	·	·	·

VI. Todesfälle im

Städte.	Sterbefälle ohne Todtgeborene			Von den Verstorbenen waren				verheirathet		verwittwet		geschieden	
				Kinder im Alter unter 1 Jahr									
				ehelich		unehelich							
	überhaupt	m.	w.	m.	w.	m.	w.	m.	w.	m.	w.	m.	w.
Aachen....	2 425	1 292	1 133	430	395	33	33	297	208	120	185	2	—
Altona	2 834	1 516	1 318	407	312	118	128	442	254	119	230	7	6
Augsburg ...	2 079	1 079	1 000	348	260	112	81	257	189	78	182	—	•
Barmen ...	2 062	1 093	969	303	287	22	31	335	185	95	178	—	2
Berlin	32 571	17 353	15 218	4 018	3 330	1 047	849	4 789	2 916	996	2 695	73	87
Bochum ...	1 056	597	459		325			•	•	•	•	•	•
Braunschweig .	2 226	1 150	1 076	318	253	97	86	320	219	101	219	3	10
Bremen ...	2 278	1 201	1 077	329	297			•	•	•	•	•	•
Breslau....	9 205	4 775	4 430	1 326	1 121	410	360	1 488	796	306	879	22	23
Cassel	1 179	565	614	137	116	22	31	182	126	50	136	•	•
Charlottenburg	1 901	1 007	894	472	318	50	41	311	154	50	157	3	3
Chemnitz....	3 894	2 072	1 822	976	730	195	127	423	307	111	223	8	10
Crefeld....	2 002	1 088	964	338	289	34	35	280	182	89	152	1	•
Danzig	2 979	1 575	1 404	599	482		284	442	269	117	289	12	9
Darmstadt ...	1 127				252			•	•	•	•	•	•
Dortmund ...	2 180	1 178	1 002	405	337	39	23	270	179	70	126	—	2
Dresden ...	6 515	3 381	3 134	962	791	251	197	1 039	651	264	685	26	27
Düsseldorf...	3 217	1 753	1 464	1 107		134		•	•	•	•	•	•
Duisburg ...	1 557	897	660	504		89		194	105	66	71	1	•
Elberfeld...	2 174	1 141	1 033	267	299	128		346	247	104	181	3	4
Erfurt	1 620	846	774	302	216	45	33	228	152	58	149	2	8
Essen......	1 871	1 011	860	370	277	31	18	217	155	65	100	1	1
Frankfurt a. M.	3 270	1 669	1 601	324	260	110	76	558	363	145	306	6	5
Frankfurt a. O.	1 189	605	583	186	168	37	34	148	51	34	130	—	1
Freiburg i. Br.	1 145	587	558	182		78		269		177		1	—
M.-Gladbach..	1 016	535	481	209	154	31		131	99	43	63	—	—
Görlitz	1 501	779	722	232	204	53	44	246	138	49	158	9	1
Halle a. S....	2 440	1 289	1 151	337	295	82	71	389	233	86	217	4	2
Hamburg...	10 830	5 900	4 930	1 477	1 193	496	421	1 658	974	496	952	31	31
Hannover ...	3 506	1 851	1 655	855		277		•	•	•	•	•	•
Karlsruhe ...	1 455	744	711	201	137	49	47	220	145	51	148	—	2
Kiel......	1 477	808	669	200	178	80	65	240	133	51	116	3	2
Köln a. Rh..	7 241	3 861	3 380	1 228	1 028	258	183	•	•	•	•	•	•
Königsberg .	4 278	2 210	2 068	565	491	210	180	609	319	150	444	11	7
Leipzig....	7 531	4 004	3 527	1 313	988	356	298	1 105	680	239	611	21	30
Liegnitz ...	1 247	641	606	206	165	41	33	179	110	50	163	3	6
Lübeck....	1 168	587	581	164	144	27	22	168	116	64	125	1	1
Magdeburg..	5 084	2 680	2 404	902	692	202	189	545	408	170	331	14	9
Mainz	1 420	770	650	328		87		350		187		6	
Mannheim ...	1 853	941	912	326	274	57	56	284	176	52	112	3	2
Metz	1 082	600	482	104	91	51	40	145	92	67	96	3	4
Mülhausen...	1 885	939	946		586			257	194	119	194	•	•
München...	9 283	4 879	4 404	795		431		1 221	755	301	731	12	8
Münster i. W..	1 150	596	554	152	120	28		162	124	71	106	—	1
Nürnberg...	3 496	1 819	1 677	•	•	•	•	•	•	•	•	•	•
Plauen i. V..	1 196	622	574	216	191	60	63	132	88	29	88	4	4
Posen	1 623	880	743	177	182	67	64	251	140	81	155	1	•
Potsdam ...	1 161	621	540	141	125	33	28	204	92	60	132	3	1
Spandau ...	1 329	705	624	325	162	33	79	134	97	25	62	•	•
Stettin	3 360	1 779	1 581	743	677	265		447	260	97	241	7	4
Strassburg i. E.	2 856	1 436	1 420	337	309	111	106	321	295	188	280	3	4
Stuttgart	3 140	1 679	1 461	426	344	107	74	499	256	107	260	3	5
Wiesbaden..	1 232	636	596	142	98	35	26	214	142	57	107	5	—
Würzburg ..	1 513	783	730		354			•	•	•	•	•	•
Zwickau	1 064	597	476	218	180	33	21	167	80	41	72	3	6

Jahre 1894.

Pocken	Masern u. Röteln	Schar-lach	Diphterie und Influenza	Unter-Leibstyphus	Fleck-typhus	Kindbett-fieber	Lungen-schwind-sucht	acute Darm-krankheiten incl. Brech-durchfall	Alkoho-lismus	Gewalt-samer Tod	Leber-schwäche	Alters-schwäche	Influenza	Städte.
—	—	35	152	6	—	8	260	184	—	41	184	158	—	Aachen.
—	104	24	82	11	—	16	359	251	5	128	183	119	8	Altona.
—	55	19	71	2	—	5	272	324	—	87	185	65	5	Augsburg.
—	26	1	133	8	—	7	309	229	—	47	.	.	17	Barmen.
—	203	473	1 481	69	—	116	4 028	2 896	32	917	2 020	1 001	158	Berlin.
—	8	8	102	14	—	6	154	85	—	6	87	99	—	Bochum.
—	3	17	97	10	—	4	301	385	.	77	101	98	2	Braunschweig.
—	56	13	90	8	—	4	336	235	—	95	116	110	17	Bremen.
1	53	94	314	23	—	21	1 261	1 207	32	281	428	329	18	Breslau.
—	4	5	47	5	—	4	168	59	—	28	53	91	12	Cassel.
—	3	16	47	5	—	6	184	176	1	39	133	72	—	Charlottenburg.
—	16	29	158	7	—	14	341	117	2	77	78	170	17	Chemnitz.
—	14	4	106	10	—	9	290	141	—	81	100	113	8	Crefeld.
—	12	93	80	21	1	19	320	374	5	88	113	139	8	Danzig.
—	31	—	31	4	—	10	174	87	.	29	40	45	.	Darmstadt.
—	36	18	109	34	—	4	164	182	4	27	144	10	23	Dortmund.
1	8	24	349	26	—	21	874	744	6	204	346	314	72	Dresden.
—	1	19	84	16	—	7	431	385	—	89	145	90	6	Düsseldorf.
—	37	1	122	5	—	2	154	154	—	60	93	29	6	Duisburg.
—	23	1	134	7	—	11	336	196	—	51	145	90	42	Elberfeld.
—	15	11	101	10	—	4	224	103	—	16	110	73	27	Erfurt.
—	31	6	145	15	—	6	238	196	3	55	90	67	8	Essen.
—	41	13	208	14	—	5	560	192	4	154	127	186	21	Frankfurt a. M.
—	11	9	74	7	3	3	101	118	—	35	78	70	3	Frankfurt a. O.
—	.	.	72	4	—	1	187	64	—	14	.	.	7	Freiburg i. Br.
—	20	2	150	2	—	4	172	73	—	14	43	57	1	M.-Gladbach.
—	.	.	.	.	—	.	.	.	—	.	.	.	.	Görlitz.
—	1	13	225	7	—	5	245	263	1	93	121	71	20	Halle a. S.
—	250	114	385	37	—	67	1 278	685	45	588	709	459	30	Hamburg.
—	3	31	42	14	—	5	526	379	3	136	149	201	13	Hannover.
—	41	12	53	14	—	5	224	.	2	35	73	48	8	Karlsruhe.
—	11	4	74	8	—	3	200	173	4	11	80	56	2	Kiel.
—	229	68	421	21	—	24	864	798	8	194	386	190	80	Köln a. Rh.
—	41	41	165	28	4	3	371	671	7	132	134	215	12	Königsberg.
—	72	21	337	38	—	26	959	1 215	10	240	287	256	51	Leipzig.
—	2	3	27	39	—	3	197	158	—	58	.	70	15	Liegnitz.
—	20	1	55	6	—	5	111	92	1	35	44	86	12	Lübeck.
1	63	43	557	24	—	6	424	659	2	99	278	130	8	Magdeburg.
1	—	2	78	4	—	5	172	96	.	69	.	.	.	Mainz.
—	76	8	80	5	—	8	256	185	—	65	.	.	2	Mannheim.
—	—	5	32	19	—	6	116	179	—	25	.	.	.	Metz.
—	7	4	122	.	—	10	224	280	.	36	.	69	34	Mülhausen.
—	64	55	284	10	—	13	1 215	1 504	.	75	638	884	34	München.
—	3	1	85	4	—	6	182	46	—	15	51	104	16	Münster i. W.
—	—	43	103	6	—	10	684	372	—	82	196	103	21	Nürnberg.
—	43	9	27	5	—	4	116	397	5	22	115	50	12	Plauen i. V.
—	24	24	81	15	—	8	220	168	2	11	82	331	7	Posen.
—	30	21	59	5	—	3	154	81	1	31	65	150	7	Potsdam.
—	3	4	43	7	—	6	131	294	3	30	112	25	7	Spandau.
..	44	51	72	25	—	11	819	580	3	126	191	130	12	Stettin.
—	11	5	99	26	—	3	371	335	—	50	.	.	.	Strassburg i. E
—	24	8	159	9	—	9	278	235	—	62	156	96	33	Stuttgart.
—	11	1	89	4	—	3	170	39	—	29	78	71	2	Wiesbaden.
—	.	.	.	.	—	.	.	.	—	.	.	.	.	Würzburg.
—	5	4	34	.	—	1	100	88	—	43	55	54	6	Zwickau.

VII. Geburten im Jahre 1894.

Städte	Lebendgeborene überhaupt m.	w.	zus.	darunter unehelich m.	w.	Todtgeborene überhaupt m.	w.	darunter unehelich m.	w.	Im Ganzen m.	w.	zus.	Die Todtgeborenen sind pro Mille der Geborenen	Zwillinge m.	w.	Drillinge m. w.
Aachen . . .	1 935	1 931	3 866	82	106	54	52	2	2	1 989	1 983	3 972	26,69	37	37	— 3
Altona . . .	2 671	2 532	5 203	322	321	88	76	24	15	2 759	2 608	5 367	30,74	88	72	—
Augsburg . .	1 317	1 269	2 586	243	218	57	34	8	8	1 374	1 303	2 677	34,08	30	28	—
Barmen . . .	2 076	2 037	4 113	54	74	62	56	4	5	2 138	2 093	4 231	27,89	46	54	—
Berlin . .	24 459	23 428	47 887	3306	3103	926	684	202	158	25 385	24 112	49 497	32,53	532	552	68 67
Bochum . . .	1 153	1 069	2 222	27	31	28	34	.	2	1 181	1 105	2 286	27,23	.	.	—
Braunschweig .	2 006	1 889	3 895	258	311	68	49	14	7	2 074	1 938	4 012	29,16	54	58	—
Bremen . . .	.	.	4 101	.	.	129		.	.	.	.	4 230	31,45	.	.	. .
Breslau . .	6 563	6 256	12 819	1081	1011	248	218	49	58	6 811	6 474	13 285	35,08	152	158	—
Cassel . . .	1 083	1 036	2 119	84	82	43	38	4	8	1 126	1 074	2 200	36,82	31	38	—
Charlottenburg .	1 932	1 772	3 704	153	149	51	46	3	7	1 983	1 818	3 801	25,86	49	33	— 3
Chemnitz . .	3 291	3 091	6 382	400	377	135	72	24	12	3 426	3 163	6 589	31,40	74	54	3 —
Crefeld . . .	1 824	1 662	3 486	100	99	70	68	8	2	1 894	1 730	3 624	38,08	60	32	— 3
Danzig . . .	2 157	1 956	4 113	290	252	83	66	21	24	2 240	2 022	4 262	34,97	57	59	3 3
Darmstadt . .	.	.	1 524	.	.	68		.	.	.	.	1 592	42,71			
Dortmund . .	2 063	2 020	4 083	93	73	62	62	4	4	2 125	2 082	4 207	27,09	40	50	3 —
Dresden .	5 383	5 122	10 505	984	955	227	165	61	40	5 610	5 287	10 897	35,99	139	133	1 2
Düsseldorf .	3 408	3 167	6 575	198	160	97	92	15	7	3 505	3 259	6 764	27,99	60	76	—
Duisburg . .	1 543	1 441	2 984	44	35	48	39	4	2	1 591	1 480	3 071	28,33	36	36	—
Elberfeld . .	2 348	2 116	4 464	110	100	85	71	7	5	2 433	2 187	4 620	33,77	53	53	—
Erfurt . . .	1 350	1 280	2 630	132	129	60	31	9	4	1 410	1 311	2 721	33,44	24	26	2 1
Essen . . .	1 963	2 009	3 972	68	70	96	56	4	2	2 059	2 065	4 124	36,73	49	37	—
Frankfurt a. M.	2 745	2 741	5 486	353	351	87	71	5	17	2 832	2 812	5 644	27,99	54	56	1 2
Frankfurt a. O.	902	886	1 788	119	131	33	15	6	6	935	901	1 836	25,06	18	16	—
Freiburg i. Br.	709	649	1 358	261		24	12	6		733	661	1 394	25,84	14		
M.-Gladbach .	1 080	1 014	2 094	48	52	23	25	1	4	1 103	1 039	2 142	22,41	33	25	—
Görlitz . . .	1 010	988	1 998	136	134	59	38	14	9	1 069	1 026	2 095	46,30	48		—
Halle a. S. .	2 034	1 926	3 960	329	273	77	62	14	11	2 111	1 988	4 099	34,15	41	45	—
Hamburg . .	10 985	10 505	21 490	1297	1259	383	321	82	74	11 368	10 826	22 194	31,72	320	270	—
Hannover . .	3 339	3 205	6 544	524	472	133	121	.	.	3 472	3 326	6 798	37,86	.	.	—
Karlsruhe i. B.	1 049	1 132	2 231	132	134	32	33	8	10	1 131	1 165	2 296	28,31	28	26	—
Kiel	1 599	1 560	3 159	271	270	57	46	9	14	1 656	1 606	3 262	31,58	18	10	1 2
Köln a. Rh. .	5 831	5 871	11 702	582	588	163	164	26	24	5 994	6 035	12 029	27,48	145	155	1 2
Königsberg i.P.	2 790	2 589	5 379	482	471	73	79	13	23	2 863	2 668	5 531	27,48	96	76	—
Leipzig . . .	7 263	6 857	14 120	1107	1035	255	201	58	40	7 518	7 058	14 576	31,29	151	141	—
Liegnitz . . .	871	842	1 713	96	97	33	27	4	1	904	869	1 773	30,09	18	10	—
Lübeck . . .	1 029	1 018	2 047	83	87	31	32	8	7	1 060	1 050	2 110	29,86	21	25	—
Magdeburg . .	3 979	3 721	7 800	425	401	130	115	24	17	4 109	3 836	7 945	30,83	84	92	—
Mainz . . .	1 062	1 033	2 095	165	156	65	52	13	16	1 127	1 085	2 212	52,89	21	15	—
Mannheim .	1 592	1 593	3 185	125	146	63	53	6	7	1 655	1 646	3 301	35,14	28	34	—
Metz	779	704	1 483	147	109	47	23	14	.	826	727	1 553	45,08	7	7	—
Mülhausen . .	1 315	1 310	2 625	186	214	149		.	.	2774		2 774	54,08	38	40	—
München . .	7 039	6 599	13 638	1999	1972	272	200	109	75	7 311	6 799	14 110	33,45	173	161	4 1
Münster . .	874	786	1 660	38	24	26	16	4	2	900	802	1 702	28,55	31	29	—
Nürnberg . .	2 826	2 644	5 470	509	508	133	126	31	35	2 959	2 770	5 729	45,21	.	.	
Plauen i. V. .	1 005	1 001	2 006	172	171	38	23	4	5	1 043	1 024	2 067	29,51	21	27	—
Posen . . .	1 105	1 074	2 179	143	154	23	36	4	2	1 128	1 110	2 238	26,36	24	18	—
Potsdam . .	744	676	1 420	87	72	25	26	4	5	769	702	1 471	34,67	23	13	—
Spandau . .	1 320	1 304	2 624	134	147	50	38	8	7	1 370	1 342	2 712	32,44	12	18	—
Stettin . . .	2 410	2 426	4 836	280	286	84	69	17	9	2 494	2 493	4 987	30,68	58	60	10 11
Strassburg i.E.	1 958	1 834	3 792	427	384	67	92	14	16	2 025	1 926	3 951	45,30	41	33	—
Stuttgart . .	2 176	2 060	4 236	369	352	93	72	22	14	2 269	2 132	4 401	37,49	48	38	—
Wiesbaden . .	982	984	1 966	98	91	38	33	7	6	1 020	1 017	2 037	35,85	27	29	—
Würzburg . .	1 035	976	2 011	.	.	26	27	.	.	1 061	1 003	2 064	25,69	.	.	
Zwickau . . .	883	800	1 683	82	68	27	30	7	6	910	830	1 740	32,76	33	21	—

VIII. Geburten, Sterbefälle, Ab- und Zuzüge sowie Eheschliessungen im Jahre 1894 in Reduktionen.

Städte	Promille der mittleren Bevölkerung sind										Ueberschuss der Männer über die Frauen i. Procent			Im Verhältniss mit der Zahl der Lebenden unter 1 Jahr
	Geborene			Sterbefälle		Die natürliche Vermehrung	Zu-	Fort-	Die örtliche Vermehrung	Eheschliessungen	Geborene excl. Todtgebor.	Gestorbene excl. Todtgebor.	Todtgeborene	
	überhaupt	darunter un-ehel.	todt-gebor	überhaupt	Kinder unter 1 Jahr		gezogene							
aachen	36,61	1,77	0,97	23,32	8,21	13,28	107,12	99,30	*)	7,78	0,10	6,55	1,90	25,1
Altona	36,48	4,64	1,11	20,38	6,53	16,10	200,87	229,84	*)	10,14	2,67	6,99	7,32	20,9
ugsburg	33,63	5,99	1,14	23,57	10,06	6,06	164,96	138,65	+26,31	8,76	1,86	3,80	25,27	33,0
Barmen	34,51	1,12	0,96	17,77	5,24	10,74	96,62	95,71	+0,91	8,86	0,94	6,01	5,55	18,0
Berlin	30,12	4,12	0,98	19,82	5,61	10,30	111,79	110,59	−1,20	10,23	2,15	6,55	16,10	21,8
Bochum	43,49	1,14	1,22	21,31	6,18	22,18	207,78	206,86	+0,91	10,17	3,77	13,07	−9,68	16,9
Braunschweig	35,72	5,29	1,06	20,05	6,77	15,00	167,12	163,07	+4,05	8,27	3,00	3,33	16,24	21,7
Bremen	30,67	.	0,94	17,45	4,54	13,22	.	.	.	8,36	.	5,44	.	.
Breslau	36,81	6,09	1,29	26,79	8,91	10,02	146,24	129,71	+16,53	9,43	2,39	3,75	6,44	27,7
assel	27,86	2,25	1,02	15,95	3,87	11,92	248,31	215,39	*)	8,47	2,22	−4,15	6,17	17,6
harlottenburg	34,35	1,71	0,88	18,06	7,06	16,29	538,36	399,78	*)	9,04	4,32	5,94	5,15	25,5
hemnitz	43,52	5,37	1,37	27,19	13,39	16,43	172,35	164,15	+8,20	8,91	3,13	6,42	30,44	33,9
refeld	33,98	1,96	1,29	20,06	6,53	13,92	83,54	96,57	−11,03	7,16	4,65	3,69	1,45	23,0
anzig	34,30	4,72	1,20	25,17	10,58	9,12	137,90	108,93	*)	8,26	4,88	5,74	11,41	34,3
armstadt	25,86	.	1,15	19,46	4,09	6,40	166,83	153,75	*)	.	.	.	.	.
ortmund	41,29	1,70	1,21	22,61	7,89	18,68	193,23	163,92	+29,31	10,00	1,04	8,08	—	22,1
resden	33,71	6,31	1,21	21,36	6,81	12,35	.	.	.	10,00	2,48	3,79	16,82	23,8
üsseldorf	40,56	2,28	1,13	20,52	7,44	20,13	178,39	156,17	+22,22	9,21	1,08	3,89	2,64	21,1
uisburg	45,95	1,27	1,30	24,60	8,12	21,35	128,67	128,53	+0,14	8,79	3,49	15,22	10,34	20,5
lberfeld	34,08	1,63	1,15	17,18	4,85	16,90	.	.	.	8,51	5,19	4,96	9,00	20,5
rfurt	35,76	3,63	1,19	22,48	7,83	13,28	195,03	188,91	+6,12	7,88	2,66	4,44	31,87	28,6
ssen	45,41	1,58	1,07	22,27	7,66	23,14	219,53	213,15	+6,38	10,52	−0,84	8,07	26,31	20,5
rankfurt a. M.	28,27	3,64	0,79	17,17	3,85	11,10	296,26	254,40	+40,81	10,22	0,07	2,08	10,13	16,4
rankfurt a. O.	32,07	4,57	0,84	21,61	7,42	10,46	119,41	117,02	+2,39	7,43	0,95	1,94	37,50	25,8
reiburg i. Br.	26,82	5,84	0,69	22,72	.	4,10	.	.	.	6,91	4,42	2,53	33,30	21,2
.-Gladbach	40,91	2,00	0,92	20,32	7,52	20,59	134,47	137,74	−3,27	8,63	3,15	5,31	−4,16	20,6
örlitz	31,12	6,35	1,44	23,73	7,92	7,38	108,86	98,43	+10,43	9,28	1,10	3,79	21,65	30,0
alle a. S.	36,31	5,55	1,23	22,84	6,95	13,47	209,81	232,03	−22,22	7,23	2,71	5,57	9,37	22,5
amburg	36,71	4,48	1,16	19,07	5,93	17,64	149,17	126,19	*)	9,46	2,23	8,95	8,80	23,8
annover	34,06	4,99	1,27	18,84	5,67	15,22	.	.	.	9,05	2,05	5,31	4,72	20,3
arlsruhe	28,35	3,51	0,80	18,77	5,36	9,58	.	.	.	9,12	−1,48	2,27	−1,54	21,7
iel	40,39	6,98	1,27	19,56	6,51	20,83	189,69	168,43	+21,26	8,15	1,23	9,48	10,68	22,1
öln a. Rh.	38,65	3,92	1,05	24,81	8,65	13,84	124,82	112,43	+12,39	9,21	−0,34	6,64	−0,30	25,0
önigsberg	32,58	5,82	0,89	26,09	8,52	6,49	181,05	188,53	−7,48	7,67	3,73	3,32	−3,04	28,8
eipzig	37,53	5,77	1,17	20,56	7,61	16,96	.	.	.	8,75	2,87	6,20	11,84	23,4
iegnitz	35,60	3,97	1,20	26,24	8,93	9,36	189,77	178,15	+11,62	8,79	1,69	2,81	10,00	28,5
übeck	31,06	2,72	0,92	18,01	5,26	12,95	.	.	.	6,99	0,53	0,51	−1,58	20,0
agdeburg	37,58	4,10	1,15	25,20	9,39	12,38	.	.	.	7,64	3,31	5,43	6,12	28,1
ainz	29,31	4,64	1,55	20,36	5,43	8,97	33,83	21,15	*)	7,28	1,38	8,45	11,11	28,3
annheim	37,76	3,25	1,32	22,51	8,15	15,25	62,51	52,79	*)	11,59	−0,93	1,57	8,62	25,1
tz	25,94	4,58	1,17	19,25	4,78	6,69	.	.	.	7,83	4,99	10,91	34,28	21,6
lhausen	34,16	5,05	1,83	25,04	7,22	9,12	166,03	154,99	*)	9,12	0,29	−0,37	.	26,5
nchen	36,09	10,63	1,21	24,95	3,14	11,14	86,11	.	.	10,24	3,22	5,12	13,23	11,4
ünster i. W.	31,02	1,24	0,76	21,72	5,47	9,30	.	.	.	7,04	5,30	3,66	23,81	32,9
ürnberg	37,35	7,06	1,69	24,48	.	12,87	95,32	71,66	+23,63	7,79	3,33	4,06	27,03	.
auen i. V.	39,91	6,79	1,17	24,26	10,23	15,65	167,14	127,95	+39,19	8,13	0,19	4,01	24,59	28,5
sen	30,98	4,19	0,82	23,28	6,78	7,70	.	.	.	8,12	1,42	8,44	−22,03	20,0
sdam	25,76	2,94	0,89	21,22	5,74	4,54	.	.	.	6,98	4,77	6,97	−1,98	35,0
ndau	49,92	5,39	1,60	25,81	11,83	23,59	171,33	144,00	+27,33	13,19	6,09	6,03	13,63	27,2
ttin	37,28	4,43	1,14	26,24	12,59	11,02	.	.	.	9,03	0,81	5,83	9,80	36,9
assburg i. E.	29,91	8,36	1,20	22,82	6,53	7,09	.	.	.	7,77	3,27	5,60	−15,72	25,9
uttgart	28,77	4,95	1,06	21,59	6,22	7,18	.	.	.	7,77	2,75	6,94	12,72	26,7
iesbaden	28,57	2,83	0,99	18,27	4,22	10,30	.	.	.	9,09	−0,09	3,24	7,04	18,2
ürzburg	31,40	7,72	0,84	23,71	5,34	7,69	.	.	.	9,03	2,93	3,50	1,89	19,7
kau														

*) Da wegen unvollständiger Angabe der Ab- und Zuzüge der Zuschlag nicht berechnet werden te. so liess sich die örtliche Vermehrung ebenfalls nicht bestimmen.

IX. Die örtliche Bewegung der Bevölkerung im Jahre 1894.

a. Zu- und Abzüge mit Unterscheidung des Geschlechts.

Städte	Gemeldete Zugezogene			Gemeldete Abgezogene			Scheinbarer Mehrzuzug (+) bezw. Mehrabzug (−)			Wahrscheinl. Mehrzu- (+) bezw. Mehrabzug (−)
	m.	w.	zus.	m.	w.	zus.	m.	w.	zus.	
Augsburg . . .	6 846	6 285	13 131	4 599	3 568	8 167	+ 2 247	+ 2 717	+ 4 964	+ 2 094
Berlin . . .	101 103	83 151	184 254	85 213	70 981	156 194	+ 15 890	+ 12 170	+ 28 060	− 1 977
Breslau . . .	27 887	24 900	52 787	24 269	21 636	45 905	+ 3 618	+ 3 264	+ 6 882	+ 5 966
Cassel . . .	11 185	8 424	19 609	10 080	6 930	17 010	+ 1 105	+ 1 494	+ 2 599	.
Chemnitz . . .	14 581	11 512	26 093	13 682	10 462	24 144	+ 899	+ 1 050	+ 1 949	+ 1 242
Crefeld . . .	4 776	4 346	9 122	5 196	4 995	10 191	− 420	− 649	− 1 069	− 1 176
Danzig . . .	9 642	7 491	17 133	7 463	6 071	13 534	+ 2 179	+ 1 420	+ 3 599	.
Düsseldorf .	18 522	11 226	29 748	16 000	9 961	25 961	+ 2 522	+ 1 265	+ 3 787	+ 8 707
Essen	11 968	7 970	19 938	10 487	6 856	17 343	+ 1 481	+ 1 114	+ 2 595	+ 580
Frankfurt a. O.	3 790	3 083	6 873	3 666	3 263	6 929	+ 124	− 180	− 56	+ 137
Halle a. S. . .	13 454	10 225	23 679	13 812	9 550	23 362	− 358	+ 675	− 317	− 2 508
Hamburg . .	55 319	34 855	90 174	45 867	30 417	76 284	+ 9 452	+ 4 438	+ 13 890	.
Königsberg . .	15 918	14 819	30 732	16 782	15 220	32 002	− 869	− 401	− 1 270	.
Liegnitz . . .	5 063	4 388	9 451	5 142	3 962	9 104	− 79	+ 426	+ 347	+ 579
Mainz	1 236	1 317	2 553	705	891	1 596	+ 531	+ 426	+ 957	.

b. Zu- und Abzüge ohne Unterscheidung des Geschlechts.

Städte	Gemeldete Zugezogene	Gemeldete Abgezogene	Scheinbarer Mehrzu- (+) bezw. Mehrabzug (−)	Wahrscheinl. Mehrzu- (+) bezw. Mehrabzug (−)	Städte	Gemeldete Zugezogene	Gemeldete Abgezogene	Scheinbarer Mehrzu- (+) bezw. Mehrabzug (−)	Wahrscheinl. Mehrzu- (+) bezw. Mehrabzug (−)
Aachen	11 622	10 774	+ 848	.	M.-Gladbach .	7 084	7 212	− 128	− 169
Altona . . .	29 546	33 808	− 4 262	.	Görlitz	7 220	6 625	+ 595	+ 703
Barmen . . .	11 847	9 682	+ 1 805	+ 112	Karlsruhe . . .	8 835	2 668	+ 1 167	.
Bochum . . .	10 921	9 611	+ 1 310	+ 48	Kiel	15 318	11 692	+ 3 626	+ 1 717
Braunschweig .	18 603	17 550	+ 1 053	+ 451	Köln	38 843	33 098	+ 5 745	+ 3 857
Charlottenburg	59 570	44 226	− 15 344	.	Mannheim . .	5 464	4 615	+ 849	.
Crefeld . . .	8 822	11 091	− 2 269	− 2 385	Mülhausen . .	13 483	12 587	+ 896	.
Darmstadt . .	10 267	9 462	+ 805	.	München . . .	33 669	.	.	.
Dortmund .	19 685	16 367	+ 3 318	+ 2 986	Nürnberg . . .	14 620	10 664	+ 3 956	+ 3 624
Duisburg . . .	8 598	7 650	+ 948	+ 9	Plauen	8 656	6 530	+ 2 126	+ 2 030
Erfurt	14 838	14 049	+ 789	+ 466	Spandau . . .	9 403	7 922	+ 1 581	+ 1 500
Frankfurt a. M.	59 136	51 129	+ 8 007	.					

c. Umzüge.

Städte	Gemeldete Umgezogene	Städte	Gemeldete Umgezogene	Städte	Gemeldete Umgezogene
Aachen	18 486	Essen	40 136	Königsberg .	81 648
Berlin	647 007	Frankfurt a. M.[2])	8 640	Lübeck . . .	24 970
Augsburg . . .	24 725	Frankfurt a. O.[3])	14 356	München . . .	271 511
Breslau . . .	180 792	Görlitz . . .	11 828	Nürnberg . . .	87 201
Charlottenburg .	16 621	Halle	22 168	Plauen . . .	7 372
Dortmund . .	17 637	Hamburg . . .	217 759	Spandau . . .	25 636
Dresden[1])	82 028	Köln	122 725	Stuttgart[4])	ca. 13 500

[1]) Darunter Wohnungswechsel von selbständigen Personen und Familien, sowie von Gewerbegehilfen und Lehrlingen 64 851, Dienstbotenwechsel 17 177. — [2]) Parteien, darunter 8312 m., 328 w. — [3]) Darunter 6328 m., 8018 w. — [4]) Parteien.

XXVIII.
Einkommens- und Wohlstandsverhältnisse.

Von
Dr. H. Bleicher,

Vorsteher des statistischen Amts der Stadt Frankfurt a. M.

Vorbemerkung.

Einen ungefähren Massstab zur Beurtheilung der Wohlstandsverhältnisse der Bevölkerung bieten die Ergebnisse der Veranlagungen
zur staatlichen Einkommensteuer da, wo eine allgemeine Einkommensteuer eingeführt ist, bei welcher die Steuerpflicht sich nach dem Gesammtbetrage des reinen Einkommens bemisst. Die Gruppirung der
Steuerzahler nach der Höhe des Einkommens und die Zerlegung des
letzteren nach den verschiedenen Quellen des Einkommens sind
dabei von der Höhe der Steuersätze unabhängige Merkmale der grösseren
oder geringeren Wohlhabenheit, allerdings beeinflusst durch die schwan-
kende Definition des Einkommensbegriffes und durch das steuertechnische
Verfahren des ganzen Veranlagungsgeschäftes. Soweit es sich um den
Vergleich verschiedener Städte ein und desselben Staates handelt, sind
sodann auch die vergleichenden Angaben über die Zahl der Censiten
und über den Steuerertrag für unseren Zweck von Werth. Auf die
finanzpolitische Seite der Einkommensteuerstatistik kommt es uns hier
im übrigen überhaupt nicht an; eine Betrachtung derselben hätte nur
Bedeutung bei gleichzeitiger Gegenüberstellung der Erträgnisse der
übrigen Staatssteuern, welche die Einkommensteuer ergänzen soll,
oder durch welche diese selbst ergänzt wird. Diese Frage hat aber für
dieses Jahrbuch geringeres Interesse, da gerade im grössten Staate,
Preussen, die Realsteuern den Gemeinden überwiesen sind und in dem
Abschnitte über Gemeindesteuern abgehandelt werden. Vielleicht kommen
wir indess in einem der folgenden Jahrgänge des Jahrbuches hierauf
zurück, speciell auch, um die Schwankungen in den Steuererträgnissen
im Verlaufe der Jahre zur Darstellung zu bringen.

Von den Staaten, welche für unsere Städte von über 50000 Einwohnern in Betracht kommen, haben Preussen (Gesetz vom 24. Juni 1891),
Sachsen (Gesetz vom 2. Juli 1878 und 10. März 1894), Baden (Gesetz
vom 20. Juni 1884 und 6. Mai 1891 bezw. 26. Juni 1894), Hessen
(Gesetz vom 8. Juli 1884 bezw. 25. Juni 1895), Hamburg (Gesetz vom
7. März 1881 bezw. 22. Februar 1895), Bremen (Gesetz vom 17. Dezember 1874 mit Nachträgen) und Lübeck (Gesetz vom 27. Mai 1889;
mit Nachträgen, insbesondere vom 26. Febr. 1896), eine allgemeine Einkommensteuer; Braunschweig eine Personalsteuer mit Abstufungen
nach Berufsklassen und Einkommen, welche gegenwärtig in eine allgemeine Einkommensteuer umgewandelt wird; in Württemberg steht
die Einführung der letzteren gleichfalls bevor. In Bayern besteht
zunächst die partielle Einkommensteuer weiter, welche nur das (persönliche) Einkommen aus Arbeit höherer und niederer Art trifft, das noch
zu keiner anderen direkten (Ertrags-) Steuer herangezogen ist. In
Elsass-Lothringen findet sich weder eine allgemeine, noch partielle
Einkommensteuer.

(Fortsetzung des Textes auf S. 333.)

Tabelle 1. Die Ergebnisse der Veranlagung zur Einkommensteuer in den Vergleich mit der Klassen- und

Städte.	Veranlagte Censiten (mit über 900 Mark Einkommen)						Steuerpflichtiges Einkommen in Millionen Mark						
	91/92	92/93	93/94	94/95	95/96	96/97	91/92	92/93	93/94	94/95	95/96	96/97	9!'9:

I. Physische Personen.

A. Censiten

1. Aachen. . . .	10 341	11 241	11 271	11 920	11 944	12 010	29,2	41,0	40,7	41,6	41,3		644,s
2. Altona	14 143	21 857	23 098	22 431	22 642	22 768	29,0	46,3	48,0	48,1	50,8		519,1
3. Barmen . . .	9 546	11 127	11 747	12 931	13 957	14 779	22,5	35,7	35,6	37,8	39,8		398,s
4. Berlin	275 797	298 774	306 790	306 684	327 180	327 817	738,8	876,2	872,4	868,4	891,9		15 479,1
5. Bochum . . .	3 962	11 431	11 442	11 649	11 977	12 474	7,9	19,2	19,0	19,2	19,7		142,4
6. Breslau . . .	85 020	36 573	38 030	38 552	39 475	39 784	105,6	11ᵏ,8	121,0	122,2	123,0		2 272,0
7. Cassel . .	9 322	10 737	10 838	11 239	11 591	11 542	24,5	35,9	36,8	38,2	40,8		624,s
8. Charlottenburg	11 757	14 540	17 321	18 890	22 044	23 514	35,2	56,4	61,4	67,4	77,8		815,3
9. Crefeld. . . .	8 977	12 473	11 064	10 465	10 004	10 654	21,6	35,1	31,4	30,0	29,5		403,5
10. Danzig	8 623	9 057	9 865	9 775	10 281	10 763	23,5	27,8	28,1	28,5	30,0		496,9
11. Dortmund . .	9 092	17 242	17 668	18 155	18 974	21 410	19,6	36,0	36,5	36,0	38,8		358,9
12. Düsseldorf .	12 811	13 621	15 233	17 693	19 283	21 929	36,8	56,9	58,9	63'3	65,1		786,3
13. Duisburg . . .	3 838	8 024	7 860	8 326	8 071	7 917	9,2	19,0	18,7	19,1	19,3		175,3
14. Elberfeld . . .	9 677	13 512	13 567	13 595	13 973	14 323	26,9	42,6	43,6	44,5	45,6		551,4
15. Erfurt	10 602	10 147	10 191	10 275	10 798	11 724	24,5	27,2	27,0	27,1	28,6		453,4
16. Essen	7 671	15 460	14 681	14 385	14 714	15 517	23,5	38,8	38,1	37,6	38,6		468,9
17. Frankfurt a. M.*	29 970	29 899	30 715	31 654	31 955	36 110	91,7	156,9	162,8	161,6	165,1		2 449,4
18. Frankfurt a. O.	5 334	5 587	5 543	5 640	5 788	5 827	12,5	14,6	14,7	16,0	16,2		280,1
19. M.-Gladbach .	3 578	4 902	4 630	4 724	4 812	4 993	8,2	13,6	13,5	14,6	15,3		146,4
20. Görlitz	5 548	6 316	6 413	6 616	6 908	7 191	14,5	19,0	19,4	19,8	20,8		294,5
21. Halle a. S. . .	13 575	15 519	15 260	14 928	15 205	16 933	34,9	45,0	42,4	44,9	45,3		709,1
22. Hannover . . .	20 674	25 173	25 839	26 880	28 523	29 854	55,2	76,9	77,1	78,5	87,2		1 122,5
23. Kiel	7 856	10 258	10 741	11 561	10 253	12 306	21,3	26,6	27,3	27,7	20,7		440,0
24. Köln a. Rh. . .	33 549	38 533	41 557	46 689	53 062	49 804	105,2	127,7	129,5	138,4	146,0		2 277,3
25. Königsberg . .	12 869	15 083	15 162	14 372	15 156	16 046	35,5	44,4	43,6	42,0	45,9		734,1
26. Liegnitz . . .	4 245	5 328	5 024	4 969	5 137	5 146	10,1	14,6	13,9	13,8	15,4		195,4
27. Magdeburg . .	28 168	29 943	30 080	30 627	31 288	31 391	82,1	92,7	89,7	90,2	91,1		1 785,1
28. Münster i. W. .	5 081	5 220	5 718	6 050	6 327	6 955	12,1	17,4	18,3	19,0	19,9		274,4
29. Posen	6 857	7 523	7 484	7 376	7 267	7 883	19,0	23,3	23,0	22,4	22,7		422,3
30. Potsdam . . .	6 777	6 969	7 282	7 418	7 771	7 794	20,7	23,9	25,1	25,8	26,3		465,7
31. Spandau . . .	9 174	8 117	9 166	10 067	10 239	9 340	14,4	14,3	15,3	16,5	16,5		220,0
32. Stettin	13 482	16 294	15 848	16 508	16 579	18 424	36,3	50,1	48,4	51,3	51,4		751,0
33. Wiesbaden . .	8 396	9 799	10 504	11 302	12 169	12 149	31,3	40,7	47,1	48,3	49,6		732,1

B. Darunter Censiten mit über

1. Aachen	2 178	2 376	2 512	2 481	2 444	2 542	16,8	27,5	27,4	27,2	26,6	27,8	491,9
2. Altona.	2 030	2 625	2 654	2 695	2 820	2 774	12,1	20,4	20,4	20,8	22,9	22,2	330,6
3. Barmen	1 270	2 070	2 047	2 307	2 400	2 414	11,4	21,8	20,9	22,0	23,5	24,2	378,8
4. Berlin	43 432	43 846	43 819	43 098	42 749	42 348	431,0	540,4	525,1	517,7	518,5	534,6	12 167,0
5. Bochum	512	763	806	863	857	897	3,2	6,7	6,6	6,9	6,8	7,5	88,1
6. Breslau	8 178	8 222	8 459	8 377	8 601	8 595	63,8	75,5	76,6	76,0	76,1	77,8	1 769,4
7. Cassel	2 747	2 900	2 955	3 157	3 198	3 302	13,8	23,7	24,5	25,4	27,3	27,9	487,1
8. Charlottenburg .	2 748	3 400	3 650	4 007	4 711	5 491	23,5	41,4	43,1	47,4	54,1	63,9	675,5
9. Crefeld	1 485	1 900	1 797	1 784	1 867	2 006	10,6	18,2	17,6	17,1	17,5	19,5	286,7
10. Danzig	2 326	2 258	2 317	2 381	2 455	2 507	14,0	17,4	16,7	17,2	18,0	19,1	338,0
11. Dortmund . . .	1 315	1 705	1 779	1 804	1 957	2 069	9,0	15,1	15,4	15,4	16,3	17,2	342,4
12. Düsseldorf . . .	2 684	3 360	3 603	3 553	3 691	3 723	22,8	40,6	40,8	39,7	42,3	43,8	634,4
13. Duisburg	567	896	890	987	998	1 066	4,5	8,9	8,7	9,8	10,9		121,4
14. Elberfeld . . .	1 593	2 555	2 488	2 579	2 648	2 732	15,1	26,5	27,0	27,9	29,0	29,9	413,3
15. Erfurt	1 762	1 952	1 938	1 941	1 988	2 018	11,2	14,9	14,4	14,3	15,1	15,2	317,7
16. Essen	919	1 382	1 430	1 519	1 600	1 733	13,7	22,1	22,2	21,7	22,3	24,0	377,6
17. Frankfurt a. M. .	8 122	8 983	9 105	9 177	9 163	9 563	58,9	125,3	129,3	126,9	129,8	139,8	2 057,1
18. Frankfurt a. O. .	1 121	1 201	1 295	1 250	1 273	1 298	6,2	8,2	8,2	9,9	9,3	9,1	184,6
19. M.-Gladbach . .	502	851	878	903	919	985	3,7	7,6	7,9	8,9	9,5	10,8	96,3
20. Görlitz	1 101	1 371	1 415	1 473	1 515	1 679	7,7	11,6	11,9	12,1	12,6	14,0	219,0
21. Halle a. S. . . .	2 436	2 804	2 764	2 814	2 810	2 958	19,5	37,8	27,5	27,7	27,5	29,0	581,7
22. Hannover . . .	4 579	5 241	5 363	5 563	5 940	6 210	30,3	46,2	46,0	46,2	52,7	51,9	855,6
23. Kiel	1 819	2 001	1 990	2 002	1 229	2 047	11,8	14,8	14,8	14,0	15,0		391,1
24. Köln a. Rh. . .	6 992	7 578	7 267	7 588	7 747	7 838	64,1	81,0	79,1	80,3	82,5	85,5	1 771,3
25. Königsberg . . .	2 966	3 260	3 093	3 294	3 554	3 732	20,6	27,2	26,0	25,3	38,1	30,2	553,3
26. Liegnitz	868	1 129	1 125	1 114	1 148	1 151	5,0	8,3	8,0	7,9	9,1	8,1	182,6
27. Magdeburg . . .	5 232	5 663	5 554	5 270	5 366	5 332	49,8	57,3	52,6	52,6	53,5	53,7	1 404,0
28. Münster i. W. . .	1 160	1 566	1 671	1 730	1 774	1 977	5,9	11,0	11,8	19,2	12,7	13,3	199,0
29. Posen	1 769	1 866	1 853	1 807	1 861	1 881	11,0	14,6	14,3	13,9	13,9	14,4	572,3
30. Potsdam	1 898	2 038	2 125	2 200	2 196	2 253	13,5	16,7	17,3	17,8	17,8	18,3	381,8
31. Spandau	662	699	681	749	749	716	3,9	4,5	4,6	4,3	4,1	4,2	114,5
32. Stettin	3 038	3 438	3 506	3 606	3 549	3 787	21,0	31,7	30,5	31,1	31,8	33,0	574,1
33. Wiesbaden . . .	2 950	3 500	3 627	3 740	3 760	3 891	23,0	36,0	36,6	36,9	37,0	39,5	637,5

* Von 1896/97 an einschliesslich Bockenheim. Ueber die Aenderungen durch Eingemeindungen

| | | | | | II. Nicht physische Personen (erst seit 1892/93 pflichtig.) | | | | | | | | | | | | |
| Steuerbeträge in 1000 Mark | | | | | Veranlagte Censiten | | | | | Steuerbeträge in 1000 Mark | | | | | Städte. | |
92/93	93/94	94/95	95/96	96/97	92/93	93/94	94/95	95/96	96/97	92/96	93/94	94/95	95/96	96/97		
überhaupt.																
988,1	978,2	986,4	973,7	1002,6	7	10	11	10	10	55,3	98,0	92,1	82,3	87,8	Aachen.	1.
857,8	878,0	902,5	952,2	956,2	19	17	15	16	18	47,1	42,9	41,4	13,5	19,2	Altona.	2.
806,4	803,5	842,8	883,5	921,9	7	6	8	7	7	14,8	13,7	14,0	16,8	22,8	Barmen.	3.
451,4	20133,1	19902,7	20072,9	20469,2	242	259	244	274	278	2307,1	2112,3	1795,0	2015,8	2084,1	Berlin.	4.
306,0	308,5	307,9	309,3	332,8	13	12	8	6	5	294,6	184,7	42,6	20,3	26,4	Bochum.	5.
759,4	2790,2	2766,6	2797,1	2868,4	35	38	35	28	27	258,8	328,2	309,5	123,1	129,5	Breslau.	6.
821,8	854,6	886,8	969,2	975,2	9	10	9	7	7	13,6	15,3	16,4	14,3	16,2	Cassel.	7.
444,4	1520,0	1675,4	1928,9	2214,0	2	2	2	3	4	11,7	11,3	11,3	10,0	10,0	Charlottenbrg.	8.
724,9	681,5	654,7	655,5	721,6	6	6	6	6	6	8,0	9,0	9,2	10,1	16,4	Crefeld.	9.
311,0	599,5	607,2	641,1	669,4	6	5	5	5	7	21,6	17,9	14,7	15,6	20,1	Danzig.	10.
568,2	668,6	678,4	705,7	756,8	23	28	19	15	16	537,2	424,1	237,7	79,4	98,5	Dortmund.	11.
174,3	1489,0	1472,4	1579,2	1668,2	17	20	17	18	17	74,8	171,9	66,4	123,5	92,2	Düsseldorf.	12.
586,1	366,0	884,2	400,2	432,8	11	9	8	9	8	25,7	20,9	20,8	16,6	15,1	Duisburg.	13.
726,7	1032,0	1059,9	1078,2	1133,0	10	13	12	12	14	117,5	182,4	120,4	114,9	116,4	Elberfeld.	14.
568,9	560,0	561,6	594,5	629,6	7	8	7	8	8	18,3	18,9	15,3	14,4	11,5	Erfurt.	15.
598,4	894,3	869,2	892,9	962,4	21	20	19	12	10	470,0	443,4	406,4	235,4	144,6	Essen.	16.
538,9	4556,3	4501,9	4618,4	5011,1	52	42	46	46	57	863,7	257,7	277,5	254,5	315,7	Frankfurt a. M.	17.
524,3	324,8	328,5	838,9	336,8	4	4	4	3	3	14,8	14,2	9,8	9,8	10,7	Frankfurt a. O.	18.
889,7	296,2	331,8	352,1	396,7	5	6	7	5	5	2,8	3,6	6,9	10,7	18,2	M.-Gladbach.	19.
523,7	433,2	489,3	461,7	501,7	11	10	9	7	7	26,8	25,9	26,3	31,1	28,3	Görlitz.	20.
16,0	1017,3	1024,6	1027,6	1116,1	21	21	19	22	21	133,4	125,8	112,4	110,6	105,1	Halle a. S.	21.
22,4	1702,5	1723,2	1823,1	1915,5	23	20	22	22	19	56,7	46,4	52,8	65,9	61,6	Hannover.	22.
12,1	538,4	545,5	361,8	583,7	14	12	11	.	9	14,5	15,1	13,2	.	17,0	Kiel.	23.
48,1	3029,7	3142,5	3251,9	3819,7	51	45	45	46	48	304,2	258,8	246,7	240,5	280,7	Köln a. Rh.	24.
59,6	943,7	952,0	1018,6	1084,5	18	11	14	10	16	40,2	86,2	45,5	32,4	75,4	Königsberg.	25.
77,5	292,4	290,6	300,3	305,7	1	1	1	1	1	0,2	0,2	0,1	0,4	0,03	Liegnitz.	26.
10,9	2046,0	2084,1	2034,2	2037,5	32	29	27	26	27	163,1	135,4	186,3	157,2	174,5	Magdeburg.	27.
19,0	405,2	416,4	430,5	482,9	1	2	2	2	2	0,8	1,4	2,2	3,3	4,0	Münster i. W.	28.
5,3	507,1	497,6	503,8	520,2	9	10	10	10	12	13,2	12,5	12,4	12,9	17,8	Posen.	29.
8,2	592,4	607,2	614,8	629,0	4	5	5	4	4	29,8	26,9	25,6	24,4	24,9	Potsdam.	30.
2,8	223,2	235,2	236,4	220,7	—	1	2	1	—		1,2	1,0		0,6	Spandau.	31.
0,0	1110,4	1179,8	1168,6	1258,0	36	33	30	28	28	140,7	105,9	115,7	110,5	107,9	Stettin.	32.
2,4	1219,6	1234,3	1271,3	1340,3	5	5	5	5	7	33,0	29,4	25,2	23,5	29,0	Wiesbaden.	33.
Mark Einkommen.																
810,5	805,2	787,0	814,1		7	9	9	9	9	55,3	96,0	92,1	82,3	87,8	Aachen.	1.
572,3	585,0	628,8	681,5		16	15	14	14	18	47,1	42,8	41,4	13,5	19,3	Altona.	2.
617,8	649,6	687,6	717,8		5	5	6	5	6	14,7	13,7	14,0	16,7	22,7	Barmen.	3.
16397,6	16096,5	16060,7	16407,7		221	240	227	248	253	2306,5	2111,7	1794,5	2015,2	2083,6	Berlin.	4.
192,2	200,4	194,5	214,0		13	12	8	6	4	294,6	184,7	42,6	20,3	26,3	Bochum.	5.
2234,2	2181,1	2206,7	2364,0		33	35	30	26	26	258,8	328,1	309,4	123,1	129,5	Breslau.	6.
695,2	721,4	791,6	901,6		9	10	9	7	7	13,6	15,3	16,4	14,3	16,2	Cassel.	7.
1390,9	1456,5	1663,5	1919,9		2	2	2	3	4	11,7	11,3	11,5	10,0	10,0	Charlottenburg.	8.
513,2	496,7	503,9	569,0		6	6	5	5	6	8,0	9,0	9,2	10,0	16,4	Crefeld.	9.
457,2	464,6	490,6	506,6		6	5	5	4	7	21,6	17,9	14,7	15,6	20,1	Danzig.	10.
441,4	438,4	464,8	489,3		23	21	19	14	15	587,2	424,0	237,7	79,4	98,5	Dortmund.	11.
1258,9	1314,8	1301,1	1356,5		15	18	16	18	17	74,7	171,8	66,4	123,5	92,2	Düsseldorf.	12.
260,4	277,7	296,4	330,6		9	8	8	9	8	25,6	20,8	20,8	16,6	15,1	Duisburg.	13.
827,1	854,7	875,5	934,5		10	12	10	11	12	117,5	182,4	120,4	114,9	116,4	Elberfeld.	14.
400,8	398,0	432,9	437,4		7	8	7	8	8	18,3	18,9	15,3	14,4	11,5	Erfurt.	15.
743,1	713,5	731,0	787,1		21	20	19	12	10	470,0	443,4	406,4	235,4	144,6	Essen.	16.
4130,7	4060,4	4167,9	4501,2		49	39	43	44	49	863,7	257,6	277,7	254,4	315,5	Frankfurt a. M.	17.
243,6	243,5	252,3	248,6		4	4	4	3	3	14,3	14,2	9,8	9,8	10,7	Frankfurt a. O.	18.
227,5	260,0	280,1	335,5		4	6	6	4	4	2,8	3,6	6,9	10,7	18,1	M.-Gladbach.	19.
340,2	343,1	368,5	395,3		8	7	7	6	6	26,8	25,8	26,2	31,1	28,3	Görlitz.	20.
817,7	819,4	814,0	864,7		19	20	17	19	17	133,3	125,8	112,4	110,5	105,0	Halle a. S.	21.
1313,7	1313,2	1387,2	1461,6		19	19	18	19	17	56,7	46,4	52,7	65,9	61,5	Hannover.	22.
390,4	385,3	219,5	411,1		12	10	11	.	8	14,5	15,0	13,2	.	16,9	Kiel.	23.
2418,8	2459,1	2518,0	2621,6		46	43	43	42	45	304,0	258,7	246,6	240,4	280,6	Köln a. Rh.	24.
789,6	740,8	793,7	845,2		15	9	12	9	15	40,1	86,1	45,5	32,4	75,4	Königsberg.	25.
213,2	216,2	220,4	224,3		1	1	1	1	—	0,2	0,2	0,1	0,2	—	Liegnitz.	26.
1585,8	1572,7	1562,2	1569,4		29	27	27	25	27	163,1	135,3	136,3	157,2	174,5	Magdeburg.	27.
330,0	326,4	336,0	380,0		1	1	2	2	2	0,8	1,4	2,2	3,3	4,0	Münster i. W.	28.
396,1	386,1	395,7	406,1		7	10	10	10	11	13,1	12,5	12,4	12,9	17,8	Posen.	29.
494,9	505,7	508,2	521,3		4	4	5	4	4	29,8	26,9	25,6	24,4	24,9	Potsdam.	30.
114,7	114,5	112,4	104,3		—	1	1	1	—		1,2	1,0		0,6	Spandau.	31.
896,1	943,1	993,6	978,8		34	32	29	26	27	140,7	105,8	115,7	110,6	107,9	Stettin.	32.
1086,0	1090,3	1114,7	1184,2		5	5	5	5	7	33,0	29,4	25,2	23,5	29,0	Wiesbaden.	33.

Abschnitt I dieses Jahrbuchs sowie der früheren Jahrgänge.

Tabelle 2.   Die Ergebnisse der Veranlagung zur Einkommensteuer in den Einkommen

I. Physische

Städte 1.	Jahresbetrag der veranlagt. Steuer ℳ 2.	Censiten überhaupt 3.	davon waren veranlagt mit									
			900 bis 3000 ℳ				3000 bis 6000 ℳ				6000 bis	
			Censiten	%v.Sp 3	Steuerbetrag ℳ	%v.Sp 2	Censiten	%v.Sp 3	Steuerbetrag ℳ	%v.Sp 2	Censiten	%v.Sp
1. Aachen . .	1 002 630	12 010	9 468	78,83	188 534	18,80	1 448	12,06	133 652	13,33	457	3,81
2. Altona. . .	956 223	22 768	19 994	87,82	324 695	33,96	1 875	8,24	172 124	18,00	465	2,04
3. Barmen . .	921 934	14 779	12 365	83,67	204 180	22,14	1 485	10,05	132 326	14,35	383	2,59
4. Berlin . ,	20 469 189	327 317	285 069	87,09	4 061 493	19,84	21 861	6,68	2 128 912	10,40	8 552	2,61
5. Bochum . .	332 814	12 474	11 577	92,81	118 774	35,69	524	4,20	50 374	15,14	173	1,17
6. Breslau . .	2 868 360	39 784	31 189	78,40	604 396	21,07	5 151	12,95	482 338	16,83	1 660	4,17
7. Cassel . . .	975 150	11 542	8 240	71 39	173 510	17,79	2 009	17,41	187 308	19,21	685	5,2
8. Charlottenbg.	2 214 039	23 514	18 023	76,65	294 169	13,29	2 473	10,52	242 376	10,95	1 264	5,x
9. Crefeld . .	721 594	10 654	8 648	81,17	152 644	21,15	1 177	11,05	105 238	14,58	361	3,x
10. Danzig . .	669 435	10 763	8 256	76,71	162 871	24,33	1 577	14,65	146 298	21,85	509	4,7
11. Dortmund .	756 306	21 410	19 341	90,34	267 008	35,30	1 273	5,95	114 566	15,15	399	1,x
12. Düsseldorf .	1 668 219	21 929	18 206	88,02	311 879	18,70	2 071	9,44	190 100	11,40	718	3,x
13. Duisburg . .	432 810	7 917	6 851	86,54	102 232	23,62	677	8,55	60 548	13,99	175	2,x
14. Elberfeld . .	1 132 985	14 328	11 591	80,93	203 533	18,41	1 659	11,58	150 548	13,29	454	3,x
15. Erfurt . . .	629 597	11 724	9 706	82,79	192 151	30,52	1 335	11,39	124 884	19,84	363	3,x
16. Essen . . .	962 448	15 517	13 784	88,83	175 308	18,21	1 086	6,68	92 384	9,60	314	2,x
17. Frankfurt a.M	5 011 132	36 110	26 607	78,68	509 956	10,18	5 009	13,87	474 016	9,46	1 782	4,x
18. Frankfurt a.O	336 842	5 827	4 529	77,72	88 274	26,21	812	18,94	76 512	22,71	270	4,x
19. M.-Gladbach	396 682	4 993	4 008	80,27	78 168	18,45	542	10,86	49 290	12,43	195	3,x
20. Görlitz . .	501 683	7 191	5 512	76,65	106 409	21,21	1 036	14,41	96 940	19,32	334	4,x
21. Halle a. S. .	1 116 056	16 933	13 975	82,53	251 344	22,52	1 699	10,03	162 176	14,53	558	3,x
22. Hannover .	1 915 519	29 854	23 644	79,30	458 879	23,69	3 385	12,85	359 454	18,77	1 167	3,x
23. Kiel	583 733	12 806	10 259	83,27	172 667	29,58	1 305	10,80	124 058	21,25	412	3,x
24. Köln a. Rh.	3 319 695	49 804	41 966	84,26	698 063	21,05	4 658	9,35	428 080	12,90	1 405	2,x
25. Königsberg .	1 084 527	16 046	12 314	80,63	239 285	17,61	2 208	13,76	206 486	19,04	800	4,x
26. Liegnitz . .	305 718	5 146	3 995	77,63	81 428	26,64	721	14,11	66 524	21,76	229	4,x
27. Magdeburg .	2 037 511	31 391	26 059	83,01	468 143	22,98	3 169	10,10	294 000	14,43	954	3,x
28. Münster i. W.	482 929	6 955	4 978	71,57	102 909	21,31	1 271	18,27	117 182	24,26	383	5,x
29. Posen . . .	520 190	7 383	5 502	74,51	114 126	21,94	1 142	15,47	108 588	20,87	399	5,x
30. Potsdam . .	629 008	7 794	5 541	71,09	107 670	17,12	1 475	18,92	149 332	23,74	370	4,7
31. Spandau . .	220 720	9 340	8 624	92,33	116 432	52,75	518	5,55	47 642	21,58	135	1,4
32. Stettin . . .	1 252 965	18 424	14 637	79,45	279 213	22,28	2 180	11,83	204 616	16,33	777	4,x
33. Wiesbaden .	1 340 282	12 149	8 258	67,97	156 076	11,65	2 031	16,72	194 668	14,52	812	6,x
zusammen Städte über 50000 Einw.	56 768 925	856 071	712 716	83,25	11 561 369	20,37	81 242	9,50	7 673 540	13,52	27 914	3,x
dagegen: in all. Stadtkreis.	64 632 410	977 356	811 892	83,07	13 255 118	20,51	94 991	9,72	8 952 858	13,85	82 171	x
insämmtl.Stadtgem.	83 769 873	1 572 501	1 320 543	83,98	21 977 407	24,48	156 354	9,94	14 492 134	16,14	46 825	x
insämmtl.Landgem.	30 536 105	1 080 014	1 000 881	92,67	14 192 251	46,48	58 606	5,43	5 123 128	16,78	11 034	x
im ganzen Staat	120 305 978	2 652 515	2 321 424	87,52	36 169 658	30,06	214 960	8,10	19 615 262	16,30	57 859	x

II. Nicht

In den 33 grössten Städten . . .	4 182 898	709	56	7,90	1 388	0,03	59	8,32	6 170	0.15	37	x
in all. Stadtkreis.	4 427 326	823	71	8,63	1 662	0,04	67	8,14	6 934	0,16	51	x
im ganzen Staat	6 774 762	1 929	382	19,80	9 942	0,15	249	12,91	24 890	0,37	154	x

preussischen Städten von über 50 000 Einwohnern für das Jahr 1896/97 nach stufen.

Personen.

einem Einkommen von mehr als

9500 *M.*		9500 bis 30 500 *M.*				30 500 bis 100 000 *M.*				100 000 *M.*				
Steuer-betrag *M.*	% v. Sp. 2	Cen-siten	% v. Sp. 3	Steuer-betrag *M.*	% v. Sp. 2	Cen-siten	% v. Sp. 3	Steuer-betrag *M.*	% v. Sp. 2	Cen-siten	% v. Sp. 3	Steuer-betrag *M.*	% v. Sp. 2	
93 864	9,36	494	4,11	234 540	23,39	122	1,02	207 040	20,65	21	0,17	145 000	14,16	1.
93 384	9,77	362	1,59	165 960	17,36	60	0,36	107 260	11,22	12	0,05	92 800	9,70	2.
78 228	8,49	405	2,74	199 580	21,64	124	0,84	223 920	24,29	17	0,12	83 800	9,09	3.
1 743 524	8,52	9 078	2,77	4 328 480	21,13	2 295	0,70	4 008 180	19,58	462	0,14	4 208 600	20,54	4.
35 736	10,74	174	1,40	80 370	24,15	24	0,19	36 560	10,99	2	0,02	11 000	3,51	5.
339 136	11,82	1 469	3,69	672 570	23,45	286	0,72	495 520	17,28	29	0,07	274 400	9,57	6.
139 972	14,35	538	4,66	247 440	25,37	66	0,57	108 120	11,09	4	0,03	118 800	12,18	7.
260 344	11,76	1 446	6,15	676 410	30,55	261	1,11	439 340	19,84	47	0,20	301 400	13,61	8.
73 512	10,19	364	3,42	177 000	24,53	94	0,88	157 000	21,76	10	0,09	56 200	7,79	9.
102 136	15,26	376	3,49	168 810	25,22	42	0,39	68 520	10,24	3	0,03	20 800	3,11	10.
78 812	10,42	335	1,56	158 180	20,95	53	0,95	88 840	11,68	9	0,04	54 400	7,19	11.
147 940	8,87	708	3,33	344 100	20,63	181	0,83	319 800	19,17	45	0,21	354 400	21,34	12.
35 020	8,09	164	2,07	74 250	17,16	35	0,44	53 360	12,33	15	0,19	107 400	24,81	13.
92 044	8,12	458	3,20	217 440	19,19	120	0,84	213 820	18,87	41	0,29	250 600	22,12	14.
74 812	11,88	279	2,38	121 470	19,39	33	0,26	62 880	9,99	8	0,07	53 400	8,48	15.
63 616	6,61	319	2,06	142 020	14,76	50	0,32	86 120	8,95	14	0,09	408 000	41,87	16.
361 580	7,22	2 023	5,60	987 600	19,71	538	1,49	946 580	18,89	151	0,42	1 781 400	34,55	17.
54 976	16,32	197	8,38	88 200	26,18	19	0,33	28 880	8,57	—	—	—	—	18.
39 684	10,00	187	8,75	90 420	22,79	50	1,00	83 520	21,05	11	0,22	60 600	15,28	19.
67 704	13,50	256	3,56	112 530	22,43	50	0,70	82 700	16,48	3	0,04	35 400	7,06	20.
113 636	10,18	582	3,44	271 440	24,32	101	0,60	168 460	15,09	18	0,11	149 000	13,35	21.
235 046	12,27	1 022	3,42	465 240	24,39	161	0,54	251 900	13,15	25	0,08	150 000	7,83	22.
83 948	14,38	285	2,32	124 560	21,34	45	0,37	78 500	13,45	—	—	—	—	23.
284 632	8,57	1 387	2,78	648 840	19,55	306	0,61	528 480	15,77	82	0,16	786 600	22,19	24.
161 096	14,85	621	3,67	281 940	26,00	98	0,61	164 720	15,19	5	0,03	31 000	2,86	25.
46 356	15,16	188	3,65	82 350	26,94	10	0,19	15 860	5,19	3	0,06	18 200	4,33	26.
194 028	9,52	964	3,07	450 600	22,12	215	0,68	362 540	17,79	30	0,10	268 200	13,16	27.
77 728	16,10	285	4,10	121 770	25,22	37	0,53	58 340	12,08	1	0,01	5 000	1,04	28.
81 456	15,66	297	4,02	133 980	25,76	40	0,54	66 240	12,73	3	0,04	15 800	3,04	29.
78 076	12,41	358	4,59	164 070	26,08	41	0,53	62 060	9,87	9	0,12	67 800	10,78	30.
27 016	12,34	59	0,63	25 230	11,45	4	0,04	4 400	1,99	—	—	—	—	31.
159 176	12,70	697	8,78	319 080	25,47	121	0,66	210 880	16,83	12	0,07	80 000	6,38	32.
167 768	12,52	851	7,00	391 530	29,31	173	1,42	284 640	21,34	24	0,20	145 600	10,86	33.
4 685 986	8,25	27 228	3,18	12 757 950	22,47	5 855	0,68	10 069 480	17,74	1 116	0,13	10 020 600	17,65	
6 543 224	10,12	30 663	3,14	14 326 470	22,17	6 452	0,66	11 061 840	17,11	1 187	0,12	10 493 400	16,24	
9 453 702	10,53	39 662	2,53	18 292 350	20,58	7 720	0,49	13 243 680	14,75	1 397	0,10	12 310 600	13,71	
2 192 456	7,18	7 646	0,71	8 525 030	11,54	1 545	0,14	2 728 240	8,93	302	0,03	2 775 000	9,09	
II 646 153	9,63	47 308	1,78	21 817 380	18,13	9 265	0,85	15 971 920	13,29	1 699	0,06	15 085 600	12,54	

physische Personen.

8 180	0,30	159	22,43	87 840	2,10	185	26,09	394 020	9,43	213	30,04	3 684 800	88,10	
11 240	0,25	192	23,33	106 650	2,41	214	26,00	451 240	10,19	228	27,70	8 849 600	86,95	
33 020	0,49	423	21,93	231 990	3,42	382	19,80	815 120	12,03	339	17,57	5 659 800	83,54	

21*

Tabelle 3. Die Ergebnisse der Veranlagung zur Ergänzungssteuer in den

Städte	Censiten überhaupt	Jahresbetrag der veranlagten Steuer M.	6 bis 20 000 M.		20 bis 32 000 M.		32 bis 52 000 M.		52 bis 100000 M.	
			Censiten	Steuerbetrag M.	Censiten	Steuerbetrag M.	Censiten	Steuerbetrag M.	Censiten	Steuerbetrag M.
1. Aachen . . .	3 959	221 942	1 502	8 581	572	6 725	524	10 744	515	18 382
2. Altona . . .	5 072	171 161	2 062	11 390	920	10 055	789	15 967	676	23 670
3. Barmen . . .	4 292	184 826	1 785	9 949	577	7 258	632	12 898	588	20 530
4. Berlin . . .	53 782	4 029 857	16 894	90 009	6 982	77 996	7 096	146 771	8 784	313 493
5. Bochum . . .	1 505	47 580	713	4 068	198	2 448	212	4 386	181	6 462
6. Breslau . . .	13 890	604 090	5 320	30 069	1 589	20 240	2 197	45 088	2 227	78 945
7. Cassel . . .	4 548	199 906	1 485	8 167	738	8 090	668	13 729	704	24 872
8. Charlottenburg	6 402	488 528	1 250	7 118	798	8 181	911	18 871	1 238	44 354
9. Crefeld . . .	4 627	158 651	2 386	11 943	489	6 054	562	11 533	536	19 352
10. Danzig . . .	4 144	117 560	1 709	9 683	713	7 748	620	12 468	582	20 376
11. Dortmund . .	8 394	116 197	1 707	10 791	367	3 663	443	9 042	411	14 642
12. Düsseldorf . .	6 882	434 555	2 371	13 387	859	10 807	1 013	20 897	1 103	39 334
13. Duisburg . .	2 067	77 254	1 029	5 494	287	3 502	220	4 462	250	8 825
14. Elberfeld . .	4 684	250 107	1 912	10 674	657	8 139	660	13 521	628	22 304
15. Erfurt. . . .	3 758	118 200	1 710	9 098	469	5 788	550	11 186	526	18 699
16. Essen	2 239	166 986	950	5 129	323	4 051	310	6 426	276	9 773
17. Frankfurt a. M.	12 515	1 242 495	3 808	21 398	1 443	18 152	1 659	34 259	1 954	70 392
18. Frankfurt a. O.	2 315	66 829	973	5 163	305	3 775	360	7 359	358	12 605
19. M.-Gladbach .	1 833	80 911	793	4 265	240	3 011	253	5 193	249	8 714
20. Görlitz . . .	3 319	114 404	1 102	6 111	630	5 947	518	10 384	523	18 366
21. Halle a. S.. .	5 584	246 555	2 307	12 699	602	7 698	794	16 173	814	29 170
22. Hannover . .	10 808	405 488	4 370	24 880	1 222	15 615	1 748	35 660	1 655	58 952
23. Kiel	3 326	103 560	1 405	7 737	575	6 299	448	9 117	468	16 294
24. Köln a. Rh.. .	13 707	747 278	4 842	26 836	2 165	24 183	1 985	40 844	2 050	72 986
25. Königsberg i.Pr.	6 145	201 378	1 900	10 755	1 274	12 523	1 075	21 888	960	33 513
26. Liegnitz . . .	2 451	69 912	921	5 140	475	4 890	395	8 027	352	12 576
27. Magdeburg . .	8 431	398 478	2 919	16 085	1 438	15 366	1 268	25 824	1 264	44 987
28. Münster i. W..	2 872	102 722	1 058	5 799	374	4 632	455	9 413	486	17 392
29. Posen. . . .	2 281	82 555	776	4 369	344	4 330	375	7 666	389	13 797
30. Potsdam. . .	3 485	144 950	1 024	5 801	654	6 890	549	11 324	589	20 749
31. Spandau. . .	1 254	30 858	566	3 248	171	2 188	192	3 936	185	6 381
32. Stettin. . . .	5 348	217 842	1 981	11 121	705	8 814	844	17 308	844	29 897
33. Wiesbaden . .	6 261	418 210	1 778	9 661	748	8 411	861	17 824	1 051	37 764

Procentuale Vertheilung a. der Censiten

	a.	b.	a.	b.	a.	b.	a.	b.
Aachen	37,94	3,87	14,45	3,03	13,24	4,84	13,01	8,33
Altona	40,65	6,65	18,14	5,87	15,56	9,33	13,33	13,43
Barmen	41,59	5,38	13,44	3,93	14,73	6,98	13,70	11,00
Berlin.	31,41	2,23	12,98	1,94	13,19	3,64	16,34	7,78
Bochum	47,38	8,55	12,82	5,15	14,09	9,23	12,03	13,07
Breslau	38,30	4,98	11,44	3,	15,82	7,46	16,03	13,07
Cassel	32,69	4,09	16,24	4,	14,70	6,87	15,50	12,44
Charlottenburg .	19,53	1,46	12,46	1,	14,23	3,86	19,34	9,05
Crefeld	51,57	7,53	10,57	3,	12,15	7,27	11,58	12,13
Danzig	41,24	8,24	17,21	6,	14,96	10,61	14,04	17,33
Dortmund . . .	50,29	9,29	10,81	3,	13,05	7,78	12,11	12,60
Düsseldorf . . .	34,45	3,08	12,48	2,	14,72	4,81	16,03	9,05
Duisburg . . .	49,78	7,11	13,88	4,	10,64	5,78	12,09	11,42
Elberfeld . . .	40,82	4,27	14,03	5,25	14,09	5,41	13,41	8,91
Erfurt	45,50	7,70	12,48	4,	14,64	9,46	14,00	15,5
Essen	42,43	3,07	14,43	2,	13,85	3,85	12,83	5,85
Frankfurt a. M. .	30,39	1,72	11,53	1,	13,26	2,76	15,61	5,67
Frankfurt a. O. .	42,03	7,73	13,17		15,55	11,01	15,46	18,?
M.-Gladbach . .	43,26	5,27	13,09	5,	13,80	6,42	13,58	10,?
Görlitz	33,20	5,34	18,98	5,43	15,61	9,08	15,76	16,0
Halle a. S. . . .	41,31	5,15	10,78	3,	14,22	6,56	14,58	11,0
Hannover . . .	40,43	6,14	11,31	3,85	16,17	8,79	15,31	14,5
Kiel	42,24	7,47	17,29	6,08	13,47	8,80	14,07	15,7
Köln a. Rh. . .	35,33	3,59	15,79	3,24	14,48	5,47	14,96	9,7
Königsberg. . .	30,92	5,34	20,73	6,22	17,49	10,87	15,62	16,4
Liegnitz	37,58	7,35	19,38	7,00	16,12	11,48	14,36	17,98
Magdeburg . .	34,62	4,04	17,06	3,86	15,04	6,48	14,99	11,?
Münster i. W. . .	36,84	5,65	13,02	4,51	15,84	9,16	16,92	16,?
Posen	34,02	5,29	15,08	5,25	16,44	9,29	17,05	16,7
Potsdam	29,38	4,00	18,77	4,75	15,75	7,81	16,90	14,?
Spandau	45,14	10,53	13,64	7,	15,31	12,76	14,75	20,?
Stettin	37,04	5,11	13,18	4,08	15,78	7,95	15,78	13,?
Wiesbaden . . .	28,40	2,31	11,95	2,05	13,75	4,26	16,79	9,3

preussischen Städten von über 50000 Einwohnern für das Jahr 1896/97.

einem Vermögen von mehr als

100 bis 200000 ℳ		200 bis 500000 ℳ		500 b. 1000000 ℳ		1 bis 2 Million. ℳ		2 Millionen ℳ		Städte
Censiten	Steuerbetrag ℳ	Censiten	Steuerbetrag ℳ	Censiten	Steuerbetrag ℳ	Censiten	Steuerbetrag ℳ	Censiten	Steuerbetrag ℳ	
414	28 999	263	41 986	108	36 756	44	30 487	22	39 282	1. Aachen.
350	24 538	181	27 154	60	21 304	23	15 885	11	21 198	2. Altona.
329	23 161	236	37 258	91	32 959	47	32 244	7	8 774	3. Barmen.
6 409	457 572	4 806	755 609	1 681	603 387	751	538 275	429	1 046 746	4. Berlin.
109	7 626	71	10 689	22	8 027	1	678	3	3 156	5. Bochum.
1 415	100 381	829	127 719	206	72 336	79	57 986	28	71 826	6. Breslau.
507	35 606	337	50 573	80	28 730	21	13 591	8	16 548	7. Cassel.
1 026	74 095	808	127 495	247	89 705	91	64 740	33	53 989	8. Charlottenburg.
330	23 315	221	34 307	69	25 258	29	20 998	5	5 891	9. Crefeld.
326	22 838	154	23 728	27	9 647	10	7 069	3	4 008	10. Danzig.
248	17 555	157	24 334	37	13 013	18	12 897	6	10 267	11. Dortmund.
713	50 711	582	83 856	166	58 691	82	61 025	43	95 857	12. Düsseldorf.
148	10 523	96	14 685	22	8 236	7	4 776	8	16 747	13. Duisburg.
403	28 904	242	38 725	96	34 705	55	40 912	31	52 221	14. Elberfeld.
295	21 132	159	23 534	31	11 067	15	9 731	3	7 974	15. Erfurt.
204	14 652	124	19 356	28	10 277	11	7 816	13	89 508	16. Essen.
1 635	116 633	1 215	191 202	452	162 346	204	146 722	150	481 394	17. Frankfurt a. M.
205	14 535	90	14 189	22	7 963	2	1 283	—	—	18. Frankfurt a. O.
143	10 167	102	15 812	33	12 108	12	8 700	8	12 865	19. M.-Gladbach.
324	23 361	172	25 680	41	14 580	7	5 459	2	4 513	20. Görlitz.
594	42 157	331	52 391	97	33 433	27	18 278	18	34 558	21. Halle a. S.
994	71 059	603	92 621	154	54 914	50	35 735	12	16 043	22. Hannover.
263	18 381	114	17 916	38	14 422	11	7 542	4	5 849	23. Kiel.
1 341	94 571	862	131 073	277	98 225	104	77 499	81	181 059	24. Köln a. Rh.
574	40 707	284	42 291	52	18 105	20	13 213	6	8 384	25. Königsbg. i. Pr.
178	12 398	112	16 717	13	4 365	8	2 308	2	8 492	26. Liegnitz.
765	54 663	540	85 003	142	50 538	66	46 877	29	59 132	27. Magdeburg.
292	20 415	162	23 533	36	12 645	7	5 291	2	3 671	28. Münster i. W.
240	16 875	122	17 947	25	8 847	8	6 259	2	2 461	29. Posen.
387	27 963	218	33 466	40	13 886	15	10 457	9	14 412	30. Potsdam.
93	6 384	41	6 238	5	1 935	1	547	—	—	31. Spandau.
548	38 188	308	47 656	80	28 688	29	22 522	9	13 644	32. Stettin.
863	62 124	636	98 765	199	70 358	91	60 090	34	53 209	33. Wiesbaden.

und b. des Steuerbetrages.

a.	b.	a.	b.	a.	b.	a.	b.	a.	b.	
10,46	13,07	5,64	18,92	2,60	16,56	1,11	13,74	0,56	17,70	Aachen.
6,90	14,84	3,57	15,86	1,18	17,45	0,45	9,28	0,22	12,58	Altona.
7,67	12,53	5,50	20,16	2,12	17,83	1,10	17,45	0,16	4,75	Barmen.
11,92	11,85	8,94	18,75	3,13	14,97	1,40	13,36	0,80	25,97	Berlin.
7,24	16,05	4,72	22,49	1,46	16,89	0,07	1,42	0,20	6,64	Bochum.
10,19	16,62	5,97	21,14	1,48	11,97	0,57	9,60	0,20	11,81	Breslau.
11,16	17,81	7,42	25,30	1,76	14,37	0,46	6,80	0,07	8,28	Cassel.
16,03	15,17	12,62	26,10	3,86	18,86	1,42	13,25	0,52	11,05	Charlottenburg.
7,13	14,70	4,78	21,62	1,49	15,92	0,63	13,24	0,11	3,71	Crefeld.
7,87	19,43	3,72	20,18	0,65	8,21	0,24	6,01	0,07	3,41	Danzig.
7,51	15,11	4,63	20,94	1,09	11,20	0,53	11,09	0,18	8,84	Dortmund.
10,36	11,67	7,78	19,80	2,41	13,51	1,19	14,04	0,62	22,06	Düsseldorf.
7,16	13,62	4,64	19,01	1,06	10,96	0,34	6,18	0,39	21,63	Duisburg.
8,60	11,56	5,17	15,48	2,05	13,88	1,17	16,36	0,66	20,88	Elberfeld.
7,85	17,88	4,23	19,91	0,82	9,86	0,40	8,23	0,08	6,75	Erfurt.
9,11	8,77	5,54	11,59	1,25	6,15	0,49	4,68	0,58	58,60	Essen.
13,06	9,39	9,71	15,89	3,61	13,07	1,63	11,81	1,20	38,74	Frankfurt a. M.
8,86	21,75	3,89	21,16	0,95	11,92	0,09	1,92	—	—	Frankfurt a. O.
7,80	13,57	5,56	19,54	1,80	14,96	0,65	10,75	0,44	15,90	M.-Gladbach.
9,76	20,42	5,18	22,45	1,24	15,74	0,21	4,77	0,06	3,94	Görlitz.
10,64	17,10	5,93	21,25	1,74	18,56	0,48	7,41	0,32	14,02	Halle a. S.
9,20	17,52	5,58	22,84	1,42	18,54	0,46	8,81	0,11	3,96	Hannover.
7,91	17,75	3,43	17,80	1,14	13,93	0,53	7,98	0,12	5,65	Kiel.
9,78	12,66	6,29	17,54	2,02	13,14	0,76	10,37	0,59	24,28	Köln a. Rh.
9,34	20,21	4,62	21,00	0,85	8,99	0,33	6,56	0,10	4,16	Königsberg.
7,36	17,73	4,57	23,91	0,53	6,24	0,12	3,80	0,08	5,00	Liegnitz.
9,07	13,72	6,40	21,83	1,68	12,68	0,78	11,76	0,34	14,84	Magdeburg.
10,17	19,87	5,64	22,91	1,25	13,81	0,24	5,15	0,07	3,57	Münster i. W.
10,52	20,44	5,35	21,74	1,10	10,72	0,35	7,58	0,09	2,98	Posen.
11,10	19,29	6,28	25,09	1,15	9,58	0,43	7,21	0,26	9,94	Potsdam.
7,42	20,69	3,27	20,22	0,40	6,27	0,06	1,77	—	—	Spandau.
10,25	17,58	5,76	21,88	1,50	13,17	0,54	10,54	0,17	6,26	Stettin.
13,78	14,85	10,16	23,62	3,18	16,82	1,45	14,37	0,54	12,72	Wiesbaden.

Tabelle 4.   Einkommens- und Vermögensquellen der für das Jahr 1896/97 h von mehr als 3000 Mark veranlagta

Städte	Veranlagtes Gesammt-		Kapitalvermögen		Grundvermögen		Handel, Gewerbe, Bergu	
	Vermögen	Einkommen	Betrag des Kapitalvermögens	Jährliches Einkommen daraus	Werth des eigenen Besitzes einschl. des Betriebskapitals	Jährliches Einkommen daraus	Werth des Anlage- und Betriebskapitals	Einkommen daraus
			in tausend Mark.					
1. Aachen	452 566,5	30 544,3	212 066,1	8 570,3	163 575,1	4 633,8	76 841,7	11 51?
2. Altona	371 501,5	26 496,3	153 247,0	6 413,9	168 209,1	5 929,3	49 259,8	9 036,?
3. Barmen . . .	374 568,5	27 035,9	150 328,0	6 210,3	123 586,4	3 675,6	100 607,5	13 37?
4. Berlin . . .	9 722 874,3	629 427,3	3 901 355,6	168 995,6	4 162 575,1	148 827,6	1 650 664,1	196 77?
5. Bochum . . .	93 367,1	8 527,7	31 680,6	1 218,4	39 223,4	1 079,7	22 388,1	3 60?
6. Breslau . . .	1 268 822,8	89 118,9	603 827,6	25 148,8	436 494,0	15 101,4	228 499,8	28 91?
7. Cassel	431 268,3	31 816,6	232 168,5	9 273,9	117 600,5	4 650,0	81 281,9	10 45?
8. Charlottenburg	1 101 132,7	75 084,0	623 678,3	27 067,7	375 394,5	12 657,3	101 994,8	14 93?
9. Crefeld	284 650,9	21 301,8	111 662,1	4 855,1	72 045,9	2 057,8	100 380,5	10 90?
10. Danzig	237 368,3	21 633,8	111 188,0	4 687,4	79 169,8	3 321,8	46 094,3	7 54?
11. Dortmund . .	231 151,1	19 391,5	77 719,5	2 919,3	108 586,3	2 664,4	44 650,3	8 32?
12. Düsseldorf . .	854 540,6	49 594,0	454 767,3	19 802,0	285 610,1	7 300,7	112 657,0	13 97?
13. Duisburg . . .	151 174,9	12 066,1	62 114,3	2 754,3	43 946,5	1 166,9	45 061,3	5 31?
14. Elberfeld . . .	503 011,7	38 581,0	216 087,3	9 208,8	170 018,0	4 428,5	116 323,4	14 25?
15. Erfurt	227 440,7	17 176,4	109 593,9	4 423,3	75 067,3	2 221,9	42 711,0	6 10?
16. Essen	344 143,5	26 157,6	131 792,8	5 628,5	88 798,1	2 539,0	128 552,3	12 33?
17. Frankfurt a. M.	2 498 187,4	153 707,4	1 433 884,6	63 896,3	568 555,9	18 243,9	495 705,5	49 22?
18. Frankfurt a. O.	127 535,4	10 283,9	68 391,8	2 985,9	40 552,6	1 525,6	18 590,9	2 80?
19. M.-Gladbach .	153 889,6	11 573,6	55 968,1	2 318,6	43 846,7	1 055,6	54 024,6	6 64?
20. Görlitz	316 475,6	15 778,8	159 858,0	5 195,3	65 418,3	2 085,9	91 164,3	4 61?
21. Halle a. S. . .	483 976,8	32 546,7	247 916,4	10 249,9	160 932,9	4 334,5	74 680,8	10 69?
22. Hannover . .	812 756,3	59 275,3	400 761,3	16 614,1	266 971,4	9 006,9	142 339,6	17 55?
23. Kiel	212 189,6	17 257,6	106 011,1	4 474,5	63 192,5	2 494,8	41 210,1	4 33?
24. Köln a. Rh. . .	1 484 075,3	96 552,9	666 804,6	28 254,1	584 965,5	16 340,3	230 880,7	34 02?
25. Königsberg . .	408 518,4	34 369,8	217 888,4	9 472,1	128 754,9	5 724,1	61 244,4	9 67?
26. Liegnitz . . .	126 393,7	9 201,7	69 587,7	2 814,4	32 906,8	1 322,3	23 221,5	2 84?
27. Magdeburg . .	820 771,6	60 460,7	379 369,5	15 947,0	246 685,4	8 455,5	194 610,6	23 05?
28. Münster i. W. .	193 571,4	14 834,7	97 099,8	4 124,6	70 787,3	2 015,8	24 717,5	4 19?
29. Posen	191 401,5	17 399,6	81 149,4	3 801,9	82 001,4	4 165,8	28 760,5	4 5?
30. Potsdam . . .	302 827,3	20 520,9	185 508,6	7 924,8	89 891,6	2 757,7	27 426,9	3 4?
31. Spandau . . .	69 234,8	5 123,3	23 367,6	975,9	37 837,4	1 232,7	7 947,3	1 ??
32. Stettin	447 144,9	37 820,6	226 948,1	9 883,3	128 129,0	9 228,9	92 007,3	13 4?
33. Wiesbaden . .	868 035,5	45 363,3	561 176,0	23 008,3	235 226,7	7 919,9	66 516,3	7 3?

Städte	auf den Kopf der betr. Censiten in 1000 Mark:		Prozentuale Vertheilung des Vermögens (a) bezw. Einkommens					
	Vermögen	Einkommen	a. %	b. %	a. %	b. %	a. %	b. %
1. Aachen	178,0	12,0	46,86	28,06	36,14	15,17	16,98	37.7?
2. Altona	133,9	9,5	41,25	24,21	45,28	22,38	13,26	34.1?
3. Barmen . . .	155,2	11,3	40,13	22,97	33,00	13,59	26,86	49.4?
4. Berlin	230,1	14,9	40,13	26,85	42,81	23,65	16,98	31.?
5. Bochum . . .	104,1	9,5	33,93	14,29	42,01	12,66	23,98	42?
6. Breslau . . .	147,6	10,4	47,59	28,22	34,40	16,95	18,01	42.4?
7. Cassel	130,6	9,6	53,83	29,15	27,27	14,62	18,86	32?
8. Charlottenburg	200,5	13,7	56,64	36,05	34,09	16,86	9,26	19?
9. Crefeld . . .	141,9	10,6	39,23	22,79	25,31	9,66	35,26	4?
10. Danzig . . .	94,7	8,6	46,82	21,67	33,35	15,35	19,42	3?
11. Dortmund . .	111,7	9,4	33,62	15,05	46,98	13,74	19,32	43?
12. Düsseldorf . .	229,5	13,5	53,22	39,93	33,42	14,72	13,18	2?
13. Duisburg . .	141,8	11,3	41,09	22,83	29,07	9,67	29,81	4?
14. Elberfeld . .	184,1	12,3	42,96	24,98	33,80	13,21	23,13	4?
15. Erfurt	112,7	8,5	48,18	25,75	33,01	12,94	18,78	3?
16. Essen	196,6	15,1	38,30	21,52	24,35	9,71	37,35	4?
17. Frankfurt a. M.*)	362,9	16,2	57,40	41,56*)	22,76	11,87*)	19,84	?
18. Frankfurt a. O.	96,3	7,9	53,62	28,55	31,80	14,84	14,58	?
19. M.-Gladbach .	156,2	11,7	36,38	20,08	28,50	9,12	35,12	?
20. Görlitz . . .	188,5	9,4	50,51	32,92	20,67	13,22	28,81	?
21. Halle a. S. . .	163,6	11,0	51,23	31,49	33,25	13,32	15,43	?
22. Hannover . .	130,9	9,5	49,31	28,03	32,85	15,20	17,51	?
23. Kiel	107,7	8,4	49,96	25,93	29,78	14,45	19,43	?
24. Köln a. Rh. . .	189,5	12,3	44,93	29,26	39,42	16,92	15,56	?
25. Königsberg . .	109,5	9,2	53,34	27,56	31,52	16,65	14,99	?
26. Liegnitz . . .	109,8	8,0	55,05	30,59	26,04	14,37	18,37	?
27. Magdeburg . .	158,9	11,3	46,22	26,37	30,06	13,99	23,71	?
28. Münster i. W. .	97,9	7,5	50,16	27,80	36,57	13,60	12,77	?
29. Posen	102,0	9,3	42,38	19,55	42,73	23,94	14,99	?
30. Potsdam . . .	134,4	9,1	61,25	38,62	29,68	13,44	9,07	?
31. Spandau . . .	96,7	7,2	33,75	19,05	54,65	24,06	11,48	?
32. Stettin	118,1	10,0	50,75	26,00	28,65	15,67	20,58	?
33. Wiesbaden . .	221,3	11,7	65,02	50,72	27,26	17,46	7,71	?

. den preussischen Städten von über 50 000 Einwohnern mit einem Einkommen . physischen Personen.

Einkommens. Werth der selbständigen Rechte und Gerechtigkeiten	Einkommen aus gewinnbringender Beschäftigung etc.	In Abzug zu bringender Kapitalwerth der Schulden	Gesetzlich gestattete Abzüge gemäss § 9 I, 2, 3, 6 und 7 des Gesetzes.	Verbleibt steuer- bares Vermögen	Verbleibt steuer- pflichtiges Einkommen	Städte
in tausend Mark.						
63,5	5 822,6	51 898,1	2 726,7	400 668,3	27 817,5	1. Aachen.
785,4	5 116,4	97 691,0	4 249,6	273 810,4	22 247,1	2. Altona.
46,7	3 778,5	62 371,0	2 863,4	312 197,7	24 172,4	3. Barmen.
7 779,1	114 824,1	2 410 782,1	104 869,9	7 311 592,0	524 557,3	4. Berlin.
75,0	2 624,8	19 188,1	1 014,8	74 179,0	7 512,9	5. Bochum.
1,2	19 956,0	254 732,3	11 361,6	1 014 090,4	77 757,4	6. Breslau.
217,9	7 434,1	78 726,1	3 950,6	352 542,7	27 865,9	7. Cassel.
65,1	20 421,6	222 191,3	11 189,5	878 941,4	63 894,5	8. Charlottenburg.
562,1	3 488,6	34 583,8	1 808,2	250 067,0	19 493,6	9. Crefeld.
966,0	6 079,4	51 357,3	2 581,7	186 010,9	19 052,1	10. Danzig.
194,8	5 486,8	42 378,1	2 104,8	188 772,9	17 286,7	11. Dortmund.
1 506,2	8 514,3	119 123,9	5 798,5	735 416,6	43 795,4	12. Düsseldorf.
52,9	2 834,6	22 931,2	1 157,9	128 243,7	10 908,2	13. Duisburg.
582,5	5 817,8	76 549,6	3 619,4	426 462,0	29 911,5	14. Elberfeld.
68,4	4 424,5	88 173,9	1 964,0	189 266,8	15 212,3	15. Erfurt.
—	5 668,6	42 320,3	2 136,8	301 822,9	24 021,3	16. Essen.
93,2	22 340,5	348 015,9	13 952,5	2 150 171,4	139 754,9	17. Frankfurt a. M.
—	3 014,2	23 393,0	1 185,8	104 142,3	9 098,0	18. Frankfurt a. O.
—	1 558,3	16 881,0	813,8	136 958,5	10 759,7	19. M.-Gladbach.
35,0	3 886,4	46 897,3	1 809,0	269 578,2	13 968,4	20. Görlitz.
446,5	7 263,1	74 189,6	3 529,8	409 787,1	29 016,9	21. Halle a. S.
2 683,8	16 100,1	153 498,2	7 421,1	659 257,9	51 854,1	22. Hannover.
1 775,7	5 949,7	46 077,7	2 299,6	166 111,8	14 958,0	23. Kiel.
1 424,2	17 937,1	216 307,3	11 096,4	1 267 767,8	85 456,5	24. Köln a. Rh.
625,7	9 500,0	83 680,8	4 159,8	324 832,8	30 209,9	25. Königsberg.
675,6	2 215,6	22 724,2	1 106,0	103 669,5	8 095,7	26. Liegnitz.
106,0	13 001,8	150 197,7	6 763,8	670 573,9	53 696,8	27. Magdeburg.
967,3	4 500,2	30 468,2	1 523,5	163 103,2	13 811,1	28. Münster i. W.
—	5 325,9	58 687,1	3 010,5	133 224,3	14 389,1	29. Posen.
—	6 405,2	48 101,3	2 223,6	254 725,8	18 297,2	30. Potsdam.
82,4	1 625,6	22 596,4	950,0	46 638,3	4 173,2	31. Spandau.
60,3	8 630,1	91 281,8	4 809,3	855 863,0	33 011,2	32. Stettin.
116,4	7 085,1	120 473,8	5 904,7	742 561,7	39 458,6	33. Wiesbaden.

nach Arten. a. %	nach Arten. b. %	Abzüge in % des Vermögens	Abzüge in % des Einkommens	Auf den Kopf der betr. Censiten in 1000 Mark.		
0.02	19,06	11,47	8,93	157,6	10,9	1. Aachen.
0.21	19,21	26,30	16,04	98,7	8,0	2. Altona.
0,01	13,98	16,65	10,59	129,3	10,0	3. Barmen.
0,06	18,24	24,80	16,66	173,1	12,4	4. Berlin.
0.08	30,78	20,55	11,90	82,7	8,4	5. Bochum.
0,00	22,39	20,08	12,75	118,0	9,0	6. Breslau.
0,05	23,36	18,25	12,42	106,8	8,4	7. Cassel.
0,01	27,20	20,18	14,90	160,1	11,6	8. Charlottenburg.
0,20	16,38	12,16	8,49	124,7	9,7	9. Crefeld.
0,41	28,10	21,64	11,93	74,2	7,6	10. Danzig.
0,08	28,30	18,83	10,85	91,2	8,4	11. Dortmund.
0.18	17,17	13,94	11,69	197,5	11,8	12. Düsseldorf.
0.08	23,49	15,17	9,60	120,3	10,2	13. Duisburg.
0,11	17,35	15,22	10,80	155,8	10,9	14. Elberfeld.
.03	25,76	16,78	11,43	93,8	7,5	15. Erfurt.
—	21,65	12,30	8,17	174,2	13,9	16. Essen.
,00	14,54*)	13,98	9,08	226,3	14,7	17. Frankfurt a. M *)
—	29,31	18,34	11,58	80,2	7,0	18. Frankfurt a. O.
—	12,47	10,97	7,03	139,0	10.9	19. M.-Gladbach.
.01	24,68	14,82	11,47	160,6	8,3	20. Görlitz.
.09	22,32	15,33	10,85	138,5	9,8	21. Halle a. S.
,33	27,16	18,89	12,52	106,2	8,4	22. Hannover.
.83	34,48	21,72	13,83	81,1	7,3	23. Kiel
.09	18,58	14,57	11,49	161,7	10,9	24. Köln a. Rh.
15	27,64	20,48	12,10	87,0	8,1	25. Königsberg.
54	24,06	17,99	12,02	90,1	7,0	26. Liegnitz.
01	21,51	18,30	11,19	125,8	10,1	27. Magdeburg.
50	30,34	15,74	10,27	82,5	6,7	28. Münster i. W.
—	30,61	30,58	17,30	70,8	7,6	29. Posen.
—	31,21	15,88	10,84	113,1	8,1	30. Potsdam.
12	31,78	32,64	18,54	65,1	5,8	31. Spandau.
02	22,82	20,41	12,72	94,0	8,7	32. Stettin.
1	15,51	13,96	13,02	190,8	10,1	33. Wiesbaden.

*) Für Frankfurt ist die procentuale Vertheilung des Gesammteinkommens aller steuerpflichtigen Censiten nach Einnahmequellen für 1893/94 wie folgt ermittelt:

Einkommen der Censiten	aus Kapitalvermögen %	Grundvermögen %	Handel u. Gew. %	Gehalt und Lohn %
unter 3000 Mark	6,3	15,7	26,2	51,8
über 3000 Mark	42,9	12.0	31,7	13,4
Summe überhaupt . . .	34,8	12,8	30,5	21,9

Tabelle 5. Verhältniss des aus den einzelnen Einkommensquellen fliessenden Einkommens zur Grösse des betr. Vermögens bezw. zum Werthe des Betriebskapitals bei den mit mehr als 3000 Mark Einkommen veranlagten Censiten in den preussischen Städten von über 50 000 Einwohnern (Veranlagungs-Ergebnisse 1896/97).

(Versuchweise Berechnung auf Grund der Tabelle 4.)

Städte.	Kapital-vermögen	Grund-vermögen	Handel u. Gewerbe	Städte.	Kapital-vermögen	Grund-vermögen	Handel u. Gewerbe	Städte.	Kapital-vermögen	Grund-vermögen	Handel u. Gewerbe
	beträgt in %				beträgt in %				beträgt in %		
Aachen . . .	4,04	2,83	14,99	Düsseldorf . .	4,35	2,56	12,41	Kiel	4,22	3,95	10,53
Altona . . .	4,19	3,53	18,34	Duisburg . .	4,43	2,66	11,78	Köln a. Rh. .	4,24	2,79	14,74
Barmen . . .	4,13	2,97	13,29	Elberfeld . .	4,18	2,60	12,26	Königsberg i. Pr.	4,35	4,45	15,72
Berlin . . .	4,33	3,58	11,92	Erfurt. . . .	4,04	2,96	14,30	Liegnitz . . .	4,04	4,02	12,8?
Bochum . . .	3,85	2,75	16,10	Essen	4,27	3,03	9,59	Magdeburg . .	4,20	3,43	11,9
Breslau . . .	4,16	3,46	12,65	Frankfurt a. M. .	4,46	3,21	9,93	Münster i. W. .	4,25	2,85	16,?
Cassel . . .	3,99	3,95	12,87	Frankfurt a. O. .	4,29	3,76	15,10	Posen	4,19	5,08	15,?
Charlottenburg . .	4,34	3,37	14,65	M.-Gladbach .	4,14	2,41	12,99	Potsdam . . .	4,27	3,07	12,8
Crefeld . . .	4,35	2,86	10,86	Görlitz	. . .	3,25	3,19	5,06	Spandau . . .	4,18	3,26	16,?
Danzig . . .	4,32	4,20	16,37	Halle a. S. . .	4,13	2,69	14,33	Stettin . . .	4,33	4,63	14,4
Dortmund . .	3,76	2,45	18,64	Hannover . .	4,14	3,37	12,33	Wiesbaden . .	4,10	3,37	11,?

Tabelle 6. Die Ergebnisse der Veranlagung zur Einkommensteuer in den preussischen Städten von über 50 000 Einwohnern im Vergleiche mit den Ergebnissen für Staat, Stadt und Land.

Jahr.	Censiten (Physische Personen)	Steuerertrag überhaupt in 1000 ℳ	auf den Kopf der Censiten	Censiten (900–3000 ℳ)	Steuerertrag (900–3000 ℳ)	Censiten (über 3000 ℳ)	Steuerertrag (über 3000 ℳ)
				in Prozenten			

A. Staat.

1891/92	1 997 638	79 558,8	39,8	87,3	33,7	12,7	66,3
1892/93	2 435 858	114 786,1	47,1	87,0	28,6	13,0	71,4
1893/94	2 479 778	113 797,9	45,7	87,1	29,4	12,9	70,6
1894/95	2 519 008	114 272,9	45,3	87,3	30,0	12,7	70,0
1895/96	2 603 392	116 516,3	44,6	87,5	30,4	12,5	69,6
1896/97	2 652 515	120 306,0	45,4	87,5	30,1	12,5	69,9

B. Sämmtliche Landgemeinden.

1891/92	812 307	21 506,1	26,0	93,3	50,1	6,7	49,9
1892/93	1 025 942	30 471,1	29,7	92,3	44,5	7,7	55,5
1893/94	1 035 212	30 034,5	29,0	92,3	45,3	7,7	54,7
1894/95	1 042 199	29 840,7	28,6	92,5	45,9	7,5	54,1
1895/96	1 061 839	30 067,1	28,3	92,7	46,5	7,3	53,5
1896/97	1 080 014	30 586,1	28,3	92,7	46,5	7,3	53,5

C. Sämmtliche Stadtgemeinden.

1891/92	1 185 331	58 052,8	49,0	83,2	27,6	16,8	72,4
1892/93	1 409 916	84 315,0	59,8	83,1	23,0	16,9	77,0
1893/94	1 444 566	83 763,4	58,0	83,4	23,7	16,6	76,3
1894/95	1 476 809	84 431,6	57,2	83,6	24,3	16,4	75,7
1895/96	1 541 453	86 449,2	56,1	84,0	24,8	16,0	75,3
1896/97	1 572 501	89 770,0	57,1	84,0	24,5	16,0	75,5

D. Sämmtliche Stadtkreise.

1891/92	732 110	41 637,1	56,9	82,5	23,0	17,5	77,0
1892/93	851 467	60 097,7	70,6	81,9	18,8	18,1	81,1
1893/94	876 877	59 721,4	68,1	82,2	19,6	17,8	80,4
1894/95	896 606	60 060,0	67,0	82,4	20,2	17,6	79,3
1895/96	940 916	61 443,5	65,3	83,0	20,6	17,0	79,4
1896/97	977 856	64 632,4	66,1	83,1	20,5	16,9	79,3

E. Städte mit über 50 000 Einwohnern.

1891/92	655 112	37 875,8	57,8	81,2	22,4	18,8	77,?
1892/93	757 279	54 258,9	71,6	82,1	18,4	17,9	81,?
1893/94	777 627	53 790,4	69,2	82,5	19,2	17,5	80,?
1894/95	794 346	54 042,1	68,0	82,7	19,8	17,3	80,?
1895/96	835 347	55 247,6	66,1	83,3	20,2	16,7	79,?
1896/97	856 071	57 768,9	67,5	83,3	20,0	16,7	80?

Die Städte von über 50 000 Einwohnern umfassen 17,7 % der Gesammtbevölkerung des Staates (Volkszählung 1895); die Censiten betragen 1891/92 32,8 %, 1896/97 32,8 % aller Steuerpflichtigen der Monarchie und ihr Steuerertrag bedeutet 1891/92 47,6 %, 1896/97 48,0 % des gesammten Steuersolls.

Tabelle 7.   Die Ergebnisse der Veranlagung zur Einkommensteuer in den sächsischen Städten von über 50000 Einwohnern in den Jahren 1892 und 1894.
(Deklaration bei Einkommen von 1600 Mark an.)
a. Ergebnisse nach Einkommensstufen.

Städte	Einkommens-klassen M	Absolute Zahlen 1892 Censiten (C)	Steuer-ertrag (St)	Steuerpflichtiges Einkommen (E)	1894 Censiten (C)	Steuer-ertrag (St)	Steuerpflichtiges Einkommen (E)	Relativzahlen 1892 C	St	E	1894 C	St	E
Leipzig	300— 600	45217	48240	20558665	45917	48863	20835426	30,0	1,0	7,8	30,0	0,9	7,7
	600— 800	21768	77852	15747466	21924	78878	15873757	14,4	1,6	6,0	14,3	1,5	5,9
	800— 2200	66686	774140	80163042	67022	796676	81522577	44,2	16,0	30,4	43,7	15,5	30,3
	2200— 5400	11643	801728	38806577	12459	857874	40946964	7,7	16,6	14,5	8,1	16,6	15,2
	5400— 10800	3219	668709	23912821	3365	697140	24902199	2,1	13,9	9,1	2,2	13,5	9,3
	10800— 51000	2131	1238730	43576022	2218	1304580	44550685	1,4	25,7	16,6	1,5	25,3	16,6
	51000—100000	304	1214040	41190729	220	478797	14976911	0,2	25,2	15,6	0,1	9,3	5,6
	über 100000				106	898020	25199040				0,1	17,4	9,4
	zusammen	150968	4823439	263455322	153231	5160828	268807559	100,0	100,0	100,0	100,0	100,0	100,0
	dar.jur.Person.	470	Angaben fehlen		514								
	Steuerfreie unter 300 M.	5541	.	1378910	5165	.	1276410						
Dresden	300— 600	38861	47691	18761576	42921	53629	20778277	29,4	1,1	7,9	28,4	1,1	7,8
	600— 800	21659	77176	15648988	24972	88757	17957446	16,4	1,7	6,6	16,6	1,7	6,7
	800— 2200	54060	616914	64537886	63073	723515	75420480	40,9	11,0	27,1	41,7	14,2	28,2
	2200— 5400	11798	819028	39141266	13472	935484	44704822	8,9	18,6	16,5	8,9	18,4	16,7
	5400— 10800	3512	733122	26382082	3961	828522	29734551	2,6	16,7	11,1	2,6	16,3	11,1
	10800— 51000	2190	1207310	42605187	2384	1350930	46526890	1,6	27,4	17,9	1,6	26,6	17,4
	51000—100000	218	903964	30676867	153	342309	10692686	0,2	20,5	12,9	0,1	6,7	4,0
	über 100000				85	765360	21492118				0,1	15,0	8,1
	zusammen	132298	4405205	237753852	151021	5088506	267307270	100,0	100,0	100,0	100,0	100,0	100,0
	dar.jur.Person.	614	Angaben fehlen		685								
	Steuerfreie unter 300 M.	2663	.	722904	2702	.	725178						
Chemnitz	300— 600	19406	20606	8863405	20862	22478	9562846	35,3	1,4	10,5	35,9	1,4	10,8
	600— 800	9827	35701	7141650	10035	36330	7287445	17,9	2,4	8,5	17,3	2,3	8,3
	800— 2200	19935	239670	24296185	21030	255747	25756644	36,2	16,4	28,7	36,1	16,3	29,2
	2200— 5400	3992	277786	13290155	4198	286832	13731070	7,3	19,0	15,6	7,3	18,3	15,6
	5400— 10800	1094	226899	8126095	1157	238230	8521195	2,0	15,5	9,6	2,0	15,2	9,7
	10800— 51000	661	373686	13134000	699	409425	13985745	1,2	25,5	15,5	1,2	26,1	15,3
	51000—100000	68	289320	9795535	51	110649	3447450	0,1	19,8	11,6	0,1	7,0	3,9
	über 100000				23	210240	5904955				0,1	13,4	6,7
	zusammen	54983	1463668	84557025	58055	1569931	88197350	100,0	100,0	100,0	100,0	100,0	100,0
	dar.jur.Person.	69	Angaben fehlen		87								
	Steuerfreie unter 300 M.	2260	.	614190	2383	.	667350						
Plauen	300— 600	9116	9959	4188390	9667	11459	4562550	48,6	2,5	17,3	47,5	2,5	16,9
	600— 800	3406	11606	2408831	3775	12816	2676475	18,2	3,0	9,9	18,5	2,8	9,9
	800— 2200	4431	55595	5525210	4951	63497	6292775	23,6	14,2	22,9	24,3	14,3	23,3
	2200— 5400	1247	87197	4147817	1379	96228	4581395	6,7	22,3	17,1	6,8	21,4	17,0
	5400— 10800	334	69480	2481805	364	76419	2735060	1,8	17,8	10,2	1,8	17,0	10,1
	10800— 51000	190	108222	3807545	201	116370	3974805	1,0	27,7	15,7	1,0	25,8	14,7
	51000—100000	19	48690	1663225	17	36894	1159405	0,1	12,5	6,9	0,1	8,2	4,3
	über 100000				8	35820	1021435				0,0	8,0	3,8
	zusammen	18743	390749	24222823	20362	450403	27003900	100,0	100,0	100,0	100,0	100,0	100,0
	dar.jur.Person.	12	Angaben fehlen		14								
	Steuerfreie unter 300 M.	752	.	192750	783	.	210985						
Zwickau	300— 600	4126	4792	1980910	4601	5479	2223630	26,6	0,9	7,2	28,5	1,0	7,9
	600— 800	2510	8914	1853910	2769	9744	1999510	16,1	1,8	6,7	17,1	1,8	7,1
	800— 2200	6943	80157	8328300	6711	79209	8120340	44,7	16,0	30,1	41,6	14,9	29,0
	2200— 5400	1397	94822	4576440	1490	102277	4848170	9,0	18,9	16,5	9,2	19,3	17,5
	5400— 10800	327	67932	2433270	347	71361	2560760	2,1	13,5	8,8	2,1	13,5	9,1
	10800— 51000	198	109998	3881460	205	118866	4056110	1,3	21,9	14,1	1,3	22,4	14,5
	51000—100000	30	135450	4586000	15	34056	1052580	0,2	27,0	16,6	0,1	6,4	3,8
	über 100000				12	109980	3097180				0,1	20,7	11,1
	zusammen	15531	502065	27640290	16150	530972	28008280	100,0	100,0	100,0	100,0	100,0	100,0
	dar.jur.Person.	62	Angaben fehlen		64								
	Steuerfreie (unter 300 Mark)	104	.	28900	145	.	39260						

b. Die Hauptquellen des Einkommens in Dresden, Leipzig und Chemnitz für das Jahr 1894.

Städte	Sa. der Einkünfte M.	Darunter aus				Abzuziehende Schuldenzinsen zusammen M.	Verbleibendes Gesammteinkommen		
		Grundbesitz M.	Renten M.	Gehalt und Lohn M.	Handel und Gewerbe M.		zusammen M.	auf den Kopf der Bev. M.	Cers.
Dresden . . .	290 255 151	34 719 403	59 657 072	115 498 822	80 384 854	22 221 028	268 084 123	925	1744
in % .		11,96	20,55	39,80	27,69	7,66			
Leipzig	293 575 437	36 064 772	39 088 050	114 847 225	108 625 390	23 490 023	270 085 414	756	1705
in % .		12,28	13,30	39,12	35,30	8,00			
Chemnitz . . .	95 263 320	10 400 885	9 190 110	42 008 425	38 663 900	6 399 115	88 864 205	639	1470
in % .		10,92	9,65	44,09	35,34	6,72			

Bemerkungen. Durch die Novelle vom 10. März 1894 hat das sächsische Einkommensteuergesetz von 1878 verschiedene Aenderungen erfahren, insbesondere ist seit 1. Januar 1895 die Steuerfreiheit bis zu einem Einkommen von 400 Mark gewährt und die Progression des Steuertarifs geändert.

Das hier ausgewiesene Gesammteinkommen differirt wegen der verschiedenen Unterlagen etwas gegen Tabelle 7 a.

Tabelle 8. Die Ergebnisse der Veranlagung in den badischen Städten von über 50000 Einwohnern in den Jahren 1891 und 1896.

a) Vertheilung der Steuerpflichtigen nach Einkommensstufen (Deklaration).

Städte	1891														18..
	Anzahl der Steuerpflichtigen mit einem Einkommen von													Steuerpflichtige überhaupt	Steuerpflichtige überhaupt
	500 M	600 bis 1000 M	1000 bis 1500 M	1500 bis 2000 M	2000 bis 3000 M	3000 bis 5000 M	5000 bis 10000 M	10000 bis 15000 M	15000 bis 20000 M	20000 bis 30000 M	30000 bis 50000 M	50000 bis 100000 M	100000 M und mehr		
Freiburg . . (mit Haslach und Günthersthal)	892	4982	2117	1038	1052	893	618	141	52	48	24	13	6	11871	12702
%	7,51	41,97	17,83	8,70	8,86	7,52	5,21	1,19	0,44	0,41	0,20	0,11	0,05	100,00	
Karlsruhe . . (mit Mühlburg)	1087	6380	3710	2000	2038	1475	1038	274	94	56	43	18	14	18177	21850
%	5,98	34,82	20,41	11,00	11,21	8,11	5,71	1,51	0,52	0,31	0,24	0,10	0,08	100,00	
Mannheim . .	967	9094	4830	1949	1833	1473	1086	311	187	102	74	43	29	21928	25694
%	4,41	41,47	22,03	8,89	8,36	6,72	4,95	1,42	0,62	0,46	0,34	0,20	0,13	100,00	

b) Einkommensquellen.

Städte	Jahr	Gesammtes Einkommen M.	darunter aus				Abzuziehende Schuldenzinsen M.	Verbleibendes steuerpflichtiges Einkommen	
			Grundstücken, Gebäuden, Land- und Forstwirthschaft M.	Gewerbebetrieb M.	sonstiger Arbeit und Dienstleistungen M.	Kapital und Renten M.		überhaupt M.	auf den Kopf des Steuerpflichtigen M.
Freiburg . .	1891	27 143 781	3 900 985	7 958 654	9 826 397	5 457 745	2 288 670	24 855 111	2 094
%			14,37	29,32	36,20	20,11	8,43		
" . .	1896	31 316 891	3 960 343	7 950 641	11 782 593	7 623 314	2 530 653	28 786 238	2 265
%			12,65	25,39	37,62	24,34	8,08		
Karlsruhe . .	1891	46 239 064	5 814 586	9 495 424	20 926 572	10 002 482	3 959 510	42 279 554	2 325
%			12,58	20,53	45,26	21,63	8,56		
" . .	1896	56 172 999	6 589 877	11 068 244	26 890 687	11 624 191	4 734 573	51 438 426	2 354
%			11,73	19,70	47,87	20,70	8,43		
Mannheim . .	1891	60 215 004	6 766 456	25 187 142	21 058 465	7 202 941	4 621 769	55 593 235	2 555
%			11,24	41,83	34,97	11,90	7,68		
" . .	1896	69 758 327	7 259 405	26 385 161	27 410 023	8 703 738	5 122 287	64 636 040	2 515
%			10,41	37,82	39,29	12,48	7,34		

Bemerkungen. Die Vertheilung nach Einkommensstufen ist 1896 für die einzelnen Gemeinden nicht vorhanden. Durch Novelle vom 6. Mai 1892 ist für einen Theil der juristischen Personen vom 1. Januar 1894 an, die Steuerpflicht aufgehoben und im übrigen in der Bemessung des sogenannten „Steueranschlags" für die höheren Einkommen eine Aenderung eingetreten. — Einkommen von unter 500 M. sind steuerfrei.

Tabelle 9. Die Vertheilung der steuerpflichtigen Personen (einschl. Actiengesellschaften u. s. w.) in den **hessischen** Städten von über 50000 Einwohnern auf die verschiedenen Einkommensklassen in den Jahren 1893/94 bis 1895/96. (Einschätzungsverfahren.)

Einkommens-klassen (Steuerfreiheit bis 500 Mark).	Absolute Zahlen						Relativzahlen					
	Mainz			Darmstadt			Mainz			Darmstadt		
	1893/94	1894/95	1895/96	1893/94	1894/95	1895/96	93/94	94/95	95/96	93/94	94/95	95/96
500—600 M	2524	2358	2355	1999	2128	2047	10,73	10,10	10,34	12,53	13,09	12,47
600—750 „	3565	3656	3598	2629	2585	2540	15,15	15,67	15,80	16,48	15,89	15,47
750—900 „	4131	4062	3809	2155	2200	2208	17,55	17,41	16,73	13,51	13,52	13,45
900—1300 „	5350	5277	5002	3041	2991	3084	22,73	22,63	21,97	19,06	18,38	18,79
1300—1700 „	2141	2169	2197	1430	1480	1532	9,10	9,30	9,65	8,96	9,09	9,33
1700—2600 „	2180	2194	2266	1602	1647	1736	9,26	9,40	9,95	10,04	10,12	10,58
zus. Abtheil. II	19891	19716	19227	12856	13031	13147	84,52	84,50	84,44	80,58	80,09	80,09
2600—3600 M	1247	1232	1163	993	1036	1046	5,30	5,28	5,11	6,22	6,37	6,37
3600—5000 „	797	776	766	770	796	814	3,39	3,33	3,36	4,82	4,89	4,96
5000—10000 „	985	988	978	940	984	979	4,19	4,23	4,29	5,89	6,05	5,97
10000—25000 „	484	483	494	326	348	352	2,06	2,07	2,17	2,04	2,14	2,14
25000—50000 „	89	101	105	42	46	44	0,38	0,43	0,46	0,26	0,28	0,27
50000—100000 „	29	26	29	20	19	24	0,12	0,11	0,13	0,13	0,11	0,15
über 100000 „	10	12	10	9	11	9	0,04	0,05	0,04	0,06	0,07	0,05
zus. Abtheil. I	3641	3618	3545	3100	3240	3268	15,48	15,50	15,56	19,42	19,91	19,91
zus. Abtheil. II u. I	23532	23334	22772	15956	16271	16415	100,00	100,00	100,00	100,00	100,00	100,00

Bemerkungen. Die Bestimmungen des neuen Einkommensteuergesetzes vom 25. Juni 1895 kommen erstmals bei der Veranlagung für das Steuerjahr 1896/97 (d. h. vom 1. April 1896 an) zur Geltung; für die I. Abtheilung gelangt hierbei die Deklarationspflicht zur Einführung.

Tabelle 10. Die Ergebnisse der Veranlagung zur Einkommensteuer in **Hamburg** (Stadt) für die Jahre 1892 und 1894. (Declaration.)

Einkommens-klassen (Steuerfreiheit bis 600 Mark)	Absolute Zahlen						Relativzahlen					
	1892			1894			1892			1894		
	Cen-siten (C)	Steuer-ertrag (St) in M	Steuer-pflichtiges Einkommen (E) in M.	Cen-siten (C)	Steuer-ertrag (St) in M	Steuer-pflichtiges Einkommen (E) in M.	C	St	E	C	St	E
600—800	37723	185057	26406100	36610	179086	25627000	27,4	1,9	6,2	26,6	1,3	6,4
800—2000	68747	575604	84452800	68684	576348	84842100	49,9	5,8	19,9	49,8	4,2	21,1
2000—5000	20407	818063	64196000	21226	993995	66483000	14,8	8,2	15,2	15,4	7,3	16,5
5000—10000	5615	1059606	40265000	5865	1459348	41930400	4,1	10,7	9,5	4,2	10,7	10,4
10000—50000	4434	3250534	92872400	4297	4609764	88437100	3,2	32,7	21,8	3,6	33,7	22,0
50000—100000	504	1207258	34493100	460	1879053	31581300	0,4	12,1	8,1	0,3	13,7	7,9
über 100000	308	2838885	81111000	258	3960716	62868500	0,2	28,6	19,2	0,1	29,0	15,7
zusammen	137738	9935007	423796400	137400	13658310	401769400	100,0	100,0	100,0	100,0	100,0	100,0
unbestimmbar	15349	331484	.	20894	547094	.						
Ueberhaupt	153087	10266491	.	158294	14205404	.						
davon jur. Person.	280	1162950	33413800	288	1533044	24832900						

Bemerkungen. Die durch das Einkommensteuergesetz von 1881 festgesetzten Steuersätze sind für 1894 durch progressive Zuschläge für die einzelnen Einkommensstufen erhöht worden. Durch das neue Einkommensteuergesetz vom 2. Februar 1895 wird die Steuerfreiheit künftig auf Einkommen bis zu 900 M. erstreckt und ist u. A. auch der Steuertarif geändert.

Tabelle 11. Die Ergebnisse der Veranlagung zur Einkommensteuer in **Bremen** (Stadt) für die Jahre 1892 und 1893. (Declaration der Einkommen von über 800 Mark.)

Einkommens-klassen (Steuerfreiheit bis 600 ℳ.)	Absolute Zahlen						Relativzahlen					
	1892			1893			1892			1893		
	Censiten	Steuerertrag ℳ.	Steuerpflichtiges Einkommen ℳ.	Censiten	Steuerertrag ℳ.	Steuerpflichtiges Einkommen ℳ.	Censiten	Steuerertrag	Steuerpflichtiges Einkommen	Censiten	Steuerertrag	Steuerpflichtiges Einkommen
600 — 800	11 724	52 639	8 558 252	12 169	50 418	8 890 879	35,03	1,78	9,49	35,60	1,75	9,58
800 - 1 800	13 994	168 359	16 101 147	14 181	172 859	16 425 935	41,81	5,71	17,86	41,49	5,99	17,71
1 800 — 3 000	3 364	152 249	7 955 527	3 447	149 074	8 167 096	10,05	5,16	8,82	10,09	5,17	8 80
3 000 — 6 000	2 271	261 158	9 698 212	2 302	259 158	9 818 552	6,79	8,85	10,75	6,73	8,99	10,58
6 000 — 9 600	851	273 069	6 456 836	816	256 648	6 146 051	2,54	9,26	7,16	2,39	8,90	6,63
9 600 — 30 000	930	749 562	15 184 681	932	723 125	14 681 380	2,78	25,42	16,85	2,73	25,07	15,5
30 000 — 54 000	176	328 161	6 897 877	177	383 576	7 035 759	0,53	11,13	7,65	0,52	11,57	7,5
54 000—108 000	109	360 251	7 960 289	103	365 703	7 871 399	0,33	12,22	8,83	0,30	12,68	8,40
über 108 000	48	603 629	11 392 874	51	573 415	18 724 168	0,14	20,47	12,63	0,15	19,88	14,51
zusammen	33 467	2 949 077	90 205 195	34 134	2 883 976	92 756 169	100,00	100,00	100,00	100,00	100,00	100 00
Hierzu unbestimmbar	439	164 952	.	481	87 297	.						
zusammen	33 906	3 114 029	.	34 659	2 971 273	.						
Dar. Jurist. Pers.	249	437 404	7 256 920	249	363 313	8 065 580						

Tabelle 12. Die Ergebnisse der Veranlagung zur Einkommensteuer in **Lübeck** (hier Staatsgebiet) für die Jahre 1891 und 1895/96 (Deklaration).

Einkommens-klassen (Steuerfreiheit bis 600 ℳ einschl.)	Absolute Zahlen						Relativzahlen					
	1891			1895/96			1891			1895/96		
	Censiten	Steuerertrag ℳ	Steuerpflichtiges Einkommen ℳ	Censiten	Steuerertrag ℳ	Steuerpflichtiges Einkommen ℳ	Censiten	Steuerertrag	Steuerpflichtiges Einkommen	Censiten	Steuerertrag	Steuerpflichtiges Einkommen
601 — 800	4 889	21 452	3 643 000	4 808	21 553	3 636 300	29,43	3,06	10,72	26,73	2,36	9 91
800 — 1 500	7 298	76 988	7 960 500	8 359	86 084	9 188 000	44,33	10,97	23,42	46,60	10,52	25,04
1 500 — 3 000	2 560	101 502	5 513 800	2 904	140 499	6 207 400	15,58	14,48	16,23	16,17	15,38	16,91
3 000 — 6 000	1 005	125 381	4 328 900	1 121	173 588	4 821 200	6,16	17,88	12,71	6,24	19,01	13,13
6 000 — 10 000	396	93 641	3 136 500	391	116 121	3 100 500	2,40	13,46	9,23	2,18	12,71	8,44
10 000 — 30 000	294	142 408	4 751 800	317	193 100	5 151 500	1,79	20,31	14,04	1,76	21,14	14,04
30 000—100 000	58	84 852	2 828 400	43	76 831	2 035 500	0,35	12,10	8,33	0,25	8,35	5,54
über 100 000	9	54 228	1 807 600	12	96 221	2 565 900	0,06	7,74	5,82	0,07	10,53	6,99
zusammen	16 459	700 452	33 970 500	17 955	903 497	36 706 300	100,00	100,00	100,00	100,00	100,00	100,00
Hierzu unbestimmbar	5 419	27 784	.	5 410	41 988	.						
zusammen	21 878	728 286	.	23 365	945 480	.						
Dar. Aktienges.	81	23 498	787 500	21	25 634	690 400						

Bemerkungen. Durch Nachtrag vom 26. Februar 1896 ist der Steuertarif von 1897/98 an geändert.

Tabelle 13. Die Ergebnisse der Veranlagung zur Gemeinde-Einkommensteuer in der Stadt **Braunschweig** für das Etatsjahr 1895/96.

Einkommens-gruppen von bis Mark	Censiten und zwar				Prozent-Ver-theilung	(Obligatorische Selbsteinschätzung bei Einkommen von 3000 M. u. m.)
	in der Stadt wohnende	auswärts wohnende	nicht physische Personen	überhaupt		
600 — 900	20 475	7	9	20 491	47,35	Die in der Stadt Braunschweig uf Grund der Städteordnung vom 18. Juni 1892 zur Einführung gebrachte (bezw abgeänderte) Gemeinde - Einkommen steuer (Samml. d. Statuten der Stadt № 1) ist den Grundsätzen des Preuss Staatseinkommensteuergesetzes (abge sehen vom Tarife selbst, auch Steuer freiheit hier nur bis 600 M) genau nachgebildet. Im Herzogthum Braun schweig wurde im übrigen am 1. April 1897 eine Staatseinkommensteuer nach Muster der preussischen zunächst auf die Dauer von 3 Jahren versuchsweise an Stelle der veralteten Personal (Rang-) Steuer eingeführt.
900 — 1 200	9 894	4	4	9 902	22,88	
1 200 — 1 800	5 774	6	5	5 785	13,37	
1 800 — 3 000	3 522	14	3	3 539	8,18	
3 000 — 6 000	2 120	24	2	2 146	4,96	
6 000 — 9 500	688	13	2	703	1,62	
9 500 — 31 000	584	19	7	610	1,41	
31 000 —100 000	67	1	5	73	0,17	
100 000 und mehr	18	1	7	26	0,06	
zusammen	43 142	89	44	43 275	100,00	

Tabelle 14. (Anhang.) Der ortsübliche Tagelohn gemäss § 8 des Kranken-versicherungsgesetzes vom 15. Juni 1883 und 10. April 1892 in den deutschen Städten von über 50 000 Einwohnern.

(Nach Götze-Wiedemann, Taschenkalender für 1897 zum Gebrauche bei Handhabung der Arbeiterversicherungsgesetze, III. Theil).

Städte.	Ortsüblicher Tagelohn für				Städte.	Ortsüblicher Tagelohn für				Städte.	Ortsüblicher Tagelohn für			
	erwachsene Arbeiter		jugendliche Arbeiter			erwachsene Arbeiter		jugendliche Arbeiter			erwachsene Arbeiter		jugendliche Arbeiter	
	m.	w.	m.	w.		m.	w.	m.	w.		m.	w.	m.	w.
	Mark					Mark					Mark			
Aachen . . .	2,10	1,40	1,10	0,80	Elberfeld . . .	2,40	1,50	1,00	0,80	Magdeburg . .	2,00	1,40	1,20	1,00
Altona	3,00	2,00	1,00	1,00	Erfurt	2,00	1,20	0,90	0,80	Mainz . . .	2,20	1,20	1,20	0,90
Augsburg. . .	1,80	1,30	1,00	1,00	Essen	2,40	1.50	1,20	0,80	Mannheim . .	2,50	1,40	1,00	0,80
Barmen . . .	2,40	1,50	1,00	0,80	Frankfurt a. M..	2,50	1,80	1,40	1,00	Metz	2,50	1,80	1,00	0,80
Berlin	2,70	1,50	1,30	1,00	Frankfurt a. O..	1,80	1,10	1,00	0,70	Mülhausen i. E.	2,20	1,80	1,20	1,00
Bochum . . .	2,20	1,50	1,10	0,90	Freiburg i. Br..	2,30	1,30	1,30	0,90	München . .	2,50	1,70	1,10	1,00
Braunschweig.	2,20	1,50	1,00	1,00	M.-Gladbach . .	2,20	1,70	1,00	0,80	Münster i. W..	2,00	1,40	1,00	0,70
Bremen . . .	3,00	1,75	1,25	1,00	Görlitz	1,70	1,10	0,90	0,70	Nürnberg . .	2,20	1,40	1,20	0,90
Breslau . . .	2,00	1,10	1,00	0,80	Halle a. S. . .	2,30	1,10	1,20	1,00	Plauen i. V.. .	1,80	1,30	1,00	1,00
Cassel	2,17	1,33	1,17	1,00	Hamburg . .	3,00	2,00	1,00	1,00	Posen	1,60	1,00	0,75	0,50
Charlottenburg	2,50	1,50	1,00	0,75	Hannover . . .	2,40	1,50	1,20	1,00	Potsdam . . .	2,00	1,00	0,50	0,50
Chemnitz . . .	2,20	1,30	1,10	1,00	Karlsruhe i. B..	2,30	1,40	1,00	0,70	Spandau . . .	2,50	1,50	0,80	0,80
Crefeld. . . .	2,40	1,50	1,20	1,00	Kiel	2,70	1,60	1,00	0,80	Stettin	2,25	1,00	1,00	0,60
Danzig	1,80	1,25	0,65	0,55	Köln a. Rh.. .	2,50	1,50	1,50	0,80	Strassburg i.E.	2,20	1,20	1,00	0,70
Darmstadt . .	2,20	1,30	1,00	0,90	Königsberg i. Pr. .	2,00	1,00	1,00	0,40	Stuttgart . . .	2,50	1,50	1,50	1,00
Dortmund . .	2,00	1,40	1,20	0,80	Leipzig. . . .	2,00	1,33	0,83	0,83	Wiesbaden . .	2,20	1,40	1,20	1,00
Dresden . . .	2,50	1,50	1,50	1,00	Liegnitz . . .	1,50	1,00	0,60	0,60	Würzburg . .	2,00	1,50	1,20	0,90
Düsseldorf . .	2,40	1,50	1,20	0,80	Lübeck. . . .	2,40	1,60	1,10	0,80	Zwickau . . .	1,80	1,20	1,00	0,90
Duisburg· . .	2,40	1,60	1,20	0,80										

Die Steuergesetze der verschiedenen Staaten, in welchen die allgemeine Einkommensteuer zur Durchführung gelangt ist, weisen naturgemäss erhebliche Verschiedenheiten auf in Bezug auf die objektive und subjektive Steuerpflicht der physischen und juristischen Personen, die Untergrenze der Steuerpflicht, Steuerbefreiungen nud Steuererleichterungen, ganz abgesehen von der verschiedenen Höhe der Steuersätze und den erheblichen Unterschieden in Bezug auf die periodische Steuerveranlagung, welche theils auf Einschätzung, theils auf Selbstdeklaration beruht (in Preussen z. B. ist letztere erst bei Einkommen von über 3000 Mark obligatorisch) und welche nach Massgabe des Einkommens oder fingirter Steuerkapitalien (Baden, Hessen) geschehen kann u. s. w. Auf diese Fragen einzugehen, ist hier nicht der Ort. Die wichtigsten Bestimmungen und ausführliche Literaturnachweise finden sich bei:

v. Mayr, Artikel Einkommensteuer (Klassensteuer) im Wörterbuch des deutschen Verwaltungsrechtes, I. Band S. 297 ff., Ergänzungsband I S. 15 ff., Ergänzungsband II S. 36 ff.

Gerlach, Artikel Einkommensteuer (Deutschland) im Handwörterbuch der Staatswissenschaften, Band 3 S. 67 ff., R. Meyer, Artikel Einkommensteuer ebenda S. 45 ff. und v. Heckel, Artikel Vermögenssteuer ebenda Band 6, S. 445.

A. Wagner in Schönbergs Handbuch. III. Band, 3. Auflage, S. 301 ff., ferner in den Schriften des Vereins für Socialpolitik, Schanz's Finanzarchiv (vergl. namentlich Jahrgang 1896 I. Band S. 34) und Hirth's Annalen des deutschen Reiches, in welch letztgenannten beiden Zeitschriften auch die meisten Gesetze zum Abdrucke gelangt sind. Wegen der in Vorbereitung begriffenen Einkommensteuer in Württemberg ist zu vergleichen die Schrift von J. F. Neumann „Die persönlichen Steuern vom Einkommen etc.", Tübingen 1896 und wegen der Braunschweiger Reform Verwaltungsbericht des dortigen Stadtmagistrates 1892/96 S. 212.

Für alle hier in Betracht kommenden Staaten liegen mehr oder minder ausführliche gedruckte Nachweisungen vor, welche unseren Tabellen 1 bis 13 zu Grunde liegen und zwar in folgenden Quellenwerken:

1. für Preussen: Mittheilungen aus der Verwaltung der direkten Steuern im
   preussischen Staate. Statistik der preussischen Einkommensteuer- (und Ergänzungs-
   steuer-) Veranlagung für die Jahre 1892/93 bis 1896/97, im Auftrage des Herrn
   Finanzministers bearbeitet vom Königlichen Statistischen Bureau;
2. für Sachsen: Zeitschrift des Königlich sächsischen statistischen Bureaus, 39. Jahrgang 1893, Heft 1 und 2 und 40. Jahrgang 1894, Heft 3 und 4 mit Aufsätzen von
   Böhmert: Sächsische Einkommensteuerstatistik von 1875—1892 bezw. 1875—1894;
3. für Baden: Statistik der badischen Einkommensteuer, herausgeg. i. Auftrage des
   Grossh. Finanzministeriums v. d. Grossh. Steuerdirektion: „Ergebnisse der in den
   Jahren (1885, 1890 und) 1895 vollzogenen Veranlagung der Einkommensteuer";
4. für Hessen: Mittheilungen der Grossherzoglich hessischen Centralstelle für die
   Landesstatistik 23.—25. Band;
5. für Hamburg: Statistik des Hamburgischen Staates Heft XVII.
6. für Bremen: Jahrbuch für bremische Statistik, Jahrgang 1894; II. Heft.
7. für Lübeck: Jahresberichte der Verwaltungsbehörden, 1891 und 1895/96.
8. für Braunschweig: Verwaltungsbericht des Stadtmagistrats für die Jahre 1892/96.
   Zum Theile verdanken wir die auf die letzten Jahrgänge bezüglichen Zahlen
handschriftlichen Mittheilungen der betr. statistischen Landesämter.

Die einzelnen Tabellen sind für jeden in Betracht kommenden
Bundesstaat gesondert aufgestellt, weil eine alle Städte zusammen-
fassende Uebersicht hinsichtlich der Vertheilung der Censiten nach Einkommensstufen oder des Einkommens nach Einkommensquellen wegen
der Verschiedenartigkeit der Grundlagen nicht gegeben werden kann.

Die erste der auf 33 preussische Städte bezüglichen Tabellen soll insbesondere auch einen Vergleich der Ergebnisse der allgemeinen Einkommensteuer seit 1892/93 mit jenen der früheren Klassensteuer und klassifizirten
Einkommensteuer im Jahre 1891/92 ermöglichen. Die preussische Statistik
bietet ausserdem dadurch besonderes Interesse, dass sich dieselbe auch
auf die Vermögenssteuer erstreckt, welche auf Grund des Gesetzes vom
14. Juli 1893 seit 1. April 1895 als „Ergänzungssteuer" bei gewissen
Befreiungen für die Vermögen von über 6000 Mark eingeführt ist.

In eine Besprechung der einzelnen Tabellen 1 bis 13 kann hier
nicht eingetreten werden.

Ausführliche vergleichende Zusammenstellungen für eine grössere
Zahl von deutschen bezw. preussischen Städten finden sich auch in dem
erwähnten Hefte der Hamburger Statistik, Heft XVII S. 21 ff. und in
der „Statistischen Beschreibung der Stadt Frankfurt a. M."
II. Theil 1895, S. 148 u. 155, kürzere in den Monatsberichten des statist.
Amts der Stadt Breslau Jahrg. 1893 bis 1895.

In der Tabelle auf Seite 335 ist eine Zusammenstellung von Durch-
schnitts-Ziffern für 43 grössere deutsche Städte gegeben, aus welcher
die relative Zahl der Steuerpflichtigen im Verhältniss zur Gesammtbevölkerung, der durchschnittliche Steuerbetrag und auch das durchschnittliche steuerpflichtige Einkommen auf den Kopf der Bevölkerung
und der Censiten ersehen werden kann. Das steuerpflichtige Einkommen
musste hierzu zum Theile aus der Vertheilung der Censiten nach Steuer-
stufen errechnet werden, da das thatsächliche Einkommen z. B. in Preussen
nur für die Einkommen von über 3000 Mark genau ermittelt ist. Um
diesen Berechnungen eine praktische Verwerthbarkeit zu geben, ist sodann
auch das Einkommen der steuerfreien Bevölkerung, die in den einzelnen
Staaten einen verschieden grossen Antheil an der Gesammtbevölkerung
hat, abgeschätzt worden, unter sorgfältiger Anwendung namentlich der
Ergebnisse der sächsischen Statistik und der Untersuchungen von
Soetbeer (u. A. in Conrad's Jahrbüchern 1889, S. 414 ff.) Als
Ergebniss dieser Berechnungen findet man für 43 deutsche Städte

(Fortsetzung auf Seite 336).

Durchschnittsziffern,
die Steuerkraft der Bevölkerung in 43 deutschen Städten betreffend.

NB. Von den Städten mit über 50 000 Einwohnern fehlen München, Augsburg, Nürnberg, Würzburg, Stuttgart, Mainz, Darmstadt, Braunschweig, Strassburg, Metz, Mülhausen, Lübeck.

Städte.	Auf 1000 Einwohner treffen Steuerzahler			Steuerbetrag auf den Kopf der Bevölkerung ℳ			des Censiten ℳ			Steuerpflichtiges Einkommen (zum Theil berechnet) auf den Kopf der Bevölkerung ℳ			des Censiten ℳ		
A. Preussen.	1891/92	1892/93	1895/96	1891/92	1892/93	1895/96	1891/92	1892/93	1895/96	1891/92	1892/93	1895/96	1891/92	1892/93	1895/96
Aachen . . .	102	108	111	6,4	10,0	9,8	62,3	87,9	81.5	283	385	373	2 730	3 651	3 455
Altona	101	158	157	3,7	6,5	6,7	36,7	39,3	42,1	202	320	341	2 048	2 192	2 244
Barmen . . .	83	95	113	3,5	7,0	7,3	41,7	72 5	63,3	194	300	314	2 357	2 206	2 854
Berlin . .	179	189	202	10,0	14,4	13,7	56,1	68,5	61,3	468	540	532	2 678	2 935	2 726
Bochum . .	84	230	280	8,0	12,1	6,3	35,9	35,5	25,8	167	382	366	2 005	1 679	1 642
Breslau . . .	104	106	109	6,7	9,0	8,1	64,9	75,5	70,9	313	340	330	2 999	3 251	3 117
Cassel	133	147	148	8,9	11,4	12,6	66,9	76,6	83,6	339	472	499	2 632	3 346	3 520
Charlottenburg	160	184	199	11,1	18,4	17,5	69,4	99,3	87,5	458	582	587	2 992	3 880	3 528
Crefeld	86	119	96	3,9	7,0	6,4	45,0	57,3	65,5	200	384	275	2 344	2 819	2 953
Danzig	73	77	88	4,2	5,4	5,5	57,5	67,5	62,4	195	226	238	2 723	3 067	2 913
Dortmund . .	103	188	186	4,1	13,1	7,7	39,4	44,9	37,2	218	375	349	2 152	2 092	2 043
Düsseldorf	86	98	117	5,5	10,6	10,3	63,9	108,4	81,9	254	364	370	2 990	4 181	3 378
Duisburg . . .	66	133	122	3,0	6,8	6,3	45,7	48,2	49,8	155	298	275	2 887	2 367	2 391
Elberfeld . . .	79	108	105	4,5	9,1	9,0	57,9	76,1	77,1	214	324	328	2 779	2 152	3 264
Erfurt	148	134	142	6,4	8,1	8,0	43,2	56,9	55,1	336	371	366	2 290	2 682	2 650
Essen	99	188	161	6,0	16,6	12,4	61,0	58,2	60,7	299	446	401	3 065	2 513	2 622
Frankfurt a. M.	156	165	171	13,1	27,6	26,1	83,7	155,4	144.5	509	822	792	8 134	5 257	5 165
Frankfurt a.O.	97	103	100	4,7	6,3	6,0	48,8	58,3	58,6	225	262	275	2 346	2 648	2 802
M.-Gladbach .	72	98	91	3,0	5,9	6,9	40,9	59,2	73,2	164	272	285	2 279	2 770	3 175
Görlitz	91	100	104	4,8	7,3	7,4	53,2	67,2	66,8	283	297	297	2 614	3 019	3 018
Halle a. S. . .	136	149	136	7,1	11,1	10,2	52,2	65,5	67,5	344	401	390	2 573	2 903	2 982
Hannover. . .	126	149	151	6,8	10,5	10,0	54,3	68,5	63,8	317	408	416	2 671	3 057	3 058
Kiel . . .	113	156	136	6,3	8,5	4,8	56,0	52,9	35,3	302	346	241	2 705	2 585	2 017
Köln a. Rh..	116	132	165	7,8	11,4	10,9	67,9	79,2	61,3	373	429	454	3 184	3 319	2 751
Königsberg i.Pr	78	93	92	4,5	6,2	6,4	57,1	64,4	67,2	219	267	266	2 756	2 945	3 027
Liegnitz . . .	91	117	102	4,2	6,7	6,0	46,0	57,7	58,4	216	305	299	2 390	2 744	2 990
Magdeburg . .	142	146	149	9,0	11,3	10,4	63,4	71,6	65,0	407	446	425	2 925	3 100	2 911
Münster i. W..	108	108	131	5,9	8,1	9,0	54,1	74,5	68,0	245	341	350	2 374	3 334	3 151
Posen	100	112	106	6,2	7,9	7,5	61,6	68,7	69,3	272	331	309	2 768	3 101	3 117
Potsdam . . .	128	130	139	8,8	11,0	11,4	68,7	80,1	79,0	383	428	450	3 061	3 431	3 384
Spandau . . .	208	197	202	5,0	5,4	4,7	24,0	27,4	23,1	318	289	295	1 574	1 764	1 607
Stettin . . .	120	139	129	6,7	11,1	9,9	55,7	71,9	70,5	312	398	366	2 693	3 083	3 103
Wiesbaden . .	135	148	170	11,7	18,7	18,6	87,2	122,8	104,4	484	668	669	3 728	4 666	4 074
Durchschnitt	131	142	148	7,5	10,7	9,8	57,8	71,7	66,1	355	457	431	2 720	3 066	2 916
B. Sachsen.	1890	1892	1894	1890	1892	1894	1890	1892	1894	1890	1892	1894	1890	1892	1894
Chemnitz . . .	397	382	365	9,8	10,2	9,9	24,7	26,6	27,0	583	587	554	1 468	1 538	1 519
Dresden . . .	451	429	475	14,2	14,5	16,0	31,7	33,3	33,7	782	771	841	1 740	1 797	1 770
Leipzig . . .	424	402	370	14,1	12,8	12,5	33,5	32,0	33,7	758	701	649	1 797	1 745	1 754
Plauen i. V.. .	398	388	401	8,0	8,1	8,9	20,2	20,8	22,1	502	501	531	1 260	1 292	1 326
Zwickau . . .	334	339	381	10,5	11,0	10,9	31,6	32,5	32,9	579	604	575	1 740	1 780	1 734
C. Hansestädte.	1889	1892	1893 bz 1894	1889	1892	1893 bz 1894	1889	1892	1893 bz 1894	1889	1892	1893 bz 1894	1889	1892	1893 bz 1894
Bremen* . . .	250	266	257	24,9	24,5	22,0	99,6	91,8	85,7	933	709	687	*3135	2 695	2 714
Hamburg* . .	244	237	242	18,2	17,6	21,7	63,3	63,8	88,5	678	673	613	*2777	2 840	2 749

* In beiden Städten weist die Einkommenstatistik eine Reihe von Censiten mit unbestimmbarem Einkommen nach, welches hier nicht berücksichtigt ist,

Städte.	1886	1891	1896	1886	1891	1896	1886	1891	1896	1886	1891	1896	1886	1891	1896
D. Baden.	1886	1891	1896	1886	1891	1896	1886	1891	1896	1886	1891	1896	1886	1891	1896
Freiburg i. Br..	228	229	239	.	.	.	.	.	.	471	508	542	2 059	2 094	2 266
Karlsruhe . .	250	247	260	.	.	.	.	.	.	589	574	612	2 360	2 326	2 854
Mannheim . .	267	277	283	.	.	.	.	.	.	686	703	713	2 379	2 535	2 516

NB. Die fortgeschriebenen Bevölkerungszahlen sind dem statistischen Jahrbuch deutscher Städte entnommen; die Relativzahlen für die preussischen Städte in den ersten 6 Spalten dieser Tabelle sind der preussischen Statistik direkt entnommen und gründen dementsprechend auf den Bevölkerungszahlen der jährlichen Personenstandsverzeichnisse.

(Fortsetzung zu Seite 334.)

mit über 50000 Einwohnern (für 12: nämlich die bayerischen Städte München, Nürnberg, Augsburg, Würzburg, ferner für Stuttgart, für Braunschweig, für die hessischen Städte Mainz und Darmstadt, für die elsass-lothringischen Städte Strassburg, Metz und Mülhausen, endlich für Lübeck fehlen die Unterlagen) die nachstehende Stufenfolge des durchschnittlichen Wohlstandes. Es treffen auf den Kopf der Bevölkerung an reinem Einkommen in runden Zahlen:

circa 300 Mark	400—450 Mark:	500—550 Mark:	650—700 Mark:
in Danzig	in Altona.	in Essen,	in Berlin.
300—350 Mark	„ Bochum,	„ Halle,	700—750 Mark:
in Königsberg,	„ Breslau,	„ Hannover.	in Bremen,
„ Frankfurt a. O.	„ Elberfeld,	550—600 Mark:	„ Charlottenburg,
	„ Münster i. W.	in Chemnitz,	„ Hamburg,
350—400 Mark	„ Posen.	„ Freiburg i. B.	„ Leipzig.
in Barmen,		„ Köln a. Rh.,	750—800 Mark:
„ Crefeld,		„ Magdeburg,	in Mannheim.
„ Duisburg,	450—500 Mark:	., Plauen,	800—850 Mark:
„ M.-Gladbach.	·in Aachen.	„ Potsdam.	in Dresden,
„ Görlitz,	„ Dortmund,	600—650 Mark:	„ Wiesbaden.
„ Kiel,	„ Düsseldorf,	in Cassel,	1000 Mark:
„ Liegnitz,	„ Erfurt,	„ Karlsruhe,	in Frankfurt a. M.
„ Spandau,	„ Stettin.	„ Zwickau.	

In Tabelle 14 ist anhangsweise eine vergleichende Uebersicht der ortsüblichen Tagelöhne (§ 8 K.-V.-G., vergl. II. Jahrgang dieses Jahrbuchs S. 123) gegeben, welche gleichfalls einen Einblick in die Wohlstands- bezw. Lebensverhältnisse in den einzelnen Städten gewähren kann, obwohl hier ausdrücklich darauf hingewiesen werden muss, dass eine Lohnstatistik (Statistik der Lohnsätze) selbstverständlich unter keinen Umständen einen Ersatz der Einkommenstatistik bieten kann (auch nicht bezüglich der betreffenden Bevölkerungskategorien für sich betrachtet) und die ortsüblichen Tagelöhne an sich nicht die Bedeutung eines statistisch berechneten Durchschnittes haben.

Immerhin ist der Vergleich beider Reihen sehr interessant; die Gruppirung der Städte nach der Höhe des ortsüblichen Tagelohnes ist natürlich nicht die gleiche wie nach dem durchschnittlichen Einkommen, da bei letzterer bereits die sociale Gliederung der Bevölkerung zum Ausdrucke gelangt. Nach der Grösse der ortsüblichen Tagelöhne für erwachsene männliche Arbeiter ordnen sich die 55 deutschen Städte von über 50000 Einwohnern wie folgt:

M. 1,50 Liegnitz.

M. 1,60 Posen.

M. 1,70 Görlitz.

M. 1,80 Augsburg, Danzig, Frankfurt a. O., Plauen, Zwickau.

M. 2,00 Breslau, Dortmund, Erfurt, Königsberg, Leipzig, Magdeburg, Münster, Potsdam, Würzburg.

M. 2,10 Aachen.

M. 2,17 Cassel.

M. 2,20 Bochum, Braunschweig, Chemnitz, Darmstadt, M.-Gladbach, Halle, Mainz, Mülhausen, Nürnberg, Strassburg, Wiesbaden.

M. 2,25 Stettin.

M. 2,30 Freiburg i. B., Karlsruhe, Mannheim.

M. 2,40 Barmen, Crefeld, Düsseldorf, Duisburg, Elberfeld, Essen, Hannover, Lübeck.

M. 2,50 Charlottenburg, Dresden, Frankfurt a. M., Köln, Metz, München, Spandau, Stuttgart.

M. 2,70 Berlin, Kiel.

M. 3,00 Altona, Bremen, Hamburg.

Eine Statistik über die speciellen Einkommensverhältnisse einzelner socialer Klassen der Bevölkerung liegt für eine grössere Zahl von Städten nicht vor; es kann in dieser Beziehung lediglich auf die Combinationstabellen von Beruf und Einkommen in der Hamburger und Frankfurter Statistik (a. a. O.) verwiesen werden.

XXIX.

Ergebnisse der Berufszählung

vom 14. Juni 1895.

Von

Dr. M. Neefe,

Director des statistischen Amts der Stadt Breslau.

In Gemässheit des Reichsgesetzes vom 8. April 1895 und des Bundesrathsbeschlusses vom 25. April 1895 hat am 14. Juni desselben Jahres eine allgemeine Berufs- und Gewerbezählung stattgefunden, um neue Grundlagen für die Beurtheilung der volkswirthschaftlichen Verhältnisse des deutschen Reichs zu schaffen[1]. Die Erhebung bestand in der Zählung der ortsanwesenden Bevölkerung nach Haupt- und Nebenberuf und der Stellung im Beruf, mit Berücksichtigung von Geschlecht, Alter, Familienstand, Religion und des Verhältnisses zum Haushaltungsvorstand. Für selbständige Gewerbetreibende, Hausindustrielle und Heimarbeiter waren besondere Fragen: ob das Geschäft im Umherziehen, als Hausirer, ob es vorwiegend in der eigenen Wohnung für ein fremdes Geschäft betrieben wird, — mit wieviel Gehilfen, Lehrlingen, Arbeitern oder Mitinhabern, Familienangehörigen das Geschäft betrieben wird, ob Umtriebsmaschinen oder Dampfkessel, Schiffe etc. im Betriebe verwandt werden, — für Arbeitnehmer Fragen über etwaige Beschäftigungslosigkeit gestellt.

Eine ausführliche Darstellung über die Einrichtung und die Ergebnisse dieser Zählung ist vom Kaiserlichen statistischen Amte in der „Statistik des Deutschen Reichs" begonnen worden[2]. Im Band 102 (N. F.) des genannten Werks sind die wesentlichsten Materialien, welche zur Durchführung der Berufszählung dienten, und die berufsstatischen Nachweise für das Reich im Ganzen mitgetheilt. Im 107. Bande sind die Ergebnisse für die 28 Grossstädte d. s. Städte mit 100000 und mehr Einwohnern 25 Berufsabtheilungen und 207 Berufsarten enthalten; für jede dieser Berufsgliederungen ist die Bevölkerung nach dem Hauptberuf der Erwerbsthätigen je nach Geschlecht unterschieden in Erwerbsthätige, Dienende für häusliche Dienste (im Haushalt der Herrschaft lebend) und Angehörige ohne Hauptberuf. Im 109. Bande sind die Erwerbsthätigen im Hauptberuf, deren Angehörige und Dienende sowie die Erwerbsthätigen im Nebenberuf nach Berufsarten für die (1010) kleineren Verwaltungsbezirke (Kreise, Bezirksämter etc.) veröffentlicht.

---

[1] Ueber die erstmals, am 5. Juni 1882 im Reiche stattgefundene Berufs- und Gewerbezählung vergl. den I. Jahrgang des Jahrbuchs S. 17, 36 und 117.
[2] Ausserdem sind Hauptergebnisse der Berufszählung in den „Vierteljahrsheften zur Statistik des Deutschen Reichs" in Ergänzung zum 3. u. 4. Heft 1896 sowie im 1. Heft 1897 erschienen.

Ausserdem sind von mehreren bundesstaatlichen statistischen Aemtern selbstgewonnene Ergebnisse aus jenem reichen Material in Betreff einzelner hier in Betracht kommenden Städte publicirt[1]). Auch seitens einiger städtestatistischen Aemter liegen bezügliche Veröffentlichungen vor[2]), welchen bald weitere folgen werden.

A. Die Bevölkerung nach Berufsthätigkeit und Berufsstellung.

In der Berufsstatistik werden die Personen lediglich nach ihrem persönlichen Beruf ohne Rücksicht auf den Betrieb, in dem sie den Beruf ausüben, nachgewiesen, so dass z. B. die in einer Brauerei beschäftigten Tischler und Böttcher nur bei der Berufsart Tischlerei bezw. Böttcherei, nicht aber bei der Brauerei erscheinen. Die Vertheilung der Personen auf die Betriebe kommt in der gewerblichen Betriebsstatistik zum Ausdruck. Die Tabellen I bis V, VII und VIII, (S. 344 u. 354 ff.), welche sich auf die 28 Grossstädte (mit je über 100 000 Einw.) beziehen, sind den obengenannten Veröffentlichungen des Kaiserlichen statistischen Amts entlehnt, während die Daten der Tabelle VI für die übrigen 25 Städte (mit je 50 000 bis 100 000 Einw.) zumeist auf handschriftlichen Mittheilungen der landesstatistischen Aemter beruhen.[3]) In den Tabellen sind die Erwerbsthätigen der Abtheilungen A, B und C. wie folgt eingetheilt und bezeichnet:

a) Selbständige, auch leitende Beamte und sonstige Geschäftsleiter. (Eigenthümer, Inhaber, Besitzer, Mitinhaber oder Mitbesitzer, Pächter. Handwerksmeister, Unternehmer, Direktoren Administratoren),

b) Nicht leitende Beamte, überhaupt das wissenschaftlich, technisch oder kaufmännisch gebildete Verwaltungs- und Aufsichts-, sowie das Rechnungs- und Bureaupersonal,

c) Sonstige Gehilfen, Lehrlinge, Fabrik-, Lohn- und Tagearbeiter. einschliesslich der im Gewerbe thätigen Familienangehörigen und Dienenden.

Abweichend hiervon sind die Stellungen im Beruf in der Berufsabtheilung E unterschieden. In den Berufsabtheilungen D und F ist eine solche Scheidung überhaupt nicht möglich.

Bei der beruflichen Gliederung werden zunächst vier Bevölkerungsgruppen unterschieden:

1. die Erwerbsthätigen im Hauptberufe,
2. die Dienenden (für häusliche Dienste, im Haushalt ihrer Herrschaft lebend),
3. die Angehörigen ohne Hauptberuf,
4. die Personen ohne Beruf und Berufsangabe.

---

[1]) Vergl. Zeitschrift des K. sächsischen statistischen Bureaus 41. Jahrgang S. 125 ff. und 42. Jahrgang S. 37 ff. — Zeitschrift des K. bayrischen statistischen Bureau 28. Jahrg. S. 233 ff. — Württembergische Jahrbücher für Statistik und Landeskunde Jahrg. 1896, 3. Heft. — Statistik des hamburgischen Staats, Heft 18 in 7 Abthl.
[2]) Vergl. Statistisches Jahrbuch der Stadt Berlin 21. Jahrg. Abschnitt I. u. V. — Monatsberichte des statistischen Amts der Stadt Breslau 23. Jahrg. — Beiträge zur Statistik der Stadt Frankfurt a. M., N. F. Ergänzungsblatt No. 3. — Sonderabdruck aus dem Verwaltungsbericht der Stadt Leipzig f. 1895 S. 87 ff. — Mittheilungen des statistischen Amts der Stadt Mannheim Hefte 2 u. 3. — Mittheilungen des statistischen Amts der Stadt München Bd. 15 Hefte 1. 2 (in 2 Abth.). — Statistische Monatsberichte der Stadt Stuttgart I. Jahrg. N. 2, 3, 5 bis 7.
[3]) Für Plauen und Zwickau waren die Zahlen nicht zu erlangen.

Zu der vierten Gruppe werden gerechnet Rentner und Pensionäre, von Unterstützung Lebende, nicht in ihren Familien lebende Schüler, Studenten und sonst in Berufsausbildung Begriffene, Insassen von Invaliden-, Versorgungs-, Wohlthätigkeitsanstalten, von Armenhäusern, von Siechen- und öffentlichen Irrenanstalten, von Straf- und Besserungsanstalten sowie Personen, für welche sich ein Beruf nicht ermitteln lässt.

Die relative Vertheilung der Bevölkerung der 28 Grossstädte auf diese vier Gruppen, berechnet nach den Schlusszahlen der Tab. I bis V, ist unter Beifügung der betreffenden Verhältnisszahlen nach der Zählung von 1882 in folgender Zusammenstellung enthalten.

Von 1000 Einwohnern waren:

Städte	Im Jahre 1800 und	Erwerbsthätige im Hauptberuf	Dienende	Angehörige	Berufslose Selbständige	Städte	Im Jahre 1800 und	Erwerbsthätige im Hauptberuf	Dienende	Angehörige	Berufslose Selbständige
Aachen . . .	82	374	48	542	41	Elberfeld . .	82	355	35	590	20
	95	392	34	524	50		95	880	27	567	26
Altona . . .	82	407	36	527	30	Frankfurt a. M.	82	379	96	476	49
	95	397	30	537	36		95	419	73	463	45
Barmen . . .	82	337	28	616	19	Halle a. S. . .	82	340	44	542	74
	95	378	24	570	28		95	353	36	537	74
Berlin . . .	82	411	50	503	36	Hamburg . .	82	381	60	516	43
	95	438	38	488	41		95	402	45	508	45
Braunschweig .	82	392	49	501	58	Hannover . .	82	374	61	513	52
	95	385	42	516	57		95	401	47	499	53
Bremen . . .	82	349	63	548	40	Köln a. R. . .	82	382	56	514	48
	95	406	50	496	48		95	395	39	523	43
Breslau . . .	82	386	58	504	52	Königsberg . .	82	391	55	491	63
	95	402	48	486	64		95	400	41	486	73
Charlottenburg	82	341	53	549	57	Leipzig . . .	82	420	60	462	58
	95	345	70	522	63		95	412	81	512	45
Chemnitz . .	82	486	28	508	28	Magdeburg . .	82	401	43	522	34
	95	485	22	511	32		95	389	32	542	37
Crefeld . . .	82	369	33	575	23	München . .	82	415	62	486	87
	95	366	28	567	39		95	462	50	408	80
Danzig . . .	82	393	48	510	49	Nürnberg . .	82	423	55	478	44
	95	395	34	512	59		95	436	47	468	49
Dortmund . .	82	331	34	611	24	Stettin . . .	82	384	54	517	45
	95	360	27	586	27		95	394	41	515	50
Dresden . . .	82	423	55	456	66	Strassburg . .	82	457	45	442	56
	95	460	41	432	67		95	472	38	429	61
Düsseldorf . .	82	365	44	547	44	Stuttgart . . .	82	373	86	485	56
	95	373	36	552	39		95	435	71	435	59

Die relativ stärkere Vertretung der Erwerbsthätigen in der Ge-
sammtbevölkerung von 1895 entspricht den allgemeinen für das ganze
Reich beobachteten Verschiebungen im Vergleich zu den i. J. 1882 ermittelten Verhältnissen. Eine Ausnahme hiervon machen nur einzelne Städte
(Leipzig, Magdeburg, Altona), in Folge der geänderten Zusammensetzung
ihrer Bevölkerung durch erhebliche Eingemeindungen. In verschiedenen
Städten (Braunschweig, Charlottenburg, Chemnitz, Crefeld, Danzig,
Düsseldorf, Königsberg, Stettin) ist die Aenderung während des 13jährigen
Zeitraumes sehr geringfügig gewesen. — Die Minderung[1]) in der Verhältnisszahl der Dienenden dürfte nicht nur darauf beruhen, dass jetzt
selbständige Lohnarbeit (Fabrikarbeit etc.) den häuslichen Dienstleistungen
im Haushalt der Herrschaft oft vorgezogen wird, auch auf Einschränkungen
seitens der Haushaltungen und auf Aenderungen in der Ausführungs-
weise häuslicher Verrichtungen (Anschaffung von Maschinen, Benutzung
öffentlicher Wasch- und Speiseanstalten etc.) werden dieselben vielfach
zurückzuführen sein. Auch der Antheil der Familienangehörigen ging
in den meisten (20) der hier in Betracht gezogenen 28 Städte zurück.
Dagegen hat die relative Zahl der berufslosen Selbständigen in 22 Städten
zum Theil erheblich zugenommen. Nach den Ausführungen des Kaiserl.
statistischen Amts[2]) hat die grosse Zunahme ihren Grund in der
diesmal genaueren Erfassung der Kategorie der in Berufsvor-
bereitung und Weiterbildung Begriffenen, insbesondere auch der Zieh-
und Pflegekinder, ferner darin, dass die grosse Zahl der Altentheiler
und Leibrentner hier mit aufgenommen worden ist, während sie 1882
unter den Angehörigen sich befanden. Weiter dürfte zur Mehrung dieser
Gruppe die infolge der Verstärkung des Heeres und der Beamtenschaft
gestiegene Zahl der pensionirten Militärpersonen und Beamten sowie
ihrer Wittwen beigetragen haben. In den von Renten lebenden Personen
sind endlich auch solche inbegriffen, die nach Massgabe der sozialen
Versicherungsgesetzgebung eine Unfall-, Alters- oder Invalidenrente
beziehen.
     Aus der Gliederung der Bevölkerung nach den sechs Berufsab-
theilungen, wie sie reducirt auf 1000 Einwohner die Tabelle auf Seite 323
für 53 Städte und die Jahre 1882 und 1895 giebt, erhält man folgendes
Bild: Die Bevölkerung der Abtheilung A Landwirthschaft etc. hat
sich, wie überhaupt im Reiche, so auch in den meisten Städten seit
1882 vermindert, in 8 ihr Gebiet vergrösserten Städten zugenommen
und in 5 Städten hat die Verhältnisszahl keine Aenderung erfahren.
In der Abtheilung B Industrie etc. zeigen 31 Städte eine Vermehrung,
22 Städte eine Verminderung. In der Abtheilung C. Handel und Verkehr stellt sich in 32 Städten eine Vermehrung, in 20 Städten eine
Minderung heraus und in 1 Stadt keine Aenderung. Die erhebliche Verschiebung der Verhältnisse in Abtheilung D häusliche Dienste etc. beruht
z. Theil darauf, dass ein Theil derselben in Folge genauerer Ermittelung
jetzt in den Kategorien A bis C gezählt ist.[3]) In der Abtheilung E Armee,

[Fortsetzung des Textes auf S. 342.]

----

[1]) Eine Ausnahme macht Charlottenburg, welche eine erhebliche Zunahme
aufweist.
     [2]) Ergänzungsheft zum 3. Vierteljahrsheft zur Statistik des Deutschen Reichs
Jahrg. 1896 S. 2.
     [3]) In 18 Städten Zunahme, 31 Städten Abnahme und 4 Städten keine Aenderung.

Von 1000 Einwohnern gehörten folgenden Berufsabtheilungen an:

Städte	Im Jahre 18.. und	A Landwirthschaft, Gärtnerei, Fischerei	B Industrie und Bauwesen	C Handel und Verkehr	D Häusl. Dienste u. Lohnarbeit w. A.	E Bürgerl. u. kirchl. Dienst, Militär, Freie Berufsarten	F Ohne Beruf u. Berufsangabe
Aachen	82	24	576	192	64	78	71
"	95	18	567	195	64	79	77
Altona	82	8	516	321	18	82	55
"	95	8	451	312	87	82	60
Augsburg	82	22	536	186	17	121	118
"	95	16	553	182	16	114	119
Barmen	82	24	755	135	12	35	39
"	95	15	745	147	8	37	48
Berlin	82	8	543	246	38	97	68
"	95	6	535	256	43	90	70
Bochum	82	6	738	146	17	49	44
"	95	4	675	162	41	59	59
Braunschweig	82	30	530	206	25	108	101
"	95	25	553	198	17	104	108
Bremen	82	21	495	307	21	79	77
"	95	22	477	316	16	89	80
Breslau	82	11	440	263	95	96	95
"	95	10	496	258	32	93	111
Cassel	82	24	394	229	38	188	127
"	95	15	419	235	53	162	116
Charlottenburg	82	38	445	196	119	85	117
"	95	15	442	247	42	122	132
Chemnitz	82	6	666	201	12	71	44
"	95	8	662	200	12	68	50
Crefeld	82	25	666	158	83	31	37
"	95	18	658	172	41	41	70
Danzig	82	18	420	260	76	135	91
"	95	14	415	208	120	140	108
Darmstadt	82	28	383	194	33	210	152
"	95	29	384	195	31	212	149
Dortmund	82	15	658	196	23	45	68
"	95	7	653	200	31	49	60
Dresden	82	11	452	238	32	146	121
"	95	12	481	235	25	135	112
Düsseldorf	82	67	545	184	37	89	78
"	95	33	602	190	24	80	71
Duisburg	82	30	631	182	68	44	45
"	95	16	663	214	17	42	48
Elberfeld	82	23	670	215	22	44	36
"	95	15	665	218	14	48	45
Erfurt	82	68	510	190	21	127	84
"	95	50	487	219	52	104	88
Essen	82	5	715	152	22	49	57
"	95	4	707	161	11	49	66
Frankfurt a. M.	82	35	370	349	40	94	112
"	95	25	416	332	52	88	87
Frankfurt a. O.	82	58	431	155	102	160	94
"	95	40	457	166	61	166	110
Freiburg i. B.	82	53	406	182	33	140	186
"	95	37	433	186	21	130	193
M. Gladbach	82	43	702	177	8	35	35
"	95	21	691	191	8	41	48
Görlitz	82	25	507	194	70	90	114
"	95	22	552	193	29	84	120

Städte	Im Jahre 18.. und	A Landwirthschaft, Gärtnerei, Fischerei	B Industrie und Bauwesen	C Handel und Verkehr	D Häusl. Dienste u. Lohnarbeit w. A.	E Bürgerl. u. kirchl. Dienst, Militär, Freie Berufsarten	F Ohne Beruf u. Berufsangabe
Halle a. S.	82	15	471	227	82	81	124
"	95	15	495	246	30	95	119
Hamburg	82	2	440	382	67	54	55
"	95	9	406	399	34	77	75
Hannover	82	21	455	265	19	132	108
"	95	20	488	255	23	111	103
Karlsruhe i. B.	82	10	392	217	20	221	140
"	95	9	438	221	19	185	128
Kiel	82	24	455	217	39	202	63
"	95	14	430	197	57	223	79
Köln	82	9	478	281	37	111	84
"	95	28	521	266	22	86	77
Königsberg	82	9	331	214	200	127	119
"	95	9	355	229	154	130	123
Leipzig	82	5	449	315	23	111	97
"	95	10	534	281	18	85	72
Liegnitz	82	48	495	181	67	111	98
"	95	35	513	194	25	113	120
Lübeck	82	49	394	334	42	80	101
"	95	37	419	319	45	80	100
Magdeburg	82	15	414	285	68	144	74
"	95	19	514	260	38	103	66
Mainz	82	7	448	233	27	201	84
"	95	7	413	256	52	179	93
Mannheim	82	23	473	316	17	98	73
"	95	12	503	318	17	88	62
Metz	82	13	350	202	40	308	87
"	95	8	349	181	41	348	73
Mülhausen	82	20	643	166	35	89	47
"	95	15	642	159	19	109	56
München	82	20	446	219	42	127	146
"	95	16	477	235	30	111	131
Münster	82	36	375	186	73	198	132
"	95	21	377	213	60	195	134
Nürnberg	82	11	555	252	15	89	78
"	95	6	587	238	13	74	82
Posen	82	14	405	221	86	185	89
"	95	11	435	213	78	168	100
Potsdam	82	34	352	142	72	256	144
"	95	23	346	158	82	248	143
Spandau	82	49	563	92	44	213	84
"	95	17	585	99	100	153	46
Stettin	82	13	339	299	133	129	87
"	95	13	419	318	48	108	94
Strassburg	82	54	423	218	28	194	83
"	95	39	401	218	35	218	89
Stuttgart	82	47	458	228	16	137	114
"	95	27	472	240	17	134	110
Wiesbaden	82	88	356	196	90	187	188
"	95	27	371	217	76	130	179
Würzburg	82	36	355	289	30	174	166
"	95	28	358	266	27	154	167

[Fortsetzung zu S. 340.]

Staats- etc. Dienst hatten 19 Städte eine Zunahme, 31 eine Abnahme, 3 Städte keine Aenderung. In der Abtheilung F. ohne Beruf zeigen 35 Städte eine Vermehrung und 18 Städte eine Verminderung.

B. Die beschäftigungslosen Arbeitnehmer nach den allgemeinen Erhebungen vom 14. Juni und 2. Dezember 1895.

Es ist eine betrübende Erscheinung in unserem Erwerbsleben, dass zu jeder Zeit eine grosse Zahl von Arbeitern für kürzere oder längere Frist beschäftigungslos ist. Die Beschäftigungslosigkeit ist aber für die meisten Arbeiter gleichbedeutend mit Brotlosigkeit und bringt die Arbeiter oft in eine wirthschaftliche Nothlage, deren Milderung vorbeugende Massnahmen erfordert. In Erkenntniss der Gefahr für die Gesellschaft hat man Staat und Gemeinde auf der einen, Selbsthilfe auf der andern Seite zu ihrer Bekämpfung angerufen und bereits in vielen Städten Arbeitsnachweisstellen errichtet, bisweilen Nothstandsarbeiten veranstaltet und Versicherungsanstalten vereinzelt ins Leben gerufen. Diesen Hilfsmassregeln fehlte bisher eine offizielle ziffermässige Unterlage über den wirklichen Umfang dieses sozialen Missstandes. Die früher von privater Seite veranstalteten Erhebungen waren unzureichend. Es lag nahe, bei einer Zählung der berufsthätigen Personen zu fragen, ob der Betreffende zur Zeit der Erhebung seine gewohnte Beschäftigung thatsächlich ausübt oder nicht. Die Reichsregierung machte daher bei Gelegenheit der Berufszählung vom 14. Juni und des Vergleichs halber auch bei der Volkszählung vom 2. Dezember 1895 den Versuch die wirkliche Grösse des Arbeitslosenheeres festzustellen. Wie in Voraus von vielen Seiten anerkannt war und wie sich nun auch bei der Prüfung und Bearbeitung des Materials gezeigt hat, sind die gewonnenen Ergebnisse nicht einwandfrei. Die ermittelten Arbeitslosenzahlen haben nämlich den Charakter von Maximalzahlen, während der wirkliche Umfang an Arbeitslosigkeit im Vergleich zu diesen Zahlen niedriger zu veranschlagen ist. Beide Erhebungen sind auch nicht gleichwerthig. Im Juni sind die meisten Arbeitszweige in flottem Gange, während Anfang Dezember die Landwirthschaft und einige grosse Industriezweige (Baugewerbe, Schiffahrt etc.) in abnehmender Thätigkeit begriffen sind.

Die Hauptergebnisse jener Erhebungen sind für die 28 Grossstädte des Reichs (mit je über 100000 Einw.) an der Hand der Veröffentlichungen des Kaiserl. statistischen Amts in den Tabellen IX bis XI auf S. 359 ff. zusammengestellt.[1]) Ueberblickt man diese Tabellen, so fällt in erster Reihe der grosse Unterschied zwischen den im Sommer und den im Winter festgestellten Arbeitslosenzahlen auf. Für das Reich und die Grossstädte ist er aus folgenden summarischen Verhältnisszahlen deutlich wahrnehmbar:

		Juni	Dezember
Auf 1000 Einw. }	im deutschen Reich	5,8	14,8
Beschäftigungslose {	in d. 28 Grossstädten	16,6	48,5
Auf 1000 Arbeitneh. }			
d. Berufsabth. A—D {	im deutschen Reich	18,9	49,2
Beschäftigungslose {	in d. 28 Grossstädten	48,5	74,2

---

[1]) Vergl. Ergänzung zum Vierteljahrsheft (No. 4) zur Statistik des deutschen Reichs, V. Jahrg. 1896.

Der Hauptgrund dieser Unterschiede dürfte in dem verschiedenen Einfluss der Jahreszeiten beruhen, indem im Juni, wie oben bemerkt, die Mehrzahl der Betriebe ihre grösste Thätigkeit entfaltet und darum auch mehr Arbeitskräfte beschäftigt werden als im Dezember. Auffällig, aber in Anbetracht der eigenartigen Entwickelung der Grossstädte natürlich, ist ferner die grosse Differenz, welche die Verhältnisszahlen für die Grossstädte im Vergleich zu denen für das Reich sich ergeben. Es giebt mehrere Grossstädte, in denen die Arbeitslosenzahl im Dezember, die im Juni um mehr als das Doppelte übersteigt[1]). In den anderen Grossstädten ist diese Differenz wesentlich niedriger. Am geringsten stellt sie sich für Hamburg, Chemnitz, Dresden und Leipzig. Im Verhältniss zur Zahl der Arbeitnehmer der Berufsabtheilungen A—D zeigen sich die meisten Arbeitslosen am 14. Juni: in Hamburg, Altona, Berlin, Danzig, Königsberg, am 2. Dezember in Altona, Danzig, Königsberg, Stettin, Berlin. Die niedrigsten Prozentverhältnisse hatten am 14. Juni: Düsseldorf, Crefeld, Stuttgart, Nürnberg, Strassburg, Stuttgart; am 2. Dezember: Chemnitz, Nürnberg, Barmen, Strassburg, Stuttgart. Es lassen sich überhaupt [2]) zwei geographische Gruppen unterscheiden, eine nördlich-östliche und eine westlich-südliche und zwar bilden die Scheidegrenze zwei gerade Linien, die man von Göttingen nach Bremerhaven und nach Freiburg in Sachsen zieht. Die Grossstädte östlich und nördlich dieser Linie haben grosse Zahlen für Arbeitslose, die westlich und südlich dieser Linien gelegenen mässige Ziffern. Unter den Arbeitslosen ist das männliche Geschlecht weit zahlreicher als das weibliche vertreten. Bei weitem die meisten Arbeitslosen gehören den kräftigsten Altersklassen von 20 bis 50 Jahren an, die Arbeitslosen mit höherem Alter sind dagegen schwach vertreten. Dieser Unterschied zwischen beiden Zählungen und zwischen dem Reich und den 28 Grossstädten geht aus folgenden Verhältnisszahlen hervor, welche darstellen wieviel von 1000 Beschäftigungslosen kommen auf die Altersklassen von Jahren:

		14—20	20—30	30—50	50—70	üb. 70
nach der	im Reich	203	332	290	154	21
Junizählung	i. d. Grossstädten	197	360	321	114	8
nach der	im Reich	188	301	309	184	18
Dezemberzählung	i. d. Grossstädten	173	352	347	121	7

Zutreffendere Verhältnisse über die Vertheilung der Beschäftigungslosen auf die Altersklassen werden sich erst berechnen lassen, wenn die Gesammtheit der Lebenden bzw. der Arbeitnehmer nach Alter und Beruf vorliegen wird. Die Mehrzahl der Arbeitslosen gehört sowohl nach der Sommer- wie nach der Winterzählung dem ledigen Stande an. Es liegt dies in der Natur der Sache, weil ja die Arbeitnehmer überhaupt der Mehrzahl nach in den jüngeren Altersklassen vorkommen. Auch sind verheirathete Arbeitnehmer besonders darauf bedacht, ständig Arbeit und Verdienst zu haben und nicht der Erwerbslosigkeit zu verfallen. Die Beschäftigungslosen der Grossstädte haben, soweit sie Haushaltungsvorstände sind, durchschnittlich eine geringere Zahl von Kindern unter 14 Jahren zu erhalten als sonst im Reich, wohl aus dem Grunde, dass die Arbeiter in den Grossstädten nicht so häufig verheirathet und ihre Familien nicht so kinderreich sind, als die der Arbeiter in kleineren Gemeinden.

[Fortsetzung auf S. 361 unten.]

---

[1]) Wie in Braunschweig, Magdeburg, Düsseldorf, Stettin, Charlottenburg, Strassburg, Danzig und Köln.

[2]) Vergl Schanz im Archiv für soziale Gesetzgebung und Statistik X. Bd. 3. Heft und Bleicher, Beiträge zur Statistik der Stadt Frankfurt a. M., N. F. Ergänzungsblatt Nr. 3.

I. Erwerbsthätige im Hauptberuf

a = Selbständige, auch leitende Beamte und sonstige Geschäftsleiter; b = Nicht
thätigen Familienangehörigen

Städte	A. Landwirthschaft, Gärtnerei und Thierzucht, Forstwirthschaft und Fischerei				B. Bergbau und Hüttenwesen, Industrie und Bauwesen			
	a.	b.	c.	Summa	a.	b.	c.	Sa.
Aachen	215	11	706	932	4 833	729	20 862	25 924
	25	—	156	181	1 119	9	5 847	6 975
Altona	126	24	404	554	7 061	882	19 655	27 548
	10	1	26	37	2 319	13	3 409	5 741
Barmen	235	4	498	737	6 113	1 922	29 347	37 382
	29	—	63	92	1 857	18	6 788	8 163
Berlin	1 021	201	3 084	4 306	86 723	16 776	300 983	404 482
	67	11	593	671	31 539	2 115	79 671	113 325
Braunschweig . .	348	50	910	1 308	5 042	1 312	19 810	26 164
	37	5	302	344	1 566	34	3 328	4 923
Bremen	391	15	1 136	1 542	7 602	1 128	20 183	28 913
	32	2	286	320	2 743	43	3 378	6 163
Breslau	454	148	1 343	1 945	19 411	3 390	60 545	83 346
	106	7	523	636	8 846	133	16 432	25 411
Charlottenburg . .	160	39	599	798	4 129	1 215	15 502	20 846
	8	—	83	91	1 212	43	2 183	3 443
Chemnitz	92	20	499	611	6 759	3 890	37 543	48 192
	9	3	168	180	2 096	177	11 597	13 870
Crefeld	146	5	625	776	8 169	1 010	18 888	28 067
	23	—	73	96	2 230	28	5 398	7 656
Danzig	190	34	616	840	5 142	752	14 448	20 342
	33	3	214	250	2 192	43	2 130	4 365
Dortmund	86	12	259	357	2 806	1 512	22 191	26 509
	13	1	24	38	601	17	862	1 480
Dresden	380	80	1 793	2 203	16 853	4 569	60 603	82 025
	29	12	373	414	6 134	356	13 143	19 633
Düsseldorf . . .	694	22	1 599	2 315	6 610	1 690	31 436	39 736
	117	2	303	422	1 642	26	3 366	5 034
Elberfeld	250	6	665	921	7 588	1 865	26 920	36 373
	37	—	132	169	2 151	50	5 869	8 070
Frankfurt a. M. . .	638	71	2 118	2 822	10 766	2 589	31 232	44 587
	59	8	503	570	3 169	130	5 829	9 118
Halle a. S.	119	51	738	908	4 720	1 277	15 429	21 417
	7	10	226	243	1 472	38	1 904	3 414
Hamburg	637	89	1 842	2 568	27 321	3 847	75 934	107 102
	40	1	163	204	8 777	170	13 082	22 029
Hannover	445	37	1 424	1 906	8 855	2 272	32 061	43 188
	62	4	424	490	2 661	57	4 195	6 913
Köln a. Rh. . . .	1 065	59	2 506	3 630	13 275	2 925	51 666	67 866
	202	1	421	624	3 987	93	9 559	13 639
Königsberg . . .	215	68	441	724	6 673	683	18 885	26 241
	34	2	139	175	2 656	59	4 182	6 897
Leipzig	291	91	1 561	1 943	17 424	5 596	69 660	92 680
	30	16	470	516	6 517	465	17 316	24 298
Magdeburg . . .	297	43	1 354	1 694	8 758	2 662	30 347	41 767
	23	3	517	543	3 011	47	4 117	7 175
München	620	129	2 630	3 379	20 441	4 502	71 523	96 466
	73	3	957	1 033	6 849	480	14 664	21 993
Nürnberg	132	17	373	522	8 146	2 997	33 603	44 746
	13	2	119	134	2 015	261	8 462	10 738
Stettin	135	32	661	828	6 638	922	16 442	24 002
	12	5	190	207	2 384	48	2 775	5 207
Strassburg i. Els. .	794	32	1 554	2 380	5 607	1 024	18 573	25 204
	167	1	461	629	2 262	28	4 152	6 443
Stuttgart	734	28	1 167	1 929	8 080	2 048	26 590	36 718
	98	6	168	272	2 919	112	4 892	7 923

nach Berufsabtheilungen am 14. Juni 1895.

leitende Beamte; c = Sonstige Gehilfen, Lehrlinge, Arbeiter einschl. der im Gewerbe und Dienenden.

C. Handel und Verkehr				D. Häusliche Dienste (einschl. persönlicher Bedienung u. Lohnarbeit wechselnder Art)	E. Militär-, Hof-, bürgerlicher u kirchlicher Dienst, auch sogenannte freie Berufsarten	F. Ohne Beruf u. Berufsangabe	Se. Erwerbthätige	Städte
a.	b.	c.	Sa.					
2 928	1 115	3 998	8 041	3 055	4 584	5 446	47 982	Aachen.
730	34	1 395	2 159	895	1 054	2 659	13 923	
5 709	2 919	9 184	17 812	5 777	6 064	5 287	63 042	Altona.
1 385	159	1 712	3 256	2 237	877	3 234	15 372	
2 654	591	3 583	6 828	541	1 711	3 475	50 674	Barmen.
596	9	1 013	1 618	366	396	2 117	12 752	
59 580	26 700	94 636	180 916	37 512	72 848	65 284	765 848	Berlin.
13 078	2 856	22 356	38 290	19 846	10 758	36 831	219 731	
3 287	1 209	4 723	9 219	1 064	5 600	6 453	49 808	Braunschweig.
948	30	982	1 960	666	630	3 492	12 015	
5 065	3 287	9 844	18 196	1 481	5 548	6 532	62 212	Bremen.
1 075	48	1 778	2 901	1 263	996	4 125	15 693	
11 107	6 019	19 937	37 063	6 669	16 668	23 091	168 782	Breslau.
3 530	252	4 601	8 383	4 460	3 169	13 608	55 667	
3 749	1 981	5 625	11 355	2 421	5 761	7 484	48 665	Charlottenburg.
740	156	1 294	2 190	1 050	1 056	3 869	11 699	
4 801	2 093	6 386	13 280	1 067	5 337	5 112	73 599	Chemnitz.
1 595	80	2 067	3 742	696	445	2 567	21 500	
2 656	700	3 382	6 738	1 604	1 581	4 173	42 939	Crefeld.
598	58	853	1 509	448	357	2 504	12 570	
2 990	1 451	5 895	10 336	6 499	10 210	7 312	55 539	Danzig.
836	131	1 445	2 412	2 530	899	4 525	14 910	
2 215	1 368	4 347	7 930	1 629	1 951	2 876	41 252	Dortmund.
507	26	1 276	1 809	661	388	1 568	5 939	
10 461	6 039	19 170	35 670	5 465	23 696	21 628	170 687	Dresden.
3 287	301	5 743	9 331	4 617	2 722	12 990	49 897	
3 981	1 628	6 682	12 291	2 040	7 070	6 578	70 030	Düsseldorf.
861	49	1 911	2 821	1 084	941	3 952	14 304	
3 566	2 187	5 261	11 014	1 060	2 262	3 507	55 087	Elberfeld.
850	19	1 471	2 340	783	476	2 171	14 009	
9 045	6 301	15 653	30 999	6 162	9 050	9 980	103 600	Frankfurt a. M.
1 484	265	3 778	5 527	2 750	1 837	6 306	26 098	
3 432	1 857	5 588	10 877	1 892	4 995	8 371	48 460	Halle a. S.
995	47	1 401	2 443	1 220	731	3 473	11 534	
30 413	16 879	54 219	101 511	12 693	20 055	27 440	271 369	Hamburg.
5 799	856	7 205	13 860	9 387	4 827	16 791	67 098	
6 154	3 854	10 380	20 388	2 674	12 722	10 798	91 676	Hannover.
1 236	112	2 196	3 544	1 571	1 286	5 972	19 776	
8 802	5 592	18 109	32 503	3 845	14 390	18 189	135 423	Köln a. Rh.
1 914	159	4 370	6 443	2 222	2 208	7 434	32 570	
4 417	2 416	9 210	16 043	10 946	12 383	12 191	78 528	Königsberg.
1 372	365	2 604	4 341	4 025	1 164	7 514	24 116	
13 148	9 158	22 722	45 028	4 027	15 391	17 497	176 566	Leipzig.
3 837	573	5 283	9 693	3 114	1 990	9 089	48 700	
6 050	4 367	11 283	21 700	3 827	12 211	7 709	88 908	Magdeburg.
1 477	48	2 353	3 858	1 900	928	4 215	18 619	
13 534	7 287	26 805	47 626	7 989	25 151	31 316	211 927	München.
4 599	886	13 695	19 177	6 457	4 044	17 177	69 881	
5 258	2 232	7 965	15 455	1 247	5 601	7 650	75 221	Nürnberg.
1 476	152	2 622	4 250	1 020	618	4 591	21 351	
4 678	2 575	10 378	17 631	3 259	7 233	6 757	59 710	Stettin.
1 096	116	1 494	2 686	1 622	765	3 998	14 435	
3 397	2 364	6 677	12 438	2 596	19 724	8 023	70 365	Strassburg i. Els.
915	86	2 157	3 158	1 518	1 683	4 542	17 972	
4 504	3 572	8 268	16 344	1 701	10 184	9 037	75 913	Stuttgart.
1 213	252	2 660	4 125	1 172	1 327	5 479	20 297	

II. Erwerbsthätige im Nebenberuf nach Berufsabtheilungen am 14. Juni 1905.

a. Selbständige, auch leitende Beamte und sonstige Geschäftsleiter; b. = Nicht leitende Beamte; c. = Sonstige Gehülfen, Lehrlinge, Arbeiter einschl. der im gewerbe thätigen Familienangehörigen und Dienenden.

Städte	A. Landwirthschaft, Gärtnerei und Thierzucht, Forstwirthschaft und Fischerei				B. Bergbau und Hüttenwesen, Industrie und Bauwesen				C. Handel und Verkehr				D. Häusliche Dienste einschl. persönlicher Bedienung u. Lohnarbeit wechs. Art	E. Militär-, Hof-, bürgerl. u. kirchlicher Dienst, auch sogen. freie Berufsarten	Ueberhaupt Erwerbsthätige im Nebenberuf
	a.	b.	c.	Se.	a.	b.	c.	Se.	a.	b.	c.	Se.			
Aachen	27	—	18	45	120	3	69	192	322	15	116	453	4	116	810
Altona	334	—	26	360	369	8	403	780	774	17	902	1 693	94	157	3 084
Barmen	384	1	122	507	507	18	183	708	607	5	268	880	26	70	2 191
Berlin	2 042	2	177	2 221	3 769	188	3 766	7 673	4 826	296	4 502	9 554	1 943	1 978	28 364
Braunschweig	497	—	147	644	365	8	290	663	608	15	292	910	42	163	2 422
Bremen	66	3	91	160	244	6	182	432	668	10	374	1 052	25	134	1 803
Breslau	287	3	181	471	990	16	1 113	2 119	1 167	46	1 621	2 834	700	418	6 537
Charlottenburg	169	1	33	203	247	10	177	434	532	13	227	772	247	269	1 926
Chemnitz	94	—	36	130	553	18	672	1 243	850	8	1 115	1 973	55	203	3 604
Crefeld	307	—	21	328	260	1	123	384	410	6	311	727	—	48	1 487
Danzig	199	—	74	273	217	8	182	407	426	15	241	682	51	98	1 511
Dortmund	3 326	1	155	3 481	173	18	127	318	481	5	255	741	17	65	4 622
Dresden	69	1	136	206	1 301	8	1 425	2 734	1 557	20	2 631	4 208	577	624	8 349
Düsseldorf	358	1	100	459	242	10	126	378	444	8	319	771	11	87	1 706
Elberfeld	1 442	10	95	1 547	444	6	279	729	613	10	450	1 073	24	112	3 485
Frankfurt a. M.	879	—	108	987	482	18	321	821	721	39	791	1 551	57	264	3 680
Halle a. S.	50	—	27	77	266	16	264	546	520	13	263	796	133	144	1 695
Hamburg	75	—	82	157	1 116	24	1 087	2 219	2 892	91	6 371	9 354	348	659	12 737
Hannover	1 553	—	459	2 012	340	16	442	798	684	22	466	1 172	38	176	4 136
Köln a. Rh.	1 488	—	352	1 840	521	33	946	1 500	1 185	29	2 351	3 565	88	234	7 177
Königsberg	125	1	36	162	211	4	144	359	496	25	155	676	88	130	1 415
Leipzig	78	3	109	190	941	16	1 145	2 102	1 515	82	2 277	3 874	610	686	7 462
Magdeburg	215	—	119	334	487	46	475	1 008	756	77	865	1 698	163	230	3 418
München	114	2	21	137	743	14	106	863	1 088	39	144	1 271	211	444	2 926
Nürnberg	18	—	42	60	354	18	458	830	589	13	974	1 576	28	248	2 737
Stettin	196	—	42	229	321	25	307	653	469	31	442	942	112	185	2 081
Strassburg i. Els.	1 009	—	718	1 727	360	10	446	816	524	10	902	1 436	182	153	4 314
Stuttgart	333	—	310	643	932	20	498	1 450	1 086	53	982	2 071	96	311	4 571

III. Die Angehörigen nach Berufsabtheilungen am 14. Juni 1895.

Die je in 2. Reihe mit kleinerer Schrift gesetzten Zahlen betreffen die Weiblichen, welche in der betr. Gesammtzahl enthalten sind.

Städte	A. Landwirthschaft, Gärtnerei, Thierzucht, Forstwirthschaft und Fischerei	B. Bergbau und Hüttenwesen, Industrie und Bauwesen	C. Handel und Verkehr	D. Häusliche Dienste (einschl. persönliche Bedienung) und Lohnarbeit wechselnder Art	E. Militär-, Hof-, bürgerlicher und kirchlicher Dienst, auch sogenannte freie Berufsarten	F. Ohne Beruf und Berufsangabe	Summe der Angehörigen
Aachen	966	84 481	11 998	3 847	3 448	2 229	56 964
	630	23 337	8 158	2 596	2 453	1 738	38 877
Altona	688	36 997	25 836	6 806	5 217	2 768	78 962
	457	25 481	18 182	4 650	3 718	2 205	54 693
Barmen	1 131	58 966	10 725	500	2 531	2 260	71 113
	785	36 680	7 445	298	1 780	1 664	48 652
Berlin	4 803	443 734	210 932	31 259	62 776	36 102	789 106
	3 141	313 690	153 090	21 706	46 148	37 964	565 789
Braunschweig	1 464	34 930	11 654	870	5 264	8 990	68 172
	1 045	23 914	8 155	581	3 780	5 096	40 551
Bremen	1 297	35 076	22 143	627	5 886	3 078	68 107
	910	24 390	15 472	428	4 142	2 464	47 802
Breslau	1 547	91 681	50 333	5 046	14 158	13 188	175 953
	1 069	63 603	35 515	3 387	10 083	10 113	123 720
Charlottenburg	987	30 375	16 054	2 622	6 786	5 530	62 354
	728	21 106	11 470	1 807	4 881	4 252	44 239
Chemnitz	578	54 786	17 180	791	4 874	2 407	80 566
	388	37 969	12 100	519	3 517	1 860	56 353
Crefeld	1 094	40 319	10 578	2 688	2 446	2 886	60 011
	744	27 069	7 279	1 770	1 688	2 089	40 639
Danzig	814	29 424	13 642	8 125	5 986	4 578	62 564
	578	20 566	9 601	5 400	4 380	3 598	43 863
Dortmund	364	42 029	12 388	1 631	2 849	3 293	62 549
	248	28 520	8 472	1 109	1 917	2 568	42 634
Dresden	1 528	71 085	37 529	2 422	17 486	10 910	140 260
	1 111	49 764	26 777	1 497	12 551	8 149	99 849
Düsseldorf	3 110	60 554	18 231	1 959	5 615	4 282	93 751
	2 096	41 083	12 546	1 348	3 943	3 209	64 170
Elberfeld	1 099	52 407	16 565	868	3 754	2 323	77 016
	759	35 577	11 495	596	2 595	1 676	52 638
Frankfurt a. M.	2 629	44 525	36 730	5 360	8 560	5 606	103 410
	1 921	31 508	26 456	3 706	6 161	4 430	74 174
Halle a. S.	846	33 652	15 786	1 554	4 807	4 256	60 901
	572	23 046	11 016	1 093	3 470	3 317	42 445
Hamburg	3 044	133 929	126 461	8 139	23 561	12 851	307 985
	2 122	99 812	89 842	5 013	16 670	10 170	216 129
Hannover	1 974	52 923	28 255	1 920	7 934	7 638	100 644
	1 388	36 985	20 060	1 271	5 689	6 123	71 466
Köln a. Rh.	4 678	89 690	45 116	3 061	10 552	8 683	161 730
	3 224	62 510	31 632	2 065	7 508	6 536	113 285
Königsberg i. Pr	784	81 337	19 620	14 635	7 580	6 589	80 545
	555	21 996	13 831	9 950	5 409	5 214	56 945
Leipzig	2 061	110 737	58 796	2 751	15 395	8 044	197 784
	1 496	77 810	40 952	1 781	10 896	6 006	136 622
Magdeburg	2 129	63 618	30 049	4 156	8 140	5 008	113 095
	1 405	43 893	21 108	2 831	5 811	3 994	78 962
München	2 620	84 726	39 795	3 592	14 578	14 484	159 795
	1 715	58 198	27 179	2 303	10 557	10 706	110 658
Nürnberg	409	43 540	18 863	792	4 912	3 960	72 476
	305	29 940	13 183	485	3 527	3 047	50 487
Stettin	913	31 155	23 071	3 125	6 804	4 709	69 277
	652	21 946	16 596	2 160	4 576	3 612	49 451
Strassburg i. E.	2 624	26 554	14 832	2 070	7 623	2 914	56 617
	1 830	18 254	10 546	1 586	5 432	2 242	39 670
Stuttgart	2 102	32 995	17 598	842	8 408	4 822	66 762
	1 551	23 323	12 605	587	6 059	3 831	47 956

IV. Die Dienenden nach Berufsabtheilungen am 14. Juni 1895.

Die je in 2. Reihe mit kleinerer Schrift gesetzten Zahlen betreffen die Weiblichen, welche in der betr. Gesammtzahl enthalten sind.

Städte	A. Landwirthschaft, Gärtnerei, Thierzucht, Forstwirthschaft und Fischerei	B. Bergbau und Hüttenwesen, Industrie und Bauwesen	C. Handel und Verkehr	D. Häusliche Dienste (einschl. persönliche Bedienung) und Lohnarbeit wechselnder Art	E. Militär, Hof, bürgerlicher und kirchlicher Dienst, auch sogenannte freie Berufsarten	F. Ohne Beruf und Berufsangabe	Summe der Dienenden
Aachen. . . .	32 / 32	1 229 / 1 219	1 188 / 1 177	— / —	535 / 521	709 / 684	3 693 / 3 633
Altona	43 / 43	1 176 / 1 174	1 845 / 1 823	42 / 42	570 / 564	734 / 713	4 410 / 4 359
Barmen . . .	32 / 32	1 556 / 1 553	761 / 760	— / —	318 / 315	299 / 296	2 966 / 2 956
Berlin	296 / 275	16 780 / 16 614	20 912 / 20 716	109 / 109	10 439 / 10 064	12 527 / 12 140	61 063 / 59 918
Braunschweig .	78 / 78	1 252 / 1 244	1 362 / 1 346	4 / 4	860 / 848	1 178 / 1 130	4 734 / 4 650
Bremen . . .	128 / 128	1 516 / 1 508	3 047 / 3 025	11 / 11	809 / 808	1 398 / 1 378	6 909 / 6 858
Breslau . . .	150 / 146	4 376 / 4 353	5 907 / 5 883	34 / 34	2 869 / 2 828	3 970 / 3 920	17 306 / 17 164
Charlottenburg	41 / 41	1 580 / 1 540	2 067 / 2 030	11 / 11	1 962 / 1 926	2 686 / 2 587	8 347 / 8 135
Chemnitz . . .	17 / 16	1 422 / 1 419	1 131 / 1 128	2 / 2	483 / 474	408 / 400	3 458 / 3 439
Crefeld	50 / 50	1 815 / 1 812	938 / 936	— / —	322 / 322	864 / 860	2 989 / 2 980
Danzig	49 / 49	939 / 931	1 437 / 1 425	9 / 9	923 / 906	763 / 741	4 120 / 4 061
Dortmund . .	29 / 28	1 172 / 1 168	1 033 / 1 032	3 / 3	411 / 408	222 / 221	2 870 / 2 860
Dresden . . .	138 / 125	2 969 / 2 944	3 093 / 3 076	16 / 16	2 686 / 2 594	4 501 / 4 329	13 403 / 13 084
Düsseldorf . .	218 / 213	2 102 / 2 091	1 737 / 1 726	5 / 5	899 / 883	1 193 / 1 170	6 154 / 6 078
Elberfeld . . .	28 / 23	1 504 / 1 498	1 278 / 1 276	— / —	439 / 438	383 / 377	3 627 / 3 612
Frankfurt a. M.	255 / 252	3 660 / 3 631	6 479 / 6 355	46 / 46	1 958 / 1 929	3 868 / 3 723	16 266 / 15 936
Halle a. S. . .	42 / 41	1 111 / 1 106	1 236 / 1 230	7 / 7	777 / 769	920 / 904	4 093 / 4 057
Hamburg . . .	142 / 140	5 160 / 5 136	13 996 / 13 862	24 / 24	2 850 / 2 816	5 262 / 5 150	27 434 / 27 128
Hannover . . .	106 / 104	2 336 / 2 307	2 925 / 2 897	5 / 5	1 705 / 1 634	2 464 / 2 395	9 541 / 9 342
Köln a. Rh. .	265 / 262	3 652 / 3 619	4 474 / 4 429	11 / 11	1 682 / 1 660	2 011 / 1 971	12 095 / 11 952
Königsberg i.Pr	48 / 48	1 240 / 1 240	2 294 / 2 285	— / —	1 519 / 1 496	1 729 / 1 715	6 830 / 6 784
Leipzig	84 / 83	3 008 / 2 981	4 639 / 4 608	7 / 7	2 128 / 2 102	2 199 / 2 158	12 060 / 11 939
Magdeburg . .	121 / 120	1 972 / 1 957	2 483 / 2 467	12 / 12	1 145 / 1 137	956 / 947	6 689 / 6 640
München . . .	239 / 221	5 614 / 5 591	4 614 / 4 588	63 / 63	3 639 / 3 502	5 416 / 5 239	19 585 / 19 174
Nürnberg . . .	41 / 41	2 703 / 2 688	2 587 / 2 580	10 / 10	846 / 840	1 130 / 1 113	7 317 / 7 272
Stettin	49 / 48	1 171 / 1 170	2 121 / 2 111	8 / 8	945 / 934	1 199 / 1 179	5 493 / 5 450
Strassburg i. E.	108 / 102	1 195 / 1 191	1 502 / 1 497	4 / 4	1 378 / 1 359	874 / 854	5 056 / 5 000
Stuttgart . . .	157 / 157	2 787 / 2 766	2 966 / 2 933	10 / 10	1 954 / 1 898	3 067 / 2 995	10 941 / 10 759

V. Bevölkerung nach Berufsabtheilungen am 14. Juni 1895.

Die je in 2. Reihe mit kleinerer Schrift gesetzten Zahlen betreffen die Weiblichen, welche in der betr. Gesammtzahl enthalten sind.

Städte	A. Landwirthschaft, Gärtnerei, Thierzucht, Forstwirthschaft und Fischerei	B. Bergbau und Hüttenwesen, Industrie und Bauwesen	C. Handel und Verkehr	D. Häusliche Dienste (einschl. persönliche Bedienung und Lohnarbeit wechselnder Art)	E. Militär-, Hof-, bürgerlicher und kirchlicher Dienst, auch sogenannte freie Berufsarten	F. Ohne Beruf und Berufsangabe	Bevölkerung überhaupt
Aachen	1 930	61 634	21 222	6 902	8 567	8 884	108 689
	848	31 581	11 469	3 491	4 098	5 071	56 433
Altona	1 235	65 721	45 493	12 625	11 851	8 789	145 714
	587	32 396	23 361	6 929	5 159	6 142	74 434
Barmen	1 900	92 904	18 314	1 041	4 560	6 034	124 753
	909	46 896	9 823	664	2 491	4 077	64 860
Berlin	8 905	864 996	412 760	68 880	146 063	113 913	1 615 517
	4 087	443 629	212 096	41 661	66 970	76 935	845 378
Braunschweig	2 850	62 346	22 235	1 938	11 724	11 621	112 714
	1 467	30 081	11 441	1 251	5 258	7 718	57 216
Bremen	2 967	65 505	43 386	2 119	12 243	11 008	137 228
	1 358	32 066	21 399	1 687	5 871	7 967	70 348
Breslau	3 642	179 403	93 308	11 749	33 695	40 249	362 041
	1 851	93 367	49 781	7 881	16 080	27 641	196 551
Charlottenburg	1 826	52 801	29 476	5 054	14 509	15 700	119 866
	855	26 089	15 690	2 868	7 863	10 708	64 073
Chemnitz	1 206	104 350	31 591	1 860	10 694	7 922	157 623
	584	53 258	16 970	1 217	4 436	4 827	81 292
Crefeld	1 920	69 701	18 254	4 292	4 349	7 423	105 939
	890	36 087	9 724	2 218	2 367	4 953	56 189
Danzig	1 703	50 705	25 415	14 638	17 119	12 648	122 228
	877	25 652	13 438	7 948	6 055	8 864	69 834
Dortmund	750	69 710	21 846	3 263	5 211	6 391	106 671
	314	30 968	11 313	1 773	2 708	4 357	51 433
Dresden	3 869	156 079	76 292	7 903	43 868	36 839	324 350
	1 650	72 331	39 184	6 130	17 867	25 648	162 630
Düsseldorf	5 643	102 392	32 259	4 004	13 584	12 053	169 935
	2 731	48 148	17 098	2 382	5 767	8 331	84 452
Elberfeld	2 043	90 234	28 857	1 928	6 455	6 213	135 730
	951	45 145	15 111	1 309	3 509	4 224	70 949
Frankfurt a. M.	5 706	92 772	74 208	11 568	19 568	19 454	223 276
	2 743	44 257	38 838	6 504	9 917	14 449	116 908
Halle a. S.	1 796	56 180	27 899	3 458	10 579	13 547	113 454
	857	27 566	14 689	2 250	4 970	7 694	58 026
Hamburg	5 754	246 191	241 968	20 856	46 466	45 553	606 788
	2 466	119 977	117 064	14 424	24 313	32 111	310 855
Hannover	3 986	98 447	51 568	4 599	22 361	20 900	201 861
	1 982	46 155	26 501	2 847	8 609	14 490	100 584
Köln a. Rh.	8 573	161 208	82 093	6 917	26 624	23 833	309 248
	4 120	79 568	42 504	4 298	11 876	15 841	157 807
Königsberg i. Pr	1 556	58 818	37 957	25 581	21 482	20 509	165 903
	778	30 193	20 457	13 975	8 069	14 443	87 845
Leipzig	4 088	206 425	108 463	6 785	32 909	27 740	386 410
	2 025	102 840	55 253	4 902	14 988		197 261
Magdeburg	3 944	107 357	54 232	7 995	21 496	18 668	208 692
	2 068	53 025	27 433	4 733	7 876	9 086	104 221
München	6 238	186 806	92 035	11 644	43 368	51 216	391 307
	2 969	85 752	50 944	8 823	18 103	33 192	199 718
Nürnberg	972	90 989	36 905	2 049	11 359	12 740	155 014
	480	43 366	20 013	1 515	4 985	8 751	79 110
Stettin	1 790	56 828	42 823	6 392	14 482	12 665	134 480
	887	28 332	21 373	3 790	6 975	8 789	69 386
Strassburg i. E.	5 107	52 953	28 772	4 670	28 725	11 811	132 038
	2 561	25 887	15 181	2 908	8 467	7 638	62 642
Stuttgart	4 188	72 500	36 903	2 553	20 546	16 926	158 616
	1 980	34 012	19 663	1 769	9 284	12 304	79 012

VI. Die Bevölkerung nach
E = Erwerbsthätige im Hauptberuf,

Städte.	I. II. Land- u. Forstwirthschaft, Gärtnerei u. Fischerei.		III. Bergbau, Hütten- pp. Wesen.		IV. Industrie der Steine u. Erden.		V. Metallverarbeitung.		VI. Maschinen, Werkzeuge, Instrumente.		VII. Chemische Industrie	
	E.	A.	E.	A.	E.	A.	E.	A.	E.	A.	E.	A.
Aachen	932	998	618	1307	403	491	4089	6876	977	1801	103	173
Altona	554	681	31	63	647	1065	2677	4082	1828	2792	305	554
Augsburg	739	628	2	2	247	301	2534	2944	2179	3647	455	434
Barmen	737	1163	59	103	307	243	3208	5229	873	1657	428	911
Berlin	4306	4599	187	880	4913	6999	45722	62205	25623	35242	4640	6854
Bochum	111	93	5680	12650	134	115	1526	2561	311	456	41	8
Braunschweig	1308	1542	180	238	758	840	3703	5771	1969	3829	255	449
Bremen	1542	1425	14	12	367	561	2817	3994	1202	1326	194	24
Breslau	1945	1697	100	193	1402	1729	9655	13037	4214	6979	696	1063
Cassel	613	607	11	40	567	289	2041	2962	929	1509	121	154
Charlottenburg	798	1028	26	78	640	1264	2162	3507	1529	2637	646	1371
Chemnitz	611	595	22	24	628	796	7609	11214	7084	11990	366	497
Crefeld	776	1144	9	7	233	275	1767	2629	687	1189	180	33
Danzig	840	863	2	2	152	260	3012	5267	2056	4094	265	40
Darmstadt	893	1008	5	3	230	168	1701	2260	592	973	404	54
Dortmund	357	398	7801	15607	660	327	4012	6019	1431	2981	163	39
Dresden	2203	1666	41	63	3346	3045	9313	9565	4478	5007	1264	135
Düsseldorf	2315	3328	2725	6770	1174	1471	7275	12431	2674	5125	746	133
Duisburg	473	660	2704	6265	1076	1540	1859	2850	1273	2443	470	122
Elberfeld	921	1122	6	8	422	537	3296	5279	828	1288	2128	498
Erfurt	1760	2109	15	36	229	278	1916	3382	1262	2550	99	16
Essen	179	205	9741	21032	388	256	8782	5997	671	1201	153	36
Frankfurt a. M.	2822	2884	108	200	875	1306	5131	5954	2656	3238	578	39
Frankfurt a. O.	1063	1448	66	163	665	981	1264	1745	752	1377	84	16
Freiburg i. B.	1068	992	4	14	917	913	938	1007	513	573	79	1
Gladbach	418	699	1	8	133	126	1119	1780	387	742	32	6
Görlitz	891	629	23	16	385	612	2210	2736	1028	1709	185	27
Halle a. S.	908	888	369	525	262	489	3468	5832	2125	4528	167	24
Hamburg	2568	3186	192	428	807	1430	10309	14524	7526	10491	1847	342
Hannover	1906	2080	64	124	940	1494	5409	7069	2814	3537	1017	153
Karlsruhe	413	441	2	9	266	327	2698	3443	1427	2166	893	81
Kiel	594	744	1	7	157	244	1962	3137	2591	5273	195	33
Köln	3630	4943	489	965	2924	3654	7559	11749	4317	7927	1762	351
Königsberg i. Pr.	724	832	117	145	258	458	3094	4652	1308	2261	217	
Leipzig	1943	2145	32	78	1233	851	10526	14586	7858	11791	1055	173
Liegnitz	1038	739	5	9	497	1019	827	1003	658	1149	57	
Lübeck	1232	1367	4	—	189	339	1680	2306	732	1249	168	
Magdeburg	1694	2250	177	422	818	1505	7024	11745	5039	10211	682	13
Mainz	290	266	8	10	110	189	1594	1903	540	823	124	17
Mannheim	520	606	41	54	623	949	3077	4089	1544	2405	594	14
Metz	283	258	40	11	167	208	884	1274	244	397	108	
Mülhausen i. E.	679	604	10	—	884	449	3425	5007	1350	2080	182	
München	3379	2859	98	147	2960	2266	9991	10194	5617	7133	904	
Münster	565	633	277	4	198	297	859	1026	238	369	61	
Nürnberg	522	450	162	210	1011	1831	8634	8649	4767	5995	1879	
Posen	475	446	5	2	149	219	1040	1328	462	716	101	
Potsdam	680	786	1	—	225	316	975	1323	357	488	59	
Spandau	495	547	4	7	44	62	2493	4848	2336	5014	3246	
Stettin	828	962	9	18	685	1395	1926	2451	937	1487	430	
Strassburg	2380	2727	75	91	728	997	2139	2917	862	1157	263	
Stuttgart	1929	2259	29	44	739	719	3383	3635	2376	3112	503	
Wiesbaden	946	1215	11	24	290	484	1131	1450	409	451	184	
Würzburg	944	991	7	9	397	505	927	1037	505	887	73	

erufsgruppen am 14. Juni 1895.

= Angehörige und Dienstboten.

VII. Forstwirthschaftl. Nebenproducte, Fette, Oele pp.		IX. Textil-Industrie.		X. Papier.		XI. Leder.		XII. Holz- und Schnitzstoffe.		VIII. Nahrungs- und Genussmittel.		XIV. Bekleidung u. Reinigung.	
E.	A.	E.	A.	E.	A.	E.	A.	E.	A.	E.	A.	E.	A.
190	424	6 686	9 518	224	275	380	640	1 418	2 408	2 695	2 887	5 244	4 485
273	639	680	585	467	446	867	1 368	2 612	4 483	5 699	8 208	7 196	6 283
161	262	6 062	3 661	546	449	332	359	1 394	1 557	2 410	2 073	3 699	2 453
52	595	18 686	26 149	1 235	1 846	465	825	1 864	3 415	1 828	3 133	3 594	3 964
262	5 691	13 784	12 392	12 311	9 734	12 157	15 965	36 834	58 092	32 895	34 642	135 474	98 262
46	110	34	31	60	103	118	151	587	958	753	1 072	1 326	1 638
66	350	1 683	1 129	272	358	544	692	1 877	3 376	4 311	5 655	5 033	4 452
92	867	1 446	860	199	258	602	961	3 501	5 401	5 251	7 304	7 028	5 851
47	1 325	3 802	1 907	1 327	1 084	1 669	2 268	7 600	10 935	8 587	10 652	28 971	20 873
67	148	431	562	232	319	487	660	1 456	2 266	1 262	1 548	3 670	3 602
33	1 017	441	516	191	247	537	811	1 031	2 118	1 644	1 714	4 084	3 298
42	277	18 003	9 240	1 157	932	610	906	2 830	4 202	2 738	3 280	6 752	5 772
59	120	13 117	20 767	638	667	245	374	1 495	3 012	1 522	2 488	5 521	4 917
43	600	272	290	104	142	281	465	1 800	3 623	2 330	3 412	5 994	5 203
46	101	110	74	212	229	295	396	1 119	1 662	1 122	1 209	2 591	2 497
94	408	71	69	140	206	268	365	1 475	2 325	2 173	3 192	2 737	2 924
76	966	1 906	1 110	2 428	1 828	2 174	2 698	6 897	8 495	9 287	7 084	19 513	14 222
86	732	2 542	3 152	766	1 142	721	1 079	3 089	5 828	3 070	4 223	5 963	6 092
43	328	967	924	96	101	145	229	1 642	3 038	1 763	2 820	1 679	1 730
24	356	11 602	16 177	1 318	1 658	644	993	2 016	4 146	2 162	3 417	6 142	6 154
75	186	378	278	167	223	365	478	930	1 636	1 490	2 215	5 083	6 064
13	264	104	144	123	159	271	346	1 083	1 779	1 185	1 556	2 570	2 796
64	688	772	632	638	714	1 626	2 040	3 521	5 114	4 867	5 251	13 493	10 546
80	183	77	76	199	211	267	333	827	1 329	1 497	2 116	3 187	3 579
67	151	744	328	334	239	241	220	1 097	1 526	1 518	1 389	2 349	1 394
67	177	7 541	10 612	327	434	95	180	525	1 050	653	1 177	2 190	2 454
90	182	2 548	1 975	147	140	491	530	1 671	2 371	1 571	1 920	4 195	3 005
61	409	307	306	292	305	459	675	1 496	2 770	8 064	4 894	4 811	4 774
52	3 807	1 922	1 409	1 132	1 189	4 050	5 374	9 720	16 898	12 972	16 202	80 601	28 087
54	817	1 289	1 129	950	1 088	2 895	4 183	3 426	5 549	3 568	4 295	9 456	9 206
48	257	174	169	250	212	492	614	1 299	1 974	1 999	2 020	3 860	2 601
40	332	243	378	110	141	206	247	1 266	2 270	1 588	3 084	3 084	2 865
35	1 708	2 711	2 422	1 042	1 223	2 125	2 870	6 498	11 409	8 162	10 833	15 253	11 878
00	239	466	475	204	217	499	612	2 506	4 184	3 026	3 449	8 904	7 506
54	1 675	7 629	5 604	5 762	5 268	2 821	3 359	6 259	10 130	7 085	7 977	19 093	16 957
33	176	1 255	817	129	108	245	340	1 448	2 299	1 212	1 556	2 998	2 756
15	296	159	182	91	123	263	380	1 354	2 873	1 805	2 587	2 634	2 172
07	1 305	743	655	488	560	1 081	1 525	3 084	5 954	6 858	9 175	9 126	8 621
58	314	158	128	133	148	880	1 617	2 024	3 190	1 506	1 891	3 951	3 257
54	709	490	439	533	561	756	838	1 399	2 375	2 632	3 167	4 292	3 891
54	122	140	63	56	41	206	280	770	1 014	987	1 314	3 928	2 488
16	216	11 203	8 463	167	164	203	281	1 276	1 941	1 087	1 244	3 345	2 031
18	874	1 534	796	1 257	1 114	3 074	3 429	9 666	11 151	13 180	11 456	22 283	13 766
14	49	288	311	152	206	126	199	992	1 461	978	1 297	2 403	2 255
12	540	483	300	1 255	890	904	1 024	6 472	7 425	4 486	4 988	6 574	5 132
9	182	132	68	125	136	243	346	1 126	1 800	1 763	2 224	5 505	5 215
8	113	196	91	109	109	341	441	776	1 137	1 184	1 434	2 642	2 528
14	238	60	97	27	35	181	315	564	1 005	745	844	1 244	1 051
0	1 126	220	198	358	397	326	418	1 840	3 306	3 010	4 273	7 942	7 404
7	498	401	348	589	771	841	1 155	2 377	2 949	3 457	3 808	7 327	4 490
5	303	1 431	872	1 257	1 082	1 027	991	3 834	5 409	3 862	3 667	8 925	5 986
1	198	143	109	111	156	379	537	1 264	2 054	1 276	1 875	4 196	3 335
2	142	163	125	109	123	252	350	1 443	1 878	1 572	1 987	3 114	2 680

Noch Tab. VI. **Die Bevölkerung nach**
E == Erwerbsthätige im Hauptberuf

Städte	XV. Baugewerbe		XVI. Polygraphische Gewerbe		XVII. Künstler und künstlerische Betriebe		XVIII. Fabrikanten, Fabrikarbeiter pp. ohne nähere Bezeichnung		XIX. Handelsgewerbe		XX. Versicherungsgewerbe	
	E.	A.	E.	A.	E.	A.	E.	A.	E.	A.	E.	A.
Aachen . . .	2 412	4 193	375	563	110	169	—	—	4 865	7 821	87	198
Altona . . .	3 660	6 846	483	627	59	76	64	56	11 521	17 200	312	516
Augsburg . .	2 286	2 556	491	444	128	88	42	20	4 012	4 051	67	134
Barmen . . .	3 769	6 410	724	981	90	61	—	—	4 171	6 432	68	156
Berlin . . .	57 280	98 283	14 668	15 305	3 815	3 948	922	1 522	106 645	136 874	2 706	4 047
Bochum . . .	2 081	2 322	159	209	26	24	22	26	1 742	2 534	17	47
Braunschweig .	4 410	7 721	926	1 168	125	189	2	—	5 652	7 708	148	262
Bremen . . .	4 867	7 167	895	1 033	129	206	9	1	10 853	14 168	320	499
Breslau . . .	12 488	21 106	2 251	2 469	322	264	115	168	21 576	28 787	971	1 632
Cassel . . .	2 227	2 737	458	604	125	123	647	1 131	4 159	5 814	99	22
Charlottenburg	6 548	12 142	417	541	395	569	72	126	5 746	9 500	210	491
Chemnitz . .	4 454	5 798	967	1 000	310	227	20	8	7 954	10 252	138	306
Crefeld . .	1 827	4 020	415	525	352	324	—	—	4 725	7 471	26	64
Danzig . . .	3 081	5 673	475	427	36	39	239	459	6 022	8 212	127	234
Darmstadt . .	1 414	2 170	442	533	79	88	3	2	2 641	3 539	43	106
Dortmund . .	5 079	7 050	360	524	25	24	420	860	4 080	5 891	104	255
Dresden . .	16 988	15 132	2 888	2 865	761	681	65	39	18 092	20 092	667	962
Düsseldorf .	7 178	11 337	736	1 112	528	874	263	456	7 286	11 551	185	441
Duisburg . .	3 198	4 912	208	244	19	37	—	—	2 808	4 418	36	
Elberfeld . .	4 523	7 619	822	1 043	197	234	98	20	6 914	10 412	237	505
Erfurt . . .	2 032	4 320	479	534	38	41	83	66	3 187	4 350	294	507
Essen	4 379	5 236	373	549	68	55	—	—	3 870	4 786	65	166
Frankfurt a. M.	7 016	8 295	1 949	2 350	384	502	509	505	18 947	25 913	749	1 137
Frankfurt a. O.	1 481	3 274	201	200	20	8	—	—	1 946	2 601	51	104
Freiburg i. B. .	2 307	2 693	389	419	50	57	6	8	2 299	2 631	60	157
Gladbach . .	1 079	2 414	284	338	30	36	131	229	2 008	3 459	136	309
Görlitz . . .	2 737	4 050	230	304	69	43	—	—	3 207	3 810	76	156
Halle a. S. .	3 637	8 006	758	907	41	60	—	—	5 715	8 134	218	470
Hamburg . .	20 126	35 976	3 337	4 004	622	707	187	143	64 483	92 284	1 991	3 764
Hannover . .	9 503	12 675	1 865	2 292	188	256	—	—	10 552	15 048	806	1 533
Karlsruhe . .	2 328	2 928	678	737	194	190	3	2	3 470	3 966	318	468
Kiel	3 584	6 123	322	475	43	63	8	106	4 097	6 302	77	138
Köln	11 719	20 130	1 695	2 118	532	571	243	374	18 126	25 349	880	1 452
Königsberg i.Pr	4 918	7 504	535	600	99	63	—	—	9 677	12 752	286	512
Leipzig . . .	11 116	20 301	10 313	11 566	972	949	62	26	27 585	37 459	987	1 533
Liegnitz . . .	1 623	3 284	225	219	30	16	11	25	2 181	3 097	47	113
Lübeck . . .	2 339	4 180	350	414	17	33	—	—	5 046	8 156	242	456
Magdeburg . .	5 193	11 157	1 141	1 377	197	236	13	2	11 771	16 977	986	1 657
Mainz . . .	1 742	2 589	613	688	164	218	14	22	4 640	6 054	81	130
Mannheim . .	2 645	4 461	503	528	122	132	19	8	6 584	9 303	410	5
Metz	2 071	3 023	261	238	33	33	—	—	2 479	2 971	39	3
Mülhausen i. E.	2 717	3 209	291	329	490	516	—	—	3 152	4 272	81	14
München . .	19 761	21 561	3 555	3 211	1 695	2 096	173	133	24 683	21 729	958	1
Münster . .	2 299	3 396	301	375	73	82	9	4	2 376	3 512	91	5
Nürnberg . .	4 972	5 646	2 281	2 008	425	370	109	99	8 705	11 137	268	43
Posen	2 284	3 270	409	511	49	74	—	—	3 661	4 867	182	
Potsdam . . .	1 618	2 614	212	180	50	88	—	—	2 000	2 524	52	
Spandau . . .	1 580	2 756	79	89	30	31	—	—	1 096	1 314	8	
Stettin . . .	4 809	7 933	613	740	63	45	224	253	9 911	15 094	573	
Strassburg i. E.	4 689	7 072	942	937	173	169	34	5	6 296	7 475	352	
Stuttgart . .	6 089	5 618	2 632	3 172	461	469	15	19	8 870	10 496	690	1
Wiesbaden . .	2 147	3 817	455	594	132	175	161	200	3 507	5 031	47	
Würzburg . .	1 793	2 836	447	407	57	78	3	4	3 208	4 432	50	

erufsgruppen am 14. Juni 1895.
= Angehörige und Dienstboten.

XXI. Verkehrsgewerbe		XXII. Berherbergung und Erquickung		XXIII. Häusliche Dienste und Lohnarbeit wechselnder Art		XXIV. Militär-, bürgerl., kirchl., Dienst- und sogen. freie Berufsarten		XXV. Ohne Beruf und Berufsangabe		Ueberhaupt		Zusammen Bevölkerung
E.	A.	E.	A.	E.	A.	E.	A.	E.	A.	E.	A.	
687	3958	1402	1709	3055	3847	4584	8983	5446	2938	47982	60657	108639
880	7882	2099	2083	5777	6848	6064	5787	5287	3502	63042	82672	145714
481	2789	1455	578	858	398	5771	3849	6260	3274	43601	36341	79942
505	3884	1084	1514	541	500	1711	2849	3475	2559	50674	74079	124753
292	62913	86273	28010	37512	31368	72848	73215	65284	48629	765348	850169	1615517
877	1985	558	766	979	1159	1130	1983	1230	1857	19548	32928	52476
046	3920	1373	1126	1064	874	5600	6124	6453	5168	49808	62906	112714
674	8216	2349	2312	1481	688	5548	6695	6532	4476	62212	75016	137228
140	21079	5376	4742	6669	5080	16668	17027	28091	17158	168782	193259	362041
766	4381	1282	1043	1937	2281	6975	5990	4554	4725	36116	43717	79833
370	6259	2029	1871	2421	2683	5761	8748	7484	8216	48665	70701	119366
772	5615	2416	2144	1067	793	5337	5357	5112	2810	78599	84024	157623
109	2838	878	1143	1604	2688	1581	2768	4173	3250	42939	63000	105989
479	5150	1708	1488	6499	8134	10210	6909	7812	5336	55589	66684	122223
206	2749	662	1005	1012	885	7463	5587	5033	4089	29318	31939	61257
337	5905	1409	1388	1629	1634	1951	3260	2875	3515	41251	65419	106670
870	14842	7041	4719	5465	2438	23696	20172	21628	14711	170687	153663	324350
783	5860	2037	2116	2040	1964	7070	6514	6578	5475	70030	99905	169935
101	8785	774	866	659	496	1191	1750	1609	1748	26893	42487	69880
188	4975	1675	1951	1060	868	2262	4193	3507	2706	55087	80643	135730
847	4686	915	886	1743	2228	4462	3468	3726	2915	32525	43541	76066
438	3164	1135	946	681	351	1860	2779	2569	3596	86301	57632	98933
581	12359	4722	3800	6162	5406	9050	10518	9980	9474	103600	119676	223276
035	2540	757	591	1743	1778	6640	8037	8579	2826	27481	30660	58141
023	1940	1098	586	736	361	3927	2859	6525	3604	28289	24189	52428
779	2124	448	783	234	216	915	1263	1542	985	21074	31659	52738
227	2654	1154	848	1356	621	3060	2647	4317	3850	32868	35067	67935
711	6430	2233	1988	1892	1561	4995	5584	8371	5176	48460	64994	113454
051	33063	11986	12086	12698	8163	20055	26411	27440	18118	271369	335419	606788
991	10820	4039	3800	2674	1925	12722	9639	10798	10102	91676	110185	201861
538	4753	1492	842	795	708	8090	6861	6138	4236	40065	40728	80793
772	3899	1495	954	2328	2959	14304	6403	4788	2628	44850	47935	92785
566	18107	4931	4682	3845	3072	14390	12234	13189	10644	185423	173825	309248
157	6390	2923	2253	10946	14685	12383	9099	12191	8318	78528	87375	165903
042	17914	7414	6427	4027	2758	15891	17518	17497	10243	176566	209844	386410
869	2128	783	628	763	507	3378	2395	3334	2804	23696	27308	51004
006	3890	1170	1026	1384	1742	2598	2891	4117	2803	29695	39232	68927
726	11448	3217	2490	3827	4168	12211	9285	7709	5959	88908	119784	208692
983	3317	1353	1521	1724	2159	9248	4107	4134	2820	37167	37481	74648
421	5097	1685	1861	858	625	3906	3961	3105	2343	40113	49016	89129
073	2353	907	842	1301	1150	5058	4062	3238	1069	35782	23427	59209
235	2466	894	797	894	663	6289	2603	3106	1499	42576	39302	81878
326	17532	11709	3559	7989	3655	25151	18217	31816	19900	211927	179380	391307
177	2868	761	682	1509	1781	6513	4175	4492	2900	26762	28182	54944
616	7061	2866	2778	1247	802	5601	5758	7650	5090	75221	79793	155011
068	2748	1145	1069	2545	3008	5559	5961	4350	2766	32457	37447	69904
057	1890	782	685	2234	2505	8830	5428	4758	3461	29186	28306	57492
610	1163	668	681	2285	3335	6359	2195	1521	1048	25799	30157	55956
930	7115	2217	2096	3959	3183	7233	7249	6757	5908	59710	74770	134480
184	6613	2606	1658	2596	2074	19724	9001	8023	3788	70365	61673	132038
838	6837	2946	2180	1701	852	10184	10362	9087	7889	75913	77702	153615
297	2765	2181	1252	2464	3183	4405	5290	6480	6927	33707	41019	74726
296	4788	1348	1000	997	747	4799	4192	7606	8230	32202	32646	64848

VII. Die Erwerbsthätigen in Industrie, Handel u[...]

Die je in 2. Reihe mit kleinerer Schrift gesetzten Zahlen betre[...]

a. = Selbständ[...]

Städte	III. Bergbau, Hütten und Salinenwesen		IV. Industrie der Steine und Erde		V. Metall-verarbeitung		VI. Maschinen, Werkzeuge, Instrumente, Apparate		VII. Chemische Industrie		VIII. Forstwirthschaft, Nebenprodukte, Leuchtstoffe, Fette, Oel.		IX. Textil-Industrie		X. Papier		XI. Leder		XII. Holz und [...]
	a.	b.	a.	b.	a.	b.	a.	b.	a.	b.	a.	b.	a.	b.	a.	b.	a.	b.	a.
Aachen	17	601	46	357	281	3808	181	796	24	79	16	174	249	6437	48	176	94	286	330
	—	2	2	33	12	734	3	53	—	3	1	18	41	1819	2	65	1	3	
Altona	1	30	49	598	341	2336	218	1610	29	276	17	256	153	527	47	420	187	680	587
			2	30	8	37	2	17	2	21	1	26	82	243	3	203	3	31	
Barmen	3	56	18	289	358	2850	194	679	41	387	12	240	1915	16771	177	1058	117	348	413
	—	1	1	9	13	68	8	12	2	18	—	4	476	5393	12	247	8	57	
Berlin	44	143	581	4332	3951	41771	2700	22923	516	4124	197	3065	2877	10907	1126	11185	2461	9696	5976
	—		17	197	155	1431	111	1711	11	481	14	387	1352	5504	145	5592	90	744	
Braunschwg.	7	123	46	712	277	3426	203	1766	43	212	16	150	86	1597	63	209	152	392	369
	—	2	1	6	11	38	7	13	1	21	—	14	53	1064	2	33	2	3	
Bremen	2	12	47	320	372	2445	187	1015	27	167	11	381	106	1340	59	140	182	420	653
	—	4	2	10	17		5		2	5	—	11	61	876	6	16	5		
Breslau	26	74	115	1287	667	8988	482	3732	81	615	40	607	858	2444	157	1170	381	1288	1391
	1	4	4	86	28	261	13	42	2	122	1	26	721	1772	17	598	12	34	
Charlottenburg	10	16	33	607	183	1979	166	1363	65	581	20	513	97	344	29	162	130	407	799
	—	2	1	32	3	6	4	43	—	50	—	99	42	173	—	61	2	6	
Chemnitz	1	21	62	566	388	7221	355	6729	41	325	17	125	756	12247	135	1022	144	466	390
	—	2	3	5	8	70	12	171	1	84	2	11	236	7690	10	558	4	11	
Crefeld	—	9	27	206	253	1514	179	508	39	141	9	5	3237	9880	88	550	77	168	418
	—	1	—	2	14	43	20	96	—	1	—	4	504	3470	5	58	1		
Danzig	—	2	20	132	211	2801	126	1930	26	239	7	236	139	133	32	72	74	207	303
	—	1	3	9	3		2	9	2	63	1	3	114	33	3	11	1		
Dortmund	54	7247	23	637	150	3862	112	1319	25	138	10	184	28	43	34	106	50	218	290
	5		1	14	4	5	4	3	2		25	17	24	1	1	12	1		
Dresden	8	33	280	3066	879	8434	639	3839	120	1144	71	605	708	1198	279	2149	461	1713	1095
	1		18	323	42	394	19	135	5	447	10	89	546	723	34	995	13	109	
Düsseldorf	15	2710	75	1099	403	6872	234	2440	43	703	20	266	122	2420	68	698	182	539	607
	—	28	9	25	12	121	—	25	—	106	2	4	47	915	1	183	4	36	
Elberfeld	1	5	39	383	411	2885	182	641	36	2092	9	115	1887	9715	99	1219	136	508	493
	—		3	17	3	16	1	21	1	20	1	1	457	3597	1	360	5	23	
Frankfurt a.M.	11	97	165	710	633	4498	402	2254	93	485	44	420	204	568	135	503	430	1196	654
	1	1	7	21	14	71	6	55	2	34	3	105	128	265	8	88	8	24	
Halle a. S.	26	343	34	228	246	3222	238	1887	25	142	22	139	87	220	50	242	143	316	361
	1	5	2	16	6	22	6	6	1	6	1	10	46	95	6	82	2		
Hamburg	6	186	123	684	1604	8705	1080	6646	150	1697	101	1651	528	1394	246	886	831	3219	2287
	—	6	6	19	46	97	24	36	3	88	6	93	347	794	20	195	15	341	
Hannover	17	47	82	858	436	4973	371	1943	66	951	18	336	130	1109	89	861	322	2573	634
	2	3	3	36	13	38	5	25	2	235	—	3	75	528	5	216	3	428	
Köln a. Rh.	23	466	158	2766	694	6865	438	3879	136	1626	71	764	274	2437	133	909	358	1767	1118
	1	7	6	147	21	70	10	22	2	116	6	89	173	1374	8		8	249	
Königsberg	3	114	42	216	262	2832	180	1123	39	178	5	95	118	348	42	162	111	388	421
	—	85	1	14	7	10	5	19	1	69	—	7	61	165	1	56	3	2	
Leipzig	11	21	114	1119	877	9649	701	7157	146	909	77	794	1200	6429	276	5486	465	2356	926
	—	1	2	38	21	462	18	791	2	128	4	56	1031	3792	27	2531	11	519	
Magdeburg	4	173	58	755	423	6661	303	4736	74	608	38	569	112	631	62	426	265	816	643
	—		1	38	11		8		3	154	3	33	54	404	—	113	5	13	
München	22	76	177	2783	1139	8852	726	4891	186	718	55	663	594	940	257	1020	532	2542	1804
	—	5	16		55		23		8		2		455	609	39	312	20	401	
Nürnberg	6	156	149	862	808	7826	370	4397	170	1709	50	282	162	321	210	1045	237	667	1060
	—	45	12	117	95	1806	12	258	30	596	13	38	101	190	28	689	13	93	
Stettin	2	7	40	645	283	1643	179	758	38	392	17	593	109	111	36	312	116	210	389
	—		1	11	9	11	7	39	1	31	1	96	70	50	3	144	2	2	
Strassburg	6	69	43	685	244	1895	187	675	47	216	21	286	100	301	54	535	129	712	443
	—		1	4	3		1		—	32	—	42	62	136	4	165	11	24	
Stuttgart	6	23	65	674	404	2979	334	2042	77	426	32	123	340	1098	123	1184	254	773	573
	—	3	6	9	15	145	14	55	10	33	—	11	221	759	14	301	6	27	

...erkehr mit Unterscheidung der Selbständigen am 14. Juni 1895.

Weiblichen, welche in der betr. Gesammtzahl enthalten sind.

— Uebrige Erwerbsthätige.

Column groups: **XIII.** Nahrungs- und Genussmittel — **XIV.** Bekleidung und Reinigung — **XV.** Bau-Gewerbe — **XVI.** Polygraphisches Gewerbe — **XVII.** Künstler — **XVIII.** Fabrikanten, Fabrikarbeiter, Gesellen, Gehülfen — **XIX.** Handels-Gewerbe — **XX.** Versicherungs-Gewerbe — **XXI.** Verkehrs-Gewerbe — **XXII.** Beherbergung und Erquickung

XIII.a	XIII.b	XIV.a	XIV.b	XV.a	XV.b	XVI.a	XVI.b	XVII.a	XVII.b	XVIII.a	XVIII.b	XIX.a	XIX.b	XX.a	XX.b	XXI.a	XXI.b	XXII.a	XXII.b
64	2131	1983	3261	405	2007	47	328	48	62	—	—	2336	2529	19	68	144	1543	499	903
29	1014	1012	2050	7	13	1	33	2	—	—	—	601	913	—	6	—	25	123	491
39	4460	3601	3595	505	3155	68	415	19	40	—	64	4373	7148	90	222	440	3440	806	1293
49	548	2127	2154	5	1	3	61	1	1	—	10	1008	1136	1	8	20	356	356	607
84	1244	1813	1781	351	3418	100	624	17	73	—	—	2003	2168	32	36	103	1402	516	568
20	82	794	853	3	13	4	24	1	—	—	—	417	640	—	12	1	137	381	
90	26105	51606	83868	5193	52087	1077	13586	1502	2313	81	841	40457	66188	534	2172	3740	31552	14849	21424
132	4111	26669	58472	57	290	54	1619	167	108	1	192	7449	14384	7	40	139	863	5485	9995
58	3753	2626	2407	475	3935	83	843	36	89	2	—	2531	3121	66	82	322	1724	371	1002
17	885	1442	1149	8	7	4	104	10	—	1	—	655	491	—	—	126	64	167	457
47	4204	4073	2955	701	4166	98	797	31	98	6	3	3513	7840	93	227	606	4068	853	1496
31	692	2577	1476	7	2	3	152	6	2	—	—	798	964	—	1	49	228	822	
02	7085	12399	16572	1014	11474	162	2089	122	200	19	96	8037	13589	135	836	1166	7974	1769	3607
119	1598	7675	10969	13	36	12	222	17	28	—	1	2097	2772	1	33	79	121	753	1927
04	1340	1924	2110	686	5862	48	369	234	161	1	71	2351	3395	61	149	425	2945	912	1117
13	249	292	2229	4	13	3	24	42	18	—	18	396	708	1	8	51	335	691	
02	2036	3205	3547	441	4013	69	898	46	264	7	13	3461	4493	51	87	222	2550	1067	1349
56	383	1720	2237	6	201	1	233	7	24	—	—	954	1221	—	1	21	57	620	865
45	977	2778	2743	400	1427	60	355	59	293	—	—	2200	2525	19	7	78	1031	359	519
26	98	1695	1615	5	3	—	13	—	1	—	—	511	601	1	—	4	16	82	294
01	1929	3354	2640	371	2710	43	432	24	12	11	228	2040	3982	39	88	352	2127	559	1149
18	306	2013	1555	9	3	—	73	5	2	—	28	594	820	—	13	64	229	687	
04	1769	1280	1457	376	4703	39	321	7	18	6	414	1631	2449	40	64	148	2189	396	1013
16	516	617	—	3	8	1	27	1	8	—	—	333	666	—	—	10	12	164	634
28	8059	9101	10412	1268	15720	277	2611	394	367	45	20	7514	10578	142	525	794	9076	2011	5030
90	3192	5150	5790	6	44	18	568	42	24	—	7	2250	2956	1	6	56	176	980	2912
47	2323	2829	3184	859	6319	100	636	278	250	28	33	3100	4186	61	124	239	2544	581	1456
35	219	1476	1605	72	17	3	60	17	2	—	34	665	1149	—	10	21	186	796	
24	1538	3055	3087	456	4067	64	758	35	162	11	87	2792	4122	61	176	97	2091	616	1059
25	165	1618	1615	3	3	1	55	1	4	—	—	625	877	—	2	7	222	609	
71	3996	5709	7784	952	6064	223	1726	182	202	58	451	6996	11951	141	608	673	5908	1235	3487
35	316	2886	4145	17	9	6	202	21	3	—	165	1092	2187	—	19	63	107	529	1730
65	2599	2511	2300	426	3211	69	689	17	24	—	—	2388	3327	61	157	210	2501	778	1460
25	351	1354	1208	4	8	—	115	1	—	—	—	607	678	—	2	6	71	382	747
77	10795	14301	16300	3101	17025	453	2884	287	335	46	141	22826	41657	371	1612	2335	20716	4873	7113
66	1128	8087	10005	54	2	16	332	26	21	1	27	3792	9500	4	60	50	258	1953	3673
76	2892	4735	4721	1045	8458	128	1737	106	82	—	—	4108	6444	140	666	523	4468	1383	2656
20	393	2485	2051	15	12	3	236	13	1	—	—	635	933	—	10	31	49	570	1316
90	6572	6607	8646	1347	10372	178	1517	91	441	59	184	6658	11468	178	702	617	7949	1349	3582
75	1178	3578	5528	22	13	3	80	12	1	3	22	1557	2744	—	1	30	83	326	1700
35	2391	4249	4655	464	4449	48	487	54	45	—	—	3013	6664	70	216	413	2744	921	2002
31	543	2467	3993	14	28	6	77	10	6	—	—	874	1556	2	17	24	155	472	1211
21	5564	8956	10137	1437	9679	539	9774	238	734	47	15	9685	17900	212	775	743	8299	2508	4906
133	1149	5160	5613	12	60	16	7438	13	37	1	8	3459	3335	1	11	79	137	1298	2375
40	5453	5153	3973	644	4555	84	1057	46	161	9	4	4462	7309	100	886	560	5166	928	2289
38	1151	2835	1976	7	8	—	127	16	5	1	—	1038	1197	—	9	49	430	1135	
87	11493	9926	12357	1639	18122	355	3200	1319	376	43	130	10689	13944	108	850	828	9503	1914	9795
104	2847	5840	7286	31	1749	26	692	122	50	—	63	4718	6337	—	62	103	319	8083	
65	3521	3081	3493	544	4421	206	2075	116	309	12	97	3804	4901	105	163	317	3299	1032	1834
54	681	1539	1648	13	129	11	693	9	74	1	23	1247	1464	2	17	41	101	186	1192
40	2570	4366	3576	516	4293	59	554	34	29	11	213	2761	7150	88	485	961	3969	849	1349
26	411	2240	1809	3	4	—	77	2	—	—	54	647	779	—	5	30	66	349	760
00	2957	3315	4012	373	5316	87	885	63	110	25	9	2304	3992	102	250	311	2873	680	1926
31	906	2085	2554	7	22	1	61	5	1	—	—	705	1062	—	1	—	—	307	1121
70	3192	4158	4760	684	5405	187	2445	165	296	2	13	3310	5560	77	613	386	3452	731	2215
53	539	2509	2503	14	42	9	448	17	10	1	9	990	1977	—	30	28	124	189	1431

23*

VIII. Die Erwerbsthätigen ausgewählter industrieller Berufsarten mit Unterscheidung der Selbständigen am 14. Juni 1895.

a = Selbständige, b = Uebrige Erwerbsthätge.

Städte.	Klempner (V, 32)		Grob- (Huf) schmiede (V, 37)		Schlosserei und Geldschrankfabrikation (V, 38)		Verfertigung von Maschinen, Werkzeugen, Apparaten etc. (VI, 45)		Spinnerei etc. (IX, 70)		Strickerei, Wirkerei, Häkelei, Stickerei, Spitzenfabrikation (IX, 74, 75)		Buchbinderei etc. (X, 83)		Verfertigung von Tapezierarbeiten (XI, 92)	
	a	b	a	b	a	b	a	b	a	b	a	b	a	b	a	b
Aachen . . .	40	73	20	125	100	1 130	54	506	33	409	34	66	45	167	41	100
Altona . . .	94	271	55	375	87	998	42	599	6	182	65	58	39	207	82	169
Barmen . . .	94	259	34	127	119	1 596	87	450	241	906	48	159	167	854	23	28
Berlin . . .	899	3788	299	3494	1048	18 186	502	8542	92	837	1417	2348	950	6290	1158	3222
Braunschweig .	63	264	26	373	94	1 949	50	1232	2	1422	51	25	58	153	91	190
Bremen . . .	114	314	47	285	109	1 182	18	392	5	1090	48	43	56	131	102	190
Breslau . . .	175	641	84	1425	193	5 017	84	1295	18	1069	708	619	130	774	225	631
Charlottenburg.	45	112	32	274	59	1 087	27	477	1	34	50	56	16	85	86	157
Chemnitz .	106	394	57	776	82	3 693	176	5769	17	1420	290	2664	127	893	81	196
Crefeld . . .	52	146	22	124	89	985	95	382	145	910	64	65	72	314	44	81
Danzig . . .	73	200	29	849	57	1 477	11	295	2	5	108	10	30	47	34	67
Dortmund . .	33	122	23	468	39	2 798	41	1045	1	1	16	18	31	95	20	79
Dresden . .	185	1107	92	932	253	3 853	111	1625	9	203	572	278	252	1770	291	654
Düsseldorf . .	75	500	57	345	146	2 907	55	1777	12	1108	46	55	55	255	122	298
Elberfeld . .	101	359	40	271	102	1 248	54	281	279	355	49	17	81	693	39	86
Frankfurt a. M.	158	536	60	359	230	2 657	67	838	1	24	135	106	126	454	258	600
Halle a. S. . .	62	182	42	409	66	1 785	63	1395	1	43	47	24	48	177	73	149
Hamburg . .	486	1636	167	1330	444	3 527	159	2258	10	378	343	213	230	768	614	1111
Hannover . .	111	488	44	482	163	2 832	74	1013	7	362	83	86	84	762	207	416
Köln a. Rh. .	151	662	77	504	264	3 858	93	1919	7	1289	163	200	115	622	229	567
Königsberg .	74	251	50	783	80	1 403	14	596	2	21	76	75	40	119	56	186
Leipzig . . .	228	774	96	915	280	4 902	179	3236	25	3625	1041	848	247	4700	277	573
Magdeburg .	105	308	50	748	105	3 686	77	3823	6	386	50	41	57	325	170	298
München. . .	207	868	102	964	318	4 509	168	3104	7	52	465	341	215	766	309	746
Nürnberg . .	128	840	43	418	99	2 350	74	2252	6	35	95	79	178	792	123	239
Stettin . . .	75	183	50	225	89	1 011	14	298	—	—	71	23	40	249	68	135
Strassburg i. E.	53	209	28	186	82	1 126	24	221	5	104	63	32	51	192	73	203
Stuttgart . . .	84	332	46	314	112	1 319	60	851	11	35	251	712	115	1061	115	323

Noch **VIII.** **Die Erwerbsthätigen ausgewählter industrieller Berufsarten mit Unterscheidung der Selbständigen.**

a = Selbständige, b = Uebrige Erwerbsthätige.

Städte.	Tischlerei und Parketfabrikation (XII. 95)		Bäckerei, Conditorei etc. (XIII, 107. 108)		Fleischerei (XIII, 111)		Brauerei (XIII, 115)		Tabakfabrikation (XIII, 119)		Näherei, Schneiderei, Konfektion (XIV, 120. 121.' 122)		Putzmacherei (XIV. 123)	
	a	b	a	b	a	b	a	b	a	b	a	b	a	b
Aachen . . .	237	920	267	634	200	385	27	102	30	881	1 114	2 179	57	130
Altona . . .	273	989	218	882	220	482	4	207	687	1833	1 927	1 701	55	145
Barmen . . .	286	1 087	334	507	181	339	15	237	8	7	996	961	32	66
Berlin . . .	3105	19 884	1753	9000	2185	6538	118	4173	2174	2402	32 740	55 500	1507	2192
Braunschweig .	231	1 114	160	635	205	480	16	489	78	494	1 321	1 272	64	113
Bremen . . .	353	1 205	284	821	212	480	19	681	436	1270	2 238	1 588	119	145
Breslau . . .	686	3 382	478	1906	559	1329	63	849	206	1498	6 865	11 093	347	624
Charlottenburg·	125	551	141	568	101	352	7	196	28	32	925	1 059	113	72
Chemnitz . .	201	1 076	342	867	212	563	5	188	107	221	1 693	1 740	48	100
Crefeld . . .	294	823	263	406	194	313	24	70	21	41	1 259	1 306	42	66
Danzig . . .	140	779	148	618	177	436	13	218	11	87	1 898	1 547	65	101
Dortmund . .	133	879	198	436	132	288	23	817	10	50	735	877	22	66
Dresden . . .	484	3 145	451	2243	432	1481	20	735	189	2134	5 304	5 196	258	410
Düsseldorf . .	409	1 907	344	899	261	561	29	423	13	77	1 394	1 969	51	94
Elberfeld . .	337	1 130	351	713	211	413	10	224	10	16	1 993	2 161	50	123
Frankfurt a. M.	411	1 878	230	1446	503	1177	23	856	29	99	3 290	4 694	164	398
Halle a. S. . .	182	709	202	700	156	378	11	273	27	90	1 444	1 234	45	117
Hamburg . .	1356	4 451	442	3044	832	2018	30	987	640	2016	8 025	8 805	360	654
Hannover . .	434	2 213	295	637	234	609	10	416	54	129	2 666	2 640	101	227
Köln a. Rh. .	668	3 311	709	1758	556	1225	84	574	46	284	3 474	4 932	146	457
Königsberg . .	237	1 296	260	994	278	604	12	112	10	290	2 500	2 936	66	208
Leipzig . . .	430	3 281	522	2131	451	1092	26	661	383	528	5 129	4 879	212	617
Magdeburg . .	365	1 615	273	1164	305	730	32	479	99	425	2 847	1 931	113	247
München. . .	902	4 484	647	3486	714	2939	59	3545	54	219	5 823	7 005	301	402
Nürnberg . .	353	1 767	478	1646	339	696	28	557	32	305	1 773	1 787	62	132
Stettin . . .	218	834	211	741	157	419	7	345	12	34	2 740	2 551	85	96
Strassburg i. E.	249	1 273	249	817	154	532	24	365	12	765	1 762	2 129	84	134
Stuttgart . .	267	2 309	343	1280	208	671	24	489	17	240	2 300	2 683	118	148

Noch VIII. Die Erwerbsthätigen ausgewählter industrieller Berufs- arten mit Unterscheidung der Selbständigen.

a = Selbständige, b = Uebrige Erwerbsthätige.

Städte.	Schuhmacherei (XIV, 132) a	b	Barbiere und Friseure (XIV, 133, 134) a	b	Wäscherei und Plätterei (XIV, 136) a	b	Bauunternehmung und Bauunterhaltung (XV, 138) a	b	Maurer (XV, 140) a	b	Zimmerer (XV, 141) a	b	Stubenmaler etc. (XV, 143) a	b	Buchdruckerei (XVI, 162) a	b
Aachen	443	479	119	111	206	264	99	629	21	301	17	62	161	649	25	211
Altona	898	812	141	158	486	591	105	1062	78	857	54	361	173	575	31	296
Barmen	502	348	99	77	134	128	79	1031	37	1478	19	106	159	516	21	239
Berlin	8290	6545	2251	2538	4483	8675	1160	19337	452	13625	316	4339	1696	6551	458	8909
Braunschweig	589	377	116	176	468	301	103	1387	94	1387	29	316	144	482	24	608
Bremen	688	551	183	156	789	442	121	869	127	1631	66	478	284	888	34	538
Breslau	2294	2430	416	550	1911	480	232	4511	92	3344	72	1023	258	1255	55	1314
Charlottenbg.	443	251	146	137	247	496	301	3002	85	1148	66	484	99	451	19	228
Chemnitz	637	356	135	186	534	118	119	1467	68	1214	27	526	97	359	36	508
Crefeld	551	439	107	85	248	52	65	408	30	259	7	27	240	579	30	222
Danzig	712	495	120	161	495	274	94	643	34	818	34	589	103	389	19	302
Dortmund	306	287	62	76	134	113	114	1538	36	1869	14	333	141	581	24	271
Dresden	1662	1946	342	436	1065	824	502	5845	157	4808	76	3258	267	1381	83	1470
Düsseldorf	657	557	167	177	498	233	235	2476	102	1694	43	266	278	1057	37	475
Elberfeld	586	361	110	144	277	180	103	1412	54	1453	18	147	211	633	23	511
Frankfurt a.M.	1246	1067	324	349	565	986	271	1617	74	1724	55	480	312	1512	99	941
Halle a. S.	486	385	113	173	365	288	116	1318	61	844	20	312	102	383	30	533
Hamburg	2987	1902	793	681	1828	3571	404	4099	506	4862	244	2148	1029	3032	195	1846
Hannover	905	695	233	316	729	613	306	2398	188	3495	46	699	289	1040	48	1127
Köln a. Rh.	1418	1073	374	472	1007	691	428	5044	137	1932	51	292	430	1818	71	1167
Königsberg	988	724	162	167	451	425	122	1241	47	1459	32	635	115	561	24	349
Leipzig	1493	1353	364	492	1427	708	290	2858	230	2641	157	1493	335	1216	165	5389
Magdeburg	974	784	224	288	862	420	172	1889	58	995	45	529	176	535	38	818
München	1673	1677	419	543	1223	1279	501	8667	80	4313	79	1541	477	1804	95	1934
Nürnberg	685	872	161	245	320	329	134	1492	53	1031	52	511	158	788	37	486
Stettin	717	388	158	178	607	254	126	1595	53	1102	45	488	128	532	26	390
Strassburg i.E.	586	669	171	260	638	639	139	1473	26	1586	26	307	83	467	19	677
Stuttgart	628	707	144	257	830	416	254	1635	39	1506	32	660	136	661	40	1651

IX. Die beschäftigungslosen Arbeitnehmer am 14. Juni und 2. Dezember 1895.

Städte	Beschäftigungslose		Auf 1000 Einwohner kommen Beschäftigungslose		Arbeitnehmer der Berufsabth. A—D	Beschäftigungslose der Berufsabtheilungen A—D			
						absolut		in ⁰/₀₀ der Arbeitnehmer	
	am 14. Juni 1895	am 2. Dezember 1895	am 14. Juni 1895	am 2. Dezember 1895	am 14. Juni 1895	am 14. Juni 1895	am 2. Dezember 1895	am 14. Juni 1895	am 2. Dezember 1895
Aachen . . .	1 031	1 952	10	18	34 508	998	1 988	29	56
Altona . . .	3 424	5 894	24	40	44 909	3 411	5 745	76	13
Barmen . . .	1 247	1 486	10	12	41 140	1 224	1 464	30	36
Berlin . . .	37 712	57 410	23	34	566 407	36 420	56 143	64	99
Braunschweig	1 188	2 787	10	24	34 050	1 171	2 746	34	81
Bremen . . .	1 412	2 241	10	16	44 508	1 387	2 214	31	50
Breslau . . .	6 780	10 443	19	28	120 628	6 646	10 203	55	85
Charlottenburg	1 424	2 962	12	22	36 044	1 373	2 885	38	80
Chemnitz . .	2 024	2 266	13	14	55 923	1 988	2 207	36	40
Crefeld . . .	857	1 333	8	12	32 666	840	1 316	26	40
Danzig . . .	2 098	4 263	17	34	34 611	2 025	4 190	58	121
Dortmund . .	1 150	1 536	11	14	34 429	1 120	1 505	32	44
Dresden. . .	5 224	5 695	16	17	113 826	5 074	5 548	45	49
Düsseldorf . .	1 421	2 991	8	17	51 647	1 374	2 945	27	57
Elberfeld . .	1 505	2 051	11	15	44 401	1 455	2 006	33	45
Frankfurt a. M.	2 925	4 696	18	20	81 363	2 830	4 584	35	56
Halle a. S. . .	1 711	2 914	15	25	31 512	1 639	2 831	52	90
Hamburg . .	15 596	17 596	26	28	195 479	15 098	17 144	77	88
Hannover . .	2 413	4 621	12	22	63 011	2 343	4 513	37	72
Köln a. Rh. .	2 909	5 898	9	18	98 501	2 819	5 786	29	59
Königsberg. .	3 025	5 923	18	34	50 867	2 867	5 825	56	114
Leipzig . . .	7 520	7 216	20	18	127 288	7 384	7 106	58	56
Magdeburg . .	2 333	5 197	11	24	61 588	2 251	5 116	36	83
München . .	4 391	7 754	11	19	143 162	4 374	7 682	31	54
Nürnberg . .	1 258	2 065	8	13	56 421	1 242	2 040	22	36
Stettin . . .	2 047	4 308	15	31	41 543	2 007	4 224	48	102
Strassburg . .	677	1 385	5	10	38 610	665	1 357	17	35
Stuttgart . .	1 260	1 887	8	12	55 189	1 231	1 852	22	34
Zusammen	116 557	176 770	17	24	2 388 671	113 206	173 115	48	74

X. Die beschäftigungslosen Arbeitnehmer nach Alter, Familienstand etc.

Städte.	a = 14. Juni 1895 / b = 2.Dezemb.1895	14 bis 20	20 bis 30	30 bis 50	50 bis 70	über 70	ledig	Haushaltungs-Vorstände	Nichterwerbsthätige Angehörige der Haushaltungs-vorstände.1)
Aachen . . .	a	171	260	342	220	38	542	493	964
„ . . .	b	403	587	618	328	21	1 149	768	1 522
Altona . . .	a	615	1 091	1 175	497	46	1 876	1 343	3 001
„ . . .	b	975	1 879	2 046	917	77	3 113	2 501	5 032
Barmen . . .	a	263	382	379	196	27	713	531	1 195
„ . . .	b	317	452	445	253	19	860	533	1 218
Berlin . . .	a	6 435	13 529	13 311	4 227	210	22 828	13 737	24 171
„ . . .	b	8 683	19 844	21 646	6 908	384	31 676	22 927	43 658
Braunschweig .	a	269	412	354	143	10	729	404	886
„	b	496	936	985	355	15	1 458	1 135	2 752
Bremen . . .	a	358	515	368	158	13	961	395	880
„ . . .	b	436	942	609	237	17	1 472	628	1 438
Breslau . . .	a	1 522	2 529	1 940	731	58	4 521	1 708	3 072
„ . . .	b	1 987	3 624	3 560	1 219	53	6 010	3 915	8 176
Charlottenburg.	a	220	456	560	168	20	731	680	1 395
„	b	454	998	1 171	333	11	1 444	1 454	3 282
Chemnitz . .	a	474	721	588	268	23	1 190	744	1 267
„ .	b	328	765	797	348	28	1 091	1 022	2 004
Crefeld . . .	a	166	262	290	131	8	494	310	717
„ . . .	b	256	420	442	206	9	733	534	1 362
Danzig . . .	a	327	594	734	395	48	1 091	900	1 876
„ . . .	b	729	1 326	1 432	717	59	2 245	1 792	4 069
Dortmund . .	a	227	438	375	101	9	726	405	1 128
„ . .	b	350	541	485	144	16	985	424	1 246
Dresden . . .	a	1 332	2 120	1 334	414	24	3 721	1 164	1 919
„ . . .	b	1 006	2 825	1 687	643	34	3 614	1 692	3 152
Düsseldorf . .	a	266	458	494	189	14	795	645	1 693
„ . .	b	589	1 043	984	354	21	1 803	1 025	2 686
Elberfeld . .	a	308	452	485	249	11	840	570	1 265
„ . .	b	401	653	687	297	13	1 164	798	1 985
Frankfurt a. M.	a	678	1 189	781	255	22	2 126	668	1 333
„	b	978	1 905	1 312	474	27	3 251	1 207	2 359
Halle a. S . . .	a	414	504	582	232	29	924	496	1 125
„ . .	b	633	925	935	390	31	1 546	1 085	2 585
Hamburg . .	a	3 135	5 544	5 143	1 672	102	9 856	9 250	11 121
„ . .	b	2 782	6 023	6 678	2 083	80	9 613	7 515	17 802

1) d. h. Ehefrauen, Kinder unter 14 Jahren und sonstige Familienangehörige.

Noch **X. Die beschäftigungslosen Arbeitnehmer nach Alter, Familienstand etc.**

Städte.	a = 14. Juni 1895 b = 2. Dezemb. 1895	Alter der Beschäftigungslosen in Jahren					Von denselben sind		Nichterwerbsthätige Angehörige der Haushaltungs-vorstände.[1]
		14 bis 20	20 bis 30	30 bis 50	50 bis 70	über 70	ledig.	Haus-hal-tungs-Vorstände	
Hannover ..	a	500	958	716	205	34	1 577	682	1 143
„ ..	b	841	1 909	1 425	420	26	2 911	1 507	3 277
Köln a. Rh...	a	626	959	929	878	22	1 749	977	2 188
„ ..	b	1 091	2 104	1 982	678	43	3 552	2 094	4 697
Königsberg ..	a	422	941	1 089	507	66	1 742	1 054	2 090
„ ..	b	929	1 766	2 254	914	60	3 152	2 121	4 528
Leipzig ...	a	1 687	2 801	2 812	687	33	4 649	2 464	5 789
„ ...	b	1 314	2 951	2 266	658	27	4 477	2 309	5 626
Magdeburg ..	a	529	781	709	298	16	1 396	761	1 824
„ ..	b	1 053	1 606	1 836	671	31	2 750	2 202	4 941
München ..	a	857	2 089	1 076	356	13	3 616	597	1 401
„ ..	b	1 451	3 285	2 256	784	28	5 729	2 009	3 124
Nürnberg ..	a	332	522	288	111	—	935	242	495
„ ..	b	528	843	500	193	1	1 509	434	990
Stettin ...	a	333	648	742	299	25	1 064	875	1 856
„ ...	b	762	142	1 496	585	42	2 289	1 790	3 941
Strassburg ..	a	130	241	181	118	12	404	218	360
„ ..	b	272	509	375	211	18	875	464	865
Stuttgart ...	a	382	502	300	119	7	947	236	474
„ ...	b	594	660	489	186	8	1 491	299	707
Summe	a	22 928	41 898	37 477	13 314	940	72 743	38 552	76 598
„	b	30 588	62 239	61 393	21 401	1 149	101 912	66 184	138 974
Zusammen		53 516	104 137	98 870	34 715	2 089	174 655	104 736	215 572

1) d. h. Ehefrauen. Kinder unter 14 Jahren und sonstige Familienangehörige.

[Fortsetzung zu Seite 343.]

Von besonderem Interesse ist hiernächst die Frage nach der Dauer der Arbeitslosigkeit. Von 1 000 Beschäftigungslosen waren ausser Arbeit seit . . . Tagen:

		1	2—7	8—14	15—28	29—90	üb. 90	unbek.
Juni	im Reich	11	98	206	117	238	165	165
	i. d. Grossstädten	10	99	230	132	265	181	83
Dezember	im Reich	25	123	259	171	246	106	71
	i. d. Grossstädten	25	134	231	149	262	153	46

Unter Berücksichtigung des Antheils der Fälle mit unbekannten Daten betrug für ungefähr die Hälfte aller Beschäftigungslosen die Dauer der Arbeitslosigkeit weniger als vier Wochen. Die Unterschiede der Sommer- und Winterzählung sind auch in dieser Beziehung erheblich.

Nur unvollkommen ist bei dieser allgemeinen Aufnahme der Grund der Arbeitslosigkeit ermittelt worden. Man hat sich darauf beschränkt zu erfragen, ob die beschäftigungslosen Arbeitnehmer wegen vorübergeheder Arbeitsunfähigkeit (Krankheit) oder aus anderen Gründen keine Arbeit hatten.

XI. Die Beschäftigungslosen nach der Dauer der Arbeitslosigkeit.

Städte.	a = 14. Juni 95 / b = 2. Dezbr. 95	Seit 1 Tag	2 bis 7	8 bis 14	15 bis 28	29 bis 90	91 u. mehr	Unbekannt	Ueberhaupt Beschäftigungslose.	Darunter wegen vorübergehender Arbeitsunfähigkeit.
					Tage					
Aachen . . .	a	10	42	153	92	247	206	281	1 081	582
„ . . .	b	23	106	276	217	498	417	415	1 952	626
Altona . . .	a	38	316	720	375	675	601	699	8 424	819
„ . . .	b	134	678	1 833	894	1 280	1 024	551	5 894	1 496
Barmen . .	a	9	160	298	172	285	188	185	1 247	624
„ . . .	b	38	160	375	261	354	370	28	1 486	707
Berlin . . .	a	259	2 812	8 545	5 208	8 166	7 826	1 896	37 712	10 090
„ . . .	b	1 455	8 180	13 065	8 522	15 900	9 422	916	57 410	20 521
Braunschweig .	a	15	161	296	155	287	188	86	1 188	566
„	b	34	422	736	444	749	276	126	2 787	1 067
Bremen . .	a	5	127	384	227	409	244	66	1 412	583
„ . . .	b	35	253	510	432	729	249	33	2 241	725
Breslau . . .	a	60	608	1 638	969	2 041	1 208	261	6 780	2 548
„ . . .	b	246	1 505	2 328	1 557	2 668	1 985	204	10 443	3 569
Charlottenburg.	a	8	110	277	241	328	259	309	1 424	445
„	b	83	529	684	365	648	406	247	2 962	838
Chemnitz .	a	44	275	349	218	466	343	329	2 024	638
„ .	b	55	314	528	319	519	329	202	2 266	923
Crefeld . . .	a	5	76	195	91	168	170	152	857	509
„ . . .	b	15	125	311	161	265	222	284	1 333	554
Danzig . . .	a	15	171	334	160	379	288	751	2 096	922
„ . . .	b	93	507	918	562	794	537	852	4 263	1 054
Dortmund . .	a	21	175	217	166	299	156	116	1 150	563
„	b	57	196	385	244	348	221	85	1 536	795
Dresden . . .	a	90	706	1 422	616	1 283	711	396	5 224	2 034
„ . . .	b	299	1 006	1 296	740	1 505	715	184	5 695	1 995
Düsseldorf . .	a	15	158	275	156	317	239	266	1 421	568
„	b	54	346	425	430	544	422	470	2 991	1 178
Elberfeld .	a	4	170	329	165	410	363	64	1 505	679
„ .	b	42	192	490	333	463	391	140	2 051	924
Frankfurt a. M.	a	89	241	622	323	686	472	542	2 925	1 114
„	b	93	496	1 086	702	1 255	857	207	4 693	1 754
Halle a. S. . .	a	19	150	307	176	401	352	306	1 711	645
„ . .	b	64	335	649	485	729	517	185	2 914	1 091

Noch XI. Die Beschäftigungslosen nach der Dauer der Arbeitslosigkeit.

Städte.	a = 14. Juni 95 / b = 2. Dezbr. 95	Seit 1 Tag	2 bis 7	8 bis 14	15 bis 28	29 bis 90	91 u. mehr	Unbekannt	Ueberhaupt Beschäftigungslose.	Darunter wegen vorübergehender Arbeitsunfähigkeit.
					Tage					
Hamburg .	a	117	1 848	4 036	2 826	4 075	2 434	711	15 596	2 944
„ .	b	431	2 499	4 017	2 710	5 057	2 430	458	17 596	8 658
Hannover .	a	12	197	511	261	464	290	678	2 413	681
„ .	b	108	602	1 276	713	1 044	600	278	4 621	1 479
Köln a. Rh.	a	22	286	621	379	805	620	176	2 909	1 368
„	b	87	561	1 496	967	1 565	1 136	86	5 898	2 530
Königsberg .	a	37	300	643	347	574	510	614	3 025	1 089
„ .	b	142	663	1 204	834	1 237	818	1 080	5 923	1 996
Leipzig . .	a	93	968	1 799	1 101	1 793	1 385	416	7 520	2 285
„ . .	b	217	1 075	1 589	1 053	2 060	1 124	98	7 216	2 622
Magdeburg .	a	15	205	412	251	601	573	276	2 833	693
„ .	b	147	514	927	788	1 328	856	687	5 197	1 374
München .	a	28	594	1 198	584	1 293	694	—	4 391	2 152
„	b	276	841	2 169	1 162	2 390	774	142	7 754	3 144
Nürnberg .	a	6	119	287	238	356	158	89	1 253	595
„ .	b	68	308	517	314	471	246	131	2 065	1 011
Stettin . .	a	31	297	536	254	522	352	55	2 047	844
„ . .	b	116	869	1 216	641	908	543	15	4 308	1 262
Strassburg i. E.	a	3	85	198	74	183	124	10	677	428
„	b	28	180	349	189	424	182	83	1 385	537
Stuttgart . .	a	34	186	275	195	353	198	19	1 260	788
„ .	b	47	259	466	362	518	198	37	1 887	535
Summe	a	1 108	11 548	26 827	15 420	30 861	21 097	9 696	116 557	37 646
„	b	4 481	23 616	40 921	26 301	46 270	27 112	8 069	176 770	69 969
Zusammen		5 589	35 164	67 748	41 721	77 131	48 209	17 765	293 327	97 615

[Fortsetzung zu Seite 361.]

Von 1000 Beschäftigungslosen der betreffenden Zählungen waren ausser Arbeit:

	wegen Krankheit		aus anderen Gründen	
	i. Juni	i. Dezbr.	i. Juni	i. Dezbr.
im Reich	402	282	598	718
i. d. Grossstädten	323	339	677	661

Sehr verschieden ist ferner die Gefahr der Arbeitslosigkeit in den einzelnen Berufen. In dem obengenannten vom Kaiserl. statistischen Amt herausgegebenen Ergänzungshefte sind die Arbeitslosen in den Grossstädten nicht nach Beruf bezw. Berufsabtheilungen oder Gruppen unterschieden. Im Allgemeinen hat sich ergeben, dass die Arbeitslosigkeit am stärksten unter den ungelernten Arbeitern, am geringsten in den höheren Schichten gelernter, qualificirter Arbeiter ist. Sie macht sich besonders im Winter in solchen Berufen (wie Maurer, Zimmerer, Stubenmaler) geltend, welche mit Rücksicht auf die Jahreszeit ganz oder grossentheils nicht ausgeübt werden können.

Anhang zu Abschnitt XXIX, B.

Besondere Erhebungen über die Arbeitslosen.

Von

Hermann Schöbel,

wissenschaftlicher Hilfsarbeiter im statistischen Amt der Stadt Dresden.

Im Anschluss an die beiden von reichswegen in Verbindung mit der Berufs- und Gewerbezählung am 14. Juni 1895 und der Volkszählung am 2. Dezember desselben Jahres veranstalteten Arbeitslosenzählungen hat eine Reihe grösserer deutscher Städte, einem auf der X. Conferenz der Vorstände der statistischen Aemter deutscher Städte gefassten Beschlusse entsprechend, besondere nachträgliche Erhebungen veranstaltet, durch welche die in den amtlichen Zählungslisten gemachten Angaben betreffs der Arbeitslosigkeit nicht nur auf ihre Richtigkeit geprüft, sondern auch in einigen wichtigen Punkten ergänzt werden sollten.

Solche Erhebungen fanden statt in Dresden und Leipzig nach beiden Zählungen, in Berlin und Magdeburg nur nach der Sommerzählung, in Hamburg, Lübeck, Strassburg und Stuttgart nur nach der Winterzählung. Was von den einzelnen Städten dabei erfragt wurde, ergiebt sich aus der folgenden synoptischen Zusammenstellung.

Besondere Veröffentlichungen über die angestellten Erhebungen liegen vor:

für Berlin (Statistisches Jahrbuch der Stadt Berlin, Jahrgang XXI), Dresden (Mittheilungen des Statistischen Amtes der Stadt Dresden, 6. Heft), Hamburg (Statistik des Hamburgischen Staates, Heft XVIII), Leipzig (die Ergebnisse der Volkszählung vom 2. Dezember 1895 und der Berufs- und Gewerbezählung vom 14. Juni 1895 in der Stadt Leipzig, I. Theil, Sonderabdruck aus dem städtischen Verwaltungsbericht für das Jahr 1895), Strassburg (Beiträge zur Statistik der Stadt Sfrassburg i. E., Heft I) und Stuttgart (Württembergische Jahrbücher für Statistik und Landeskunde, Jahrgang 1896, viertes Heft).[1])

Daraus entnehmen wir folgendes:

1. Die Gesammtzahl der Arbeitslosen weicht in den Veröffentlichungen der Städte Dresden, Leipzig und Stuttgart wesentlich ab von der von den betreffenden Landesämtern und vom Statistischen Amte des deutschen Reichs veröffentlichten Zahl. Sie betrug danach

	gegen die Landesstatistik		also überhaupt	
	am 14. Juni	am 2. Dez.	am 14. Juni	am 2. Dez.
in Dresden . . .	— 398	+247	4826	5942
in Leipzig . . .	—1123	—864	6397	6352
in Stuttgart . . .	—	—592	—	1295

---

[1]) Andere Veröffentlichungen, wie die der statistischen Aemter zu Breslau und München, bleiben hier ausser Betracht, weil sich diese Aemter auf die Bearbeitung des durch die allgemeinen Zählungslisten gelieferten Materials beschränkt haben.

Das Statistische Amt der Stadt Dresden erklärt diese Abweichung bei der Sommerzählung theils aus einer verschiedenen Behandlung der Insassen von Krankenanstalten, theils daraus, dass es alle im Kundenhause für eigene Rechnung arbeitenden, also auch die häusliche Dienste verrichtenden, aber nicht als Dienstboten im Hause der Herrschaft wohnenden Personen, nicht als arbeitslos angesehen hat, auch wenn sie am Zählungstage keine Beschäftigung hatten, während sie vom Königlich Sächsischen Statistischen Bureau als Arbeitslose mitgezählt worden sind, weiss dagegen keine Erklärung dafür aufzufinden, dass im Winter seitens des Königlichen Bureaus weniger Arbeitslose gezählt wurden als seitens des städtischen Amts. Die Leipziger Abweichungen sind im wesentlichen auf verschiedene Behandlung der Insassen von Krankenhäusern und Herbergen, sowie der Lehrlinge seitens der beiden in Frage kommenden statistischen Stellen zurückzuführen. Die grosse Differenz bei Stuttgart dagegen hat ihren Grund einfach darin, dass das Württembergische Landesamt merkwürdiger Weise alle Personen, die in den amtlichen Zählungslisten die Frage „ob gegenwärtig in Arbeit (in Stellung)?" verneint hatten, auch als arbeitslos gezählt hat, während das Stuttgarter Amt schon an der Hand der übrigen, in der Haushaltungsliste gleichzeitig gemachten Angaben feststellen konnte, dass in 398 Fällen die Frage nach der Arbeitslosigkeit zu Unrecht bejaht war, und weitere 194 Personen, namentlich selbstständige Handwerker und dauernd erwerbsunfähige Personen auf Grund der Nacherhebung ausscheiden musste.

2. Zur Entscheidung der Frage, welche von den Personen, die sich als arbeitslos bezeichnet hatten, in den Kreis der Erhebung gehörten, reichten die vom Bundesrathe festgestellten Bestimmungen auf den Erhebungsformularen nicht aus, so dass mancherlei Zweifel entstanden. Namentlich sind es folgende Personenkategorien, bezüglich deren man verschiedener Ansicht gewesen ist:

a) Erwerbsunfähige, deren Krankheit bereits längere Zeit gedauert hatte, die sich aber gleichwohl nicht als dauernd urwerbsunfähig bezeichneten,

b) Insassen von Anstalten, namentlich von Krankenhäusern, für die durch Anstaltspflege gesorgt war.

c) Personen, die wie Künstler, Aerzte, Techniker, Sänger, Lehrer, Gelehrte, Beamte sozialpolitisch nicht als Arbeiter angesehen zu werden pflegen.

d) Personen, die zwar gleich den selbständigen Handwerkern ohne Vermittelung eines dritten für ihre Kundschaft arbeiteten, aber nicht in ihrer Wohnung, sondern im Kundenhause und ohne in einem festen Dienstverhältniss zu stehen, wie Schneider und Schneiderinnen auf Stube, Aufwärterinnen, Waschfrauen etc.

e) Gelegenheitsarbeiter, wie Lohnkellner, Dienstmänner etc., bei denen die Natur des Gewerbes eine vorübergehende Unthätigkeit mit sich bringt, und Personen, die nicht nur vor Eintritt ihrer Arbeitslosigkeit blos aushilfsweise in ihrem Berufe gearbeitet hatten, sondern auch am Zählungstage lediglich eine solche Aushilfsstellung suchten.

f) Personen, die entweder überhaupt zum ersten Male oder nach einer Unterbrechung wieder Erwerb in einer abhängigen Arbeitsstellung suchten, wie früher Selbständige nach Aufgabe oder Konkurs

(Fortsetzung auf Seite 368.)

Gegenstand der Zusatzfragen.	Berlin 14. Juni	Dresden 14. Juni u. 2. Dez.	Hamburg 2. Dezember	Leipzig 14. Juni und 2. Dezemb.
Ursache der Arbeitslosigkeit.	Ursache der Arbeitslosigkeit (Krankheit, eigene Kündigung, Kündigung durch den Arbeitgeber, Strike, Geschäftsstille, Aufhören der Saisonarbeit oder . . .)	Ursache der Arbeitslosigkeit (Krankheit, eigene Kündigung, Strike, in Dresden überhaupt noch nicht in Arbeit gewesen und bis jetzt vergeblich gesucht, Aufhören der Saisonarbeit, Kündigung des Arbeitgebers, andere Gründe u.welche?)	Arbeitslos wegen	Ursache der Arbeitslosigkeit? Ob krank, r übergehend erwerbs- fähig, eigene Kündigung Strike (Ausstand), U wechsel und damit ve bundene Stellensuc Geschäftsstille, Aufhör der Saisonarbeit, Kü gung des Arbeitgeb oder welche son Ursache?
Adresse des letzten Arbeitgebers.	—	Bei wem zuletzt in Arbeit gewesen? (Adresse genau anzugeben).	—	Genaue Adresse (Firm und Betriebsstätte bez Geschäftslokal) d. letzt Arbeitgebers (gleichg ob in Leipzig oder au wärts).
Art der letzten Stellung.	Art der letzten Stellung.	Art der letzten Stellung.	—	Art der letzten Stellung.
Gelernter Beruf.	Eigentlicher gelernter Beruf.	Eigentlich gelernter Beruf.	—	Eigentlicher gelernter B ruf.
Zuzugszeit, Herkunftsort und letzte Beschäftigung daselbst.	Seit welchem Tage (Monat, Jahr) ständig in Berlin? Aus welchem Orte zugezogen, d. h. wo zuletzt in Arbeit?	In Dresden ständig anwesend seit . . . Art der letzten Beschäftigung vor Ankunft in Dresden.	Zugezogen am . . . . . 18 . . aus	In Leipzig ständig woh haft seit welchem Tag . . . 18 . . Aus welche Orte zugezogen? (O der letzten Beschäf gun vor Leipzig).
Dauer der Arbeitslosigkeit zur Zeit der Nachfrage.	Ist der Arbeitslose zur Zeit der Nachfrage wieder in Arbeit? seit welchem Tage?	—	—	Ist der am 14. Juni bezv 2. Dezember arbeitslo Gewesene zur Zeit d Nachfrage (Datum . . wieder in Arbeit? . . s welchem Tage? . . . Demgemäss Dauer der Arbeitslosigkeit? . . Ta
Sonstige Umstände.	—	—	Hat Armenunterstützung erhalten . . . . Ist bestraft wegen	Jahresmiethe der W nung? Seit wann ist Zahlung der Miethe r. ständig? Wird ein Ti der Miethe aufgebra durch Aftervermiethu . . . durch Schlafstel vermiethung? . . Ot Armenpflege? . . . wann? . . Wie oder v wem werden die s sistenzmittel der Arbe losen bestritten?

Lübeck 2. Dezember	Magdeburg 14. Juni	Strassburg 2. Dezember	Stuttgart 2. Dezember
ıache der Beschäfigungslosigkeit.	Ursache der Arbeitslosigkeit (Krankheit, eigene Kündigung, Strike, in Magdeburg überhaupt noch nicht in Arbeit gewesen und bis jetzt vergeblich gesucht, Aufhören der Saisonarbeit, Kündigung des Arbeitgebers, andere Gründe und welche?)	Ursache der Arbeitslosigkeit (Krankheit, eigene Kündigung, Kündigung durch den Arbeitgeber, Strike, Geschäftsstille, Aufhören der Saisonarbeit, Ortswechsel und damit verbundene Stellensuche, oder . . . . . .)	Ursache der Arbeitslosigkeit (Krankheit, eigene Kündigung, Kündigung durch den Arbeitgeber, Strike, Geschäftsstille, Aufhören der Saisonarbeit oder . . . .)
ıe des letzten Arbeitebers. hnung. Strasse.	Bei wem zuletzt in Arbeit gewesen? (Adresse genau anzugeben).	Name oder Firma des letzten Arbeitgebers (ob in Strassburg oder auswärts).	—
—	Art der letzten Stellung.	Art der letzten Beschäftigung.	Art der letzten Stellung.
—	Eigentlicher gelernter Beruf.	Eigentlicher gelernter Beruf.	Eigentlicher gelernter Beruf.
—	In Magdeburg ständig anwesend seit . . . Aus welchem Orte zugezogen? Art der letzten Beschäftigung vor der Ankunft in Magdeburg.	In Strassburg ständig wohnhaft seit welchem Tage? . . . . 18 . . Aus welchem Orte zugezogen, d. h. wo zuletzt in Arbeit?	Seit welchem Tage, Monat, Jahr ständig in Stuttgart? . . Aus welchem Orte zugezogen, d. h. wo zuletzt in Arbeit?
—	—	Ist der am 2. Dezember arbeitslos Gewesene wieder in Arbeit? . . . seit welchem Tage? . . mit welcher Beschäftigung? . . .	Ist der Arbeitslose zur Zeit der Nachfrage wieder in Arbeit? . . . . Seit welchem Tage? . . Mit welcher Beschäftigung?
—	Wenn Krankheit die ursprüngliche Ursache der Arbeitslosigkeit war, aber am 14. Juni bereits behoben war, seit welchem Tage war der Arbeitnehmer wieder hergestellt?	Wenn noch arbeitslos, ob angemeldet im Arbeitsnachweisebureau?	Haben Sie auf dem Arbeitsamt nachgefragt? . . Wie oft? . . . . Wird irgend welche Unterstützung bezogen? . . Von wem?

des Geschäfts, Ehefrauen oder Kinder nach dem Verluste ihres Er-
nährers, aus der Schule, der Lehre, vom Militär, aus einem Gefäng-
nisse oder einer Anstalt entlassene Personen etc.

Eine Feststellung des Begriffs der Arbeitslosigkeit wird bei der
Erörterung dieser zweifelhaften Fälle versucht von den statistischen
Aemtern zu Leipzig und Dresden. Das Leipziger Amt sieht als
Arbeitslose solche über 14 Jahre alte Arbeitnehmer an, die schon
vorher Arbeitnehmer waren, auch die Absicht hatten, wieder Arbeitnehmer zu werden und nur zur Zeit der Erhebung mit ihrem oder
gegen ihren Willen arbeitslos waren. Dem Dresdener Amte kommt es
dagegen bei dem Begriffe der Arbeitslosigkeit nicht so sehr darauf an,
dass jemand, der Arbeit sucht, schon Arbeitnehmer war, ehe das
Suchen begann, als vielmehr darauf, dass er überhaupt eine Erwerbsthätigkeit sucht und zwar nicht in einer selbständigen, sondern in
einer abhängigen Stellung.

Der Begriff des Arbeitnehmers wird von Hamburg und Dresden
erörtert. Das Hamburger Statistische Bureau betrachtet als Arbeitnehmer Personen, die nicht Arbeitgeber sind, oder nicht wie kleine
Handwerker jederzeit bei grösseren Aufträgen zu Arbeitgebern werden
können, während Dresden das Kriterium des Begriffs eines Arbeitnehmers darin erblickt, dass die Dienste, die er der nationalen Pro-
duktion leistet, durch eine dritte Person vermittelt werden.

Spezielle Nachweisungen über die in den Haushaltungslisten als
arbeitslos bezeichneten, von ihnen aber nicht als solche angesehenen
Personen geben die Aemter von Dresden, Hamburg, Leipzig und
Strassburg.

Insgesammt wurden ausgeschieden, theils auf Grund der übrigen
in den Haushaltungslisten gemachten Angaben, theils auf Grund der
nachträglichen Erörterungen

in Berlin   am 14. Juni 5 229 von 42 746 eingetragenen Personen,
„ Dresden   „ 14. Juni[1]) 541 „   5 367 ·   „   „
„   „   „   2. Dez. 1 366 „   7 308
„ Hamburg „   2. Dez. 3 178 „ 21 466
„ Leipzig   „ 14. Juni 5 667 „ 12 062
„   „   „   2. Dez. 6 196 „ 12 548
„ Strassburg „ 2. Dez. 737 „   2 122   „   „
„ Stuttgart „   2. Dez. 592 „   1 887   „   „

3. Da die arbeitslosen Personen an den Zählungstagen thatsächlich
keinen Beruf ausübten, so mussten sich hinsichtlich der Berufsart, der
sie zugezählt werden sollten, Schwierigkeiten ergeben. Das Hamburger
Bureau hat, um die Berufsverhältnisse der Arbeitslosen mit denen der
Erwerbsthätigen möglichst in Einklang zu bringen, bestimmt, dass die
von den Arbeitslosen in der letzten Zeit vor ihrer Arbeitslosigkeit
hauptsächlich ausgeübte Erwerbsthätigkeit als ihr Beruf gelten solle,
während Dresden seine Arbeitslosen nach ihrer letzten Erwerbs-

---

[1]) Dass in Dresden im Sommer verhältnissmässig viel weniger Personen ausgeschieden worden sind, als im Winter, erklärt das Statistische Amt in der Hauptsache daraus, dass sich im Sommer die Nacherhebungen auf einen sehr kurzen
Zeitraum zusammendrängten und fast nur auf diejenigen Personen beschränkt
wurden, die sich in den Zählformularen nicht als vorübergehend arbeitsunfähig bezeichnet hatten.

thätigkeit ordnet und zwar, soweit die eigentlichen Gewerbsgehilfen mit Einschluss des gewerblichen Aufsichtspersonals in Frage kommen, in Gewerbe-, nicht in Berufsgruppen, weil bei der heutigen Spezialisirung aller beruflichen Thätigkeiten Eintritt und Dauer der Arbeitslosigkeit im wesentlichen durch die wirthschaftliche Lage der einzelnen Gewerbe bedingt wird. (Ein Pianofortetischler wird nicht leicht als Bau- oder Möbeltischler Beschäftigung finden). Das Dresdener Amt hat auch die Zahl der Fälle festgestellt, in denen die Arbeitslosen die letzte Erwerbs-thätigkeit, oder den gelernten, von der letzten Erwerbsthätigkeit verschiedenen, oder einen dritten, von der letzten Erwerbsthätigkeit und dem gelernten Beruf verschiedenen Beruf als Hauptberuf in den Haushaltungslisten angegeben hatten. Wie die übrigen Aemter bei der beruflichen Gruppirung ihrer Arbeitslosen verfahren sind, ist aus den betreffenden Veröffentlichungen nicht ersichtlich. Doch geben sie eingehende Nachweisungen über den Grad der Arbeitslosigkeit in den einzelnen Berufen, indem sie die Zahl der Arbeitslosen jedes Berufs mit der Zahl der am 14. Juni 1895 thatsächlich erwerbsthätigen, nicht selbständigen Personen dieses Berufs vergleichen, woraus sich jedenfalls schliessen lässt, dass die Gruppirung nach Berufs-, nicht nach Gewerbegruppen erfolgt und dabei im allgemeinen der von den Arbeitslosen selbst angegebene Hauptberuf zu Grunde gelegt worden ist.

4. Einen Nachweis des Berufswechsels der Arbeitslosen hat das Statistische Amt zu Dresden und das zu Leipzig gegeben. Das erstere hat im Sommer bei 1632 und im Winter bei 3503 männlichen Arbeitslosen den gelernten Beruf ermitteln können und sodann die Zahl derer festgestellt, die zuletzt in demselben Berufe oder in einem verwandten Berufe oder als Kontoristen, Reisende, Schreiber, oder als Landwirthschaftsgehilfen, Knechte, Kutscher, Gartenarbeiter, Diener, Markthelfer, Bierausgeber, Bau- und Handarbeiter, Arbeiter überhaupt oder in einem anderen Beruf oder in keinem Erwerbszweige (Soldaten, Gefangene) thätig gewesen waren, und hat ferner im Sommer bei 787, im Winter bei 1688 Personen, die sich seit höchstens 5 Jahren in Dresden aufhielten, noch festgestellt, ob sie vor ihrem Zuzug in ihrem erlernten oder einem verwandten oder in einem anderen oder in keinem Beruf thätig gewesen waren, und ob sie in Dresden zuletzt in ihrem gelernten oder in einem verwandten oder in einem anderen Beruf gearbeitet hatten oder zum ersten Male Arbeit suchten. Leipzig weist für 477 männliche und für 126 weibliche am 2. Dezember 1895 arbeitslos gewesene Personen den Berufswechsel im einzelnen nach.

5. Welchen Erfolg die Frage nach den Umständen, die die Arbeitslosigkeit veranlasst hatten, in den einzelnen Städten gehabt hat, zeigt folgende Zusammenstellung auf den Seiten 370 bis 372.

6. In Bezug auf die Dauer der Arbeitslosigkeit sind von Berlin, Leipzig, Strassburg und Stuttgart weitergehende Erörterungen angestellt worden. In Berlin und Strassburg, wo sich die Nacherhebung über einen längeren Zeitraum erstreckte, hat man für eine grössere Zahl, von Arbeitslosen die wirkliche Dauer ihrer Arbeitslosigkeit ermittelt. indem man sie, wenn sie bei der Nachfrage bereits wieder in Arbeit waren, nach dem Tage der Wiederaufnahme der Arbeit fragte. Für Berlin ergab sich hierbei eine durchschnittliche Dauer der Arbeitslosigkeit von 38,8 Tagen. In Stuttgart wurde 10 Tage nach der

Zählung bei den Arbeitslosen Umfrage gehalten, ob sie unterdessen
wieder Arbeit bekommen hätten, was nur bei 19,1 Prozent der Fall
war. In Leipzig ist bei der zweiten Erhebung im Winter festgestellt
worden, wieviele schon im Sommer als arbeitslos gezählte Personen
auch am 2. Dezember noch, und wieviele davon nach einer Unterbrechung wieder arbeitslos waren. Das waren mehr als der sechste
Theil aller thatsächlich Arbeitslosen, wozu das Statistische Amt der
Stadt Leipzig bemerkt, diese Thatsache lehre noch deutlicher, als dies
durch die nicht ganz zweifellosen Angaben über die Dauer der Arbeitslosigkeit festgestellt werden könne, dass für einen beträchtlichen Theil
der Arbeitslosen, eine chronische, langwierige und von der Saison unabhängige Arbeitslosigkeit vorliege. Es hat daher diese Wiederholung
der Arbeitslosigkeit an beiden Terminen auch für so wichtig erachtet,
dass diesem Umstande in den meisten Tabellen und Kombinationen
Rechnung getragen worden ist.

7. Weitere Punkte, die in den oben genannten Veröffentlichungen zur Bearbeitung gelangt sind, und wofür die Grundlagen
zum Theil schon in den allgemeinen Zählungslisten gegeben waren,
sind die Civilstands- und Altersverhältnisse der Arbeitslosen, ihre
Stellung zum Haushaltungsvorstande, die Zahl ihrer Angehörigen und
die Dauer ihres Aufenthalts an den betreffenden Orten. Hamburg hat
noch ermittelt, wieviele von den vorübergehend erwerbsunfähigen
Arbeitslosen Krankengeld bezogen. Stuttgart und Strassburg haben
ferner die Zahl der Arbeitslosen festgestellt, welche die Vermittelung
der dort bestehenden städtischen Arbeitsämter in Anspruch genommen
hatten. Es waren in Stuttgart, obwohl das dortige Arbeitsamt schon
seit längerer Zeit bestand, nur 227 oder 17,5 Prozent aller Arbeitslosen. Endlich hat in Stuttgart das Polizeiamt auf Ansuchen des
Statistischen Amts aus den Strafregistern die bisherigen Strafen der
Arbeitslosen ermittelt, wobei sich ergab, dass von den 1295 als thatsächlich arbeitslos gezählten Personen 341 oder 26,33 % vorbestraft
waren, darunter jedoch kriminell nur 12 oder 0,92 % [1]).

---

[1]) Ob bei diesen Ermitelungen auch die bei den Heimathbehörden geführten
Strafregister der Arbeitslosen, für die in Stuttgart keine Strafakten vorlagen, benutzt
worden sind, ist aus den betreffenden Mittheilungen des Statistischen Amts nicht
ersichtlich.

In Berlin waren am 14. Juni arbeitslos
infolge:

	männliche	weibliche
	Arbeitnehmer	
Kündigung des Arbeitnehmers	1 728	901
Arbeitseinstellung	66	1
Streitigkeit wegen geringen Lohns	13	5
zu schwerer Arbeit und sonstigen Streitigkeiten . . .	5	4
Kündigung des Arbeitgebers	2 807	515
Konkurses etc., Todes des Arbeitgebers	185	33
Aufhörens der übertragenen Arbeit	58	15
„ „ Saisonarbeit	628	804
Geschäftsstille, Arbeitsmangels	745	2 515
beiderseitiger Kündigung	348	92
Beendigung der Lehrzeit, Entlaufens, Wanderschaft . .	36	2
Einziehung zum Militär	34	—
Strafverbüssung	28	1
Arbeitsscheu (Zuhälter)	87	43
Krankheit von Familienangehörigen	19	42
eigener Krankheit	9 105	4 427

Bei 274 männlichen und 157 weiblichen Personen lagen unbestimmte oder
sonstige Angaben vor, während 3 768 männliche und 1 368 weibliche Arbeitslose
überhaupt keine Angaben über die Ursache ihrer Arbeitslosigkeit gemacht hatten.

Unter den Dresdener Arbeitslosen waren

	am 14. Juni		am 2. Dez.	
	männ-liche	weib-liche	männ-liche	weib-liche
	Arbeitnehmer		Arbeitnehmer	
1. Früher selbständige und sonstige zum ersten Male oder nach einer Unterbrechung Arbeit suchende Personen und zwar				
a) früher selbständige nach Aufgabe oder Konkurs des Geschäfts, bisher nicht erwerbsthätige Frauen und Kinder nach Verlust ihrer Ernährer.	17	9	22	4
b) aus der Schule, der Lehre, vom Militär, aus einem Gefängnisse oder einer Anstalt entlassene, von der Wanderschaft zurückgekehrte	39	5	44	8
2. Anderwärts arbeitslos gewordene Personen, die				
a) in Dresden Arbeit suchten.	208	116	357	159
b) sich nur besuchsweise in Dresden aufhielten oder durchreisten.	11	12	14	11
3. In Dresden aus der bisherigen Arbeit oder Stellung entlassene Personen:				
a) wegen Aufhörens der Saisonarbeit, schlechten Geschäftsganges, Geschäftsstille etc.	291	176	932	113
b) wegen Konkurses, Verzugs oder Todes des Arbeitgebers, Aufgabe des Geschäfts, Ende des Baus etc.	62	30	66	14
c) wegen Streitigkeiten mit dem Arbeitgeber, schlechter Arbeit, Nachlässigkeit etc.	10	5	9	1
d) sonst infolge Kündigung des Arbeitgebers . .	269	71	548	79
4. In Dresden aus der bisherigen Arbeit oder Stellung freiwillig gegangene Personen:				
a) wegen zu geringen Lohnes, unpassender Arbeit, Streites mit dem Arbeitgeber, veränderungshalber	64	22	15	3
b) wegen häuslicher Verhältnisse (Krankheit in der Familie, nothwendiger Hilfe in der Wirthschaft oder im Gewerbe der Eltern oder der Kinder etc.).	5	19	8	14
c) wegen bevorstehenden Weggangs von Dresden (Auswanderung, Wanderschaft, Verzug), wegen beabsichtigter weiterer oder anderweiter Ausbildung, wegen Einberufung zu einer militärischen Uebung, zur Erholung	28	10	15	9
d) sonst infolge eigener Kündigung	325	279	508	255
5. Gelegenheits- und Aushilfsarbeiter.	53	11	68	34
6. Arbeitsfähige Personen, bei denen die Ursache der Arbeitslosigkeit nicht ermittelt werden konnte:				
a) vorübergehend anwesende und sonstige bei der Nachfrage nicht mehr angetroffene (abgereiste oder gestorbene)	484	125	342	31
b) sonstige	218	108	89	41
7. Arbeitslose, deren Arbeitsfähigkeit zweifelhaft blieb:				
a) weil die Frage nach der Arbeitslosigkeit unbeantwortet geblieben ist	8	11	—	8
b) weil in der Zählungsliste Arbeitsfähigkeit angegeben war, bei der Nachfrage aber Krankheit als Grund der Arbeitslosigkeit bezeichnet wurde	22	18	47	16
8. Vorübergehend Arbeitsunfähige	1 012	673	1 454	614

In **Leipzig** war die Arbeitslosigkeit in der folgenden Zahl von Fällen verursacht durch

	am 14. Juni		am 2. Dez.	
	männ-liche	weib-liche	männ-liche	weib-liche
	Arbeitnehmer		Arbeitnehmer	
Krankheit einschl. vorübergehender Erwerbsunfähigkeit	1 207	648	1 379	564
Verunglückung, Unfall . .	16	1	20	2
Entbindung. Schwangerschaft. .	—	71	—	90
eigene Kündigung	601	388	570	304
Ausstand, Strike	951	—	12	—
Lohndifferenzen	15	3	—	—
Ortswechsel und damit verbundene Stellensuche .	161	69	180	57
Geschäftsstille, Arbeitsmangel	764	163	1 569	158
Aufhören der Saisonarbeit	4	—	852	87
Kündigung des Arbeitgebers	642	189	716	125
Geschäftsaufgabe, Konkurs etc. des Arbeitgebers . .	68	13	47	7
Verbüssung von Strafe	8	—	4	—
Arbeitsscheu, Trunksucht.	15	3	5	—
Einziehung zum Militär.	15	—	82	—
hohes Alter	14	—	—	—
Aushilfe-Arbeit	9	—	—	—
unbekannte Umstände	317	102	45	27

In **Strassburg** waren am 2. Dezember von 1385 Arbeitslosen ausser Stellung infolge

	männliche	weibliche
	Arbeitnehmer	
vorübergehender Arbeitsunfähigkeit.	367	170
eigener Kündigung	60	34
Kündigung durch den Arbeitgeber	82	16
Strike	9	—
Geschäftsstille (todte Zeit).	233	85
Aufhörens der Saisonarbeit	20	4
Ortswechsels und damit verbundener Stellensuche. . .	3	18
sonstiger Umstände.	32	32
nicht zu ermittelnder Umstände	168	52

In **Stuttgart** wurde am 2. Dezember in 176 Fällen Krankheit, in 307 Fällen eigene Kündigung, in 195 Fällen Kündigung durch den Arbeitgeber, in 3 Fällen Strike, in 467 Fällen Geschäftsstille, in 94 Fällen Aufhören der Saisonarbeit und in 53 Fällen ein anderer Umstand als Ursache der Arbeitslosigkeit angegeben. Unbekannt scheint diese Ursache daher in keinem einzigen Falle geblieben zu sein.

In **Hamburg** hat die Rückfrage nach der Ursache der Arbeitslosigkeit nur ein sehr dürftiges Ergebniss gehabt. Für 638 männliche und 81 weibliche Arbeitslose konnte der Grund der Arbeitslosigkeit überhaupt nicht ermittelt werden und für die grosse Mehrzahl lauteten die Antworfen einfach „Mangel an Arbeit". Nur von 94 männlichen und 16 weiblichen nicht vorübergehend erwerbsunfähigen Personen ist der Grund, weshalb sie unter die Arbeitslosen gerathen sind, genauer angegeben worden.

Gemeindesteuern.

Von

Dr. Eugen Würzburger,
Direktor des statistischen Amts der Stadt Dresden.

Nach den Gepflogenheiten des „Jahrbuchs" würden an dieser Stelle die Erträge der Gemeindesteuern in allen deutschen Städten mit über 50000 Einwohnern für das Jahr 1894, bezw. 1. April 1894 — 31. März 1895, nach den in früheren Ausgaben (s. II., IV., V. Jahrgang) dargelegten Grundsätzen nachzuweisen sein.

Für die preussischen, also die Mehrzahl jener Städte, bezeichnet nun der 1. April 1895, an welchem Tage das Kommunalabgabengesetz vom 14. Juli 1893 in Kraft trat, einen solchen Wendepunkt in der Entwickelung des Steuerwesens, dass statistische Angaben für die weiter zurückliegende Zeit heute nur mehr geschichtlichen Werth beanspruchen können und es entsprechend dem Zwecke des Jahrbuchs, welches dem Gange der Dinge soweit möglich auf dem Fusse folgen soll, geboten erschien, noch eines oder zwei auf die Reform folgenden Jahre zu berücksichtigen.

Da aber das Zahlenmaterial, das zur Bearbeitung der Steuerstatistik des Jahres 1895/96 nach der Art der früher an dieser Stelle gebrachten Nachweisungen — sie enthielten die Ist-Einnahmen — erforderlich gewesen wäre, zur Zeit der Bearbeitung noch nicht in hinreichender Vollständigkeit zur Verfügung stand, so blieb kein anderer Weg übrig, als der, ausnahmsweise von der bisherigen Uebung abzugehen und für die preussischen Städte dieses Mal die Soll-Einnahmen zu geben, um dafür bis auf die neueste Zeit fortschreiten zu können.

Dieser Abschnitt zerfällt daher in zwei Theile: Der erste beschäftigt sich mit den nicht-preussischen Städten und giebt deren Ist-Steuereinnahmen für 1894 bezw. 1894/95 in der früheren Weise an; der zweite behandelt die Soll-Steuereinnahmen der preussischen Städte für d ie Jahre 1894/95, 1895/96 und 1896/97. Daran schliesst sich noch der Versuch einer vergleichenden Zusammenstellung der auf den Kopf der Bevölkerung treffenden Steuerlast für alle Städte im Jahre 1894 bezw. 1894/95.

I. Deutsche 'Städte ausserhalb Preussens.

Die folgenden Uebersichten A und B sollen die im Laufe des Rechnungsjahres von der Bevölkerung wirklich gezahlten Steuerbeträge zeigen, gleichviel ob sie auf laufende Rechnung oder auf Reste eingingen; die Erhebungskosten waren daher nicht von den Einnahmen abzuziehen, wohl aber die zurückerstatteten Beträge. In Uebersicht A ist da, wo die Rechnungsführung oder das Fehlen der erforderlichen Unterlagen eine derartige Bezifferung der wirklichen Einnahme nicht ermöglichte und daher Zahlen eingestellt werden mussten, welche jenen Anforderungen nicht genau entsprechen, durch cursiven Druck und besondere Anmerkungen diese hervorgehoben worden.

Da nur die Gemeindeeinnahmen aus Steuern behandelt werden sollen, so hatten diejenigen Abgaben wegzufallen, welche entweder als Entgelt für besondere, von der Gemeindeverwaltung einzelnen Personen oder Bevölkerungsklassen geleistete Dienste, oder als Ersatz für besondere, der Gemeinde durch Einzelne verursachte Ausgaben zu betrachten sind. Die Durchführung dieses Grundsatzes war erforderlich, wenn der mit der Gemeindesteuerstatistik verfolgte Zweck, — die Darstellung der Steuer-Leistungen der Bevölkerung zur Deckung der allgemeinen Verwaltungsbedürfnisse der Gemeinden, — erreicht werden soll. Dabei konnte allerdings wohl nicht in allen Fällen die auf der anderen Seite entstehende Gefahr umgangen werden, dass Städte, die für bestimmte Leistungen, wie z. B. Kanalisation, besondere, von den Grundbesitzen aufzubringende Anlagen ausschreiben, infolge der Nichtrechnung dieser Abgaben in unserer Statistik weniger mit Steuern belastet erscheinen als andere, in denen der Mehrbedarf für jene Einrichtungen aus den allgemeinen Steuererträgen gedeckt wird.

Um die Unterschiede in der Höhe der Gemeindelasten der einzelnen Städte zu beseitigen, welche lediglich durch die verschiedene Begrenzung des Wirkungskreises der Gemeinden — eine Folge des Einflusses der Landes-Gesetzgebungen — hervorgebracht sind, wurde der „Gemeinde" ein gleichmässiger und zwar ein möglichst weiter Begriff untergelegt, welcher zugleich als der am weitesten verbreitete gelten konnte; es wurden daher z. B. die Lasten für die Schulgemeinden in Westfalen und dem Königreich Sachsen, für das Armenwesen in Elsass-Lothringen den Gemeindelasten zugerechnet. Die Abgaben für die Kirchengemeinden mussten und konnten dagegen überall ausgeschlossen werden.

Als Quelle für die Uebersichten A und B dienten die Veröffentlichungen der Verwaltungen und die von den meisten derselben ausgefüllten Fragebogen, sowie einige besondere aufklärende Mittheilungen, die auf die Bitte des Bearbeiters von den Stadtverwaltungen in dankenswerther Weise gemacht wurden. Bezüglich der Städte Dresden, Karlsruhe, Leipzig und Mannheim konnten ausser den Zahlen für 1894 auch die für 1895 auf Grund der Verwaltungsberichte in die Uebersicht eingefügt werden.

Anmerkungen zu Uebersicht A.

Augsburg. Zu Sp. 3—7. Die aus den Zuschlägen zur Grund- und Haussteuer, Gewerbesteuer, Kapitalrenten- und Einkommensteuer sich zusammensetzende Gemeindeumlage ergab eine Ist-Einnahme von 826 899 ℳ., welche in dieser Höhe in Spalte 19 eingerechnet ist. Für die einzelnen Steuern konnte nur das Erhebungssoll angegeben werden.

Zu Sp. 13. Davon 3603 ℳ. zur Stadtkasse, 4390 ℳ. zur Armenkasse. Den in früheren Jahrgängen genannten Summen sind die für die Armenkasse erhobenen Beträge hinzuzurechnen; es wurden im ganzen vereinnahmt 1893: 7992 ℳ., 1892: 8092 ℳ., 1891: 7167 ℳ., 1890: 7669 ℳ., 1889: 7454 ℳ., 1888: 6637 ℳ.

Braunschweig. Zu Sp. 11. Die Abgabe von Hunden fliesst in eine selbstständig verwaltete Kasse und wird zu wohlthätigen und anderen bestimmten Zwecken verwendet.

Zu Sp. 13 und 14. Diese Beträge fliessen in die Armenkasse.

Zu Sp. 16. Hiervon flossen 11842 ℳ. in die Strassenbaukasse, der Rest in die Armenkasse.

Chemnitz. Am 1. October 1894 wurde die Gemeinde Altchemnitz mit einer berechneten Einwohnerzahl von 6800 einverleibt; die Anlagenerhebung erfolgte dort noch bis Ende 1894 in der früheren Weise fort.

Zu Sp. 13. Hiervon fliessen ⁷/₈ in die Armenkasse; ¹/₈ wird zur Anleihetilgung verwendet.

Zu Sp. 14. Antheil am Ertrag der Jagdkarten-Abgabe; dieselbe fliesst in die Armenkasse.

Darmstadt. Für die Grundsteuer, Gewerbesteuer von stehenden Betrieben, Kapitalrenten-und Einkommensteuer, die zusammen die Gemeindeumlage bilden, konnte im Einzelnen nur das Soll der Veranlagung beziffert werden, wie es aus der Multipli-

[Fortsetzung auf S. 376.]

A. Die Einnahmen an Gemeindesteuern in nichtpreussischen Städten im Jahre 1894 bezw. 1894/95.

Städte	Rechnungs-Jahr	Ertragssteuern Grund- und Gebäude-steuer	Gewerbesteuer von stehenden Betrieben	Gewerbesteuer von Wander-gewerben	Steuer von Lohn- und Berufs-ein-kommen	Kapital-renten-steuer	Ein-kommen-steuer (allgemeine)	Einwohner- und Bürgersteuer (allgem., Personalabgabe)	Miethsteuer (von Wohnungen und Geschäftsräumen)	Aufwandsteuern Hundesteuer	Pferdesteuer	Steuer von Vergnügungen	sonstige Aufwandsteuern	Verkehrssteuern Steuer vom Grundbesitz-wechsel	Steuer von Verträgen, Testamenten, Auktionen	Pflasterzoll	Ver-brauchs-steuern	Gesammtbetrag der erhobenen Gemeindesteuern
1.	2.	3.	4.	5.	6.	7.	8.	9.	10.	11.	12.	13.	14.	15.	16.	17.	18.	19.
Augsburg . . .	1894	251204	268700	1520	92152	212226	—	—	—	16462	—	7993	—	—	—	169009	563923	1584286
Braunschweig .	1894/95	—	—	—	—	—	1625842	—	—	26949	—	8980	2701	—	22000	—	—	1686481
Chemnitz . . .	1894	530359	—	100	—	—	1956694	53722	—	29177	—	25824	1007	178247	—	—	91711	2866841
Darmstadt . .	1894/95	275473	177518	139	—	149000	1114007	—	—	10543	—	—	—	—	—	—	512505	1651624
Dresden . . .	1894	605892	—	3020	—	—	4587317	213228	—	90687	—	79849	2413	—	—	16945	1669830	7988900
Dresden . . .	1895	637358	—	5491	—	—	4405100	218169	—	90412	—	89384	2539	—	—	—	1725118	8076909
Freiburg i. Br.	1894	192280	104962	23	—	128169	150355	—	—	11216	—	—	—	—	—	—	215466	837673
Karlsruhe . .	1894	344261	201952	208	—	181451	326067	—	—	16506	—	—	—	—	—	19187	309695	1348040
Karlsruhe . .	1895	300080	185294	79	—	199082	298992	—	—	17024	—	—	—	—	—	20755	321315	1334380
Leipzig . . .	1894	1499418	—	390	—	—	6274173	—	—	103064	—	78680	1912	140157	—	—	—	8397793
Leipzig . . .	1895	1527504	—	120	—	—	6441825	—	—	103938	—	95511	1757	140957	—	—	—	8611612
Mainz . . .	1894/95	429322	440759	89	—	137007	829077	—	—	10600	—	—	—	—	—	—	522038	2267831
Mannheim . .	1894	509989	815586	140	—	158692	614258	—	—	17632	—	—	—	—	—	—	320184	2367355
Mannheim . .	1895	538660	706221	86	—	145973	525152	—	—	17956	—	—	—	—	—	—	341614	2276619
Metz . . .	1894/95	40657	46549	—	—	—	—	12880	—	10775	—	1873	1834	—	—	—	962392	1076918
Mülhausen i. E.	1894/95	143102	292228	—	—	1169018	—	—	69557	13111	—	4791	2302	—	—	—	1375142	1808511
München . . .	1894	1947941	1293193	5779	699565	—	—	—	—	85120	—	32606	—	—	—	79475	2088304	8165612
Nürnberg . .	1894	662280	507170	1677	298084	—	737626	—	—	23541	—	1350	—	—	—	130641	772246	2795783
Plauen . . .	1894	151602	175301	390	—	—	—	—	—	10420	—	12012	659	45130	—	—	36129	842665
Strassburg i. E.	1894/95	1339708	1270446	6163	117949	356934	—	140577	78678	24430	—	25120	3911	205762	—	27595	2436712	2893754
Stuttgart . .	1894/95	—	—	—	—	—	—	—	—	54814	—	8174	558	—	—	—	1032025	4552003
Zwickau . .	1894	107314	18098	—	—	—	586240	20437	—	10452	—	—	—	14654	—	—	—	765926

[Fortsetzung zu S. 374.]

kation der Steuerkapitalien mit dem ausgeschriebenen Steuersatze sich ergiebt. In Sp. 19 ist dagegen der Ist-Ertrag der Gemeindeumlage mit 1131549 ℳ eingerechnet.

An Ausständen, die infolge bewilligter Zahlungsfrist oder sonstiger Hindernisse wegen sich vorerst nicht beibringen liessen, sind der Stadtkasse am Jahresschluss 1616 ℳ verblieben. Diese Beträge sind von der Steuereinnahme in unserer Uebersicht nicht in Abzug gebracht worden, weil dann auf der anderen Seite die Eingänge auf vorjährige Rechnung zuzurechnen gewesen wären, hierzu aber die Unterlagen fehlen. Die Zahlen betreffen daher zwar, abweichend von den für die übrigen Städte gegebenen, nur die Rechnung des laufenden Jahres, können aber von der wirklichen Gesammteinnahme nur um einen ganz geringen Betrag abweichen.

Zu Spalte 11. Dem Ertrag der Hundegebühr mit 3¹/₃ Prozent zugerechnet worden, um den von der Bevölkerung wirklich gezahlten Betrag anzugeben.

Dresden. Zu Sp. 3 und 10. In den Ertrag der Grundsteuer sind die Rest-Einnahmen aus den seit 1892 aufgehobenen Abgaben vom Grundwerth und von den Miethzinsen eingerechnet (1894: 1369 ℳ, 1895: 847 ℳ).

Zu Spalte 13 und 14. Diese Beträge fliessen in die Armenkasse.

Zu Spalte 14. Antheil an den Abgaben von Jagd- und Fischkarten und Reisepässen.

Zu Sp. 15. In den Ertrag dieser Abgabe theilen sich die Armenkasse, die Volksschulkassen und die Feuerlöschkasse.

Freiburg i. B. Zu Spalte 3, 4 und 8. Die angegebenen Zahlen betreffen die Einnahme in laufender Rechnung. Hinzukommen 9257 ℳ Resteinnahmen an Umlagen von Grund-, Häuser- und Gefällsteuerkapitalien und Gewerbesteuerkapitalien und an Einkommensteuern, welche auf diese Steuer nicht vertheilt werden konnten, aber in den Gesammtsteuerbetrag in Sp. 19 eingerechnet sind.

Zu Spalte 11. In Baden werden die Hundetaxen vom Staat erhoben und fliesst die Hälfte der Einnahmen aus Abzug von 3 Prozent Hebegebühr in die Gemeindekasse. Da es sich in unseren Aufstellungen um die von der Bevölkerung gezahlten Beträge handelt, so haben wir die Hebegebühr dem Steuerertrage zugerechnet.

Karlsruhe. Zu Sp. 3, 4, 7, 8. Das Verhältniss, in welchem die einzelnen Theile der Gemeindeumlage (die Grund-, Häuser-, und Gefällsteuer, Gewerbesteuer-, Kapitalrentensteuer- und Einkommensteuer-Zuschläge) zu der Isteinnahme beitragen, kann hier nur durch die Zahlen gekennzeichnet werden, welche die den Voranschlägen beigefügte „Berechnung der allgemeinen Umlage" bietet. Die Isteinnahme der Umlage ist auf Grund der Rechnungen für 1894 mit 1002494 ℳ, für 1895 mit 975207 ℳ. bei der Gesammteinnahme an Steuern in Ansatz gebracht.

Zu Sp. 11 Siehe die Anmerkung zu Sp. 11 bei Freiburg.

Leipzig. Zu Sp. 13. Der Ertrag fliesst in die Armenkasse. Am 1. April 1894 trat ein neues Regulativ über die Erhebung von Abgaben für Lustbarkeiten in Kraft.

Zu Sp. 14. Nachtigallensteuer und Antheil an den Abgaben von Jagdscheinen und Fischkarten; diese Beträge fliessen in die Armenkasse.

Mainz. Zu Sp. 3, 4, 7, 8. Für die Grundsteuer, die Gewerbesteuer von stehenden Betrieben, die Kapitalrenten- und die Einkommensteuer, die in ihrer Gesammtheit die Gemeindeumlage bilden, kann der wirkliche Ertrag nicht im Einzelnen beziffert werden und musste an dessen Stelle das Veranlagungssoll eingesetzt werden. Der wirkliche Ertrag belief sich auf 1735104 Mk. und ist in dieser Höhe in den Gesammtbetrag der Gemeindesteuern eingerechnet.

Zu Sp. 11. Siehe Anmerkung zu Spalte 11 bei Darmstadt.

Mannheim. Zu Sp. 3, 4, 7, 8. Für die Grund- und Gefällsteuer, Gewerbesteuer, Kapitalrenten- und Einkommensteuer kann im einzelnen nur das Erhebungssoll (einschliesslich der Nachträge) angegeben werden. Auch der Ertrag der Umlagen überhaupt, welcher in Spalte 19 in den Gesammt-Steuerertrag mit 2029899 ℳ für 1894, mit 1916963 ℳ. für 1895 eingerechnet ist (ohne die Umlage von Wanderlagern), konnte nur in einer Weise berechnet werden, welche von den sonst bei Aufstellung dieser Statistik befolgten Grundsätzen in einem Punkte abweicht; jene Beträge setzen sich nämlich zusammen aus der Isteinnahme der laufenden Jahresrechnung und dem aus dem Vorjahre verbliebenen Soll an Resten, abzüglich der Abgänge und Rückerstattungen. Bei der Geringfügigkeit der möglichen Abweichung des Rest-Solls vom Ist wird die Vergleichbarkeit der Zahlen mit denen früherer Jahre und anderer Städte durch diesen Umstand kaum berührt.

Zu Sp. 11. Siehe die Anmerkung zu Sp. 11 bei Freiburg.

Metz. Die Einwohnerzahl hat im Berichtsjahre durch Truppenverlegungen abgenommen.

Zu Sp. 3, 4, 9 und 10. Einschliesslich der Zuschlagspfennige für Erhebungskosten.

Zu Sp. 13. Von der Zahlung dieser Abgabe, welche der Armenkasse zufliesst, ist der Theaterdirektor entbunden. Dafür zahlt die Stadt jährlich 2000 _M._ an die Armenkasse. (Im V. Jahrgang, S. 297, stand irrthümlich „20000 _M._")

Zu Spalte 14. Antheil an den Jagdscheingebühren, Ertrag der Fischer- und Angelkartengebühren.

Mülhausen i. E. Zu Sp. 3, 4, 10. Die Erträge der Grundsteuer (Grundsteuer, Thür- und Fenstersteuer), Gewerbe- (Patent-) Steuer und Wohnungs-(Mobiliar-) Steuer können einzeln nur nach den Steuerrollen angegeben werden. Die wirkliche Einnahme aus diesen Steuern (Zuschlagspfennige, einschliesslich der 3 Zuschlagspfennige für Erhebungskosten, und Antheil an der Patentsteuer) betrug 413166 _M._ und ist mit dieser Summe in der Gesammteinnahme aus der Besteuerung enthalten.

Die Stadt zahlt jährlich 13000 _M._ als „Beitrag zur Entlastung von der Mobiliarsteuer" an den Landesfiskus und unterhält die Kasernen.

Zu Sp. 13. Dieser Betrag fliesst in die Armenkasse.

Zu Sp. 14. Antheil an den Gebühren für Jagdscheine und Ertrag der Gebühren für Fischer- und Angelkarten.

München. Zu Sp. 6 und 7. Zur Kapitalrenten- und Einkommensteuer fehlen die Einnahmen der Restverwaltung, die für diese beiden Steuern nicht gesondert nachgewiesen werden und zusammen, nach Abzug der Rückvergütungen, 138865 _M._ betrugen. Zum Erträgniss der Gemeindeumlagen überhaupt fehlen ferner noch 325 _M._ ausserordentliche Einnahmen. Der Gesammtsteuerertrag in Sp. 19 schliesst diese beiden Posten ein.

Nürnberg. Zu Sp. 3—7. Für die einzelnen Theile der Gemeindeumlage (die Zuschläge zur staatlichen Grund-, Haus-, Gewerbe-, Einkommen- und Kapitalrentensteuer) kann nur das Erhebungssoll angegeben werden. Dasselbe belief sich für die ganze Umlage (einschliesslich 47856 _M._ Reste und Nachholungen aus Vorjahren und 12 _M._ Umrechnungsdifferenz) auf 1922469 _M._, während die in den Gesammtbetrag der Steuern (Sp. 19.) eingerechnete Isteinnahme auf Reste und laufende Rechnung 1878005 _M._ betrug.

Plauen i. V. Zu Sp. 8. Ertrag der Gemeindeeinkommensteuer abzüglich der an die kirchlichen Kassen und an die Gottesackerkasse abgelieferten Beträge.

Zu Sp. 11. Der Ertrag der Hundesteuer fliesst in die Armenkasse.

Zu Sp. 14. Ertrag der Jagd- und Fischkarten; derselbe fliesst in die Armenkasse.

Zu Sp. 15. Hiervon fliesst $^1/_3$ in die Armenkasse, $^1/_3$ in die Schulkasse, $^1/_6$ in die Schuldentilgungskasse.

Strassburg i. E. Zu Sp. 3, 4 und 10. Diese Einnahme besteht aus

5% Zuschlag zur staatlichen Grund- und Mobiliarsteuer (Sp. 3 und 10)
8%   "   "   "   Patentsteuer (Sp. 4)
9% ordentliche und
15% ausserordentliche Zuschläge zu den vier direkten Steuern,
4%

für Armenzwecke. Im Unterschied von Metz und Mülhausen, wo die Erhebung der direkten Steuern durch die Stadt geschieht, erfolgt diese in Strassburg durch den Staat, so dass die Steuerzuschläge für Erhebungskosten bei den Gemeindesteuern nicht in Betracht kommen.

Zu Sp. 13. Dieser Betrag fliesst in die Armenkasse.

Zu Sp. 14. Antheil am Ertrag der Jagderlaubnissscheine, und Ertrag der Angel- und Fischkarten.

Stuttgart. Zu Sp. 9. Wohnsteuer und Recognitionsgebühren.

Zu Sp. 11. Auch in Württemberg erhebt der Staat die Hundesteuer; er überlässt die Hälfte der Einnahme nach Abzug von 3 Prozent Hebegebühren an die Ortsarmenkasse. In Stuttgart wird seit 1. April 1890 ein örtlicher Zuschlag zur Hundesteuer erhoben und gleichfalls nach Abzug der staatlichen Hebegebühr an die Ortsarmenkasse überwiesen. Da es sich hier um die von der Bevölkerung gezahlten Beträge handelt; so musste die Hebegebühr dem Steuerertrage zugerechnet werden. In früheren Jahrgängen des Jahrbuchs war nur der Localzuschlag ohne Hebegebühren angegeben; hier folgen die berichtigten Ziffern der Steuerbeträge der letzten Jahre:

1890/91   52536 _M._
1891/92   48999 _M._
1892/93   48895 _M._
1893/94   52734 _M._
1894/95   54844 _M._   [Fortsetzung auf Seite 380.]

B. Die Verbrauchssteuern insbesondere.

1) In hessischen und elsass-lothringischen Städten.

Erste Tabelle: Nahrungs- und Genussmittel (ausser Getränke) und Getränke

Städte	Rechnungs-Jahr	Getreide, Hülsen-früchte, Mehl und Backwaaren ℳ	Vieh, Fleisch, Fleischwaaren, Fett ℳ	Wild und Geflügel ℳ	Fische und Schalthiere ℳ	Conserven ℳ	Essig und Essigsäure ℳ	Speiseöl ℳ	Frische und getrocknete Früchte ℳ	Trüffeln ℳ	Colonialwaaren ℳ	Zusammen ℳ	Wein ℳ	Obstwein ℳ	Bier ℳ	Branntwein und Spiritus ℳ	Zusammen ℳ
1.	2.	3.	4.	5.	6.	7.	8.	9.	10.	11.	12.	13.	14.	15.	16.	17.	18.
Darmstadt	1894/95	79 141	179 088	18 367	—	—	1 644	—	—	—	—	278 240	29 527	2 285	78 885	18 110	128 706
Mainz	1894/95	42 441	178 872	9 488	—	—	1 837	—	—	—	—	231 638	47 090	891	110 674	18 174	176 829
Metz	1894/95	—	212 805	24 718	7 079	—	5 169	602	7 984	562	5 055	263 974	116 991	302	298 997	63 743	480 063
Mülhausen	1894/95	12 213	201 217	19 029	6 535	3 725	2 020	1 960	11 574	506	89 896	348 674	232 137	408	338 877	90 925	662 347
Strassburg	1894/95	—	390 062	57 376	7 773	11 657	9 020	—	21 557	2 568	—	500 003	279 880	2 950	810 773	99 179	1 192 732

Zweite Tabelle: Brennmaterialien, Beleuchtungs-Materialien, Baumaterialien, Sonstige Gegenstände

Städte	Rechnungs-Jahr	Viehfutter ℳ	Brennholz ℳ	Holzkohle ℳ	Steinkohlen, Braunkohlen, Koks, Torf, Briketts ℳ	Wachs-, Talg- etc. Kerzen ℳ	Oel und Oel-Früchte, Petroleum ℳ	Bauholz ℳ	Bau- und Pflastersteine ℳ	Glas ℳ	Eisen, Metalle ℳ	Bearbeitete Baumaterialien ℳ	Seife, Toiletten-Essig und -Oel ℳ	Soda ℳ	Firniss und Essenzen ohne Alkohol und Oel ℳ	Gesammtbetrag der städtischen Verbrauchssteuern ℳ
1.	2.	19.	20.	21.	22.	23.	24.	25.	26.	27.	28.	29.	30.	31.	32.	33.
Darmstadt	1894/95	—	9 716	—	96 403	—	—	—	—	—	—	—	—	—	—	512 505
Mainz	1894/95	16 616	7 496	918	87 800	8 223	40 517	12 755	9 210	2 426	5 181	—	8 065	—	—	522 088
Metz	1894/95	67 980	6 899	1 507	52 143	7 577	48 405	87 355	78 926	8 331	20 078	—	2 785	—	1 629	962 392
Mülhausen	1894/95	35 860	14 286	4 877	46 748	16 842	99 676	98 258	168 512	10 795	58 786	10 644	6 497	2 522	—	1 876 149
Strassburg	1894/95	99 026	32 115	11 622	144 697											2 496 712

2) In bayerischen, sächsischen, württembergischen und badischen Städten.

Städte	Rechnungs-Jahr	Nahrungs- und Genussmittel (ausser Getränke)					Getränke				Viehfutter	Verschiedenes	Gesammtbetrag der städtischen Verbrauchssteuern
		Getreide, Hülsenfrüchte, Mehl und Backwaaren	Vieh, Fleisch, Fleischwaaren, Fett	Wild und Geflügel	Fische und Schalthiere, Essig und Essigsäure	Zu-sammen	Wein	Obstwein	Bier	Zu-sammen			
1.	2.	3.	4.	5.	6.	7.	8.	9.	10.	11.	12.	18.	14.
		ℳ.	ℳ.	ℳ.	ℳ.	ℳ.	ℳ.	ℳ.	ℳ.	ℳ.	ℳ.	ℳ.	ℳ.
Augsburg . . .	1894	126 808	54 748	—	—	181 551	—	—	327 331	327 331	31 105	28 936	568 923
Chemnitz . . .	1894	—	—	—	—	—	—	—	91 711	91 711	—	—	91 711
Cöln	1894	588 731	607 888	100 776	42 983	1 340 378	—	—	329 452	329 452	—	—	1 669 830
"	1895	608 727	622 317	100 502	42 847	1 374 398	—	—	350 725	350 725	—	—	1 725 118
Freiburg i. Br.	1894	44 796	55 763	12 702	6 348	119 609	30 671	—	65 214	95 885	—	—	215 494
Karlsruhe . .	1894	98 487	—	—	—	98 487	38 791	—	62 900	101 691	—	—	200 178
"	1895	99 374	—	—	—	99 374	39 441	—	74 116	113 557	—	—	212 931
Mannheim . .	1894	131 738	—	22 397	8 357	162 492	34 369	—	123 322	157 691	—	—	320 184
"	1895	132 039	—	22 749	9 635	164 823	38 520	—	138 766	177 286	—	—	341 614
München . .	1894	233 488	253 067	22 591	—	509 146	—	—	1 579 248	1 579 248	—	—	2 088 394
Nürnberg . .	1894	351 983	140 165	6 962	—	499 110	—	—	273 186	273 186	—	—	772 246
Plauen . . .	1894	—	—	—	—	—	—	—	36 129	36 129	—	—	36 129
Stuttgart . . .	1894/95	—	510 975	18 691	—	529 666	—	—	246 002	246 002	—	256 357	1 032 025

[Fortsetzung zu S. 377.]

Zu Sp. 15. Zuschlag zur staatlichen Liegenschafts-Accise, welche nach Gesetz vom 14. April 1893 in den Gemeinden erhoben werden kann, in welchen die durch Gemeindeumlagen aufzubringenden Mittel den Betrag der Staatssteuer übersteigen.

Zwickau. Zu Sp. 11, 13, 14, 15. Diese Beträge fliessen in die Armenkasse. Zu Sp. 14. Jagd- und Angelkartengebühren.

Anmerkungen zu Uebersicht B 1.

Darmstadt. Zu Sp. 3. Bohnen, Erbsen, Linsen, Mühlenerzeugnisse, Wecke, Weissbrod, Schwarzbrod.

Zu Sp. 5. Einschliesslich der in eine Summe zusammengefassten Steuer von Zicklein, Lämmern, Hasen und Gänsen, welche 8475 ℳ ergab.

Zu Sp. 33. Von dem Gesammtertrag sind 1645 ℳ Rückvergütungen in Abzug gebracht, welche auf die einzelnen Gegenstände nicht vertheilt werden konnten. Eingerechnet sind dagegen 541 ℳ Durchgangsgebühren von octroipflichtigen Gegenständen und 543 ℳ Nacherhebungen und Aversionalzahlungen.

Mainz. Zu Sp. 33. In die Gesammtsumme sind 1241 ℳ für Abfertigungen mit Dreipfennigscheinen eingerechnet. Nicht eingerechnet sind die Einnahmen für Scheine (1815 ℳ), Kontrolgebühren (2055 ℳ), Verwaltungsgebühren für Wein (8346 ℳ).

Metz. Zu Sp. 4. Einschl. 732 ℳ für Pasteten und Fleischextract.

Zu Sp. 33. Aus dem Ertrag des Octroi zahlt die Stadt jährlich 36000 ℳ für Kasernirungskosten an den Reichs-Militärfiskus.

Vom Gesammtertrag der Verbrauchsabgaben sind 673 ℳ Nachlässe in Abzug gebracht, die auf die einzelnen Gegenstände nicht vertheilt werden konnten. Nicht gerechnet sind 1627 ℳ Einnahmen für Begleitgebühren.

Am 1. April 1894 trat ein neuer Octroi-Tarif in Kraft.

Mülhausen i. E. Zu Sp. 5. Einschl. 257 ℳ für Gänseleberpasteten und Terrinen.

Zu Sp. 14. Einschl. 1902 ℳ für Wermuthwein, Fruchtsäfte ohne Alkohol, Fruchtsaft-Surrogate.

Zu Sp. 17. Einschl. 15091 ℳ für denaturirten Weingeist.

Zu Sp. 24. Firniss und Essenzen ohne Weingeist werden erst seit 1. April 1894 in diese Tarifnummer eingerechnet; früher wurden diese Gegenstände besonders gebucht.

Zu Sp. 28. Der Kreis der besteuerten Eisenwaaren ist seit 1. April 1894 erweitert.

Zu Sp. 29. Diese Waaren werden erst seit 1. April 1894 besteuert.

Zu Sp. 30. Einschliesslich 1677 ℳ für Toilettenseife, die erst seit 1. April 1894 besteuert wird, ebenso wie die gleichfalls in diese Tarifnummer eingerechneten Essenzen und Extracte zu Parfümeriezwecken.

Zu Sp. 33. Im „Verwaltungsbericht der Stadt Mülhausen i. E. für das Rechnungsjahr 1894/95", dem die Zahlen entnommen sind, übersteigt die Summe der auf S. 144/145 bezifferten Erträge der einzelnen Tarifnummern die angegebene Summe um 10 ℳ. Dieselbe Abweichung des Gesammtbetrags von der Summe der Einzelbeträge findet sich daher auch in unserer Zusammenstellung.

Eingerechnet sind 3317 ℳ für Jäger-Abonnements, die auf die einzelnen Gegenstände nicht vertheilt werden konnten; nicht eingerechnet sind 203 ℳ Einnahmen aus Begleitungs- etc. Gebühren.

Am 1. April 1894 wurde ein neuer Tarif eingeführt; über dessen Abweichungen vom früheren, von denen einige in den vorausgehenden Anmerkungen erwähnt sind, s. auch Verwaltungsbericht der Stadt Mülhausen für 1894/95, S. 135 ff.

Strassburg i. E. Zu Sp. 4. Einschl. 27698 ℳ für Schweinefleisch, Gänsefleisch etc. und 486 ℳ für Erbswurst und Fleischgraupen.

Zu Sp. 14. Einschl. Wermuthwein und Schaumwein 13956 ℳ.

Zu Sp. 24. Einschl. Speiseöl.

Zu Sp. 30. Ausser den schon früher besteuerten Artikeln Toilettenseife und Toilettenessig sind in diese Nummer noch einige Parfümeriewaaren eingerechnet, die vor dem 1. April 1894 nicht abgabepflichtig waren.

Zu Sp. 33. Am 1. April 1894 trat ein neuer Octroi-Tarif in Kraft. Flaschen- und Schaumweine und dergl., Hirsche, Auerhähne, Truthühner, Fasanen u. s. w., feinere Seefische, Austern, verzuckerte Früchte, Honig u. s. w., getrocknete (feinere) Früchte, Marmor, Granit, Parfümerien wurden neu bezw. höher besteuert, dagegen Kohlen und Coaks, Sparbutter, die Nebentheile des Schlachtviehs, Konserven in Gebinden, die geringeren Wurstwaaren u. s. w. mit niedrigeren Taxen belegt oder ganz freigelassen. Auch die Alkohol-Taxe wurde, um den Klagen über Branntweinschmuggel entgegenzuwirken, auf die Hälfte ermässigt. Nach der „Verwaltungsrechnung für 1894/95" haben sich die auf diese Neuordnung gesetzten Hoffnungen nur zum Theil verwirklicht. Die Grosshändler mit Kohlen und Coaks haben zwar die Preise um den Tarifunterschied vermindert, aber die Kleinhändler hielten an den alten Preisen fest. Die Ermässigung der Alkoholsteuer hatte den Erfolg, dass die Klagen über Schmuggel verstummten.

In den zum Stadtgebiete gehörenden Vororten sind nur Baumaterialien und (seit 1. April 1894) Getränke und sonstige Flüssigkeiten abgabepflichtig. Zur Gesammteinnahme an Verbrauchsabgaben trugen die Vororte ca. 289 000 ℳ bei, während ihre Einwohnerzahl bei der Volkszählung von 1895 34 168 unter einer Gesammtbevölkerung von 135 608 ausmachte.

Aus dem Ertrage des Octroi zahlte die Stadt 44 800 ℳ an den Landesfiskus für Uebernahme der Personal- und eines Theils der Mobiliarsteuer, sowie 40 000 ℳ an den Reichs-Militärfiskus als Beitrag zur Kasernirung der Truppen.

In die Gesammtsumme der Verbrauchsabgaben sind 7701 ℳ Octroiabgaben vom Ausrufmarkt (10 Prozent des Erlöses) eingerechnet, die auf die einzelnen Gegenstände nicht vertheilt werden konnten. Nicht eingerechnet sind 869 ℳ Einnahmen für Begleitungen und 2191 ℳ Antheil der Gemeinde am Betrag der Beschlagnahmen.

Anmerkungen zu Uebersicht B 2.

Augsburg. Zu Sp. 10. Im V. Jahrgang, Seite 302, war der Ertrag der Biersteuer im Jahre 1893 (331 823 ℳ) zwar in den Gesammtbetrag der Verbrauchssteuern in Sp. 16 eingerechnet, in Sp. 11 jedoch irrthümlich weggelassen.

Zu Sp. 13. Gyps, Kalk, Cement, Fluss- und Nutzholz.

Freiburg. Zu Sp. 14. Abgerechnet sind 27 ℳ uneinbringliche Abgaben, die bei den einzelnen steuerbaren Gegenständen nicht in Abzug gebracht werden konnten.

Karlsruhe. Der aus der Verbrauchsbesteuerung gewonnene Betrag konnte auf die einzelnen Gegenstände nicht vollständig vertheilt werden. Die in die Uebersicht eingestellten Zahlen werden zum Gesammtbetrag, wie er in Sp. 14 angegeben ist, ergänzt durch die Abgaben von lebendem Vieh (1894: 56 794 ℳ, 1895: 60 217 ℳ) und von Fleisch, Fleischwaaren, Wild, Geflügel, Fischen und Brennholz (1894: 52 752 ℳ, 1895: 48 373 ℳ). Von der hiernach sich ergebenden Summe (1894: 809 725 ℳ, 1895: 821 522 ℳ) sind dann die Abgänge, Verluste und Nachlässe (1894: 30 ℳ, 1895: 207 ℳ) in der Uebersicht Sp. 14 gekürzt worden.

Mannheim. Zu Sp. 8 und 10. Die städtischen Verbrauchssteuern von Wein und Bier werden mit der staatlichen Weinaccise und Biersteuer unter Anwendung der für diese festgesetzten Grundsätze erhoben.

Zu Sp. 14. Am 1. Februar 1894 trat ein neuer Tarif in Kraft. — In den Gesammtertrag der Verbrauchssteuern ist für 1895 ein Aversum von 5 ℳ eingerechnet.

Nürnberg. Zu Sp. 3, 4 und 10. Nicht eingerechnet sind die Kontrolgebühren bei der Ausfuhr mit 2504 ℳ bei Getreide, Mehl etc., 180 ℳ bei Vieh und Fleisch, 321 ℳ bei Bier.

Stuttgart. Zu Sp. 13. Gasabgabe.

II. Preussische Städte.

Das jetzt geltende preussische Kommunalabgabengesetz bezweckte, zusammen mit dem gleichzeitig erlassenen und in Kraft getretenen Gesetz über die Aufhebung direkter Staatssteuern, den Grund für eine Neugestaltung des Gemeindehaushalts in Bezug auf die Aufbringung von Gebühren, Beiträgen und Steuern zu legen, die in erster Linie nach dem Verhältniss von Leistung und Gegenleistung erfolgen sollte. Die Steuereinrichtungen der preussischen Städte haben entsprechend diesem Gesetze am 1. April 1895 eine allgemeine Umwandlung und auf Grund der hierbei gemachten Erfahrungen auch noch in den folgenden Jahren wesentliche Aenderungen erfahren.

Die besondere Behandlung der Gemeindesteuer-Ergebnisse in den preussischen Städten rechtfertigt sich nicht nur aus dem Eingangs erwähnten Grunde, sondern auch damit, dass bei der Vermehrung der Erhebung von Abgaben als Entgelt für bestimmte Gegenleistungen — sei es unmittelbar in der Form von Gebühren für gemeindliche Veranstaltungen, sei es als besondere Steuerbelastung derjenigen Kreise der Gemeindeangehörigen, denen einzelne Aufwendungen der Gemeinde vorzugsweise zu Gute kommen —, eine Abgrenzung des Gebietes der Steuern in der Weise, wie sie in den bisherigen Jahrgängen des Jahrbuchs für sämmt-

(Fortsetzung auf Seite 386.)

C. Die Soll-Einnahmen an Gemeindesteuern in preussischen Städt[en]

Städte	Rechnungs-jahr	Grundsteuer	Gebäude-steuer	Besondere Steuern von Grundbesitz: Bauplatz-steuer	sonstige	Gewerbesteuer: von stehenden Betrieben	vom Gast- und Schank-wirthschafts-betriebe etc. (Betriebe-steuer)	von Wander-lagern	Einkommen-steuer	Miethsteuer u. Wohnungs- und Geschäftsräume
1.	2.	3.	4.	5.	6.	7.	8.	9.	10.	11
Aachen	1894/95	11 222	195 558	—	—	79 541		500	1 473 486	—
„	1895/96	15 588	493 672	—	—	204 612	12 888	400	1 001 380	—
„	1896/97	16 546	559 980	—	—	228 045	14 828	300	1 010 850	—
Altona	1894/95		1 563 000	—	129 643	—	—	—	1 350 000	—
„	1895/96		1 950 000	—	139 990	160 000	10 000	—	1 100 000	—
„	1896/97		2 050 000	—	144 000	160 000	10 000	—	1 200 000	—
Barmen	1894/95		88 950	—	—	49 500	2 760	—	2 006 785	—
„	1895/96	11 407	542 490	—	—	278 780	16 900	—	1 587 066	—
„	1896/97	11 055	582 945	—	—	338 250	16 500	—	1 592 310	—
Berlin	1894/95		6 190 000	—	—	—	—	500	22 335 558	12 980
„	1895/96	14 937 400		1 000 000	—	5 615 400	190 000	—	21 301 740	—
„	1896/97	15 840 000		1 000 000	—	5 810 000	285 000	—	21 585 915	—
Bochum	1894/95	2 489	60 675	—	—	35 334	2 230	—	640 230	—
„	1895/96	3 828	157 149	—	—	108 829	6 868	—	504 369	—
„	1896/97	3 901	187 264	—	—	99 330	6 853	—	487 262	—
Breslau	1894/95	5 250	975 000	—	—	312 700	—	500	4 901 439	—
„	1895/96	10 500	2 217 000	—	—	900 000	41 000	100	3 385 274	—
„	1896/97	10 500	2 250 000	—	—	900 000	41 000	100	3 678 081	—
Cassel	1894/95		207 000	—	3 500	—	—	600	817 600	—
„	1895/96		442 000	—	—	174 080	6 000	50	729 600	—
„	1896/97		469 200	—	—	204 000	6 500	300	787 200	—
Charlottenburg	1894/95	1 795	272 650	—	5 700	—	—	—	1 836 500	—
„	1895/96		1 115 200	—	5 700	112 750	21 995	—	1 717 600	—
„	1896/97		1 305 300	—	5 700	146 950	21 995	—	1 813 800	—
Crefeld	1894/95		94 000	—	—	203 800		—	2 066 100	—
„	1895/96	8 480	500 320	—	—	347 100	19 500	—	1 398 400	—
„	1896/97		498 256	—	—	376 200	18 000	—	1 402 200	—
Danzig	1894/95	1 400	247 095	—	—	—	—	—	1 305 000	1725
„	1895/96	4 775	684 965	—	—	188 900	13 800	—	1 185 000	16 3
„	1896/97	4 695	667 445	—	—	267 100	20 800	—	1 146 800	1 1 1
Dortmund	1894/95	12 547	96 641	—	—	87 060		500	1 806 670	—
„	1895/96	25 518	360 000	—	—	229 683	12 000	400	1 383 613	—
„	1896/97	25 518	438 961	—	—	225 036	11 822	400	*1 812 065*	—
Düsseldorf	1894/95		397 000	—	—	176 200	9 000	750	2 296 700	—
„	1895/96		940 000	—	—	391 400	20 200	750	2 049 000	—
„	1896/97		1 060 000	—	—	417 800	23 950	100	2 189 000	—
Duisburg	1894/95	9 812	79 986	—	—	40 298	2 943	—	853 961	—
„	1895/96	17 250	206 850	—	—	133 200	8 000	—	639 200	—
„	1896/57	14 775	243 450	—	—	134 625	7 950	—	680 650	—
Elberfeld	1894/95	1 292	71 685	—	—	58 000		175	3 019 362	—
„	1895/96		739 704	—	—	505 848		325	2 153 160	—
„	1896/97		822 525	—	—	467 395		350	2 131 400	—
Erfurt	1894/95	6 550	83 500	—	—	—	—	400	920 000	—
„	1895/96	15 600	310 000	—	—	112 000		700	570 000	—
„	1896/97	23 120	356 660	—	—	134 070		700	638 000	—
Essen	1894/95	2 935	189 257	—	—	114 000	6 000	100	1 404 100	—
„	1895/96	5 800	380 000	10 000	—	268 000	12 000	200	1 218 145	—
„	1896/97	5 400	480 000	20 000	—	280 000	12 000	200	1 198 732	—

in den Jahren 1894/95, 1895/96 und 1896/97.

| Aufwandsteuern | | | Verkehrssteuern | | Verbrauchssteuern | | | | Gesammt- | Städte. |
Hunde-steuer	Steuer von Vergnügungen (Lustbarkeitssteuer)	sonstige Aufwandsteuern	Steuer vom Grundbesitzwechsel	Steuer von Auktionen	Bier- und Braumalzsteuer	Schlacht-steuer	Wild- und Geflügelsteuer	sonstige	betrag der Ge-meinde-steuern	
12.	13.	14.	15.	16.	17.	18.	19.	20.	21.	22.
20 000	11 780	410	—	—	71 443	435 426	—	102 910	2 402 226	Aachen.
20 000	18 000	410	90 000	—	73 225	440 877	10 611	100 410	2 482 073	„
20 000	30 000	410	70 000	—	74 463	456 313	28 945	103 910	2 614 585	„
25 000	50 000	—	75 000	—	—	—	—	—	3 192 643	Altona.
50 000	50 000	—	140 000	—	—	—	—	—	3 599 990	„
50 000	50 000	—	140 000	—	—	—	—	—	3 804 000	„
20.000	9 500	—	—	—	75 000	—	—	—	2 252 498	Barmen.
20 000	15 000	—	70 000	—	75 000	—	—	—	2 611 648	„
19 000	15 000	—	70 000	—	70 000	—	—	—	2 715 060	„
473 900	—	—	—	—	610 530	—	—	—	42 590 483	Berlin.
453 800	—	—	2 000 000	—	610 530	—	—	—	46 108 870	„
453 850	—	—	1 242 500	—	681 580	—	—	—	46 798 845	„
7 000	7 500	—	—	—	—	—	—	—	755 458	Bochum.
7 000	12 000	—	—	—	50 000	—	—	—	850 043	„
7 000	16 000	—	25 000	—	35 000	—	—	—	867 610	„
64 000	60 000	—	—	—	265 525	1 462 930	40 000	—	8 087 844	Breslau.
65 000	60 000	—	200 000	—	259 110	1 505 095	111 100	—	8 754 179	„
60 000	70 000	—	220 000	—	257 111	1 536 431	183 383	—	9 206 556	„
9 300	—	—	—	—	103 500	184 500	78 000	129 900	1 534 860	Cassel.
17 300	—	—.	33 000	—	102 000	199 000	76 000	128 715	1 908 745	„
17 500	—	—	44 000	—	102 000	193 000	80 000	189 565	2 045 665	„
31 900	—	—	—	—	—	—	—	—	2 148 545	Charlottenburg.
35 900	—	—	299 250	—	—	—	—	—	3 308 395	„
41 900	—	—	349 250	—	—	—	—	—	3 684 895	„
20 000	13 500	—	—	—	—	—	—	—	2 396 900	Crefeld.
25 000	20 000	—	40 000	—	80 000	—	—	—	2 438 800	„
20 000	27 000	—	20 000	—	70 000	—	—	—	2 481 656	„
13 600	—	—	57 006	—	—	—	—	—	1 796 651	Danzig.
14 920	—	—	70 000	—	—	—	—	—	2 831 410	„
14 900	—	—	70 000	—	—	—	—	—	2 872 740	„
12 000	9 400	—	—	—	—	—	—	—	2 024 818	Dortmund.
17 000	14 500	—	90 000	—	—	—	—	—	2 182 714	„
20 000	20 000	—.	90 000	—	—	—	—	—	2 143 800	„
32 600	31 000	—	—	—	130 400	—	—	—	3 073 650	Düsseldorf.
33 000	36 000	—	200 000	—	183 050	—	—	—	3 803 400	„
36 000	38 000	—	200 000	—	136 500	—	—	—	4 101 850	„
7 000	8 500	—	—	—	24 704	—	—	—	1 027 204	Duisburg.
10 000	11 000	—	40 000	—	50 000	—	—	—	1 115 500	„
12 000	11 500	—	40 000	—	50 000	—	—	—	1 194 950	„
20 200	9 100	—	—	—	100 000	—	—	—	3 279 814	Elberfeld.
20 300	11 800	—	—	—	110 000	—	—	—	3 541 187	„
21 400	13 500	—	42 000	—	105 500	—	—	—	3 604 070	„
17 860	14 200	—	—	—	88 000	—	—	—	1 130 510	Erfurt.
22 860	24 400	—	90 000	—	87 000	—	—	—	1 232 560	„
19 700	25 000	—	54 000	—	84 500	—	—	—	1 835 750	„
10 000	9 000	—	—	—	60 000	—	—	—	1 745 392	Essen.
10 000	45 000	—	31 000	—	60 000	—	—	—	2 040 145	„
10 000	30 000	—	40 000	—	80 000	—	—	—	2 151 332	„

Noch **C. Die Soll-Einnahmen an Gemeindesteuern in preussischen Städt**

Städte.	Rechnungsjahr	Ertragssteuern und besondere Steuern vom Grundbesitz							Einkommensteuer	Mieth steuer, Wohnung und Geschä räum
		Grundsteuer	Gebäudesteuer	Besondere Steuern von Grundbesitz		Gewerbesteuer				
				Bauplatzsteuer	sonstige	von stehenden Betrieben	vom Gast- und Schankwirthschaftsbetriebe etc. (Betriebssteuer)	von Wanderlagern		
1.	2.	3.	4.	5.	6.	7.	8.	9.	10.	11.
Frankfurt a. M.	1894/95	—	—	—	—	8 000	—	800	4 850 000	160 00
"	1895/96	70 000	1 780 000	—	—	785 000	30 000	800	4 750 000	320 00
"	1896/97	82 000	1 960 000	—	—	844 000	36 000	800	5 050 000	336 5
Frankfurt a.O.	1894/95	5 680	93 632	—	—	—	—	—	553 000	—
"	1895/96	12 480	209 040	—	—	62 400	4 700	—	525 980	--
"	1896/97	12 480	227 520	—	—	70 000	5 155	—	525 000	—
M.-Gladbach	1894/95	2 025	72 834	—	—	81 572	—	—	780 569	—
"	1895/96	4 644	216 068	—	—	134 116	7 113	—	577 159	—
"	1896/97	4 076	208 186	—	—	134 437	6 197	—	546 104	—
Görlitz	1894/95	1 544	50 415	—	—	—	—	400	483 508	—
"	1895/96	6 750	236 250	21 600	—	87 750	14 000	100	405 454	—
"	1896/97	6 750	274 600	—	—	97 200	13 200	—	487 070	—
Halle a. S.	1894/95	270 000		—	—	—	—	525	1 009 000	470 93
"	1895/96	436 047		—	—	199 500	14 500	500	1 049 220	—
"	1896/97	562 100		—	—	256 800	17 400	600	1 300 800	—
Hannover	1894/95	581 000		—	—	—	—	200	1 982 300	—
"	1895/96	1 012 000		—	—	320 000	25 000	200	1 753 485	—
"	1896/97	1 090 000		—	—	350 000	25 000	200	1 825 000	—
Kiel	1894/95	—	425 300	—	158 360	—	—	200	930 000	—
"	1895/96	4 789	673 800	—	131 082	97 852	8 505	50	855 000	—
"	1896/97	5 810	711 650	—	—	125 000	12 750	50	860 500	—
Köln a. Rh.	1894/95	51 000	576 000	—	—	194 440		1 100	4 473 350	—
"	1895/96	68 114	2 039 608	—	—	722 412	40 500	1 200	2 952 850	—
"	1896/97	2 002 500		—	—	829 300	41 000	1 200	3 085 000	—
Königsberg	1894/95	238 000		—	—	62 000		—	1 824 900	—
"	1895/96	4 125	845 625	—	—	280 500	24 750	—	1 674 000	—
"	1896/97	4 290	907 500	—	—	313 500	24 750	—	1 746 060	—
Liegnitz	1894/95	—	—	—	—	—	—	80	364 900	—
"	1895/96	7 671	118 261	—	—	37 428	4 195	80	296 000	—
"	1896/97	7 600	122 300	—	—	37 200	4 700	80	308 000	—
Magdeburg	1894/95	9 100	225 000	—	76 500	—	—	1 565	3 040 500	—
"	1895/96	34 666	1 114 667	—	40 000	510 000	28 720	1 800	2 303 600	—
"	1896/97	35 900	1 133 300	—	—	530 000	26 600	2 150	2 371 600	—
Posen	1894/95	..	—	—	8 900	—	—	—	819 139	—
"	1895/96	400	393 000	—	9 325	113 000	12 000	—	570 255	—
"	1896/97	400	408 000	—	7 675	114 000	12 000	—	582 293	—
Potsdam	1894/95	2 000	129 357	—	—	—	—	50	665 000	—
"	1895/96	3 100	305 156	—	—	60 500		50	539 750	—
"	1896/97	2 800	312 050	—	—	65 000		50	548 750	—
Spandau	1894/95	3 200	65 000	—	—	35 000		—	514 800	—
"	1895/96	4 800	187 500	—	—	43 200	15 000	—	388 700	—
"	1896/97	5 610	250 800	—	—	38 115	14 575	—	353 900	—
Stettin	1894/95	3 800	260 000	—	—	66 000		100	1 750 000	—
"	1895/96	7 000	850 000	—	—	358 000	17 000	100	1 184 000	—
"	1896/97	7 600	990 000	—	—	396 000	18 000	100	1 342 000	—
Wiesbaden	1894/95	6 300	274 697	—	—	87 588		500	1 043 965	—
"	1895/96	6 140	412 000	—	—	89 960	8 500	500	1 093 400	—
"	1896/97	6 718	464 340	—	—	101 339	9 723	500	1 227 880	—

den Jahren 1894/95, 1895/96 und 1896/97.

	Aufwandsteuern		Verkehrssteuern		Verbrauchssteuern					
nde-euer	Steuer von Vergnügungen (Lustbarkeitssteuer)	sonstige Aufwandsteuern	Steuer vom Grundbesitzwechsel	Steuer von Auktionen	Bier- und Braumalzsteuer	Schlachtsteuer	Wild- und Geflügelsteuer	sonstige	Gesammtbetrag der Gemeindesteuern	Städte.
12.	13.	14.	15.	16.	17.	18.	19.	20.	21.	22.
)000	—	110 000	480 000	—	—	—	—	—	7 138 800	Frankfurt a. M
)000	—	110 000	320 000	—	—	—	—	—	8 260 800	„
)000	—	110 000	370 000	—	20 000	38 180	—	10 100	8 967 580	„
3 187	—	6	—	—	—	—	—	—	660 505	Frankfurt a. O.
200	5 000	6	—	—	45 000	—	—	—	876 806	„
200	11 000	6	—	—	39 500	—	—	—	902 861	„
)000	7 000	—	—	—	20 000	—	—	—	973 000	M.-Gladbach.
)000	9 000	—	15 000	—	80 000	—	—	—	993 100	„
3 000	9 000	—	20 000	—	80 000	—	—	—	966 000	„
.000	6 000	—	—	—	—	—	—	—	552 867	Görlitz.
000	12 000	—	30 000	—	50 000	—	—	—	877 904	„
000	12 000	—	36 000	—	36 000	—	—	—	976 820	„
000	21 500	—	—	—	91 600	—	—	—	1 890 555	Halle a. S.
000	30 000	—	—	—	94 589	—	—	—	1 851 356	„
000	35 000	—	—	—	91 310	—	—	—	2 289 010	„
000	8 000	—	—	—	170 000	—	—	—	2 736 800	Hannover.
000	—	—	300 000	—	190 000	—	—	—	3 669 985	„
260	—	—	300 000	—	200 000	—	—	—	3 862 760	„
000	33 000	—	50 000	2 500	—	—	—	—	1 619 360	Kiel.
000	36 000	—	100 000	2 500	—	—	—	—	1 931 578	„
000	38 000	—	100 000	2 500	—	—	—	—	1 878 260	„
520	80 000	—	—	—	140 000	—	—	—	5 569 410	Köln a. Rh.
000	90 000	—	500 000	—	240 000	—	—	—	6 713 679	„
000	95 000	—	500 000	—	280 000	—	—	—	6 874 000	„
200	—	—	—	—	112 000	—	—	—	2 257 100	Königsberg.
000	—	—	100 000	—	117 000	—	—	—	3 068 000	„
000	—	—	100 000	—	120 000	—	—	—	3 237 100	„
000	4 800	—	—	—	—	—	—	—	375 280	Liegnitz.
000	8 000	—	6 000	—	—	—	—	—	486 685	„
500	10 000	—	11 000	—	—	—	—	—	503 380	„
000	—	—	—	—	180 000	—	—	—	3 580 665	Magdeburg.
350	—	—	190 000	—	178 000	—	—	—	4 447 803	„
000	—	—	150 000	—	178 000	—	—	—	4 473 550	„
580	1 500	—	—	—	37 700	245 840	6 500	—	1 128 159	Posen.
000	2 525	—	—	—	37 300	247 130	7 500	—	1 401 435	„
000	2 525	—	—	—	37 800	243 610	7 500	—	1 424 803	„
000	256	—	—	—	—	292 700	8 020	—	1 108 383	Potsdam.
000	260	40	—	—	50 000	293 200	18 400	—	1 284 456	„
000	260	40	—	—	55 000	281 700	21 650	—	1 301 300	„
684	10 000	—	—	—	50 000	—	—	—	687 684	Spandau.
000	15 000	—	50 000	—	65 000	—	—	—	781 200	„
000	12 000	—	40 000	—	40 000	—	—	—	770 000	„
550	—	—	—	—	—	—	—	—	2 105 450	Stettin.
300	—	—	—	—	—	—	—	—	2 450 400	„
300	—	—	200 000	—	—	—	—	—	2 978 000	„
000	8 000	—	—	—	—	550 000	—	—	1 994 000	Wiesbaden.
000	10 000	—	120 000	—	—	572 500	—	—	2 343 000	„
000	12 500	—	180 000	—	—	574 000	—	—	2 610 000	„

[Fortsetzung zu Seite 381.]

liche Städte und im gegenwärtigen für die nicht preussischen Städte erfolgt ist, den Werth der Steuerstatistik für die preussischen Städte immer mehr einschränken muss.

Wenn der Bearbeiter sich dennoch dafür entschieden hat, auch in der folgenden, die preussischen Städte betreffenden Zusammenstellung C an den bisher in Bezug auf diese Abgrenzung befolgten Grundsätzen festzuhalten, so geschah es, weil die Preisgabe derselben die Vergleichbarkeit mindestens in demselben Grade beeinträchtigt haben würde wie dies durch ihre Aufrechthaltung geschieht.

Das Zahlenmaterial zur folgenden Uebersicht wurde, unter Mitbenutzung der Haushaltpläne der Stadtgemeinden, einer vom Director des Statistischen Bureaus der Stadt Köln, K. Zimmermann, gefertigten, bis jetzt nicht im Druck erschienenen Zusammenstellung entnommen, welche die in den Etats für die drei Jahre 1894/95, 1895/96 und 1896/97 ausgeworfenen Steuer- und Gebührenerträge nach direkten Mittheilungen der Stadtverwaltungen angiebt. Auch die mit * bezeichneten Anmerkungen sind aus dieser Arbeit entlehnt.

Von der Anwendung der im preussischen Kommunalabgabengesetz durchgeführten, von unserer bisherigen Eintheilung der Steuern zu sehr abweichenden Unterscheidung in direkte und indirekte Steuern wurde abgesehen und statt dessen die für die übrigen Städte angewandte Gruppirung, soweit dies angängig schien, beibehalten.

Anmerkungen zu Uebersicht C.

Zu Sp. 7. Das preussische Gesetz gebraucht die Bezeichnung „stehende Gewerbe" nicht in unserem Sinne (als Gegensatz zu den Wanderlagern und dem Hausirgewerbe), sondern nur zur Unterscheidung vom Gewerbetrieb im Umherziehen.

Zu Sp. 18. Die Loslösung der Grundbesitzwechselsteuer von den besonderen Steuern vom Grundbesitz entspricht einem Erkenntniss des Kammergerichts vom 18. Januar 1897, welches den Charakter derselben als indirekte Personalsteuer, und zwar als Verkehrssteuer, feststellte.

Aachen, Barmen, Crefeld, Elberfeld, Erfurt, Frankfurt a. M., Frankfurt a. O., Hannover, Königsberg, Potsdam, Spandau. — Für diese Städte sind die Steuerbeträge nicht, wie für die übrigen geschehen, um die zu erwartenden Ausfälle und Rückvergütungen gekürzt worden, weil die Zergliederung dieses Titels nach den Steuerarten in den Haushaltplänen fehlt.

Aachen. Zu Sp. 14. Abgabe von Luxuspferden zur Ablösung der Vorspannleistungen.

Zu Sp. 20. Brennmaterialiensteuer.

Altona. Zu Sp. 6. Gebäudesteuer für das Feuerlöschwesen.

Berlin. Zu Sp. 3 und 4.* Im Jahre 1894/95 wurde eine besondere Haussteuer, seit 1895/96 eine Gemeinde-Grundsteuer erhoben.

Zu Sp. 3, 4 und 11. * Für 1894/95 sind 30 000 Mark Rückerstattungen an Haus- und Miethsteuer schätzungsweise mit 10 000 Mark auf die Haus- und mit 20 000 Mark auf die Miethsteuer vertheilt worden.

Zu Sp. 5. * Die Bauplatzsteuer wurde mit Ende März 1897 wieder aufgehoben.

Cassel. Zu Sp. 6. Steinpflastergeld.

Zu Sp. 15. Als Ertrag für 1895/96 sind ³/₄ des Jahresertrags eingesetzt. Die Steuer trat jedoch erst am 8. Oktober 1895 in Kraft.

Zu Sp. 19. Eingerechnet ist die Abgabe von eingeführtem Fleisch.

Zu Sp. 20. * In dieser Spalte sind gerechnet

Abgaben von	1894/95	1895/96	1896/97
Getreide, Mehl, Backwaaren · · · · ℳ	55 700	56 500	61 000
Spirituosen, Essig, Apfelwein · · · · ℳ	74 200	72 215	78 565

Zu Sp. 21. Der Summe sind die Abgaben infolge Befreiung vom Feuerwehrdienste zugerechnet (960, 1000 und 2400 Mark).

Charlottenburg. Zu Sp. 3 und 4.* Für 1895/96 und 1896/97 wurde statt der Grund- und Gebäudesteuer eine besondere Gemeinde-Grundsteuer erhoben.

Zu Sp. 6. Von den Hausbesitzern zu erstattende Einquartierungskosten.

Dortmund. Zu Sp. 10. Zugerechnet sind die Ist-Einnahmen an Einkommensteuern für die Schulgemeinden mit 164 218 Mark für 1894/95 und mit 181 064 Mark für 1895/96. Da diese Einnahmen für 1896/97 bei der Bearbeitung noch nicht bekannt

Lightning Source UK Ltd.
Milton Keynes UK
UKHW01f0606210818
327557UK00010B/588/P